图书在版编目（CIP）数据

中华人民共和国乡镇行政区划简册. 2013 / 中华人民共和国民政部编. -- 北京：中国统计出版社, 2013.4
ISBN 978-7-5037-6783-8

Ⅰ. ①中… Ⅱ. ①中… Ⅲ. ①乡镇－行政区划－中国－2013－手册 Ⅳ. ①K928.2-62

中国版本图书馆 CIP 数据核字(2013)第 037115 号

中华人民共和国乡镇行政区划简册·2013

作　　者/中华人民共和国民政部
责任编辑/郭　栋　李　冲
封面设计/李雪燕
出版发行/中国统计出版社
通信地址/北京市丰台区西三环南路甲 6 号　邮政编码/100073
电　　话/邮购（010）63376909　书店（010）68783171
网　　址/http://csp.stats.gov.cn
印　　刷/河北天普润印刷厂
经　　销/新华书店
开　　本/880mm×1230mm　1/16
字　　数/1376 千字
印　　张/43
版　　别/2013 年 4 月第 1 版
版　　次/2013 年 4 月第 1 次印刷
定　　价/158.00 元

如有印装差错，由本社发行部调换。

《中华人民共和国乡镇行政区划简册·2013》

编　委　会

编者说明

乡镇街道作为我国基层行政单元，是社会交流、经济活动、产业布局、公共服务的重要平台。乡镇街道行政区划信息已经成为企业布局规划的重要依据，群众询情办事的信息索引，社会交流交往的必备工具。为满足社会各界对乡镇街道行政区划信息的需求，我们在县级以上行政区划的《中华人民共和国行政区划简册》基础上，编辑出版了《中华人民共和国乡镇行政区划简册》，本简册是新中国成立以来最为完整的省、市、县、乡 4 级行政区划名录汇编。

本简册是根据国务院批准的 2012 年底全国县级以上行政区划资料以及各省（自治区、直辖市）人民政府批准的 2012 年底全国县级以下行政区划资料汇编而成。本书内容共由五部分组成，第一部分中华人民共和国行政区划数量，第二部分中华人民共和国行政区划名录，第三部分 2012 年中华人民共和国行政区划变更，第四部分《中华人民共和国乡镇行政区划简册·2012》勘误，第五部分中华人民共和国行政区划名称造字与电脑替代字，第六部分中华人民共和国行政区划地名索引。

本简册中使用的代码为 12 位行政区划代码。表中阴影部分的代码为脱离所属管理区域的统计代码。为方便读者查找地名，本简册地名索引采用笔画方式，其编排顺序是按地名汉字的首字笔画繁简顺序排列，笔画相同的按起笔笔形一、丨、丿、丶、乛的顺序排列。首笔笔画相同，比较次字，以此类推。香港特别行政区、澳门特别行政区、台湾省行政区划暂未列入本简册。

在本书编辑出版过程中，得到了中国统计出版社以及有关单位、部门领导和相关同志的热情指导和大力支持，在此表示衷心感谢。本书难免存有一些不足的地方，恳请各位读者不吝批评指正。

编　者

2013 年 3 月

目　录

第一部分　中华人民共和国行政区划数量

第二部分　中华人民共和国行政区划名录

第一部分 中华人民共和国行政区划数量

省级行政区划

单位：个

地区	面积（万平方千米）	省级合并	直辖市	省	自治区	特别行政区
全国合计	**960**	**34**	**4**	**23**	**5**	**2**
北京市	2	1	1			
天津市	1	1	1			
河北省	19	1		1		
山西省	15	1		1		
内蒙古自治区	110	1			1	
辽宁省	15	1		1		
吉林省	18	1		1		
黑龙江省	46	1		1		
上海市	1	1	1			
江苏省	10	1		1		
浙江省	10	1		1		
安徽省	13	1		1		
福建省	12	1		1		
江西省	16	1		1		
山东省	15	1		1		
河南省	16	1		1		
湖北省	18	1		1		
湖南省	21	1		1		
广东省	18	1		1		
广西壮族自治区	23	1			1	
海南省	3	1		1		
重庆市	8	1	1			
四川省	48	1		1		
贵州省	17	1		1		
云南省	38	1		1		
西藏自治区	120	1			1	
陕西省	19	1		1		
甘肃省	39	1		1		
青海省	72	1		1		
宁夏回族自治区	7	1			1	
新疆维吾尔自治区	160	1			1	
香港		1				1
澳门		1				1
台湾		1		1		

地、县级

地区	地级合计	地级市	地区	自治州	盟	县级合计
全国合计	**333**	**285**	**15**	**30**	**3**	**2852**
北京市						16
天津市						16
河北省	11	11				172
山西省	11	11				119
内蒙古自治区	12	9			3	101
辽宁省	14	14				100
吉林省	9	8		1		60
黑龙江省	13	12	1			128
上海市						17
江苏省	13	13				102
浙江省	11	11				90
安徽省	16	16				105
福建省	9	9				85
江西省	11	11				100
山东省	17	17				138
河南省	17	17				159
湖北省	13	12		1		103
湖南省	14	13		1		122
广东省	21	21				121
广西壮族自治区	14	14				109
海南省	3	3				20
重庆市						38
四川省	21	18		3		181
贵州省	9	6		3		88
云南省	16	8		8		129
西藏自治区	7	1	6			74
陕西省	10	10				107
甘肃省	14	12		2		86
青海省	8	1	1	6		43
宁夏回族自治区	5	5				22
新疆维吾尔自治区	14	2	7	5		101

行政区划

单位：个

市辖区	县级市	县	自治县	旗	自治旗	特区	林区
860	**368**	**1453**	**117**	**49**	**3**	**1**	**1**
14		2					
13		3					
37	22	107	6				
23	11	85					
21	11	17		49	3		
56	17	19	8				
20	20	17	3				
64	18	45	1				
16		1					
55	23	24					
32	22	35	1				
43	6	56					
26	14	45					
19	11	70					
48	30	60					
50	21	88					
38	24	38	2				1
35	16	64	7				
56	23	39	3				
34	7	56	12				
4	6	4	6				
19		15	4				
45	14	118	4				
13	7	56	11			1	
13	11	76	29				
1	1	72					
24	3	80					
17	4	58	7				
4	2	30	7				
9	2	11					
11	22	62	6				

乡镇级行政区划

单位：个

地区	乡镇级合计	镇	乡	民族乡	街道办事处	区公所
全国合计	**40446**	**19881**	**13281**	**1064**	**7282**	**2**
北京市	325	144	38	5	143	
天津市	245	123	11	1	111	
河北省	2234	1019	940	51	274	1
山西省	1397	564	632		201	
内蒙古自治区	1010	490	277	18	243	
辽宁省	1515	615	270	68	630	
吉林省	895	429	189	28	277	
黑龙江省	1278	485	409	55	384	
上海市	208	108	2		98	
江苏省	1281	836	96	1	349	
浙江省	1341	650	279	14	412	
安徽省	1509	923	334	9	252	
福建省	1104	609	320	19	175	
江西省	1540	802	596	8	142	
山东省	1824	1094	113		617	
河南省	2399	1014	827	12	558	
湖北省	1232	746	188	10	298	
湖南省	2388	1131	952	97	305	
广东省	1586	1131	11	7	444	
广西壮族自治区	1243	715	411	58	117	
海南省	222	183	21		18	
重庆市	1012	604	220	14	188	
四川省	4660	1831	2549	98	280	
贵州省	1518	729	710	236	79	
云南省	1365	659	584	142	122	
西藏自治区	693	140	543	9	10	
陕西省	1418	1136	80		202	
甘肃省	1345	470	758	34	117	
青海省	396	138	228	28	30	
宁夏回族自治区	237	101	92		44	
新疆维吾尔自治区	1026	262	601	42	162	1

北京市(京)

行政区划代码	行政区划名称	合计	街道	镇	乡
110000000000	**北京市**	**325**	**143**	**144**	**38**
110101000000	东城区	17	17		
110102000000	西城区	15	15		
110105000000	朝阳区	42	23		19
110106000000	丰台区	21	16	2	3
110107000000	石景山区	9	9		
110108000000	海淀区	29	22	7	
110109000000	门头沟区	13	4	9	
110111000000	房山区	28	8	14	6
110112000000	通州区	15	4	10	1
110113000000	顺义区	25	6	19	
110114000000	昌平区	20	5	15	
110115000000	大兴区	19	5	14	
110116000000	怀柔区	16	2	12	2
110117000000	平谷区	18	2	14	2
110228000000	密云县	20	2	17	1
110229000000	延庆县	18	3	11	4

天津市(津)

行政区划代码	行政区划名称	合计	街道	镇	乡
120000000000	**天津市**	**245**	**111**	**123**	**11**
120101000000	和平区	6	6		
120102000000	河东区	13	13		
120103000000	河西区	13	13		
120104000000	南开区	12	12		
120105000000	河北区	10	10		
120106000000	红桥区	10	10		
120110000000	东丽区	10	10		
120111000000	西青区	9	2	7	
120112000000	津南区	8		8	
120113000000	北辰区	14	5	9	
120114000000	武清区	30	6	19	5
120115000000	宝坻区	24	3	21	
120116000000	滨海新区	27	20	7	
120221000000	宁河县	14		11	3
120223000000	静海县	18		16	2
120225000000	蓟县	27	1	25	1

注：地名合计40444个(不包含河北、新疆各1个区公所)。

河北省(冀)

行政区划代码	行政区划名称	合计	街道	镇	乡
130000000000	**河北省**	**2233**	**274**	**1019**	**940**
130100000000	**石家庄市**	**274**	**54**	**124**	**96**
130102000000	长安区	11	8	3	
130103000000	桥东区	10	9	1	
130104000000	桥西区	12	12		
130105000000	新华区	15	11	2	2
130107000000	井陉矿区	5	2	2	1
130108000000	裕华区	11	9	2	
130121000000	井陉县	17		10	7
130123000000	正定县	10	2	3	5
130124000000	栾城县	8		5	3
130125000000	行唐县	15		4	11
130126000000	灵寿县	15		6	9
130127000000	高邑县	5		3	2
130128000000	深泽县	6		3	3
130129000000	赞皇县	11		2	9
130130000000	无极县	11		6	5
130131000000	平山县	23		12	11
130132000000	元氏县	15		6	9
130133000000	赵县	11		7	4
130181000000	辛集市	15		8	7
130182000000	藁城市	14		13	1
130183000000	晋州市	10		9	1
130184000000	新乐市	12	1	8	3
130185000000	鹿泉市	12		9	3
130200000000	**唐山市**	**224**	**47**	**130**	**47**
130202000000	路南区	10	9		1
130203000000	路北区	13	12		1
130204000000	古冶区	10	5	2	3
130205000000	开平区	11	5	6	
130207000000	丰南区	21	4	14	3
130208000000	丰润区	26	3	20	3
130209000000	曹妃甸区	3		3	
130223000000	滦县	14	2	12	
130224000000	滦南县	17	1	16	
130225000000	乐亭县	15	1	11	3
130227000000	迁西县	18	1	9	8
130229000000	玉田县	20		14	6
130281000000	遵化市	25		13	12
130283000000	迁安市	21	4	10	7
130300000000	**秦皇岛市**	**96**	**21**	**47**	**28**
130302000000	海港区	17	12	5	
130303000000	山海关区	9	5	3	1
130304000000	北戴河区	4	2	2	
130321000000	青龙满族自治县	25		11	14
130322000000	昌黎县	16		11	5

续表 1

民政统计代码	行政区划名称	合计	街道	镇	乡
130323000000	抚宁县	13	2	9	2
130324000000	卢龙县	12		6	6
130400000000	**邯郸市**	**242**	**28**	**96**	**118**
130402000000	邯山区	13	10	2	1
130403000000	丛台区	11	10		1
130404000000	复兴区	8	7		1
130406000000	峰峰矿区	9		9	
130421000000	邯郸县	10		4	6
130423000000	临漳县	14		5	9
130424000000	成安县	9		4	5
130425000000	大名县	20		6	14
130426000000	涉县	18	1	9	8
130427000000	磁县	19		9	10
130428000000	肥乡县	9		2	7
130429000000	永年县	20		6	14
130430000000	邱县	7		4	3
130431000000	鸡泽县	7		3	4
130432000000	广平县	7		3	4
130433000000	馆陶县	8		4	4
130434000000	魏县	21		8	13
130435000000	曲周县	10		5	5
130481000000	武安市	22		13	9
130500000000	**邢台市**	**196**	**23**	**90**	**83**
130502000000	桥东区	10	6	2	1
130503000000	桥西区	10	8	2	
130521000000	邢台县	17		12	6
130522000000	临城县	8		4	4
130523000000	内丘县	9		5	4
130524000000	柏乡县	6		3	3
130525000000	隆尧县	12		6	6
130526000000	任县	8		4	4
130527000000	南和县	8		3	5
130528000000	宁晋县	16		10	6
130529000000	巨鹿县	10		6	4
130530000000	新河县	6		2	4
130531000000	广宗县	8		1	7
130532000000	平乡县	7		3	4
130533000000	威县	16		5	11
130534000000	清河县	6		6	
130535000000	临西县	9		5	4
130581000000	南宫市	15	4	6	5
130582000000	沙河市	15	5	5	5
130600000000	**保定市**	**340**	**28**	**142**	**170**
130602000000	新市区	11	5		6
130603000000	北市区	8	5		3
130604000000	南市区	9	5		4

续表 2

民政统计代码	行政区划名称	合计	街道	镇	乡
130621000000	满城县	13	1	5	7
130622000000	清苑县	18		8	10
130623000000	涞水县	15		7	8
130624000000	阜平县	13		5	8
130625000000	徐水县	14		7	7
130626000000	定兴县	16		5	11
130627000000	唐县	20		7	13
130628000000	高阳县	9		4	5
130629000000	容城县	8		5	3
130630000000	涞源县	17		7	10
130631000000	望都县	8		2	6
130632000000	安新县	12		9	3
130633000000	易县	27		9	18
130634000000	曲阳县	18		5	13
130635000000	蠡县	13		8	5
130636000000	顺平县	10		5	5
130637000000	博野县	7		3	4
130638000000	雄县	9		6	3
130681000000	涿州市	14	3	6	5
130682000000	定州市	25	3	17	5
130683000000	安国市	11	1	6	4
130684000000	高碑店市	15	5	6	4
130700000000	**张家口市**	**232**	**23**	**96**	**113**
130702000000	桥东区	8	7	2	
130703000000	桥西区	10	7	2	
130705000000	宣化区	12	7	1	3
130706000000	下花园区	6	2		4
130721000000	宣化县	14		9	5
130722000000	张北县	20		5	15
130723000000	康保县	15		7	8
130724000000	沽源县	14		4	10
130725000000	尚义县	14		7	7
130726000000	蔚县	22		11	11
130727000000	阳原县	14		5	9
130728000000	怀安县	11		4	7
130729000000	万全县	11		4	7
130730000000	怀来县	17		11	6
130731000000	涿鹿县	17		13	4
130732000000	赤城县	18		9	9
130733000000	崇礼县	10		2	8
130800000000	**承德市**	**216**	**11**	**82**	**123**
130802000000	双桥区	14	7	7	
130803000000	双滦区	8	2	4	2
130804000000	鹰手营子矿区	5	1	4	
130821000000	承德县	23		6	17
130822000000	兴隆县	20		9	11

续表 3

行政区划代码	行政区划名称	合计	街道	镇	乡
130823000000	平泉县	19		11	8
130824000000	滦平县	21	1	7	13
130825000000	隆化县	25		10	15
130826000000	丰宁满族自治县	26		9	17
130827000000	宽城满族自治县	18		8	10
130828000000	围场满族蒙古族自治县	37		7	30
130900000000	**沧州市**	**190**	**20**	**83**	**87**
130902000000	新华区	6	5		1
130903000000	运河区	8	6	1	1
130921000000	沧县	19		4	15
130922000000	青县	10		6	4
130923000000	东光县	9		8	1
130924000000	海兴县	7		3	4
130925000000	盐山县	12		6	6
130926000000	肃宁县	9		5	4
130927000000	南皮县	9		6	3
130928000000	吴桥县	10		5	5
130929000000	献县	18		7	11
130930000000	孟村回族自治县	6		4	2
130981000000	泊头市	15	3	8	4
130982000000	任丘市	18	3	9	6
130983000000	黄骅市	14	3	4	7
130984000000	河间市	20		7	13
131000000000	**廊坊市**	**105**	**15**	**64**	**26**
131002000000	安次区	11	3	4	4
131003000000	广阳区	11	7	3	1
131022000000	固安县	9		5	4
131023000000	永清县	10		5	5
131024000000	香河县	9		7	2
131025000000	大城县	10		8	2
131026000000	文安县	13		12	1
131028000000	大厂回族自治县	5		3	2
131081000000	霸州市	12		7	5
131082000000	三河市	15	5	10	
131100000000	**衡水市**	**118**	**4**	**65**	**49**
131102000000	桃城区	10	4	2	4
131121000000	枣强县	11		6	5
131122000000	武邑县	9		6	3
131123000000	武强县	6		3	3
131124000000	饶阳县	7		4	3
131125000000	安平县	8		3	5
131126000000	故城县	13		9	4
131127000000	景县	16		10	6
131128000000	阜城县	10		5	5
131181000000	冀州市	11		7	4
131182000000	深州市	17		10	7

山西省(晋)

行政区划代码	行政区划名称	合计	街道	镇	乡
140000000000	**山西省**	**1397**	**201**	**564**	**632**
140100000000	**太原市**	**104**	**52**	**21**	**31**
140105000000	小店区	9	6	1	2
140106000000	迎泽区	7	6	1	
140107000000	杏花岭区	12	10		2
140108000000	尖草坪区	14	9	2	3
140109000000	万柏林区	15	14		1
140110000000	晋源区	6	3	3	
140121000000	清徐县	9		4	5
140122000000	阳曲县	10		4	6
140123000000	娄烦县	8		3	5
140181000000	古交市	14	4	3	7
140200000000	**大同市**	**139**	**40**	**33**	**66**
140202000000	城区	14	14		
140203000000	矿区	26	26		
140211000000	南郊区	10		3	7
140212000000	新荣区	7		1	6
140221000000	阳高县	13		7	6
140222000000	天镇县	11		5	6
140223000000	广灵县	9		2	7
140224000000	灵丘县	12		3	9
140225000000	浑源县	18		6	12
140226000000	左云县	9		3	6
140227000000	大同县	10		3	7
140300000000	**阳泉市**	**44**	**12**	**20**	**12**
140302000000	城区	6	6		
140303000000	矿区	6	6		
140311000000	郊区	8		4	4
140321000000	平定县	10		8	2
140322000000	盂县	14		8	6
140400000000	**长治市**	**146**	**14**	**68**	**64**
140402000000	城区	10	10		
140411000000	郊区	8	2	5	1
140421000000	长治县	11		6	5
140423000000	襄垣县	11		8	3
140424000000	屯留县	11		7	4
140425000000	平顺县	12		5	7
140426000000	黎城县	9		5	4
140427000000	壶关县	12		5	7
140428000000	长子县	12		7	5
140429000000	武乡县	14		5	9
140430000000	沁县	13		6	7
140431000000	沁源县	14		5	9
140481000000	潞城市	9	2	4	3

续表 1

行政区划代码	行政区划名称	合计	街道	镇	乡
140500000000	**晋城市**	**84**	**10**	**48**	**26**
140502000000	城区	8	7	1	
140521000000	沁水县	14		7	7
140522000000	阳城县	17		10	7
140524000000	陵川县	12		7	5
140525000000	泽州县	17		14	3
140581000000	高平市	16	3	9	4
140600000000	**朔州市**	**73**	**4**	**19**	**50**
140602000000	朔城区	15	4	2	9
140603000000	平鲁区	13		2	11
140621000000	山阴县	13		4	9
140622000000	应县	12		3	9
140623000000	右玉县	10		4	6
140624000000	怀仁县	10		4	6
140700000000	**晋中市**	**135**	**17**	**59**	**59**
140702000000	榆次区	19	9	6	4
140721000000	榆社县	9		4	5
140722000000	左权县	10		5	5
140723000000	和顺县	10		5	5
140724000000	昔阳县	12		5	7
140725000000	寿阳县	14		7	7
140726000000	太谷县	9		3	6
140727000000	祁县	8		6	2
140728000000	平遥县	17	3	5	9
140729000000	灵石县	12		6	6
140781000000	介休市	15	5	7	3
140800000000	**运城市**	**149**	**13**	**81**	**55**
140802000000	盐湖区	21	8	7	6
140821000000	临猗县	14		9	5
140822000000	万荣县	14		4	10
140823000000	闻喜县	13		7	6
140824000000	稷山县	7		5	2
140825000000	新绛县	9		8	1
140826000000	绛县	10		8	2
140827000000	垣曲县	11		5	6
140828000000	夏县	11		6	5
140829000000	平陆县	10		6	4
140830000000	芮城县	10		7	3
140881000000	永济市	10	3	7	
140882000000	河津市	9	2	2	5
140900000000	**忻州市**	**191**	**6**	**59**	**126**
140902000000	忻府区	20	3	6	11
140921000000	定襄县	9		3	6
140922000000	五台县	19		6	13

续表 2

行政区划代码	行政区划名称	合计	街道	镇	乡
140923000000	代县	11		6	5
140924000000	繁峙县	13		3	10
140925000000	宁武县	14		4	10
140926000000	静乐县	14		4	10
140927000000	神池县	10		3	7
140928000000	五寨县	12		3	9
140929000000	岢岚县	12		2	10
140930000000	河曲县	13		4	9
140931000000	保德县	13		4	9
140932000000	偏关县	10		4	6
140981000000	原平市	21	3	7	11
141000000000	**临汾市**	**171**	**20**	**75**	**76**
141002000000	尧都区	26	10	10	6
141021000000	曲沃县	7		5	2
141022000000	翼城县	10		6	4
141023000000	襄汾县	13		7	6
141024000000	洪洞县	16		9	7
141025000000	古县	7		4	3
141026000000	安泽县	7		4	3
141027000000	浮山县	9		2	7
141028000000	吉县	8		3	5
141029000000	乡宁县	10		5	5
141030000000	大宁县	6		2	4
141031000000	隰县	8		3	5
141032000000	永和县	7		2	5
141033000000	蒲县	9		4	5
141034000000	汾西县	8		5	3
141081000000	侯马市	8	5		3
141082000000	霍州市	12	5	4	3
141100000000	**吕梁市**	**161**	**13**	**81**	**67**
141102000000	离石区	12	7	2	3
141121000000	文水县	12		7	5
141122000000	交城县	10		6	4
141123000000	兴县	17		7	10
141124000000	临县	23		13	10
141125000000	柳林县	15		8	7
141126000000	石楼县	9		4	5
141127000000	岚县	12		4	8
141128000000	方山县	7		5	2
141129000000	中阳县	7		5	2
141130000000	交口县	7		4	3
141181000000	孝义市	16	4	7	5
141182000000	汾阳市	14	2	9	3

内蒙古自治区(内蒙古)

行政区划代码	行政区划名称	合计	街道	镇	乡
150000000000	**内蒙古自治区**	**1010**	**243**	**490**	**277**
150100000000	**呼和浩特市**	**76**	**31**	**27**	**18**
150102000000	新城区	9	8	1	
150103000000	回民区	8	7	1	
150104000000	玉泉区	9	8	1	
150105000000	赛罕区	11	8	3	
150121000000	土默特左旗	9		7	2
150122000000	托克托县	5		5	
150123000000	和林格尔县	8		3	5
150124000000	清水河县	8		3	5
150125000000	武川县	9		3	6
150200000000	**包头市**	**85**	**46**	**29**	**10**
150202000000	东河区	14	12	2	
150203000000	昆都仑区	15	13	2	
150204000000	青山区	10	8	2	
150205000000	石拐区	8	6	1	1
150206000000	白云鄂博矿区	2	2		
150207000000	九原区	10	5	4	1
150221000000	土默特右旗	8		5	3
150222000000	固阳县	6		6	
150223000000	达尔罕茂明安联合旗	12		7	5
150300000000	**乌海市**	**20**	**15**	**5**	
150302000000	海勃湾区	7	6	1	
150303000000	海南区	5	2	3	
150304000000	乌达区	8	7	1	
150400000000	**赤峰市**	**152**	**20**	**82**	**50**
150402000000	红山区	11	9	2	
150403000000	元宝山区	12	6	5	1
150404000000	松山区	18	4	9	5
150421000000	阿鲁科尔沁旗	15	1	7	7
150422000000	巴林左旗	11		7	4
150423000000	巴林右旗	9		5	4
150424000000	林西县	9		7	2
150425000000	克什克腾旗	13		7	6
150426000000	翁牛特旗	14		8	6
150428000000	喀喇沁旗	9		7	2
150429000000	宁城县	15		11	4
150430000000	敖汉旗	16		7	9
150500000000	**通辽市**	**108**	**18**	**61**	**29**
150502000000	科尔沁区	24	13	10	1
150521000000	科尔沁左翼中旗	17		11	6
150522000000	科尔沁左翼后旗	15		10	5
150523000000	开鲁县	10		10	
150524000000	库伦旗	8		5	3
150525000000	奈曼旗	14		8	6
150526000000	扎鲁特旗	15		7	8
150581000000	霍林郭勒市	5	5		
150600000000	**鄂尔多斯市**	**74**	**25**	**41**	**8**
150602000000	东胜区	18	15	3	
150621000000	达拉特旗	14	6	7	1
150622000000	准格尔旗	13	4	6	3
150623000000	鄂托克前旗	4		4	
150624000000	鄂托克旗	6		4	2
150625000000	杭锦旗	6		5	1
150626000000	乌审旗	6		5	1
150627000000	伊金霍洛旗	7		7	

续表

行政区划代码	行政区划名称	合计	街道	镇	乡
150700000000	**呼伦贝尔市**	**135**	**36**	**63**	**36**
150702000000	海拉尔区	8	6	2	
150721000000	阿荣旗	11		7	4
150722000000	莫力达瓦达斡尔族自治旗	13		10	3
150723000000	鄂伦春自治旗	10		8	2
150724000000	鄂温克族自治旗	10		4	6
150725000000	陈巴尔虎旗	7		3	4
150726000000	新巴尔虎左旗	7		2	5
150727000000	新巴尔虎右旗	7		3	4
150781000000	满洲里市	11	11		
150782000000	牙克石市	16	7	9	
150783000000	扎兰屯市	19	7	8	4
150784000000	额尔古纳市	8	2	3	3
150785000000	根河市	8	3	4	1
150800000000	**巴彦淖尔市**	**68**	**9**	**46**	**13**
150802000000	临河区	18	9	7	2
150821000000	五原县	9		8	1
150822000000	磴口县	5		4	1
150823000000	乌拉特前旗	11		9	2
150824000000	乌拉特中旗	10		6	4
150825000000	乌拉特后旗	6		3	3
150826000000	杭锦后旗	9		9	
150900000000	**乌兰察布市**	**105**	**13**	**50**	**42**
150902000000	集宁区	10	8	1	1
150921000000	卓资县	8		5	3
150922000000	化德县	6		3	3
150923000000	商都县	10		6	4
150924000000	兴和县	9		5	4
150925000000	凉城县	8		5	3
150926000000	察哈尔右翼前旗	9		5	4
150927000000	察哈尔右翼中旗	11		5	6
150928000000	察哈尔右翼后旗	8		5	3
150929000000	四子王旗	13		5	8
150981000000	丰镇市	13	5	5	3
152200000000	**兴安盟**	**71**	**15**	**36**	**20**
152201000000	乌兰浩特市	15	11	4	
152202000000	阿尔山市	8	4	4	
152221000000	科尔沁右翼前旗	14		9	5
152222000000	科尔沁右翼中旗	12		6	6
152223000000	扎赉特旗	13		7	6
152224000000	突泉县	9		6	3
152500000000	**锡林郭勒盟**	**82**	**11**	**35**	**36**
152501000000	二连浩特市	4	3		1
152502000000	锡林浩特市	12	8	1	3
152522000000	阿巴嘎旗	7		3	4
152523000000	苏尼特左旗	7		3	4
152524000000	苏尼特右旗	7		3	4
152525000000	东乌珠穆沁旗	10		6	4
152526000000	西乌珠穆沁旗	7		5	2
152527000000	太仆寺旗	7		5	2
152528000000	镶黄旗	4		2	2
152529000000	正镶白旗	5		2	3
152530000000	正蓝旗	7		3	4
152531000000	多伦县	5		2	3
152900000000	**阿拉善盟**	**34**	**4**	**15**	**15**
152921000000	阿拉善左旗	19	4	9	6
152922000000	阿拉善右旗	7		3	4
152923000000	额济纳旗	8		3	5

辽宁省(辽)

行政区划代码	行政区划名称	合计	街道	镇	乡
210000000000	**辽宁省**	**1515**	**630**	**615**	**270**
210100000000	**沈阳市**	**214**	**141**	**55**	**18**
210102000000	和平区	13	13		
210103000000	沈河区	15	15		
210104000000	大东区	14	14		
210105000000	皇姑区	12	12		
210106000000	铁西区	20	20		
210111000000	苏家屯区	17	17		
210112000000	东陵区	14	14		
210113000000	沈北新区	14	14		
210114000000	于洪区	12	12		
210122000000	辽中县	20	2	18	
210123000000	康平县	15	3	5	7
210124000000	法库县	19		14	5
210181000000	新民市	29	5	18	6
210200000000	**大连市**	**161**	**106**	**35**	**20**
210202000000	中山区	8	8		
210203000000	西岗区	7	7		
210204000000	沙河口区	9	9		
210211000000	甘井子区	15	15		
210212000000	旅顺口区	13	13		
210213000000	金州区	23	23		
210224000000	长海县	5		2	3
210281000000	瓦房店市	32	11	13	8
210282000000	普兰店市	23	15	5	3
210283000000	庄河市	26	5	15	6
210300000000	**鞍山市**	**110**	**47**	**60**	**3**
210302000000	铁东区	17	15	2	
210303000000	铁西区	14	12	2	
210304000000	立山区	11	9	2	
210311000000	千山区	6	1	5	
210321000000	台安县	11	1	10	
210323000000	岫岩满族自治县	26	5	18	3
210381000000	海城市	25	4	21	
210400000000	**抚顺市**	**83**	**36**	**24**	**23**
210402000000	新抚区	11	10		1
210403000000	东洲区	13	9	2	2
210404000000	望花区	13	11	1	1
210411000000	顺城区	9	6	1	2
210421000000	抚顺县	8		2	6
210422000000	新宾满族自治县	15		9	6
210423000000	清原满族自治县	14		9	5
210500000000	**本溪市**	**58**	**35**	**18**	**5**
210502000000	平山区	9	9		
210503000000	溪湖区	10	10		
210504000000	明山区	9	9		
210505000000	南芬区	5	5		
210521000000	本溪满族自治县	12	1	10	1
210522000000	桓仁满族自治县	13	1	8	4
210600000000	**丹东市**	**90**	**26**	**59**	**5**
210602000000	元宝区	7	6	1	
210603000000	振兴区	13	10	3	
210604000000	振安区	9	4	5	
210624000000	宽甸满族自治县	22		19	3
210681000000	东港市	18	3	14	1
210682000000	凤城市	21	3	17	1

续表

行政区划代码	行政区划名称	合计	街道	镇	乡
210700000000	**锦州市**	**116**	**35**	**53**	**28**
210702000000	古塔区	9	9		1
210703000000	凌河区	11	11		
210711000000	太和区	16	10	2	3
210726000000	黑山县	22		17	5
210727000000	义县	18		10	8
210781000000	凌海市	20	2	13	5
210782000000	北镇市	20	3	11	6
210800000000	**营口市**	**72**	**34**	**35**	**3**
210802000000	站前区	7	7		
210803000000	西市区	8	8		
210804000000	鲅鱼圈区	7	4	3	
210811000000	老边区	5	2	3	
210881000000	盖州市	27	8	16	3
210882000000	大石桥市	18	5	13	
210900000000	**阜新市**	**95**	**30**	**49**	**16**
210902000000	海州区	11	10	1	
210903000000	新邱区	5	4	1	
210904000000	太平区	6	5	1	
210905000000	清河门区	6	4	2	
210911000000	细河区	7	6	1	
210921000000	阜新蒙古族自治县	36	1	31	4
210922000000	彰武县	24		12	12
211000000000	**辽阳市**	**61**	**25**	**30**	**6**
211002000000	白塔区	11	11		
211003000000	文圣区	4	2	2	
211004000000	宏伟区	6	4	2	
211005000000	弓长岭区	5	3	1	1
211011000000	太子河区	6	2	3	1
211021000000	辽阳县	15		12	3
211081000000	灯塔市	14	3	10	1
211100000000	**盘锦市**	**56**	**28**	**27**	**1**
211102000000	双台子区	10	9		1
211103000000	兴隆台区	18	18		
211121000000	大洼县	15	1	14	
211122000000	盘山县	13		13	
211200000000	**铁岭市**	**103**	**14**	**68**	**21**
211202000000	银州区	8	7		1
211204000000	清河区	5	2	2	1
211221000000	铁岭县	14		11	3
211223000000	西丰县	18		9	9
211224000000	昌图县	33		30	3
211281000000	调兵山市	5	2	3	
211282000000	开原市	20	3	13	4
211300000000	**朝阳市**	**168**	**37**	**68**	**63**
211302000000	双塔区	15	11	3	1
211303000000	龙城区	12	6	6	
211321000000	朝阳县	27		9	18
211322000000	建平县	29	5	16	8
211324000000	喀喇沁左翼蒙古族自治县	21		12	9
211381000000	北票市	34	7	10	17
211382000000	凌源市	30	8	12	10
211400000000	**葫芦岛市**	**128**	**36**	**34**	**58**
211402000000	连山区	20	11	3	6
211403000000	龙港区	11	10		1
211404000000	南票区	17	7	6	4
211421000000	绥中县	25		14	11
211422000000	建昌县	28		7	21
211481000000	兴城市	27	8	4	15

吉林省(吉)

行政区划代码	行政区划名称	合计	街道	镇	乡
220000000000	**吉林省**	**895**	**277**	**429**	**189**
220100000000	**长春市**	**165**	**68**	**67**	**30**
220102000000	南关区	19	15	3	1
220103000000	宽城区	16	10	5	1
220104000000	朝阳区	13	10	2	1
220105000000	二道区	15	8	6	1
220106000000	绿园区	12	9	3	
220112000000	双阳区	8	4	3	1
220122000000	农安县	21		11	10
220181000000	九台市	15	4	9	2
220182000000	榆树市	28	4	15	9
220183000000	德惠市	18	4	10	4
220200000000	**吉林市**	**142**	**66**	**55**	**21**
220202000000	昌邑区	19	14	3	2
220203000000	龙潭区	19	13	4	2
220204000000	船营区	16	12	3	1
220211000000	丰满区	11	7	1	3
220221000000	永吉县	9		7	2
220281000000	蛟河市	17	7	8	2
220282000000	桦甸市	14	5	6	3
220283000000	舒兰市	19	4	10	5
220284000000	磐石市	18	4	13	1
220300000000	**四平市**	**102**	**29**	**56**	**17**
220302000000	铁西区	6	5		1
220303000000	铁东区	12	8	3	1
220322000000	梨树县	21		15	6
220323000000	伊通满族自治县	15		12	3
220381000000	公主岭市	30	10	18	2
220382000000	双辽市	18	6	8	4
220400000000	**辽源市**	**44**	**14**	**23**	**7**
220402000000	龙山区	10	8	1	1
220403000000	西安区	7	6	1	
220421000000	东丰县	14		12	2
220422000000	东辽县	13		9	4

续表

行政区划代码	行政区划名称	合计	街道	镇	乡
220500000000	**通化市**	**97**	**19**	**57**	**21**
220502000000	东昌区	11	8	1	2
220503000000	二道江区	6	2	3	1
220521000000	通化县	15		10	5
220523000000	辉南县	11		10	1
220524000000	柳河县	15		12	3
220581000000	梅河口市	24	5	12	7
220582000000	集安市	15	4	9	2
220600000000	**白山市**	**65**	**18**	**40**	**7**
220602000000	浑江区	12	8	4	
220605000000	江源区	10	4	6	
220621000000	抚松县	14		11	3
220622000000	靖宇县	8		7	1
220623000000	长白朝鲜族自治县	8		6	2
220681000000	临江市	13	6	6	1
220700000000	**松原市**	**95**	**17**	**42**	**36**
220702000000	宁江区	24	17	4	3
220721000000	前郭尔罗斯蒙古族自治县	22		8	14
220722000000	长岭县	22		12	10
220723000000	乾安县	10		6	4
220724000000	扶余县	17		12	5
220800000000	**白城市**	**97**	**24**	**38**	**35**
220802000000	洮北区	23	11	7	5
220821000000	镇赉县	11		7	4
220822000000	通榆县	16		8	8
220881000000	洮南市	24	8	6	10
220882000000	大安市	23	5	10	8
222400000000	**延边朝鲜族自治州**	**88**	**22**	**51**	**15**
222401000000	延吉市	10	6	4	
222402000000	图们市	7	3	4	
222403000000	敦化市	20	4	11	5
222404000000	珲春市	13	4	4	5
222405000000	龙井市	9	2	5	2
222406000000	和龙市	11	3	8	
222424000000	汪清县	9		8	1
222426000000	安图县	9		7	2

黑龙江省(黑)

行政区划代码	行政区划名称	合计	街道	镇	乡
230000000000	**黑龙江省**	**1278**	**384**	**485**	**409**
230100000000	**哈尔滨市**	**289**	**106**	**114**	**69**
230102000000	道里区	23	19	4	
230103000000	南岗区	20	18	1	1
230104000000	道外区	27	23	3	1
230108000000	平房区	8	7	1	
230109000000	松北区	7	2	5	
230110000000	香坊区	24	20	3	1
230111000000	呼兰区	19	8	8	3
230112000000	阿城区	19	9	10	
230123000000	依兰县	9		6	3
230124000000	方正县	8		3	5
230125000000	宾县	17		12	5
230126000000	巴彦县	18		10	8
230127000000	木兰县	8		6	2
230128000000	通河县	8		6	2
230129000000	延寿县	9		5	4
230182000000	双城市	24		10	14
230183000000	尚志市	17		10	7
230184000000	五常市	24		11	13
230200000000	**齐齐哈尔市**	**160**	**37**	**65**	**58**
230202000000	龙沙区	6	6		
230203000000	建华区	5	5		
230204000000	铁锋区	8	7	1	
230205000000	昂昂溪区	6	4	2	
230206000000	富拉尔基区	10	8		2
230207000000	碾子山区	4	4		
230208000000	梅里斯达斡尔族区	7	1	4	2
230221000000	龙江县	14		5	9
230223000000	依安县	15		6	9
230224000000	泰来县	10		8	2
230225000000	甘南县	10		5	5
230227000000	富裕县	10		6	4
230229000000	克山县	15		6	9
230230000000	克东县	7		4	3
230231000000	拜泉县	16		7	9
230281000000	讷河市	17	2	11	4
230300000000	**鸡西市**	**75**	**29**	**23**	**23**
230302000000	鸡冠区	9	7		2
230303000000	恒山区	9	7		2
230304000000	滴道区	6	4		2
230305000000	梨树区	5	5		
230306000000	城子河区	7	5		2
230307000000	麻山区	1	1		
230321000000	鸡东县	11		8	3
230381000000	虎林市	11		7	4
230382000000	密山市	16		8	8

续表 1

行政区划代码	行政区划名称	合计	街道	镇	乡
230400000000	**鹤岗市**	**53**	**32**	**11**	**10**
230402000000	向阳区	5	5		
230403000000	工农区	6	6		
230404000000	南山区	6	6		
230405000000	兴安区	6	5	1	
230406000000	东山区	9	6	1	2
230407000000	兴山区	4	4		
230421000000	萝北县	8		6	2
230422000000	绥滨县	9		3	6
230500000000	**双鸭山市**	**66**	**24**	**21**	**21**
230502000000	尖山区	8	7		1
230503000000	岭东区	7	6		1
230505000000	四方台区	5	4	1	
230506000000	宝山区	8	7	1	
230521000000	集贤县	8		5	3
230522000000	友谊县	11		4	7
230523000000	宝清县	10		6	4
230524000000	饶河县	9		4	5
230600000000	**大庆市**	**87**	**29**	**30**	**28**
230602000000	萨尔图区	9	9		
230603000000	龙凤区	7	6	1	
230604000000	让胡路区	7	6	1	
230605000000	红岗区	6	5	1	
230606000000	大同区	11	3	4	4
230621000000	肇州县	12		6	6
230622000000	肇源县	16		8	8
230623000000	林甸县	8		4	4
230624000000	杜尔伯特蒙古族自治县	11		5	6
230700000000	**伊春市**	**49**	**30**	**9**	**10**
230702000000	伊春区	5	5		
230703000000	南岔区	6	3	2	1
230704000000	友好区	3	3		
230705000000	西林区	3	3		
230706000000	翠峦区	2	2		
230707000000	新青区	2	2		
230708000000	美溪区	1	1		
230709000000	金山屯区	2	2		
230710000000	五营区	2	2		
230711000000	乌马河区	1	1		
230712000000	汤旺河区	2	2		
230713000000	带岭区	1	1		
230714000000	乌伊岭区	1	1		
230715000000	红星区	1	1		
230716000000	上甘岭区	1	1		
230722000000	嘉荫县	9		3	6
230781000000	铁力市	7		4	3

续表 2

行政区划代码	行政区划名称	合计	街道	镇	乡
230800000000	**佳木斯市**	**99**	**28**	**38**	**33**
230803000000	向阳区	6	6		
230804000000	前进区	6	6		
230805000000	东风区	8	6	1	1
230811000000	郊区	18	7	5	6
230822000000	桦南县	10		6	4
230826000000	桦川县	9		4	5
230828000000	汤原县	10		4	6
230833000000	抚远县	9		4	5
230881000000	同江市	10		4	6
230882000000	富锦市	13	3	10	
230900000000	**七台河市**	**39**	**22**	**9**	**8**
230902000000	新兴区	12	10	1	1
230903000000	桃山区	8	7	1	
230904000000	茄子河区	9	5	2	2
230921000000	勃利县	10		5	5
231000000000	**牡丹江市**	**78**	**24**	**44**	**10**
231002000000	东安区	5	5		
231003000000	阳明区	8	4	4	
231004000000	爱民区	9	8	1	
231005000000	西安区	9	7	1	1
231024000000	东宁县	6		6	
231025000000	林口县	11		9	2
231081000000	绥芬河市	2		2	
231083000000	海林市	8		8	
231084000000	宁安市	12		7	5
231085000000	穆棱市	8		6	2
231100000000	**黑河市**	**76**	**11**	**25**	**40**
231102000000	爱辉区	15	4	3	8
231121000000	嫩江县	14		8	6
231123000000	逊克县	9		2	7
231124000000	孙吴县	11		2	9
231181000000	北安市	15	6	5	4
231182000000	五大连池市	12	1	5	6
231200000000	**绥化市**	**166**	**6**	**72**	**88**
231202000000	北林区	26	6	12	8
231221000000	望奎县	15		8	7
231222000000	兰西县	15		4	11
231223000000	青冈县	15		6	9
231224000000	庆安县	14		6	8
231225000000	明水县	12		5	7
231226000000	绥棱县	11		4	7
231281000000	安达市	14		10	4
231282000000	肇东市	21		10	11
231283000000	海伦市	23		7	16
232700000000	**大兴安岭地区**	**41**	**6**	**24**	**11**
232721000000	呼玛县	8		2	6
232722000000	塔河县	6		3	3
232723000000	漠河县	5		5	

上海市(沪)

行政区划代码	行政区划名称	合计	街道	镇	乡
310000000000	**上海市**	**208**	**98**	**108**	**2**
310101000000	黄浦区	10	10		
310104000000	徐汇区	13	12	1	
310105000000	长宁区	10	9	1	
310106000000	静安区	5	5		
310107000000	普陀区	9	6	3	
310108000000	闸北区	9	8	1	
310109000000	虹口区	8	8		
310110000000	杨浦区	12	11	1	
310112000000	闵行区	12	3	9	
310113000000	宝山区	12	3	9	
310114000000	嘉定区	10	3	7	
310115000000	浦东新区	36	12	24	
310116000000	金山区	10	1	9	
310117000000	松江区	15	4	11	
310118000000	青浦区	11	3	8	
310120000000	奉贤区	8		8	
310230000000	崇明县	18		16	2

江苏省(苏)

行政区划代码	行政区划名称	合计	街道	镇	乡
320000000000	**江苏省**	**1281**	**349**	**836**	**96**
320100000000	**南京市**	**100**	**81**	**19**	
320102000000	玄武区	7	7		
320103000000	白下区	7	7		
320104000000	秦淮区	5	5		
320105000000	建邺区	6	6		
320106000000	鼓楼区	7	7		
320107000000	下关区	6	6		
320111000000	浦口区	9	8	1	
320113000000	栖霞区	9	9		
320114000000	雨花台区	6	6		
320115000000	江宁区	10	10		
320116000000	六合区	12	10	2	
320124000000	溧水县	8		8	
320125000000	高淳县	8		8	
320200000000	**无锡市**	**83**	**51**	**32**	
320202000000	崇安区	6	6		
320203000000	南长区	6	6		
320204000000	北塘区	5	5		

续表 1

行政区划代码	行政区划名称	合计	街道	镇	乡
320205000000	锡山区	10	6	4	
320206000000	惠山区	7	5	2	
320211000000	滨湖区	14	13	1	
320281000000	江阴市	17	6	11	
320282000000	宜兴市	18	4	14	
320300000000	**徐州市**	**154**	**41**	**113**	
320302000000	鼓楼区	9	9		
320303000000	云龙区	8	8		
320305000000	贾汪区	10	2	8	
320311000000	泉山区	14	14		
320312000000	铜山区	28	8	20	
320321000000	丰县	14		14	
320322000000	沛县	15		15	
320324000000	睢宁县	16		16	
320381000000	新沂市	16		16	
320382000000	邳州市	24		24	
320400000000	**常州市**	**58**	**21**	**37**	
320402000000	天宁区	6	6		
320404000000	钟楼区	7	7		
320405000000	戚墅堰区	3	3		
320411000000	新北区	9	3	6	
320412000000	武进区	16	2	14	
320481000000	溧阳市	10		10	
320482000000	金坛市	7		7	
320500000000	**苏州市**	**95**	**40**	**55**	
320505000000	虎丘区	8	5	3	
320506000000	吴中区	17	10	7	
320507000000	相城区	8	4	4	
320508000000	姑苏区	17	17		
320509000000	吴江区	9	1	8	
320581000000	常熟市	11	2	9	
320582000000	张家港市	8		8	
320583000000	昆山市	10		10	
320585000000	太仓市	7	1	6	
320600000000	**南通市**	**107**	**23**	**82**	**2**
320602000000	崇川区	14	14		
320611000000	港闸区	6	6		
320612000000	通州区	19		19	
320621000000	海安县	10		10	
320623000000	如东县	14		14	
320681000000	启东市	12		11	1
320682000000	如皋市	20		20	
320684000000	海门市	12	3	8	1
320700000000	**连云港市**	**101**	**18**	**53**	**30**
320703000000	连云区	10	7	1	2
320705000000	新浦区	11	7	2	2
320706000000	海州区	8	4	3	1

续表 2

行政区划代码	行政区划名称	合计	街道	镇	乡
320721000000	赣榆县	18		18	
320722000000	东海县	21		13	8
320723000000	灌云县	19		7	12
320724000000	灌南县	14		9	5
320800000000	**淮安市**	**126**	**11**	**91**	**24**
320802000000	清河区	10	7		3
320803000000	淮安区	26		21	5
320804000000	淮阴区	21		14	7
320811000000	清浦区	9	4	3	2
320826000000	涟水县	19		17	2
320829000000	洪泽县	11		11	
320830000000	盱眙县	19		14	5
320831000000	金湖县	11		11	
320900000000	**盐城市**	**112**	**13**	**99**	
320902000000	亭湖区	15	9	6	
320903000000	盐都区	12	4	8	
320921000000	响水县	8		8	
320922000000	滨海县	12		12	
320923000000	阜宁县	14		14	
320924000000	射阳县	13		13	
320925000000	建湖县	12		12	
320981000000	东台市	14		14	
320982000000	大丰市	12		12	
321000000000	**扬州市**	**88**	**12**	**71**	**5**
321002000000	广陵区	11	4	6	1
321003000000	邗江区	20	8	9	3
321012000000	江都区	13		13	
321023000000	宝应县	14		14	
321081000000	仪征市	10		10	
321084000000	高邮市	20		19	1
321100000000	**镇江市**	**53**	**18**	**35**	
321102000000	京口区	11	8	3	
321111000000	润州区	7	7		
321112000000	丹徒区	7	1	6	
321181000000	丹阳市	13		13	
321182000000	扬中市	6	2	4	
321183000000	句容市	9		9	
321200000000	**泰州市**	**96**	**16**	**74**	**6**
321202000000	海陵区	13	10	3	
321203000000	高港区	9	4	5	
321204000000	姜堰区	15		15	
321281000000	兴化市	34		29	5
321282000000	靖江市	9	1	8	
321283000000	泰兴市	16	1	14	1
321300000000	**宿迁市**	**108**	**4**	**75**	**29**
321302000000	宿城区	18	4	10	4
321311000000	宿豫区	17		14	3
321322000000	沭阳县	34		26	8
321323000000	泗阳县	16		11	5
321324000000	泗洪县	23		14	9

浙江省(浙)

行政区划代码	行政区划名称	合计	街道	镇	乡
330000000000	**浙江省**	**1341**	**412**	**650**	**279**
330100000000	**杭州市**	**192**	**83**	**86**	**23**
330102000000	上城区	6	6		
330103000000	下城区	8	8		
330104000000	江干区	10	6	4	
330105000000	拱墅区	10	10		
330106000000	西湖区	12	10	2	
330108000000	滨江区	3	3		
330109000000	萧山区	28	11	17	
330110000000	余杭区	20	14	6	
330122000000	桐庐县	14	4	6	4
330127000000	淳安县	23		11	12
330182000000	建德市	16	3	12	1
330183000000	富阳市	25	4	15	6
330185000000	临安市	17	4	13	
330200000000	**宁波市**	**153**	**64**	**78**	**11**
330203000000	海曙区	8	8		
330204000000	江东区	8	8		
330205000000	江北区	8	7	1	
330206000000	北仑区	10	7	2	1
330211000000	镇海区	6	4	2	
330212000000	鄞州区	25	7	17	1
330225000000	象山县	18	3	10	5
330226000000	宁海县	18	4	11	3
330281000000	余姚市	21	6	14	1
330282000000	慈溪市	20	5	15	
330283000000	奉化市	11	5	6	
330300000000	**温州市**	**130**	**60**	**64**	**6**
330302000000	鹿城区	8	7	1	
330303000000	龙湾区	11	11		
330304000000	瓯海区	13	12	1	
330322000000	洞头县	6	4	1	1
330324000000	永嘉县	18	8	10	
330326000000	平阳县	10		9	1
330327000000	苍南县	12		10	2
330328000000	文成县	10		9	1
330329000000	泰顺县	10		9	1
330381000000	瑞安市	15	10	5	
330382000000	乐清市	17	8	9	
330400000000	**嘉兴市**	**73**	**29**	**44**	
330402000000	南湖区	13	8	5	
330411000000	秀洲区	9	4	5	
330421000000	嘉善县	9	3	6	
330424000000	海盐县	9	4	5	
330481000000	海宁市	12	4	8	
330482000000	平湖市	9	3	6	
330483000000	桐乡市	12	3	9	
330500000000	**湖州市**	**67**	**15**	**41**	**11**
330502000000	吴兴区	18	12	5	1
330503000000	南浔区	9		9	
330521000000	德清县	11		9	2
330522000000	长兴县	16	3	9	4
330523000000	安吉县	13		9	4

续表

行政区划代码	行政区划名称	合计	街道	镇	乡
330600000000	**绍兴市**	**118**	**24**	**79**	**15**
330602000000	越城区	14	7	7	
330621000000	绍兴县	19	4	15	
330624000000	新昌县	16	3	8	5
330681000000	诸暨市	27	3	23	1
330682000000	上虞市	21	3	15	3
330683000000	嵊州市	21	4	11	6
330700000000	**金华市**	**151**	**39**	**76**	**36**
330702000000	婺城区	27	9	9	9
330703000000	金东区	11	2	8	1
330723000000	武义县	18	3	8	7
330726000000	浦江县	15	3	7	5
330727000000	磐安县	19		9	10
330781000000	兰溪市	16	6	7	3
330782000000	义乌市	13	7	6	
330783000000	东阳市	18	6	11	1
330784000000	永康市	14	3	11	
330800000000	**衢州市**	**104**	**16**	**45**	**43**
330802000000	柯城区	17	7	2	8
330803000000	衢江区	20	2	10	8
330822000000	常山县	14	3	6	5
330824000000	开化县	18		9	9
330825000000	龙游县	15	2	6	7
330881000000	江山市	20	2	12	6
330900000000	**舟山市**	**43**	**11**	**21**	**11**
330902000000	定海区	16	6	7	3
330903000000	普陀区	13	5	5	3
330921000000	岱山县	7		6	1
330922000000	嵊泗县	7		3	4
331000000000	**台州市**	**133**	**41**	**64**	**28**
331002000000	椒江区	9	8	1	
331003000000	黄岩区	19	8	5	6
331004000000	路桥区	10	6	4	
331021000000	玉环县	11	3	5	3
331022000000	三门县	14		10	4
331023000000	天台县	15	3	7	5
331024000000	仙居县	20	3	7	10
331081000000	温岭市	16	5	11	
331082000000	临海市	19	5	14	
331100000000	**丽水市**	**177**	**30**	**52**	**95**
331102000000	莲都区	16	7	4	5
331121000000	青田县	33	3	9	21
331122000000	缙云县	18	3	7	8
331123000000	遂昌县	20	2	7	11
331124000000	松阳县	19	3	5	11
331125000000	云和县	10	4	3	3
331126000000	庆元县	20	3	5	12
331127000000	景宁畲族自治县	22	2	4	16
331181000000	龙泉市	19	3	8	8

安徽省(皖)

行政区划代码	行政区划名称	合计	街道	镇	乡
340000000000	**安徽省**	**1509**	**252**	**923**	**334**
340100000000	**合肥市**	**127**	**43**	**65**	**19**
340102000000	瑶海区	15	13	1	1
340103000000	庐阳区	11	9	1	1
340104000000	蜀山区	10	8	2	
340111000000	包河区	9	7	2	
340121000000	长丰县	15		9	6
340122000000	肥东县	18		12	6
340123000000	肥西县	14		10	4
340124000000	庐江县	17		17	
340181000000	巢湖市	18	6	11	1
340200000000	**芜湖市**	**64**	**20**	**40**	**4**
340202000000	镜湖区	1	1		
340203000000	弋江区	8	8		
340207000000	鸠江区	8	7	1	
340208000000	三山区	5	4	1	
340221000000	芜湖县	5		5	
340222000000	繁昌县	6		6	
340223000000	南陵县	8		8	
340225000000	无为县	23		19	4
340300000000	**蚌埠市**	**74**	**19**	**37**	**18**
340302000000	龙子湖区	9	7	1	1
340303000000	蚌山区	8	6		2
340304000000	禹会区	7	5	1	1
340311000000	淮上区	5	1	4	
340321000000	怀远县	19		10	9
340322000000	五河县	15		13	2
340323000000	固镇县	11		8	3
340400000000	**淮南市**	**65**	**19**	**31**	**15**
340402000000	大通区	5	1	3	1
340403000000	田家庵区	14	9	3	2
340404000000	谢家集区	11	5	4	2
340405000000	八公山区	5	3	2	
340406000000	潘集区	11	1	8	2
340421000000	凤台县	19		11	8
340500000000	**马鞍山市**	**48**	**13**	**30**	**5**
340503000000	花山区	10	9		1
340504000000	雨山区	7	4	2	1
340506000000	博望区	3		3	
340521000000	当涂县	11		8	3
340522000000	含山县	8		8	
340523000000	和县	9		9	

续表 1

行政区划代码	行政区划名称	合计	街道	镇	乡
340600000000	**淮北市**	**35**	**17**	**18**	
340602000000	杜集区	5	2	3	
340603000000	相山区	11	10	1	
340604000000	烈山区	8	5	3	
340621000000	濉溪县	11		11	
340700000000	**铜陵市**	**25**	**13**	**7**	**5**
340702000000	铜官山区	6	6		
340703000000	狮子山区	6	5	1	
340711000000	郊区	5	2	2	1
340721000000	铜陵县	8		4	4
340800000000	**安庆市**	**171**	**18**	**97**	**56**
340802000000	迎江区	9	6		3
340803000000	大观区	10	7	1	2
340811000000	宜秀区	6	1	3	2
340822000000	怀宁县	20		15	5
340823000000	枞阳县	22		14	8
340824000000	潜山县	16		11	5
340825000000	太湖县	15		10	5
340826000000	宿松县	22		9	13
340827000000	望江县	10		8	2
340828000000	岳西县	24		13	11
340881000000	桐城市	17	4	13	
341000000000	**黄山市**	**107**	**6**	**53**	**48**
341002000000	屯溪区	9	4	5	
341003000000	黄山区	15	1	9	5
341004000000	徽州区	8	1	4	3
341021000000	歙县	28		13	15
341022000000	休宁县	21		10	11
341023000000	黟县	8		4	4
341024000000	祁门县	18		8	10
341100000000	**滁州市**	**110**	**16**	**82**	**12**
341102000000	琅琊区	8	8		
341103000000	南谯区	11	3	8	
341122000000	来安县	12		8	4
341124000000	全椒县	10		10	
341125000000	定远县	22		16	6
341126000000	凤阳县	15		14	1
341181000000	天长市	15	1	14	
341182000000	明光市	17	4	12	1

续表 2

行政区划代码	行政区划名称	合计	街道	镇	乡
341200000000	**阜阳市**	**170**	**13**	**121**	**36**
341202000000	颍州区	13	5	7	1
341203000000	颍东区	12	3	8	1
341204000000	颍泉区	6	2	4	
341221000000	临泉县	31		21	10
341222000000	太和县	31		26	5
341225000000	阜南县	29		21	8
341226000000	颍上县	30		22	8
341282000000	界首市	18	3	12	3
341300000000	**宿州市**	**106**	**12**	**71**	**23**
341302000000	埇桥区	36	12	15	9
341321000000	砀山县	13		13	
341322000000	萧县	23		18	5
341323000000	灵璧县	19		13	6
341324000000	泗县	15		12	3
341500000000	**六安市**	**167**	**8**	**107**	**52**
341502000000	金安区	22	5	11	6
341503000000	裕安区	22	3	12	7
341521000000	寿县	25		21	4
341522000000	霍邱县	35		24	11
341523000000	舒城县	21		15	6
341524000000	金寨县	26		12	14
341525000000	霍山县	16		12	4
341600000000	**亳州市**	**89**	**10**	**71**	**8**
341602000000	谯城区	25	3	20	2
341621000000	涡阳县	24	4	20	
341622000000	蒙城县	17	3	12	2
341623000000	利辛县	23		19	4
341700000000	**池州市**	**56**	**11**	**36**	**9**
341702000000	贵池区	20	11	9	
341721000000	东至县	15		12	3
341722000000	石台县	8		6	2
341723000000	青阳县	13		9	4
341800000000	**宣城市**	**95**	**14**	**57**	**24**
341802000000	宣州区	26	8	14	4
341821000000	郎溪县	9		7	2
341822000000	广德县	9		5	4
341823000000	泾县	11		9	2
341824000000	绩溪县	11		8	3
341825000000	旌德县	10		6	4
341881000000	宁国市	19	6	8	5

福建省(闽)

行政区划代码	行政区划名称	合计	街道	镇	乡
350000000000	**福建省**	**1104**	**175**	**609**	**320**
350100000000	**福州市**	**189**	**43**	**99**	**47**
350102000000	鼓楼区	10	9	1	
350103000000	台江区	10	10		
350104000000	仓山区	13	8	5	
350105000000	马尾区	4	1	3	
350111000000	晋安区	9	3	4	2
350121000000	闽侯县	15	1	8	6
350122000000	连江县	23		16	7
350123000000	罗源县	11		6	5
350124000000	闽清县	16		11	5
350125000000	永泰县	21		9	12
350128000000	平潭县	15		7	8
350181000000	福清市	24	7	17	
350182000000	长乐市	18	4	12	2
350200000000	**厦门市**	**37**	**24**	**13**	
350203000000	思明区	10	10		
350205000000	海沧区	3	2	1	
350206000000	湖里区	5	5		
350211000000	集美区	6	4	2	
350212000000	同安区	8	2	6	
350213000000	翔安区	5	1	4	
350300000000	**莆田市**	**54**	**8**	**39**	**7**
350302000000	城厢区	7	3	4	
350303000000	涵江区	12	2	9	1
350304000000	荔城区	6	2	4	
350305000000	秀屿区	11		10	1
350322000000	仙游县	18	1	12	5
350400000000	**三明市**	**142**	**13**	**61**	**68**
350402000000	梅列区	5	3	2	
350403000000	三元区	8	4	2	2
350421000000	明溪县	9		4	5
350423000000	清流县	13		5	8
350424000000	宁化县	16		5	11
350425000000	大田县	18		8	10
350426000000	尤溪县	15		9	6
350427000000	沙县	12	2	6	4
350428000000	将乐县	13		6	7
350429000000	泰宁县	9		2	7
350430000000	建宁县	9		4	5
350481000000	永安市	15	4	8	3
350500000000	**泉州市**	**163**	**30**	**107**	**26**
350502000000	鲤城区	8	8		
350503000000	丰泽区	8	8		
350504000000	洛江区	6	2	3	1
350505000000	泉港区	7	1	6	
350521000000	惠安县	16		15	1
350524000000	安溪县	24		13	11
350525000000	永春县	22		18	4
350526000000	德化县	18		11	7

续表

行政区划代码	行政区划名称	合计	街道	镇	乡
350527000000	**金门县**				
350581000000	石狮市	9	2	7	
350582000000	晋江市	19	6	13	
350583000000	南安市	26	3	21	2
350600000000	**漳州市**	**121**	**8**	**89**	**24**
350602000000	芗城区	10	6	4	
350603000000	龙文区	5	1	4	
350622000000	云霄县	9		6	3
350623000000	漳浦县	21		17	4
350624000000	诏安县	15		9	6
350625000000	长泰县	5		4	1
350626000000	东山县	7		7	
350627000000	南靖县	11		11	
350628000000	平和县	15		10	5
350629000000	华安县	9		6	3
350681000000	龙海市	14	1	11	2
350700000000	**南平市**	**139**	**24**	**71**	**44**
350702000000	延平区	21	6	13	2
350721000000	顺昌县	12	1	7	4
350722000000	浦城县	19	2	9	8
350723000000	光泽县	8		3	5
350724000000	松溪县	9	1	2	6
350725000000	政和县	10	1	4	5
350781000000	邵武市	19	4	12	3
350782000000	武夷山市	10	3	3	4
350783000000	建瓯市	18	4	10	4
350784000000	建阳市	13	2	8	3
350800000000	**龙岩市**	**134**	**12**	**67**	**55**
350802000000	新罗区	20	10	8	2
350821000000	长汀县	18		13	5
350822000000	永定县	24		10	14
350823000000	上杭县	22		13	9
350824000000	武平县	17		7	10
350825000000	连城县	17		8	9
350881000000	漳平市	16	2	8	6
350900000000	**宁德市**	**125**	**13**	**63**	**49**
350902000000	蕉城区	16	2	10	4
350921000000	霞浦县	14	2	6	6
350922000000	古田县	14	2	7	5
350923000000	屏南县	11		4	7
350924000000	寿宁县	14		5	9
350925000000	周宁县	9		6	3
350926000000	柘荣县	9		2	7
350981000000	福安市	22	4	13	5
350982000000	福鼎市	16	3	10	3

江西省(赣)

行政区划代码	行政区划名称	合计	街道	镇	乡
360000000000	**江西省**	**1540**	**142**	**802**	**596**
360100000000	**南昌市**	**110**	**30**	**51**	**29**
360102000000	东湖区	10	10		
360103000000	西湖区	11	10	1	
360104000000	青云谱区	6	5	1	
360105000000	湾里区	6	2	4	
360111000000	青山湖区	9	3	6	
360121000000	南昌县	18		11	7
360122000000	新建县	19		12	7
360123000000	安义县	10		7	3
360124000000	进贤县	21		9	12
360200000000	**景德镇市**	**52**	**13**	**25**	**14**
360202000000	昌江区	7	2	2	3
360203000000	珠山区	9	9		
360222000000	浮梁县	18		9	9
360281000000	乐平市	18	2	14	2
360300000000	**萍乡市**	**54**	**7**	**28**	**19**
360302000000	安源区	10	6	4	
360313000000	湘东区	11	1	8	2
360321000000	莲花县	13		5	8
360322000000	上栗县	10		6	4
360323000000	芦溪县	10		5	5
360400000000	**九江市**	**194**	**13**	**101**	**80**
360402000000	庐山区	11	3	7	1
360403000000	浔阳区	7	7		
360421000000	九江县	12		7	5
360423000000	武宁县	19		8	11
360424000000	修水县	36		19	17
360425000000	永修县	15		11	4
360426000000	德安县	13		5	8
360427000000	星子县	8		7	1
360428000000	都昌县	24		12	12
360429000000	湖口县	12		5	7
360430000000	彭泽县	13		10	3
360481000000	瑞昌市	18	2	8	8
360482000000	共青城市	6	1	2	3
360500000000	**新余市**	**29**	**3**	**16**	**10**
360502000000	渝水区	19	3	10	6
360521000000	分宜县	10		6	4
360600000000	**鹰潭市**	**42**	**9**	**22**	**11**
360602000000	月湖区	8	6	1	1
360622000000	余江县	11		6	5
360681000000	贵溪市	23	3	15	5
360700000000	**赣州市**	**290**	**7**	**140**	**143**
360702000000	章贡区	12	5	7	
360721000000	赣县	19		11	8
360722000000	信丰县	16		13	3
360723000000	大余县	11		8	3
360724000000	上犹县	14		5	9
360725000000	崇义县	16		6	10
360726000000	安远县	18		8	10
360727000000	龙南县	13		8	5
360728000000	定南县	7		7	
360729000000	全南县	9		6	3
360730000000	宁都县	24		12	12
360731000000	于都县	23		9	14

续表

行政区划代码	行政区划名称	合计	街道	镇	乡
360732000000	兴国县	25		7	18
360733000000	会昌县	19		6	13
360734000000	寻乌县	15		7	8
360735000000	石城县	10		5	5
360781000000	瑞金市	17		7	10
360782000000	南康市	22	2	8	12
360800000000	**吉安市**	**225**	**10**	**117**	**98**
360802000000	吉州区	11	6	4	1
360803000000	青原区	9	2	6	1
360821000000	吉安县	20	1	12	7
360822000000	吉水县	18		15	3
360823000000	峡江县	11		6	5
360824000000	新干县	13		7	6
360825000000	永丰县	21		8	13
360826000000	泰和县	22		16	6
360827000000	遂川县	23		11	12
360828000000	万安县	16		9	7
360829000000	安福县	19		7	12
360830000000	永新县	23		10	13
360881000000	井冈山市	19	1	6	12
360900000000	**宜春市**	**180**	**23**	**112**	**45**
360902000000	袁州区	31	9	18	4
360921000000	奉新县	13		10	3
360922000000	万载县	17	1	9	7
360923000000	上高县	14	1	8	5
360924000000	宜丰县	12		8	4
360925000000	靖安县	11		5	6
360926000000	铜鼓县	9		6	3
360981000000	丰城市	32	5	20	7
360982000000	樟树市	19	5	10	4
360983000000	高安市	22	2	18	2
361000000000	**抚州市**	**158**	**7**	**91**	**60**
361002000000	临川区	34	7	18	9
361021000000	南城县	12		9	3
361022000000	黎川县	14		6	8
361023000000	南丰县	12		7	5
361024000000	崇仁县	15		7	8
361025000000	乐安县	15		9	6
361026000000	宜黄县	12		8	4
361027000000	金溪县	13		8	5
361028000000	资溪县	7		5	2
361029000000	东乡县	13		9	4
361030000000	广昌县	11		5	6
361100000000	**上饶市**	**206**	**20**	**99**	**87**
361102000000	信州区	9	6	2	1
361121000000	上饶县	24	3	11	10
361122000000	广丰县	23	3	16	4
361123000000	玉山县	17	2	9	6
361124000000	铅山县	17		7	10
361125000000	横峰县	9	1	2	6
361126000000	弋阳县	15	1	9	5
361127000000	余干县	20		8	12
361128000000	鄱阳县	29		14	15
361129000000	万年县	12		6	6
361130000000	婺源县	17	1	10	6
361181000000	德兴市	14	3	5	6

山东省(鲁)

行政区划代码	行政区划名称	合计	街道	镇	乡
370000000000	**山东省**	**1824**	**617**	**1094**	**113**
370100000000	**济南市**	**141**	**86**	**51**	**4**
370102000000	历下区	14	14		
370103000000	市中区	17	17		
370104000000	槐荫区	14	12	2	
370105000000	天桥区	15	13	2	
370112000000	历城区	21	15	6	
370113000000	长清区	10	4	6	
370124000000	平阴县	8	2	6	
370125000000	济阳县	10	2	8	
370126000000	商河县	12	1	7	4
370181000000	章丘市	20	6	14	
370200000000	**青岛市**	**145**	**102**	**43**	
370202000000	市南区	14	14		
370203000000	市北区	31	31		
370211000000	黄岛区	22	12	10	
370212000000	崂山区	4	4		
370213000000	李沧区	11	11		
370214000000	城阳区	8	8		
370281000000	胶州市	12	6	6	
370282000000	即墨市	15	8	7	
370283000000	平度市	17	5	12	
370285000000	莱西市	11	3	8	
370300000000	**淄博市**	**88**	**29**	**59**	
370302000000	淄川区	14	4	10	
370303000000	张店区	13	7	6	
370304000000	博山区	10	3	7	
370305000000	临淄区	12	5	7	
370306000000	周村区	9	5	4	
370321000000	桓台县	9	2	7	
370322000000	高青县	9	2	7	
370323000000	沂源县	12	1	11	
370400000000	**枣庄市**	**64**	**18**	**44**	**2**
370402000000	市中区	11	6	3	2
370403000000	薛城区	9	4	5	
370404000000	峄城区	7	2	5	
370405000000	台儿庄区	6	1	5	
370406000000	山亭区	10	1	9	
370481000000	滕州市	21	4	17	
370500000000	**东营市**	**40**	**14**	**23**	**3**
370502000000	东营区	10	6	4	
370503000000	河口区	6	2	4	
370521000000	垦利县	7	2	5	
370522000000	利津县	8	2	4	2
370523000000	广饶县	9	2	6	1
370600000000	**烟台市**	**154**	**67**	**81**	**6**
370602000000	芝罘区	12	12		
370611000000	福山区	11	8	3	
370612000000	牟平区	13	6	7	
370613000000	莱山区	7	7		
370634000000	长岛县	8	1	1	6
370681000000	龙口市	13	5	8	

续表 1

行政区划代码	行政区划名称	合计	街道	镇	乡
370682000000	莱阳市	18	5	13	
370683000000	莱州市	17	6	11	
370684000000	蓬莱市	12	5	7	
370685000000	招远市	14	5	9	
370686000000	栖霞市	15	3	12	
370687000000	海阳市	14	4	10	
370700000000	**潍坊市**	**119**	**57**	**62**	
370702000000	潍城区	6	6		
370703000000	寒亭区	7	7		
370704000000	坊子区	7	7		
370705000000	奎文区	10	10		
370724000000	临朐县	10	2	8	
370725000000	昌乐县	9	5	4	
370781000000	青州市	12	4	8	
370782000000	诸城市	13	3	10	
370783000000	寿光市	14	5	9	
370784000000	安丘市	12	2	10	
370785000000	高密市	10	3	7	
370786000000	昌邑市	9	3	6	
370800000000	**济宁市**	**156**	**43**	**98**	**15**
370802000000	市中区	9	8	1	
370811000000	任城区	11	9	2	
370826000000	微山县	15	3	8	4
370827000000	鱼台县	11	2	8	1
370828000000	金乡县	13	2	11	
370829000000	嘉祥县	15	1	10	4
370830000000	汶上县	15	2	11	2
370831000000	泗水县	13	2	10	1
370832000000	梁山县	14	2	9	3
370881000000	曲阜市	12	4	8	
370882000000	兖州市	12	5	7	
370883000000	邹城市	16	3	13	
370900000000	**泰安市**	**87**	**18**	**61**	**8**
370902000000	泰山区	8	5	2	1
370911000000	岱岳区	18	3	13	2
370921000000	宁阳县	13	2	9	2
370923000000	东平县	14	3	9	2
370982000000	新泰市	20	2	17	1
370983000000	肥城市	14	3	11	
371000000000	**威海市**	**71**	**22**	**49**	
371002000000	环翠区	17	8	9	
371081000000	文登市	17	3	14	
371082000000	荣成市	22	10	12	
371083000000	乳山市	15	1	14	
371100000000	**日照市**	**54**	**9**	**40**	**5**
371102000000	东港区	12	5	7	
371103000000	岚山区	9	2	6	1
371121000000	五莲县	12	1	9	2
371122000000	莒县	21	1	18	2
371200000000	**莱芜市**	**20**	**7**	**13**	
371202000000	莱城区	15	4	11	
371203000000	钢城区	5	3	2	

续表 2

行政区划代码	行政区划名称	合计	街道	镇	乡
371300000000	**临沂市**	**157**	**28**	**119**	**10**
371302000000	兰山区	12	4	8	
371311000000	罗庄区	9	6	3	
371312000000	河东区	11	8	3	
371321000000	沂南县	15	1	13	1
371322000000	郯城县	13	1	9	3
371323000000	沂水县	18	1	16	1
371324000000	苍山县	17	1	15	1
371325000000	费县	12	1	9	2
371326000000	平邑县	14	1	13	
371327000000	莒南县	16	1	14	1
371328000000	蒙阴县	10	1	8	1
371329000000	临沭县	10	2	8	
371400000000	**德州市**	**134**	**27**	**88**	**19**
371402000000	德城区	12	7	5	
371421000000	陵县	13	2	10	1
371422000000	宁津县	12	2	9	1
371423000000	庆云县	9	1	5	3
371424000000	临邑县	12	3	8	1
371425000000	齐河县	15	2	9	4
371426000000	平原县	12	2	8	2
371427000000	夏津县	14	2	10	2
371428000000	武城县	8	1	7	
371481000000	乐陵市	16	4	9	3
371482000000	禹城市	11	1	8	2
371500000000	**聊城市**	**135**	**32**	**86**	**17**
371502000000	东昌府区	23	10	11	2
371521000000	阳谷县	18	3	12	3
371522000000	莘县	24	4	18	2
371523000000	茌平县	14	3	10	1
371524000000	东阿县	10	2	7	1
371525000000	冠县	18	3	7	8
371526000000	高唐县	12	3	9	
371581000000	临清市	16	4	12	
371600000000	**滨州市**	**91**	**29**	**57**	**5**
371602000000	滨城区	15	12	2	1
371621000000	惠民县	15	3	12	
371622000000	阳信县	10	2	7	1
371623000000	无棣县	12	2	9	1
371624000000	沾化县	11	2	7	2
371625000000	博兴县	12	3	9	
371626000000	邹平县	16	5	11	
371700000000	**菏泽市**	**168**	**29**	**120**	**19**
371702000000	牡丹区	24	10	13	1
371721000000	曹县	27	3	19	5
371722000000	单县	22	4	16	2
371723000000	成武县	13	2	11	
371724000000	巨野县	17	2	15	
371725000000	郓城县	22	2	15	5
371726000000	鄄城县	17	2	13	2
371727000000	定陶县	12	2	9	1
371728000000	东明县	14	2	9	3

河南省(豫)

行政区划代码	行政区划名称	合计	街道	镇	乡
410000000000	**河南省**	**2399**	**558**	**1014**	**827**
410100000000	**郑州市**	**173**	**83**	**74**	**16**
410102000000	中原区	14	12	1	1
410103000000	二七区	15	13	1	1
410104000000	管城回族区	12	9	1	2
410105000000	金水区	19	19		
410106000000	上街区	6	5	1	
410108000000	惠济区	8	6	2	
410122000000	中牟县	19	3	15	1
410181000000	巩义市	20	5	15	
410182000000	荥阳市	14	2	9	3
410183000000	新密市	16	3	12	1
410184000000	新郑市	15	3	9	3
410185000000	登封市	15	3	8	4
410200000000	**开封市**	**115**	**25**	**35**	**55**
410202000000	龙亭区	7	4		3
410203000000	顺河回族区	8	6		2
410204000000	鼓楼区	8	8		
410205000000	禹王台区	7	5		2
410211000000	金明区	4	2	1	1
410221000000	杞县	21		8	13
410222000000	通许县	12		6	6
410223000000	尉氏县	17		9	8
410224000000	开封县	15		6	9
410225000000	兰考县	16		5	11
410300000000	**洛阳市**	**184**	**53**	**92**	**39**
410302000000	老城区	8	8		
410303000000	西工区	10	10		
410304000000	瀍河回族区	8	7		1
410305000000	涧西区	13	13		
410306000000	吉利区	3	3		
410311000000	洛龙区	15	9	6	
410322000000	孟津县	10		10	
410323000000	新安县	11		10	1
410324000000	栾川县	14		12	2
410325000000	嵩县	16		9	7
410326000000	汝阳县	13		7	6
410327000000	宜阳县	17		10	7
410328000000	洛宁县	18		10	8
410329000000	伊川县	14		9	5
410381000000	偃师市	14	3	9	2
410400000000	**平顶山市**	**138**	**48**	**46**	**44**
410402000000	新华区	12	10	2	
410403000000	卫东区	12	12		

续表 1

行政区划代码	行政区划名称	合计	街道	镇	乡
410404000000	石龙区	4	4		
410411000000	湛河区	8	6	1	1
410421000000	宝丰县	12		8	4
410422000000	叶县	18		9	9
410423000000	鲁山县	24	4	5	15
410425000000	郏县	15	2	8	5
410481000000	舞钢市	13	5	4	4
410482000000	汝州市	20	5	9	6
410500000000	**安阳市**	**135**	**43**	**51**	**41**
410502000000	文峰区	17	15	1	1
410503000000	北关区	9	9		
410505000000	殷都区	10	9		1
410506000000	龙安区	9	6	1	2
410522000000	安阳县	21		12	9
410523000000	汤阴县	10		7	3
410526000000	滑县	22		10	12
410527000000	内黄县	17		7	10
410581000000	林州市	20	4	13	3
410600000000	**鹤壁市**	**42**	**23**	**14**	**5**
410602000000	鹤山区	7	5	1	1
410603000000	山城区	8	7	1	
410611000000	淇滨区	7	3	2	2
410621000000	浚县	11	4	6	1
410622000000	淇县	9	4	4	1
410700000000	**新乡市**	**151**	**30**	**63**	**58**
410702000000	红旗区	9	6	2	1
410703000000	卫滨区	8	7		1
410704000000	凤泉区	5	2	1	2
410711000000	牧野区	9	7	1	1
410721000000	新乡县	7		6	1
410724000000	获嘉县	11		8	3
410725000000	原阳县	18	1	6	11
410726000000	延津县	12		3	9
410727000000	封丘县	19		8	11
410728000000	长垣县	18	5	9	4
410781000000	卫辉市	13		7	6
410782000000	辉县市	22	2	12	8
410800000000	**焦作市**	**106**	**50**	**34**	**22**
410802000000	解放区	9	9		
410803000000	中站区	10	10		
410804000000	马村区	7	7		
410811000000	山阳区	15	12	2	1
410821000000	修武县	8		3	5
410822000000	博爱县	8		6	2
410823000000	武陟县	15	4	4	7
410825000000	温县	10		7	3
410882000000	沁阳市	13	4	6	3
410883000000	孟州市	11	4	6	1

续表 2

行政区划代码	行政区划名称	合计	街道	镇	乡
410900000000	**濮阳市**	**86**	**11**	**26**	**49**
410902000000	华龙区	15	11	1	3
410922000000	清丰县	17		5	12
410923000000	南乐县	12		4	8
410926000000	范县	12		4	8
410927000000	台前县	9		4	5
410928000000	濮阳县	21		8	13
411000000000	**许昌市**	**98**	**20**	**49**	**29**
411002000000	魏都区	12	12		
411023000000	许昌县	16		7	9
411024000000	鄢陵县	12		8	4
411025000000	襄城县	16		9	7
411081000000	禹州市	26	4	17	5
411082000000	长葛市	16	4	8	4
411100000000	**漯河市**	**51**	**3**	**32**	**16**
411102000000	源汇区	4		3	1
411103000000	郾城区	9	1	7	1
411104000000	召陵区	9	2	5	2
411121000000	舞阳县	14		8	6
411122000000	临颍县	15		9	6
411200000000	**三门峡市**	**74**	**12**	**29**	**33**
411202000000	湖滨区	8	5		3
411221000000	渑池县	12		6	6
411222000000	陕县	13		4	9
411224000000	卢氏县	19		9	10
411281000000	义马市	7	7		
411282000000	灵宝市	15		10	5
411300000000	**南阳市**	**240**	**36**	**128**	**76**
411302000000	宛城区	17	7	4	6
411303000000	卧龙区	20	9	7	4
411321000000	南召县	16		8	8
411322000000	方城县	17	2	6	9
411323000000	西峡县	19	3	12	4
411324000000	镇平县	22	3	14	5
411325000000	内乡县	16		10	6
411326000000	淅川县	17	2	11	4
411327000000	社旗县	16	2	12	2
411328000000	唐河县	22	3	12	7
411329000000	新野县	15	2	8	5
411330000000	桐柏县	16		11	5
411381000000	邓州市	27	3	13	11

续表 3

行政区划代码	行政区划名称	合计	街道	镇	乡
411400000000	**商丘市**	**192**	**18**	**82**	**92**
411402000000	梁园区	20	10	3	7
411403000000	睢阳区	19	6	7	6
411421000000	民权县	18		10	8
411422000000	睢县	20		8	12
411423000000	宁陵县	14		6	8
411424000000	柘城县	22	2	8	12
411425000000	虞城县	26		10	16
411426000000	夏邑县	24		11	13
411481000000	永城市	29		19	10
411500000000	**信阳市**	**205**	**34**	**74**	**97**
411502000000	浉河区	18	9	5	4
411503000000	平桥区	21	7	5	9
411521000000	罗山县	19		11	8
411522000000	光山县	19	2	7	10
411523000000	新县	15		5	10
411524000000	商城县	19	2	7	10
411525000000	固始县	33	3	15	15
411526000000	潢川县	21	4	9	8
411527000000	淮滨县	19	4	5	10
411528000000	息县	21	3	5	13
411600000000	**周口市**	**201**	**32**	**91**	**78**
411602000000	川汇区	11	9		2
411621000000	扶沟县	16	2	8	6
411622000000	西华县	21	3	8	10
411623000000	商水县	23	3	9	11
411624000000	沈丘县	22	2	10	10
411625000000	郸城县	22	3	8	11
411626000000	淮阳县	18		7	11
411627000000	太康县	23		13	10
411628000000	鹿邑县	24	4	13	7
411681000000	项城市	21	6	15	
411700000000	**驻马店市**	**192**	**32**	**83**	**77**
411702000000	驿城区	21	11	5	5
411721000000	西平县	19	2	5	12
411722000000	上蔡县	26	4	9	13
411723000000	平舆县	19	3	11	5
411724000000	正阳县	19		8	11
411725000000	确山县	12		10	2
411726000000	泌阳县	22	3	6	13
411727000000	汝南县	17	3	12	2
411728000000	遂平县	14	3	6	5
411729000000	新蔡县	23	3	11	9
419001000000	**济源市**	**16**	**5**	**11**	

湖北省(鄂)

行政区划代码	行政区划名称	合计	街道	镇	乡
420000000000	**湖北省**	**1232**	**298**	**746**	**188**
420100000000	**武汉市**	**160**	**150**	**6**	**4**
420102000000	江岸区	16	16		
420103000000	江汉区	13	13		
420104000000	硚口区	11	11		
420105000000	汉阳区	11	11		
420106000000	武昌区	14	14		
420107000000	青山区	10	10		
420111000000	洪山区	14	13		1
420112000000	东西湖区	11	11		
420113000000	汉南区	4	4		
420114000000	蔡甸区	12	9	2	1
420115000000	江夏区	15	15		
420116000000	黄陂区	16	13	1	2
420117000000	新洲区	13	10	3	
420200000000	**黄石市**	**36**	**8**	**27**	**1**
420202000000	黄石港区	1	1		
420203000000	西塞山区	2	1	1	
420204000000	下陆区	1	1		
420205000000	**铁山区**				
420222000000	阳新县	16		16	
420281000000	大冶市	16	5	10	1
420300000000	**十堰市**	**119**	**13**	**69**	**37**
420302000000	茅箭区	7	4	1	2
420303000000	张湾区	8	4	2	2
420321000000	郧县	19		16	3
420322000000	郧西县	16		9	7
420323000000	竹山县	17		9	8
420324000000	竹溪县	15		8	7
420325000000	房县	20		12	8
420381000000	丹江口市	17	5	12	
420500000000	**宜昌市**	**110**	**23**	**66**	**21**
420502000000	西陵区	10	9		1
420503000000	伍家岗区	5	4		1
420504000000	点军区	5	1	2	2
420505000000	猇亭区	3	3		
420506000000	夷陵区	12	1	9	2
420525000000	远安县	7		6	1
420526000000	兴山县	8		6	2

续表 1

行政区划代码	行政区划名称	合计	街道	镇	乡
420527000000	秭归县	12		8	4
420528000000	长阳土家族自治县	11		8	3
420529000000	五峰土家族自治县	8		5	3
420581000000	宜都市	10	1	7	2
420582000000	当阳市	10	3	7	
420583000000	枝江市	9	1	8	
420600000000	**襄阳市**	**103**	**25**	**74**	**4**
420602000000	襄城区	9	6	2	1
420606000000	樊城区	13	10	3	
420607000000	襄州区	15	2	13	
420624000000	南漳县	10		10	
420625000000	谷城县	10		9	1
420626000000	保康县	11		10	1
420682000000	老河口市	10	2	7	1
420683000000	枣阳市	15	3	12	
420684000000	宜城市	10	2	8	
420700000000	**鄂州市**	**25**	**4**	**18**	**3**
420702000000	梁子湖区	5		5	
420703000000	华容区	6		4	2
420704000000	鄂城区	14	4	9	1
420800000000	**荆门市**	**59**	**7**	**50**	**2**
420802000000	东宝区	9	2	6	1
420804000000	掇刀区	6	4	2	
420821000000	京山县	14		14	
420822000000	沙洋县	13		13	
420881000000	钟祥市	17	1	15	1
420900000000	**孝感市**	**108**	**13**	**72**	**23**
420902000000	孝南区	15	4	8	3
420921000000	孝昌县	12		8	4
420922000000	大悟县	17		14	3
420923000000	云梦县	12		9	3
420981000000	应城市	15	5	10	
420982000000	安陆市	15	2	9	4
420984000000	汉川市	22	2	14	6
421000000000	**荆州市**	**115**	**13**	**89**	**13**
421002000000	沙市区	12	6	4	2
421003000000	荆州区	10	3	7	
421022000000	公安县	16		14	2
421023000000	监利县	21		18	3
421024000000	江陵县	9		7	2
421081000000	石首市	14	2	11	1
421083000000	洪湖市	17	2	14	1
421087000000	松滋市	16		14	2

续表 2

行政区划代码	行政区划名称	合计	街道	镇	乡
421100000000	**黄冈市**	**126**	**11**	**97**	**18**
421102000000	黄州区	8	4	3	1
421121000000	团风县	10		8	2
421122000000	红安县	11		10	1
421123000000	罗田县	12		8	4
421124000000	英山县	11		8	3
421125000000	浠水县	13		12	1
421126000000	蕲春县	14		13	1
421127000000	黄梅县	16		12	4
421181000000	麻城市	19	3	15	1
421182000000	武穴市	12	4	8	
421200000000	**咸宁市**	**70**	**6**	**52**	**12**
421202000000	咸安区	13	3	9	1
421221000000	嘉鱼县	8		8	
421222000000	通城县	11		9	2
421223000000	崇阳县	12		8	4
421224000000	通山县	12		8	4
421281000000	赤壁市	14	3	10	1
421300000000	**随州市**	**45**	**7**	**34**	**4**
421303000000	曾都区	9	4	5	
421321000000	随县	19		19	
421381000000	广水市	17	3	10	4
422800000000	**恩施土家族苗族自治州**	**156**	**18**	**92**	**46**
422801000000	恩施市	16	3	3	10
422802000000	利川市	14	2	6	6
422822000000	建始县	10		6	4
422823000000	巴东县	12		10	2
422825000000	宣恩县	9		3	6
422826000000	咸丰县	10		5	5
422827000000	来凤县	8		5	3
422828000000	鹤峰县	9		2	7
429004000000	仙桃市	18	3	15	
429005000000	潜江市	17	7	10	
429006000000	天门市	25	3	21	1
429021000000	神农架林区	8		6	2

湖南省(湘)

行政区划代码	行政区划名称	合计	街道	镇	乡
430000000000	**湖南省**	**2388**	**305**	**1131**	**952**
430100000000	**长沙市**	**183**	**82**	**82**	**19**
430102000000	芙蓉区	13	13		
430103000000	天心区	12	12		
430104000000	岳麓区	19	16	3	
430105000000	开福区	13	10	3	
430111000000	雨花区	12	12		
430112000000	望城区	21	10	10	1
430121000000	长沙县	23	5	18	
430124000000	宁乡县	33		21	12
430181000000	浏阳市	37	4	27	6
430200000000	**株洲市**	**131**	**26**	**65**	**40**
430202000000	荷塘区	7	5	1	1
430203000000	芦淞区	10	7	1	2
430204000000	石峰区	7	5	2	
430211000000	天元区	7	3	4	
430221000000	株洲县	14		4	10
430223000000	攸县	21	2	15	4
430224000000	茶陵县	20		14	6
430225000000	炎陵县	15		6	9
430281000000	醴陵市	30	4	18	8
430300000000	**湘潭市**	**83**	**26**	**37**	**20**
430302000000	雨湖区	18	9	3	6
430304000000	岳塘区	17	13	1	3
430321000000	湘潭县	19		15	4
430381000000	湘乡市	22	4	15	3
430382000000	韶山市	7		3	4
430400000000	**衡阳市**	**218**	**34**	**115**	**69**
430405000000	珠晖区	11	7	2	2
430406000000	雁峰区	8	6	1	1
430407000000	石鼓区	9	7		2
430408000000	蒸湘区	7	4	1	2
430412000000	南岳区	5	1	1	3
430421000000	衡阳县	26		17	9
430422000000	衡南县	26		23	3
430423000000	衡山县	17		8	9
430424000000	衡东县	24		15	9
430426000000	祁东县	23		19	4
430481000000	耒阳市	36	5	13	18
430482000000	常宁市	26	4	15	7
430500000000	**邵阳市**	**220**	**24**	**98**	**98**
430502000000	双清区	12	6	2	4
430503000000	大祥区	14	9	2	3
430511000000	北塔区	5	2		3
430521000000	邵东县	28	3	16	9
430522000000	新邵县	15		11	4

续表 1

行政区划代码	行政区划名称	合计	街道	镇	乡
430523000000	邵阳县	22		12	10
430524000000	隆回县	26		16	10
430525000000	洞口县	22		10	12
430527000000	绥宁县	25		6	19
430528000000	新宁县	18		9	9
430529000000	城步苗族自治县	12		6	6
430581000000	武冈市	21	4	8	9
430600000000	**岳阳市**	**178**	**22**	**96**	**60**
430602000000	岳阳楼区	22	17	1	4
430603000000	云溪区	8	1	5	2
430611000000	君山区	7	1	6	
430621000000	岳阳县	20		12	8
430623000000	华容县	20		12	8
430624000000	湘阴县	19		12	7
430626000000	平江县	27		16	11
430681000000	汨罗市	35	1	19	15
430682000000	临湘市	20	2	13	5
430700000000	**常德市**	**218**	**10**	**106**	**102**
430702000000	武陵区	15	6	2	7
430703000000	鼎城区	33		23	10
430721000000	安乡县	19		8	11
430722000000	汉寿县	32		16	16
430723000000	澧县	32		15	17
430724000000	临澧县	17		8	9
430725000000	桃源县	40		18	22
430726000000	石门县	19		11	8
430781000000	津市市	11	4	5	2
430800000000	**张家界市**	**101**	**7**	**32**	**62**
430802000000	永定区	27	6	9	12
430811000000	武陵源区	5	1	1	3
430821000000	慈利县	31		13	18
430822000000	桑植县	38		9	29
430900000000	**益阳市**	**94**	**9**	**71**	**14**
430902000000	资阳区	8	2	5	1
430903000000	赫山区	18	5	11	2
430921000000	南县	15		13	2
430922000000	桃江县	15		12	3
430923000000	安化县	23		18	5
430981000000	沅江市	15	2	12	1
431000000000	**郴州市**	**203**	**19**	**102**	**82**
431002000000	北湖区	16	8	4	4
431003000000	苏仙区	16	6	9	1
431021000000	桂阳县	26	3	17	6
431022000000	宜章县	22		11	11
431023000000	永兴县	21		14	7
431024000000	嘉禾县	13		8	5

续表 2

行政区划代码	行政区划名称	合计	街道	镇	乡
431025000000	临武县	18		9	9
431026000000	汝城县	19		8	11
431027000000	桂东县	15		7	8
431028000000	安仁县	17		5	12
431081000000	资兴市	20	2	10	8
431100000000	**永州市**	**205**	**16**	**109**	**80**
431102000000	零陵区	16	4	8	4
431103000000	冷水滩区	19	6	11	2
431121000000	祁阳县	31	3	20	8
431122000000	东安县	16		13	3
431123000000	双牌县	14		3	11
431124000000	道县	24	3	11	10
431125000000	江永县	12		7	5
431126000000	宁远县	17		12	5
431127000000	蓝山县	15		6	9
431128000000	新田县	19		7	12
431129000000	江华瑶族自治县	22		11	11
431200000000	**怀化市**	**297**	**11**	**90**	**196**
431202000000	鹤城区	14	7	1	6
431221000000	中方县	22		11	11
431222000000	沅陵县	23		8	15
431223000000	辰溪县	30		8	22
431224000000	溆浦县	43		14	29
431225000000	会同县	25		8	17
431226000000	麻阳苗族自治县	23		6	17
431227000000	新晃侗族自治县	23		7	16
431228000000	芷江侗族自治县	28		5	23
431229000000	靖州苗族侗族自治县	13		6	7
431230000000	通道侗族自治县	21		8	13
431281000000	洪江市	32	4	8	20
431300000000	**娄底市**	**92**	**12**	**60**	**20**
431302000000	娄星区	14	7	4	3
431321000000	双峰县	16		13	3
431322000000	新化县	26		19	7
431381000000	冷水江市	16	4	7	5
431382000000	涟源市	20	1	17	2
433100000000	**湘西土家族苗族自治州**	**165**	**7**	**68**	**90**
433101000000	吉首市	16	4	5	7
433122000000	泸溪县	15		8	7
433123000000	凤凰县	24		9	15
433124000000	花垣县	18		8	10
433125000000	保靖县	16		10	6
433126000000	古丈县	12		5	7
433127000000	永顺县	30		12	18
433130000000	龙山县	34	3	11	20

广东省(粤)

行政区划代码	行政区划名称	合计	街道	镇	乡
440000000000	**广东省**	**1586**	**444**	**1131**	**11**
440100000000	**广州市**	**168**	**133**	**35**	
440103000000	荔湾区	22	22		
440104000000	越秀区	22	22		
440105000000	海珠区	18	18		
440106000000	天河区	21	21		
440111000000	白云区	18	14	4	
440112000000	黄埔区	9	9		
440113000000	番禺区	16	11	5	
440114000000	花都区	8	1	7	
440115000000	南沙区	9	3	6	
440116000000	萝岗区	6	5	1	
440183000000	增城市	11	4	7	
440184000000	从化市	8	3	5	
440200000000	**韶关市**	**104**	**10**	**93**	**1**
440203000000	武江区	7	2	5	
440204000000	浈江区	8	3	5	
440205000000	曲江区	10	1	9	
440222000000	始兴县	10		9	1
440224000000	仁化县	11	1	10	
440229000000	翁源县	7		7	
440232000000	乳源瑶族自治县	9		9	
440233000000	新丰县	7	1	6	
440281000000	乐昌市	17	1	16	
440282000000	南雄市	18	1	17	
440300000000	**深圳市**	**57**	**57**		
440303000000	罗湖区	10	10		
440304000000	福田区	10	10		
440305000000	南山区	8	8		
440306000000	宝安区	12	12		
440307000000	龙岗区	13	13		
440308000000	盐田区	4	4		
440400000000	**珠海市**	**24**	**9**	**15**	
440402000000	香洲区	14	8	6	
440403000000	斗门区	6	1	5	
440404000000	金湾区	4		4	
440500000000	**汕头市**	**69**	**37**	**32**	
440507000000	龙湖区	7	5	2	
440511000000	金平区	17	17		
440512000000	濠江区	7	7		
440513000000	潮阳区	13	4	9	
440514000000	潮南区	11	1	10	
440515000000	澄海区	11	3	8	
440523000000	南澳县	3		3	
440600000000	**佛山市**	**33**	**12**	**21**	
440604000000	禅城区	4	3	1	
440605000000	南海区	8	2	6	
440606000000	顺德区	10	4	6	
440607000000	三水区	7	2	5	
440608000000	高明区	4	1	3	

续表 1

行政区划代码	行政区划名称	合计	街道	镇	乡
440700000000	**江门市**	**78**	**17**	**61**	
440703000000	蓬江区	9	6	3	
440704000000	江海区	5	5		
440705000000	新会区	11	1	10	
440781000000	台山市	17	1	16	
440783000000	开平市	15	2	13	
440784000000	鹤山市	10	1	9	
440785000000	恩平市	11	1	10	
440800000000	**湛江市**	**121**	**37**	**82**	**2**
440802000000	赤坎区	8	8		
440803000000	霞山区	12	12		
440804000000	坡头区	7	2	5	
440811000000	麻章区	7	3	4	
440823000000	遂溪县	15		15	
440825000000	徐闻县	15	1	12	2
440881000000	廉江市	21	3	18	
440882000000	雷州市	21	3	18	
440883000000	吴川市	15	5	10	
440900000000	**茂名市**	**109**	**22**	**87**	
440902000000	茂南区	16	8	8	
440903000000	茂港区	7	2	5	
440923000000	电白县	16		16	
440981000000	高州市	28	5	23	
440982000000	化州市	23	6	17	
440983000000	信宜市	19	1	18	
441200000000	**肇庆市**	**106**	**14**	**91**	**1**
441202000000	端州区	6	6		
441203000000	鼎湖区	7	3	4	
441223000000	广宁县	15		15	
441224000000	怀集县	19		18	1
441225000000	封开县	16		16	
441226000000	德庆县	13	1	12	
441283000000	高要市	17	1	16	
441284000000	四会市	13	3	10	
441300000000	**惠州市**	**69**	**16**	**52**	**1**
441302000000	惠城区	18	10	8	
441303000000	惠阳区	10	4	6	
441322000000	博罗县	17		17	
441323000000	惠东县	14	1	13	
441324000000	龙门县	10	1	8	1
441400000000	**梅州市**	**110**	**6**	**104**	
441402000000	梅江区	7	3	4	
441421000000	梅县	17		17	
441422000000	大埔县	14		14	
441423000000	丰顺县	16		16	
441424000000	五华县	16		16	
441426000000	平远县	12		12	
441427000000	蕉岭县	8		8	
441481000000	兴宁市	20	3	17	

续表 2

行政区划代码	行政区划名称	合计	街道	镇	乡
441500000000	**汕尾市**	**54**	**10**	**44**	
441502000000	城区	10	7	3	
441521000000	海丰县	16		16	
441523000000	陆河县	8		8	
441581000000	陆丰市	20	3	17	
441600000000	**河源市**	**100**	**5**	**94**	**1**
441602000000	源城区	7	5	2	
441621000000	紫金县	18		18	
441622000000	龙川县	24		24	
441623000000	连平县	13		13	
441624000000	和平县	17		17	
441625000000	东源县	21		20	1
441700000000	**阳江市**	**47**	**9**	**38**	
441702000000	江城区	12	8	4	
441721000000	阳西县	8		8	
441723000000	阳东县	11		11	
441781000000	阳春市	16	1	15	
441800000000	**清远市**	**85**	**5**	**77**	**3**
441802000000	清城区	8	4	4	
441803000000	清新区	8		8	
441821000000	佛冈县	6		6	
441823000000	阳山县	13		12	1
441825000000	连山壮族瑶族自治县	7		7	
441826000000	连南瑶族自治县	7		7	
441881000000	英德市	24	1	23	
441882000000	连州市	12		10	2
441900000000	**东莞市**	**32**	**4**	**28**	
442000000000	**中山市**	**24**	**6**	**18**	
445100000000	**潮州市**	**50**	**9**	**41**	
445102000000	湘桥区	10	9	1	
445121000000	潮安县	19		19	
445122000000	饶平县	21		21	
445200000000	**揭阳市**	**83**	**18**	**63**	**2**
445202000000	榕城区	14	10	4	
445203000000	揭东区	13	2	11	
445222000000	揭西县	17	1	15	1
445224000000	惠来县	14		14	
445281000000	普宁市	25	5	19	1
445300000000	**云浮市**	**63**	**8**	**55**	
445302000000	云城区	7	4	3	
445321000000	新兴县	12		12	
445322000000	郁南县	15		15	
445323000000	云安县	8		8	
445381000000	罗定市	21	4	17	

广西壮族自治区(桂)

行政区划代码	行政区划名称	合计	街道	镇	乡
450000000000	**广西壮族自治区**	**1243**	**117**	**715**	**411**
450100000000	**南宁市**	**127**	**25**	**86**	**16**
450102000000	兴宁区	6	3	3	
450103000000	青秀区	9	5	4	
450105000000	江南区	9	5	4	
450107000000	西乡塘区	13	10	3	
450108000000	良庆区	7	2	5	
450109000000	邕宁区	5		4	1
450122000000	武鸣县	13		13	
450123000000	隆安县	10		6	4
450124000000	马山县	11		7	4
450125000000	上林县	11		7	4
450126000000	宾阳县	16		16	
450127000000	横县	17		14	3
450200000000	**柳州市**	**117**	**31**	**43**	**43**
450202000000	城中区	7	7		
450203000000	鱼峰区	10	8	2	
450204000000	柳南区	9	8	1	
450205000000	柳北区	11	8	3	
450221000000	柳江县	12		11	1
450222000000	柳城县	12		9	3
450223000000	鹿寨县	9		4	5
450224000000	融安县	12		6	6
450225000000	融水苗族自治县	20		4	16
450226000000	三江侗族自治县	15		3	12
450300000000	**桂林市**	**146**	**13**	**67**	**66**
450302000000	秀峰区	3	3		
450303000000	叠彩区	3	2		1
450304000000	象山区	4	3		1
450305000000	七星区	5	4		1
450311000000	雁山区	5	1	2	2
450321000000	阳朔县	9		6	3
450322000000	临桂县	11		6	5
450323000000	灵川县	11		7	4
450324000000	全州县	18		9	9
450325000000	兴安县	10		6	4
450326000000	永福县	9		4	5
450327000000	灌阳县	9		4	5
450328000000	龙胜各族自治县	10		3	7
450329000000	资源县	7		1	6
450330000000	平乐县	10		6	4
450331000000	荔浦县	13		10	3
450332000000	恭城瑶族自治县	9		3	6
450400000000	**梧州市**	**67**	**9**	**53**	**5**
450403000000	万秀区	6	4	2	
450404000000	蝶山区	5	3	2	
450405000000	长洲区	4	2	2	
450421000000	苍梧县	12		12	
450422000000	藤县	17		15	2
450423000000	蒙山县	9		6	3
450481000000	岑溪市	14		14	

续表 1

行政区划代码	行政区划名称	合计	街道	镇	乡
450500000000	**北海市**	**30**	**7**	**21**	**2**
450502000000	海城区	8	7	1	
450503000000	银海区	4		4	
450512000000	铁山港区	3		3	
450521000000	合浦县	15		13	2
450600000000	**防城港市**	**26**	**2**	**14**	**10**
450602000000	港口区	5	2	3	
450603000000	防城区	10		6	4
450621000000	上思县	8		2	6
450681000000	东兴市	3		3	
450700000000	**钦州市**	**64**	**7**	**57**	
450702000000	钦南区	16	4	12	
450703000000	钦北区	14	3	11	
450721000000	灵山县	18		18	
450722000000	浦北县	16		16	
450800000000	**贵港市**	**74**	**2**	**53**	**19**
450802000000	港北区	8	1	3	4
450803000000	港南区	9	1	6	2
450804000000	覃塘区	10		6	4
450821000000	平南县	21		17	4
450881000000	桂平市	26		21	5
450900000000	**玉林市**	**110**	**8**	**98**	**4**
450902000000	玉州区	15	5	10	
450921000000	容县	15		15	
450922000000	陆川县	14		11	3
450923000000	博白县	28		27	1
450924000000	兴业县	13		13	
450981000000	北流市	25	3	22	
451000000000	**百色市**	**135**	**2**	**59**	**74**
451002000000	右江区	9	2	3	4
451021000000	田阳县	10		7	3
451022000000	田东县	10		9	1
451023000000	平果县	12		8	4
451024000000	德保县	12		5	7
451025000000	靖西县	19		8	11
451026000000	那坡县	9		2	7
451027000000	凌云县	8		3	5
451028000000	乐业县	8		4	4
451029000000	田林县	14		4	10
451030000000	西林县	8		2	6
451031000000	隆林各族自治县	16		4	12
451100000000	**贺州市**	**61**	**4**	**45**	**12**
451102000000	八步区	25	4	19	2
451121000000	昭平县	12		7	5
451122000000	钟山县	12		10	2
451123000000	富川瑶族自治县	12		9	3
451200000000	**河池市**	**139**	**1**	**52**	**86**
451202000000	金城江区	12	1	7	4
451221000000	南丹县	11		7	4
451222000000	天峨县	9		2	7
451223000000	凤山县	9		1	8
451224000000	东兰县	14		5	9
451225000000	罗城仫佬族自治县	11		7	4

续表 2

行政区划代码	行政区划名称	合计	街道	镇	乡
451226000000	环江毛南族自治县	12		6	6
451227000000	巴马瑶族自治县	10		1	9
451228000000	都安瑶族自治县	19		6	13
451229000000	大化瑶族自治县	16		3	13
451281000000	宜州市	16		7	9
451300000000	**来宾市**	**69**	**3**	**30**	**36**
451302000000	兴宾区	23	3	7	13
451321000000	忻城县	12		5	7
451322000000	象州县	11		7	4
451323000000	武宣县	10		7	3
451324000000	金秀瑶族自治县	10		3	7
451381000000	合山市	3		1	2
451400000000	**崇左市**	**78**	**3**	**37**	**38**
451402000000	江州区	11	3	6	2
451421000000	扶绥县	11		8	3
451422000000	宁明县	13		4	9
451423000000	龙州县	12		5	7
451424000000	大新县	14		5	9
451425000000	天等县	13		5	8
451481000000	凭祥市	4		4	

海南省(琼)

行政区划代码	行政区划名称	合计	街道	镇	乡
460000000000	**海南省**	**222**	**18**	**183**	**21**
460100000000	**海口市**	**41**	**18**	**23**	
460105000000	秀英区	8	2	6	
460106000000	龙华区	11	6	5	
460107000000	琼山区	9	1	8	
460108000000	美兰区	13	9	4	
460200000000	**三亚市**	**6**		**6**	
460300000000	**三沙市**				
469001000000	**五指山市**	**7**		**4**	**3**
469002000000	**琼海市**	**12**		**12**	
469003000000	**儋州市**	**17**		**17**	
469005000000	**文昌市**	**17**		**17**	
469006000000	**万宁市**	**12**		**12**	
469007000000	**东方市**	**10**		**8**	**2**
469021000000	**定安县**	**10**		**10**	
469022000000	**屯昌县**	**8**		**8**	
469023000000	**澄迈县**	**11**		**11**	
469024000000	**临高县**	**11**		**11**	
469025000000	**白沙黎族自治县**	**11**		**4**	**7**
469026000000	**昌江黎族自治县**	**8**		**7**	**1**
469027000000	**乐东黎族自治县**	**11**		**11**	
469028000000	**陵水黎族自治县**	**11**		**9**	**2**
469029000000	**保亭黎族苗族自治县**	**9**		**6**	**3**
469030000000	**琼中黎族苗族自治县**	**10**		**7**	**3**

重庆市(渝)

行政区划代码	行政区划名称	合计	街道	镇	乡
500000000000	**重庆市**	**1012**	**188**	**604**	**220**
500101000000	万州区	52	11	29	12
500102000000	涪陵区	26	8	12	6
500103000000	渝中区	12	12		
500104000000	大渡口区	8	5	3	
500105000000	江北区	12	9	3	
500106000000	沙坪坝区	26	18	8	
500107000000	九龙坡区	18	7	11	
500108000000	南岸区	14	7	7	
500109000000	北碚区	17	5	12	
500110000000	綦江区	30	5	25	
500111000000	大足区	27	3	24	
500112000000	渝北区	26	15	11	
500113000000	巴南区	22	8	14	
500114000000	黔江区	30	6	12	12
500115000000	长寿区	18	4	14	
500116000000	江津区	28	4	24	
500117000000	合川区	30	7	23	
500118000000	永川区	23	7	16	
500119000000	南川区	34	3	16	15
500223000000	潼南县	22	2	20	
500224000000	铜梁县	28	3	25	
500226000000	荣昌县	21	6	15	
500227000000	璧山县	15	6	9	
500228000000	梁平县	33	2	24	7
500229000000	城口县	25	2	7	16
500230000000	丰都县	30	2	21	7
500231000000	垫江县	25		21	4
500232000000	武隆县	26		12	14
500233000000	忠县	28		22	6
500234000000	开县	40	7	26	7
500235000000	云阳县	42	4	29	9
500236000000	奉节县	30		19	11
500237000000	巫山县	26	2	11	13
500238000000	巫溪县	32	2	15	15
500240000000	石柱土家族自治县	32		17	15
500241000000	秀山土家族苗族自治县	27	3	18	6
500242000000	酉阳土家族苗族自治县	38		15	23
500243000000	彭水苗族土家族自治县	39	3	14	22

四川省(川)

行政区划代码	行政区划名称	合计	街道	镇	乡
510000000000	**四川省**	**4660**	**280**	**1831**	**2549**
510100000000	**成都市**	**315**	**95**	**193**	**27**
510104000000	锦江区	16	16		
510105000000	青羊区	14	14		
510106000000	金牛区	15	15		
510107000000	武侯区	17	17		
510108000000	成华区	14	14		
510112000000	龙泉驿区	12	4	7	1
510113000000	青白江区	11	2	7	2
510114000000	新都区	13	2	11	
510115000000	温江区	10	4	6	
510121000000	金堂县	21		19	2
510122000000	双流县	25	7	18	
510124000000	郫县	15		15	
510129000000	大邑县	20		17	3
510131000000	蒲江县	12		8	4
510132000000	新津县	12		11	1
510181000000	都江堰市	19		17	2
510182000000	彭州市	20		20	
510183000000	邛崃市	24		18	6
510184000000	崇州市	25		19	6
510300000000	**自贡市**	**108**	**12**	**75**	**21**
510302000000	自流井区	13	6	3	4
510303000000	贡井区	13	2	9	2
510304000000	大安区	16	4	9	3
510311000000	沿滩区	13		11	2
510321000000	荣县	27		21	6
510322000000	富顺县	26		22	4
510400000000	**攀枝花市**	**60**	**16**	**21**	**23**
510402000000	东区	10	9	1	
510403000000	西区	7	6	1	
510411000000	仁和区	15	1	8	6
510421000000	米易县	12		7	5
510422000000	盐边县	16		4	12
510500000000	**泸州市**	**142**	**14**	**85**	**43**
510502000000	江阳区	18	8	7	3
510503000000	纳溪区	14	2	12	
510504000000	龙马潭区	13	4	7	2
510521000000	泸县	19		19	
510522000000	合江县	27		17	10
510524000000	叙永县	25		11	14
510525000000	古蔺县	26		12	14
510600000000	**德阳市**	**127**	**7**	**99**	**21**
510603000000	旌阳区	17	5	11	1
510623000000	中江县	45		29	16
510626000000	罗江县	10		10	
510681000000	广汉市	18		16	2
510682000000	什邡市	16	2	14	
510683000000	绵竹市	21		19	2

续表 1

行政区划代码	行政区划名称	合计	街道	镇	乡
510700000000	**绵阳市**	**295**	**18**	**144**	**133**
510703000000	涪城区	25	9	14	2
510704000000	游仙区	29	5	13	11
510722000000	三台县	63		41	22
510723000000	盐亭县	36		14	22
510724000000	安县	18		15	3
510725000000	梓潼县	32		11	21
510726000000	北川羌族自治县	23		6	17
510727000000	平武县	25		9	16
510781000000	江油市	44	4	21	19
510800000000	**广元市**	**239**	**9**	**91**	**139**
510802000000	利州区	18	8	7	3
510811000000	元坝区	29	1	9	19
510812000000	朝天区	25		6	19
510821000000	旺苍县	35		15	20
510822000000	青川县	36		9	27
510823000000	剑阁县	57		23	34
510824000000	苍溪县	39		22	17
510900000000	**遂宁市**	**129**	**17**	**68**	**44**
510903000000	船山区	26	14	7	5
510904000000	安居区	22	1	14	7
510921000000	蓬溪县	31		16	15
510922000000	射洪县	32	2	20	10
510923000000	大英县	18		11	7
511000000000	**内江市**	**121**	**10**	**87**	**24**
511002000000	市中区	20	6	8	6
511011000000	东兴区	29	3	12	14
511024000000	威远县	20		20	
511025000000	资中县	33		31	2
511028000000	隆昌县	19	1	16	2
511100000000	**乐山市**	**218**	**7**	**96**	**115**
511102000000	市中区	32	7	15	10
511111000000	沙湾区	13		8	5
511112000000	五通桥区	12		11	1
511113000000	金口河区	6		2	4
511123000000	犍为县	30		12	18
511124000000	井研县	27		10	17
511126000000	夹江县	22		11	11
511129000000	沐川县	19		7	12
511132000000	峨边彝族自治县	19		6	13
511133000000	马边彝族自治县	20		2	18
511181000000	峨眉山市	18		12	6
511300000000	**南充市**	**421**	**27**	**167**	**227**
511302000000	顺庆区	28	10	6	12
511303000000	高坪区	32	7	12	13
511304000000	嘉陵区	45	4	19	22
511321000000	南部县	73	2	31	40
511322000000	营山县	53		19	34
511323000000	蓬安县	39		15	24
511324000000	仪陇县	57		29	28
511325000000	西充县	44		15	29
511381000000	阆中市	50	4	21	25

续表 2

行政区划代码	行政区划名称	合计	街道	镇	乡
511400000000	**眉山市**	**131**	**3**	**71**	**57**
511402000000	东坡区	26	3	15	8
511421000000	仁寿县	60		24	36
511422000000	彭山县	13		9	4
511423000000	洪雅县	15		11	4
511424000000	丹棱县	7		5	2
511425000000	青神县	10		7	3
511500000000	**宜宾市**	**185**	**10**	**108**	**67**
511502000000	翠屏区	24	10	8	6
511503000000	南溪区	15		9	6
511521000000	宜宾县	26		19	7
511523000000	江安县	18		15	3
511524000000	长宁县	18		10	8
511525000000	高县	19		12	7
511526000000	珙县	17		8	9
511527000000	筠连县	18		9	9
511528000000	兴文县	15		9	6
511529000000	屏山县	15		9	6
511600000000	**广安市**	**181**	**9**	**86**	**86**
511602000000	广安区	49	6	21	22
511621000000	岳池县	43		22	21
511622000000	武胜县	31		16	15
511623000000	邻水县	45		18	27
511681000000	华蓥市	13	3	9	1
511700000000	**达州市**	**314**	**5**	**103**	**206**
511702000000	通川区	13	3	7	3
511721000000	达县	65	2	20	43
511722000000	宣汉县	54		21	33
511723000000	开江县	20		10	10
511724000000	大竹县	50		18	32
511725000000	渠县	60		15	45
511781000000	万源市	52		12	40
511800000000	**雅安市**	**143**	**5**	**45**	**93**
511802000000	雨城区	22	4	12	6
511803000000	名山区	20		9	11
511822000000	荥经县	21		3	18
511823000000	汉源县	30		10	20
511824000000	石棉县	17	1	1	15
511825000000	天全县	15		2	13
511826000000	芦山县	9		5	4
511827000000	宝兴县	9		3	6
511900000000	**巴中市**	**194**	**6**	**65**	**123**
511902000000	巴州区	54	6	23	25
511921000000	通江县	49		14	35
511922000000	南江县	48		11	37
511923000000	平昌县	43		17	26
512000000000	**资阳市**	**175**	**4**	**84**	**87**
512002000000	雁江区	26	4	19	3
512021000000	安岳县	69		22	47
512022000000	乐至县	25		17	8
512081000000	简阳市	55		26	29

续表 3

行政区划代码	行政区划名称	合计	街道	镇	乡
513200000000	**阿坝藏族羌族自治州**	**223**		**33**	**190**
513221000000	汶川县	13		6	7
513222000000	理县	13		4	9
513223000000	茂县	21		3	18
513224000000	松潘县	25		2	23
513225000000	九寨沟县	17		2	15
513226000000	金川县	23		2	21
513227000000	小金县	21		2	19
513228000000	黑水县	17		2	15
513229000000	马尔康县	14		3	11
513230000000	壤塘县	12		1	11
513231000000	阿坝县	19		1	18
513232000000	若尔盖县	17		2	15
513233000000	红原县	11		3	8
513300000000	**甘孜藏族自治州**	**325**		**29**	**296**
513321000000	康定县	21		3	18
513322000000	泸定县	12		4	8
513323000000	丹巴县	15		2	13
513324000000	九龙县	18		1	17
513325000000	雅江县	17		1	16
513326000000	道孚县	22		2	20
513327000000	炉霍县	16		1	15
513328000000	甘孜县	22		1	21
513329000000	新龙县	19		1	18
513330000000	德格县	26		1	25
513331000000	白玉县	17		1	16
513332000000	石渠县	22		3	19
513333000000	色达县	17		2	15
513334000000	理塘县	24		1	23
513335000000	巴塘县	19		1	18
513336000000	乡城县	12		1	11
513337000000	稻城县	14		2	12
513338000000	得荣县	12		1	11
513400000000	**凉山彝族自治州**	**614**	**6**	**81**	**527**
513401000000	西昌市	43	6	8	29
513422000000	木里藏族自治县	29		1	28
513423000000	盐源县	34		8	26
513424000000	德昌县	22		4	18
513425000000	会理县	50		9	41
513426000000	会东县	50		4	46
513427000000	宁南县	25		6	19
513428000000	普格县	34		3	31
513429000000	布拖县	30		3	27
513430000000	金阳县	34		4	30
513431000000	昭觉县	47		1	46
513432000000	喜德县	24		7	17
513433000000	冕宁县	38		6	32
513434000000	越西县	41		5	36
513435000000	甘洛县	28		7	21
513436000000	美姑县	36		1	35
513437000000	雷波县	49		4	45

贵州省(黔)

行政区划代码	行政区划名称	合计	街道	镇	乡
520000000000	**贵州省**	**1518**	**79**	**729**	**710**
520100000000	**贵阳市**	**77**		**31**	**46**
520102000000	南明区	4			4
520103000000	云岩区	1		1	
520111000000	花溪区	11		2	9
520112000000	乌当区	8		3	5
520113000000	白云区	5		3	2
520115000000	观山湖区	3		2	1
520121000000	开阳县	16		8	8
520122000000	息烽县	10		4	6
520123000000	修文县	10		4	6
520181000000	清镇市	9		4	5
520200000000	**六盘水市**	**101**	**7**	**38**	**56**
520201000000	钟山区	12	7	4	1
520203000000	六枝特区	19		5	14
520221000000	水城县	33		9	24
520222000000	盘县	37		20	17
520300000000	**遵义市**	**245**	**20**	**167**	**58**
520302000000	红花岗区	16	8	8	
520303000000	汇川区	9	3	6	
520321000000	遵义县	31		29	2
520322000000	桐梓县	24		18	6
520323000000	绥阳县	15		12	3
520324000000	正安县	19		11	8
520325000000	道真仡佬族苗族自治县	14		10	4
520326000000	务川仡佬族苗族自治县	15		10	5
520327000000	凤冈县	14		9	5
520328000000	湄潭县	17	3	10	4
520329000000	余庆县	10		9	1
520330000000	习水县	23		14	9
520381000000	赤水市	17	3	9	5
520382000000	仁怀市	21	3	12	6
520400000000	**安顺市**	**87**	**7**	**44**	**36**
520402000000	西秀区	24	7	10	7
520421000000	平坝县	10		8	2
520422000000	普定县	11		5	6
520423000000	镇宁布依族苗族自治县	16		8	8
520424000000	关岭布依族苗族自治县	14		8	6
520425000000	紫云苗族布依族自治县	12		5	7
520500000000	**毕节市**	**253**	**10**	**101**	**142**
520502000000	七星关区	41	6	27	8
520521000000	大方县	36		10	26
520522000000	黔西县	31	4	12	15
520523000000	金沙县	26		7	19
520524000000	织金县	32		11	21
520525000000	纳雍县	25		9	16
520526000000	威宁彝族回族苗族自治县	35		19	16
520527000000	赫章县	27		6	21

续表

行政区划代码	行政区划名称	合计	街道	镇	乡
520600000000	**铜仁市**	**169**	**5**	**79**	**85**
520602000000	碧江区	13	4	4	5
520603000000	万山区	9	1	2	6
520621000000	江口县	9		7	2
520622000000	玉屏侗族自治县	6		4	2
520623000000	石阡县	18		7	11
520624000000	思南县	27		13	14
520625000000	印江土家族苗族自治县	17		9	8
520626000000	德江县	20		10	10
520627000000	沿河土家族自治县	22		10	12
520628000000	松桃苗族自治县	28		13	15
522300000000	**黔西南布依族苗族自治州**	**137**	**14**	**74**	**49**
522301000000	兴义市	30	8	17	5
522322000000	兴仁县	18	4	8	6
522323000000	普安县	14		8	6
522324000000	晴隆县	14		8	6
522325000000	贞丰县	13		6	7
522326000000	望谟县	17		8	9
522327000000	册亨县	14		9	5
522328000000	安龙县	17	2	10	5
522600000000	**黔东南苗族侗族自治州**	**211**	**7**	**94**	**110**
522601000000	凯里市	16	7	7	2
522622000000	黄平县	14		5	9
522623000000	施秉县	8		4	4
522624000000	三穗县	9		5	4
522625000000	镇远县	12		6	6
522626000000	岑巩县	11		5	6
522627000000	天柱县	16		10	6
522628000000	锦屏县	15		7	8
522629000000	剑河县	12		5	7
522630000000	台江县	8		2	6
522631000000	黎平县	25		13	12
522632000000	榕江县	19		6	13
522633000000	从江县	21		8	13
522634000000	雷山县	9		4	5
522635000000	麻江县	9		4	5
522636000000	丹寨县	7		3	4
522700000000	**黔南布依族苗族自治州**	**238**	**9**	**101**	**128**
522701000000	都匀市	23	5	10	8
522702000000	福泉市	17	2	9	6
522722000000	荔波县	17		8	9
522723000000	贵定县	20		8	12
522725000000	瓮安县	21	2	10	9
522726000000	独山县	18		8	10
522727000000	平塘县	19		10	9
522728000000	罗甸县	26		7	19
522729000000	长顺县	17		7	10
522730000000	龙里县	14		6	8
522731000000	惠水县	25		8	17
522732000000	三都水族自治县	21		10	11

云南省(滇)

行政区划代码	行政区划名称	合计	街道	镇	乡
530000000000	**云南省**	**1365**	**122**	**659**	**584**
530100000000	**昆明市**	**129**	**70**	**43**	**16**
530102000000	五华区	10	10		
530103000000	盘龙区	10	10		
530111000000	官渡区	10	10		
530112000000	西山区	10	10		
530113000000	东川区	8	1	6	1
530114000000	呈贡区	10	10		
530122000000	晋宁县	7	1	4	2
530124000000	富民县	6	1	5	
530125000000	宜良县	8	2	4	2
530126000000	石林彝族自治县	5	1	3	1
530127000000	嵩明县	6	3	3	
530128000000	禄劝彝族苗族自治县	16	1	9	6
530129000000	寻甸回族彝族自治县	14	1	9	4
530181000000	安宁市	9	9		
530300000000	**曲靖市**	**115**	**9**	**62**	**44**
530302000000	麒麟区	11	5	3	3
530321000000	马龙县	8		5	3
530322000000	陆良县	10		8	2
530323000000	师宗县	8		5	3
530324000000	罗平县	12		6	6
530325000000	富源县	11		10	1
530326000000	会泽县	21		8	13
530328000000	沾益县	8		3	5
530381000000	宣威市	26	4	14	8
530400000000	**玉溪市**	**75**	**24**	**25**	**26**
530402000000	红塔区	11	9		2
530421000000	江川县	7	1	4	2
530422000000	澄江县	6	2	4	
530423000000	通海县	9	2	4	3
530424000000	华宁县	5	1	3	1
530425000000	易门县	7	2	1	4
530426000000	峨山彝族自治县	8	2	3	3
530427000000	新平彝族傣族自治县	12	2	4	6
530428000000	元江哈尼族彝族傣族自治县	10	3	2	5
530500000000	**保山市**	**72**	**2**	**30**	**40**
530502000000	隆阳区	18	2	6	10
530521000000	施甸县	13		5	8
530522000000	腾冲县	18		11	7
530523000000	龙陵县	10		3	7
530524000000	昌宁县	13		5	8
530600000000	**昭通市**	**144**	**4**	**100**	**40**
530602000000	昭阳区	20	3	10	7
530621000000	鲁甸县	12		10	2
530622000000	巧家县	16		12	4
530623000000	盐津县	10		6	4
530624000000	大关县	9		8	1
530625000000	永善县	15		8	7

续表 1

行政区划代码	行政区划名称	合计	街道	镇	乡
530626000000	绥江县	5		5	
530627000000	镇雄县	28		21	7
530628000000	彝良县	15		10	5
530629000000	威信县	10		7	3
530630000000	水富县	4	1	3	
530700000000	**丽江市**	**63**	**4**	**20**	**39**
530702000000	古城区	9	4	2	3
530721000000	玉龙纳西族自治县	16		7	9
530722000000	永胜县	15		6	9
530723000000	华坪县	8		4	4
530724000000	宁蒗彝族自治县	15		1	14
530800000000	**普洱市**	**103**		**66**	**37**
530802000000	思茅区	7		5	2
530821000000	宁洱哈尼族彝族自治县	9		6	3
530822000000	墨江哈尼族自治县	15		12	3
530823000000	景东彝族自治县	13		10	3
530824000000	景谷傣族彝族自治县	10		6	4
530825000000	镇沅彝族哈尼族拉祜族自治县	9		8	1
530826000000	江城哈尼族彝族自治县	7		5	2
530827000000	孟连傣族拉祜族佤族自治县	6		4	2
530828000000	澜沧拉祜族自治县	20		5	15
530829000000	西盟佤族自治县	7		5	2
530900000000	**临沧市**	**77**	**2**	**32**	**43**
530902000000	临翔区	10	2	1	7
530921000000	凤庆县	13		8	5
530922000000	云县	12		7	5
530923000000	永德县	10		3	7
530924000000	镇康县	7		3	4
530925000000	双江拉祜族佤族布朗族傣族自治县	6		2	4
530926000000	耿马傣族佤族自治县	9		4	5
530927000000	沧源佤族自治县	10		4	6
532300000000	**楚雄彝族自治州**	**103**		**54**	**49**
532301000000	楚雄市	15		11	4
532322000000	双柏县	8		5	3
532323000000	牟定县	7		4	3
532324000000	南华县	10		6	4
532325000000	姚安县	9		5	4
532326000000	大姚县	12		3	9
532327000000	永仁县	7		3	4
532328000000	元谋县	10		3	7
532329000000	武定县	11		3	8
532331000000	禄丰县	14		11	3
532500000000	**红河哈尼族彝族自治州**	**129**	**2**	**54**	**73**
532501000000	个旧市	10	1	7	2
532502000000	开远市	6	1	2	3
532503000000	蒙自市	11		7	4
532523000000	屏边苗族自治县	7		1	6
532524000000	建水县	12		8	4
532525000000	石屏县	9		7	2

续表 2

行政区划代码	行政区划名称	合计	街道	镇	乡
532526000000	弥勒县	11		9	2
532527000000	泸西县	8		5	3
532528000000	元阳县	14		2	12
532529000000	红河县	13		1	12
532530000000	金平苗族瑶族傣族自治县	13		2	11
532531000000	绿春县	9		1	8
532532000000	河口瑶族自治县	6		2	4
532600000000	**文山壮族苗族自治州**	**104**	**3**	**42**	**59**
532601000000	文山市	17	3	7	7
532622000000	砚山县	11		4	7
532623000000	西畴县	9		2	7
532624000000	麻栗坡县	11		4	7
532625000000	马关县	13		9	4
532626000000	丘北县	12		3	9
532627000000	广南县	18		7	11
532628000000	富宁县	13		6	7
532800000000	**西双版纳傣族自治州**	**32**	**1**	**18**	**13**
532801000000	景洪市	11	1	5	5
532822000000	勐海县	11		6	5
532823000000	勐腊县	10		7	3
532900000000	**大理白族自治州**	**110**		**68**	**42**
532901000000	大理市	11		10	1
532922000000	漾濞彝族自治县	9		3	6
532923000000	祥云县	10		8	2
532924000000	宾川县	10		8	2
532925000000	弥渡县	8		5	3
532926000000	南涧彝族自治县	8		5	3
532927000000	巍山彝族回族自治县	10		4	6
532928000000	永平县	7		3	4
532929000000	云龙县	11		4	7
532930000000	洱源县	9		6	3
532931000000	剑川县	8		5	3
532932000000	鹤庆县	9		7	2
533100000000	**德宏傣族景颇族自治州**	**51**	**1**	**23**	**27**
533102000000	瑞丽市	6		3	3
533103000000	芒市	12	1	5	6
533122000000	梁河县	9		3	6
533123000000	盈江县	15		8	7
533124000000	陇川县	9		4	5
533300000000	**怒江傈僳族自治州**	**29**		**13**	**16**
533321000000	泸水县	9		6	3
533323000000	福贡县	7		1	6
533324000000	贡山独龙族怒族自治县	5		2	3
533325000000	兰坪白族普米族自治县	8		4	4
533400000000	**迪庆藏族自治州**	**29**		**9**	**20**
533421000000	香格里拉县	11		4	7
533422000000	德钦县	8		2	6
533423000000	维西傈僳族自治县	10		3	7

西藏自治区(藏)

行政区划代码	行政区划名称	合计	街道	镇	乡
540000000000	**西藏自治区**	**693**	**10**	**140**	**543**
540100000000	**拉萨市**	**65**	**8**	**9**	**48**
540102000000	城关区	12	8		4
540121000000	林周县	10		1	9
540122000000	当雄县	8		2	6
540123000000	尼木县	8		1	7
540124000000	曲水县	6		1	5
540125000000	堆龙德庆县	7		2	5
540126000000	达孜县	6		1	5
540127000000	墨竹工卡县	8		1	7
542100000000	**昌都地区**	**138**		**28**	**110**
542121000000	昌都县	15		3	12
542122000000	江达县	13		2	11
542123000000	贡觉县	12		1	11
542124000000	类乌齐县	10		2	8
542125000000	丁青县	13		2	11
542126000000	察雅县	13		3	10
542127000000	八宿县	14		4	10
542128000000	左贡县	10		3	7
542129000000	芒康县	16		2	14
542132000000	洛隆县	11		4	7
542133000000	边坝县	11		2	9
542200000000	**山南地区**	**82**		**24**	**58**
542221000000	乃东县	7		2	5
542222000000	扎囊县	5		2	3
542223000000	贡嘎县	8		5	3
542224000000	桑日县	4		1	3
542225000000	琼结县	4		1	3
542226000000	曲松县	5		2	3
542227000000	措美县	4		2	2
542228000000	洛扎县	7		2	5
542229000000	加查县	7		2	5
542231000000	隆子县	11		2	9
542232000000	错那县	10		1	9
542233000000	浪卡子县	10		2	8
542300000000	**日喀则地区**	**203**	**2**	**27**	**174**
542301000000	日喀则市	12	2		10
542322000000	南木林县	17		1	16
542323000000	江孜县	19		1	18
542324000000	定日县	13		2	11
542325000000	萨迦县	11		2	9

续表

行政区划代码	行政区划名称	合计	街道	镇	乡
542326000000	拉孜县	11		2	9
542327000000	昂仁县	17		2	15
542328000000	谢通门县	19		1	18
542329000000	白朗县	11		2	9
542330000000	仁布县	9		1	8
542331000000	康马县	9		1	8
542332000000	定结县	10		3	7
542333000000	仲巴县	13		1	12
542334000000	亚东县	7		2	5
542335000000	吉隆县	5		2	3
542336000000	聂拉木县	7		2	5
542337000000	萨嘎县	8		1	7
542338000000	岗巴县	5		1	4
542400000000	**那曲地区**	**114**		**25**	**89**
542421000000	那曲县	12		3	9
542422000000	嘉黎县	10		2	8
542423000000	比如县	10		2	8
542424000000	聂荣县	10		1	9
542425000000	安多县	13		4	9
542426000000	申扎县	8		2	6
542427000000	索县	10		2	8
542428000000	班戈县	10		4	6
542429000000	巴青县	10		3	7
542430000000	尼玛县	14		1	13
542431000000	双湖县	7		1	6
542500000000	**阿里地区**	**37**		**7**	**30**
542521000000	普兰县	3		1	2
542522000000	札达县	7		1	6
542523000000	噶尔县	5		1	4
542524000000	日土县	5		1	4
542525000000	革吉县	5		1	4
542526000000	改则县	7		1	6
542527000000	措勤县	5		1	4
542600000000	**林芝地区**	**54**		**20**	**34**
542621000000	林芝县	7		4	3
542622000000	工布江达县	9		3	6
542623000000	米林县	8		3	5
542624000000	墨脱县	8		1	7
542625000000	波密县	10		3	7
542626000000	察隅县	6		3	3
542627000000	朗县	6		3	3

陕西省(陕)

行政区划代码	行政区划名称	合计	街道	镇	乡
610000000000	**陕西省**	**1418**	**202**	**1136**	**80**
610100000000	**西安市**	**176**	**109**	**67**	
610102000000	新城区	9	9		
610103000000	碑林区	8	8		
610104000000	莲湖区	9	9		
610111000000	灞桥区	9	9		
610112000000	未央区	10	10		
610113000000	雁塔区	8	8		
610114000000	阎良区	7	5	2	
610115000000	临潼区	23	23		
610116000000	长安区	25	25		
610122000000	蓝田县	22		22	
610124000000	周至县	22		22	
610125000000	户县	16		16	
610126000000	高陵县	8	3	5	
610200000000	**铜川市**	**41**	**13**	**23**	**5**
610202000000	王益区	7	5	1	1
610203000000	印台区	10	3	7	
610204000000	耀州区	15	5	9	1
610222000000	宜君县	9		6	3
610300000000	**宝鸡市**	**120**	**15**	**105**	
610302000000	渭滨区	10	5	5	
610303000000	金台区	11	7	4	
610304000000	陈仓区	18	3	15	
610322000000	凤翔县	12		12	
610323000000	岐山县	10		10	
610324000000	扶风县	8		8	
610326000000	眉县	8		8	
610327000000	陇县	12		12	
610328000000	千阳县	8		8	
610329000000	麟游县	7		7	
610330000000	凤县	9		9	
610331000000	太白县	7		7	
610400000000	**咸阳市**	**156**	**27**	**129**	
610402000000	秦都区	12	11	1	
610403000000	杨陵区	5	2	3	
610404000000	渭城区	10	9	1	
610422000000	三原县	11		11	
610423000000	泾阳县	13		13	

续表 1

行政区划代码	行政区划名称	合计	街道	镇	乡
610424000000	乾县	16		16	
610425000000	礼泉县	12		12	
610426000000	永寿县	11		11	
610427000000	彬县	13		13	
610428000000	长武县	9		9	
610429000000	旬邑县	11		11	
610430000000	淳化县	12		12	
610431000000	武功县	8		8	
610481000000	兴平市	13	5	8	
610500000000	**渭南市**	**142**	**12**	**124**	**6**
610502000000	临渭区	24	8	16	
610521000000	华县	10		10	
610522000000	潼关县	6		5	1
610523000000	大荔县	18		18	
610524000000	合阳县	12		12	
610525000000	澄城县	10		8	2
610526000000	蒲城县	17		17	
610527000000	白水县	10		7	3
610528000000	富平县	17		17	
610581000000	韩城市	12	2	10	
610582000000	华阴市	6	2	4	
610600000000	**延安市**	**125**	**3**	**91**	**31**
610602000000	宝塔区	19	3	11	5
610621000000	延长县	9		7	2
610622000000	延川县	10		8	2
610623000000	子长县	10		9	1
610624000000	安塞县	9		8	1
610625000000	志丹县	8		7	1
610626000000	吴起县	9		6	3
610627000000	甘泉县	6		3	3
610628000000	富县	10		9	1
610629000000	洛川县	12		7	5
610630000000	宜川县	9		6	3
610631000000	黄龙县	7		4	3
610632000000	黄陵县	7		6	1
610700000000	**汉中市**	**188**	**8**	**180**	
610702000000	汉台区	15	8	7	
610721000000	南郑县	22		22	
610722000000	城固县	18		18	
610723000000	洋县	20		20	

续表 2

行政区划代码	行政区划名称	合计	街道	镇	乡
610724000000	西乡县	18		18	
610725000000	勉县	19		19	
610726000000	宁强县	21		21	
610727000000	略阳县	18		18	
610728000000	镇巴县	21		21	
610729000000	留坝县	8		8	
610730000000	佛坪县	8		8	
610800000000	**榆林市**	**183**	**7**	**138**	**38**
610802000000	榆阳区	28	7	14	7
610821000000	神木县	15		15	
610822000000	府谷县	15		15	
610823000000	横山县	14		12	2
610824000000	靖边县	17		11	6
610825000000	定边县	20		15	5
610826000000	绥德县	16		12	4
610827000000	米脂县	10		8	2
610828000000	佳县	16		11	5
610829000000	吴堡县	6		6	
610830000000	清涧县	12		8	4
610831000000	子洲县	14		11	3
610900000000	**安康市**	**161**	**4**	**157**	
610902000000	汉滨区	34	4	30	
610921000000	汉阴县	14		14	
610922000000	石泉县	11		11	
610923000000	宁陕县	12		12	
610924000000	紫阳县	21		21	
610925000000	岚皋县	15		15	
610926000000	平利县	11		11	
610927000000	镇坪县	9		9	
610928000000	旬阳县	22		22	
610929000000	白河县	12		12	
611000000000	**商洛市**	**126**	**4**	**122**	
611002000000	商州区	23	4	19	
611021000000	洛南县	19		19	
611022000000	丹凤县	16		16	
611023000000	商南县	13		13	
611024000000	山阳县	23		23	
611025000000	镇安县	19		19	
611026000000	柞水县	13		13	

甘肃省(陇)

行政区划代码	行政区划名称	合计	街道	镇	乡
620000000000	**甘肃省**	**1345**	**117**	**470**	**758**
620100000000	**兰州市**	**113**	**52**	**35**	**26**
620102000000	城关区	25	25		
620103000000	七里河区	15	9	4	2
620104000000	西固区	13	7	2	4
620105000000	安宁区	8	8		
620111000000	红古区	7	3	3	1
620121000000	永登县	18		13	5
620122000000	皋兰县	7		5	2
620123000000	榆中县	20		8	12
620200000000	**嘉峪关市**	**4**	**1**	**3**	
620300000000	**金昌市**	**18**	**6**	**8**	**4**
620302000000	金川区	8	6	2	
620321000000	永昌县	10		6	4
620400000000	**白银市**	**78**	**9**	**21**	**48**
620402000000	白银区	10	5	3	2
620403000000	平川区	11	4	3	4
620421000000	靖远县	18		3	15
620422000000	会宁县	28		6	22
620423000000	景泰县	11		6	5
620500000000	**天水市**	**123**	**10**	**47**	**66**
620502000000	秦州区	23	7	10	6
620503000000	麦积区	20	3	12	5
620521000000	清水县	18		6	12
620522000000	秦安县	17		5	12
620523000000	甘谷县	15		5	10
620524000000	武山县	15		6	9
620525000000	张家川回族自治县	15		3	12
620600000000	**武威市**	**101**	**8**	**43**	**50**
620602000000	凉州区	45	8	19	18
620621000000	民勤县	18		6	12
620622000000	古浪县	19		9	10
620623000000	天祝藏族自治县	19		9	10
620700000000	**张掖市**	**65**	**5**	**30**	**30**
620702000000	甘州区	23	5	11	7
620721000000	肃南裕固族自治县	8		2	6
620722000000	民乐县	10		6	4
620723000000	临泽县	7		5	2
620724000000	高台县	9		3	6
620725000000	山丹县	8		3	5
620800000000	**平凉市**	**105**	**3**	**32**	**70**
620802000000	崆峒区	20	3	4	13
620821000000	泾川县	14		6	8
620822000000	灵台县	13		5	8
620823000000	崇信县	6		2	4
620824000000	华亭县	10		5	5
620825000000	庄浪县	18		5	13
620826000000	静宁县	24		5	19
620900000000	**酒泉市**	**75**	**8**	**30**	**37**
620902000000	肃州区	22	7	6	9
620921000000	金塔县	9		5	4

续表

行政区划代码	行政区划名称	合计	街道	镇	乡
620922000000	瓜州县	15		5	10
620923000000	肃北蒙古族自治县	4		2	2
620924000000	阿克塞哈萨克族自治县	3		1	2
620981000000	玉门市	13	1	4	8
620982000000	敦煌市	9		7	2
621000000000	**庆阳市**	**119**	**3**	**37**	**79**
621002000000	西峰区	10	3	2	5
621021000000	庆城县	15		5	10
621022000000	环县	20		4	16
621023000000	华池县	15		4	11
621024000000	合水县	12		3	9
621025000000	正宁县	10		4	6
621026000000	宁县	18		8	10
621027000000	镇原县	19		7	12
621100000000	**定西市**	**121**	**2**	**60**	**59**
621102000000	安定区	21	2	12	7
621121000000	通渭县	18		6	12
621122000000	陇西县	17		9	8
621123000000	渭源县	16		8	8
621124000000	临洮县	18		12	6
621125000000	漳县	13		4	9
621126000000	岷县	18		9	9
621200000000	**陇南市**	**195**		**62**	**133**
621202000000	武都区	36		12	24
621221000000	成县	17		12	5
621222000000	文县	20		4	16
621223000000	宕昌县	25		6	19
621224000000	康县	21		8	13
621225000000	西和县	20		6	14
621226000000	礼县	29		4	25
621227000000	徽县	15		7	8
621228000000	两当县	12		3	9
622900000000	**临夏回族自治州**	**129**	**6**	**46**	**77**
622901000000	临夏市	10	6	4	
622921000000	临夏县	25		6	19
622922000000	康乐县	15		5	10
622923000000	永靖县	17		10	7
622924000000	广河县	9		6	3
622925000000	和政县	13		6	7
622926000000	东乡族自治县	23		5	18
622927000000	积石山保安族东乡族撒拉族自治县	17		4	13
623000000000	**甘南藏族自治州**	**99**	**4**	**16**	**79**
623001000000	合作市	10	4		6
623021000000	临潭县	16		3	13
623022000000	卓尼县	15		3	12
623023000000	舟曲县	19		3	16
623024000000	迭部县	11		1	10
623025000000	玛曲县	8		1	7
623026000000	碌曲县	7		2	5
623027000000	夏河县	13		3	10

青海省(青)

行政区划代码	行政区划名称	合计	街道	镇	乡
630000000000	**青海省**	**396**	**30**	**138**	**228**
630100000000	**西宁市**	**72**	**22**	**27**	**23**
630102000000	城东区	9	7	2	
630103000000	城中区	8	7	1	
630104000000	城西区	6	5	1	
630105000000	城北区	5	3	2	
630121000000	大通回族土族自治县	20		9	11
630122000000	湟中县	15		10	5
630123000000	湟源县	9		2	7
632100000000	**海东地区**	**94**		**35**	**59**
632121000000	平安县	8		3	5
632122000000	民和回族土族自治县	22		8	14
632123000000	乐都县	19		7	12
632126000000	互助土族自治县	19		8	11
632127000000	化隆回族自治县	17		6	11
632128000000	循化撒拉族自治县	9		3	6
632200000000	**海北藏族自治州**	**30**		**11**	**19**
632221000000	门源回族自治县	12		4	8
632222000000	祁连县	7		3	4
632223000000	海晏县	6		2	4
632224000000	刚察县	5		2	3
632300000000	**黄南藏族自治州**	**32**		**8**	**24**
632321000000	同仁县	11		2	9
632322000000	尖扎县	9		3	6
632323000000	泽库县	7		2	5
632324000000	河南蒙古族自治县	5		1	4
632500000000	**海南藏族自治州**	**36**		**16**	**20**
632521000000	共和县	11		4	7
632522000000	同德县	5		2	3
632523000000	贵德县	7		4	3
632524000000	兴海县	7		3	4
632525000000	贵南县	6		3	3
632600000000	**果洛藏族自治州**	**44**		**8**	**36**
632621000000	玛沁县	8		2	6
632622000000	班玛县	9		1	8
632623000000	甘德县	7		1	6
632624000000	达日县	10		1	9
632625000000	久治县	6		1	5
632626000000	玛多县	4		2	2
632700000000	**玉树藏族自治州**	**45**		**12**	**33**
632721000000	玉树县	8		3	5
632722000000	杂多县	8		1	7
632723000000	称多县	7		5	2
632724000000	治多县	6		1	5
632725000000	囊谦县	10		1	9
632726000000	曲麻莱县	6		1	5
632800000000	**海西蒙古族藏族自治州**	**43**	**8**	**21**	**14**
632801000000	格尔木市	9	5	2	2
632802000000	德令哈市	7	3	3	1
632821000000	乌兰县	4		4	
632822000000	都兰县	8		4	4
632823000000	天峻县	15		8	7

宁夏回族自治区(宁)

行政区划代码	行政区划名称	合计	街道	镇	乡
640000000000	**宁夏回族自治区**	**237**	**44**	**101**	**92**
640100000000	**银川市**	**50**	**23**	**21**	**6**
640104000000	兴庆区	15	11	2	2
640105000000	西夏区	8	6	2	
640106000000	金凤区	7	5	2	
640121000000	永宁县	6		5	1
640122000000	贺兰县	5		4	1
640181000000	灵武市	9	1	6	2
640200000000	**石嘴山市**	**36**	**16**	**11**	**9**
640202000000	大武口区	11	10	1	
640205000000	惠农区	12	6	3	3
640221000000	平罗县	13		7	6
640300000000	**吴忠市**	**46**	**2**	**29**	**15**
640302000000	利通区	12		8	4
640303000000	红寺堡区	6	1	2	3
640323000000	盐池县	8		4	4
640324000000	同心县	11		7	4
640381000000	青铜峡市	9	1	8	
640400000000	**固原市**	**65**	**3**	**19**	**43**
640402000000	原州区	14	3	7	4
640422000000	西吉县	19		3	16
640423000000	隆德县	13		3	10
640424000000	泾源县	7		3	4
640425000000	彭阳县	12		3	9
640500000000	**中卫市**	**40**		**21**	**19**
640502000000	沙坡头区	12		10	2
640521000000	中宁县	11		6	5
640522000000	海原县	17		5	12

新疆维吾尔自治区(新)

行政区划代码	行政区划名称	合计	街道	镇	乡
650000000000	**新疆维吾尔自治区**	**1025**	**162**	**262**	**601**
650100000000	**乌鲁木齐市**	**87**	**65**	**8**	**14**
650102000000	天山区	14	14		
650103000000	沙依巴克区	12	12		
650104000000	新市区	22	17	1	4
650105000000	水磨沟区	8	8		
650106000000	头屯河区	5	5		
650107000000	达坂城区	7	3	1	3
650109000000	米东区	13	6	5	2
650121000000	乌鲁木齐县	6		1	5
650200000000	**克拉玛依市**	**14**	**12**		**2**
650202000000	独山子区	3	3		
650203000000	克拉玛依区	7	6		1
650204000000	白碱滩区	2	2		
650205000000	乌尔禾区	2	1		1
652100000000	**吐鲁番地区**	**30**	**3**	**11**	**16**
652101000000	吐鲁番市	12	3	2	7
652122000000	鄯善县	10		5	5
652123000000	托克逊县	8		4	4
652200000000	**哈密地区**	**42**	**5**	**12**	**25**
652201000000	哈密市	23	5	6	12
652222000000	巴里坤哈萨克自治县	12		4	8
652223000000	伊吾县	7		2	5
652300000000	**昌吉回族自治州**	**79**	**9**	**39**	**31**
652301000000	昌吉市	16	6	7	3
652302000000	阜康市	10	3	4	3
652323000000	呼图壁县	7		6	1
652324000000	玛纳斯县	11		7	4
652325000000	奇台县	15		6	9
652327000000	吉木萨尔县	9		6	3
652328000000	木垒哈萨克自治县	11		3	8
652700000000	**博尔塔拉蒙古自治州**	**20**	**4**	**7**	**9**
652701000000	博乐市	9	4	3	2
652702000000	**阿拉山口市**				
652722000000	精河县	5		2	3
652723000000	温泉县	6		2	4
652800000000	**巴音郭楞蒙古自治州**	**90**	**5**	**26**	**59**
652801000000	库尔勒市	17	5	3	9
652822000000	轮台县	11		4	7

注：数据中未包含一个区公所。

续表 1

行政区划代码	行政区划名称	合计	街道	镇	乡
652823000000	尉犁县	8		1	7
652824000000	若羌县	8		4	4
652825000000	且末县	12		1	11
652826000000	焉耆回族自治县	8		4	4
652827000000	和静县	12		6	6
652828000000	和硕县	7		1	6
652829000000	博湖县	7		2	5
652900000000	**阿克苏地区**	**94**	**10**	**31**	**53**
652901000000	阿克苏市	12	6	2	4
652922000000	温宿县	10		5	5
652923000000	库车县	18	4	8	6
652924000000	沙雅县	10		4	6
652925000000	新和县	8		2	6
652926000000	拜城县	14		4	10
652927000000	乌什县	9		2	7
652928000000	阿瓦提县	8		3	5
652929000000	柯坪县	5		1	4
653000000000	**克孜勒苏柯尔克孜自治州**	**39**	**2**	**6**	**31**
653001000000	阿图什市	9	2	1	6
653022000000	阿克陶县	13		2	11
653023000000	阿合奇县	6		1	5
653024000000	乌恰县	11		2	9
653100000000	**喀什地区**	**172**	**4**	**32**	**136**
653101000000	喀什市	12	4	2	6
653121000000	疏附县	13		3	10
653122000000	疏勒县	15		3	12
653123000000	英吉沙县	14		1	13
653124000000	泽普县	12		2	10
653125000000	莎车县	29		7	22
653126000000	叶城县	20		3	17
653127000000	麦盖提县	10		1	9
653128000000	岳普湖县	9		2	7
653129000000	伽师县	13		2	11
653130000000	巴楚县	12		4	8
653131000000	塔什库尔干塔吉克自治县	13		2	11
653200000000	**和田地区**	**95**	**4**	**15**	**76**
653201000000	和田市	12	4	2	6
653221000000	和田县	12		2	10
653222000000	墨玉县	16		2	14

续表 2

行政区划代码	行政区划名称	合计	街道	镇	乡
653223000000	皮山县	16		4	12
653224000000	洛浦县	9		1	8
653225000000	策勒县	8		1	7
653226000000	于田县	15		2	13
653227000000	民丰县	7		1	6
654000000000	**伊犁哈萨克自治州**	**110**	**13**	**23**	**74**
654002000000	伊宁市	17	8	1	8
654003000000	奎屯市	6	5		1
654021000000	伊宁县	18		2	16
654022000000	察布查尔锡伯自治县	13		2	11
654023000000	霍城县	10		5	5
654024000000	巩留县	8		2	6
654025000000	新源县	9		6	3
654026000000	昭苏县	10		1	9
654027000000	特克斯县	8		3	5
654028000000	尼勒克县	11		1	10
654200000000	**塔城地区**	**75**	**8**	**32**	**35**
654201000000	塔城市	9	3	2	4
654202000000	乌苏市	22	5	10	7
654221000000	额敏县	11		4	7
654223000000	沙湾县	12		9	3
654224000000	托里县	7		3	4
654225000000	裕民县	6		2	4
654226000000	和布克赛尔蒙古自治县	8		2	6
654300000000	**阿勒泰地区**	**58**	**3**	**17**	**38**
654301000000	阿勒泰市	14	3	4	7
654321000000	布尔津县	7		2	5
654322000000	富蕴县	10		4	6
654323000000	福海县	6		1	5
654324000000	哈巴河县	7		1	6
654325000000	青河县	7		3	4
654326000000	吉木乃县	7		2	5
659001000000	**石河子市**	7	5	1	1
659002000000	**阿拉尔市**	5	4		1
659003000000	**图木舒克市**	3	3		
659004000000	**五家渠市**	5	3	2	
659005000000	**北屯市**				
659006000000	**铁门关市**				

第二部分　中华人民共和国行政区划名录

北京市

北京市(京)

行政区划名称	行政区划代码	行政区划名称	行政区划代码	行政区划名称	行政区划代码
北京市(143街道，144镇，38乡)	**110000000000**	望京街道	110105026000	羊坊店街道	110108003000
		奥运村街道	110105031000	甘家口街道	110108004000
东城区(17街道)	**110101000000**	首都机场街道	110105043000	八里庄街道	110108005000
东华门街道	110101001000	南磨房(地区)乡	110105221000	紫竹院街道	110108006000
景山街道	110101002000	高碑店(地区)乡	110105222000	北下关街道	110108007000
交道口街道	110101003000	将台(地区)乡	110105223000	北太平庄街道	110108008000
安定门街道	110101004000	太阳宫(地区)乡	110105224000	学院路街道	110108010000
北新桥街道	110101005000	小红门(地区)乡	110105227000	中关村街道	110108011000
东四街道	110101006000	十八里店(地区)乡	110105228000	海淀街道	110108012000
朝阳门街道	110101007000	平房(地区)乡	110105229000	青龙桥街道	110108013000
建国门街道	110101008000	东风(地区)乡	110105230000	清华园街道	110108014000
东直门街道	110101009000	来广营(地区)乡	110105232000	燕园街道	110108015000
和平里街道	110101010000	常营(地区)回族乡	110105233000	香山街道	110108016000
前门街道	110101011000	三间房(地区)乡	110105234000	清河街道	110108017000
崇文门外街道	110101012000	管庄(地区)乡	110105235000	花园路街道	110108018000
东花市街道	110101013000	金盏(地区)乡	110105236000	西三旗街道	110108019000
龙潭街道	110101014000	孙河(地区)乡	110105237000	马连洼街道	110108020000
体育馆路街道	110101015000	崔各庄(地区)乡	110105238000	田村路街道	110108021000
天坛街道	110101016000	东坝(地区)乡	110105239000	上地街道	110108022000
永定门外街道	110101017000	黑庄户(地区)乡	110105240000	曙光街道	110108025000
西城区(15街道)	**110102000000**	豆各庄(地区)乡	110105241000	温泉(地区)镇	110108101000
西长安街街道	110102001000	王四营(地区)乡	110105242000	四季青(地区)镇	110108102000
新街口街道	110102003000	**丰台区(16街道，2镇，3乡)**	**110106000000**	西北旺(地区)镇	110108103000
月坛街道	110102007000	右安门街道	110106001000	苏家坨(地区)镇	110108104000
展览路街道	110102009000	太平桥街道	110106002000	上庄(地区)镇	110108105000
德胜街道	110102010000	西罗园街道	110106003000	万柳(地区)镇	110108123000
金融街街道	110102011000	大红门街道	110106004000	东升(地区)镇	110108124000
什刹海街道	110102012000	南苑街道	110106005000	**门头沟区(4街道，9镇)**	**110109000000**
大栅栏街道	110102013000	东高地街道	110106006000	大峪街道	110109001000
天桥街道	110102014000	东铁匠营街道	110106007000	城子街道	110109002000
椿树街道	110102015000	卢沟桥街道	110106008000	东辛房街道	110109003000
陶然亭街道	110102016000	丰台街道	110106009000	大台街道	110109004000
广安门内街道	110102017000	新村街道	110106010000	潭柘寺镇	110109101000
牛街街道	110102018000	长辛店街道	110106011000	永定镇	110109102000
白纸坊街道	110102019000	云岗街道	110106012000	龙泉镇	110109103000
广安门外街道	110102020000	方庄（地区）街道	110106013000	军庄镇	110109104000
朝阳区(23街道，19乡)	**110105000000**	宛平城（地区）街道	110106014000	雁翅镇	110109105000
建外街道	110105001000	马家堡街道	110106015000	斋堂镇	110109106000
朝外街道	110105002000	和义街道	110106016000	清水镇	110109107000
呼家楼街道	110105003000	长辛店镇	110106100000	妙峰山镇	110109108000
三里屯街道	110105004000	王佐镇	110106101000	王平(地区)镇	110109109000
左家庄街道	110105005000	卢沟桥(地区)乡	110106201000	**房山区(8街道，14镇，6乡)**	**110111000000**
香河园街道	110105006000	花乡(地区)乡	110106202000	城关街道	110111001000
和平街街道	110105007000	南苑(地区)乡	110106203000	新镇街道	110111002000
安贞街道	110105008000	**石景山区(9街道)**	**110107000000**	向阳街道	110111004000
亚运村街道	110105009000	八宝山街道	110107001000	东风街道	110111005000
小关街道	110105010000	老山街道	110107002000	迎风街道	110111006000
酒仙桥街道	110105011000	八角街道	110107003000	星城街道	110111007000
麦子店街道	110105012000	古城街道	110107004000	拱辰街道	110111011000
团结湖街道	110105013000	苹果园街道	110107005000	西潞街道	110111012000
六里屯街道	110105014000	金顶街街道	110107006000	阎村镇	110111101000
八里庄街道	110105015000	广宁街道	110107009000	窦店镇	110111103000
双井街道	110105016000	五里坨街道	110107010000	石楼镇	110111104000
劲松街道	110105017000	鲁谷街道	110107011000	长阳镇	110111105000
潘家园街道	110105018000	**海淀区(22街道，7镇)**	**110108000000**	河北镇	110111107000
垡头街道	110105019000	万寿路街道	110108001000	长沟镇	110111108000
大屯街道	110105025000	永定路街道	110108002000	大石窝镇	110111109000

续表

行政区划名称	行政区划代码	行政区划名称	行政区划代码	行政区划名称	行政区划代码
张坊镇	110111110000	天通苑北街道	110114006000	东高村镇	110117101000
十渡镇	110111111000	天通苑南街道	110114007000	山东庄镇	110117102000
青龙湖镇	110111112000	霍营街道	110114008000	南独乐河镇	110117104000
韩村河镇	110111115000	阳坊镇	110114104000	大华山镇	110117105000
良乡(地区)镇	110111116000	小汤山镇	110114110000	夏各庄镇	110117106000
周口店(地区)镇	110111117000	南邵镇	110114111000	马昌营镇	110117108000
琉璃河(地区)镇	110111118000	崔村镇	110114112000	王辛庄镇	110117110000
霞云岭乡	110111208000	百善镇	110114113000	大兴庄镇	110117111000
南窖乡	110111209000	北七家镇	110114115000	刘家店镇	110117112000
佛子庄乡	110111210000	兴寿镇	110114116000	镇罗营镇	110117114000
大安山乡	110111211000	流村镇	110114118000	渔阳(地区)镇	110117115000
史家营乡	110111212000	十三陵镇	110114119000	峪口(地区)镇	110117116000
蒲洼乡	110111213000	延寿镇	110114120000	马坊(地区)镇	110117117000
通州区(4街道，10镇，1乡)	**110112000000**	南口(地区)镇	110114121000	金海湖(地区)镇	110117118000
中仓街道	110112001000	马池口(地区)镇	110114122000	黄松峪乡	110117213000
新华街道	110112002000	沙河(地区)镇	110114123000	熊儿寨乡	110117214000
北苑街道	110112003000	回龙观(地区)镇	110114124000	**密云县(2街道，17镇，1乡)**	**110228000000**
玉桥街道	110112004000	东小口(地区)镇	110114125000	鼓楼街道	110228001000
宋庄镇	110112104000	**大兴区(5街道，14镇)**	**110115000000**	果园街道	110228002000
张家湾镇	110112105000	兴丰街道	110115001000	密云镇	110228100000
漷县镇	110112106000	林校路街道	110115002000	溪翁庄镇	110228101000
马驹桥镇	110112109000	清源街道	110115003000	西田各庄镇	110228102000
西集镇	110112110000	观音寺街道	110115009000	十里堡镇	110228103000
台湖镇	110112114000	天宫院街道	110115010000	河南寨镇	110228104000
永乐店镇	110112117000	青云店镇	110115103000	巨各庄镇	110228105000
潞城镇	110112119000	采育镇	110115104000	穆家峪镇	110228106000
永顺(地区)镇	110112120000	安定镇	110115105000	太师屯镇	110228107000
梨园(地区)镇	110112121000	礼贤镇	110115106000	高岭镇	110228108000
于家务回族乡	110112209000	榆垡镇	110115107000	不老屯镇	110228109000
顺义区(6街道，19镇)	**110113000000**	庞各庄镇	110115108000	冯家峪镇	110228110000
胜利街道	110113001000	北臧村镇	110115109000	古北口镇	110228111000
光明街道	110113002000	魏善庄镇	110115110000	大城子镇	110228112000
石园街道	110113010000	长子营镇	110115111000	东邵渠镇	110228113000
空港街道	110113011000	亦庄(地区)镇	110115112000	北庄镇	110228114000
双丰街道	110113012000	黄村(地区)镇	110115113000	新城子镇	110228115000
旺泉街道	110113013000	旧宫(地区)镇	110115114000	石城镇	110228116000
高丽营镇	110113101000	西红门(地区)镇	110115115000	檀营(地区)满族蒙族乡	110228203000
李桥镇	110113104000	瀛海(地区)镇	110115116000	**延庆县(3街道，11镇，4乡)**	**110229000000**
李遂镇	110113105000	**怀柔区(2街道，12镇，2乡)**	**110116000000**	百泉街道	110229001000
南彩镇	110113106000	泉河街道	110116001000	香水园街道	110229002000
北务镇	110113108000	龙山街道	110116002000	儒林街道	110229003000
大孙各庄镇	110113109000	北房镇	110116102000	延庆镇	110229100000
张镇	110113110000	杨宋镇	110116103000	康庄镇	110229101000
龙湾屯镇	110113111000	桥梓镇	110116105000	八达岭镇	110229102000
木林镇	110113112000	怀北镇	110116106000	永宁镇	110229103000
北小营镇	110113113000	汤河口镇	110116107000	旧县镇	110229104000
北石槽镇	110113115000	渤海镇	110116108000	张山营镇	110229105000
赵全营镇	110113116000	九渡河镇	110116109000	四海镇	110229106000
仁和(地区)镇	110113117000	琉璃庙镇	110116110000	千家店镇	110229107000
后沙峪(地区)镇	110113118000	宝山镇	110116111000	沈家营镇	110229108000
天竺(地区)镇	110113119000	怀柔(地区)镇	110116112000	大榆树镇	110229109000
杨镇(地区)镇	110113120000	雁栖(地区)镇	110116113000	井庄镇	110229110000
牛栏山(地区)镇	110113121000	庙城(地区)镇	110116114000	大庄科乡	110229207000
南法信(地区)镇	110113122000	长哨营满族乡	110116211000	刘斌堡乡	110229209000
马坡(地区)镇	110113123000	喇叭沟门满族乡	110116213000	香营乡	110229210000
昌平区(5街道，15镇)	**110114000000**	**平谷区(2街道，14镇，2乡)**	**110117000000**	珍珠泉乡	110229214000
城北街道	110114001000	滨河街道	110117001000		
城南街道	110114005000	兴谷街道	110117002000		

天津市

天津市(津)

行政区划名称	行政区划代码	行政区划名称	行政区划代码	行政区划名称	行政区划代码
天津市(111街道，123镇，11乡)	**120000000000**	向阳路街道	120104007000	辛口镇	120111102000
		嘉陵道街道	120104008000	张家窝镇	120111103000
和平区(6街道)	**120101000000**	王顶堤街道	120104009000	精武镇	120111104000
劝业场街道	120101001000	水上公园街道	120104010000	大寺镇	120111105000
小白楼街道	120101002000	体育中心街道	120104011000	王稳庄镇	120111106000
体育馆街道	120101003000	华苑街道	120104012000	**津南区(8镇)**	**120112000000**
新兴街道	120101004000	**河北区(10街道)**	**120105000000**	咸水沽镇	120112100000
南营门街道	120101005000	光复道街道	120105001000	葛沽镇	120112101000
南市街道	120101006000	望海楼街道	120105002000	小站镇	120112102000
河东区(13街道)	**120102000000**	鸿顺里街道	120105003000	双港镇	120112103000
大王庄街道	120102001000	新开河街道	120105004000	辛庄镇	120112104000
大直沽街道	120102002000	铁东路街道	120105005000	双桥河镇	120112106000
中山门街道	120102003000	建昌道街道	120105006000	八里台镇	120112107000
富民路街道	120102004000	宁园街道	120105007000	北闸口镇	120112108000
二号桥街道	120102005000	王串场街道	120105008000	**北辰区(5街道，9镇)**	**120113000000**
春华街道	120102006000	江都路街道	120105009000	果园新村街道	120113001000
唐家口街道	120102007000	月牙河街道	120105010000	集贤里街道	120113002000
向阳楼街道	120102008000	**红桥区(10街道)**	**120106000000**	普东街道	120113003000
常州道街道	120102009000	西于庄街道	120106001000	瑞景街道	120113004000
上杭路街道	120102010000	双环村街道	120106002000	佳荣里街道	120113005000
东新街道	120102011000	咸阳北路街道	120106003000	天穆镇	120113100000
鲁山道街道	120102012000	丁字沽街道	120106004000	北仓镇	120113101000
天津铁厂街道	120102013000	西沽街道	120106005000	双街镇	120113102000
河西区(13街道)	**120103000000**	三条石街道	120106006000	双口镇	120113103000
大营门街道	120103001000	邵公庄街道	120106008000	青光镇	120113104000
下瓦房街道	120103002000	芥园道街道	120106009000	宜兴埠镇	120113106000
桃园街道	120103003000	铃铛阁街道	120106010000	小淀镇	120113107000
挂甲寺街道	120103004000	大胡同街道	120106011000	大张庄镇	120113108000
马场街道	120103005000	**东丽区(10街道)**	**120110000000**	西堤头镇	120113111000
越秀路街道	120103006000	张贵庄街道	120110001000	**武清区(6街道，19镇，5乡)**	**120114000000**
友谊路街道	120103007000	丰年村街道	120110002000	杨村街道	120114001000
天塔街道	120103008000	万新街道	120110003000	下朱庄街道	120114002000
尖山街道	120103009000	无瑕街道	120110004000	东蒲洼街道	120114003000
陈塘庄街道	120103010000	新立街道	120110005000	黄庄街道	120114004000
柳林街道	120103011000	华明街道	120110006000	徐官屯街道	120114005000
东海街道	120103012000	金钟街道	120110007000	运河西街道	120114006000
梅江街道	120103013000	军粮城街道	120110008000	梅厂镇	120114101000
南开区(12街道)	**120104000000**	金桥街道	120110009000	大碱厂镇	120114102000
长虹街道	120104001000	东丽湖街道	120110010000	崔黄口镇	120114103000
鼓楼街道	120104002000	**西青区(2街道，7镇)**	**120111000000**	大良镇	120114104000
兴南街道	120104003000	西营门街道	120111001000	下伍旗镇	120114105000
广开街道	120104004000	李七庄街道	120111002000	南蔡村镇	120114106000
万兴街道	120104005000	中北镇	120111100000	大孟庄镇	120114107000
学府街道	120104006000	杨柳青镇	120111101000	泗村店镇	120114108000

续表

行政区划名称	行政区划代码	行政区划名称	行政区划代码	行政区划名称	行政区划代码
河西务镇	120114109000	新港街道	120116003000	王口镇	120223103000
城关镇	120114110000	向阳街道	120116004000	台头镇	120223104000
东马圈镇	120114111000	杭州道街道	120116005000	子牙镇	120223105000
黄花店镇	120114112000	新河街道	120116006000	陈官屯镇	120223106000
石各庄镇	120114113000	大沽街道	120116007000	中旺镇	120223107000
王庆坨镇	120114114000	新北街道	120116008000	大邱庄镇	120223108000
汊沽港镇	120114115000	北塘街道	120116009000	蔡公庄镇	120223109000
河北屯镇	120114116000	渤海石油街道	120116010000	梁头镇	120223110000
上马台镇	120114117000	胡家园街道	120116011000	团泊镇	120223111000
大王古庄镇	120114118000	泰达街道	120116012000	双塘镇	120223112000
陈咀镇	120114119000	汉沽街道	120116021000	大丰堆镇	120223113000
豆张庄乡	120114203000	寨上街道	120116022000	沿庄镇	120223114000
曹子里乡	120114206000	河西街道	120116023000	西翟庄镇	120223115000
大黄堡乡	120114207000	迎宾街道	120116031000	良王庄乡	120223200000
高村乡	120114213000	胜利街道	120116032000	杨成庄乡	120223201000
白古屯乡	120114214000	古林街道	120116033000	**蓟县(1街道，25镇，1乡)**	**120225000000**
宝坻区(3街道，21镇)	**120115000000**	海滨街道	120116034000	文昌街道	120225001000
海滨街道	120115001000	港西街道	120116035000	渔阳镇	120225100000
宝平街道	120115002000	新城镇	120116100000	洇溜镇	120225101000
钰华街道	120115003000	大田镇	120116101000	官庄镇	120225102000
大口屯镇	120115101000	杨家泊镇	120116102000	马伸桥镇	120225103000
大白庄镇	120115102000	茶淀镇	120116103000	下营镇	120225104000
王卜庄镇	120115103000	太平镇	120116105000	邦均镇	120225105000
方家庄镇	120115104000	小王庄镇	120116106000	别山镇	120225106000
林亭口镇	120115105000	中塘镇	120116107000	尤古庄镇	120225108000
八门城镇	120115106000	**宁河县(11镇，3乡)**	**120221000000**	上仓镇	120225109000
大钟庄镇	120115107000	芦台镇	120221100000	下仓镇	120225111000
新安镇	120115108000	宁河镇	120221102000	罗庄子镇	120225112000
马家店镇	120115110000	苗庄镇	120221103000	白涧镇	120225113000
霍各庄镇	120115111000	丰台镇	120221104000	五百户镇	120225114000
新开口镇	120115113000	岳龙镇	120221105000	侯家营镇	120225115000
大唐庄镇	120115115000	板桥镇	120221106000	桑梓镇	120225116000
高家庄镇	120115117000	潘庄镇	120221107000	东施古镇	120225117000
口东镇	120115118000	造甲城镇	120221109000	下窝头镇	120225118000
牛道口镇	120115119000	七里海镇	120221110000	杨津庄镇	120225119000
史各庄镇	120115120000	大北涧沽镇	120221111000	出头岭镇	120225120000
郝各庄镇	120115121000	东棘坨镇	120221112000	西龙虎峪镇	120225121000
周良庄镇	120115122000	北淮淀乡	120221204000	穿芳峪镇	120225122000
牛家牌镇	120115123000	俵口乡	120221205000	东二营镇	120225123000
尔王庄镇	120115124000	廉庄子乡	120221206000	许家台镇	120225124000
黄庄镇	120115125000	**静海县(16镇，2乡)**	**120223000000**	礼明庄镇	120225125000
滨海新区(20街道，7镇)	**120116000000**	静海镇	120223100000	东赵各庄镇	120225126000
新村街道	120116001000	唐官屯镇	120223101000	孙各庄满族乡	120225203000
于家堡街道	120116002000	独流镇	120223102000		

河北省

河北省(冀)

行政区划名称	行政区划代码
河北省(274街道，1019镇，940乡)	**130000000000**
石家庄市(54街道，124镇，96乡)	**130100000000**
长安区(8街道，3镇)	**130102000000**
建北街道	130102001000
青园街道	130102002000
广安街道	130102003000
育才街道	130102004000
跃进街道	130102005000
河东街道	130102007000
长丰街道	130102010000
谈固街道	130102011000
西兆通镇	130102100000
南村镇	130102101000
高营镇	130102102000
桥东区(9街道，1镇)	**130103000000**
中山东路街道	130103001000
彭后街道	130103002000
东风路街道	130103003000
东华街道	130103004000
休门街道	130103005000
阜康街道	130103006000
建安街道	130103007000
胜利街道	130103008000
汇通街道	130103009000
桃园镇	130103101000
桥西区(12街道)	**130104000000**
东里街道	130104001000
中山街道	130104002000
南长街道	130104004000
维明街道	130104005000
裕西街道	130104006000
友谊街道	130104007000
红旗街道	130104008000
新石街道	130104009000
苑东街道	130104010000
西里街道	130104011000
振头街道	130104012000
留营街道	130104013000
新华区(11街道，2镇，2乡)	**130105000000**
革新街街道	130105001000
新华路街道	130105003000
宁安街道	130105004000
东焦街道	130105005000
西苑街道	130105006000
合作路街道	130105007000
联盟街道	130105008000
石岗街道	130105009000
五七街道	130105010000
天苑街道	130105011000
北苑街道	130105012000
大郭镇	130105100000
赵陵铺镇	130105101000
西三庄乡	130105201000
杜北乡	130105202000
井陉矿区(2街道，2镇，1乡)	**130107000000**
矿市街道	130107001000
四微街道	130107002000
贾庄镇	130107100000
凤山镇	130107101000
横涧乡	130107200000
裕华区(9街道，2镇)	**130108000000**
裕兴街道	130108001000
裕强街道	130108002000
东苑街道	130108003000
建通街道	130108004000
槐底街道	130108005000
裕华路街道	130108006000
裕东街道	130108007000
长江街道	130108008000
太行街道	130108009000
宋营镇	130108100000
方村镇	130108101000
井陉县(10镇，7乡)	**130121000000**
微水镇	130121100000
上安镇	130121101000
天长镇	130121102000
秀林镇	130121103000
南峪镇	130121104000
威州镇	130121105000
小作镇	130121106000
南障城镇	130121107000
苍岩山镇	130121108000
测鱼镇	130121109000
吴家窑乡	130121200000
北正乡	130121201000
于家乡	130121202000
孙庄乡	130121203000
南陉乡	130121204000
辛庄乡	130121205000
南王庄乡	130121206000
正定县(2街道，3镇，5乡)	**130123000000**
诸福屯街道	130123001000
三里屯街道	130123002000
正定镇	130123100000
新城铺镇	130123102000
新安镇	130123103000
南牛乡	130123200000
南楼乡	130123201000
西平乐乡	130123202000
北早现乡	130123203000
曲阳桥乡	130123204000
栾城县(5镇，3乡)	**130124000000**
栾城镇	130124100000
郄马镇	130124101000
冶河镇	130124103000
窦妪镇	130124104000
楼底镇	130124105000
南高乡	130124200000
柳林屯乡	130124201000
西营乡	130124202000
行唐县(4镇，11乡)	**130125000000**
龙州镇	130125100000
南桥镇	130125101000
上碑镇	130125102000
口头镇	130125103000
独羊岗乡	130125200000
安香乡	130125201000
只里乡	130125202000
市同乡	130125203000
翟营乡	130125204000
城寨乡	130125205000
上方乡	130125206000
玉亭乡	130125207000
北河乡	130125208000
上阎庄乡	130125209000
九口子乡	130125210000
灵寿县(6镇，9乡)	**130126000000**
灵寿镇	130126100000
青同镇	130126101000
塔上镇	130126102000
陈庄镇	130126103000
慈峪镇	130126104000
岔头镇	130126105000
三圣院乡	130126200000
北洼乡	130126201000
牛城乡	130126202000
狗台乡	130126203000
南寨乡	130126204000
南燕川乡	130126205000
北谭庄乡	130126206000
寨头乡	130126207000
南营乡	130126208000
高邑县(3镇，2乡)	**130127000000**
高邑镇	130127100000
大营镇	130127101000
富村镇	130127102000
中韩乡	130127201000
万城乡	130127202000
深泽县(3镇，3乡)	**130128000000**
深泽镇	130128100000
铁杆镇	130128101000
赵八镇	130128102000
白庄乡	130128200000
留村乡	130128201000
桥头乡	130128203000
赞皇县(2镇，9乡)	**130129000000**
赞皇镇	130129100000
院头镇	130129101000
西龙门乡	130129200000
南邢郭乡	130129201000
南清河乡	130129202000
西阳泽乡	130129203000

续表 1

行政区划名称	行政区划代码	行政区划名称	行政区划代码	行政区划名称	行政区划代码
土门乡	130129204000	前仙乡	130132207000	周家庄乡	130183201000
黄北坪乡	130129205000	黑水河乡	130132208000	**新乐市(1街道，8镇，3乡)**	**130184000000**
嶂石岩乡	130129206000	**赵县(7镇，4乡)**	**130133000000**	长寿街道	130184001000
许亭乡	130129207000	赵州镇	130133100000	化皮镇	130184101000
张楞乡	130129208000	范庄镇	130133101000	承安镇	130184102000
无极县(6镇，5乡)	**130130000000**	北王里镇	130133102000	正莫镇	130184103000
无极镇	130130100000	新寨店镇	130133103000	南大岳镇	130184104000
七汲镇	130130101000	韩村镇	130133104000	杜固镇	130184105000
张段固镇	130130102000	南柏舍镇	130133105000	邯邰镇	130184106000
北苏镇	130130103000	沙河店镇	130133106000	东王镇	130184107000
郭庄镇	130130104000	前大章乡	130133200000	马头铺镇	130184108000
大陈镇	130130105000	谢庄乡	130133201000	协神乡	130184200000
高头回族乡	130130200000	高村乡	130133202000	木村乡	130184201000
郝庄乡	130130201000	王西章乡	130133203000	彭家庄回族乡	130184202000
东侯坊乡	130130202000	**辛集市(8镇，7乡)**	**130181000000**	**鹿泉市(9镇，3乡)**	**130185000000**
里城道乡	130130203000	辛集镇	130181100000	获鹿镇	130185100000
南流乡	130130204000	旧城镇	130181101000	铜冶镇	130185101000
平山县(12镇，11乡)	**130131000000**	张古庄镇	130181102000	寺家庄镇	130185102000
平山镇	130131100000	位伯镇	130181103000	上庄镇	130185103000
东回舍镇	130131101000	新垒头镇	130181104000	李村镇	130185104000
温塘镇	130131102000	新城镇	130181105000	宜安镇	130185105000
南甸镇	130131103000	南智丘镇	130181106000	黄壁庄镇	130185106000
岗南镇	130131104000	王口镇	130181107000	大河镇	130185107000
古月镇	130131105000	天宫营乡	130181200000	山尹村镇	130185108000
下槐镇	130131106000	前营乡	130181201000	石井乡	130185200000
孟家庄镇	130131107000	马庄乡	130181202000	白鹿泉乡	130185201000
小觉镇	130131108000	和睦井乡	130181203000	上寨乡	130185202000
蛟潭庄镇	130131109000	田家庄乡	130181204000	**唐山市(47街道，130镇，47乡)**	**130200000000**
西柏坡镇	130131110000	中里厢乡	130181205000		
下口镇	130131111000	小辛庄乡	130181206000	**路南区(9街道，1乡)**	**130202000000**
西大吾乡	130131200000	**藁城市(13镇，1乡)**	**130182000000**	学院南路街道	130202001000
上三汲乡	130131201000	廉州镇	130182100000	友谊街道	130202002000
两河乡	130131202000	兴安镇	130182101000	广场街道	130202003000
东王坡乡	130131203000	贾市庄镇	130182102000	永红桥街道	130202004000
苏家庄乡	130131204000	南营镇	130182103000	小山街道	130202005000
宅北乡	130131205000	梅花镇	130182104000	文化北后街街道	130202006000
北冶乡	130131207000	岗上镇	130182105000	钱家营矿区街道	130202007000
上观音堂乡	130131209000	丘头镇	130182106000	惠民道街道	130202008000
杨家桥乡	130131210000	南董镇	130182107000	梁家屯路街道	130202009000
营里乡	130131211000	张家庄镇	130182108000	女织寨乡	130202200000
合河口乡	130131212000	南孟镇	130182109000	**路北区(12街道，1乡)**	**130203000000**
元氏县(6镇，9乡)	**130132000000**	增村镇	130182110000	乔屯街道	130203001000
槐阳镇	130132100000	常安镇	130182111000	文化路街道	130203002000
殷村镇	130132101000	西关镇	130182112000	钓鱼台街道	130203003000
南佐镇	130132102000	九门回族乡	130182200000	东新村街道	130203004000
宋曹镇	130132103000	**晋州市(9镇，1乡)**	**130183000000**	缸窑街道	130203005000
南因镇	130132104000	晋州镇	130183100000	机场路街道	130203006000
姬村镇	130132105000	总十庄镇	130183101000	河北路街道	130203007000
马村乡	130132200000	营里镇	130183102000	龙东街道	130203008000
东张乡	130132201000	桃园镇	130183103000	大里街道	130203009000
赵同乡	130132202000	东卓宿镇	130183104000	光明街道	130203010000
北褚乡	130132203000	马于镇	130183105000	翔云道街道	130203011000
苏村乡	130132204000	小樵镇	130183106000	果园乡	130203200000
苏阳乡	130132205000	槐树镇	130183107000	高新区街道	130293001000
北正乡	130132206000	东里庄镇	130183108000	**古冶区(5街道，2镇，3乡)**	**130204000000**

续表 2

行政区划名称	行政区划代码	行政区划名称	行政区划代码	行政区划名称	行政区划代码
林西街道	130204001000	韩城镇	130208107000	乐亭镇	130225100000
唐家庄街道	130204002000	岔河镇	130208108000	汤家河镇	130225101000
古冶街道	130204003000	新军屯镇	130208109000	胡家坨镇	130225102000
赵各庄街道	130204004000	小张各庄镇	130208110000	王滩镇	130225103000
京华街道	130204005000	丰登坞镇	130208111000	闫各庄镇	130225104000
范各庄镇	130204100000	李钊庄镇	130208112000	马头营镇	130225105000
卑家店镇	130204101000	白官屯镇	130208113000	新寨镇	130225106000
王辇庄乡	130204201000	石各庄镇	130208114000	汀流河镇	130225107000
习家套乡	130204202000	沙流河镇	130208115000	姜各庄镇	130225108000
大庄坨乡	130204203000	七树庄镇	130208116000	毛庄镇	130225109000
开平区(5街道，6镇)	**130205000000**	杨官林镇	130208117000	中堡镇	130225110000
马家沟街道	130205001000	银城铺镇	130208118000	庞各庄乡	130225201000
开平街道	130205002000	常庄镇	130208119000	大相各庄乡	130225202000
税务庄街道	130205003000	姜家营乡	130208202000	古河乡	130225203000
陡电街道	130205005000	欢喜庄乡	130208205000	**迁西县(1街道，9镇，8乡)**	**130227000000**
荆各庄街道	130205006000	刘家营乡	130208208000	栗乡街道	130227008000
开平镇	130205100000	**曹妃甸区(3镇)**	**130209000000**	兴城镇	130227100000
栗园镇	130205101000	唐海镇	130209100000	金厂峪镇	130227101000
越河镇	130205102000	柳赞镇	130209101000	洒河桥镇	130227102000
双桥镇	130205103000	滨海镇	130209102000	太平寨镇	130227103000
郑庄子镇	130205104000	**滦县(2街道，12镇)**	**130223000000**	罗家屯镇	130227104000
洼里镇	130205105000	滦河街道	130223001000	东荒峪镇	130227105000
丰南区(4街道，14镇，3乡)	**130207000000**	古城街道	130223002000	新集镇	130227106000
胥各庄街道	130207001000	滦州镇	130223100000	三屯营镇	130227107000
丰南镇	130207100000	响嘡镇	130223101000	滦阳镇	130227108000
稻地镇	130207102000	东安各庄镇	130223102000	白庙子乡	130227200000
小集镇	130207103000	雷庄镇	130223103000	上营乡	130227201000
黄各庄镇	130207104000	茨榆坨镇	130223104000	汉儿庄乡	130227202000
西葛镇	130207105000	榛子镇	130223105000	渔户寨乡	130227203000
大新庄镇	130207106000	杨柳庄镇	130223106000	旧城乡	130227204000
钱营镇	130207107000	油榨镇	130223107000	尹庄乡	130227205000
唐坊镇	130207108000	古马镇	130223108000	东莲花院乡	130227206000
王兰庄镇	130207109000	小马庄镇	130223109000	新庄子乡	130227207000
柳树酄镇	130207110000	九百户镇	130223110000	**玉田县(14镇，6乡)**	**130229000000**
黑沿子镇	130207111000	王店子镇	130223111000	玉田镇	130229100000
大齐各庄镇	130207113000	**滦南县(1街道，16镇)**	**130224000000**	亮甲店镇	130229101000
南孙庄乡	130207201000	友谊路街道	130224001000	鸦鸿桥镇	130229102000
东田庄乡	130207202000	倴城镇	130224100000	窝洛沽镇	130229103000
尖字沽乡	130207203000	宋道口镇	130224101000	石臼窝镇	130229104000
新华路街道	130291001000	长凝镇	130224102000	虹桥镇	130229105000
海北镇	130291100000	胡各庄镇	130224103000	散水头镇	130229106000
振兴街道	130292001000	坨里镇	130224104000	林南仓镇	130229107000
汉丰镇	130292100000	姚王庄镇	130224105000	林西镇	130229108000
希望路街道	130294001000	司各庄镇	130224106000	杨家板桥镇	130229109000
丰润区(3街道，20镇，3乡)	**130208000000**	安各庄镇	130224107000	彩亭桥镇	130229110000
太平路街道	130208001000	扒齿港镇	130224108000	孤树镇	130229111000
燕山路街道	130208002000	程庄镇	130224109000	大安镇镇	130229112000
浭阳街道	130208003000	青坨营镇	130224110000	唐自头镇	130229113000
丰润镇	130208100000	柏各庄镇	130224111000	郭家屯乡	130229200000
老庄子镇	130208101000	南堡镇	130224114000	林头屯乡	130229201000
任各庄镇	130208102000	方各庄镇	130224115000	杨家套乡	130229202000
左家坞镇	130208103000	东黄坨镇	130224116000	潮洛窝乡	130229203000
泉河头镇	130208104000	马城镇	130224117000	陈家铺乡	130229204000
王官营镇	130208105000	**乐亭县(1街道，11镇，3乡)**	**130225000000**	郭家桥乡	130229205000
火石营镇	130208106000	乐安街道	130225001000	**遵化市(13镇，12乡)**	**130281000000**

续表 3

行政区划名称	行政区划代码
遵化镇	130281100000
堡子店镇	130281101000
马兰峪镇	130281102000
平安城镇	130281103000
东新庄镇	130281104000
新店子镇	130281105000
党峪镇	130281106000
地北头镇	130281107000
东旧寨镇	130281108000
铁厂镇	130281109000
苏家洼镇	130281110000
建明镇	130281111000
石门镇	130281112000
西留村乡	130281200000
崔家庄乡	130281201000
兴旺寨乡	130281202000
西下营满族乡	130281203000
汤泉满族乡	130281204000
东陵满族乡	130281205000
刘备寨乡	130281206000
团瓢庄乡	130281207000
娘娘庄乡	130281208000
西三里乡	130281209000
侯家寨乡	130281210000
小厂乡	130281211000
迁安市(4街道，10镇，7乡)	**130283000000**
永顺街道	130283001000
兴安街道	130283002000
滨河街道	130283003000
杨店子街道	130283004000
夏官营镇	130283101000
杨各庄镇	130283102000
建昌营镇	130283103000
赵店子镇	130283104000
野鸡坨镇	130283105000
大崔庄镇	130283106000
蔡园镇	130283108000
马兰庄镇	130283109000
沙河驿镇	130283110000
木厂口镇	130283111000
扣庄乡	130283200000
彭店子乡	130283201000
上射雁庄乡	130283202000
阎家店乡	130283203000
五重安乡	130283204000
大五里乡	130283205000
太平庄乡	130283206000
秦皇岛市(21街道，47镇，28乡)	**130300000000**
海港区(12街道，5镇)	**130302000000**
文化路街道	130302001000
海滨路街道	130302002000
北环路街道	130302003000
建设大街街道	130302004000
河东街道	130302005000
西港路街道	130302006000
燕山大街街道	130302007000
港城大街街道	130302008000
东环路街道	130302009000
白塔岭街道	130302010000
东港镇	130302100000
海港镇	130302101000
西港镇	130302102000
海阳镇	130302103000
北港镇	130302104000
珠江道街道	130391003000
黄河道街道	130391004000
山海关区(5街道，3镇，1乡)	**130303000000**
南关街道	130303001000
东街街道	130303002000
西街街道	130303003000
路南街道	130303004000
第一关镇	130303100000
石河镇	130303101000
孟姜镇	130303102000
船厂路街道	130391001000
渤海乡	130391201000
北戴河区(2街道，2镇)	**130304000000**
西山街道	130304001000
东山街道	130304002000
海滨镇	130304100000
戴河镇	130304101000
青龙满族自治县(11镇，14乡)	**130321000000**
青龙镇	130321100000
祖山镇	130321101000
木头凳镇	130321102000
双山子镇	130321103000
马圈子镇	130321104000
肖营子镇	130321105000
大巫岚镇	130321106000
土门子镇	130321107000
八道河镇	130321108000
隔河头镇	130321109000
娄杖子镇	130321111000
凤凰山乡	130321200000
龙王庙乡	130321201000
三星口乡	130321202000
干沟乡	130321203000
大石岭乡	130321206000
官场乡	130321208000
茨榆山乡	130321209000
平方子乡	130321210000
安子岭乡	130321211000
朱杖子乡	130321212000
草碾乡	130321213000
七道河乡	130321214000
三拨子乡	130321217000
凉水河乡	130321218000
昌黎县(11镇，5乡)	**130322000000**
昌黎镇	130322100000
靖安镇	130322101000
安山镇	130322102000
龙家店镇	130322103000
泥井镇	130322104000
大蒲河镇	130322105000
新集镇	130322106000
刘台庄镇	130322107000
朱各庄镇	130322108000
荒佃庄镇	130322109000
茹荷镇	130322110000
团林乡	130322201000
葛条港乡	130322202000
马坨店乡	130322203000
两山乡	130322206000
十里铺乡	130322207000
抚宁县(2街道，9镇，2乡)	**130323000000**
骊城街道	130323001000
南戴河街道	130323002000
抚宁镇	130323100000
留守营镇	130323101000
榆关镇	130323102000
牛头崖镇	130323103000
石门寨镇	130323104000
台营镇	130323105000
大新寨镇	130323106000
驻操营镇	130323107000
杜庄镇	130323108000
茶棚乡	130323200000
深河乡	130323201000
卢龙县(6镇，6乡)	**130324000000**
卢龙镇	130324100000
潘庄镇	130324101000
燕河营镇	130324102000
双望镇	130324103000
刘田各庄镇	130324104000
石门镇	130324105000
下寨乡	130324200000
刘家营乡	130324201000
陈官屯乡	130324202000
印庄乡	130324203000
蛤泊乡	130324204000
木井乡	130324205000
邯郸市(28街道，96镇，118乡)	**130400000000**
邯山区(10街道，2镇，1乡)	**130402000000**
火磨街道	130402001000
陵园街道	130402002000
光明路街道	130402003000
滏东街道	130402004000

续表 4

行政区划名称	行政区划代码	行政区划名称	行政区划代码	行政区划名称	行政区划代码
罗城头街道	130402005000	柳园镇	130423103000	偏店乡	130426202000
渚河路街道	130402006000	称勾集镇	130423104000	龙虎乡	130426203000
浴新南街道	130402007000	狄邱乡	130423200000	木井乡	130426204000
农林路街道	130402008000	张村集乡	130423201000	关防乡	130426205000
贸东街道	130402009000	西羊羔乡	130423202000	合漳乡	130426206000
贸西街道	130402010000	香菜营乡	130423203000	鹿头乡	130426207000
北张庄镇	130402100000	杜村集乡	130423204000	**磁县(9镇，10乡)**	**130427000000**
马庄乡	130402200000	章里集乡	130423205000	磁州镇	130427100000
马头镇	130491101000	习文乡	130423206000	高臾镇	130427101000
丛台区(10街道，1乡)	**130403000000**	砖寨营乡	130423207000	光禄镇	130427102000
丛台西街道	130403001000	柏鹤集乡	130423208000	讲武城镇	130427103000
联纺西街道	130403002000	**成安县(4镇，5乡)**	**130424000000**	岳城镇	130427104000
联纺东街道	130403003000	成安镇	130424100000	观台镇	130427105000
光明桥街道	130403004000	商城镇	130424101000	林坛镇	130427106000
丛台东街道	130403005000	漳河店镇	130424102000	白土镇	130427107000
四季青街道	130403006000	李家疃镇	130424103000	黄沙镇	130427108000
和平街道	130403007000	辛义乡	130424200000	路村营乡	130427200000
中华街道	130403008000	柏寺营乡	130424201000	西固义乡	130427201000
人民路街道	130403009000	道东堡乡	130424202000	辛庄营乡	130427202000
柳林桥街道	130403010000	北乡义乡	130424203000	花官营乡	130427203000
苏曹乡	130403200000	长巷乡	130424204000	时村营乡	130427204000
复兴区(7街道，1乡)	**130404000000**	**大名县(6镇，14乡)**	**130425000000**	南城乡	130427205000
胜利桥街道	130404001000	大名镇	130425100000	台城乡	130427206000
百家村街道	130404002000	杨桥镇	130425101000	陶泉乡	130427207000
铁路大院街道	130404003000	万堤镇	130425102000	都党乡	130427208000
化林路街道	130404004000	龙王庙镇	130425103000	北贾璧乡	130427209000
庞村街道	130404005000	束馆镇	130425104000	**肥乡县(2镇，7乡)**	**130428000000**
二六七二街道	130404006000	金滩镇	130425105000	肥乡镇	130428100000
石化街道	130404007000	沙圪塔乡	130425200000	天台山镇	130428101000
彭家寨乡	130404200000	王村乡	130425201000	大西韩乡	130428200000
峰峰矿区(9镇)	**130406000000**	铺上乡	130425202000	辛安镇乡	130428201000
临水镇	130406100000	黄金堤乡	130425203000	毛演堡乡	130428202000
峰峰镇	130406101000	大街乡	130425204000	元固乡	130428203000
新坡镇	130406102000	旧治乡	130425205000	屯庄营乡	130428204000
大社镇	130406103000	西未庄乡	130425206000	东漳堡乡	130428205000
和村镇	130406104000	孙甘店乡	130425207000	旧店乡	130428206000
义井镇	130406105000	西付集乡	130425208000	**永年县(6镇，14乡)**	**130429000000**
彭城镇	130406106000	埝头乡	130425209000	临洺关镇	130429100000
界城镇	130406107000	北峰乡	130425210000	大北汪镇	130429101000
大峪镇	130406108000	张铁集乡	130425211000	张西堡镇	130429102000
邯郸县(4镇，6乡)	**130421000000**	红庙乡	130425212000	广府镇	130429103000
尚璧镇	130421100000	营镇回族乡	130425213000	南沿村镇	130429104000
黄粱梦镇	130421101000	**涉县(1街道，9镇，8乡)**	**130426000000**	永合会镇	130429105000
河沙镇镇	130421102000	平安街道	130426001000	西苏乡	130429200000
户村镇	130421104000	涉城镇	130426100000	界河店乡	130429201000
南堡乡	130421200000	河南店镇	130426101000	刘营乡	130429202000
南吕固乡	130421201000	索堡镇	130426102000	刘汉乡	130429203000
兼庄乡	130421202000	西戌镇	130426103000	正西乡	130429204000
代召乡	130421203000	井店镇	130426104000	讲武乡	130429205000
康庄乡	130421204000	更乐镇	130426105000	曲陌乡	130429206000
三陵乡	130421205000	固新镇	130426106000	辛庄堡乡	130429207000
临漳县(5镇，9乡)	**130423000000**	西达镇	130426107000	小龙马乡	130429208000
临漳镇	130423100000	偏城镇	130426108000	东杨庄乡	130429209000
南东坊镇	130423101000	神头乡	130426200000	小西堡乡	130429210000
孙陶集镇	130423102000	辽城乡	130426201000	西河庄乡	130429211000

续表 5

行政区划名称	行政区划代码
姚寨乡	130429212000
西阳城乡	130429213000
邱县(4镇，3乡)	**130430000000**
新马头镇	130430100000
邱城镇	130430101000
梁二庄镇	130430102000
香城固镇	130430103000
南辛店乡	130430201000
古城营乡	130430203000
陈村回族乡	130430204000
鸡泽县(3镇，4乡)	**130431000000**
鸡泽镇	130431100000
小寨镇	130431101000
双塔镇	130431102000
浮图店乡	130431200000
吴官营乡	130431201000
风正乡	130431202000
曹庄乡	130431203000
广平县(3镇，4乡)	**130432000000**
广平镇	130432100000
平固店镇	130432101000
胜营镇	130432102000
十里铺乡	130432201000
南韩村乡	130432202000
南阳堡乡	130432203000
东张孟乡	130432204000
馆陶县(4镇，4乡)	**130433000000**
馆陶镇	130433100000
房寨镇	130433101000
柴堡镇	130433102000
魏僧寨镇	130433103000
寿山寺乡	130433200000
王桥乡	130433201000
南徐村乡	130433202000
路桥乡	130433203000
魏县(8镇，13乡)	**130434000000**
魏城镇	130434100000
德政镇	130434101000
北皋镇	130434102000
双井镇	130434103000
牙里镇	130434104000
车往镇	130434105000
回隆镇	130434106000
张二庄镇	130434107000
东代固乡	130434200000
棘针寨乡	130434201000
沙口集乡	130434202000
野胡拐乡	130434203000
仕望集乡	130434204000
前大磨乡	130434205000
院堡乡	130434206000
南双庙乡	130434207000
大辛庄乡	130434208000
大马村乡	130434209000
边马乡	130434210000
北台头乡	130434212000
泊口乡	130434213000
曲周县(5镇，5乡)	**130435000000**
曲周镇	130435100000
安寨镇	130435101000
侯村镇	130435102000
河南疃镇	130435103000
第四疃镇	130435104000
槐桥乡	130435200000
南里岳乡	130435201000
白寨乡	130435202000
大河道乡	130435203000
依庄乡	130435204000
武安市(13镇，9乡)	**130481000000**
武安镇	130481100000
康二城镇	130481101000
午汲镇	130481102000
磁山镇	130481103000
伯延镇	130481104000
淑村镇	130481105000
大同镇	130481106000
邑城镇	130481107000
矿山镇	130481108000
贺进镇	130481109000
阳邑镇	130481110000
徘徊镇	130481111000
冶陶镇	130481112000
上团城乡	130481200000
北安庄乡	130481201000
北安乐乡	130481202000
西土山乡	130481203000
西寺庄乡	130481204000
活水乡	130481205000
石洞乡	130481206000
管陶乡	130481207000
马家庄乡	130481208000
邢台市(23街道，90镇，83乡)	**130500000000**
桥东区(6街道，2镇，1乡)	**130502000000**
南长街街道	130502001000
北大街街道	130502002000
西大街街道	130502003000
西门里街道	130502004000
豫让桥街道	130502005000
东郭村镇	130502100000
大梁庄乡	130502200000
火炬街道	130591002000
王快镇	130591100000
桥西区(8街道，2镇)	**130503000000**
钢铁路街道	130503001000
中兴路街道	130503002000
达活泉街道	130503003000
张宽街道	130503004000
章村街道	130503005000
中华大街街道	130503006000
团结路街道	130503007000
泉西街道	130503008000
南大郭镇	130503100000
李村镇	130503101000
邢台县(12镇，6乡)	**130521000000**
晏家屯镇	130521103000
南石门镇	130521104000
羊范镇	130521105000
皇寺镇	130521106000
会宁镇	130521107000
西黄村镇	130521108000
路罗镇	130521109000
将军墓镇	130521110000
浆水镇	130521111000
宋家庄镇	130521112000
太子井乡	130521200000
龙泉寺乡	130521201000
北小庄乡	130521202000
城计头乡	130521203000
白岸乡	130521204000
冀家村乡	130521206000
祝村镇	130591113000
东汪镇	130591101000
临城县(4镇，4乡)	**130522000000**
临城镇	130522100000
东镇镇	130522101000
郝庄镇	130522102000
西竖镇	130522103000
黑城乡	130522200000
鸭鸽营乡	130522201000
石城乡	130522203000
赵庄乡	130522205000
内丘县(5镇，4乡)	**130523000000**
内丘镇	130523100000
大孟村镇	130523101000
金店镇	130523102000
官庄镇	130523103000
柳林镇	130523104000
五郭店乡	130523200000
南赛乡	130523203000
獐獏乡	130523204000
侯家庄乡	130523205000
柏乡县(3镇，3乡)	**130524000000**
柏乡镇	130524100000
固城店镇	130524101000
西汪镇	130524102000
王家庄乡	130524200000
龙华乡	130524202000
内步乡	130524203000
隆尧县(6镇，6乡)	**130525000000**
隆尧镇	130525100000
魏家庄镇	130525101000
尹村镇	130525102000
山口镇	130525103000
莲子镇镇	130525104000

续表 6

行政区划名称	行政区划代码
固城镇	130525105000
北楼乡	130525200000
东良乡	130525201000
双碑乡	130525202000
牛家桥乡	130525203000
千户营乡	130525204000
大张庄乡	130525205000
任县(4镇，4乡)	**130526000000**
任城镇	130526100000
邢家湾镇	130526101000
辛店镇	130526102000
天口镇	130526103000
西固城乡	130526200000
永福庄乡	130526201000
大屯乡	130526202000
骆庄乡	130526204000
南和县(3镇，5乡)	**130527000000**
和阳镇	130527100000
贾宋镇	130527101000
郝桥镇	130527102000
东三召乡	130527200000
阎里乡	130527201000
河郭乡	130527202000
史召乡	130527203000
三思乡	130527204000
宁晋县(10镇，6乡)	**130528000000**
凤凰镇	130528100000
河渠镇	130528101000
北河庄镇	130528102000
耿庄桥镇	130528103000
东汪镇	130528104000
贾家口镇	130528105000
四芝兰镇	130528106000
大陆村镇	130528107000
换马店镇	130528108000
苏家庄镇	130528109000
侯口乡	130528200000
纪昌庄乡	130528202000
唐邱乡	130528203000
北鱼乡	130528205000
徐家河乡	130592200000
大曹庄乡	130592201000
巨鹿县(6镇，4乡)	**130529000000**
巨鹿镇	130529100000
王虎寨镇	130529101000
西郭城镇	130529102000
官亭镇	130529103000
阎疃镇	130529104000
小吕寨镇	130529105000
堤村乡	130529200000
张王疃乡	130529201000
观寨乡	130529202000
苏家营乡	130529203000
新河县(2镇，4乡)	**130530000000**
新河镇	130530100000
寻寨镇	130530101000
白神首乡	130530200000
荆家庄乡	130530201000
西流乡	130530202000
仁让里乡	130530203000
广宗县(1镇，7乡)	**130531000000**
广宗镇	130531100000
葫芦乡	130531200000
大平台乡	130531201000
件只乡	130531202000
核桃园乡	130531203000
东召乡	130531204000
北塘疃乡	130531205000
冯家寨乡	130531206000
平乡县(3镇，4乡)	**130532000000**
丰州镇	130532100000
平乡镇	130532101000
河古庙镇	130532102000
节固乡	130532200000
油召乡	130532201000
田付村乡	130532202000
寻召乡	130532203000
威县(5镇，11乡)	**130533000000**
洺州镇	130533100000
梨园屯镇	130533101000
章台镇	130533102000
侯贯镇	130533103000
七级镇	130533104000
方家营乡	130533200000
第什营乡	130533201000
枣园乡	130533202000
固献乡	130533203000
贺钊乡	130533204000
贺营乡	130533205000
张家营乡	130533206000
常屯乡	130533207000
常庄乡	130533208000
高公庄乡	130533209000
赵村乡	130533210000
清河县(6镇)	**130534000000**
葛仙庄镇	130534100000
连庄镇	130534101000
油坊镇	130534102000
谢炉镇	130534103000
王官庄镇	130534104000
坝营镇	130534105000
临西县(5镇，4乡)	**130535000000**
临西镇	130535100000
河西镇	130535101000
下堡寺镇	130535102000
尖冢镇	130535103000
老官寨镇	130535104000
东枣园乡	130535200000
吕寨乡	130535202000
摇鞍镇乡	130535203000
大刘庄乡	130535204000
南宫市(4街道，6镇，5乡)	**130581000000**
凤岗街道	130581001000
南杜街道	130581002000
北胡街道	130581003000
西丁街道	130581004000
苏村镇	130581100000
大高村镇	130581101000
垂杨镇	130581102000
明化镇	130581103000
段芦头镇	130581104000
紫冢镇	130581105000
大村乡	130581200000
南便村乡	130581201000
大屯乡	130581202000
王道寨乡	130581203000
薛吴村乡	130581204000
沙河市(5街道，5镇，5乡)	**130582000000**
褡裢街道	130582001000
桥东街道	130582002000
桥西街道	130582003000
赞善街道	130582004000
周庄街道	130582005000
新城镇	130582101000
白塔镇	130582102000
十里亭镇	130582103000
綦村镇	130582104000
册井乡	130582201000
刘石岗乡	130582202000
柴关乡	130582203000
蝉房乡	130582204000
沙河城镇	130591114000
留村乡	130591200000
保定市(28街道，142镇，170乡)	**130600000000**
新市区(5街道，6乡)	**130602000000**
先锋街道	130602001000
新市场街道	130602002000
东风路街道	130602003000
建南街道	130602004000
韩北街道	130602005000
颉庄乡	130602200000
富昌乡	130602201000
韩村乡	130602202000
南奇乡	130602203000
江城乡	130602204000
大马坊乡	130691200000
北市区(5街道，3乡)	**130603000000**
和平里街道	130603001000

续表 7

行政区划名称	行政区划代码	行政区划名称	行政区划代码	行政区划名称	行政区划代码
五四路街道	130603002000	义安镇	130623102000	柳卓乡	130626205000
西关街道	130603003000	石亭镇	130623103000	杨村乡	130626206000
中华路街道	130603004000	赵各庄镇	130623104000	北田乡	130626207000
东关街道	130603005000	九龙镇	130623105000	北南蔡乡	130626208000
韩庄乡	130603200000	三坡镇	130623106000	李郁庄乡	130626209000
东金庄乡	130603201000	明义乡	130623200000	小朱庄乡	130626211000
百楼乡	130603202000	王村乡	130623201000	**唐县(7镇，13乡)**	**130627000000**
南市区(5街道，4乡)	**130604000000**	东文山乡	130623202000	仁厚镇	130627100000
联盟路街道	130604001000	娄村满族乡	130623203000	王京镇	130627101000
红星街道	130604002000	宋各庄乡	130623204000	高昌镇	130627102000
裕华街道	130604003000	其中口乡	130623205000	北罗镇	130627103000
永华街道	130604004000	龙门口乡	130623206000	白合镇	130627104000
南关街道	130604005000	胡家庄乡	130623207000	军城镇	130627105000
杨庄乡	130604200000	**阜平县(5镇，8乡)**	**130624000000**	川里镇	130627106000
南大园乡	130604201000	阜平镇	130624100000	长古城乡	130627200000
焦庄乡	130604202000	龙泉关镇	130624101000	都亭乡	130627201000
五尧乡	130604203000	平阳镇	130624102000	南店头乡	130627202000
满城县(1街道，5镇，7乡)	**130621000000**	城南庄镇	130624103000	北店头乡	130627203000
惠阳街道	130621001000	天生桥镇	130624104000	罗庄乡	130627204000
满城镇	130621100000	王林口乡	130624201000	雹水乡	130627205000
大册营镇	130621101000	台峪乡	130624202000	大洋乡	130627206000
神星镇	130621102000	大台乡	130624203000	迷城乡	130627207000
南韩村镇	130621103000	史家寨乡	130624204000	齐家佐乡	130627208000
方顺桥镇	130621104000	砂窝乡	130624205000	羊角乡	130627209000
于家庄乡	130621201000	吴王口乡	130624206000	石门乡	130627210000
要庄乡	130621203000	下庄乡	130624207000	黄石口乡	130627211000
白龙乡	130621204000	北果元乡	130624208000	倒马关乡	130627212000
石井乡	130621205000	**徐水县(7镇，7乡)**	**130625000000**	**高阳县(4镇，5乡)**	**130628000000**
坨南乡	130621206000	安肃镇	130625100000	高阳镇	130628100000
刘家台乡	130621207000	崔庄镇	130625101000	庞口镇	130628101000
贤台乡	130691201000	大因镇	130625102000	西演镇	130628102000
清苑县(8镇，10乡)	**130622000000**	遂城镇	130625103000	邢家南镇	130628103000
清苑镇	130622100000	高林村镇	130625104000	晋庄乡	130628201000
冉庄镇	130622101000	大王店镇	130625105000	蒲口乡	130628202000
阳城镇	130622102000	漕河镇	130625106000	小王果庄乡	130628203000
魏村镇	130622103000	东史端乡	130625200000	龙化乡	130628204000
温仁镇	130622104000	留村乡	130625201000	庞家佐乡	130628205000
张登镇	130622105000	正村乡	130625202000	**容城县(5镇，3乡)**	**130629000000**
大庄镇	130622106000	户木乡	130625203000	容城镇	130629100000
臧村镇	130622107000	瀑河乡	130625204000	小里镇	130629101000
白团乡	130622200000	东釜山乡	130625205000	南张镇	130629102000
北店乡	130622201000	义联庄乡	130625206000	大河镇	130629103000
石桥乡	130622202000	**定兴县(5镇，11乡)**	**130626000000**	晾马台镇	130629104000
李庄乡	130622203000	定兴镇	130626100000	八于乡	130629200000
北王力乡	130622204000	固城镇	130626101000	贾光乡	130629201000
东闾乡	130622205000	贤寓镇	130626102000	平王乡	130629203000
何桥乡	130622206000	北河镇	130626103000	**涞源县(7镇，10乡)**	**130630000000**
孙村乡	130622207000	天宫寺镇	130626104000	涞源镇	130630100000
阎庄乡	130622208000	东落堡乡	130626200000	银坊镇	130630101000
望亭乡	130622209000	高里乡	130626201000	走马驿镇	130630102000
涞水县(7镇，8乡)	**130623000000**	张家庄乡	130626202000	水堡镇	130630103000
涞水镇	130623100000	姚村乡	130626203000	王安镇镇	130630104000
永阳镇	130623101000	肖村乡	130626204000	杨家庄镇	130630105000

续表 8

行政区划名称	行政区划代码	行政区划名称	行政区划代码	行政区划名称	行政区划代码
白石山镇	130630106000	七峪乡	130633211000	博野镇	130637100000
南屯乡	130630201000	富岗乡	130633212000	小店镇	130637101000
南马庄乡	130630202000	坡仓乡	130633213000	程委镇	130637102000
北石佛乡	130630203000	牛岗乡	130633214000	东墟乡	130637200000
金家井乡	130630204000	桥家河乡	130633215000	北杨村乡	130637201000
留家庄乡	130630205000	甘河净乡	130633216000	城东乡	130637202000
上庄乡	130630206000	蔡家峪乡	130633217000	南小王乡	130637203000
东团堡乡	130630207000	南城司乡	130633218000	**雄县(6镇，3乡)**	**130638000000**
塔崖驿乡	130630208000	**曲阳县(5镇，13乡)**	**130634000000**	雄州镇	130638100000
乌龙沟乡	130630209000	恒州镇	130634100000	昝岗镇	130638101000
烟煤洞乡	130630210000	灵山镇	130634101000	大营镇	130638102000
望都县(2镇，6乡)	**130631000000**	燕赵镇	130634102000	龙湾镇	130638103000
望都镇	130631100000	羊平镇	130634103000	朱各庄镇	130638104000
固店镇	130631101000	文德镇	130634104000	米家务镇	130638105000
寺庄乡	130631200000	路庄子乡	130634200000	双堂乡	130638203000
赵庄乡	130631201000	下河乡	130634201000	张岗乡	130638204000
黑堡乡	130631202000	庄窠乡	130634202000	北沙口乡	130638205000
高岭乡	130631204000	孝墓乡	130634203000	**涿州市(3街道，6镇，5乡)**	**130681000000**
中韩庄乡	130631205000	东旺乡	130634205000	双塔街道	130681001000
贾村乡	130631206000	晓林乡	130634206000	桃园街道	130681002000
安新县(9镇，3乡)	**130632000000**	邸村乡	130634207000	清凉寺街道	130681003000
安新镇	130632100000	产德乡	130634208000	松林店镇	130681100000
大王镇	130632101000	齐村乡	130634209000	码头镇	130681101000
三台镇	130632102000	党城乡	130634210000	东城坊镇	130681102000
端村镇	130632103000	郎家庄乡	130634211000	高官庄镇	130681103000
赵北口镇	130632104000	范家庄乡	130634212000	百尺竿镇	130681104000
同口镇	130632105000	北台乡	130634213000	东仙坡镇	130681105000
刘李庄镇	130632106000	**蠡县(8镇，5乡)**	**130635000000**	义和庄乡	130681202000
安州镇	130632107000	蠡吾镇	130635100000	林家屯乡	130681203000
老河头镇	130632108000	留史镇	130635101000	孙家庄乡	130681204000
圈头乡	130632200000	大百尺镇	130635102000	豆庄乡	130681205000
寨里乡	130632201000	辛兴镇	130635103000	刁窝乡	130681206000
芦庄乡	130632202000	北郭丹镇	130635104000	**定州市(3街道，17镇，5乡)**	**130682000000**
易县(9镇，18乡)	**130633000000**	万安镇	130635105000	南城区街道	130682001000
易州镇	130633100000	桑园镇	130635106000	北城区街道	130682002000
梁格庄镇	130633101000	南庄镇	130635107000	西城区街道	130682003000
西陵镇	130633102000	小陈乡	130635200000	留早镇	130682100000
裴山镇	130633103000	林堡乡	130635201000	清风店镇	130682101000
塘湖镇	130633104000	北埝头乡	130635202000	庞村镇	130682102000
狼牙山镇	130633105000	鲍墟乡	130635203000	砖路镇	130682103000
良岗镇	130633106000	大曲堤乡	130635204000	明月店镇	130682104000
紫荆关镇	130633107000	**顺平县(5镇，5乡)**	**130636000000**	叮咛店镇	130682105000
高村镇	130633108000	蒲阳镇	130636100000	东亭镇	130682106000
桥头乡	130633200000	高于铺镇	130636101000	大辛庄镇	130682107000
白马乡	130633201000	腰山镇	130636102000	东旺镇	130682108000
流井乡	130633202000	蒲上镇	130636103000	高蓬镇	130682109000
高陌乡	130633204000	神南镇	130636104000	邢邑镇	130682110000
大龙华乡	130633205000	白云乡	130636201000	李亲顾镇	130682111000
安格庄乡	130633206000	河口乡	130636202000	子位镇	130682112000
凌云册满族回族乡	130633207000	安阳乡	130636203000	息冢镇	130682113000
西山北乡	130633208000	台鱼乡	130636204000	周村镇	130682114000
尉都乡	130633209000	大悲乡	130636205000	赵村镇	130682115000
独乐乡	130633210000	**博野县(3镇，4乡)**	**130637000000**	开元镇	130682116000

续表 9

行政区划名称	行政区划代码
东留春乡	130682203000
号头庄回族乡	130682204000
杨家庄乡	130682205000
大鹿庄乡	130682206000
西城乡	130682208000
安国市(1街道，6镇，4乡)	**130683000000**
祁州药市街道	130683001000
祁州镇	130683100000
伍仁桥镇	130683101000
石佛镇	130683102000
郑章镇	130683103000
大五女镇	130683104000
西伏落镇	130683105000
明官店乡	130683200000
南娄底乡	130683201000
西安国城乡	130683202000
北段村乡	130683204000
高碑店市(5街道，6镇，4乡)	**130684000000**
和平街道	130684001000
军城街道	130684002000
东盛街道	130684003000
北城街道	130684004000
兴华街道	130684005000
方官镇	130684100000
新城镇	130684101000
泗庄镇	130684102000
辛立庄镇	130684104000
东马营镇	130684105000
肖官营乡	130684200000
梁家营乡	130684201000
张六庄乡	130684202000
辛桥乡	130684204000
白沟镇	130692100000
张家口市(23街道，96镇，113乡)	**130700000000**
桥东区(7街道，2镇)	**130702000000**
红旗楼街道	130702001000
胜利北路街道	130702002000
五一路街道	130702003000
花园街街道	130702004000
工业路街道	130702005000
南站街道	130793001000
马路东街道	130793002000
老鸦庄镇	130793101000
姚家庄镇	130793102000
桥西区(7街道，2镇)	**130703000000**
明德南街街道	130703001000
大境门街道	130703002000
明德北街道	130703003000
新华街街道	130703004000
堡子里街道	130703005000
南营坊街道	130703006000
工人新村街道	130703007000
东窑子镇	130703100000
沈家屯镇	130793103000
宣化区(7街道，1镇，3乡)	**130705000000**
天泰寺街街道	130705001000
皇城街道	130705002000
南关街道	130705003000
南大街街道	130705004000
大北街街道	130705005000
工业街街道	130705006000
建国街街道	130705007000
庞家堡镇	130705100000
河子西乡	130705200000
春光乡	130705201000
侯家庙乡	130705202000
下花园区(2街道，4乡)	**130706000000**
城镇街道	130706001000
煤矿街道	130706002000
花园乡	130706200000
辛庄子乡	130706201000
定方水乡	130706202000
段家堡乡	130706203000
宣化县(9镇，5乡)	**130721000000**
洋河南镇	130721100000
深井镇	130721101000
崞村镇	130721102000
沙岭子镇	130721103000
大仓盖镇	130721105000
贾家营镇	130721106000
顾家营镇	130721107000
赵川镇	130721108000
王家湾乡	130721200000
塔儿村乡	130721201000
江家屯乡	130721202000
东望山乡	130721203000
李家堡乡	130721204000
姚家房镇	130793104000
张北县(5镇，15乡)	**130722000000**
张北镇	130722100000
公会镇	130722101000
二台镇	130722102000
大囫囵镇	130722103000
台路沟乡	130722200000
油篓沟乡	130722201000
馒头营乡	130722202000
二泉井乡	130722203000
单晶河乡	130722204000
大河乡	130722205000
海流图乡	130722206000
两面井乡	130722207000
大西湾乡	130722208000
郝家营乡	130722209000
白庙滩乡	130722210000
小二台乡	130722211000
战海乡	130722212000
三号乡	130722213000
沙沟镇	130791100000
宇宙营乡	130791201000
康保县(7镇，8乡)	**130723000000**
康保镇	130723100000
张纪镇	130723101000
土城子镇	130723102000
邓油坊镇	130723103000
李家地镇	130723104000
照阳河镇	130723105000
屯垦镇	130723106000
阎油房乡	130723200000
丹清河乡	130723201000
哈咇嘎乡	130723202000
二号卜乡	130723203000
芦家营乡	130723204000
忠义乡	130723205000
处长地乡	130723206000
满德堂乡	130723207000
沽源县(4镇，10乡)	**130724000000**
平定堡镇	130724100000
小厂镇	130724101000
黄盖淖镇	130724102000
九连城镇	130724103000
高山堡乡	130724200000
小河子乡	130724201000
二道渠乡	130724202000
大二号回族乡	130724203000
闪电河乡	130724204000
长梁乡	130724205000
丰源店乡	130724206000
西辛营乡	130724207000
莲花滩乡	130724208000
白土窑乡	130724209000
尚义县(7镇，7乡)	**130725000000**
南壕堑镇	130725100000
大青沟镇	130725101000
八道沟镇	130725102000
红土梁镇	130725103000
小蒜沟镇	130725104000
三工地镇	130725105000
满井镇	130725106000
大营盘乡	130725200000
大苏计乡	130725201000
石井乡	130725202000
七甲乡	130725205000
套里庄乡	130725206000
甲石河乡	130725207000
下马圈乡	130725208000

续表 10

行政区划名称	行政区划代码
蔚县(11镇，11乡)	**130726000000**
蔚州镇	130726100000
代王城镇	130726101000
西合营镇	130726102000
吉家庄镇	130726103000
白乐镇	130726104000
暖泉镇	130726105000
南留庄镇	130726106000
北水泉镇	130726107000
桃花镇	130726108000
阳眷镇	130726109000
宋家庄镇	130726110000
下宫村乡	130726200000
南杨庄乡	130726202000
柏树乡	130726203000
常宁乡	130726204000
涌泉庄乡	130726205000
杨庄窠乡	130726206000
南岭庄乡	130726207000
陈家洼乡	130726208000
黄梅乡	130726209000
白草村乡	130726210000
草沟堡乡	130726211000
阳原县(5镇，9乡)	**130727000000**
西城镇	130727100000
东城镇	130727101000
化稍营镇	130727102000
揣骨疃镇	130727103000
东井集镇	130727104000
要家庄乡	130727200000
东坊城堡乡	130727201000
井儿沟乡	130727202000
三马坊乡	130727203000
高墙乡	130727204000
大田洼乡	130727205000
辛堡乡	130727206000
马圈堡乡	130727207000
浮图讲乡	130727208000
怀安县(4镇，7乡)	**130728000000**
柴沟堡镇	130728100000
左卫镇	130728101000
头百户镇	130728102000
怀安城镇	130728103000
渡口堡乡	130728200000
第六屯乡	130728201000
西湾堡乡	130728202000
西沙城乡	130728203000
太平庄乡	130728204000
王虎屯乡	130728205000
第三堡乡	130728206000
万全县(4镇，7乡)	**130729000000**
孔家庄镇	130729100000
万全镇	130729101000
洗马林镇	130729102000
郭磊庄镇	130729103000
膳房堡乡	130729200000
北新屯乡	130729201000
宣平堡乡	130729202000
高庙堡乡	130729203000
旧堡乡	130729204000
安家堡乡	130729205000
北沙城乡	130729206000
怀来县(11镇，6乡)	**130730000000**
沙城镇	130730100000
北辛堡镇	130730101000
新保安镇	130730102000
东花园镇	130730103000
官厅镇	130730104000
桑园镇	130730105000
存瑞镇	130730106000
土木镇	130730107000
大黄庄镇	130730108000
西八里镇	130730109000
小南辛堡镇	130730110000
狼山乡	130730200000
鸡鸣驿乡	130730203000
东八里乡	130730205000
瑞云观乡	130730207000
孙庄子乡	130730208000
王家楼回族乡	130730210000
涿鹿县(13镇，4乡，区公所：1个)	**130731000000**
涿鹿镇	130731100000
张家堡镇	130731101000
武家沟镇	130731102000
五堡镇	130731103000
保岱镇	130731104000
矾山镇	130731105000
大堡镇	130731106000
河东镇	130731107000
东小庄镇	130731108000
温泉屯镇	130731109000
大河南镇	130731110000
蟒石口镇	130731111000
辉耀镇	130731112000
栾庄乡	130731201000
黑山寺乡	130731204000
卧佛寺乡	130731205000
谢家堡乡	130731206000
赵家蓬区公所	
赤城县(9镇，9乡)	**130732000000**
赤城镇	130732100000
田家窑镇	130732101000
龙关镇	130732102000
雕鹗镇	130732103000
独石口镇	130732104000
白草镇	130732105000
龙门所镇	130732106000
后城镇	130732107000
东卯镇	130732108000
炮梁乡	130732200000
大海陀乡	130732201000
镇宁堡乡	130732202000
马营乡	130732203000
云州乡	130732204000
三道川乡	130732205000
东万口乡	130732206000
茨营子乡	130732207000
样田乡	130732208000
崇礼县(2镇，8乡)	**130733000000**
西湾子镇	130733100000
高家营镇	130733101000
四台嘴乡	130733200000
红旗营乡	130733201000
石窑子乡	130733202000
驿马图乡	130733203000
石嘴子乡	130733204000
狮子沟乡	130733205000
清三营乡	130733206000
白旗乡	130733207000
承德市(11街道，82镇，123乡)	**130800000000**
双桥区(7街道，7镇)	**130802000000**
西大街街道	130802001000
头道牌楼街道	130802002000
潘家沟街道	130802003000
中华路街道	130802004000
新华路街道	130802005000
石洞子沟街道	130802006000
桥东街道	130802007000
水泉沟镇	130802100000
狮子沟镇	130802101000
牛圈子沟镇	130802102000
大石庙镇	130802103000
冯营子镇	130802104000
双峰寺镇	130802105000
上板城镇	130802106000
双滦区(2街道，4镇，2乡)	**130803000000**
钢城街道	130803001000
元宝山街道	130803002000
双塔山镇	130803100000
滦河镇	130803101000
大庙镇	130803102000
偏桥子镇	130803103000
陈栅子乡	130803201000
西地满族乡	130803202000
鹰手营子矿区(1街道，4镇)	**130804000000**
铁北路街道	130804001000
鹰手营子镇	130804100000
北马圈子镇	130804101000
寿王坟镇	130804102000
汪家庄镇	130804103000
承德县(6镇，17乡)	**130821000000**
下板城镇	130821100000
甲山镇	130821102000
六沟镇	130821103000
三沟镇	130821104000
头沟镇	130821105000
高寺台镇	130821106000
东小白旗乡	130821200000
鞍匠乡	130821201000

续表 11

行政区划名称	行政区划代码	行政区划名称	行政区划代码	行政区划名称	行政区划代码
刘杖子乡	130821202000	松树台乡	130823209000	大滩镇	130826101000
新杖子乡	130821203000	道虎沟乡	130823210000	鱼儿山镇	130826102000
孟家院乡	130821204000	**滦平县(1街道，7镇，13乡)**	**130824000000**	土城镇	130826103000
大营子乡	130821205000			黄旗镇	130826104000
八家乡	130821206000	中兴路街道	130824001000	凤山镇	130826105000
上谷乡	130821207000	滦平镇	130824100000	波罗诺镇	130826106000
满杖子乡	130821208000	长山峪镇	130824101000	黑山咀镇	130826107000
石灰窑乡	130821209000	红旗镇	130824102000	天桥镇	130826108000
五道河乡	130821210000	金沟屯镇	130824103000	万胜永乡	130826200000
岔沟乡	130821211000	虎什哈镇	130824104000	四岔口乡	130826201000
岗子满族乡	130821212000	巴克什营镇	130824105000	苏家店乡	130826202000
磴上乡	130821213000	张百湾镇	130824106000	外沟门乡	130826203000
两家满族乡	130821214000	平坊满族乡	130824200000	草原乡	130826204000
三家乡	130821215000	安纯沟门满族乡	130824201000	窟窿山乡	130826205000
仓子乡	130821216000	付营子乡	130824204000	小坝子乡	130826206000
兴隆县(9镇，11乡)	**130822000000**	小营满族乡	130824205000	五道营乡	130826207000
兴隆镇	130822100000	西沟满族乡	130824206000	南关蒙古族乡	130826208000
半壁山镇	130822101000	邓厂满族乡	130824207000	选将营乡	130826209000
挂兰峪镇	130822102000	五道营子满族乡	130824208000	西官营乡	130826210000
青松岭镇	130822103000	马营子满族乡	130824209000	王营乡	130826211000
六道河镇	130822104000	付家店满族乡	130824210000	北头营乡	130826212000
平安堡镇	130822105000	火斗山乡	130824211000	胡麻营乡	130826213000
北营房镇	130822106000	两间房乡	130824212000	石人沟乡	130826214000
孤山子镇	130822107000	涝洼乡	130824213000	汤河乡	130826215000
蓝旗营镇	130822108000	大屯满族乡	130824214000	杨木栅子乡	130826216000
南天门满族乡	130822200000	**隆化县(10镇，15乡)**	**130825000000**	**宽城满族自治县（8镇，10乡）**	**130827000000**
八卦岭满族乡	130822202000	隆化镇	130825100000		
陡子峪乡	130822203000	韩麻营镇	130825101000	宽城镇	130827100000
上石洞乡	130822204000	中关镇	130825102000	龙须门镇	130827101000
雾灵山乡	130822205000	七家镇	130825103000	峪耳崖镇	130827102000
李家营乡	130822206000	汤头沟镇	130825104000	板城镇	130827103000
大杖子乡	130822207000	张三营镇	130825105000	汤道河镇	130827104000
蘑菇峪乡	130822208000	唐三营镇	130825106000	桲罗台镇	130827105000
三道河乡	130822209000	蓝旗镇	130825107000	碾子峪镇	130827106000
安子岭乡	130822211000	步古沟镇	130825108000	亮甲台镇	130827107000
大水泉乡	130822212000	郭家屯镇	130825109000	化皮溜子乡	130827200000
平泉县(11镇，8乡)	**130823000000**	荒地乡	130825200000	塌山乡	130827201000
平泉镇	130823100000	章吉营乡	130825201000	孟子岭乡	130827203000
黄土梁子镇	130823101000	茅荆坝乡	130825202000	独石沟乡	130827204000
榆树林子镇	130823102000	尹家营满族乡	130825203000	东大地乡	130827206000
杨树岭镇	130823103000	庙子沟蒙古族满族乡	130825204000	铧尖乡	130827207000
七沟镇	130823104000	偏坡营满族乡	130825205000	东黄花川乡	130827208000
小寺沟镇	130823105000	山湾乡	130825206000	苇子沟乡	130827210000
党坝镇	130823106000	八达营蒙古族乡	130825207000	大字沟门乡	130827211000
卧龙镇	130823109000	太平庄满族乡	130825208000	大石柱子乡	130827212000
南五十家子镇	130823110000	旧屯满族乡	130825209000	**围场满族蒙古族自治县（7镇，30乡）**	**130828000000**
北五十家子镇	130823111000	西阿超满族蒙古族乡	130825210000		
桲椤树镇	130823112000	白虎沟满族蒙古族乡	130825211000	围场镇	130828100000
王土房乡	130823200000	碱房乡	130825212000	四合永镇	130828101000
柳溪满族乡	130823202000	韩家店乡	130825213000	克勒沟镇	130828102000
七家岱满族乡	130823203000	湾沟门乡	130825214000	棋盘山镇	130828103000
平房满族蒙古族乡	130823204000	**丰宁满族自治县(9镇，17乡)**	**130826000000**	半截塔镇	130828104000
茅兰沟满族蒙古族乡	130823206000			朝阳地镇	130828105000
台头山乡	130823207000	大阁镇	130826100000	朝阳湾镇	130828106000

续表 12

行政区划名称	行政区划代码
道坝子乡	130828200000
龙头山乡	130828201000
腰站乡	130828202000
黄土坎乡	130828203000
四道沟乡	130828204000
蓝旗卡伦乡	130828205000
银窝沟乡	130828206000
新地乡	130828207000
广发永乡	130828208000
育太和乡	130828209000
郭家湾乡	130828210000
杨家湾乡	130828211000
大唤起乡	130828212000
哈里哈乡	130828213000
新拨乡	130828214000
张家湾乡	130828215000
宝元栈乡	130828216000
山湾子乡	130828217000
三义永乡	130828218000
姜家店乡	130828219000
下伙房乡	130828220000
燕格柏乡	130828221000
牌楼乡	130828222000
城子乡	130828223000
老窝铺乡	130828224000
御道口乡	130828225000
石桌子乡	130828226000
大头山乡	130828227000
南山嘴乡	130828228000
西龙头乡	130828229000
沧州市(20街道，83镇，87乡)	**130900000000**
新华区(5街道，1乡)	**130902000000**
建设北街街道	130902001000
车站街道	130902002000
南大街街道	130902003000
东环中街街道	130902004000
道东街道	130902005000
小赵庄乡	130902200000
运河区(6街道，1镇，1乡)	**130903000000**
水月寺街街道	130903001000
南环中路街道	130903002000
南湖街道	130903003000
市场街道	130903004000
西环中街街道	130903005000
公园街道	130903006000
小王庄镇	130903100000
南陈屯乡	130903200000
沧县(4镇，15乡)	**130921000000**
旧州镇	130921100000
兴济镇	130921101000
杜生镇	130921102000
崔尔庄镇	130921103000
薛官屯乡	130921200000
捷地回族乡	130921201000
张官屯乡	130921202000
李天木回族乡	130921203000
风化店乡	130921204000
姚官屯乡	130921205000
杜林回族乡	130921206000
汪家铺乡	130921207000
刘家庙乡	130921208000
仵龙堂乡	130921209000
大官厅乡	130921210000
高川乡	130921211000
黄递铺乡	130921212000
大褚村回族乡	130921213000
纸房头乡	130921214000
青县(6镇，4乡)	**130922000000**
清州镇	130922100000
金牛镇	130922101000
新兴镇	130922102000
流河镇	130922103000
木门店镇	130922104000
马厂镇	130922105000
上伍乡	130922200000
曹寺乡	130922201000
盘古乡	130922202000
陈嘴乡	130922203000
东光县(8镇，1乡)	**130923000000**
东光镇	130923100000
连镇镇	130923101000
找王镇	130923102000
秦村镇	130923103000
灯明寺镇	130923104000
南霞口镇	130923105000
大单镇	130923106000
龙王李镇	130923107000
于桥乡	130923201000
海兴县(3镇，4乡)	**130924000000**
苏基镇	130924100000
辛集镇	130924101000
高湾镇	130924102000
赵毛陶乡	130924200000
香坊乡	130924201000
小山乡	130924202000
张会亭乡	130924203000
盐山县(6镇，6乡)	**130925000000**
盐山镇	130925100000
望树镇	130925101000
庆云镇	130925102000
韩集镇	130925103000
千童镇	130925104000
圣佛镇	130925105000
边务乡	130925200000
小营乡	130925201000
杨集乡	130925202000
孟店乡	130925203000
常庄乡	130925204000
小庄乡	130925205000
肃宁县(5镇，4乡)	**130926000000**
肃宁镇	130926100000
梁家村镇	130926101000
窝北镇	130926102000
尚村镇	130926103000
万里镇	130926104000
师素乡	130926201000
河北留善寺乡	130926203000
付家佐乡	130926204000
邵庄乡	130926205000
南皮县(6镇，3乡)	**130927000000**
南皮镇	130927100000
冯家口镇	130927101000
寨子镇	130927102000
鲍官屯镇	130927103000
王寺镇	130927104000
乌马营镇	130927105000
大浪淀乡	130927200000
刘八里乡	130927201000
潞灌乡	130927202000
吴桥县(5镇，5乡)	**130928000000**
桑园镇	130928100000
铁城镇	130928101000
于集镇	130928102000
梁集镇	130928103000
安陵镇	130928104000
曹家洼乡	130928200000
宋门乡	130928201000
杨家寺乡	130928202000
沟店铺乡	130928203000
何庄乡	130928204000
献县(7镇，11乡)	**130929000000**
乐寿镇	130929100000
淮镇镇	130929101000
郭庄镇	130929102000
河城街镇	130929103000
韩村镇	130929104000
陌南镇	130929105000
陈庄镇	130929106000
高官乡	130929205000
商林乡	130929206000
段村乡	130929207000
本斋回族乡	130929208000
张村乡	130929209000
临河乡	130929210000
小平王乡	130929211000
十五级乡	130929212000
垒头乡	130929213000
南河头乡	130929214000
西城乡	130929215000
孟村回族自治县(4镇，2乡)	**130930000000**
孟村镇	130930100000

续表 13

行政区划名称	行政区划代码
新县镇	130930101000
辛店镇	130930102000
高寨镇	130930103000
宋庄子乡	130930200000
牛进庄乡	130930201000
泊头市(3街道，8镇，4乡)	**130981000000**
解放街道	130981001000
河东街道	130981002000
鼓楼街道	130981003000
泊镇镇	130981100000
交河镇	130981101000
齐桥镇	130981102000
寺门村镇	130981103000
郝村镇	130981104000
富镇镇	130981105000
文庙镇	130981106000
洼里王镇	130981107000
王武庄乡	130981201000
营子乡	130981202000
四营乡	130981203000
西辛店乡	130981204000
任丘市(3街道，9镇，6乡)	**130982000000**
新华路街道	130982001000
西环路街道	130982002000
永丰路街道	130982003000
出岸镇	130982100000
石门桥镇	130982101000
吕公堡镇	130982102000
长丰镇	130982103000
鄚州镇	130982104000
苟各庄镇	130982105000
辛中驿镇	130982106000
梁召镇	130982107000
麻家坞镇	130982108000
议论堡乡	130982203000
青塔乡	130982204000
北辛庄乡	130982205000
七间房乡	130982206000
北汉乡	130982207000
于村乡	130982208000
黄骅市(3街道，4镇，7乡)	**130983000000**
骅东街道	130983001000
骅中街道	130983002000
骅西街道	130983003000
黄骅镇	130983100000
南排河镇	130983101000
吕桥镇	130983102000
旧城镇	130983103000
羊二庄回族乡	130983200000
常郭乡	130983202000
滕庄子乡	130983203000
官庄乡	130983204000
齐家务乡	130983205000
新村回族乡	130983206000
羊三木回族乡	130983207000
河间市(7镇，13乡)	**130984000000**
瀛州镇	130984100000
米各庄镇	130984101000
景和镇	130984102000
卧佛堂镇	130984103000
束城镇	130984104000
留古寺镇	130984105000
沙河桥镇	130984106000
故仙乡	130984200000
黎民居乡	130984201000
兴村乡	130984202000
沙洼乡	130984203000
西九吉乡	130984204000
北石槽乡	130984205000
果子洼回族乡	130984206000
诗经村乡	130984207000
郭家村乡	130984208000
时村乡	130984209000
行别营乡	130984210000
尊祖庄乡	130984211000
龙华店乡	130984212000
廊坊市(15街道，64镇，26乡)	**131000000000**
安次区(3街道，4镇，4乡)	**131002000000**
银河南路街道	131002001000
光明西道街道	131002002000
永华道街道	131002003000
落垡镇	131002100000
码头镇	131002101000
葛渔城镇	131002102000
东沽港镇	131002103000
杨税务乡	131002200000
仇庄乡	131002201000
调河头乡	131002202000
北史家务乡	131002203000
广阳区(7街道，3镇，1乡)	**131003000000**
银河北路街道	131003001000
爱民东道街道	131003002000
解放道街道	131003003000
新开路街道	131003004000
新源道街道	131003005000
云鹏道街道	131003006000
耀华道街道	131003007000
南尖塔镇	131003100000
万庄镇	131003101000
九州镇	131003102000
北旺乡	131003200000
固安县(5镇，4乡)	**131022000000**
固安镇	131022100000
宫村镇	131022101000
柳泉镇	131022102000
牛驼镇	131022103000
马庄镇	131022104000
东湾乡	131022200000
彭村乡	131022201000
渠沟乡	131022202000
礼让店乡	131022203000
永清县(5镇，5乡)	**131023000000**
永清镇	131023100000
韩村镇	131023101000
后奕镇	131023102000
别古庄镇	131023103000
里澜城镇	131023104000
管家务回族乡	131023200000
曹家务乡	131023201000
龙虎庄乡	131023202000
刘街乡	131023203000
三圣口乡	131023204000
香河县(7镇，2乡)	**131024000000**
淑阳镇	131024100000
蒋辛屯镇	131024101000
渠口镇	131024102000
安头屯镇	131024103000
安平镇	131024104000
刘宋镇	131024105000
五百户镇	131024106000
钱旺乡	131024200000
钳屯乡	131024201000
大城县(8镇，2乡)	**131025000000**
平舒镇	131025100000
旺村镇	131025101000
大尚屯镇	131025102000
南赵扶镇	131025103000
留各庄镇	131025104000
权村镇	131025105000
里坦镇	131025106000
广安镇	131025107000
北魏乡	131025200000
臧屯乡	131025202000
文安县(12镇，1乡)	**131026000000**
文安镇	131026100000
新镇镇	131026101000
苏桥镇	131026102000
大柳河镇	131026103000
左各庄镇	131026104000
滩里镇	131026105000
史各庄镇	131026106000
赵各庄镇	131026107000
兴隆宫镇	131026108000
大留镇镇	131026109000
孙氏镇	131026110000
德归镇	131026111000
大围河回族满族乡	131026200000
大厂回族自治县(3镇，2乡)	**131028000000**
大厂镇	131028100000
夏垫镇	131028101000
祁各庄镇	131028102000
邵府乡	131028201000
陈府乡	131028202000
霸州市(7镇，5乡)	**131081000000**

续表 14

行政区划名称	行政区划代码
霸州镇	131081100000
南孟镇	131081101000
信安镇	131081102000
堂二里镇	131081103000
煎茶铺镇	131081104000
胜芳镇	131081105000
扬芬港镇	131081106000
岔河集乡	131081200000
康仙庄乡	131081201000
东杨庄乡	131081202000
王庄子乡	131081203000
东段乡	131081204000
三河市(5街道，10镇)	**131082000000**
鼎盛东大街街道	131082001000
泃阳西大街街道	131082002000
科技路街道	131082003000
行宫东大街街道	131082004000
迎宾北路街道	131082005000
泃阳镇	131082100000
李旗庄镇	131082101000
杨庄镇	131082102000
皇庄镇	131082103000
新集镇	131082104000
段甲岭镇	131082105000
黄土庄镇	131082106000
高楼镇	131082107000
齐心庄镇	131082108000
燕郊镇	131082109000
衡水市(4街道，65镇，49乡)	**131100000000**
桃城区(4街道，2镇，4乡)	**131102000000**
河西街道	131102001000
河东街道	131102002000
路北街道	131102003000
中华大街街道	131102004000
郑家河沿镇	131102100000
赵家圈镇	131102101000
何家庄乡	131102200000
大麻森乡	131102201000
邓家庄乡	131102202000
彭杜村乡	131102203000
枣强县(6镇，5乡)	**131121000000**
枣强镇	131121100000
恩察镇	131121101000
大营镇	131121102000
嘉会镇	131121103000
马屯镇	131121104000
肖张镇	131121105000
张秀屯乡	131121200000
新屯乡	131121201000
王均乡	131121202000
唐林乡	131121203000
王常乡	131121204000
武邑县(6镇，3乡)	**131122000000**
武邑镇	131122100000
清凉店镇	131122101000
审坡镇	131122102000
赵桥镇	131122103000
韩庄镇	131122104000
肖桥头镇	131122105000
龙店乡	131122200000
圈头乡	131122201000
大紫塔乡	131122203000
武强县(3镇，3乡)	**131123000000**
武强镇	131123100000
街关镇	131123101000
周家窝镇	131123102000
豆村乡	131123200000
北代乡	131123201000
孙庄乡	131123202000
饶阳县(4镇，3乡)	**131124000000**
饶阳镇	131124100000
大尹村镇	131124101000
五公镇	131124102000
大官亭镇	131124103000
王同岳乡	131124200000
留楚乡	131124202000
东里满乡	131124203000
安平县(3镇，5乡)	**131125000000**
安平镇	131125100000
马店镇	131125101000
南王庄镇	131125102000
大何庄乡	131125200000
程油子乡	131125201000
西两洼乡	131125202000
大子文乡	131125203000
东黄城乡	131125204000
故城县(9镇，4乡)	**131126000000**
郑口镇	131126100000
夏庄镇	131126101000
青罕镇	131126102000
故城镇	131126103000
武官寨镇	131126104000
饶阳店镇	131126105000
军屯镇	131126106000
建国镇	131126107000
西半屯镇	131126108000
辛庄乡	131126200000
里老乡	131126201000
房庄乡	131126202000
三朗乡	131126203000
景县(10镇，6乡)	**131127000000**
景州镇	131127100000
龙华镇	131127101000
广川镇	131127102000
王瞳镇	131127103000
洚河流镇	131127104000
安陵镇	131127105000
杜桥镇	131127106000
王谦寺镇	131127107000
留智庙镇	131127108000
北留智镇	131127109000
刘集乡	131127200000
连镇乡	131127201000
梁集乡	131127202000
温城乡	131127203000
后留名府乡	131127204000
青兰乡	131127205000
阜城县(5镇，5乡)	**131128000000**
阜城镇	131128100000
古城镇	131128101000
码头镇	131128102000
霞口镇	131128103000
崔家庙镇	131128104000
漫河乡	131128200000
建桥乡	131128201000
蒋坊乡	131128202000
大白乡	131128203000
王集乡	131128204000
冀州市(7镇，4乡)	**131181000000**
冀州镇	131181100000
魏家屯镇	131181101000
官道李镇	131181102000
南午村镇	131181103000
周村镇	131181104000
码头李镇	131181105000
西王庄镇	131181106000
门家庄乡	131181200000
徐家庄乡	131181201000
北漳淮乡	131181202000
小寨乡	131181203000
深州市(10镇，7乡)	**131182000000**
唐奉镇	131182100000
深州镇	131182101000
辰时镇	131182102000
榆科镇	131182103000
魏家桥镇	131182104000
大堤镇	131182105000
前磨头镇	131182106000
王家井镇	131182107000
护驾迟镇	131182108000
大屯镇	131182109000
兵曹乡	131182200000
穆村乡	131182201000
东安庄乡	131182202000
北溪村乡	131182203000
大冯营乡	131182204000
乔家屯乡	131182206000
太古庄乡	131182207000

山西省

山西省(晋)

行政区划名称	行政区划代码
山西省(201街道，564镇，632乡)	**140000000000**
太原市(52街道，21镇，31乡)	**140100000000**
小店区(6街道，1镇，2乡)	**140105000000**
坞城街道	140105001000
营盘街道	140105002000
北营街道	140105003000
平阳路街道	140105004000
黄陵街道	140105005000
小店街道	140105006000
北格镇	140105100000
西温庄乡	140105200000
刘家堡乡	140105201000
迎泽区(6街道，1镇)	**140106000000**
柳巷街道	140106001000
文庙街道	140106002000
庙前街道	140106003000
迎泽街道	140106004000
桥东街道	140106005000
老军营街道	140106006000
郝庄镇	140106100000
杏花岭区(10街道，2乡)	**140107000000**
巨轮街道	140107001000
三桥街道	140107002000
鼓楼街道	140107003000
杏花岭街道	140107004000
坝陵桥街道	140107005000
大东关街道	140107006000
职工新街街道	140107007000
敦化坊街道	140107008000
涧河街道	140107009000
杨家峪街道	140107010000
中涧河乡	140107200000
小返乡	140107201000
尖草坪区(9街道，2镇，3乡)	**140108000000**
尖草坪街道	140108001000
光社街道	140108002000
上兰街道	140108003000
南寨街道	140108004000
迎新街道	140108005000
古城街道	140108006000
汇丰街道	140108007000
柴村街道	140108008000
新城街道	140108009000
向阳镇	140108100000
阳曲镇	140108101000
马头水乡	140108200000
柏板乡	140108201000
西墕乡	140108202000
万柏林区(14街道，1乡)	**140109000000**
千峰街道	140109001000
下元街道	140109002000
和平街道	140109003000
兴华街道	140109004000
万柏林街道	140109005000
杜儿坪街道	140109006000
白家庄街道	140109007000
南寒街道	140109008000
西铭街道	140109009000
小井峪街道	140109010000
东社街道	140109012000
化客头街道	140109013000
长风西街街道	140109014000
神堂沟街道	140109015000
王封乡	140109202000
晋源区(3街道，3镇)	**140110000000**
义井街道	140110001000
罗城街道	140110002000
晋源街道	140110003000
金胜镇	140110100000
晋祠镇	140110101000
姚村镇	140110102000
清徐县(4镇，5乡)	**140121000000**
清源镇	140121100000
徐沟镇	140121101000
东于镇	140121102000
孟封镇	140121103000
马峪乡	140121200000
柳杜乡	140121201000
西谷乡	140121202000
王答乡	140121203000
集义乡	140121204000
阳曲县(4镇，6乡)	**140122000000**
黄寨镇	140122100000
大盂镇	140122101000
东黄水镇	140122102000
泥屯镇	140122103000
高村乡	140122200000
侯村乡	140122201000
凌井店乡	140122202000
西凌井乡	140122203000
北小店乡	140122204000
杨兴乡	140122205000
娄烦县(3镇，5乡)	**140123000000**
娄烦镇	140123100000
静游镇	140123101000
杜交曲镇	140123102000
庙湾乡	140123200000
马家庄乡	140123201000
盖家庄乡	140123202000
米峪镇乡	140123203000
天池店乡	140123204000
古交市(4街道，3镇，7乡)	**140181000000**
东曲街道	140181001000
西曲街道	140181002000
桃园街道	140181003000
屯兰街道	140181004000
河口镇	140181100000
镇城底镇	140181101000
马兰镇	140181102000
阁上乡	140181200000
嘉乐泉乡	140181201000
梭峪乡	140181202000
岔口乡	140181203000
常安乡	140181204000
原相乡	140181205000
邢家社乡	140181206000
大同市(40街道，33镇，66乡)	**140200000000**
城区(14街道)	**140202000000**
南关街道	140202001000
北关街道	140202002000
东街街道	140202003000
西街街道	140202004000
南街街道	140202005000
北街街道	140202006000
新建南路街道	140202007000
新建北路街道	140202008000
大庆路街道	140202009000
新华街街道	140202010000
西花园街道	140202011000
老平旺街道	140202012000
向阳里街道	140202013000
振华南街街道	140202014000
矿区(26街道)	**140203000000**
新胜街道	140203001000
新平旺街道	140203002000
煤峪口街道	140203003000
永定庄街道	140203004000
同家梁街道	140203005000
四老沟街道	140203006000
忻州窑街道	140203007000
白洞街道	140203008000
雁崖街道	140203009000
挖金湾街道	140203010000
晋华宫街道	140203011000
马脊梁街道	140203012000
大斗沟街道	140203013000
王村街道	140203014000
姜家湾街道	140203015000
新泉路街道	140203016000
民胜街道	140203017000
口泉街道	140203018000
马口街道	140203019000

续表 1

行政区划名称	行政区划代码
燕子山街道	140203020000
杏儿沟街道	140203021000
青磁窑街道	140203022000
平泉路街道	140203023000
四台沟街道	140203024000
和瑞街道	140203025000
和顺街道	140203026000
南郊区(3镇，7乡)	**140211000000**
古店镇	140211100000
高山镇	140211101000
云冈镇	140211102000
口泉乡	140211200000
新旺乡	140211201000
水泊寺乡	140211202000
马军营乡	140211205000
西韩岭乡	140211206000
平旺乡	140211207000
鸦儿崖乡	140211210000
新荣区(1镇，6乡)	**140212000000**
新荣镇	140212100000
破鲁堡乡	140212200000
郭家窑乡	140212202000
花园屯乡	140212203000
西村乡	140212206000
上深涧乡	140212207000
堡子湾乡	140212209000
阳高县(7镇，6乡)	**140221000000**
龙泉镇	140221100000
罗文皂镇	140221101000
大白登镇	140221102000
王官屯镇	140221103000
古城镇	140221104000
东小村镇	140221105000
友宰镇	140221106000
长城乡	140221201000
北徐屯乡	140221202000
狮子屯乡	140221204000
下深井乡	140221209000
马家皂乡	140221211000
鳌石乡	140221212000
天镇县(5镇，6乡)	**140222000000**
玉泉镇	140222100000
谷前堡镇	140222101000
米薪关镇	140222102000
逯家湾镇	140222103000
新平堡镇	140222104000
三十里铺乡	140222200000
南河堡乡	140222202000
贾家屯乡	140222204000
赵家沟乡	140222206000
南高崖乡	140222208000
张西河乡	140222209000
广灵县(2镇，7乡)	**140223000000**
壶泉镇	140223100000
南村镇	140223101000
一斗泉乡	140223200000
蕉山乡	140223202000
加斗乡	140223203000
宜兴乡	140223206000
作疃乡	140223207000
梁庄乡	140223209000
望狐乡	140223211000
灵丘县(3镇，9乡)	**140224000000**
武灵镇	140224100000
东河南镇	140224101000
上寨镇	140224102000
落水河乡	140224200000
史庄乡	140224203000
赵北乡	140224205000
石家田乡	140224206000
柳科乡	140224207000
白崖台乡	140224208000
红石塄乡	140224210000
下关乡	140224212000
独峪乡	140224213000
浑源县(6镇，12乡)	**140225000000**
永安镇	140225100000
西坊城镇	140225101000
蔡村镇	140225102000
沙圪坨镇	140225103000
王庄堡镇	140225104000
大磁窑镇	140225105000
东坊城乡	140225201000
裴村乡	140225203000
驼峰乡	140225204000
西留村乡	140225205000
下韩村乡	140225206000
南榆林乡	140225208000
吴城乡	140225210000
黄花滩乡	140225212000
大仁庄乡	140225213000
千佛岭乡	140225215000
官儿乡	140225218000
青磁窑乡	140225220000
左云县(3镇，6乡)	**140226000000**
云兴镇	140226100000
鹊儿山镇	140226101000
店湾镇	140226102000
管家堡乡	140226200000
张家场乡	140226201000
三屯乡	140226205000
马道头乡	140226206000
小京庄乡	140226207000
水窑乡	140226209000
大同县(3镇，7乡)	**140227000000**
西坪镇	140227100000
倍加造镇	140227101000
周士庄镇	140227102000
吉家庄乡	140227201000
峰峪乡	140227202000
杜庄乡	140227204000
党留庄乡	140227205000
瓜园乡	140227207000
聚乐乡	140227209000
许堡乡	140227211000
阳泉市(12街道，20镇，12乡)	**140300000000**
城区(6街道)	**140302000000**
上站街道	140302001000
下站街道	140302002000
北大街街道	140302003000
南山路街道	140302004000
义井街道	140302005000
坡底街道	140302006000
矿区(6街道)	**140303000000**
平潭街街道	140303001000
桥头街道	140303002000
蔡洼街道	140303003000
赛鱼街道	140303004000
沙坪街道	140303005000
贵石沟街道	140303006000
郊区(4镇，4乡)	**140311000000**
荫营镇	140311100000
河底镇	140311101000
义井镇	140311102000
平坦镇	140311103000
西南舁乡	140311200000
杨家庄乡	140311201000
李家庄乡	140311202000
旧街乡	140311203000
平定县(8镇，2乡)	**140321000000**
冠山镇	140321100000
冶西镇	140321101000
锁簧镇	140321102000
张庄镇	140321103000
东回镇	140321104000
柏井镇	140321105000
娘子关镇	140321106000
巨城镇	140321107000
石门口乡	140321200000
岔口乡	140321201000
盂县(8镇，6乡)	**140322000000**
秀水镇	140322100000
孙家庄镇	140322101000
路家村镇	140322102000
南娄镇	140322103000

续表 2

行政区划名称	行政区划代码
牛村镇	140322104000
苌池镇	140322105000
上社镇	140322106000
西烟镇	140322107000
仙人乡	140322200000
北下庄乡	140322201000
下社乡	140322202000
梁家寨乡	140322203000
西潘乡	140322204000
东梁乡	140322205000
长治市(14街道, 68镇, 64乡)	**140400000000**
城区(10街道)	**140402000000**
东街街道	140402001000
西街街道	140402002000
英雄南路街道	140402003000
英雄中路街道	140402004000
紫金街道	140402005000
太行东街街道	140402006000
太行西街街道	140402007000
延安南路街道	140402008000
常青街道	140402009000
五马街道	140402010000
郊区(2街道, 5镇, 1乡)	**140411000000**
长北街道	140411001000
故县街道	140411002000
老顶山镇	140411100000
堠北庄镇	140411101000
大辛庄镇	140411102000
马厂镇	140411103000
黄碾镇	140411104000
西白兔乡	140411200000
长治县(6镇, 5乡)	**140421000000**
韩店镇	140421100000
苏店镇	140421101000
荫城镇	140421102000
西火镇	140421103000
八义镇	140421104000
贾掌镇	140421105000
郝家庄乡	140421200000
西池乡	140421201000
北呈乡	140421202000
东和乡	140421203000
南宋乡	140421204000
襄垣县(8镇, 3乡)	**140423000000**
古韩镇	140423100000
王桥镇	140423101000
侯堡镇	140423102000
夏店镇	140423103000
虒亭镇	140423104000
西营镇	140423105000
王村镇	140423106000
下良镇	140423107000
善福乡	140423200000
北底乡	140423201000
上马乡	140423202000
屯留县(7镇, 4乡)	**140424000000**
麟绛镇	140424100000
上村镇	140424101000
渔泽镇	140424102000
余吾镇	140424103000
吾元镇	140424104000
张店镇	140424105000
丰宜镇	140424106000
李高乡	140424200000
路村乡	140424201000
河神庙乡	140424202000
西贾乡	140424203000
平顺县(5镇, 7乡)	**140425000000**
青羊镇	140425100000
龙溪镇	140425101000
石城镇	140425102000
苗庄镇	140425103000
杏城镇	140425104000
西沟乡	140425200000
东寺头乡	140425201000
虹梯关乡	140425202000
阳高乡	140425203000
北耽车乡	140425204000
中五井乡	140425205000
北社乡	140425206000
黎城县(5镇, 4乡)	**140426000000**
东阳关镇	140426101000
上遥镇	140426102000
西井镇	140426103000
黄崖洞镇	140426104000
黎侯镇	140426105000
西仵乡	140426200000
停河铺乡	140426201000
程家山乡	140426202000
洪井乡	140426203000
壶关县(5镇, 7乡)	**140427000000**
龙泉镇	140427100000
百尺镇	140427101000
店上镇	140427102000
晋庄镇	140427103000
树掌镇	140427104000
集店乡	140427200000
黄山乡	140427201000
东井岭乡	140427202000
石坡乡	140427203000
五龙山乡	140427204000
鹅屋乡	140427205000
桥上乡	140427206000
长子县(7镇, 5乡)	**140428000000**
丹朱镇	140428100000
鲍店镇	140428101000
石哲镇	140428102000
大堡头镇	140428103000
慈林镇	140428104000
色头镇	140428105000
南漳镇	140428106000
岚水乡	140428200000
碾张乡	140428201000
常张乡	140428202000
南陈乡	140428203000
宋村乡	140428204000
武乡县(5镇, 9乡)	**140429000000**
丰州镇	140429100000
洪水镇	140429101000
蟠龙镇	140429102000
监漳镇	140429103000
故城镇	140429104000
墨镫乡	140429200000
韩北乡	140429201000
大有乡	140429202000
贾豁乡	140429203000
故县乡	140429204000
上司乡	140429205000
石北乡	140429206000
涌泉乡	140429207000
分水岭乡	140429208000
沁县(6镇, 7乡)	**140430000000**
定昌镇	140430100000
郭村镇	140430101000
故县镇	140430102000
新店镇	140430103000
漳源镇	140430104000
册村镇	140430105000
段柳乡	140430200000
松村乡	140430201000
次村乡	140430202000
牛寺乡	140430203000
南里乡	140430204000
南泉乡	140430205000
杨安乡	140430206000
沁源县(5镇, 9乡)	**140431000000**
沁河镇	140431100000
郭道镇	140431101000
灵空山镇	140431102000
王和镇	140431103000
李元镇	140431104000
中峪乡	140431200000

续表 3

行政区划名称	行政区划代码	行政区划名称	行政区划代码	行政区划名称	行政区划代码
法中乡	140431201000	河北镇	140522107000	寺庄镇	140581107000
交口乡	140431202000	蟒河镇	140522108000	神农镇	140581108000
聪子峪乡	140431203000	东冶镇	140522109000	建宁乡	140581202000
韩洪乡	140431204000	白桑乡	140522200000	石末乡	140581204000
官滩乡	140431205000	寺头乡	140522201000	原村乡	140581207000
景凤乡	140431206000	西河乡	140522202000	永禄乡	140581209000
赤石桥乡	140431207000	演礼乡	140522203000	**朔州市(4街道，19镇，**	**140600000000**
王陶乡	140431208000	固隆乡	140522204000	**50乡)**	
潞城市(2街道，4镇，3乡)	**140481000000**	董封乡	140522205000	**朔城区(4街道，2镇，9乡)**	**140602000000**
潞华街道	140481001000	驾岭乡	140522206000	北城街道	140602001000
成家川街道	140481002000	**陵川县(7镇，5乡)**	**140524000000**	南城街道	140602002000
店上镇	140481100000	崇文镇	140524100000	神头街道	140602003000
微子镇	140481101000	礼义镇	140524101000	北旺庄街道	140602004000
辛安泉镇	140481102000	附城镇	140524102000	神头镇	140602100000
翟店镇	140481103000	西河底镇	140524103000	利民镇	140602101000
合室乡	140481200000	平城镇	140524104000	下团堡乡	140602200000
黄牛蹄乡	140481201000	杨村镇	140524105000	小平易乡	140602201000
史迴乡	140481202000	潞城镇	140524106000	滋润乡	140602202000
晋城市(10街道，48镇，	**140500000000**	夺火乡	140524204000	福善庄乡	140602203000
26乡)		马圪当乡	140524206000	南榆林乡	140602204000
城区(7街道，1镇)	**140502000000**	古郊乡	140524207000	贾庄乡	140602205000
东街街道	140502001000	六泉乡	140524209000	沙塄河乡	140602206000
西街街道	140502002000	秦家庄乡	140524212000	窑子头乡	140602207000
南街街道	140502003000	**泽州县(14镇，3乡)**	**140525000000**	张蔡庄乡	140602208000
北街街道	140502004000	南村镇	140525100000	**平鲁区(2镇，11乡)**	**140603000000**
矿区街道	140502005000	下村镇	140525101000	井坪镇	140603100000
钟家庄街道	140502006000	大东沟镇	140525102000	凤凰城镇	140603101000
西上庄街道	140502007000	周村镇	140525103000	白堂乡	140603200000
北石店镇	140502100000	犁川镇	140525104000	陶村乡	140603201000
沁水县(7镇，7乡)	**140521000000**	晋庙铺镇	140525105000	下水头乡	140603202000
龙港镇	140521100000	金村镇	140525106000	双碾乡	140603203000
中村镇	140521101000	高都镇	140525107000	阻虎乡	140603204000
郑庄镇	140521102000	巴公镇	140525108000	高石庄乡	140603205000
端氏镇	140521103000	大阳镇	140525109000	西水界乡	140603206000
嘉峰镇	140521104000	山河镇	140525110000	下面高乡	140603207000
郑村镇	140521105000	大箕镇	140525111000	下木角乡	140603208000
柿庄镇	140521106000	柳树口镇	140525112000	向阳堡乡	140603209000
樊村河乡	140521200000	北义城镇	140525113000	榆岭乡	140603210000
土沃乡	140521201000	川底乡	140525200000	**山阴县(4镇，9乡)**	**140621000000**
张村乡	140521202000	李寨乡	140525201000	玉井镇	140621100000
苏庄乡	140521203000	南岭乡	140525202000	北周庄镇	140621101000
胡底乡	140521204000	**高平市(3街道，9镇，4乡)**	**140581000000**	古城镇	140621102000
固县乡	140521205000	北城街道	140581001000	岱岳镇	140621103000
十里乡	140521206000	东城街道	140581002000	吴马营乡	140621200000
阳城县(10镇，7乡)	**140522000000**	南城街道	140581003000	马营乡	140621201000
凤城镇	140522100000	米山镇	140581100000	下喇叭乡	140621202000
北留镇	140522101000	三甲镇	140581101000	合盛堡乡	140621203000
润城镇	140522102000	陈区镇	140581102000	安荣乡	140621205000
町店镇	140522103000	北诗镇	140581103000	薛圐圙乡	140621206000
芹池镇	140522104000	河西镇	140581104000	后所乡	140621207000
次营镇	140522105000	马村镇	140581105000	张家庄乡	140621208000
横河镇	140522106000	野川镇	140581106000	马营庄乡	140621209000

续表 4

行政区划名称	行政区划代码
应县(3镇，9乡)	**140622000000**
金城镇	140622100000
南河种镇	140622101000
下社镇	140622102000
镇子梁乡	140622200000
义井乡	140622201000
臧寨乡	140622202000
大黄巍乡	140622203000
杏寨乡	140622204000
下马峪乡	140622205000
南泉乡	140622206000
大临河乡	140622207000
白马石乡	140622208000
右玉县(4镇，6乡)	**140623000000**
新城镇	140623100000
右卫镇	140623101000
威远镇	140623102000
元堡子镇	140623103000
牛心堡乡	140623200000
白头里乡	140623201000
高家堡乡	140623202000
丁家窑乡	140623203000
杨千河乡	140623204000
李达窑乡	140623205000
怀仁县(4镇，6乡)	**140624000000**
云中镇	140624100000
吴家窑镇	140624101000
金沙滩镇	140624102000
毛家皂镇	140624103000
何家堡乡	140624200000
新家园乡	140624201000
亲和乡	140624202000
海北头乡	140624203000
马辛庄乡	140624204000
河头乡	140624205000
晋中市(17街道，59镇，59乡)	**140700000000**
榆次区(9街道，6镇，4乡)	**140702000000**
北关街道	140702001000
锦纶街道	140702002000
新华街道	140702003000
西南街道	140702004000
路西街道	140702005000
经纬街道	140702006000
安宁街道	140702007000
新建街道	140702008000
晋华街道	140702009000
乌金山镇	140702100000
东阳镇	140702101000
什贴镇	140702102000
长凝镇	140702103000
北田镇	140702104000
修文镇	140702105000
郭家堡乡	140702200000
张庆乡	140702201000
庄子乡	140702202000
东赵乡	140702203000
榆社县(4镇，5乡)	**140721000000**
箕城镇	140721100000
云簇镇	140721101000
郝北镇	140721102000
社城镇	140721103000
河峪乡	140721200000
北寨乡	140721201000
西马乡	140721202000
岚峪乡	140721203000
讲堂乡	140721204000
左权县(5镇，5乡)	**140722000000**
辽阳镇	140722100000
桐峪镇	140722101000
麻田镇	140722102000
芹泉镇	140722103000
拐儿镇	140722104000
石匣乡	140722200000
粟城乡	140722201000
羊角乡	140722202000
寒王乡	140722203000
龙泉乡	140722204000
和顺县(5镇，5乡)	**140723000000**
义兴镇	140723100000
李阳镇	140723101000
松烟镇	140723102000
青城镇	140723103000
横岭镇	140723104000
喂马乡	140723200000
平松乡	140723201000
牛川乡	140723202000
马坊乡	140723203000
阳光占乡	140723204000
昔阳县(5镇，7乡)	**140724000000**
乐平镇	140724100000
皋落镇	140724101000
冶头镇	140724102000
沾尚镇	140724103000
大寨镇	140724104000
李家庄乡	140724201000
界都乡	140724202000
三都乡	140724203000
赵壁乡	140724204000
孔氏乡	140724205000
阎庄乡	140724206000
西寨乡	140724207000
寿阳县(7镇，7乡)	**140725000000**
朝阳镇	140725100000
南燕竹镇	140725101000
宗艾镇	140725102000
平头镇	140725103000
松塔镇	140725104000
西洛镇	140725105000
尹灵芝镇	140725106000
平舒乡	140725200000
解愁乡	140725201000
温家庄乡	140725202000
景尚乡	140725203000
上湖乡	140725204000
羊头崖乡	140725205000
马首乡	140725206000
太谷县(3镇，6乡)	**140726000000**
明星镇	140726100000
胡村镇	140726101000
范村镇	140726102000
侯城乡	140726200000
北洸乡	140726201000
水秀乡	140726202000
阳邑乡	140726203000
小白乡	140726204000
任村乡	140726205000
祁县(6镇，2乡)	**140727000000**
昭余镇	140727100000
东观镇	140727101000
古县镇	140727102000
贾令镇	140727103000
城赵镇	140727104000
来远镇	140727105000
西六支乡	140727200000
峪口乡	140727201000
平遥县(3街道，5镇，9乡)	**140728000000**
古城街道	140728001000
城东街道	140728002000
城西街道	140728003000
古陶镇	140728100000
段村镇	140728101000
东泉镇	140728102000
洪善镇	140728103000
宁固镇	140728104000
南政乡	140728200000
中都乡	140728201000
岳壁乡	140728202000
卜宜乡	140728203000
孟山乡	140728204000
朱坑乡	140728205000
襄垣乡	140728206000
杜家庄乡	140728207000

续表 5

行政区划名称	行政区划代码
香乐乡	140728208000
灵石县(6镇，6乡)	**140729000000**
翠峰镇	140729101000
静升镇	140729102000
两渡镇	140729103000
夏门镇	140729104000
南关镇	140729105000
段纯镇	140729106000
马和乡	140729200000
英武乡	140729201000
王禹乡	140729202000
坛镇乡	140729203000
梁家墕乡	140729204000
交口乡	140729205000
介休市(5街道，7镇，3乡)	**140781000000**
北关街道	140781001000
西关街道	140781002000
东南街道	140781003000
西南街道	140781004000
北坛街道	140781005000
义安镇	140781100000
张兰镇	140781101000
连福镇	140781102000
洪山镇	140781103000
义棠镇	140781104000
龙凤镇	140781105000
绵山镇	140781106000
城关乡	140781200000
宋胋乡	140781201000
三佳乡	140781202000
运城市(13街道，81镇，55乡)	**140800000000**
盐湖区(8街道，7镇，6乡)	**140802000000**
中城街道	140802001000
东城街道	140802002000
西城街道	140802003000
南城街道	140802004000
北城街道	140802005000
安邑街道	140802006000
大渠街道	140802007000
姚孟街道	140802008000
龙居镇	140802100000
陶村镇	140802101000
东郭镇	140802102000
三路里镇	140802103000
北相镇	140802104000
泓芝驿镇	140802105000
解州镇	140802106000
席张乡	140802200000
金井乡	140802201000
冯村乡	140802202000
王范乡	140802203000
蔡村乡	140802204000
上郭乡	140802204000
上王乡	140802205000
临猗县(9镇，5乡)	**140821000000**
猗氏镇	140821100000
嵋阳镇	140821101000
临晋镇	140821102000
七级镇	140821103000
东张镇	140821104000
孙吉镇	140821105000
三管镇	140821106000
牛杜镇	140821107000
耽子镇	140821108000
楚侯乡	140821200000
庙上乡	140821201000
角杯乡	140821202000
北辛乡	140821203000
北景乡	140821205000
万荣县(4镇，10乡)	**140822000000**
解店镇	140822100000
通化镇	140822101000
汉薛镇	140822102000
荣河镇	140822103000
万泉乡	140822200000
里望乡	140822201000
西村乡	140822202000
南张乡	140822203000
高村乡	140822204000
皇甫乡	140822205000
贾村乡	140822206000
王显乡	140822207000
光华乡	140822208000
裴庄乡	140822209000
闻喜县(7镇，6乡)	**140823000000**
桐城镇	140823100000
郭家庄镇	140823101000
畖底镇	140823102000
薛店镇	140823103000
东镇镇	140823104000
礼元镇	140823105000
河底镇	140823106000
神柏乡	140823200000
阳隅乡	140823201000
侯村乡	140823202000
裴社乡	140823203000
后宫乡	140823204000
石门乡	140823205000
稷山县(5镇，2乡)	**140824000000**
稷峰镇	140824100000
西社镇	140824101000
化峪镇	140824102000
翟店镇	140824103000
清河镇	140824104000
蔡村乡	140824200000
太阳乡	140824201000
新绛县(8镇，1乡)	**140825000000**
龙兴镇	140825100000
三泉镇	140825101000
泽掌镇	140825102000
北张镇	140825103000
古交镇	140825104000
万安镇	140825105000
阳王镇	140825106000
泉掌镇	140825107000
横桥乡	140825200000
绛县(8镇，2乡)	**140826000000**
古绛镇	140826100000
横水镇	140826101000
陈村镇	140826102000
卫庄镇	140826103000
磨里镇	140826104000
南樊镇	140826105000
安峪镇	140826106000
大交镇	140826107000
郝庄乡	140826200000
冷口乡	140826201000
垣曲县(5镇，6乡)	**140827000000**
新城镇	140827100000
历山镇	140827101000
古城镇	140827102000
王茅镇	140827103000
毛家湾镇	140827104000
蒲掌乡	140827200000
英言乡	140827201000
解峪乡	140827202000
华峰乡	140827203000
长直乡	140827204000
皋落乡	140827205000
夏县(6镇，5乡)	**140828000000**
瑶峰镇	140828100000
庙前镇	140828101000
裴介镇	140828102000
水头镇	140828103000
埝掌镇	140828104000
泗交镇	140828105000
尉郭乡	140828200000
禹王乡	140828201000
胡张乡	140828202000
南大里乡	140828203000
祁家河乡	140828204000
平陆县(6镇，4乡)	**140829000000**
圣人涧镇	140829100000
常乐镇	140829101000
张店镇	140829102000
张村镇	140829103000

续表 6

行政区划名称	行政区划代码	行政区划名称	行政区划代码	行政区划名称	行政区划代码
曹川镇	140829104000	高城乡	140902201000	雁门关乡	140923204000
三门镇	140829105000	秦城乡	140902202000	**繁峙县(3镇，10乡)**	**140924000000**
洪池乡	140829200000	解原乡	140902203000	繁城镇	140924100000
杜马乡	140829201000	合索乡	140902204000	砂河镇	140924101000
部官乡	140829202000	阳坡乡	140902205000	大营镇	140924102000
坡底乡	140829203000	兰村乡	140902206000	下茹越乡	140924201000
芮城县(7镇，3乡)	**140830000000**	紫岩乡	140902207000	杏园乡	140924202000
古魏镇	140830100000	西张乡	140902208000	光裕堡乡	140924203000
风陵渡镇	140830101000	东楼乡	140902209000	集义庄乡	140924204000
陌南镇	140830102000	北义井乡	140902210000	东山乡	140924207000
西陌镇	140830103000	**定襄县(3镇，6乡)**	**140921000000**	金山铺乡	140924209000
永乐镇	140830104000	晋昌镇	140921100000	柏家庄乡	140924211000
大王镇	140830105000	河边镇	140921101000	横涧乡	140924212000
阳城镇	140830106000	宏道镇	140921102000	神堂堡乡	140924213000
东垆乡	140830200000	杨芳乡	140921200000	岩头乡	140924215000
南磑乡	140830201000	南王乡	140921201000	**宁武县(4镇，10乡)**	**140925000000**
学张乡	140830202000	蒋村乡	140921202000	凤凰镇	140925100000
永济市(3街道，7镇)	**140881000000**	神山乡	140921203000	阳方口镇	140925101000
城西街道	140881001000	季庄乡	140921204000	东寨镇	140925102000
城北街道	140881002000	受禄乡	140921205000	石家庄镇	140925103000
城东街道	140881003000	**五台县(6镇，13乡)**	**140922000000**	薛家洼乡	140925200000
虞乡镇	140881100000	台城镇	140922100000	榆庄乡	140925201000
卿头镇	140881101000	台怀镇	140922101000	涔山乡	140925202000
开张镇	140881102000	耿镇镇	140922102000	化北屯乡	140925203000
栲栳镇	140881103000	豆村镇	140922103000	西马坊乡	140925204000
蒲州镇	140881104000	白家庄镇	140922104000	新堡乡	140925205000
韩阳镇	140881105000	东冶镇	140922105000	迭台寺乡	140925206000
张营镇	140881106000	沟南乡	140922200000	圪塄乡	140925207000
河津市(2街道，2镇，5乡)	**140882000000**	东雷乡	140922201000	怀道乡	140925208000
城区街道	140882001000	高洪口乡	140922202000	东马坊乡	140925209000
清涧街道	140882002000	门限石乡	140922203000	**静乐县(4镇，10乡)**	**140926000000**
樊村镇	140882100000	陈家庄乡	140922204000	鹅城镇	140926100000
僧楼镇	140882101000	建安乡	140922205000	杜家村镇	140926101000
小梁乡	140882200000	神西乡	140922206000	康家会镇	140926102000
柴家乡	140882201000	蒋坊乡	140922207000	丰润镇	140926103000
赵家庄乡	140882202000	灵境乡	140922208000	堂尔上乡	140926201000
下化乡	140882204000	阳白乡	140922209000	中庄乡	140926202000
阳村乡	140882205000	茹村乡	140922210000	双路乡	140926203000
忻州市(6街道，59镇，126乡)	**140900000000**	石咀乡	140922211000	段家寨乡	140926204000
		金岗库乡	140922212000	辛村乡	140926205000
忻府区(3街道，6镇，11乡)	**140902000000**	**代县(6镇，5乡)**	**140923000000**	王村乡	140926206000
南城街道	140902001000	上馆镇	140923100000	神峪沟乡	140926207000
长征街道	140902002000	阳明堡镇	140923101000	娘子神乡	140926208000
新建路街道	140902003000	峨口镇	140923102000	娑婆乡	140926209000
播明镇	140902100000	聂营镇	140923103000	赤泥洼乡	140926210000
奇村镇	140902101000	枣林镇	140923104000	**神池县(3镇，7乡)**	**140927000000**
三交镇	140902102000	滩上镇	140923105000	龙泉镇	140927100000
庄磨镇	140902103000	新高乡	140923200000	义井镇	140927101000
豆罗镇	140902104000	峪口乡	140923201000	八角镇	140927102000
董村镇	140902105000	上磨坊乡	140923202000	东湖乡	140927200000
曹张乡	140902200000	胡峪乡	140923203000	太平庄乡	140927201000

续表 7

行政区划名称	行政区划代码	行政区划名称	行政区划代码	行政区划名称	行政区划代码
虎北乡	140927202000	林遮峪乡	140931202000	汾河街道	141002009000
贺职乡	140927203000	冯家川乡	140931203000	滨河街道	141002010000
长畛乡	140927204000	土崖塔乡	140931204000	屯里镇	141002100000
烈堡乡	140927205000	孙家沟乡	140931205000	乔李镇	141002101000
大严备乡	140927206000	窑洼乡	140931206000	大阳镇	141002102000
五寨县(3镇，9乡)	**140928000000**	窑圪台乡	140931207000	县底镇	141002103000
砚城镇	140928100000	南河沟乡	140931208000	刘村镇	141002104000
小河头镇	140928101000	**偏关县(4镇，6乡)**	**140932000000**	金殿镇	141002105000
三岔镇	140928102000	新关镇	140932100000	吴村镇	141002106000
前所乡	140928200000	天峰坪镇	140932101000	上门镇	141002107000
李家坪乡	140928201000	老营镇	140932102000	魏村镇	141002108000
孙家坪乡	140928202000	万家寨镇	140932103000	尧庙镇	141002109000
梁家坪乡	140928203000	窑头乡	140932200000	段店乡	141002200000
胡会乡	140928204000	楼沟乡	140932201000	贾得乡	141002201000
新寨乡	140928205000	尚峪乡	140932202000	贺家庄乡	141002202000
韩家楼乡	140928206000	南堡子乡	140932203000	一平垣乡	141002203000
东秀庄乡	140928207000	水泉乡	140932204000	枕头乡	141002204000
杏岭子乡	140928208000	陈家营乡	140932205000	河底乡	141002205000
岢岚县(2镇，10乡)	**140929000000**	**原平市(3街道，7镇，11乡)**	**140981000000**	**曲沃县(5镇，2乡)**	**141021000000**
岚漪镇	140929100000	北城街道	140981001000	乐昌镇	141021100000
三井镇	140929101000	南城街道	140981002000	史村镇	141021101000
神堂坪乡	140929200000	轩煤矿街道	140981003000	曲村镇	141021102000
高家会乡	140929201000	东社镇	140981100000	高显镇	141021103000
李家沟乡	140929203000	苏龙口镇	140981101000	里村镇	141021104000
水峪贯乡	140929204000	崞阳镇	140981102000	北董乡	141021200000
西豹峪乡	140929206000	大牛店镇	140981103000	杨谈乡	141021201000
温泉乡	140929208000	阎庄镇	140981104000	**翼城县(6镇，4乡)**	**141022000000**
阳坪乡	140929209000	长梁沟镇	140981105000	唐兴镇	141022100000
大涧乡	140929211000	轩岗镇	140981106000	南梁镇	141022101000
宋家沟乡	140929212000	新原乡	140981200000	里砦镇	141022102000
王家岔乡	140929215000	南白乡	140981201000	隆化镇	141022103000
河曲县(4镇，9乡)	**140930000000**	子干乡	140981202000	桥上镇	141022104000
文笔镇	140930100000	中阳乡	140981203000	西阎镇	141022105000
楼子营镇	140930101000	沿沟乡	140981204000	中卫乡	141022200000
刘家塔镇	140930102000	大林乡	140981205000	南唐乡	141022201000
巡镇镇	140930103000	西镇乡	140981206000	王庄乡	141022202000
鹿固乡	140930200000	解村乡	140981207000	浇底乡	141022203000
前川乡	140930201000	王家庄乡	140981208000	**襄汾县(7镇，6乡)**	**141023000000**
单寨乡	140930202000	楼板寨乡	140981209000	新城镇	141023100000
土沟乡	140930203000	段家堡乡	140981210000	赵康镇	141023101000
旧县乡	140930204000	**临汾市(20街道，75镇，76乡)**	**141000000000**	汾城镇	141023102000
沙坪乡	140930205000			南贾镇	141023103000
社梁乡	140930206000	**尧都区(10街道，10镇，6乡)**	**141002000000**	古城镇	141023104000
沙泉乡	140930207000			襄陵镇	141023105000
赵家沟乡	140930208000	解放路街道	141002001000	邓庄镇	141023106000
保德县(4镇，9乡)	**140931000000**	鼓楼西街道	141002002000	陶寺乡	141023200000
东关镇	140931100000	水塔街道	141002003000	永固乡	141023201000
义门镇	140931101000	南街街道	141002004000	景毛乡	141023202000
桥头镇	140931102000	乡贤街道	141002005000	西贾乡	141023203000
杨家湾镇	140931103000	辛寺街道	141002006000	南辛店乡	141023204000
腰庄乡	140931200000	路东街道	141002007000	大邓乡	141023205000
韩家川乡	140931201000	车站街道	141002008000	**洪洞县(9镇，7乡)**	**141024000000**

续表 8

行政区划名称	行政区划代码	行政区划名称	行政区划代码	行政区划名称	行政区划代码
大槐树镇	141024100000	**乡宁县(5镇，5乡)**	**141029000000**	佃坪乡	141034200000
甘亭镇	141024101000	昌宁镇	141029100000	团柏乡	141034201000
曲亭镇	141024102000	光华镇	141029101000	邢家要乡	141034202000
苏堡镇	141024103000	台头镇	141029102000	**侯马市(5街道，3乡)**	**141081000000**
广胜寺镇	141024104000	管头镇	141029103000	路东街道	141081001000
明姜镇	141024105000	西坡镇	141029104000	路西街道	141081002000
赵城镇	141024106000	双鹤乡	141029200000	浍滨街道	141081003000
万安镇	141024107000	关王庙乡	141029201000	上马街道	141081004000
刘家垣镇	141024108000	尉庄乡	141029202000	张村街道	141081005000
淹底乡	141024200000	西交口乡	141029203000	新田乡	141081200000
兴唐寺乡	141024201000	枣岭乡	141029204000	高村乡	141081201000
堤村乡	141024202000	**大宁县(2镇，4乡)**	**141030000000**	凤城乡	141081202000
辛村乡	141024203000	昕水镇	141030100000	**霍州市(5街道，4镇，3乡)**	**141082000000**
龙马乡	141024204000	曲峨镇	141030101000	鼓楼街道	141082001000
山头乡	141024205000	三多乡	141030200000	北环路街道	141082002000
左木乡	141024206000	太德乡	141030201000	南环路街道	141082003000
古县(4镇，3乡)	**141025000000**	徐家垛乡	141030202000	开元街街道	141082004000
岳阳镇	141025100000	太古乡	141030203000	退沙街道	141082005000
北平镇	141025101000	**隰县(3镇，5乡)**	**141031000000**	白龙镇	141082100000
古阳镇	141025102000	龙泉镇	141031100000	辛置镇	141082101000
旧县镇	141025103000	午城镇	141031101000	大张镇	141082102000
石壁乡	141025200000	黄土镇	141031102000	李曹镇	141082103000
永乐乡	141025201000	阳头升乡	141031200000	陶唐峪乡	141082200000
南垣乡	141025202000	寨子乡	141031201000	三教乡	141082201000
安泽县(4镇，3乡)	**141026000000**	陡坡乡	141031202000	师庄乡	141082202000
府城镇	141026100000	下李乡	141031203000	**吕梁市(13街道，81镇，67乡)**	**141100000000**
和川镇	141026101000	城南乡	141031204000		
唐城镇	141026102000	**永和县(2镇，5乡)**	**141032000000**	**离石区(7街道，2镇，3乡)**	**141102000000**
冀氏镇	141026103000	芝河镇	141032100000	凤山街道	141102001000
马壁乡	141026200000	桑壁镇	141032101000	城北街道	141102002000
杜村乡	141026201000	阁底乡	141032200000	滨河街道	141102003000
良马乡	141026202000	南庄乡	141032201000	莲花池街道	141102004000
浮山县(2镇，7乡)	**141027000000**	打石腰乡	141032202000	田家会街道	141102005000
天坛镇	141027100000	坡头乡	141032203000	西属巴街道	141102006000
响水河镇	141027101000	交口乡	141032204000	交口街道	141102007000
张庄乡	141027200000	**蒲县(4镇，5乡)**	**141033000000**	吴城镇	141102100000
东张乡	141027201000	蒲城镇	141033100000	信义镇	141102104000
槐埝乡	141027202000	薛关镇	141033101000	红眼川乡	141102200000
北王乡	141027203000	黑龙关镇	141033102000	枣林乡	141102201000
北韩乡	141027204000	克城镇	141033103000	坪头乡	141102202000
米家垣乡	141027205000	山中乡	141033200000	**文水县(7镇，5乡)**	**141121000000**
寨圪塔乡	141027206000	古县乡	141033201000	凤城镇	141121100000
吉县(3镇，5乡)	**141028000000**	红道乡	141033202000	开栅镇	141121101000
吉昌镇	141028100000	乔家湾乡	141033203000	南庄镇	141121102000
屯里镇	141028101000	太林乡	141033204000	南安镇	141121103000
壶口镇	141028102000	**汾西县(5镇，3乡)**	**141034000000**	刘胡兰镇	141121104000
车城乡	141028200000	永安镇	141034100000	下曲镇	141121105000
文城乡	141028201000	对竹镇	141034101000	孝义镇	141121106000
东城乡	141028202000	勍香镇	141034102000	南武乡	141121200000
柏山寺乡	141028203000	和平镇	141034103000	西城乡	141121201000
中垛乡	141028204000	僧念镇	141034104000	北张乡	141121202000

续表 9

行政区划名称	行政区划代码	行政区划名称	行政区划代码	行政区划名称	行政区划代码
马西乡	141121203000	雷家碛乡	141124205000	积翠乡	141128200000
西槽头乡	141121204000	第八堡乡	141124206000	麻地会乡	141128201000
交城县(6镇，4乡)	**141122000000**	大禹乡	141124207000	**中阳县(5镇，2乡)**	**141129000000**
天宁镇	141122100000	车赶乡	141124208000	宁乡镇	141129100000
夏家营镇	141122101000	安家庄乡	141124209000	金罗镇	141129101000
西营镇	141122102000	**柳林县(8镇，7乡)**	**141125000000**	枝柯镇	141129102000
水峪贯镇	141122103000	柳林镇	141125100000	武家庄镇	141129103000
西社镇	141122104000	穆村镇	141125101000	暖泉镇	141129104000
庞泉沟镇	141122105000	薛村镇	141125102000	车鸣峪乡	141129200000
洪相乡	141122200000	庄上镇	141125103000	下枣林乡	141129201000
岭底乡	141122201000	留誉镇	141125104000	**交口县(4镇，3乡)**	**141130000000**
东坡底乡	141122202000	下三交镇	141125105000	水头镇	141130100000
会立乡	141122203000	成家庄镇	141125106000	康城镇	141130101000
兴县(7镇，10乡)	**141123000000**	孟门镇	141125107000	双池镇	141130102000
蔚汾镇	141123100000	李家湾乡	141125200000	桃红坡镇	141130103000
魏家滩镇	141123101000	贾家垣乡	141125201000	石口乡	141130200000
瓦塘镇	141123102000	陈家湾乡	141125202000	回龙乡	141130201000
康宁镇	141123103000	金家庄乡	141125203000	温泉乡	141130202000
高家村镇	141123104000	高家沟乡	141125204000	**孝义市(4街道，7镇，5乡)**	**141181000000**
罗峪口镇	141123105000	石西乡	141125205000	新义街道	141181001000
蔡家会镇	141123106000	西王家沟乡	141125206000	中阳楼街道	141181002000
交楼申乡	141123200000	**石楼县(4镇，5乡)**	**141126000000**	振兴街道	141181003000
恶虎滩乡	141123201000	灵泉镇	141126100000	崇文街道	141181004000
东会乡	141123202000	罗村镇	141126101000	兑镇镇	141181100000
固贤乡	141123203000	义牒镇	141126102000	阳泉曲镇	141181101000
奥家湾乡	141123204000	小蒜镇	141126103000	下堡镇	141181102000
蔡家崖乡	141123205000	龙交乡	141126200000	西辛庄镇	141181103000
贺家会乡	141123206000	和合乡	141126201000	高阳镇	141181104000
孟家坪乡	141123207000	前山乡	141126202000	梧桐镇	141181105000
赵家坪乡	141123208000	曹家垣乡	141126203000	柱濮镇	141181106000
圪垯上乡	141123209000	裴沟乡	141126204000	大孝堡乡	141181200000
临县(13镇，10乡)	**141124000000**	**岚县(4镇，8乡)**	**141127000000**	下栅乡	141181201000
临泉镇	141124100000	东村镇	141127100000	驿马乡	141181202000
白文镇	141124101000	岚城镇	141127101000	南阳乡	141181203000
城庄镇	141124102000	普明镇	141127102000	杜村乡	141181204000
兔坂镇	141124103000	界河口镇	141127103000	**汾阳市(2街道，9镇，3乡)**	**141182000000**
克虎寨镇	141124104000	土峪乡	141127200000	文峰街道	141182001000
三交镇	141124105000	上明乡	141127201000	太和桥街道	141182002000
湍水头镇	141124106000	王狮乡	141127202000	贾家庄镇	141182100000
林家坪镇	141124107000	梁家庄乡	141127203000	杏花村镇	141182101000
招贤镇	141124108000	顺会乡	141127204000	冀村镇	141182102000
碛口镇	141124109000	河口乡	141127205000	肖家庄镇	141182103000
刘家会镇	141124110000	社科乡	141127206000	演武镇	141182104000
丛罗峪镇	141124111000	大蛇头乡	141127207000	三泉镇	141182105000
曲峪镇	141124112000	**方山县(5镇，2乡)**	**141128000000**	石庄镇	141182106000
木瓜坪乡	141124200000	圪洞镇	141128100000	杨家庄镇	141182107000
安业乡	141124201000	马坊镇	141128101000	峪道河镇	141182108000
玉坪乡	141124202000	峪口镇	141128102000	西河乡	141182200000
青凉寺乡	141124203000	大武镇	141128103000	阳城乡	141182201000
石白头乡	141124204000	北武当镇	141128104000	栗家庄乡	141182202000

内蒙古自治区

内蒙古自治区(内蒙古)

行政区划名称	行政区划代码
内蒙古自治区(243街道，490镇，277乡)	**150000000000**
呼和浩特市(31街道，27镇，18乡)	**150100000000**
新城区(8街道，1镇)	**150102000000**
海拉尔东路街道	150102001000
锡林路街道	150102002000
中山东路街道	150102003000
东街街道	150102004000
西街街道	150102005000
东风路街道	150102006000
迎新路街道	150102007000
成吉思汗大街街道	150102008000
保合少镇	150102101000
回民区(7街道，1镇)	**150103000000**
新华西路街道	150103001000
中山西路街道	150103002000
光明路街道	150103003000
海拉尔西路街道	150103004000
环河路街道	150103005000
通道街街道	150103006000
钢铁路街道	150103007000
攸攸板镇	150103100000
玉泉区(8街道，1镇)	**150104000000**
大南街街道	150104001000
小召街道	150104002000
鄂尔多斯路街道	150104003000
兴隆巷街道	150104004000
长和廊街道	150104005000
石东路街道	150104006000
西菜园街道	150104007000
昭君路街道	150104009000
小黑河镇	150104100000
赛罕区(8街道，3镇)	**150105000000**
人民路街道	150105001000
大学西路街道	150105002000
乌兰察布东路街道	150105003000
大学东路街道	150105004000
中专路街道	150105005000
昭乌达路街道	150105006000
巴彦街道	150105007000
敕勒川街道	150105008000
榆林镇	150105101000
黄合少镇	150105103000
金河镇	150105104000
土默特左旗(7镇，2乡)	**150121000000**
察素齐镇	150121100000
毕克齐镇	150121101000
善岱镇	150121102000
白庙子镇	150121103000
台阁牧镇	150121104000
沙尔沁镇	150121105000
敕勒川镇	150121106000
北什轴乡	150121207000
塔布赛乡	150121208000
托克托县(5镇)	**150122000000**
双河镇	150122100000
新营子镇	150122101000
五申镇	150122102000
古城镇	150122103000
伍什家镇	150122104000
和林格尔县(3镇，5乡)	**150123000000**
城关镇	150123100000
盛乐镇	150123101000
新店子镇	150123102000
舍必崖乡	150123203000
大红城乡	150123205000
羊群沟乡	150123206000
黑老夭乡	150123207000
巧什营乡	150123208000
清水河县(3镇，5乡)	**150124000000**
喇嘛湾镇	150124100000
城关镇	150124101000
宏河镇	150124102000
窑沟乡	150124201000
北堡乡	150124203000
韭菜庄乡	150124208000
五良太乡	150124209000
单台子乡	150124210000
武川县(3镇，6乡)	**150125000000**
可可以力更镇	150125100000
哈乐镇	150125101000
西乌兰不浪镇	150125102000
大青山乡	150125200000
得胜沟乡	150125204000
上秃亥乡	150125205000
哈拉合少乡	150125213000
二份子乡	150125214000
耗赖山乡	150125215000
包头市(46街道，29镇，5乡，5苏木)	**150200000000**
东河区(12街道，2镇)	**150202000000**
和平路街道	150202001000
财神庙街道	150202002000
西脑包街道	150202003000
南门外街道	150202004000
南圪洞街道	150202005000
东站街道	150202006000
回民街道	150202007000
二里半街道	150202008000
河东街道	150202009000
铁西街道	150202010000
东兴街道	150202011000
杨圪塄街道	150202012000
河东镇	150202100000
沙尔沁镇	150202101000
昆都仑区(13街道，2镇)	**150203000000**
少先路街道	150203001000
昆北街道	150203002000
沼潭街道	150203003000
林荫路街道	150203004000
友谊大街街道	150203005000
阿尔丁大街街道	150203006000
团结大街街道	150203007000
鞍山道街道	150203008000
前进道街道	150203009000
市府东路街道	150203010000
白云路街道	150203011000
黄河西路街道	150203012000
昆工路街道	150203013000
昆河镇	150203100000
卜尔汉图镇	150203101000
青山区(8街道，2镇)	**150204000000**
先锋道街道	150204001000
幸福路街道	150204002000
万青路街道	150204003000
富强路街道	150204004000
科学路街道	150204005000
青山路街道	150204006000
自由路街道	150204007000
乌素图街道	150204008000
青福镇	150204100000
兴胜镇	150204101000
石拐区(6街道，1镇，1苏木)	**150205000000**
石拐街道	150205001000
大发街道	150205002000
大磁街道	150205003000
五当沟街道	150205004000
白狐沟街道	150205005000
大德恒街道	150205006000
五当召镇	150205100000
吉忽伦图苏木	150205200000
白云鄂博矿区(2街道)	**150206000000**
矿山路街道	150206001000
通阳道街道	150206002000
九原区(5街道，4镇，1苏木)	**150207000000**
沙河街道	150207001000
赛汗街道	150207002000
萨如拉街道	150207003000
白音席勒街道	150207004000
稀土路街道	150207005000
麻池镇	150207103000
哈业胡同镇	150207104000
哈林格尔镇	150207105000
万水泉镇	150207106000
阿嘎如泰苏木	150207205000
土默特右旗(5镇，3乡)	**150221000000**
萨拉齐镇	150221100000
双龙镇	150221101000
美岱召镇	150221102000
沟门镇	150221103000
将军尧镇	150221104000
明沙淖乡	150221202000
海子乡	150221203000
苏波盖乡	150221212000
固阳县(6镇)	**150222000000**
金山镇	150222100000
西斗铺镇	150222101000
下湿壕镇	150222102000
银号镇	150222103000
怀朔镇	150222104000
兴顺西镇	150222105000
达尔罕茂明安联合旗(7镇，2乡，3苏木)	**150223000000**
百灵庙镇	150223100000
满都拉镇	150223101000
希拉穆仁镇	150223102000
明安镇	150223103000
巴音花镇	150223104000
石宝镇	150223105000
乌克忽洞镇	150223106000
达尔汗苏木	150223216000
巴音敖包苏木	150223217000
查干哈达苏木	150223218000
西河乡	150223219000
小文公乡	150223220000
乌海市(15街道，5镇)	**150300000000**
海勃湾区(6街道，1镇)	**150302000000**

续表 1

行政区划名称	行政区划代码
新华街道	150302001000
新华西街道	150302002000
凤凰岭街道	150302003000
海北街道	150302004000
滨河街道	150302005000
卡布其街道	150302006000
千里山镇	150302108000
海南区(2街道，3镇)	**150303000000**
西卓子山街道	150303001000
拉僧仲街道	150303002000
拉僧庙镇	150303101000
公乌素镇	150303102000
巴音陶亥镇	150303103000
乌达区(7街道，1镇)	**150304000000**
巴音赛街道	150304001000
三道坎街道	150304002000
五虎山街道	150304003000
梁家沟街道	150304004000
新达街道	150304005000
滨海街道	150304006000
苏海图街道	150304007000
乌兰淖尔镇	150304100000
赤峰市(20街道，82镇，31乡，19苏木)	**150400000000**
红山区(9街道，2镇)	**150402000000**
西屯街道	150402001000
三中街道	150402002000
永巨街道	150402003000
东城街道	150402004000
南新街道	150402005000
站前街道	150402006000
铁南街道	150402007000
长青街道	150402008000
哈达街道	150402009000
红庙子镇	150402100000
文钟镇	150402102000
元宝山区(6街道，5镇，1乡)	**150403000000**
西露天街道	150403001000
平庄城区街道	150403002000
平庄东城街道	150403003000
平庄西城街道	150403004000
云杉路街道	150403005000
马林街道	150403006000
风水沟镇	150403100000
元宝山镇	150403101000
美丽河镇	150403102000
平庄镇	150403103000
五家镇	150403104000
小五家乡	150403201000
松山区(4街道，9镇，5乡)	**150404000000**
振兴街道	150404001000
向阳街道	150404002000
松州街道	150404003000
铁东街道	150404004000
穆家营子镇	150404100000
初头朗镇	150404101000
大庙镇	150404102000
王府镇	150404103000
老府镇	150404104000
哈拉道口镇	150404105000
上官地镇	150404106000
安庆镇	150404107000
太平地镇	150404108000
当铺地满族乡	150404200000
夏家店乡	150404201000
城子乡	150404202000
大夫营子乡	150404203000
岗子乡	150404204000
阿鲁科尔沁旗(1街道，7镇，3乡，4苏木)	**150421000000**
天山街道	150421001000
天山镇	150421100000
天山口镇	150421101000
双胜镇	150421102000
坤都镇	150421103000
巴彦花镇	150421104000
绍根镇	150421105000
扎嘎斯台镇	150421106000
新民乡	150421200000
先锋乡	150421201000
罕苏木苏木	150421202000
赛汉塔拉苏木	150421203000
巴拉奇如德苏木	150421204000
巴彦温都苏木	150421205000
乌兰哈达乡	150421206000
巴林左旗(7镇，2乡，2苏木)	**150422000000**
林东镇	150422100000
隆昌镇	150422101000
十三敖包镇	150422102000
碧流台镇	150422103000
富河镇	150422104000
白音诺尔镇	150422105000
哈拉哈达镇	150422106000
查干哈达苏木	150422200000
乌兰达坝苏木	150422201000
三山乡	150422202000
花加拉嘎乡	150422203000
巴林右旗(5镇，4苏木)	**150423000000**
大板镇	150423100000
索博日嘎镇	150423101000
宝日勿苏镇	150423102000
查干诺尔镇	150423103000
巴彦琥硕镇	150423105000
西拉沐沦苏木	150423200000
巴彦塔拉苏木	150423201000
幸福之路苏木	150423202000
查干沐沦苏木	150423204000
林西县(7镇，2乡)	**150424000000**
官地镇	150424100000
新城子镇	150424101000
新林镇	150424102000
五十家子镇	150424103000
林西镇	150424104000
大井镇	150424105000
统部镇	150424106000
大营子乡	150424200000
十二吐乡	150424201000
克什克腾旗(7镇，2乡，4苏木)	**150425000000**
经棚镇	150425100000
宇宙地镇	150425102000
土城子镇	150425103000
达来诺日镇	150425104000
同兴镇	150425105000
万合永镇	150425106000
芝瑞镇	150425108000
新开地乡	150425208000
红山子乡	150425214000
达日罕乌拉苏木	150425219000
巴彦查干苏木	150425221000
浩来呼热苏木	150425222000
乌兰布统苏木	150425223000
翁牛特旗(8镇，2乡，4苏木)	**150426000000**
乌丹镇	150426100000
乌敦套海镇	150426101000
五分地镇	150426102000
桥头镇	150426103000
广德公镇	150426104000
梧桐花镇	150426105000
海拉苏镇	150426106000
亿合公镇	150426107000
解放营子乡	150426200000
阿什罕苏木	150426201000
新苏莫苏木	150426202000
白音套海苏木	150426203000
毛山东乡	150426204000
格日僧苏木	150426205000
喀喇沁旗(7镇，2乡)	**150428000000**
锦山镇	150428100000
美林镇	150428101000
王爷府镇	150428102000
小牛群镇	150428103000
牛家营子镇	150428104000
乃林镇	150428105000
西桥镇	150428106000
十家满族乡	150428200000
南台子乡	150428201000
宁城县(11镇，4乡)	**150429000000**
天义镇	150429100000
小城子镇	150429101000
大城子镇	150429102000
八里罕镇	150429103000
黑里河镇	150429104000
甸子镇	150429105000
大双庙镇	150429106000
汐子镇	150429107000
大明镇	150429108000
忙农镇	150429109000
五化镇	150429110000
三座店乡	150429200000
必斯营子乡	150429201000
一肯中乡	150429202000
存金沟乡	150429203000
敖汉旗(7镇，8乡，1苏木)	**150430000000**
新惠镇	150430100000
四家子镇	150430101000
长胜镇	150430102000
贝子府镇	150430103000
四道湾子镇	150430104000
下洼镇	150430105000
金厂沟梁镇	150430106000
宝国吐乡	150430200000
牛古吐乡	150430201000
木头营子乡	150430202000
古鲁板蒿乡	150430203000
丰收乡	150430204000
玛尼罕乡	150430205000
萨力巴乡	150430206000
敖润苏莫苏木	150430207000
林家地乡	150430208000

续表 2

行政区划名称	行政区划代码	行政区划名称	行政区划代码	行政区划名称	行政区划代码
通辽市(18街道，61镇，4乡，	**150500000000**	散都苏木	150522211000	**东胜区(15街道，3镇)**	**150602000000**
25苏木)		巴彦毛都苏木	150522212000	交通街道	150602001000
科尔沁区(13街道，10镇，	**150502000000**	**开鲁县(10镇)**	**150523000000**	公园街道	150602002000
1苏木)		开鲁镇	150523100000	林荫街道	150602003000
科尔沁街道	150502001000	大榆树镇	150523103000	建设街道	150602004000
西门街道	150502002000	黑龙坝镇	150523104000	富兴街道	150602005000
永清街道	150502003000	麦新镇	150523105000	天骄街道	150602006000
明仁街道	150502004000	建华镇	150523108000	诃额伦街道	150602007000
施介街道	150502005000	小街基镇	150523109000	巴音门克街道	150602008000
清真街道	150502006000	东风镇	150523111000	民族街道	150602009000
东郊街道	150502007000	吉日嘎郎吐镇	150523112000	幸福街道	150602010000
铁路街道	150502008000	东来镇	150523113000	纺织街道	150602011000
电厂街道	150502009000	义和塔拉镇	150523114000	兴胜路街道	150602012000
霍林河街道	150502010000	**库伦旗(5镇，1乡，2苏木)**	**150524000000**	泊尔江海子镇	150602106000
河西街道	150502011000	库伦镇	150524100000	罕台镇	150602107000
红星街道	150502012000	六家子镇	150524101000	铜川镇	150602108000
建国街道	150502013000	额勒顺镇	150524103000	哈巴格希街道	150691001000
大林镇	150502100000	扣河子镇	150524104000	青春山街道	150691002000
钱家店镇	150502101000	白音花镇	150524105000	滨河街道	150691003000
余粮堡镇	150502102000	茫汗苏木	150524203000	**达拉特旗(6街道，7镇，**	**150621000000**
木里图镇	150502104000	水泉乡	150524204000	**1苏木)**	
丰田镇	150502106000	先进苏木	150524205000	锡尼街道	150621001000
清河镇	150502108000	**奈曼旗(8镇，2乡，4苏木)**	**150525000000**	西园街道	150621002000
育新镇	150502110000	大沁他拉镇	150525100000	白塔街道	150621003000
庆和镇	150502113000	八仙筒镇	150525101000	工业街道	150621004000
敖力布皋镇	150502114000	青龙山镇	150525102000	昭君街道	150621005000
辽河镇	150502130000	东明镇	150525103000	平原街道	150621006000
莫力庙苏木	150502200000	治安镇	150525104000	王爱召镇	150621108000
科尔沁左翼中旗(11镇，	**150521000000**	义隆永镇	150525105000	树林召镇	150621109000
1乡，5苏木)		新镇	150525106000	昭君镇	150621110000
保康镇	150521100000	沙日浩来镇	150525109000	白泥井镇	150621111000
宝龙山镇	150521101000	黄花塔拉苏木	150525201000	吉格斯太镇	150621112000
舍伯吐镇	150521102000	固日班花苏木	150525202000	中和西镇	150621113000
巴彦塔拉镇	150521103000	白音他拉苏木	150525203000	恩格贝镇	150621114000
门达镇	150521104000	明仁苏木	150525205000	展旦召苏木	150621201000
架玛吐镇	150521105000	土城子乡	150525206000	**准格尔旗(4街道，6镇，**	**150622000000**
腰林毛都镇	150521106000	苇莲苏乡	150525207000	**2乡，1苏木)**	
希伯花镇	150521107000	**扎鲁特旗(7镇，8苏木)**	**150526000000**	友谊街道	150622001000
花吐古拉镇	150521108000	鲁北镇	150526100000	蓝天街道	150622002000
代力吉镇	150521109000	巨日河镇	150526101000	兴隆街道	150622003000
努日木镇	150521110000	黄花山镇	150526103000	迎泽街道	150622004000
图布信苏木	150521204000	巴雅尔吐胡硕镇	150526104000	薛家湾镇	150622114000
协代苏木	150521207000	嘎亥图镇	150526105000	沙圪堵镇	150622115000
白兴吐苏木	150521210000	香山镇	150526106000	龙口镇	150622116000
花胡硕苏木	150521212000	阿日昆都楞镇	150526107000	准格尔召镇	150622117000
敖包苏木	150521213000	格日朝鲁苏木	150526203000	纳日松镇	150622118000
胜利乡	150521214000	乌力吉木仁苏木	150526204000	大路镇	150622119000
科尔沁左翼后旗(10镇，5苏木)	**150522000000**	巴彦塔拉苏木	150526209000	布尔陶亥苏木	150622206000
金宝屯镇	150522101000	道老杜苏木	150526210000	十二连城乡	150622207000
吉尔嘎朗镇	150522102000	前德门苏木	150526211000	暖水乡	150622208000
双胜镇	150522103000	乌兰哈达苏木	150526212000	**鄂托克前旗(4镇)**	**150623000000**
阿古拉镇	150522107000	查布嘎图苏木	150526213000	敖勒召其镇	150623105000
朝鲁吐镇	150522109000	乌额格其苏木	150526214000	上海庙镇	150623106000
海鲁吐镇	150522110000	**霍林郭勒市(5街道)**	**150581000000**	昂素镇	150623107000
甘旗卡镇	150522111000	珠斯花街道	150581001000	城川镇	150623108000
常胜镇	150522112000	莫斯台街道	150581002000	**鄂托克旗(4镇，2苏木)**	**150624000000**
查日苏镇	150522113000	宝日呼吉尔街道	150581003000	蒙西镇	150624100000
努古斯台镇	150522136000	达来胡硕街道	150581004000	乌兰镇	150624101000
阿都沁苏木	150522208000	沙尔呼热街道	150581005000	棋盘井镇	150624102000
茂道吐苏木	150522209000	**鄂尔多斯市(25街道，**	**150600000000**	木凯淖尔镇	150624103000
巴胡塔苏木	150522210000	**41镇，2乡，6苏木)**		苏米图苏木	150624200000

续表 3

行政区划名称	行政区划代码
阿尔巴斯苏木	150624203000
杭锦旗(5镇，1苏木)	**150625000000**
锡尼镇	150625100000
巴拉贡镇	150625101000
吉日嘎朗图镇	150625102000
呼和木都镇	150625103000
独贵塔拉镇	150625104000
伊和乌素苏木	150625206000
乌审旗(5镇，1苏木)	**150626000000**
乌审召镇	150626106000
图克镇	150626107000
嘎鲁图镇	150626108000
乌兰陶勒盖镇	150626109000
无定河镇	150626110000
苏力德苏木	150626203000
伊金霍洛旗(7镇)	**150627000000**
阿勒腾席热镇	150627100000
札萨克镇	150627107000
红庆河镇	150627108000
伊金霍洛镇	150627109000
乌兰木伦镇	150627110000
纳林陶亥镇	150627111000
苏布尔嘎镇	150627113000
呼伦贝尔市(36街道，63镇，17乡，19苏木)	**150700000000**
海拉尔区(6街道，2镇)	**150702000000**
正阳街道	150702001000
靠山街道	150702003000
健康街道	150702004000
胜利街道	150702005000
呼伦街道	150702006000
建设街道	150702007000
奋斗镇	150702101000
哈克镇	150702102000
阿荣旗(7镇，4乡)	**150721000000**
那吉镇	150721100000
六合镇	150721102000
亚东镇	150721104000
复兴镇	150721105000
霍尔奇镇	150721106000
向阳峪镇	150721108000
三岔河镇	150721109000
得力其尔鄂温克民族乡	150721200000
查巴奇鄂温克民族乡	150721201000
音河达斡尔鄂温克民族乡	150721202000
新发朝鲜民族乡	150721203000
莫力达瓦达斡尔族自治旗(10镇，3乡)	**150722000000**
尼尔基镇	150722100000
红彦镇	150722101000
宝山镇	150722102000
哈达阳镇	150722103000
阿尔拉镇	150722104000
西瓦尔图镇	150722106000
腾克镇	150722108000
塔温敖宝镇	150722110000
汉古尔河镇	150722120000
奎勒河镇	150722121000
巴彦鄂温克民族乡	150722200000
杜拉尔鄂温克民族乡	150722203000
库如奇乡	150722204000
鄂伦春自治旗(8镇，2乡)	**150723000000**
阿里河镇	150723100000
诺敏镇	150723102000
乌鲁布铁镇	150723104000
大杨树镇	150723105000
宜里镇	150723107000
甘河镇	150723109000
克一河镇	150723113000
吉文镇	150723114000
古里乡	150723200000
托扎敏乡	150723216000
鄂温克族自治旗(4镇，1乡，5苏木)	**150724000000**
伊敏河镇	150724101000
巴彦托海镇	150724102000
红花尔基镇	150724104000
大雁镇	150724105000
巴彦塔拉达斡尔民族乡	150724200000
伊敏苏木	150724201000
辉苏木	150724202000
锡泥河东苏木	150724203000
锡泥河西苏木	150724204000
巴彦嵯岗苏木	150724205000
陈巴尔虎旗(3镇，4苏木)	**150725000000**
巴彦库仁镇	150725100000
宝日希勒镇	150725101000
呼和诺尔镇	150725102000
鄂温克民族苏木	150725201000
东乌珠尔苏木	150725202000
巴彦哈达苏木	150725203000
西乌珠尔苏木	150725204000
新巴尔虎左旗(2镇，5苏木)	**150726000000**
阿木古郎镇	150726100000
嵯岗镇	150726101000
新宝力格苏木	150726202000
乌布尔宝力格苏木	150726203000
吉布胡郎图苏木	150726204000
罕达盖苏木	150726205000
甘珠尔苏木	150726206000
新巴尔虎右旗(3镇，4苏木)	**150727000000**
阿拉坦额莫勒镇	150727100000
呼伦镇	150727101000
阿日哈沙特镇	150727102000
克尔伦苏木	150727204000
贝尔苏木	150727206000
达赉苏木	150727207000
宝格德乌拉苏木	150727208000
满洲里市(11街道)	**150781000000**
道北街道	150781001000
兴华街道	150781002000
东山街道	150781003000
道南街道	150781004000
第一街道	150781005000
第二街道	150781006000
第三街道	150781007000
第四街道	150781008000
第五街道	150781009000
灵泉街道	150781010000
新开河街道	150781011000
牙克石市(7街道，9镇)	**150782000000**
胜利街道	150782001000
红旗街道	150782002000
新工街道	150782003000
永兴街道	150782004000
建设街道	150782005000
暖泉街道	150782006000
东兴街道	150782007000
免渡河镇	150782101000
博克图镇	150782103000
绰河源镇	150782105000
乌尔其汉镇	150782108000
库都尔镇	150782109000
图里河镇	150782110000
乌奴耳镇	150782111000
塔尔气镇	150782112000
伊图里河镇	150782113000
扎兰屯市(7街道，8镇，4乡)	**150783000000**
兴华街道	150783001000
正阳街道	150783002000
繁荣街道	150783003000
向阳街道	150783004000
铁东街道	150783005000
河西街道	150783006000
高台子街道	150783007000
磨菇气镇	150783100000
卧牛河镇	150783106000
成吉思汗镇	150783108000
大河湾镇	150783109000
哈多河镇	150783110000
浩饶山镇	150783112000
柴河镇	150783113000
中和镇	150783114000
达斡尔民族乡	150783200000
鄂伦春民族乡	150783201000
萨马街鄂温克民族乡	150783204000
洼堤乡	150783205000
额尔古纳市(2街道，3镇，2乡，1苏木)	**150784000000**
拉布大林街道	150784001000
上库力街道	150784002000
莫尔道嘎镇	150784100000
黑山头镇	150784101000
恩和哈达镇	150784102000
三河回族乡	150784200000
蒙兀室韦苏木	150784201000
恩和俄罗斯族民族乡	150784203000
根河市(3街道，4镇，1乡)	**150785000000**
河东街道	150785001000
河西街道	150785002000
森工街道	150785003000
金河镇	150785102000
阿龙山镇	150785103000

续表 4

行政区划名称	行政区划代码
满归镇	150785104000
得耳布尔镇	150785105000
敖鲁古雅鄂温克民族乡	150785200000
巴彦淖尔市(9街道，46镇，3乡，10苏木)	**150800000000**
临河区(9街道，7镇，2乡)	**150802000000**
团结街道	150802001000
车站街道	150802002000
先锋街道	150802003000
解放街道	150802004000
新华街道	150802005000
东环街道	150802006000
铁南街道	150802007000
西环街道	150802008000
北环街道	150802009000
狼山镇	150802100000
新华镇	150802101000
干召庙镇	150802102000
乌兰图克镇	150802104000
双河镇	150802107000
城关镇	150802109000
白脑包镇	150802110000
八一乡	150802200000
曙光乡	150802201000
五原县(8镇，1乡)	**150821000000**
隆兴昌镇	150821100000
塔尔湖镇	150821101000
巴彦套海镇	150821102000
新公中镇	150821104000
天吉泰镇	150821105000
胜丰镇	150821106000
银定图镇	150821107000
复兴镇	150821108000
和胜乡	150821200000
磴口县(4镇，1苏木)	**150822000000**
巴彦高勒镇	150822100000
隆盛合镇	150822103000
渡口镇	150822104000
补隆淖镇	150822105000
沙金套海苏木	150822202000
乌拉特前旗(9镇，2苏木)	**150823000000**
乌拉山镇	150823101000
白彦花镇	150823102000
新安镇	150823103000
大佘太镇	150823104000
西小召镇	150823106000
明安镇	150823108000
先锋镇	150823109000
小佘太镇	150823110000
苏独仑镇	150823111000
额尔登布拉格苏木	150823209000
沙德格苏木	150823210000
乌拉特中旗(6镇，4苏木)	**150824000000**
德岭山镇	150824100000
石哈河镇	150824101000
海流图镇	150824102000
乌加河镇	150824103000
甘其毛都镇	150824105000
温更镇	150824106000
巴音乌兰苏木	150824203000
呼勒斯太苏木	150824205000
新忽热苏木	150824207000
川井苏木	150824208000
乌拉特后旗(3镇，3苏木)	**150825000000**
巴音宝力格镇	150825100000
呼和温都尔镇	150825101000
潮格温都尔镇	150825103000
获各琦苏木	150825204000
巴音前达门苏木	150825207000
乌盖苏木	150825208000
杭锦后旗(9镇)	**150826000000**
头道桥镇	150826101000
二道桥镇	150826102000
三道桥镇	150826103000
团结镇	150826104000
双庙镇	150826105000
蛮会镇	150826106000
陕坝镇	150826107000
沙海镇	150826108000
蒙海镇	150826109000
乌兰察布市(13街道，50镇，33乡，9苏木)	**150900000000**
集宁区(8街道，1镇，1乡)	**150902000000**
新体路街道	150902001000
桥东街道	150902002000
前进路街道	150902003000
常青路街道	150902004000
虎山街道	150902005000
桥西街道	150902006000
新华街街道	150902007000
泉山街道	150902008000
白海子镇	150902101000
马莲渠乡	150902201000
卓资县(5镇，3乡)	**150921000000**
卓资山镇	150921100000
旗下营镇	150921101000
十八台镇	150921102000
巴音锡勒镇	150921103000
梨花镇	150921104000
大榆树乡	150921203000
红召乡	150921208000
复兴乡	150921209000
化德县(3镇，3乡)	**150922000000**
长顺镇	150922100000
七号镇	150922101000
朝阳镇	150922102000
德包图乡	150922205000
公腊胡洞乡	150922207000
白音特拉乡	150922208000
商都县(6镇，4乡)	**150923000000**
七台镇	150923100000
十八顷镇	150923101000
大黑沙土镇	150923102000
西井子镇	150923103000
屯垦队镇	150923104000
小海子镇	150923105000
大库伦乡	150923205000
卯都乡	150923206000
玻璃忽镜乡	150923207000
三大顷乡	150923208000
兴和县(5镇，4乡)	**150924000000**
城关镇	150924100000
张皋镇	150924101000
赛乌素镇	150924102000
鄂尔栋镇	150924103000
店子镇	150924105000
大库联乡	150924202000
民族团结乡	150924205000
大同夭乡	150924206000
五股泉乡	150924207000
凉城县(5镇，3乡)	**150925000000**
岱海镇	150925100000
麦胡图镇	150925101000
永兴镇	150925102000
六苏木镇	150925103000
蛮汉镇	150925104000
天成乡	150925204000
曹碾满族乡	150925207000
厂汉营乡	150925208000
察哈尔右翼前旗(5镇，4乡)	**150926000000**
土贵乌拉镇	150926100000
平地泉镇	150926101000
玫瑰营镇	150926102000
巴音塔拉镇	150926104000
黄旗海镇	150926105000
乌拉哈乡	150926202000
黄茂营乡	150926203000
三岔口乡	150926208000
老圈沟乡	150926209000
察哈尔右翼中旗(5镇，4乡，2苏木)	**150927000000**
科布尔镇	150927100000
铁沙盖镇	150927101000
乌素图镇	150927102000
广益隆镇	150927103000
黄羊城镇	150927104000
宏盘乡	150927203000
巴彦乡	150927204000
大滩乡	150927211000
乌兰哈页苏木	150927214000
库伦苏木	150927215000
土城子乡	150927216000
察哈尔右翼后旗(5镇，1乡，2苏木)	**150928000000**
土牧尔台镇	150928100000
红格尔图镇	150928101000
白音察干镇	150928102000
贲红镇	150928103000
大六号镇	150928105000
当郎忽洞苏木	150928204000
锡勒乡	150928206000
乌兰哈达苏木	150928207000
四子王旗(5镇，3乡，5苏木)	**150929000000**
乌兰花镇	150929100000
供济堂镇	150929101000
吉生太镇	150929102000
库伦图镇	150929103000
白音朝克图镇	150929104000
东八号乡	150929208000
忽鸡图乡	150929211000
查干补力格苏木	150929215000
脑木更苏木	150929219000
红格尔苏木	150929223000
江岸苏木	150929225000
巴音敖包苏木	150929227000
大黑河乡	150929228000
丰镇市(5街道，5镇，3乡)	**150981000000**
新城区街道	150981001000
旧城区街道	150981002000
北城区街道	150981003000
工业区街道	150981004000
南城区街道	150981005000
黑土台镇	150981101000
隆盛庄镇	150981102000
巨宝庄镇	150981103000
红砂坝镇	150981104000
三义泉镇	150981105000
浑源窑乡	150981201000

续表 5

行政区划名称	行政区划代码
官屯堡乡	150981205000
元山子乡	150981206000
兴安盟(15街道，36镇，8乡，12苏木)	**152200000000**
乌兰浩特市(11街道，4镇)	**152201000000**
爱国街道	152201001000
和平街道	152201002000
兴安街道	152201003000
胜利街道	152201004000
铁西街道	152201005000
都林街道	152201006000
五一街道	152201007000
城郊街道	152201008000
天骄街道	152201009000
新城街道	152201010000
山水街道	152201011000
乌兰哈达镇	152201101000
葛根庙镇	152201102000
太本站镇	152201103000
义勒力特镇	152201104000
阿尔山市(4街道，4镇)	**152202000000**
林海街道	152202001000
新城街道	152202002000
温泉街道	152202003000
伊尔施街道	152202004000
天池镇	152202100000
白狼镇	152202101000
五岔沟镇	152202102000
明水河镇	152202103000
科尔沁右翼前旗(9镇，2乡，3苏木)	**152221000000**
索伦镇	152221100000
大石寨镇	152221101000
归流河镇	152221102000
察尔森镇	152221103000
科尔沁镇	152221104000
额尔格图镇	152221110000
德伯斯镇	152221111000
居力很镇	152221119000
俄体镇	152221120000
满族屯满族乡	152221203000
乌兰毛都苏木	152221205000
阿力得尔苏木	152221207000
巴拉格歹乡	152221208000
桃合木苏木	152221209000
科尔沁右翼中旗(6镇，6苏木)	**152222000000**
巴彦呼舒镇	152222100000
高力板镇	152222101000
吐列毛都镇	152222102000
巴仁哲里木镇	152222103000
杜尔基镇	152222104000
好腰苏木镇	152222105000
新佳木苏木	152222203000
代钦塔拉苏木	152222206000
哈日诺尔苏木	152222207000
巴彦茫哈苏木	152222208000
巴彦淖尔苏木	152222209000
额木庭高勒苏木	152222210000
扎赉特旗(7镇，3乡，3苏木)	**152223000000**
音德尔镇	152223100000
新林镇	152223101000
巴彦高勒镇	152223102000
胡尔勒镇	152223103000
阿尔本格勒镇	152223104000
巴达尔胡镇	152223105000
图牧吉镇	152223107000
好力保乡	152223202000
巴彦乌兰苏木	152223210000
努文木仁乡	152223211000
巴彦扎拉嘎乡	152223212000
阿拉达尔吐苏木	152223213000
宝力根花苏木	152223214000
突泉县(6镇，3乡)	**152224000000**
突泉镇	152224100000
六户镇	152224101000
东杜尔基镇	152224102000
永安镇	152224103000
水泉镇	152224104000
宝石镇	152224105000
九龙乡	152224200000
太平乡	152224201000
学田乡	152224202000
锡林郭勒盟(11街道，35镇，4乡，32苏木)	**152500000000**
二连浩特市(3街道，1苏木)	**152501000000**
乌兰街道	152501001000
锡林街道	152501002000
东城街道	152501003000
格日勒敖都苏木	152501200000
锡林浩特市(8街道，1镇，3苏木)	**152502000000**
希日塔拉街道	152502001000
宝力根街道	152502002000
杭盖街道	152502003000
楚古兰街道	152502004000
额尔敦街道	152502005000
南郊街道	152502006000
巴彦锡勒街道	152502007000
巴彦查干街道	152502008000
阿尔善宝拉格镇	152502100000
宝力根苏木	152502200000
朝克乌拉苏木	152502201000
巴彦宝拉格苏木	152502202000
阿巴嘎旗(3镇，4苏木)	**152522000000**
别力古台镇	152522100000
洪格尔高勒镇	152522101000
查干淖尔镇	152522102000
那仁宝拉格苏木	152522200000
伊和高勒苏木	152522201000
吉尔嘎郎图苏木	152522202000
巴彦图嘎苏木	152522203000
苏尼特左旗(3镇，4苏木)	**152523000000**
满都拉图镇	152523100000
查干敖包镇	152523101000
巴彦淖尔镇	152523102000
巴彦乌拉苏木	152523200000
赛罕高毕苏木	152523201000
洪格尔苏木	152523202000
达来苏木	152523203000
苏尼特右旗(3镇，4苏木)	**152524000000**
赛汉塔拉镇	152524100000
朱日和镇	152524101000
乌日根塔拉镇	152524102000
桑宝拉格苏木	152524200000
额仁淖尔苏木	152524201000
赛罕乌力吉苏木	152524202000
阿其图乌拉苏木	152524203000
东乌珠穆沁旗(6镇，4苏木)	**152525000000**
乌里雅斯太镇	152525100000
道特淖尔镇	152525101000
嘎达布其镇	152525102000
满都呼宝拉格镇	152525103000
额吉淖尔镇	152525104000
巴彦胡舒镇	152525105000
呼热图淖尔苏木	152525200000
萨麦苏木	152525201000
额仁高毕苏木	152525202000
阿拉坦合力苏木	152525203000
西乌珠穆沁旗(5镇，2苏木)	**152526000000**
巴拉嘎尔高勒镇	152526100000
巴彦花镇	152526101000
吉仁高勒镇	152526102000
浩勒图高勒镇	152526103000
高日罕镇	152526104000
巴彦胡硕苏木	152526200000
乌兰哈拉嘎苏木	152526201000
太仆寺旗(5镇，1乡，1苏木)	**152527000000**
宝昌镇	152527100000
千斤沟镇	152527101000
红旗镇	152527102000
骆驼山镇	152527103000
永丰镇	152527104000
幸福乡	152527200000
贡宝拉格苏木	152527201000
镶黄旗(2镇，2苏木)	**152528000000**
新宝拉嘎镇	152528100000
巴彦塔拉镇	152528101000
翁贡乌拉苏木	152528200000
宝格达音高勒苏木	152528201000
正镶白旗(2镇，3苏木)	**152529000000**
明安图镇	152529100000
星耀镇	152529101000
伊和淖尔苏木	152529200000
乌兰查布苏木	152529201000
宝拉根陶海苏木	152529202000
正蓝旗(3镇，4苏木)	**152530000000**
上都镇	152530100000
桑根达来镇	152530101000
哈毕日嘎镇	152530102000
宝绍代苏木	152530200000
那日图苏木	152530201000
赛音呼都嘎苏木	152530202000
扎格斯台苏木	152530203000
多伦县(2镇，3乡)	**152531000000**
大北沟镇	152531100000
多伦淖尔镇	152531101000
大河口乡	152531200000
蔡木山乡	152531201000
西干沟乡	152531202000
阿拉善盟(4街道，15镇，15苏木)	**152900000000**
阿拉善左旗(4街道，9镇，6苏木)	**152921000000**
王府街道	152921001000
新华街道	152921002000
额鲁特路街道	152921003000
南环路街道	152921004000
巴彦浩特镇	152921100000
嘉尔嘎勒赛汉镇	152921101000
温都尔勒图镇	152921102000
吉兰泰镇	152921103000
乌斯太镇	152921104000
巴润别立镇	152921105000
宗别立镇	152921107000
敖伦布拉格镇	152921108000
腾格里额里斯镇	152921109000
巴彦木仁苏木	152921203000
乌力吉苏木	152921207000
额尔克哈什哈苏木	152921210000
巴彦诺日公苏木	152921212000
银根苏木	152921213000
超格图呼热苏木	152921214000
阿拉善右旗(3镇，4苏木)	**152922000000**
巴丹吉林镇	152922100000
雅布赖镇	152922101000
阿拉腾敖包镇	152922103000
阿拉腾朝格苏木	152922201000
曼德拉苏木	152922205000
塔木素布拉格苏木	152922206000
巴彦高勒苏木	152922207000
额济纳旗(3镇，5苏木)	**152923000000**
东风镇	152923101000
达来呼布镇	152923102000
哈日布日格德音乌拉镇	152923103000
赛汉陶来苏木	152923200000
马鬃山苏木	152923204000
苏泊淖尔苏木	152923205000
巴彦陶来苏木	152923206000
温图高勒苏木	152923207000

辽宁省

辽宁省(辽)

行政区划名称	行政区划代码
辽宁省(630街道，615镇，270乡)	**210000000000**
沈阳市(141街道，55镇，18乡)	**210100000000**
和平区(13街道)	**210102000000**
浑河湾街道	210102001000
新华街道	210102002000
太原街街道	210102005000
西塔街道	210102007000
北市场街道	210102010000
八经街道	210102013000
南市场街道	210102014000
马路湾街道	210102016000
集贤街道	210102017000
南湖街道	210102019000
长白街道	210102021000
沈水湾街道	210102022000
浑河站西街道	210102023000
沈河区(15街道)	**210103000000**
大西街道	210103004000
滨河街道	210103005000
万莲街道	210103006000
大南街道	210103010000
山东庙街道	210103011000
朱剪炉街道	210103013000
新北站街道	210103014000
风雨坛街道	210103015000
五里河街道	210103017000
皇城街道	210103018000
马官桥街道	210103019000
南塔街道	210103020000
东陵街道	210103021000
泉园街道	210103022000
丰乐街道	210103023000
大东区(14街道)	**210104000000**
大北街道	210104002000
万泉街道	210104003000
洮昌街道	210104004000
文官街道	210104006000
二台子街道	210104007000
东站街道	210104009000
长安街道	210104012000
新东街道	210104014000
东塔街道	210104015000
津桥街道	210104016000
前进街道	210104017000
上园街道	210104018000
小东街道	210104019000
北海街道	210104020000
皇姑区(12街道)	**210105000000**
寿泉街道	210105014000
舍利塔街道	210105020000
黄河街道	210105021000
三台子街道	210105022000
新乐街道	210105023000
辽河街道	210105024000
明廉街道	210105025000
塔湾街道	210105026000
三洞桥街道	210105027000
华山街道	210105028000
北塔街道	210105029000
陵东街道	210105030000
铁西区(20街道)	**210106000000**
昆明湖街道	210106001000
工人村街道	210106003000
七路街道	210106005000
启工街道	210106007000
艳粉街道	210106008000
保工街道	210106010000
兴顺街道	210106011000
笃工街道	210106013000
兴华街道	210106015000
贵和街道	210106017000
兴工街道	210106018000
霁虹街道	210106019000
凌空街道	210106020000
重工街道	210106023000
西三环街道	210106024000
翟家街道	210106025000
大青中朝友谊街道	210106026000
大潘街道	210106027000
高花街道	210106028000
彰驿站街道	210106029000
苏家屯区(17街道)	**210111000000**
解放街道	210111001000
民主街道	210111003000
临湖街道	210111004000
中兴街道	210111005000
湖西街道	210111006000
八一街道	210111007000
红菱街道	210111008000
林盛街道	210111009000
沙河街道	210111010000
十里河街道	210111011000
陈相街道	210111012000
姚千街道	210111013000
王纲街道	210111014000
永乐街道	210111015000
大沟街道	210111016000
白清街道	210111017000
佟沟街道	210111018000
东陵区(14街道)	**210112000000**
桃仙街道	210112005000
深井子街道	210112006000
祝家街道	210112007000
白塔街道	210112008000
英达街道	210112009000
李相街道	210112010000
五三街道	210112014000
浑河站东街道	210112015000
东湖街道	210112016000
高坎街道	210112017000
满堂街道	210112018000
王滨街道	210112019000
营城子街道	210112020000
汪家街道	210112021000
沈北新区(14街道)	**210113000000**
新城子街道	210113001000
清水台街道	210113002000
道义街道	210113003000
辉山街道	210113004000
虎石台街道	210113005000
财落街道	210113006000
望滨街道	210113007000
兴隆台街道	210113008000
清泉街道	210113009000
沈北街道	210113010000
黄家街道	210113011000
石佛寺街道	210113012000
尹家街道	210113013000
马刚街道	210113014000
于洪区(12街道)	**210114000000**
迎宾路街道	210114001000
陵西街道	210114003000
城东湖街道	210114004000
平罗街道	210114005000
马三家街道	210114006000
沙岭街道	210114007000
造化街道	210114008000
于洪街道	210114009000
北陵街道	210114011000
大兴街道	210114012000
南阳湖街道	210114013000
光辉街道	210114014000
辽中县(2街道，18镇)	**210122000000**
蒲西街道	210122001000
蒲东街道	210122002000
于家房镇	210122101000
朱家房镇	210122102000
冷子堡镇	210122103000
刘二堡镇	210122104000
茨榆坨镇	210122105000
满都户镇	210122107000
杨士岗镇	210122108000
肖寨门镇	210122109000
六间房镇	210122110000
养士堡镇	210122111000
潘家堡镇	210122112000
城郊镇	210122114000
老大房镇	210122118000
大黑岗子镇	210122119000
牛心坨镇	210122120000
四方台镇	210122121000
长滩镇	210122122000
新民屯镇	210122123000

续表 1

行政区划名称	行政区划代码
康平县(3街道，5镇，7乡)	**210123000000**
北三家子街道	210123001000
胜利街道	210123002000
东关街道	210123003000
小城子镇	210123101000
张强镇	210123102000
方家屯镇	210123103000
郝官屯镇	210123105000
二牛所口镇	210123106000
北四家子乡	210123203000
两家子乡	210123204000
海洲窝堡乡	210123206000
沙金台蒙古族满族乡	210123208000
柳树屯蒙古族满族乡	210123209000
西关屯蒙古族满族乡	210123210000
东升满族蒙古族乡	210123211000
法库县(14镇，5乡)	**210124000000**
法库镇	210124100000
大孤家子镇	210124101000
三面船镇	210124102000
秀水河子镇	210124103000
叶茂台镇	210124104000
登仕堡子镇	210124105000
柏家沟镇	210124106000
丁家房镇	210124107000
孟家镇	210124108000
十间房镇	210124109000
冯贝堡镇	210124120000
依牛堡子镇	210124121000
五台子镇	210124122000
包家屯镇	210124123000
慈恩寺乡	210124201000
和平乡	210124203000
四家子蒙古族乡	210124208000
双台子乡	210124209000
卧牛石乡	210124210000
新民市(5街道，18镇，6乡)	**210181000000**
东城街道	210181001000
辽滨街道	210181002000
西城街道	210181003000
新柳街道	210181004000
新城街道	210181005000
大红旗镇	210181101000
梁山镇	210181102000
公主屯镇	210181103000
兴隆镇	210181104000
前当堡镇	210181105000
大民屯镇	210181106000
大柳屯镇	210181107000
兴隆堡镇	210181108000
胡台镇	210181109000
法哈牛镇	210181110000
柳河沟镇	210181111000
高台子镇	210181112000
罗家房镇	210181113000
三道岗子镇	210181114000
周坨子镇	210181115000
东蛇山子镇	210181116000
陶家屯镇	210181117000
张家屯镇	210181118000
金五台子乡	210181204000
红旗乡	210181205000
卢家屯乡	210181206000
姚堡乡	210181207000
于家窝堡乡	210181209000
新农村乡	210181210000
大连市(106街道，35镇，20乡)	**210200000000**
中山区(8街道)	**210202000000**
昆明街道	210202009000
葵英街道	210202010000
桃源街道	210202011000
老虎滩街道	210202012000
海军广场街道	210202014000
桂林街道	210202015000
人民路街道	210202016000
青泥洼桥街道	210202017000
西岗区(7街道)	**210203000000**
香炉礁街道	210203001000
日新街道	210203004000
北京街道	210203005000
八一路街道	210203010000
白云街道	210203013000
人民广场街道	210203014000
站北街道	210203015000
沙河口区(9街道)	**210204000000**
中山公园街道	210204002000
白山路街道	210204004000
兴工街道	210204005000
春柳街道	210204006000
马栏街道	210204008000
南沙河口街道	210204009000
黑石礁街道	210204010000
李家街道	210204011000
星海湾街道	210204017000
甘井子区(15街道)	**210211000000**
周水子街道	210211001000
甘井子街道	210211004000
南关岭街道	210211006000
泡崖街道	210211007000
兴华街道	210211009000
机场街道	210211010000
辛寨子街道	210211014000
红旗街道	210211015000
大连湾街道	210211017000
椒金山街道	210211018000
泉水街道	210211019000
中华路街道	210211020000
营城子街道	210211021000
革镇堡街道	210211022000
凌水街道	210292016000
旅顺口区(13街道)	**210212000000**
登峰街道	210212001000
市场街道	210212002000
得胜街道	210212003000
光荣街道	210212004000
水师营街道	210212005000
铁山街道	210212006000
双岛湾街道	210212007000
三涧堡街道	210212008000
长城街道	210212009000
龙头街道	210212010000
北海街道	210212011000
江西街道	210212013000
龙王塘街道	210292006000
金州区(23街道)	**210213000000**
拥政街道	210213001000
友谊街道	210213002000
光明街道	210213003000
中长街道	210213007000
站前街道	210213008000
先进街道	210213009000
华家街道	210213010000
登沙河街道	210213014000
杏树街道	210213015000
大魏家街道	210213017000
向应街道	210213018000
七顶山街道	210213019000
马桥子街道	210213020000
海青岛街道	210213021000
大孤山街道	210213022000
湾里街道	210213023000
董家沟街道	210213024000
金石滩街道	210213025000
大窑湾街道	210213026000
得胜街道	210213027000
大李家街道	210213028000
二十里堡街道	210295001000
亮甲店街道	210295002000
长海县(2镇，3乡)	**210224000000**
大长山岛镇	210224100000
獐子岛镇	210224101000
小长山乡	210224201000
广鹿乡	210224202000
海洋乡	210224203000
瓦房店市(11街道，13镇，8乡)	**210281000000**
新华街道	210281001000
文兰街道	210281002000
岭东街道	210281003000
共济街道	210281004000
铁东街道	210281005000
祝华街道	210281006000
岗店街道	210281007000
九龙街道	210281008000

续表 2

行政区划名称	行政区划代码
太阳街道	210281009000
复州城镇	210281101000
松树镇	210281103000
得利寺镇	210281105000
万家岭镇	210281106000
许屯镇	210281107000
永宁镇	210281108000
谢屯镇	210281109000
老虎屯镇	210281112000
红沿河镇	210281113000
李官镇	210281115000
仙浴湾镇	210281116000
瓦窝镇	210281117000
元台镇	210281118000
赵屯乡	210281201000
土城乡	210281203000
阎店乡	210281204000
西杨乡	210281205000
驼山乡	210281206000
三台满族乡	210281208000
泡崖乡	210281210000
杨家满族乡	210281212000
长兴岛街道	210293001000
交流岛街道	210293002000
普兰店市(15街道，5镇，3乡)	**210282000000**
丰荣街道	210282001000
铁西街道	210282002000
太平街道	210282003000
南山街道	210282004000
三十里堡街道	210282005000
石河街道	210282006000
大刘家街道	210282007000
杨树房街道	210282008000
皮口街道	210282010000
城子坦街道	210282011000
唐家房街道	210282012000
大谭街道	210282013000
莲山街道	210282014000
炮台街道	210282015000
复州湾街道	210282016000
双塔镇	210282106000
安波镇	210282107000
四平镇	210282108000
沙包镇	210282109000
星台镇	210282117000
墨盘乡	210282206000
乐甲满族乡	210282207000
同益乡	210282208000
庄河市(5街道，15镇，6乡)	**210283000000**
城关街道	210283001000
新华街道	210283002000
兴达街道	210283003000
昌盛街道	210283004000
青堆镇	210283101000
徐岭镇	210283102000
黑岛镇	210283104000
栗子房镇	210283105000
大营镇	210283107000
塔岭镇	210283108000
仙人洞镇	210283109000
蓉花山镇	210283110000
长岭镇	210283111000
荷花山镇	210283112000
城山镇	210283113000
光明山镇	210283114000
大郑镇	210283115000
王家镇	210283116000
吴炉镇	210283118000
鞍子山乡	210283204000
太平岭满族乡	210283208000
步云山乡	210283209000
桂云花满族乡	210283211000
兰店乡	210283214000
石城乡	210283216000
明阳街道	210294001000
鞍山市(47街道，60镇，3乡)	**210300000000**
铁东区(15街道，2镇)	**210302000000**
长甸街道	210302001000
解放街道	210302002000
山南街道	210302003000
园林街道	210302004000
胜利街道	210302005000
站前街道	210302006000
钢城街道	210302007000
和平街道	210302008000
对炉街道	210302009000
东长甸街道	210302010000
湖南街道	210302011000
常青街道	210302012000
新兴街道	210302013000
旧堡街道	210302014000
大孤山街道	210302015000
千山镇	210302100000
大孤山镇	210302101000
铁西区(12街道，2镇)	**210303000000**
启明街道	210303001000
繁荣街道	210303002000
八家子街道	210303003000
兴盛街道	210303004000
共和街道	210303005000
永乐街道	210303006000
北陶官街道	210303007000
南华街道	210303008000
大陆街道	210303009000
新陶官街道	210303010000
新城街道	210303011000
永发街道	210303012000
宁远镇	210303100000
达道湾镇	210303101000
立山区(10街道，2镇)	**210304000000**
友好街道	210304001000
双山街道	210304004000
立山街道	210304006000
曙光街道	210304008000
灵山街道	210304009000
深南街道	210304013000
深北街道	210304014000
沙河街道	210304015000
滨河街道	210304016000
汪峪街道	210304017000
沙河镇	210304100000
齐大山镇	210304101000
千山区(5镇)	**210311000000**
东鞍山镇	210311101000
唐家房镇	210311102000
汤岗子镇	210311110000
甘泉镇	210311111000
大屯镇	210311112000
台安县(1街道，10镇)	**210321000000**
八角台街道	210321001000
西佛镇	210321101000
新开河镇	210321102000
黄沙坨镇	210321103000
高力房镇	210321104000
桑林镇	210321105000
富家镇	210321106000
达牛镇	210321107000
韭菜台镇	210321109000
新台镇	210321110000
桓洞镇	210321111000
岫岩满族自治县(5街道，18镇，3乡)	**210323000000**
阜昌街道	210323001000
大宁街道	210323002000
雅河街道	210323003000
兴隆街道	210323004000
仙人咀街道	210323005000
三家子镇	210323101000
石庙子镇	210323102000
黄花甸镇	210323103000
大营子镇	210323104000
苏子沟镇	210323105000
偏岭镇	210323106000
哈达碑镇	210323107000
新甸镇	210323108000
洋河镇	210323109000
杨家堡镇	210323111000
清凉山镇	210323112000
石灰窑镇	210323113000
前营镇	210323114000
龙潭镇	210323115000
牧牛镇	210323116000
药山镇	210323117000
大房身镇	210323118000
朝阳镇	210323119000
红旗营子乡	210323206000
岭沟乡	210323211000
哨子河乡	210323212000

续表 3

行政区划名称	行政区划代码
海城市(4街道，21镇)	**210381000000**
海州街道	210381001000
兴海街道	210381002000
响堂街道	210381003000
东四街道	210381004000
孤山镇	210381101000
岔沟镇	210381102000
接文镇	210381103000
析木镇	210381104000
马风镇	210381105000
牌楼镇	210381107000
八里镇	210381108000
毛祁镇	210381109000
英落镇	210381110000
感王镇	210381111000
西柳镇	210381112000
中小镇	210381113000
王石镇	210381114000
南台镇	210381115000
腾鳌镇	210381118000
耿庄镇	210381121000
牛庄镇	210381123000
西四镇	210381124000
望台镇	210381125000
温香镇	210381126000
高坨镇	210381127000
抚顺市(36街道，24镇，23乡)	**210400000000**
新抚区(10街道，1乡)	**210402000000**
站前街道	210402001000
东公园街道	210402003000
福民街道	210402005000
新抚街道	210402007000
榆林街道	210402009000
永安台街道	210402011000
千金街道	210402015000
南阳街道	210402017000
南花园街道	210402018000
刘山街道	210402019000
千金乡	210402200000
东洲区(9街道，2镇，2乡)	**210403000000**
东洲街道	210403002000
张甸街道	210403003000
搭连街道	210403004000
龙凤街道	210403005000
新屯街道	210403006000
万新街道	210403007000
老虎台街道	210403008000
平山街道	210403009000
章党街道	210403012000
章党镇	210403100000
哈达镇	210403101000
碾盘乡	210403202000
兰山乡	210403203000
望花区(11街道，1镇，1乡)	**210404000000**
田屯街道	210404001000
工农街道	210404002000
建设街道	210404003000
和平街道	210404004000
光明街道	210404005000
朴屯街道	210404006000
演武街道	210404007000
五老屯街道	210404008000
古城子街道	210404009000
新民街道	210404010000
李石街道	210404011000
塔峪镇	210404101000
拉古满族乡	210404200000
顺城区(6街道，1镇，2乡)	**210411000000**
河东街道	210411001000
长春街道	210411002000
葛布街道	210411003000
将军堡街道	210411004000
新华街道	210411005000
抚顺城街道	210411007000
前甸镇	210411102000
河北乡	210411201000
会元乡	210411205000
抚顺县(2镇，6乡)	**210421000000**
石文镇	210421101000
后安镇	210421102000
马圈子乡	210421204000
上马乡	210421205000
救兵乡	210421207000
峡河乡	210421209000
海浪乡	210421211000
汤图满族乡	210421216000
新宾满族自治县(9镇，6乡)	**210422000000**
新宾镇	210422100000
旺清门镇	210422101000
永陵镇	210422102000
平顶山镇	210422103000
大四平镇	210422104000
苇子峪镇	210422105000
木奇镇	210422106000
上夹河镇	210422108000
南杂木镇	210422109000
红升乡	210422202000
响水河子乡	210422203000
红庙子乡	210422204000
北四平乡	210422205000
榆树乡	210422207000
下夹河乡	210422208000
清原满族自治县(9镇，5乡)	**210423000000**
清原镇	210423100000
红透山镇	210423101000
草市镇	210423103000
英额门镇	210423104000
南口前镇	210423105000
南山城镇	210423106000
湾甸子镇	210423107000
大孤家镇	210423108000
夏家堡镇	210423109000
土口子乡	210423203000
北三家乡	210423204000
敖家堡乡	210423206000
大苏河乡	210423207000
枸乃甸乡	210423208000
本溪市(35街道，18镇，5乡)	**210500000000**
平山区(9街道)	**210502000000**
南地街道	210502001000
工人街道	210502002000
平山街道	210502003000
东明街道	210502004000
崔东街道	210502005000
站前街道	210502007000
千金街道	210502008000
北台街道	210502010000
桥头街道	210502011000
溪湖区(10街道)	**210503000000**
河东街道	210503001000
河西街道	210503003000
彩屯街道	210503005000
竖井街道	210503006000
彩北街道	210503007000
东风街道	210503009000
石桥子街道	210503010000
张其寨街道	210503011000
日月岛街道	210503012000
火连寨街道	210503013000
明山区(9街道)	**210504000000**
金山街道	210504001000
北地街道	210504002000
高峪街道	210504004000
明山街道	210504005000
东兴街道	210504007000
新明街道	210504008000
牛心台街道	210504009000
卧龙街道	210504010000
高台子街道	210504011000
南芬区(5街道)	**210505000000**
南芬街道	210505001000
铁山街道	210505002000
郭家街道	210505003000
思山岭街道	210505004000
下马塘街道	210505005000
本溪满族自治县(1街道，10镇，1乡)	**210521000000**
观音阁街道	210521003000
小市镇	210521100000
草河掌镇	210521101000
草河城镇	210521102000
草河口镇	210521103000
连山关镇	210521104000

续表 4

行政区划名称	行政区划代码
清河城镇	210521106000
田师傅镇	210521109000
南甸子镇	210521110000
碱厂镇	210521111000
高官镇	210521112000
东营坊乡	210521202000
桓仁满族自治县(1街道，8镇，4乡)	**210522000000**
八卦城街道	210522001000
桓仁镇	210522100000
普乐堡镇	210522101000
二棚甸子镇	210522102000
沙尖子镇	210522103000
五里甸子镇	210522104000
八里甸子镇	210522108000
华来镇	210522110000
古城镇	210522111000
雅河朝鲜族乡	210522201000
向阳乡	210522202000
黑沟乡	210522206000
北甸子乡	210522208000
丹东市(26街道，59镇，5乡)	**210600000000**
元宝区(6街道，1镇)	**210602000000**
六道口街道	210602001000
七道街道	210602002000
八道街道	210602003000
九道街道	210602004000
广济街道	210602005000
兴东街道	210602006000
金山镇	210602101000
振兴区(10街道，2镇)	**210603000000**
头道街道	210603001000
站前街道	210603002000
临江街道	210603003000
六道沟街道	210603004000
帽盔山街道	210603005000
纤维街道	210603006000
永昌街道	210603007000
花园街道	210603008000
江海街道	210603009000
西城街道	210603010000
浪头镇	210603101000
安民镇	210603102000
振安区(4街道，5镇)	**210604000000**
鸭绿江街道	210604001000
金矿街道	210604003000
珍珠街道	210604004000
太平湾街道	210604005000
同兴镇	210604102000
五龙背镇	210604104000
楼房镇	210604105000
九连城镇	210604106000
汤山城镇	210604107000
宽甸满族自治县(19镇，3乡)	**210624000000**
宽甸镇	210624100000
灌水镇	210624101000
硼海镇	210624102000
红石镇	210624103000
毛甸子镇	210624104000
长甸镇	210624105000
永甸镇	210624106000
太平哨镇	210624108000
青山沟镇	210624109000
牛毛坞镇	210624110000
大川头镇	210624111000
青椅山镇	210624112000
杨木川镇	210624113000
虎山镇	210624114000
振江镇	210624115000
步达远镇	210624116000
大西岔镇	210624117000
八河川镇	210624118000
双山子镇	210624119000
石湖沟乡	210624201000
下露河朝鲜族乡	210624202000
古楼子乡	210624206000
东港市(3街道，15镇，1乡)	**210681000000**
大东街道	210681001000
新兴街道	210681002000
新城街道	210681003000
孤山镇	210681101000
前阳镇	210681104000
长安镇	210681105000
十字街镇	210681106000
长山镇	210681107000
北井子镇	210681108000
椅圈镇	210681109000
黄土坎镇	210681110000
马家店镇	210681113000
龙王庙镇	210681114000
小甸子镇	210681115000
菩萨庙镇	210681117000
黑沟镇	210681118000
新农镇	210681119000
汤池镇	210681120000
合隆满族乡	210681204000
凤城市(3街道，17镇，1乡)	**210682000000**
凤凰城街道	210682001000
凤山街道	210682002000
草河街道	210682003000
宝山镇	210682101000
白旗镇	210682102000
沙里寨镇	210682103000
红旗镇	210682104000
蓝旗镇	210682105000
边门镇	210682107000
东汤镇	210682110000
石城镇	210682111000
大兴镇	210682112000
艾阳镇	210682113000
赛马镇	210682114000
弟兄山镇	210682115000
鸡冠山镇	210682116000
刘家河镇	210682117000
通远堡镇	210682118000
四门子镇	210682119000
青城子镇	210682120000
大堡蒙古族乡	210682201000
锦州市(35街道，53镇，28乡)	**210700000000**
古塔区(9街道，1乡)	**210702000000**
天安街道	210702001000
石油街道	210702002000
北街街道	210702003000
敬业街道	210702004000
保安街道	210702005000
南街街道	210702006000
饶阳街道	210702007000
站前街道	210702008000
士英街道	210702009000
钟屯乡	210702203000
凌河区(11街道)	**210703000000**
正大街道	210703001000
石桥子街道	210703002000
龙江街道	210703003000
榴花街道	210703004000
铁新街道	210703005000
凌安街道	210703006000
菊园街道	210703007000
康宁街道	210703008000
锦铁街道	210703009000
马家街道	210703010000
紫荆街道	210703011000
太和区(10街道，2镇，3乡)	**210711000000**
太和街道	210711001000
兴隆街道	210711002000
汤河子街道	210711003000
凌西街道	210711004000
大薛街道	210711008000
女儿河乡	210711202000
营盘乡	210711204000
新民乡	210711205000
王家街道	210791001000
天桥街道	210791002000
杏山街道	210791003000
凌南街道	210792001000
南山街道	210792002000
松山镇	210792101000
娘娘宫镇	210793101000
黑山县(17镇，5乡)	**210726000000**
黑山镇	210726100000
芳山镇	210726101000
白厂门镇	210726102000
常兴镇	210726103000
姜屯镇	210726104000
励家镇	210726105000
绕阳河镇	210726106000

续表 5

行政区划名称	行政区划代码
半拉门镇	210726107000
无梁殿镇	210726108000
胡家镇	210726109000
新立屯镇	210726110000
八道壕镇	210726111000
大虎山镇	210726112000
四家子镇	210726113000
新兴镇	210726114000
小东镇	210726115000
太和镇	210726116000
英城子乡	210726201000
镇安满族乡	210726208000
段家乡	210726209000
大兴乡	210726210000
薛屯乡	210726212000
义县(10镇，8乡)	**210727000000**
义州镇	210727100000
刘龙台镇	210727101000
七里河镇	210727102000
大榆树堡镇	210727103000
稍户营子镇	210727104000
九道岭镇	210727105000
高台子镇	210727106000
瓦子峪镇	210727108000
头台镇	210727109000
张家堡镇	210727110000
城关满族乡	210727201000
头道河满族乡	210727202000
地藏寺满族乡	210727203000
留龙沟满族乡	210727204000
大定堡满族乡	210727205000
前杨乡	210727206000
白庙子乡	210727207000
聚粮屯满族乡	210727208000
凌海市(2街道，13镇，5乡)	**210781000000**
大凌河街道	210781001000
金城街道	210781002000
石山镇	210781101000
余积镇	210781102000
双羊镇	210781103000
班吉塔镇	210781104000
沈家台镇	210781105000
三台子镇	210781106000
右卫镇	210781107000
阎家镇	210781108000
新庄子镇	210781109000
翠岩镇	210781112000
安屯镇	210781113000
大业镇	210781114000
八千镇	210781115000
建业乡	210781205000
温滴楼满族乡	210781210000
板石沟乡	210781212000
白台子乡	210781214000
谢屯乡	210781217000
北镇市(3街道，11镇，6乡)	**210782000000**
北镇街道	210782004000
观音阁街道	210782005000
广宁街道	210782006000
大市镇	210782101000
罗罗堡镇	210782102000
常兴店镇	210782103000
正安镇	210782104000
闾阳镇	210782105000
中安镇	210782106000
廖屯镇	210782107000
赵屯镇	210782109000
青堆子镇	210782110000
高山子镇	210782111000
沟帮子镇	210782112000
富屯乡	210782201000
鲍家乡	210782203000
大屯乡	210782206000
吴家乡	210782208000
柳家乡	210782209000
辽城乡	210782211000
营口市(34街道，35镇，3乡)	**210800000000**
站前区(7街道)	**210802000000**
八田地街道	210802001000
建丰街道	210802002000
建设街道	210802003000
跃进街道	210802004000
东风街道	210802005000
新兴街道	210802006000
新建街道	210802007000
西市区(8街道)	**210803000000**
胜利街道	210803001000
清华街道	210803002000
得胜街道	210803004000
五台子街道	210803005000
渔市街道	210803006000
河北街道	210803007000
滨海街道	210803008000
沿海街道	210803009000
鲅鱼圈区(4街道，3镇)	**210804000000**
红海街道	210804001000
海星街道	210804002000
望海街道	210804003000
海东街道	210804004000
熊岳镇	210804100000
芦屯镇	210804102000
红旗镇	210804103000
老边区(2街道，3镇)	**210811000000**
老边街道	210811001000
城东街道	210811002000
路南镇	210811101000
柳树镇	210811102000
边城镇	210811103000
盖州市(8街道，16镇，3乡)	**210881000000**
鼓楼街道	210881001000
西城街道	210881002000
东城街道	210881003000
太阳升街道	210881004000
团山街道	210881005000
西海街道	210881006000
九垅地街道	210881007000
归州街道	210881008000
高屯镇	210881102000
沙岗镇	210881105000
九寨镇	210881109000
万福镇	210881110000
卧龙泉镇	210881111000
青石岭镇	210881112000
暖泉镇	210881113000
榜式堡镇	210881116000
团甸镇	210881117000
双台镇	210881118000
杨运镇	210881119000
徐屯镇	210881120000
什字街镇	210881121000
矿洞沟镇	210881122000
陈屯镇	210881123000
梁屯镇	210881124000
小石棚乡	210881216000
果园乡	210881217000
二台乡	210881218000
大石桥市(5街道，13镇)	**210882000000**
石桥街道	210882001000
青花街道	210882002000
金桥街道	210882003000
钢都街道	210882004000
南楼街道	210882005000
水源镇	210882101000
沟沿镇	210882102000
石佛镇	210882103000
高坎镇	210882104000
旗口镇	210882105000
虎庄镇	210882106000
官屯镇	210882107000
博洛铺镇	210882112000
永安镇	210882113000
汤池镇	210882114000
建一镇	210882115000
黄土岭镇	210882116000
周家镇	210882117000
阜新市(30街道，49镇，16乡)	**210900000000**
海州区(10街道，1镇)	**210902000000**
新兴街道	210902002000
和平街道	210902003000
西山街道	210902004000
河北街道	210902005000
站前街道	210902006000

续表 6

行政区划名称	行政区划代码
西阜新街道	210902007000
五龙街道	210902008000
平安西部街道	210902009000
工人村街道	210902010000
东梁街道	210902011000
韩家店镇	210902101000
新邱区(4街道，1镇)	**210903000000**
兴隆街道	210903001000
中兴街道	210903002000
益民街道	210903003000
新发街道	210903004000
长营子镇	210903101000
太平区(5街道，1镇)	**210904000000**
红树街道	210904001000
煤海街道	210904002000
高德街道	210904003000
孙家湾街道	210904004000
城南街道	210904005000
水泉镇	210904101000
清河门区(4街道，2镇)	**210905000000**
清河街道	210905001000
六台街道	210905002000
艾友街道	210905003000
新北街道	210905004000
河西镇	210905101000
乌龙坝镇	210905102000
细河区(6街道，1镇)	**210911000000**
西苑街道	210911001000
北苑街道	210911002000
东苑街道	210911003000
学苑街道	210911004000
中苑街道	210911005000
华东街道	210911006000
四合镇	210911102000
阜新蒙古族自治县(1街道，31镇，4乡)	**210921000000**
城区街道	210921001000
阜新镇	210921100000
东梁镇	210921102000
佛寺镇	210921103000
伊吗图镇	210921104000
旧庙镇	210921105000
务欢池镇	210921106000
建设镇	210921107000
大巴镇	210921108000
泡子镇	210921109000
十家子镇	210921110000
王府镇	210921111000
于寺镇	210921112000
富荣镇	210921113000
新民镇	210921114000
福兴地镇	210921115000
平安地镇	210921116000
沙拉镇	210921117000
大固本镇	210921118000
大五家子镇	210921119000
大板镇	210921120000
招束沟镇	210921121000
八家子镇	210921122000
扎兰营子镇	210921123000
塔营子镇	210921124000
红帽子镇	210921125000
蜘蛛山镇	210921126000
七家子镇	210921127000
紫都台镇	210921128000
化石戈镇	210921129000
哈达户稍镇	210921130000
老河土镇	210921131000
卧凤沟乡	210921203000
苍土乡	210921211000
太平乡	210921220000
国华乡	210921222000
彰武县(12镇，12乡)	**210922000000**
彰武镇	210922100000
哈尔套镇	210922101000
章古台镇	210922102000
五峰镇	210922103000
冯家镇	210922104000
后新秋镇	210922105000
东六家子镇	210922106000
阿尔乡镇	210922107000
前福兴地镇	210922108000
双庙镇	210922109000
大四家子镇	210922110000
苇子沟镇	210922111000
二道河子蒙古族乡	210922202000
西六家子蒙古族满族乡	210922203000
两家子乡	210922204000
平安乡	210922206000
满堂红乡	210922207000
四堡子乡	210922208000
丰田乡	210922209000
大德乡	210922210000
大冷蒙古族乡	210922211000
兴隆堡乡	210922213000
兴隆山乡	210922214000
四合城乡	210922216000
辽阳市(25街道，30镇，6乡)	**211000000000**
白塔区(11街道)	**211002000000**
星火街道	211002001000
胜利街道	211002002000
跃进街道	211002003000
卫国路街道	211002005000
站前街道	211002006000
东兴街道	211002010000
新华街道	211002011000
武圣街道	211002012000
文圣街道	211002013000
南门街道	211002014000
襄平街道	211002015000
文圣区(2街道，2镇)	**211003000000**
庆阳街道	211003004000
东京陵街道	211003008000
罗大台镇	211003100000
小屯镇	211003101000
宏伟区(4街道，2镇)	**211004000000**
工农街道	211004001000
光华街道	211004002000
新村街道	211004003000
长征街道	211004004000
曙光镇	211004101000
兰家镇	211004102000
弓长岭区(3街道，1镇，1乡)	**211005000000**
苏家街道	211005001000
团山街道	211005002000
安平街道	211005003000
汤河镇	211005101000
安平乡	211005201000
太子河区(2街道，3镇，1乡)	**211011000000**
望水台街道	211011002000
铁西街道	211011003000
祁家镇	211011101000
王家镇	211011102000
沙岭镇	211021105000
东宁卫乡	211011204000
辽阳县(12镇，3乡)	**211021000000**
首山镇	211021100000
刘二堡镇	211021101000
小北河镇	211021103000
黄泥洼镇	211021104000
唐马寨镇	211021106000
穆家镇	211021107000
柳壕镇	211021108000
河栏镇	211021110000
隆昌镇	211021111000
八会镇	211021112000
寒岭镇	211021113000
兴隆镇	211021115000
下达河乡	211021201000
吉洞峪满族乡	211021202000
甜水满族乡	211021206000
灯塔市(3街道，10镇，1乡)	**211081000000**
烟台街道	211081001000
万宝桥街道	211081002000
古城街道	211081003000
佟二堡镇	211081101000
铧子镇	211081102000
张台子镇	211081103000
西大窑镇	211081104000
沈旦堡镇	211081105000
西马峰镇	211081106000
柳条寨镇	211081107000
柳河子镇	211081108000

续表 7

行政区划名称	行政区划代码
大河南镇	211081111000
五星镇	211081114000
鸡冠山乡	211081205000
盘锦市(28街道，27镇，1乡)	**211100000000**
双台子区(9街道，1乡)	**211102000000**
东风街道	211102001000
胜利街道	211102002000
建设街道	211102003000
红旗街道	211102004000
辽河街道	211102005000
石油街道	211102006000
化工街道	211102007000
铁东街道	211102008000
双盛街道	211102009000
陆家乡	211102200000
兴隆台区(19街道)	**211103000000**
振兴街道	211103001000
兴隆街道	211103002000
渤海街道	211103003000
新工街道	211103004000
于楼街道	211103005000
友谊街道	211103006000
曙光街道	211103007000
欢喜街道	211103008000
平安街道	211103009000
新生街道	211103010000
红村街道	211103011000
高升街道	211103012000
沈采街道	211103013000
锦采街道	211103014000
茨采街道	211103015000
创新街道	211103016000
兴盛街道	211103017000
兴海街道	211103018000
东郭街道	211192001000
大洼县(15镇)	**211121000000**
大洼镇	211121100000
田庄台镇	211121101000
榆树镇	211121102000
东风镇	211121103000
新开镇	211121104000
田家镇	211121105000
清水镇	211121106000
新兴镇	211121107000
西安镇	211121108000
新立镇	211121109000
王家镇	211121111000
唐家镇	211121112000
平安镇	211121113000
赵圈河镇	211121114000
荣兴镇	211191100000
盘山县(12镇)	**211122000000**
沙岭镇	211122101000
高升镇	211122102000
胡家镇	211122103000
古城子镇	211122107000
坝墙子镇	211122108000
太平镇	211122109000
陈家镇	211122110000
甜水镇	211122111000
吴家镇	211122112000
得胜镇	211122113000
石新镇	211192100000
羊圈子镇	211192101000
铁岭市(14街道，68镇，21乡	**211200000000**
银州区(7街道，1乡)	**211202000000**
红旗街道	211202001000
工人街道	211202002000
铁西街道	211202003000
铜钟街道	211202004000
柴河街道	211202005000
岭东街道	211202006000
辽海街道	211202007000
龙山乡	211202201000
清河区(2街道，2镇，1乡)	**211204000000**
红旗街道	211204001000
向阳街道	211204002000
张相镇	211204101000
杨木林子镇	211204102000
聂家满族乡	211204203000
铁岭县(11镇，3乡)	**211221000000**
新台子镇	211221101000
阿吉镇	211221102000
平顶堡镇	211221103000
大甸子镇	211221104000
凡河镇	211221105000
腰堡镇	211221106000
镇西堡镇	211221107000
蔡牛镇	211221108000
李千户镇	211221109000
熊官屯镇	211221111000
横道河子镇	211221112000
双井子乡	211221203000
鸡冠山乡	211221208000
白旗寨满族乡	211221209000
西丰县(9镇，9乡)	**211223000000**
西丰镇	211223100000
平岗镇	211223101000
郜家店镇	211223102000
凉泉镇	211223103000
振兴镇	211223104000
安民镇	211223105000
天德镇	211223106000
房木镇	211223107000
柏榆镇	211223109000
陶然乡	211223201000
德兴满族乡	211223204000
钓鱼乡	211223205000
明德满族乡	211223206000
成平满族乡	211223209000
和隆满族乡	211223211000
营厂满族乡	211223212000
金星满族乡	211223213000
更刻乡	211223214000
昌图县(30镇，3乡)	**211224000000**
昌图镇	211224100000
老城镇	211224101000
八面城镇	211224102000
三江口镇	211224103000
金家镇	211224104000
宝力镇	211224105000
泉头镇	211224106000
双庙子镇	211224107000
亮中桥镇	211224108000
马仲河镇	211224109000
毛家店镇	211224110000
老四平镇	211224111000
大洼镇	211224112000
头道镇	211224113000
鴜鹭树镇	211224114000
傅家镇	211224115000
四合镇	211224117000
朝阳镇	211224118000
古榆树镇	211224119000
七家子镇	211224120000
东嘎镇	211224121000
四面城镇	211224122000
前双井镇	211224123000
通江口镇	211224124000
大四家子镇	211224125000
曲家店镇	211224126000
平安堡镇	211224130000
下二台镇	211224131000
太平镇	211224132000
十八家子镇	211224133000
大兴乡	211224204000
后窑乡	211224209000
长发乡	211224211000
调兵山市(2街道，3镇)	**211281000000**
兀术街道	211281001000
调兵山街道	211281002000
晓明镇	211281102000
大明镇	211281103000
晓南镇	211281105000
开原市(3街道，13镇，4乡)	**211282000000**
新城街道	211282001000
老城街道	211282002000
兴开街道	211282003000
威远堡镇	211282102000
庆云堡镇	211282103000
中固镇	211282104000

续表 8

行政区划名称	行政区划代码
八棵树镇	211282105000
金沟子镇	211282106000
八宝镇	211282107000
业民镇	211282108000
莲花镇	211282109000
靠山镇	211282110000
下肥镇	211282111000
松山镇	211282112000
李家台镇	211282113000
马家寨镇	211282114000
城东乡	211282201000
上肥地满族乡	211282210000
黄旗寨满族乡	211282212000
林丰满族乡	211282217000
朝阳市（37街道，68镇，63乡）	**211300000000**
双塔区（11街道，3镇，1乡）	**211302000000**
南塔街道	211302001000
北塔街道	211302002000
前进街道	211302003000
凌河街道	211302004000
光明街道	211302005000
凌凤街道	211302006000
龙山街道	211302007000
站南街道	211302008000
红旗街道	211302009000
燕北街道	211302010000
燕都街道	211302011000
桃花吐镇	211302111000
他拉皋镇	211302113000
孙家湾镇	211302114000
长宝营子乡	211302212000
龙城区（6街道，6镇）	**211303000000**
向阳街道	211303001000
半拉山街道	211303002000
马山街道	211303003000
新华街道	211303004000
海龙街道	211303006000
龙泉街道	211303007000
七道泉子镇	211303101000
西大营子镇	211303102000
召都巴镇	211303103000
大平房镇	211303104000
联合镇	211303105000
边杖子镇	211303106000
朝阳县（9镇，18乡）	**211321000000**
波罗赤镇	211321102000
木头城子镇	211321103000
二十家子镇	211321104000
羊山镇	211321105000
六家子镇	211321106000
瓦房子镇	211321107000
大庙镇	211321108000
柳城镇	211321109000
古山子镇	211321110000
南双庙乡	211321204000
西五家子乡	211321211000
北沟门子乡	211321212000
杨树湾乡	211321213000
东大道乡	211321214000
乌兰河硕蒙古族乡	211321215000
台子乡	211321216000
胜利乡	211321218000
东大屯乡	211321220000
松岭门蒙古族乡	211321221000
根德营子乡	211321222000
西营子乡	211321224000
七道岭乡	211321225000
北四家子乡	211321228000
王营子乡	211321230000
黑牛营子乡	211321231000
尚志乡	211321232000
长在营子乡	211321233000
建平县（5街道，16镇，8乡）	**211322000000**
叶柏寿街道	211322001000
红山街道	211322002000
铁南街道	211322003000
万寿街道	211322004000
富山街道	211322005000
朱碌科镇	211322101000
建平镇	211322102000
黑水镇	211322103000
喀喇沁镇	211322104000
北二十家子镇	211322105000
沙海镇	211322106000
哈拉道口镇	211322108000
榆树林子镇	211322109000
老官地镇	211322110000
深井镇	211322111000
奎德素镇	211322112000
小塘镇	211322113000
马场镇	211322114000
昌隆镇	211322115000
张家营子镇	211322117000
青峰山镇	211322118000
青松岭乡	211322205000
杨树岭乡	211322206000
罗福沟乡	211322209000
烧锅营子乡	211322211000
太平庄乡	211322213000
白山乡	211322214000
三家蒙古族乡	211322218000
义成功乡	211322220000
喀喇沁左翼蒙古族自治县（12镇，9乡）	**211324000000**
大城子镇	211324100000
南公营子镇	211324101000
山嘴子镇	211324102000
南哨镇	211324103000
公营子镇	211324104000
白塔子镇	211324105000
中三家镇	211324106000
老爷庙镇	211324107000
六官营子镇	211324108000
平房子镇	211324109000
十二德堡镇	211324110000
羊角沟镇	211324111000
尤杖子乡	211324204000
东哨乡	211324205000
草场乡	211324207000
坤都营子乡	211324210000
大营子乡	211324211000
兴隆庄乡	211324212000
甘招乡	211324213000
卧虎沟乡	211324214000
水泉乡	211324215000
北票市（7街道，10镇，17乡）	**211381000000**
城关街道	211381001000
南山街道	211381002000
冠山街道	211381003000
桥北街道	211381004000
三宝街道	211381005000
台吉街道	211381006000
双河街道	211381007000
西官营镇	211381101000
大板镇	211381102000
上园镇	211381103000
宝国老镇	211381104000
黑城子镇	211381105000
五间房镇	211381107000
台吉镇	211381108000
东官营镇	211381109000
龙潭镇	211381110000
北塔镇	211381111000
长皋乡	211381201000
常河营乡	211381202000
小塔子乡	211381203000
马友营蒙古族乡	211381204000
蒙古营乡	211381205000
泉巨永乡	211381206000
大三家乡	211381207000
哈尔脑乡	211381212000
南八家子乡	211381213000
章吉营乡	211381214000
三宝营乡	211381215000
巴图营乡	211381216000
台吉营乡	211381218000
娄家店乡	211381220000
北四家乡	211381221000
凉水河蒙古族乡	211381223000
三宝乡	211381228000
凌源市（8街道，12镇，10乡）	**211382000000**
东城街道	211382001000
北街街道	211382002000
南街街道	211382003000

续表 9

行政区划名称	行政区划代码
红山街道	211382004000
热水汤街道	211382006000
城关街道	211382007000
凌北镇街道	211382008000
兴源街道	211382009000
万元店镇	211382101000
宋杖子镇	211382102000
三十家子镇	211382103000
杨杖子镇	211382104000
刀尔登镇	211382105000
松岭子镇	211382106000
四官营子镇	211382107000
沟门子镇	211382108000
小城子镇	211382110000
四合当镇	211382111000
乌兰白镇	211382113000
瓦房店镇	211382114000
刘杖子乡	211382205000
三道河子乡	211382208000
牛营子乡	211382209000
北炉乡	211382210000
三家子蒙古族乡	211382217000
佛爷洞乡	211382219000
大王杖子乡	211382220000
大河北乡	211382221000
前进乡	211382222000
河坎子乡	211382223000
葫芦岛市(36街道，34镇，58乡)	**211400000000**
连山区(11街道，3镇，6乡)	**211402000000**
连山街道	211402001000
站前街道	211402002000
渤海街道	211402003000
兴工街道	211402004000
石油街道	211402005000
化工街道	211402006000
化机街道	211402007000
水泥街道	211402008000
锦郊街道	211402009000
钢屯镇	211402104000
寺儿堡镇	211402105000
新台门镇	211402106000
沙河营乡	211402201000
孤竹营子乡	211402202000
白马石乡	211402203000
山神庙子乡	211402205000
塔山乡	211402206000
杨郊乡	211402210000
杨家杖子街道	211491001000
毛祁屯街道	211491002000
龙港区(10街道，1乡)	**211403000000**
葫芦岛街道	211403001000
东街道	211403002000
西街道	211403003000
望海寺街道	211403004000
龙湾街道	211403005000
滨海街道	211403006000
双龙街道	211403007000
玉皇街道	211403008000
连湾街道	211403009000
北港街道	211403010000
双树乡	211403211000
南票区(7街道，6镇，4乡)	**211404000000**
赵家屯街道	211404001000
沙锅屯街道	211404002000
邱皮沟街道	211404003000
苇子沟街道	211404005000
三家子街道	211404006000
小凌河街道	211404007000
九龙街道	211404008000
缸窑岭镇	211404101000
暖池塘镇	211404102000
高桥镇	211404103000
台集屯镇	211404104000
虹螺岘镇	211404105000
金星镇	211404106000
沙锅屯乡	211404201000
黄土坎乡	211404203000
大兴乡	211402204000
张相公屯乡	211404205000
绥中县(14镇，11乡)	**211421000000**
绥中镇	211421100000
西甸子镇	211421101000
宽帮镇	211421102000
大王庙镇	211421103000
万家镇	211421104000
前所镇	211421105000
高岭镇	211421106000
前卫镇	211421107000
荒地镇	211421108000
塔山屯镇	211421109000
高台镇	211421113000
王宝镇	211421114000
沙河镇	211421115000
小庄子镇	211421116000
西平坡满族乡	211421201000
葛家满族乡	211421202000
高甸子满族乡	211421204000
范家满族乡	211421206000
明水满族乡	211421207000
秋子沟乡	211421208000
加碑岩乡	211421210000
永安堡乡	211421211000
李家堡乡	211421212000
网户满族乡	211421214000
城郊乡	211421217000
建昌县(7镇，21乡)	**211422000000**
建昌镇	211422100000
八家子镇	211422101000
喇嘛洞镇	211422102000
药王庙镇	211422103000
汤神庙镇	211422104000
玲珑塔镇	211422105000
大屯镇	211422106000
牤牛营子乡	211422201000
素珠营子乡	211422203000
石佛乡	211422204000
王宝营子乡	211422206000
老大杖子乡	211422207000
要路沟乡	211422208000
魏家岭乡	211422209000
西碱厂乡	211422210000
头道营子乡	211422211000
新开岭乡	211422212000
贺杖子乡	211422213000
养马甸子乡	211422214000
和尚房子乡	211422215000
杨树湾子乡	211422218000
黑山科乡	211422219000
雷家店乡	211422220000
小德营子乡	211422222000
二道湾子蒙古族乡	211422223000
巴什罕乡	211422224000
娘娘庙乡	211422225000
谷杖子乡	211422226000
兴城市(8街道，4镇，15乡)	**211481000000**
古城街道	211481001000
宁远街道	211481002000
城东街道	211481003000
温泉街道	211481004000
钓鱼台街道	211481005000
华山街道	211481006000
四家屯街道	211481007000
菊花街道	211481008000
曹庄镇	211481101000
沙后所镇	211481103000
东辛庄镇	211481104000
郭家镇	211481105000
羊安满族乡	211481201000
元台子满族乡	211481203000
白塔满族乡	211481204000
望海满族乡	211481206000
刘台子满族乡	211481207000
大寨满族乡	211481208000
南大山满族乡	211481209000
围屏满族乡	211481210000
高家岭满族乡	211481211000
碱厂满族乡	211481212000
三道沟满族乡	211481213000
红崖子满族乡	211481214000
旧门满族乡	211481215000
药王满族乡	211481216000
海滨满族乡	211481218000

吉林省

吉林省(吉)

行政区划名称	行政区划代码
吉林省(277街道，429镇，189乡)	**220000000000**
长春市(68街道，67镇，30乡)	**220100000000**
南关区(15街道，3镇，1乡)	**220102000000**
南岭街道	220102001000
自强街道	220102002000
民康街道	220102003000
新春街道	220102004000
长通街道	220102005000
全安街道	220102006000
曙光街道	220102007000
永吉街道	220102008000
桃源街道	220102009000
永兴街道	220102010000
净月街道	220102011000
临河街道	220102012000
鸿城街道	220102013000
明珠街道	220102014000
富裕街道	220102015000
新立城镇	220102100000
新湖镇	220102101000
玉谭镇	220102102000
幸福乡	220102200000
宽城区(10街道，5镇，1乡)	**220103000000**
新发街道	220103001000
站前街道	220103002000
南广街道	220103003000
东广街道	220103004000
群英街道	220103005000
兴业街道	220103006000
凯旋街道	220103007000
团山街道	220103008000
柳影街道	220103009000
欣园街道	220103010000
兰家镇	220103101000
兴隆山镇	220103102000
米沙子镇	220103103000
万宝镇	220103104000
合隆镇	220103105000
奋进乡	220103200000
朝阳区(10街道，2镇，1乡)	**220104000000**
南站街道	220104001000
桂林街道	220104002000
南湖街道	220104003000
永昌街道	220104004000
重庆街道	220104005000
清和街道	220104006000
红旗街道	220104007000
湖西街道	220104008000
富锋街道	220104009000
硅谷街道	220104010000
乐山镇	220104101000
永春镇	220104102000
双德乡	220104200000
二道区(8街道，6镇，1乡)	**220105000000**
东盛街道	220105001000
吉林街道	220105002000
荣光街道	220105003000
东站街道	220105004000
远达街道	220105005000
八里堡街道	220105006000
东方广场街道	220105007000
长青街道	220105008000
劝农山镇	220105101000
泉眼镇	220105102000
英俊镇	220105103000
龙嘉镇	220105104000
卡伦湖镇	220105105000
东湖镇	220105106000
四家乡	220105201000
绿园区(9街道，3镇)	**220106000000**
正阳街道	220106001000
普阳街道	220106002000
锦程街道	220106003000
春城街道	220106004000
铁西街道	220106005000
青年路街道	220106006000
东风街道	220106007000
林园街道	220106008000
同心街道	220106009000
合心镇	220106100000
西新镇	220106101000
城西镇	220106102000
双阳区(4街道，3镇，1乡)	**220112000000**
云山街道	220112001000
平湖街道	220112002000
奢岭街道	220112003000
山河街道	220112004000
鹿乡镇	220112101000
太平镇	220112102000
齐家镇	220112104000
双营子回族乡	220112203000
农安县(11镇，10乡)	**220122000000**
农安镇	220122100000
伏龙泉镇	220122101000
哈拉海镇	220122102000
靠山镇	220122103000
开安镇	220122105000
烧锅镇	220122106000
高家店镇	220122107000
华家镇	220122109000
三盛玉镇	220122111000
巴吉垒镇	220122112000
三岗镇	220122113000
前岗乡	220122201000
龙王乡	220122202000
万顺乡	220122204000
杨树林乡	220122205000
永安乡	220122207000
青山口乡	220122208000
黄鱼圈乡	220122209000
新农乡	220122210000
万金塔乡	220122211000
小城子乡	220122212000
九台市(4街道，9镇，2乡)	**220181000000**
九台街道	220181001000
营城街道	220181002000
九郊街道	220181003000
西营城街道	220181004000
沐石河镇	220181100000
城子街镇	220181101000
其塔木镇	220181102000
上河湾镇	220181103000
土们岭镇	220181105000
苇子沟镇	220181108000
兴隆镇	220181109000
纪家镇	220181111000
波泥河镇	220181112000
胡家回族乡	220181200000
莽卡满族乡	220181201000
榆树市(4街道，15镇，9乡)	**220182000000**
华昌街道	220182001000
正阳街道	220182002000
培英街道	220182003000
城郊街道	220182004000
五棵树镇	220182100000
弓棚镇	220182101000
闵家镇	220182102000
大坡镇	220182103000
黑林镇	220182104000
土桥镇	220182105000
新立镇	220182106000
大岭镇	220182107000
于家镇	220182108000
泗河镇	220182109000
八号镇	220182110000
刘家镇	220182111000
秀水镇	220182112000
保寿镇	220182113000
新庄镇	220182115000
育民乡	220182200000
红星乡	220182201000
太安乡	220182203000
先峰乡	220182204000
青山乡	220182208000
延和朝鲜族乡	220182209000
恩育乡	220182210000
城发乡	220182211000
环城乡	220182213000
德惠市(4街道，10镇，4乡)	**220183000000**
胜利街道	220183001000
建设街道	220183002000
惠发街道	220183004000
夏家店街道	220183005000

续表 1

行政区划名称	行政区划代码	行政区划名称	行政区划代码	行政区划名称	行政区划代码
大青嘴镇	220183100000	江密峰镇	220203102000	白石山镇	220281102000
郭家镇	220183101000	大口钦满族镇	220203103000	漂河镇	220281103000
松花江镇	220183102000	江北乡	220203201000	黄松甸镇	220281104000
达家沟镇	220183103000	金珠乡	220203202000	天北镇	220281106000
大房身镇	220183104000	**船营区(12街道，3镇，1乡)**	**220204000000**	松江镇	220281107000
岔路口镇	220183105000	德胜街道	220204001000	庆岭镇	220281108000
朱城子镇	220183106000	南京街道	220204002000	乌林朝鲜族乡	220281200000
布海镇	220183110000	大东街道	220204003000	前进乡	220281202000
天台镇	220183111000	青岛街道	220204004000	**桦甸市(5街道，6镇，3乡)**	**220282000000**
菜园子镇	220183112000	向阳街道	220204005000	明桦街道	220282001000
同太乡	220183200000	北极街道	220204006000	永吉街道	220282002000
边岗乡	220183202000	致和街道	220204007000	胜利街道	220282003000
五台乡	220183203000	长春路街道	220204008000	新华街道	220282004000
朝阳乡	220183204000	临江街道	220204009000	启新街道	220282005000
吉林市(66街道，55镇，21乡)	**220200000000**	北山街道	220204010000	夹皮沟镇	220282100000
		黄旗街道	220204011000	二道甸子镇	220282102000
昌邑区(14街道，3镇，2乡)	**220202000000**	新北街道	220204014000	红石砬子镇	220282103000
兴华街道	220202001000	大绥河镇	220204100000	八道河子镇	220282104000
文庙街道	220202002000	搜登站镇	220204101000	常山镇	220282106000
东局子街道	220202003000	越北镇	220204102000	金沙镇	220282107000
新地号街道	220202004000	欢喜乡	220204200000	桦郊乡	220282200000
延安街道	220202005000	**丰满区(7街道，1镇，3乡)**	**220211000000**	横道河子乡	220282202000
站前街道	220202006000	泰山街道	220211001000	公吉乡	220282205000
民主街道	220202007000	江南街道	220211002000	**舒兰市(4街道，10镇，5乡)**	**220283000000**
莲花街道	220202008000	石井街道	220211003000	北城街道	220283001000
通江街道	220202009000	沿丰街道	220211004000	南城街道	220283002000
哈达街道	220202010000	丰满街道	220211005000	环城街道	220283003000
新建街道	220202011000	红旗街道	220211006000	吉舒街道	220283004000
延江街道	220202012000	高新街道	220211007000	白旗镇	220283100000
双吉街道	220202013000	旺起镇	220211100000	朝阳镇	220283101000
九站街道	220202016000	江南乡	220211200000	开原镇	220283102000
孤店子镇	220202100000	小白山乡	220211201000	上营镇	220283103000
桦皮厂镇	220202101000	前二道乡	220211202000	水曲柳镇	220283104000
左家镇	220202102000	**永吉县(7镇，2乡)**	**220221000000**	平安镇	220283105000
两家子满族乡	220202200000	口前镇	220221101000	法特镇	220283106000
土城子满族朝鲜族乡	220202201000	岔路河镇	220221102000	溪河镇	220283107000
龙潭区(13街道，4镇，2乡)	**220203000000**	双河镇	220221103000	小城镇	220283108000
		西阳镇	220221104000	金马镇	220283109000
榆树街道	220203001000	北大湖镇	220221105000	七里乡	220283200000
遵义街道	220203002000	一拉溪镇	220221106000	莲花乡	220283202000
铁东街道	220203003000	万昌镇	220221107000	亮甲山乡	220283203000
龙潭街道	220203004000	金家满族乡	220221203000	天德乡	220283204000
新安街道	220203005000	黄榆乡	220221205000	新安乡	220283206000
湘潭街道	220203006000	**蛟河市(7街道，8镇，2乡)**	**220281000000**	**磐石市(4街道，13镇，1乡)**	**220284000000**
龙华街道	220203007000	民主街道	220281001000	东宁街道	220284001000
新吉林街道	220203008000	长安街道	220281002000	河南街道	220284002000
山前街道	220203009000	河南街道	220281003000	福安街道	220284003000
泡子沿街道	220203010000	奶子山街道	220281005000	阜康街道	220284004000
靠山街道	220203011000	新农街道	220281006000	烟筒山镇	220284100000
东城街道	220203012000	拉法街道	220281007000	明城镇	220284101000
承德街道	220203013000	河北街道	220281009000	红旗岭镇	220284102000
乌拉街满族镇	220203100000	新站镇	220281100000	牛心镇	220284103000
缸窑镇	220203101000	天岗镇	220281101000	石嘴镇	220284104000

续表 2

行政区划名称	行政区划代码
朝阳山镇	220284105000
富太镇	220284106000
呼兰镇	220284107000
松山镇	220284108000
黑石镇	220284109000
吉昌镇	220284110000
取柴河镇	220284111000
驿马镇	220284112000
宝山乡	220284200000
四平市(29街道，56镇，17乡)	**220300000000**
铁西区(5街道，1乡)	**220302000000**
仁兴街道	220302001000
英雄街道	220302002000
站前街道	220302003000
北沟街道	220302004000
地直街道	220302005000
平西乡	220302200000
铁东区(8街道，3镇，1乡)	**220303000000**
平东街道	220303001000
北市场街道	220303002000
黄土坑街道	220303003000
七马路街道	220303004000
四马路街道	220303005000
解放街道	220303006000
北门街道	220303007000
平南街道	220303008000
山门镇	220303100000
石岭子镇	220303103000
叶赫满族镇	220303110000
城东乡	220303200000
梨树县(15镇，6乡)	**220322000000**
梨树镇	220322100000
郭家店镇	220322101000
榆树台镇	220322102000
小城子镇	220322105000
喇嘛甸镇	220322106000
蔡家镇	220322107000
刘家馆子镇	220322108000
十家堡镇	220322109000
孟家岭镇	220322110000
万发镇	220322113000
东河镇	220322114000
沈洋镇	220322115000
林海镇	220322116000
小宽镇	220322117000
孤家子镇	220322118000
白山乡	220322202000
泉眼岭乡	220322204000
胜利乡	220322205000
四棵树乡	220322206000
双河乡	220322207000
金山乡	220322208000
伊通满族自治县(12镇，3乡)	**220323000000**
伊通镇	220323100000
二道镇	220323101000
伊丹镇	220323102000
马鞍山镇	220323103000
景台镇	220323104000
靠山镇	220323105000
大孤山镇	220323106000
小孤山镇	220323107000
营城子镇	220323108000
西苇镇	220323109000
河源镇	220323110000
黄岭子镇	220323111000
新兴乡	220323200000
莫里青乡	220323201000
三道乡	220323203000
公主岭市(10街道，18镇，2乡)	**220381000000**
河南街道	220381001000
河北街道	220381002000
东三街道	220381003000
岭东街道	220381004000
铁北街道	220381005000
岭西街道	220381006000
南崴子街道	220381007000
刘房子街道	220381008000
苇子沟街道	220381010000
环岭街道	220381011000
二十家子满族镇	220381100000
黑林子镇	220381103000
陶家屯镇	220381104000
范家屯镇	220381105000
响水镇	220381106000
大岭镇	220381107000
怀德镇	220381108000
双城堡镇	220381109000
双龙镇	220381110000
杨大城子镇	220381111000
毛城子镇	220381112000
玻璃城子镇	220381113000
朝阳坡镇	220381114000
大榆树镇	220381115000
秦家屯镇	220381116000
八屋镇	220381117000
十屋镇	220381118000
桑树台镇	220381119000
龙山满族乡	220381201000
永发乡	220381203000
双辽市(6街道，8镇，4乡)	**220382000000**
郑家屯街道	220382001000
辽东街道	220382002000
辽西街道	220382003000
辽南街道	220382004000
辽北街道	220382005000
红旗街道	220382006000
茂林镇	220382100000
双山镇	220382101000
卧虎镇	220382102000
服先镇	220382103000
王奔镇	220382105000
玻璃山镇	220382106000
兴隆镇	220382107000
东明镇	220382108000
那木斯蒙古族乡	220382200000
柳条乡	220382201000
新立乡	220382202000
永加乡	220382203000
辽源市(14街道，23镇，7乡)	**220400000000**
龙山区(8街道，1镇，1乡)	**220402000000**
南康街道	220402001000
北寿街道	220402002000
东吉街道	220402003000
西宁街道	220402004000
站前街道	220402005000
新兴街道	220402006000
福镇街道	220402007000
向阳街道	220402008000
寿山镇	220402100000
工农乡	220402200000
西安区(6街道，1镇)	**220403000000**
仙城街道	220403001000
太安街道	220403002000
东山街道	220403003000
安家街道	220403004000
先锋街道	220403005000
富国街道	220403006000
灯塔镇	220403100000
东丰县(12镇，2乡)	**220421000000**
东丰镇	220421100000
大阳镇	220421101000
横道河镇	220421102000
那丹伯镇	220421103000
猴石镇	220421104000
杨木林镇	220421105000
小四平镇	220421106000
黄河镇	220421107000
拉拉河镇	220421108000
沙河镇	220421109000
南屯基镇	220421110000
大兴镇	220421111000
三合满族朝鲜族乡	220421201000
二龙山乡	220421207000
东辽县(9镇，4乡)	**220422000000**
白泉镇	220422100000
渭津镇	220422101000
安石镇	220422102000
辽河源镇	220422103000
泉太镇	220422104000
建安镇	220422105000
安恕镇	220422106000

续表 3

行政区划名称	行政区划代码
平岗镇	220422107000
云顶镇	220422111000
凌云乡	220422200000
甲山乡	220422201000
足民乡	220422202000
金州乡	220422204000
通化市(19街道，57镇，21乡)	**220500000000**
东昌区(8街道，1镇，2乡)	**220502000000**
东昌街道	220502001000
民主街道	220502002000
老站街道	220502003000
团结街道	220502004000
新站街道	220502005000
光明街道	220502006000
龙泉街道	220502007000
滨江街道	220502008000
金厂镇	220502100000
环通乡	220502200000
江东乡	220502201000
二道江区(2街道，3镇，1乡)	**220503000000**
桃园街道	220503001000
东通化街道	220503002000
鸭园镇	220503100000
铁厂镇	220503101000
五道江镇	220503102000
二道江乡	220503200000
通化县(10镇，5乡)	**220521000000**
快大茂镇	220521100000
二密镇	220521103000
果松镇	220521104000
石湖镇	220521105000
大安镇	220521106000
光华镇	220521107000
兴林镇	220521108000
英额布镇	220521109000
三棵榆树镇	220521110000
西江镇	220521111000
富江乡	220521202000
四棚乡	220521203000
东来乡	220521205000
大泉源满族朝鲜族乡	220521207000
金斗朝鲜族满族乡	220521208000
辉南县(10镇，1乡)	**220523000000**
朝阳镇	220523100000
辉南镇	220523101000
样子哨镇	220523102000
杉松岗镇	220523103000
石道河镇	220523104000
辉发城镇	220523105000
抚民镇	220523106000
金川镇	220523108000
团林镇	220523110000
庆阳镇	220523111000
楼街朝鲜族乡	220523200000
柳河县(12镇，3乡)	**220524000000**
柳河镇	220524100000
三源浦朝鲜族镇	220524101000
五道沟镇	220524102000
驼腰岭镇	220524103000
孤山子镇	220524104000
圣水河子镇	220524105000
罗通山镇	220524106000
安口镇	220524107000
向阳镇	220524108000
红石镇	220524109000
凉水河子镇	220524110000
亨通镇	220524111000
柳南乡	220524201000
时家店乡	220524202000
姜家店朝鲜族乡	220524203000
梅河口市(5街道，12镇，7乡)	**220581000000**
新华街道	220581001000
和平街道	220581002000
光明街道	220581003000
解放街道	220581004000
福民街道	220581005000
山城镇	220581100000
红梅镇	220581101000
海龙镇	220581102000
新合镇	220581103000
曙光镇	220581105000
中和镇	220581106000
黑山头镇	220581107000
水道镇	220581108000
进化镇	220581109000
一座营镇	220581110000
康大营镇	220581111000
牛心顶镇	220581112000
杏岭乡	220581202000
李炉乡	220581203000
湾龙乡	220581204000
双兴乡	220581205000
兴华乡	220581206000
小杨满族朝鲜族乡	220581207000
吉乐乡	220581209000
集安市(4街道，9镇，2乡)	**220582000000**
团结街道	220582001000
黎明街道	220582002000
通胜街道	220582003000
城东街道	220582004000
青石镇	220582100000
榆林镇	220582101000
花甸镇	220582102000
头道镇	220582103000
清河镇	220582104000
台上镇	220582105000
财源镇	220582106000
大路镇	220582107000
太王镇	220582108000
麻线乡	220582200000
凉水朝鲜族乡	220582201000
白山市(18街道，40镇，7乡)	**220600000000**
浑江区(8街道，4镇)	**220602000000**
新建街道	220602001000
通沟街道	220602002000
东兴街道	220602003000
红旗街道	220602004000
河口街道	220602005000
板石街道	220602006000
江北街道	220602007000
城南街道	220602008000
六道江镇	220602101000
红土崖镇	220602102000
三道沟镇	220602103000
七道江镇	220602104000
江源区(4街道，6镇)	**220605000000**
孙家堡子街道	220605001000
江源街道	220605002000
正岔街道	220605003000
城墙街道	220605004000
湾沟镇	220605102000
松树镇	220605103000
砟子镇	220605104000
石人镇	220605105000
大阳岔镇	220605106000
大石人镇	220605107000
抚松县(11镇，3乡)	**220621000000**
抚松镇	220621100000
松江河镇	220621101000
泉阳镇	220621102000
露水河镇	220621103000
仙人桥镇	220621104000
万良镇	220621105000
新屯子镇	220621106000
东岗镇	220621107000
漫江镇	220621108000
北岗镇	220621109000
兴参镇	220621110000
兴隆乡	220621202000
抽水乡	220621203000
沿江乡	220621205000
靖宇县(7镇，1乡)	**220622000000**
靖宇镇	220622100000
三道湖镇	220622101000
龙泉镇	220622102000
那尔轰镇	220622103000
花园口镇	220622104000
景山镇	220622105000
赤松镇	220622106000

续表 4

行政区划名称	行政区划代码
濛江乡	220622203000
长白朝鲜族自治县(6镇，2乡)	**220623000000**
长白镇	220623100000
八道沟镇	220623101000
十四道沟镇	220623102000
马鹿沟镇	220623103000
宝泉山镇	220623104000
新房子镇	220623105000
金华乡	220623200000
十二道沟乡	220623201000
临江市(6街道，6镇，1乡)	**220681000000**
建国街道	220681001000
新市街道	220681002000
兴隆街道	220681003000
大湖街道	220681004000
森工街道	220681005000
大栗子街道	220681006000
桦树镇	220681101000
六道沟镇	220681102000
苇沙河镇	220681103000
花山镇	220681104000
闹枝镇	220681105000
四道沟镇	220681106000
蚂蚁河乡	220681200000
松原市(17街道，42镇，36乡)	**220700000000**
宁江区(17街道，4镇，3乡)	**220702000000**
团结街道	220702001000
文化街道	220702002000
民主街道	220702003000
临江街道	220702004000
新区街道	220702005000
前进街道	220702006000
和平街道	220702007000
工农街道	220702008000
沿江街道	220702009000
铁西街道	220702010000
繁荣街道	220702011000
建设街道	220702012000
石化街道	220702013000
伯都讷街道	220702014000
长宁街道	220702015000
镜湖街道	220702016000
滨江街道	220702017000
大洼镇	220702100000
善友镇	220702102000
毛都站镇	220702103000
哈达山镇	220702104000
新城乡	220702200000
伯都乡	220702202000
兴原乡	220702204000
前郭尔罗斯蒙古族自治县(8镇，14乡)	**220721000000**
前郭尔罗斯镇	220721100000
长山镇	220721102000
海勃日戈镇	220721103000
乌兰图嘎镇	220721104000
查干花镇	220721105000
王府站镇	220721106000
八郎镇	220721107000
哈拉毛都镇	220721108000
宝甸乡	220721200000
平凤乡	220721201000
蒙古艾里乡	220721204000
达里巴乡	220721205000
吉拉吐乡	220721206000
新立乡	220721207000
洪泉乡	220721208000
大山乡	220721209000
套浩太乡	220721210000
长龙乡	220721211000
乌兰塔拉乡	220721212000
东三家子乡	220721213000
孤店乡	220721214000
乌兰敖都乡	220721215000
长岭县(12镇，10乡)	**220722000000**
长岭镇	220722100000
太平川镇	220722101000
巨宝山镇	220722102000
太平山镇	220722103000
前七号镇	220722104000
新安镇	220722105000
三青山镇	220722106000
大兴镇	220722107000
北正镇	220722108000
流水镇	220722109000
永久镇	220722110000
利发盛镇	220722111000
集体乡	220722202000
光明乡	220722203000
三县堡乡	220722204000
海青乡	220722205000
前进乡	220722206000
东岭乡	220722207000
腰坨子乡	220722209000
八十八乡	220722210000
三团乡	220722213000
三十号乡	220722214000
乾安县(6镇，4乡)	**220723000000**
乾安镇	220723100000
大布苏镇	220723101000
水字镇	220723102000
让字镇	220723103000
所字镇	220723104000
安字镇	220723105000
余字乡	220723200000
道字乡	220723203000
严字乡	220723206000
赞字乡	220723207000
扶余县(12镇，5乡)	**220724000000**
三岔河镇	220724100000
长春岭镇	220724101000
五家站镇	220724102000
陶赖昭镇	220724103000
蔡家沟镇	220724104000
弓棚子镇	220724105000
三井子镇	220724106000
增盛镇	220724107000
新万发镇	220724108000
大林子镇	220724109000
新源镇	220724110000
得胜镇	220724111000
三骏满族蒙古族锡伯族乡	220724200000
永平乡	220724201000
新站乡	220724203000
更新乡	220724204000
肖家乡	220724209000
白城市(24街道，38镇，35乡)	**220800000000**
洮北区(11街道，7镇，5乡)	**220802000000**
海明街道	220802001000
长庆街道	220802002000
瑞光街道	220802003000
明仁街道	220802004000
铁东街道	220802005000
城南街道	220802006000
新立街道	220802007000
幸福街道	220802008000
新华街道	220802009000
保平街道	220802010000
西郊街道	220802011000
岭下镇	220802100000
平安镇	220802101000
青山镇	220802102000
林海镇	220802103000
洮河镇	220802104000
平台镇	220802105000
到保镇	220802106000
东风乡	220802201000
三合乡	220802202000
金祥乡	220802204000
东胜乡	220802205000
德顺蒙古族乡	220802206000
镇赉县(7镇，4乡)	**220821000000**
镇赉镇	220821100000
坦途镇	220821101000
东屏镇	220821102000
大屯镇	220821103000
沿江镇	220821105000
五棵树镇	220821106000
黑鱼泡镇	220821107000
哈吐气蒙古族乡	220821201000
莫莫格蒙古族乡	220821203000
建平乡	220821205000

续表 5

行政区划名称	行政区划代码
嘎什根乡	220821206000
通榆县（8镇，8乡）	**220822000000**
开通镇	220822100000
瞻榆镇	220822101000
双岗镇	220822102000
兴隆山镇	220822103000
边昭镇	220822104000
鸿兴镇	220822105000
新华镇	220822107000
乌兰花镇	220822108000
新发乡	220822201000
新兴乡	220822202000
向海蒙古族乡	220822204000
包拉温都蒙古族乡	220822205000
团结乡	220822206000
十花道乡	220822207000
八面乡	220822208000
苏公坨乡	220822209000
洮南市（8街道，6镇，10乡）	**220881000000**
团结街道	220881001000
富文街道	220881002000
光明街道	220881003000
兴隆街道	220881004000
永康街道	220881005000
通达街道	220881006000
向阳街道	220881007000
洮府街道	220881008000
瓦房镇	220881100000
万宝镇	220881101000
黑水镇	220881102000
那金镇	220881103000
安定镇	220881104000
福顺镇	220881105000
胡力吐蒙古族乡	220881200000
万宝乡	220881201000
聚宝乡	220881202000
东升乡	220881204000
野马乡	220881205000
永茂乡	220881206000
蛟流河乡	220881208000
大通乡	220881209000
二龙乡	220881212000
呼和车力蒙古族乡	220881214000
大安市（5街道，10镇，8乡）	**220882000000**
慧阳街道	220882001000
临江街道	220882002000
长虹街道	220882003000
锦华街道	220882004000
安北街道	220882005000
月亮泡镇	220882100000
安广镇	220882101000
丰收镇	220882102000
新平安镇	220882103000
两家子镇	220882104000
舍力镇	220882105000
大岗子镇	220882106000
叉干镇	220882107000
龙沼镇	220882108000
太山镇	220882109000
四棵树乡	220882200000
联合乡	220882201000
乐胜乡	220882203000
大赉乡	220882204000
红岗子乡	220882205000
烧锅镇乡	220882208000
海坨乡	220882210000
新艾里蒙古族乡	220882211000
延边朝鲜族自治州（22街道，51镇，15乡）	**222400000000**
延吉市（6街道，4镇）	**222401000000**
朝阳街道	222401001000
北山街道	222401002000
新兴街道	222401003000
公园街道	222401004000
河南街道	222401005000
建工街道	222401006000
小营镇	222401100000
依兰镇	222401101000
三道湾镇	222401102000
朝阳川镇	222401103000
图们市（3街道，4镇）	**222402000000**
向上街道	222402001000
新华街道	222402002000
月宫街道	222402003000
月晴镇	222402100000
石岘镇	222402101000
长安镇	222402102000
凉水镇	222402103000
敦化市（4街道，11镇，5乡）	**222403000000**
渤海街道	222403001000
胜利街道	222403002000
民主街道	222403003000
丹江街道	222403004000
大石头镇	222403100000
黄泥河镇	222403101000
官地镇	222403102000
沙河沿镇	222403103000
秋梨沟镇	222403104000
额穆镇	222403105000
贤儒镇	222403106000
大蒲柴河镇	222403107000
雁鸣湖镇	222403108000
江源镇	222403109000
江南镇	222403110000
大桥乡	222403200000
黑石乡	222403201000
青沟子乡	222403202000
翰章乡	222403203000
红石乡	222403204000
珲春市（4街道，4镇，5乡）	**222404000000**
靖和街道	222404001000
新安街道	222404002000
河南街道	222404003000
近海街道	222404004000
春化镇	222404100000
敬信镇	222404101000
板石镇	222404102000
英安镇	222404103000
马川子乡	222404200000
杨泡满族乡	222404201000
三家子满族乡	222404202000
密江乡	222404203000
哈达门乡	222404204000
龙井市（2街道，5镇，2乡）	**222405000000**
安民街道	222405001000
龙门街道	222405002000
开山屯镇	222405100000
老头沟镇	222405102000
三合镇	222405103000
东盛涌镇	222405104000
智新镇	222405105000
德新乡	222405200000
白金乡	222405201000
和龙市（3街道，8镇）	**222406000000**
民惠街道	222406001000
光明街道	222406002000
文化街道	222406003000
八家子镇	222406100000
福洞镇	222406101000
头道镇	222406102000
西城镇	222406103000
南坪镇	222406104000
东城镇	222406105000
崇善镇	222406106000
龙城镇	222406108000
汪清县（8镇，1乡）	**222424000000**
大兴沟镇	222424101000
天桥岭镇	222424102000
罗子沟镇	222424103000
百草沟镇	222424104000
春阳镇	222424105000
复兴镇	222424106000
东光镇	222424107000
汪清镇	222424109000
鸡冠乡	222424202000
安图县（7镇，2乡）	**222426000000**
明月镇	222426100000
松江镇	222426101000
二道白河镇	222426102000
两江镇	222426103000
石门镇	222426104000
万宝镇	222426105000
亮兵镇	222426106000
新合乡	222426201000
永庆乡	222426202000

黑龙江省

黑龙江省(黑)

行政区划名称	行政区划代码
黑龙江省(384街道，485镇，409乡)	**230000000000**
哈尔滨市(106街道，114镇，69乡)	**230100000000**
道里区(19街道，4镇)	**230102000000**
兆麟街道	230102001000
新阳路街道	230102002000
抚顺街道	230102003000
共乐街道	230102004000
新华街道	230102005000
城乡路街道	230102006000
工农街道	230102007000
尚志街道	230102008000
斯大林街道	230102009000
通江街道	230102010000
经纬街道	230102011000
工程街道	230102012000
安静街道	230102013000
安和街道	230102014000
正阳河街道	230102015000
建国街道	230102016000
康安街道	230102017000
爱建街道	230102018000
群力街道	230102019000
太平镇	230102101000
新发镇	230102102000
新农镇	230102103000
榆树镇	230102104000
南岗区(18街道，1镇，1乡)	**230103000000**
花园街道	230103001000
奋斗路街道	230103002000
革新街道	230103003000
文化街道	230103004000
大成街道	230103005000
芦家街道	230103006000
荣市街道	230103007000
燎原街道	230103009000
松花江街道	230103010000
曲线街道	230103011000
通达街道	230103012000
七政街道	230103013000
和兴路街道	230103015000
哈西街道	230103016000
保健路街道	230103017000
先锋路街道	230103018000
新春街道	230103019000
跃进街道	230103020000
王岗镇	230103101000
红旗满族乡	230103201000
道外区(23街道，3镇，1乡)	**230104000000**
靖宇街道	230104001000
太古街道	230104002000
东莱街道	230104003000
滨江街道	230104004000
仁里街道	230104005000
崇俭街道	230104007000
振江街道	230104008000
东原街道	230104009000
大兴街道	230104010000
胜利街道	230104011000
南马街道	230104012000
民强街道	230104021000
大有坊街道	230104022000
南直路街道	230104023000
化工街道	230104024000
火车头街道	230104025000
新一街道	230104026000
三棵树大街街道	230104027000
水泥路街道	230104028000
太平大街街道	230104029000
黎华街道	230104030000
新乐街道	230104031000
南市街道	230104033000
团结镇	230104111000
永源镇	230104112000
巨源镇	230104113000
民主乡	230104200000
平房区(7街道，1镇)	**230108000000**
兴建街道	230108001000
保国街道	230108002000
联盟街道	230108003000
友协街道	230108004000
新疆街道	230108005000
新伟街道	230108006000
平新街道	230108007000
平房镇	230108101000
松北区(2街道，5镇)	**230109000000**
三电街道	230109001000
太阳岛街道	230109002000
对青山镇	230109101000
乐业镇	230109102000
松浦镇	230109103000
万宝镇	230109104000
松北镇	230109105000
香坊区(20街道，3镇，1乡)	**230110000000**
香坊大街街道	230110001000
安埠街道	230110002000
通天街道	230110003000
新香坊街道	230110004000
铁东街道	230110005000
新成街道	230110006000
红旗街道	230110007000
六顺街道	230110008000
建筑街道	230110009000
哈平路街道	230110010000
安乐街道	230110011000
健康路街道	230110012000
大庆路街道	230110013000
进乡街道	230110014000
通乡街道	230110015000
和平路街道	230110016000
民生路街道	230110017000
文政街道	230110018000
王兆街道	230110019000
黎明街道	230110020000
成高子镇	230110101000
朝阳镇	230110102000
幸福镇	230110103000
向阳乡	230110201000
呼兰区(8街道，8镇，3乡)	**230111000000**
呼兰街道	230111001000
兰河街道	230111002000
腰堡街道	230111003000
利民街道	230111004000
康金街道	230111005000
双井街道	230111006000
建设路街道	230111007000
学院路街道	230111008000
沈家镇	230111104000
二八镇	230111105000
石人镇	230111106000
白奎镇	230111107000
方台镇	230111109000
莲花镇	230111110000
大用镇	230111111000
长岭镇	230111113000
杨林乡	230111201000
许堡乡	230111203000
孟家乡	230111205000
阿城区(9街道，10镇)	**230112000000**
金城街道	230112001000
金都街道	230112002000
通城街道	230112003000
河东街道	230112004000
阿什河街道	230112005000
玉泉街道	230112006000
新利街道	230112007000
舍利街道	230112008000
双丰街道	230112009000
蜚克图镇	230112103000
亚沟镇	230112104000
交界镇	230112105000
小岭镇	230112106000
平山镇	230112107000
松峰山镇	230112108000
红星镇	230112109000
金龙山镇	230112110000
杨树镇	230112111000
料甸镇	230112112000

续表 1

行政区划名称	行政区划代码	行政区划名称	行政区划代码	行政区划名称	行政区划代码
依兰县(6镇，3乡)	**230123000000**	山后乡	230126212000	同心满族乡	230182217000
依兰镇	230123100000	镇东乡	230126214000	**尚志市(10镇，7乡)**	**230183000000**
达连河镇	230123101000	**木兰县(6镇，2乡)**	**230127000000**	尚志镇	230183100000
江湾镇	230123102000	木兰镇	230127100000	一面坡镇	230183101000
三道岗镇	230123103000	东兴镇	230127101000	苇河镇	230183102000
道台桥镇	230123104000	大贵镇	230127102000	亚布力镇	230183103000
宏克力镇	230123105000	利东镇	230127103000	帽儿山镇	230183104000
团山子乡	230123205000	柳河镇	230127104000	亮河镇	230183105000
愚公乡	230123206000	新民镇	230127105000	庆阳镇	230183106000
迎兰朝鲜族乡	230123210000	建国乡	230127200000	石头河子镇	230183107000
方正县(3镇，5乡)	**230124000000**	吉兴乡	230127203000	元宝镇	230183108000
方正镇	230124100000	**通河县(6镇，2乡)**	**230128000000**	黑龙宫镇	230183109000
会发镇	230124101000	通河镇	230128100000	长寿乡	230183202000
大罗密镇	230124102000	乌鸦泡镇	230128101000	乌吉密乡	230183204000
天门乡	230124200000	清河镇	230128102000	鱼池朝鲜族乡	230183206000
松南乡	230124201000	浓河镇	230128103000	珍珠山乡	230183207000
德善乡	230124202000	凤山镇	230128104000	老街基乡	230183208000
宝兴乡	230124204000	祥顺镇	230128105000	马延乡	230183209000
伊汉通乡	230124205000	三站乡	230128201000	河东朝鲜族乡	230183211000
宾县(12镇，5乡)	**230125000000**	富林乡	230128202000	**五常市(11镇，13乡)**	**230184000000**
宾州镇	230125100000	**延寿县(5镇，4乡)**	**230129000000**	五常镇	230184100000
居仁镇	230125101000	延寿镇	230129100000	拉林满族镇	230184101000
宾西镇	230125102000	六团镇	230129101000	山河镇	230184102000
糖坊镇	230125103000	中和镇	230129102000	小山子镇	230184103000
宾安镇	230125104000	加信镇	230129103000	安家镇	230184104000
新甸镇	230125105000	延河镇	230129104000	牛家满族镇	230184105000
胜利镇	230125106000	安山乡	230129204000	杜家镇	230184106000
宁远镇	230125107000	寿山乡	230129205000	背荫河镇	230184107000
摆渡镇	230125109000	玉河乡	230129206000	冲河镇	230184108000
平坊镇	230125110000	青川乡	230129209000	沙河子镇	230184109000
满井镇	230125111000	**双城市(10镇，14乡)**	**230182000000**	向阳镇	230184110000
常安镇	230125112000	双城镇	230182100000	兴盛乡	230184200000
永和乡	230125201000	兰棱镇	230182101000	志广乡	230184201000
鸟河乡	230125203000	周家镇	230182102000	卫国乡	230184202000
民和乡	230125204000	五家镇	230182103000	常堡乡	230184203000
经建乡	230125205000	韩甸镇	230182104000	民意乡	230184206000
三宝乡	230125210000	单城镇	230182105000	龙凤山乡	230184207000
巴彦县(10镇，8乡)	**230126000000**	东官镇	230182106000	红旗满族乡	230184209000
巴彦镇	230126100000	农丰满族锡伯族镇	230182107000	八家子乡	230184210000
兴隆镇	230126101000	杏山镇	230182108000	民乐朝鲜族乡	230184211000
西集镇	230126102000	新兴镇	230182109000	营城子满族乡	230184212000
洼兴镇	230126103000	朝阳乡	230182200000	长山乡	230184214000
龙泉镇	230126104000	金城乡	230182201000	兴隆乡	230184215000
巴彦港镇	230126105000	青岭满族乡	230182203000	二河乡	230184216000
龙庙镇	230126106000	联兴满族乡	230182204000	**齐齐哈尔市(37街道，**	**230200000000**
万发镇	230126107000	幸福满族乡	230182205000	**65镇，58乡)**	
天增镇	230126108000	公正满族乡	230182207000	**龙沙区(6街道)**	**230202000000**
黑山镇	230126110000	永胜乡	230182208000	五龙街道	230202001000
松花江乡	230126200000	临江乡	230182209000	湖滨街道	230202002000
富江乡	230126202000	水泉乡	230182210000	正阳街道	230202004000
华山乡	230126204000	乐群满族乡	230182211000	彩虹街道	230202005000
丰乐乡	230126205000	团结满族乡	230182213000	江安街道	230202007000
德祥乡	230126209000	万隆乡	230182214000	南航街道	230202008000
红光乡	230126210000	希勤满族乡	230182216000	**建华区(5街道)**	**230203000000**

续表 2

行政区划名称	行政区划代码	行政区划名称	行政区划代码	行政区划名称	行政区划代码
中华街道	230203003000	黑岗乡	230221201000	繁荣乡	230227200000
西大桥街道	230203004000	广厚乡	230221202000	绍文乡	230227201000
卜奎街道	230203005000	华民乡	230221203000	忠厚乡	230227202000
建设街道	230203006000	哈拉海乡	230221204000	友谊达斡尔族满族柯尔克孜族乡	230227203000
文化街道	230203007000	杏山乡	230221211000	**克山县(6镇，9乡)**	**230229000000**
铁锋区(7街道，1镇)	**230204000000**	头站乡	230221214000	克山镇	230229100000
站前街道	230204001000	鲁河乡	230221215000	北兴镇	230229101000
南浦街道	230204002000	济沁河乡	230221217000	西城镇	230229102000
通东街道	230204003000	**依安县(6镇，9乡)**	**230223000000**	古城镇	230229103000
光荣街道	230204004000	依安镇	230223100000	北联镇	230229104000
龙华街道	230204005000	依龙镇	230223101000	西河镇	230229105000
北局宅街道	230204006000	双阳镇	230223102000	河南乡	230229200000
东湖街道	230204008000	三兴镇	230223103000	双河乡	230229201000
扎龙镇	230204100000	中心镇	230223104000	河北乡	230229203000
昂昂溪区(4街道，2镇)	**230205000000**	新兴镇	230223105000	古北乡	230229204000
新兴街道	230205001000	富饶乡	230223200000	西联乡	230229205000
新建街道	230205002000	解放乡	230223201000	发展乡	230229206000
林机街道	230205005000	阳春乡	230223202000	西建乡	230229207000
道北街道	230205006000	新发乡	230223203000	向华乡	230229208000
水师营满族镇	230205100000	太东乡	230223204000	曙光乡	230229210000
榆树屯镇	230205101000	上游乡	230223205000	**克东县(4镇，3乡)**	**230230000000**
富拉尔基区(8街道，2乡)	**230206000000**	红星乡	230223206000	克东镇	230230100000
红岸街道	230206001000	先锋乡	230223207000	宝泉镇	230230101000
沿江街道	230206003000	新屯乡	230223208000	乾丰镇	230230102000
电力街道	230206004000	**泰来县(8镇，2乡)**	**230224000000**	玉岗镇	230230103000
幸福街道	230206005000	泰来镇	230224100000	金城乡	230230200000
红宝石街道	230206006000	平洋镇	230224101000	润津乡	230230202000
北兴街道	230206007000	汤池镇	230224102000	昌盛乡	230230204000
铁北街道	230206008000	江桥镇	230224103000	**拜泉县(7镇，9乡)**	**230231000000**
和平街道	230206009000	塔子城镇	230224104000	拜泉镇	230231100000
长青乡	230206200000	大兴镇	230224105000	三道镇	230231101000
杜尔门沁达斡尔族乡	230206202000	和平镇	230224106000	兴农镇	230231102000
碾子山区(4街道)	**230207000000**	克利镇	230224107000	长春镇	230231103000
东安街道	230207001000	胜利蒙古族乡	230224200000	龙泉镇	230231104000
富强街道	230207002000	宁姜蒙古族乡	230224209000	国富镇	230231105000
跃进街道	230207003000	**甘南县(5镇，5乡)**	**230225000000**	富强镇	230231106000
繁荣街道	230207004000	甘南镇	230225100000	新生乡	230231200000
梅里斯达斡尔族区(1街道，	**230208000000**	兴十四镇	230225101000	兴国乡	230231201000
4镇，2乡)		平阳镇	230225102000	上升乡	230231203000
梅里斯街道	230208001000	东阳镇	230225103000	兴华乡	230231204000
雅尔塞镇	230208101000	巨宝镇	230225104000	大众乡	230231206000
卧牛吐镇	230208102000	长山乡	230225201000	丰产乡	230231209000
达呼店镇	230208103000	中兴乡	230225202000	永勤乡	230231210000
共和镇	230208104000	兴隆乡	230225203000	爱农乡	230231212000
莽格吐达斡尔族乡	230208200000	宝山乡	230225204000	时中乡	230231214000
梅里斯乡	230208201000	查哈阳乡	230225206000	**讷河市(2街道，11镇，**	**230281000000**
龙江县(5镇，9乡)	**230221000000**	**富裕县(6镇，4乡)**	**230227000000**	**4乡)**	
龙江镇	230221100000	富裕镇	230227100000	通江街道	230281001000
景星镇	230221101000	富路镇	230227101000	雨亭街道	230281002000
龙兴镇	230221102000	富海镇	230227102000	拉哈镇	230281101000
山泉镇	230221103000	二道湾镇	230227103000	二克浅镇	230281102000
七棵树镇	230221104000	龙安桥镇	230227104000	学田镇	230281103000
白山乡	230221200000	塔哈镇	230227105000	龙河镇	230281104000

续表 3

行政区划名称	行政区划代码	行政区划名称	行政区划代码	行政区划名称	行政区划代码
讷南镇	230281105000	永丰朝鲜族乡	230306201000	育才街道	230403001000
六合镇	230281106000	**麻山区(1街道)**	**230307000000**	团结街道	230403002000
长发镇	230281107000	麻山街道	230307001000	湖滨街道	230403003000
通南镇	230281108000	**鸡东县(8镇，3乡)**	**230321000000**	解放街道	230403004000
同义镇	230281109000	鸡东镇	230321100000	新南街道	230403005000
九井镇	230281110000	平阳镇	230321101000	红旗街道	230403006000
老莱镇	230281111000	向阳镇	230321102000	**南山区(6街道)**	**230404000000**
孔国乡	230281201000	哈达镇	230321103000	铁西街道	230404001000
和盛乡	230281207000	永安镇	230321104000	铁东街道	230404002000
同心乡	230281208000	永和镇	230321105000	六号街道	230404003000
兴旺鄂温克族乡	230281210000	东海镇	230321106000	大陆街道	230404004000
鸡西市(29街道，23镇，23乡)	**230300000000**	兴农镇	230321107000	富力街道	230404005000
		鸡林朝鲜族乡	230321200000	鹿林山街道	230404006000
鸡冠区(7街道，2乡)	**230302000000**	明德朝鲜族乡	230321205000	**兴安区(5街道，1镇)**	**230405000000**
向阳街道	230302001000	下亮子乡	230321206000	第一街道	230405001000
南山街道	230302002000	**虎林市(7镇，4乡)**	**230381000000**	第二街道	230405002000
立新街道	230302003000	虎林镇	230381100000	第三街道	230405003000
东风街道	230302004000	东方红镇	230381101000	第四街道	230405004000
红军路街道	230302005000	迎春镇	230381102000	第五街道	230405005000
西鸡西街道	230302006000	虎头镇	230381103000	红旗镇	230405100000
西山街道	230302007000	杨岗镇	230381104000	**东山区(6街道，1镇，2乡)**	**230406000000**
红星乡	230302200000	宝东镇	230381106000	东山街道	230406001000
西郊乡	230302201000	东城镇	230381107000	三街街道	230406002000
恒山区(7街道，2乡)	**230303000000**	新乐乡	230381203000	工人村街道	230406003000
桦木林街道	230303001000	伟光乡	230381204000	新一街道	230406004000
大恒山街道	230303002000	珍宝岛乡	230381206000	鹤兴街道	230406005000
小恒山街道	230303003000	阿北乡	230381207000	光宇街道	230406006000
二道河子街道	230303004000	**密山市(8镇，8乡)**	**230382000000**	新华镇	230406100000
张新街道	230303005000	密山镇	230382100000	蔬园乡	230406201000
奋斗街道	230303006000	连珠山镇	230382101000	东方红乡	230406202000
柳毛街道	230303007000	当壁镇	230382102000	**兴山区(4街道)**	**230407000000**
红旗乡	230303200000	知一镇	230382103000	沟南街道	230407001000
柳毛乡	230303201000	黑台镇	230382104000	沟北街道	230407002000
滴道区(4街道，2乡)	**230304000000**	兴凯镇	230382105000	岭南街道	230407003000
东兴街道	230304001000	裴德镇	230382106000	岭北街道	230407004000
矿里街道	230304002000	白鱼湾镇	230382107000	**萝北县(6镇，2乡)**	**230421000000**
洗煤街道	230304003000	柳毛乡	230382200000	凤翔镇	230421100000
大通沟街道	230304004000	杨木乡	230382201000	鹤北镇	230421101000
滴道河乡	230304200000	兴凯湖乡	230382202000	名山镇	230421102000
兰岭乡	230304201000	承紫河乡	230382203000	团结镇	230421103000
梨树区(5街道)	**230305000000**	二人班乡	230382206000	肇兴镇	230421104000
街里街道	230305001000	太平乡	230382208000	云山镇	230421105000
穆棱街道	230305002000	和平朝鲜族乡	230382210000	东明朝鲜族乡	230421200000
平岗街道	230305003000	富源乡	230382212000	太平沟乡	230421203000
碱场街道	230305004000	**鹤岗市(32街道，11镇，10乡)**	**230400000000**	**绥滨县(3镇，6乡)**	**230422000000**
石磷街道	230305005000			绥滨镇	230422100000
城子河区(5街道，2乡)	**230306000000**	**向阳区(5街道)**	**230402000000**	绥东镇	230422101000
中心街道	230306001000	光明街道	230402001000	忠仁镇	230422102000
正阳街道	230306002000	红军街道	230402002000	连生乡	230422200000
东海街道	230306003000	胜利街道	230402003000	北岗乡	230422201000
城西街道	230306004000	南翼街道	230402004000	富强乡	230422202000
杏花街道	230306005000	北山街道	230402005000	北山乡	230422203000
长青乡	230306200000	**工农区(6街道)**	**230403000000**	福兴满族乡	230422204000

续表 4

行政区划名称	行政区划代码
新富乡	230422205000
双鸭山市(24街道，21镇，21乡)	**230500000000**
尖山区(7街道，1乡)	**230502000000**
二马路街道	230502001000
八马路街道	230502002000
中心站街道	230502003000
富安街道	230502004000
窑地街道	230502005000
长安街道	230502006000
铁西街道	230502007000
安邦乡	230502200000
岭东区(6街道，1乡)	**230503000000**
中山街道	230503001000
北山街道	230503002000
南山街道	230503003000
东山街道	230503004000
中心街道	230503005000
西山街道	230503006000
长胜乡	230503200000
四方台区(4街道，1镇)	**230505000000**
振兴中路街道	230505001000
振兴东路街道	230505002000
集贤街道	230505004000
东荣街道	230505005000
太保镇	230505101000
宝山区(7街道，1镇)	**230506000000**
红旗街道	230506001000
跃进街道	230506002000
东保卫街道	230506003000
七星街道	230506004000
双阳街道	230506005000
新安街道	230506006000
电厂街道	230506007000
七星镇	230506101000
集贤县(5镇，3乡)	**230521000000**
福利镇	230521100000
集贤镇	230521101000
升昌镇	230521102000
丰乐镇	230521103000
太平镇	230521104000
腰屯乡	230521201000
兴安乡	230521202000
永安乡	230521204000
友谊县(4镇，7乡)	**230522000000**
友谊镇	230522100000
兴隆镇	230522101000
龙山镇	230522102000
凤岗镇	230522103000
兴盛乡	230522200000
东建乡	230522201000
庆丰乡	230522202000
建设乡	230522203000
友邻乡	230522204000
新镇乡	230522205000
成富朝鲜族满族乡	230522206000
宝清县(6镇，4乡)	**230523000000**
宝清镇	230523100000
七星泡镇	230523101000
青原镇	230523102000
夹信子镇	230523103000
龙头镇	230523104000
小城子镇	230523105000
朝阳乡	230523202000
万金山乡	230523203000
尖山子乡	230523204000
七星河乡	230523209000
饶河县(4镇，5乡)	**230524000000**
饶河镇	230524100000
小佳河镇	230524101000
西丰镇	230524102000
五林洞镇	230524103000
西林子乡	230524200000
四排赫哲族乡	230524201000
大佳河乡	230524203000
山里乡	230524204000
大通河乡	230524207000
大庆市(29街道，30镇，28乡)	**230600000000**
萨尔图区(9街道)	**230602000000**
萨尔图街道	230602001000
铁人街道	230602005000
友谊街道	230602006000
富强街道	230602007000
拥军街道	230602008000
会战街道	230602009000
火炬街道	230602010000
东风街道	230602011000
东安街道	230602012000
龙凤区(6街道，1镇)	**230603000000**
龙凤街道	230603001000
兴化村街道	230603002000
卧里屯街道	230603007000
东光街道	230603008000
三永街道	230603009000
开发区黎明街道	230603010000
龙凤镇	230603100000
让胡路区(6街道，1镇)	**230604000000**
龙岗街道	230604001000
银浪街道	230604002000
奋斗街道	230604004000
庆新街道	230604005000
西宾街道	230604007000
乘风街道	230604009000
喇嘛甸镇	230604101000
红岗区(5街道，1镇)	**230605000000**
红岗街道	230605001000
八百垧街道	230605004000
杏南街道	230605005000
解放街道	230605006000
创业街道	230605007000
杏树岗镇	230605100000
大同区(3街道，4镇，4乡)	**230606000000**
庆葡街道	230606001000
立志街道	230606005000
新华街道	230606006000
大同镇	230606100000
高台子镇	230606101000
太阳升镇	230606102000
林源镇	230606103000
祝三乡	230606200000
老山头乡	230606203000
八井子乡	230606205000
双榆树乡	230606206000
肇州县(6镇，6乡)	**230621000000**
肇州镇	230621100000
永乐镇	230621101000
丰乐镇	230621102000
朝阳沟镇	230621103000
兴城镇	230621104000
二井镇	230621105000
双发乡	230621202000
托古乡	230621203000
朝阳乡	230621205000
永胜乡	230621206000
榆树乡	230621208000
新福乡	230621211000
肇源县(8镇，8乡)	**230622000000**
肇源镇	230622100000
三站镇	230622101000
二站镇	230622102000
茂兴镇	230622103000
古龙镇	230622104000
新站镇	230622105000
头台镇	230622106000
古恰镇	230622107000
福兴乡	230622200000
薄荷台乡	230622201000
和平乡	230622203000
超等蒙古族乡	230622207000
民意乡	230622208000
义顺蒙古族乡	230622210000
浩德蒙古族乡	230622211000
大兴乡	230622212000
林甸县(4镇，4乡)	**230623000000**
林甸镇	230623100000
红旗镇	230623101000
花园镇	230623102000
四季青镇	230623103000
东兴乡	230623200000
宏伟乡	230623202000
三合乡	230623203000

续表 5

行政区划名称	行政区划代码	行政区划名称	行政区划代码	行政区划名称	行政区划代码
四合乡	230623206000	**汤旺河区(2街道)**	**230712000000**	松江乡	230805200000
杜尔伯特蒙古族自治县(5镇, 6乡)	**230624000000**	河南街道	230712001000	**郊区(7街道, 5镇, 6乡)**	**230811000000**
泰康镇	230624100000	河北街道	230712002000	友谊街道	230811003000
胡吉吐莫镇	230624101000	**带岭区(1街道)**	**230713000000**	佳西街道	230811004000
烟筒屯镇	230624102000	带岭街道	230713001000	莲江口街道	230811005000
他拉哈镇	230624103000	**乌伊岭区(1街道)**	**230714000000**	长青街道	230811006000
连环湖镇	230624104000	乌伊岭街道	230714001000	四丰街道	230811021000
一心乡	230624200000	**红星区(1街道)**	**230715000000**	沿江街道	230811029000
克尔台乡	230624201000	红星街道	230715001000	江口街道	230811030000
敖林西伯乡	230624203000	**上甘岭区(1街道)**	**230716000000**	大来镇	230811101000
巴彦查干乡	230624204000	红山街道	230716001000	敖其镇	230811102000
腰新乡	230624205000	**嘉荫县(3镇, 6乡)**	**230722000000**	望江镇	230811103000
江湾乡	230624206000	朝阳镇	230722100000	长发镇	230811104000
伊春市(30街道, 9镇, 10乡)	**230700000000**	乌云镇	230722101000	莲江口镇	230811105000
		乌拉嘎镇	230722102000	长青乡	230811200000
		常胜乡	230722200000	沿江乡	230811201000
伊春区(5街道)	**230702000000**	向阳乡	230722201000	西格木乡	230811202000
旭日街道	230702001000	沪嘉乡	230722202000	平安乡	230811208000
红升街道	230702004000	红光乡	230722203000	四丰乡	230811210000
前进街道	230702006000	保兴乡	230722204000	群胜乡	230811211000
朝阳街道	230702007000	青山乡	230722205000	**桦南县(6镇, 4乡)**	**230822000000**
东升街道	230702008000	**铁力市(4镇, 3乡)**	**230781000000**	驼腰子镇	230822103000
南岔区(3街道, 2镇, 1乡)	**230703000000**	铁力镇	230781100000	石头河子镇	230822104000
西水街道	230703002000	双丰镇	230781101000	桦南镇	230822106000
联合街道	230703004000	桃山镇	230781102000	土龙山镇	230822107000
东升街道	230703005000	朗乡镇	230781104000	孟家岗镇	230822108000
晨明镇	230703101000	年丰朝鲜族乡	230781200000	闫家镇	230822109000
浩良河镇	230703102000	工农乡	230781201000	金沙乡	230822205000
迎春乡	230703200000	王杨乡	230781202000	梨树乡	230822213000
友好区(3街道)	**230704000000**	**佳木斯市(28街道, 38镇, 33乡)**	**230800000000**	明义乡	230822214000
友好街道	230704001000			大八浪乡	230822215000
双子河街道	230704003000	**向阳区(6街道)**	**230803000000**	**桦川县(4镇, 5乡)**	**230826000000**
铁林街道	230704004000	西林街道	230803001000	横头山镇	230826101000
西林区(3街道)	**230705000000**	保卫街道	230803002000	苏家店镇	230826103000
西林街道	230705001000	桥南街道	230803003000	悦来镇	230826104000
新兴街道	230705003000	西南岗街道	230803004000	新城镇	230826105000
苔青街道	230705005000	长安街道	230803005000	东河乡	230826201000
翠峦区(2街道)	**230706000000**	建设街道	230803006000	梨丰乡	230826202000
向阳街道	230706001000	**前进区(6街道)**	**230804000000**	创业乡	230826205000
曙光街道	230706002000	站前街道	230804001000	星火朝鲜族乡	230826207000
新青区(2街道)	**230707000000**	永安街道	230804002000	四马架乡	230826208000
新青街道	230707001000	奋斗街道	230804003000	**汤原县(4镇, 6乡)**	**230828000000**
兴安街道	230707003000	南岗街道	230804004000	香兰镇	230828101000
美溪区(1街道)	**230708000000**	亮子河街道	230804005000	鹤立镇	230828102000
美溪街道	230708010000	田园街道	230804006000	竹帘镇	230828103000
金山屯区(2街道)	**230709000000**	**东风区(6街道, 1镇, 1乡)**	**230805000000**	汤原镇	230828104000
奋斗街道	230709002000	晓云街道	230805001000	汤旺朝鲜族乡	230828201000
金山街道	230709003000	佳东街道	230805002000	胜利乡	230828203000
五营区(2街道)	**230710000000**	造纸街道	230805003000	吉祥乡	230828208000
五营街道	230710001000	佳南街道	230805004000	振兴乡	230828209000
五星街道	230710002000	建国街道	230805005000	太平川乡	230828210000
乌马河区(1街道)	**230711000000**	松江街道	230805006000	永发乡	230828211000
乌马河街道	230711001000	建国镇	230805101000	**抚远县(4镇, 5乡)**	**230833000000**

续表 6

行政区划名称	行政区划代码
抚远镇	230833100000
寒葱沟镇	230833101000
浓桥镇	230833102000
抓吉镇	230833103000
通江乡	230833200000
浓江乡	230833201000
海青乡	230833202000
别拉洪乡	230833203000
鸭南乡	230833204000
同江市(4镇，6乡)	**230881000000**
同江镇	230881100000
乐业镇	230881101000
三村镇	230881102000
临江镇	230881103000
向阳乡	230881201000
青河乡	230881203000
街津口赫哲族乡	230881204000
八岔赫哲族乡	230881205000
金川乡	230881206000
银川乡	230881207000
富锦市(3街道，10镇)	**230882000000**
城关街道	230882001000
城东街道	230882002000
城西街道	230882003000
长安镇	230882103000
砚山镇	230882106000
头林镇	230882107000
兴隆岗镇	230882108000
宏胜镇	230882109000
向阳川镇	230882110000
二龙山镇	230882111000
锦山镇	230882113000
大榆树镇	230882114000
上街基镇	230882119000
七台河市(22街道，9镇，8乡)	**230900000000**
新兴区(10街道，1镇，1乡)	**230902000000**
兴华街道	230902001000
新城街道	230902002000
新立街道	230902003000
新建街道	230902004000
北山街道	230902005000
河南街道	230902006000
新合街道	230902007000
缸窑沟街道	230902008000
新安街道	230902009000
越秀街道	230902010000
红旗镇	230902100000
长兴乡	230902200000
桃山区(7街道，1镇)	**230903000000**
桃南街道	230903001000
桃北街道	230903002000
桃西街道	230903003000
兴岗街道	230903004000
桃东街道	230903005000
桃山街道	230903006000
万宝河镇街道	230903007000
万宝河镇	230903100000
茄子河区(5街道，2镇，2乡)	**230904000000**
东风街道	230904001000
向阳街道	230904002000
富强街道	230904003000
新富街道	230904004000
龙湖街道	230904005000
茄子河镇	230904100000
宏伟镇	230904101000
铁山乡	230904200000
中心河乡	230904201000
勃利县(5镇，5乡)	**230921000000**
勃利镇	230921100000
小五站镇	230921101000
大四站镇	230921102000
双河镇	230921103000
倭肯镇	230921104000
青山乡	230921200000
永恒乡	230921202000
抢垦乡	230921203000
杏树朝鲜族乡	230921204000
吉兴朝鲜族满族乡	230921205000
牡丹江市(24街道，44镇，10乡)	**231000000000**
东安区(5街道)	**231002000000**
新安街道	231002001000
长安街道	231002002000
七星街道	231002003000
五星街道	231002004000
兴隆街道	231002005000
阳明区(4街道，4镇)	**231003000000**
阳明街道	231003001000
前进街道	231003002000
新兴街道	231003003000
桦林橡胶厂街道	231003004000
铁岭镇	231003100000
桦林镇	231003101000
磨刀石镇	231003102000
五林镇	231003103000
爱民区(8街道，1镇)	**231004000000**
向阳街道	231004001000
黄花街道	231004002000
铁北街道	231004003000
新华街道	231004004000
大庆街道	231004005000
兴平街道	231004006000
北山街道	231004007000
北安街道	231004008000
三道关镇	231004100000
西安区(7街道，1镇，1乡)	**231005000000**
先锋街道	231005001000
火炬街道	231005002000
立新街道	231005003000
牡丹街道	231005004000
江滨街道	231005005000
沿江街道	231005006000
水泥街道	231005007000
温春镇	231005100000
海南朝鲜族乡	231005200000
东宁县(6镇)	**231024000000**
东宁镇	231024100000
三岔口镇	231024101000
大肚川镇	231024102000
老黑山镇	231024103000
道河镇	231024104000
绥阳镇	231024105000
林口县(9镇，2乡)	**231025000000**
林口镇	231025100000
古城镇	231025101000
刁翎镇	231025102000
朱家镇	231025104000
柳树镇	231025105000
三道通镇	231025106000
龙爪镇	231025107000
莲花镇	231025108000
青山镇	231025110000
奎山乡	231025200000
建堂乡	231025202000
绥芬河市(2镇)	**231081000000**
绥芬河镇	231081100000
阜宁镇	231081101000
海林市(8镇)	**231083000000**
海林镇	231083100000
长汀镇	231083101000
横道镇	231083102000
山市镇	231083103000
柴河镇	231083104000
二道镇	231083105000
新安朝鲜族镇	231083106000
三道镇	231083107000
宁安市(7镇，5乡)	**231084000000**
宁安镇	231084100000
东京城镇	231084101000
渤海镇	231084102000
石岩镇	231084103000
沙兰镇	231084104000
海浪镇	231084105000
兰岗镇	231084106000
江南朝鲜族满族乡	231084202000
卧龙朝鲜族乡	231084206000
马河乡	231084208000

续表 7

行政区划名称	行政区划代码
镜泊乡	231084210000
三陵乡	231084211000
穆棱市(6镇，2乡)	**231085000000**
八面通镇	231085100000
穆棱镇	231085101000
下城子镇	231085102000
马桥河镇	231085103000
兴源镇	231085104000
河西镇	231085105000
福录乡	231085200000
共和乡	231085202000
黑河市(11街道，25镇，40乡)	**231100000000**
爱辉区(4街道，3镇，8乡)	**231102000000**
花园街道	231102001000
兴安街道	231102002000
海兰街道	231102003000
西兴街道	231102004000
西岗子镇	231102101000
爱辉镇	231102102000
罕达汽镇	231102103000
幸福乡	231102200000
四嘉子满族乡	231102201000
坤河达斡尔族满族乡	231102202000
上马厂乡	231102203000
张地营子乡	231102204000
西峰山乡	231102205000
新生鄂伦春族乡	231102206000
二站乡	231102207000
嫩江县(8镇，6乡)	**231121000000**
嫩江镇	231121100000
伊拉哈镇	231121101000
双山镇	231121102000
多宝山镇	231121103000
海江镇	231121104000
前进镇	231121105000
长福镇	231121106000
科洛镇	231121107000
临江乡	231121202000
联兴乡	231121206000
白云乡	231121207000
塔溪乡	231121208000
霍龙门乡	231121210000
长江乡	231121211000
逊克县(2镇，7乡)	**231123000000**
逊河镇	231123101000
奇克镇	231123102000
干岔子乡	231123201000
松树沟乡	231123202000
车陆乡	231123203000
新鄂鄂伦春族乡	231123204000
新兴鄂伦春族乡	231123205000
克林乡	231123206000
宝山乡	231123207000
孙吴县(2镇，9乡)	**231124000000**
孙吴镇	231124100000
辰清镇	231124101000
西兴乡	231124201000
沿江满族达斡尔族乡	231124202000
腰屯乡	231124203000
卧牛河乡	231124204000
群山乡	231124205000
奋斗乡	231124206000
红旗乡	231124207000
正阳山乡	231124208000
清溪乡	231124210000
北安市(6街道，5镇，4乡)	**231181000000**
兆麟街道	231181001000
和平街道	231181002000
北岗街道	231181003000
庆华街道	231181004000
铁西街道	231181005000
铁南街道	231181006000
通北镇	231181101000
赵光镇	231181102000
海星镇	231181103000
石泉镇	231181104000
二井镇	231181105000
城郊乡	231181200000
东胜乡	231181201000
杨家乡	231181203000
主星朝鲜族乡	231181207000
五大连池市(1街道，5镇，6乡)	**231182000000**
青山街道	231182001000
龙镇	231182101000
和平镇	231182102000
五大连池镇	231182103000
双泉镇	231182104000
新发镇	231182105000
兴隆乡	231182202000
建设乡	231182203000
太平乡	231182205000
团结乡	231182207000
兴安乡	231182208000
朝阳乡	231182210000
绥化市(6街道，72镇，88乡)	**231200000000**
北林区(6街道，12镇，8乡)	**231202000000**
紫来街道	231202001000
爱路街道	231202002000
大有街道	231202003000
吉泰街道	231202004000
东兴街道	231202005000
北林街道	231202006000
宝山镇	231202101000
绥胜镇	231202102000
西长发镇	231202103000
永安镇	231202104000
太平川镇	231202105000
秦家镇	231202106000
双河镇	231202107000
三河镇	231202108000
四方台镇	231202109000
津河镇	231202110000
张维镇	231202111000
东津镇	231202113000
红旗满族乡	231202201000
连岗乡	231202202000
新华乡	231202203000
兴福乡	231202204000
东富乡	231202205000
三井乡	231202209000
五营乡	231202212000
兴和朝鲜族乡	231202213000
望奎县(8镇，7乡)	**231221000000**
望奎镇	231221100000
通江镇	231221101000
卫星镇	231221102000
海丰镇	231221103000
莲花镇	231221104000
惠七满族镇	231221105000
先锋镇	231221106000
火箭镇	231221107000
东郊乡	231221201000
灵山满族乡	231221202000
后三乡	231221203000
灯塔乡	231221207000
东升乡	231221209000
恭六乡	231221210000
厢白满族乡	231221211000
兰西县(4镇，11乡)	**231222000000**
兰西镇	231222100000
榆林镇	231222101000
临江镇	231222102000
平山镇	231222103000
康荣乡	231222200000
燎原乡	231222201000
北安乡	231222202000
长江乡	231222203000
兰河乡	231222204000
红星乡	231222205000
红光乡	231222206000
长岗乡	231222207000
远大乡	231222209000
星火乡	231222210000
奋斗乡	231222211000
青冈县(6镇，9乡)	**231223000000**
青冈镇	231223100000
中和镇	231223101000
祯祥镇	231223102000
兴华镇	231223103000

续表 8

行政区划名称	行政区划代码
永丰镇	231223104000
芦河镇	231223105000
劳动乡	231223201000
建设乡	231223202000
新村乡	231223203000
昌盛乡	231223206000
柞岗乡	231223207000
民政乡	231223208000
德胜乡	231223209000
迎春乡	231223211000
连丰乡	231223212000
庆安县(6镇，8乡)	**231224000000**
民乐镇	231224101000
大罗镇	231224102000
平安镇	231224103000
勤劳镇	231224104000
久胜镇	231224105000
庆安镇	231224106000
建民乡	231224201000
巨宝山乡	231224202000
新胜乡	231224204000
丰收乡	231224206000
发展乡	231224208000
同乐乡	231224209000
致富乡	231224210000
欢胜乡	231224211000
明水县(5镇，7乡)	**231225000000**
明水镇	231225100000
兴仁镇	231225101000
永兴镇	231225102000
崇德镇	231225103000
通达镇	231225104000
双兴乡	231225201000
永久乡	231225203000
树人乡	231225204000
光荣乡	231225205000
繁荣乡	231225206000
通泉乡	231225207000
育林乡	231225208000
绥棱县(4镇，7乡)	**231226000000**
绥棱镇	231226100000
上集镇	231226101000
四海店镇	231226102000
双岔河镇	231226103000
靠山乡	231226200000
后头乡	231226201000
长山乡	231226203000
克音河乡	231226205000
绥中乡	231226206000
泥尔河乡	231226207000
阁山乡	231226210000
安达市(10镇，4乡)	**231281000000**
安达镇	231281100000
任民镇	231281101000
吉兴岗镇	231281102000
万宝山镇	231281103000
昌德镇	231281104000
升平镇	231281105000
羊草镇	231281106000
老虎岗镇	231281107000
中本镇	231281108000
太平庄镇	231281109000
火石山乡	231281202000
卧里屯乡	231281204000
青肯泡乡	231281205000
先源乡	231281209000
肇东市(10镇，11乡)	**231282000000**
肇东镇	231282100000
昌五镇	231282101000
宋站镇	231282102000
五站镇	231282103000
尚家镇	231282104000
姜家镇	231282105000
里木店镇	231282106000
四站镇	231282107000
涝洲镇	231282108000
五里明镇	231282109000
太平乡	231282201000
海城乡	231282203000
向阳乡	231282204000
洪河乡	231282205000
跃进乡	231282206000
黎明乡	231282210000
西八里乡	231282211000
德昌乡	231282212000
宣化乡	231282213000
安民乡	231282214000
明久乡	231282215000
海伦市(7镇，16乡)	**231283000000**
海伦镇	231283100000
海北镇	231283101000
伦河镇	231283102000
共合镇	231283103000
海兴镇	231283104000
祥富镇	231283105000
东风镇	231283106000
前进乡	231283202000
向荣乡	231283203000
长发乡	231283204000
东林乡	231283205000
海南乡	231283208000
共荣乡	231283209000
乐业乡	231283210000
福民乡	231283211000
丰山乡	231283212000
永富乡	231283213000
百祥乡	231283215000
联发乡	231283216000
永和乡	231283217000
爱民乡	231283218000
扎音河乡	231283220000
双录乡	231283221000
大兴安岭地区(6街道，24镇，11乡)	**232700000000**
*	
东山街道	232791001000
卫东街道	232791002000
红旗街道	232791003000
长虹街道	232791004000
曙光街道	232791005000
光明街道	232791006000
加北乡	232791200000
白桦乡	232791201000
*	
小扬气镇	232792100000
劲松镇	232792101000
古源镇	232792102000
*	
新林镇	232793100000
翠岗镇	232793101000
塔源镇	232793102000
大乌苏镇	232793103000
塔尔根镇	232793104000
碧洲镇	232793105000
宏图镇	232793106000
*	
呼中镇	232794100000
碧水镇	232794101000
呼源镇	232794102000
宏伟镇	232794103000
呼玛县(2镇，6乡)	**232721000000**
呼玛镇	232721100000
韩家园镇	232721101000
三卡乡	232721200000
金山乡	232721201000
兴华乡	232721202000
鸥浦乡	232721203000
白银纳鄂伦春族民族乡	232721204000
北疆乡	232721205000
塔河县(3镇，3乡)	**232722000000**
塔河镇	232722100000
瓦拉干镇	232722101000
盘古镇	232722102000
十八站鄂伦春族民族乡	232722200000
依西肯乡	232722201000
开库康乡	232722202000
漠河县(5镇)	**232723000000**
西林吉镇	232723100000
图强镇	232723101000
劲涛镇	232723102000
兴安镇	232723103000
北极镇	232723104000

上海市

上海市(沪)

行政区划名称	行政区划代码
上海市(98街道，108镇，2乡)	**310000000000**
黄浦区(10街道)	**310101000000**
南京东路街道	310101002000
外滩街道	310101013000
半淞园路街道	310101015000
小东门街道	310101017000
豫园街道	310101018000
老西门街道	310101019000
五里桥街道	310101020000
打浦桥街道	310101021000
淮海中路街道	310101022000
瑞金二路街道	310101023000
徐汇区(12街道，1镇)	**310104000000**
天平路街道	310104003000
湖南路街道	310104004000
斜土路街道	310104007000
枫林路街道	310104008000
长桥街道	310104010000
田林街道	310104011000
虹梅路街道	310104012000
康健新村街道	310104013000
徐家汇街道	310104014000
凌云路街道	310104015000
龙华街道	310104016000
漕河泾街道	310104017000
华泾镇	310104103000
长宁区(9街道，1镇)	**310105000000**
华阳路街道	310105001000
江苏路街道	310105002000
新华路街道	310105004000
周家桥街道	310105005000
天山路街道	310105006000
仙霞新村街道	310105008000
虹桥街道	310105009000
程家桥街道	310105010000
北新泾街道	310105011000
新泾镇	310105102000
静安区(5街道)	**310106000000**
江宁路街道	310106006000
石门二路街道	310106011000
南京西路街道	310106012000
静安寺街道	310106013000
曹家渡街道	310106014000
普陀区(6街道，3镇)	**310107000000**
曹杨新村街道	310107005000
长风新村街道	310107014000
长寿路街道	310107015000
甘泉路街道	310107016000
石泉路街道	310107017000
宜川路街道	310107020000
真如镇	310107101000
长征镇	310107102000
桃浦镇	310107103000
闸北区(8街道，1镇)	**310108000000**
天目西路街道	310108001000
北站街道	310108006000
宝山路街道	310108007000
共和新路街道	310108012000
大宁路街道	310108013000
彭浦新村街道	310108014000
临汾路街道	310108015000
芷江西路街道	310108016000
彭浦镇	310108101000
虹口区(8街道)	**310109000000**
欧阳路街道	310109009000
曲阳路街道	310109010000
广中路街道	310109011000
嘉兴路街道	310109014000
凉城新村街道	310109016000
四川北路街道	310109017000
提篮桥街道	310109018000
江湾镇街道	310109019000
杨浦区(11街道，1镇)	**310110000000**
定海路街道	310110001000
平凉路街道	310110006000
江浦路街道	310110008000
四平路街道	310110009000
控江路街道	310110012000
长白新村街道	310110013000
延吉新村街道	310110015000
殷行街道	310110016000
大桥街道	310110018000
五角场街道	310110019000
新江湾城街道	310110020000
五角场镇	310110101000
闵行区(3街道，9镇)	**310112000000**
江川路街道	310112001000
古美街道	310112006000
新虹街道	310112008000
莘庄镇	310112101000
七宝镇	310112102000
颛桥镇	310112103000
华漕镇	310112106000
虹桥镇	310112107000
梅陇镇	310112108000
吴泾镇	310112110000
马桥镇	310112112000
浦江镇	310112114000
宝山区(3街道，9镇)	**310113000000**
友谊路街道	310113003000
吴淞街道	310113007000
张庙街道	310113008000
罗店镇	310113101000
大场镇	310113102000
杨行镇	310113103000
月浦镇	310113104000
罗泾镇	310113106000
顾村镇	310113109000
高境镇	310113111000
庙行镇	310113112000
淞南镇	310113113000
嘉定区(3街道，7镇)	**310114000000**
新成路街道	310114001000

续表

行政区划名称	行政区划代码	行政区划名称	行政区划代码	行政区划名称	行政区划代码
真新街道	310114002000	航头镇	310115137000	香花桥街道	310118003000
嘉定镇街道	310114004000	祝桥镇	310115139000	朱家角镇	310118102000
南翔镇	310114102000	泥城镇	310115140000	练塘镇	310118103000
安亭镇	310114103000	宣桥镇	310115141000	金泽镇	310118104000
马陆镇	310114106000	书院镇	310115142000	赵巷镇	310118105000
徐行镇	310114109000	万祥镇	310115143000	徐泾镇	310118106000
华亭镇	310114111000	老港镇	310115144000	华新镇	310118107000
外冈镇	310114114000	南汇新城镇	310115145000	重固镇	310118109000
江桥镇	310114118000	**金山区(1街道，9镇)**	**310116000000**	白鹤镇	310118110000
浦东新区(12街道，24镇)	**310115000000**	石化街道	310116001000	**奉贤区(8镇)**	**310120000000**
潍坊新村街道	310115004000	朱泾镇	310116101000	南桥镇	310120101000
陆家嘴街道	310115005000	枫泾镇	310116102000	奉城镇	310120102000
周家渡街道	310115007000	张堰镇	310116103000	庄行镇	310120104000
塘桥街道	310115008000	亭林镇	310116104000	金汇镇	310120106000
上钢新村街道	310115009000	吕巷镇	310116105000	四团镇	310120109000
南码头路街道	310115010000	廊下镇	310116107000	青村镇	310120111000
沪东新村街道	310115011000	金山卫镇	310116109000	柘林镇	310120118000
金杨新村街道	310115012000	漕泾镇	310116112000	海湾镇	310120123000
洋泾街道	310115013000	山阳镇	310116113000	**崇明县(16镇，2乡)**	**310230000000**
浦兴路街道	310115014000	**松江区(4街道，11镇)**	**310117000000**	城桥镇	310230101000
东明路街道	310115015000	岳阳街道	310117001000	堡镇	310230102000
花木街道	310115016000	永丰街道	310117002000	新河镇	310230103000
川沙新镇	310115103000	方松街道	310117003000	庙镇	310230104000
高桥镇	310115104000	中山街道	310117004000	竖新镇	310230106000
北蔡镇	310115105000	泗泾镇	310117102000	向化镇	310230107000
合庆镇	310115110000	佘山镇	310117103000	三星镇	310230109000
唐镇	310115114000	车墩镇	310117104000	港沿镇	310230113000
曹路镇	310115117000	新桥镇	310117105000	中兴镇	310230114000
金桥镇	310115120000	洞泾镇	310117106000	陈家镇	310230115000
高行镇	310115121000	九亭镇	310117107000	绿华镇	310230116000
高东镇	310115123000	泖港镇	310117109000	港西镇	310230118000
张江镇	310115125000	石湖荡镇	310117116000	建设镇	310230119000
三林镇	310115130000	新浜镇	310117117000	新海镇	310230121000
惠南镇	310115131000	叶榭镇	310117120000	东平镇	310230122000
周浦镇	310115132000	小昆山镇	310117121000	长兴镇	310230123000
新场镇	310115133000	**青浦区(3街道，8镇)**	**310118000000**	新村乡	310230201000
大团镇	310115134000	夏阳街道	310118001000	横沙乡	310230203000
康桥镇	310115136000	盈浦街道	310118002000		

江苏省

江苏省(苏)

行政区划名称	行政区划代码
江苏省(349街道，836镇，96乡)	**320000000000**
南京市(81街道，19镇)	**320100000000**
玄武区(7街道)	**320102000000**
梅园新村街道	320102002000
新街口街道	320102003000
玄武门街道	320102005000
锁金村街道	320102007000
红山街道	320102008000
孝陵卫街道	320102009000
玄武湖街道	320102010000
白下区(7街道)	**320103000000**
洪武路街道	320103001000
五老村街道	320103004000
大光路街道	320103005000
瑞金路街道	320103006000
月牙湖街道	320103007000
光华路街道	320103008000
朝天宫街道	320103009000
秦淮区(5街道)	**320104000000**
秦虹街道	320104001000
夫子庙街道	320104002000
双塘街道	320104004000
中华门街道	320104006000
红花街道	320104007000
建邺区(6街道)	**320105000000**
兴隆街道	320105006000
南苑街道	320105007000
双闸街道	320105008000
沙洲街道	320105009000
江心洲街道	320105010000
莫愁湖街道	320105011000
鼓楼区(7街道)	**320106000000**
宁海路街道	320106001000
华侨路街道	320106002000
湖南路街道	320106003000
中央门街道	320106004000
挹江门街道	320106005000
江东街道	320106006000
凤凰街道	320106007000
下关区(6街道)	**320107000000**
阅江楼街道	320107001000
热河南路街道	320107002000
幕府山街道	320107003000
建宁路街道	320107004000
宝塔桥街道	320107005000
小市街道	320107006000
浦口区(8街道，1镇)	**320111000000**
泰山街道	320111001000
顶山街道	320111002000
沿江街道	320111003000
江浦街道	320111004000
桥林街道	320111005000
汤泉街道	320111006000
盘城街道	320111007000
星甸街道	320111008000
永宁镇	320111102000
栖霞区(9街道)	**320113000000**
尧化街道	320113001000
马群街道	320113002000
迈皋桥街道	320113003000
燕子矶街道	320113004000
仙林街道	320113005000
龙潭街道	320113007000
栖霞街道	320113008000
八卦洲街道	320113009000
西岗街道	320113010000
雨花台区(6街道)	**320114000000**
赛虹桥街道	320114002000
雨花街道	320114003000
西善桥街道	320114004000
板桥街道	320114005000
铁心桥街道	320114006000
梅山街道	320114008000
江宁区(10街道)	**320115000000**
东山街道	320115001000
禄口街道	320115004000
淳化街道	320115005000
麒麟街道	320115006000
横溪街道	320115007000
江宁街道	320115008000
谷里街道	320115009000
汤山街道	320115010000
秣陵街道	320115011000
湖熟街道	320115012000
六合区(10街道，2镇)	**320116000000**
龙池街道	320116001000
雄州街道	320116002000
横梁街道	320116003000
金牛湖街道	320116004000
程桥街道	320116005000
马鞍街道	320116006000
龙袍街道	320116007000
冶山镇	320116101000
竹镇镇	320116110000
葛塘街道	320191004000
长芦街道	320191005000
大厂街道	320191006000
溧水县(8镇)	**320124000000**
永阳镇	320124100000
白马镇	320124101000
东屏镇	320124102000
石湫镇	320124104000
洪蓝镇	320124105000
晶桥镇	320124106000
和凤镇	320124107000
柘塘镇	320124108000
高淳县(8镇)	**320125000000**
淳溪镇	320125100000
阳江镇	320125101000
砖墙镇	320125102000
古柏镇	320125103000
漆桥镇	320125104000
固城镇	320125105000
东坝镇	320125106000
桠溪镇	320125108000
无锡市(51街道，32镇)	**320200000000**
崇安区(6街道)	**320202000000**
崇安寺街道	320202001000
通江街道	320202002000
广瑞路街道	320202003000
上马墩街道	320202004000
江海街道	320202005000
广益街道	320202006000
南长区(6街道)	**320203000000**
迎龙桥街道	320203001000
南禅寺街道	320203002000
清名桥街道	320203003000
金星街道	320203004000
金匮街道	320203005000
扬名街道	320203006000

续表 1

行政区划名称	行政区划代码	行政区划名称	行政区划代码	行政区划名称	行政区划代码
北塘区(5街道)	**320204000000**	璜土镇	320281101000	翠屏山街道	320303011000
北大街街道	320204001000	利港镇	320281102000	潘塘街道	320303012000
惠山街道	320204002000	月城镇	320281106000	大龙湖街道	320303013000
山北街道	320204004000	青阳镇	320281107000	**贾汪区(2街道，8镇)**	**320305000000**
黄巷街道	320204005000	徐霞客镇	320281108000	老矿街道	320305001000
五河街道	320204006000	华士镇	320281113000	夏桥街道	320305002000
锡山区(6街道，4镇)	**320205000000**	周庄镇	320281114000	贾汪镇	320305101000
东亭街道	320205001000	新桥镇	320281115000	青山泉镇	320305102000
安镇街道	320205002000	长泾镇	320281116000	大吴镇	320305103000
东北塘街道	320205003000	顾山镇	320281117000	紫庄镇	320305104000
云林街道	320205004000	祝塘镇	320281119000	塔山镇	320305105000
厚桥街道	320205005000	**宜兴市(4街道，14镇)**	**320282000000**	汴塘镇	320305106000
羊尖镇	320205102000	新庄街道	320282001000	江庄镇	320305107000
鹅湖镇	320205104000	宜城街道	320282002000	庙山镇	320390124000
锡北镇	320205106000	屺亭街道	320282003000	**泉山区(14街道)**	**320311000000**
东港镇	320205107000	新街街道	320282005000	王陵街道	320311001000
鸿山街道	320291008000	张渚镇	320282101000	永安街道	320311003000
惠山区(5街道，2镇)	**320206000000**	西渚镇	320282102000	湖滨街道	320311004000
堰桥街道	320206001000	太华镇	320282103000	段庄街道	320311005000
长安街道	320206002000	徐舍镇	320282105000	翟山街道	320311006000
钱桥街道	320206003000	官林镇	320282108000	奎山街道	320311007000
前洲街道	320206004000	杨巷镇	320282109000	和平街道	320311008000
玉祁街道	320206005000	新建镇	320282111000	泰山街道	320311011000
洛社镇	320206103000	和桥镇	320282114000	金山街道	320311012000
阳山镇	320206105000	高塍镇	320282115000	七里沟街道	320311014000
滨湖区(13街道，1镇)	**320211000000**	万石镇	320282118000	火花街道	320311015000
河埒街道	320211001000	周铁镇	320282119000	苏山街道	320311016000
荣巷街道	320211002000	芳桥镇	320282120000	庞庄街道	320311017000
蠡湖街道	320211003000	丁蜀镇	320282123000	桃园街道	320311018000
蠡园街道	320211004000	湖汊镇	320282125000	**铜山区(8街道，20镇)**	**320312000000**
华庄街道	320211006000	**徐州市(41街道，113镇)**	**320300000000**	义安街道	320312001000
太湖街道	320211007000	**鼓楼区(9街道)**	**320302000000**	利国街道	320312002000
雪浪街道	320211008000	丰财街道	320302001000	张集街道	320312003000
马山街道	320211009000	环城街道	320302002000	垞城街道	320312004000
胡埭镇	320211104000	黄楼街道	320302003000	电厂街道	320312005000
新安街道	320291001000	牌楼街道	320302004000	张双楼街道	320312006000
旺庄街道	320291002000	琵琶街道	320302008000	三河尖街道	320312007000
硕放街道	320291004000	铜沛街道	320302011000	拾屯街道	320312008000
江溪街道	320291006000	九里街道	320302012000	铜山镇	320312101000
梅村街道	320291007000	金山桥街道	320390052000	何桥镇	320312102000
江阴市(6街道，11镇)	**320281000000**	东环街道	320390053000	黄集镇	320312103000
澄江街道	320281001000	**云龙区(8街道)**	**320303000000**	马坡镇	320312104000
夏港街道	320281002000	彭城街道	320303001000	郑集镇	320312105000
申港街道	320281003000	子房街道	320303005000	柳新镇	320312106000
南闸街道	320281004000	黄山街道	320303007000	刘集镇	320312107000
云亭街道	320281005000	骆驼山街道	320303008000	大彭镇	320312108000
城东街道	320281006000	大郭庄街道	320303010000	汉王镇	320312109000

续表 2

行政区划名称	行政区划代码	行政区划名称	行政区划代码	行政区划名称	行政区划代码
三堡镇	320312110000	李集镇	320324105000	陈楼镇	320382118000
棠张镇	320312111000	桃园镇	320324106000	邢楼镇	320382119000
张集镇	320312112000	官山镇	320324107000	戴庄镇	320382120000
房村镇	320312113000	高作镇	320324108000	车辐山镇	320382121000
伊庄镇	320312114000	沙集镇	320324109000	燕子埠镇	320382122000
单集镇	320312115000	凌城镇	320324110000	赵墩镇	320382123000
徐庄镇	320312117000	邱集镇	320324111000	议堂镇	320382124000
大许镇	320312118000	古邳镇	320324112000	**常州市(21街道，37镇)**	**320400000000**
茅村镇	320312119000	姚集镇	320324113000	**天宁区(6街道)**	**320402000000**
柳泉镇	320312120000	魏集镇	320324114000	天宁街道	320402001000
利国镇	320312121000	梁集镇	320324115000	兰陵街道	320402006000
丰县(14镇)	**320321000000**	庆安镇	320324116000	茶山街道	320402007000
凤城镇	320321101000	**新沂市(16镇)**	**320381000000**	雕庄街道	320402008000
首羡镇	320321102000	新安镇	320381101000	红梅街道	320402009000
顺河镇	320321103000	草桥镇	320381102000	青龙街道	320402010000
常店镇	320321104000	港头镇	320381103000	**钟楼区(7街道)**	**320404000000**
欢口镇	320321105000	合沟镇	320381104000	五星街道	320404001000
师寨镇	320321106000	窑湾镇	320381105000	永红街道	320404002000
华山镇	320321107000	棋盘镇	320381106000	北港街道	320404003000
梁寨镇	320321108000	马陵山镇	320381107000	西林街道	320404004000
范楼镇	320321109000	邵店镇	320381108000	南大街街道	320404005000
孙楼镇	320321110000	高流镇	320381109000	荷花池街道	320404006000
宋楼镇	320321111000	阿湖镇	320381110000	新闸街道	320404010000
大沙河镇	320321112000	北沟镇	320381111000	**戚墅堰区(3街道)**	**320405000000**
王沟镇	320321113000	时集镇	320381112000	戚墅堰街道	320405001000
赵庄镇	320321114000	瓦窑镇	320381113000	丁堰街道	320405003000
沛县(15镇)	**320322000000**	双塘镇	320381114000	潞城街道	320405004000
沛城镇	320322101000	唐店镇	320381115000	**新北区(3街道，6镇)**	**320411000000**
龙固镇	320322102000	新店镇	320381116000	河海街道	320411001000
杨屯镇	320322103000	**邳州市(24镇)**	**320382000000**	三井街道	320411002000
大屯镇	320322104000	运河镇	320382101000	龙虎塘街道	320411003000
胡寨镇	320322105000	邳城镇	320382102000	春江镇	320411101000
魏庙镇	320322106000	官湖镇	320382103000	孟河镇	320411102000
五段镇	320322107000	四户镇	320382104000	新桥镇	320411103000
张庄镇	320322108000	宿羊山镇	320382105000	薛家镇	320411104000
张寨镇	320322109000	八义集镇	320382106000	罗溪镇	320411105000
敬安镇	320322110000	土山镇	320382107000	西夏墅镇	320411106000
河口镇	320322111000	碾庄镇	320382108000	**武进区(2街道，14镇)**	**320412000000**
栖山镇	320322112000	港上镇	320382109000	南夏墅街道	320412001000
鹿楼镇	320322113000	邹庄镇	320382110000	西湖街道	320412002000
朱寨镇	320322114000	占城镇	320382111000	湖塘镇	320412100000
安国镇	320322115000	新河镇	320382112000	牛塘镇	320412102000
睢宁县(16镇)	**320324000000**	八路镇	320382113000	洛阳镇	320412103000
睢城镇	320324101000	炮车镇	320382114000	遥观镇	320412104000
王集镇	320324102000	铁富镇	320382115000	横林镇	320412105000
双沟镇	320324103000	岔河镇	320382116000	横山桥镇	320412106000
岚山镇	320324104000	戴圩镇	320382117000	郑陆镇	320412109000

续表 3

行政区划名称	行政区划代码	行政区划名称	行政区划代码	行政区划名称	行政区划代码
雪堰镇	320412110000	临湖镇	320506111000	沙家浜镇	320581108000
前黄镇	320412113000	东山镇	320506113000	支塘镇	320581109000
礼嘉镇	320412114000	金庭镇	320506114000	董浜镇	320581111000
邹区镇	320412116000	唯亭街道	320591003000	尚湖镇	320581117000
嘉泽镇	320412119000	胜浦街道	320591004000	辛庄镇	320581120000
湟里镇	320412120000	**相城区(4街道，4镇)**	**320507000000**	**张家港市(8镇)**	**320582000000**
奔牛镇	320412122000	元和街道	320507001000	塘桥镇	320582100000
溧阳市(10镇)	**320481000000**	黄桥街道	320507002000	凤凰镇	320582103000
溧城镇	320481100000	北桥街道	320507004000	乐余镇	320582105000
埭头镇	320481101000	太平街道	320507007000	锦丰镇	320582107000
上黄镇	320481102000	望亭镇	320507100000	南丰镇	320582108000
戴埠镇	320481103000	黄埭镇	320507103000	杨舍镇	320582110000
天目湖镇	320481106000	渭塘镇	320507107000	大新镇	320582116000
别桥镇	320481107000	阳澄湖镇	320507111000	金港镇	320582118000
上兴镇	320481109000	**姑苏区(17街道)**	**320508000000**	**昆山市(10镇)**	**320583000000**
竹箦镇	320481111000	胥江街道	320508001000	玉山镇	320583100000
南渡镇	320481114000	沧浪街道	320508002000	巴城镇	320583102000
社渚镇	320481116000	吴门桥街道	320508003000	周市镇	320583105000
金坛市(7镇)	**320482000000**	葑门街道	320508004000	陆家镇	320583107000
金城镇	320482100000	双塔街道	320508005000	花桥镇	320583108000
儒林镇	320482104000	友新街道	320508006000	淀山湖镇	320583110000
尧塘镇	320482105000	观前街道	320508007000	张浦镇	320583111000
直溪镇	320482106000	平江街道	320508008000	周庄镇	320583112000
朱林镇	320482108000	苏锦街道	320508009000	千灯镇	320583113000
薛埠镇	320482109000	娄门街道	320508010000	锦溪镇	320583114000
指前镇	320482112000	桃花坞街道	320508011000	**太仓市(1街道，**	**320585000000**
苏州市(40街道，55镇)	**320500000000**	城北街道	320508012000	**6镇)**	
虎丘区(5街道，3镇)	**320505000000**	石路街道	320508013000	娄东街道	320585001000
狮山街道	320505002000	留园街道	320508014000	城厢镇	320585100000
横塘街道	320505003000	金阊街道	320508015000	浮桥镇	320585103000
枫桥街道	320505004000	白洋湾街道	320508016000	璜泾镇	320585105000
浒墅关镇	320505102000	虎丘街道	320508017000	双凤镇	320585109000
东渚镇	320505104000	**吴江区(1街道，8镇)**	**320509000000**	沙溪镇	320585110000
通安镇	320505105000	滨湖街道	320509001000	浏河镇	320585111000
娄葑街道	320591001000	松陵镇	320509100000	**南通市(23街道，82镇，**	**320600000000**
斜塘街道	320591002000	同里镇	320509101000	**2乡)**	
吴中区(10街道，7镇)	**320506000000**	平望镇	320509102000	**崇川区(14街道)**	**320602000000**
苏苑街道	320506001000	盛泽镇	320509103000	城东街道	320602001000
龙西街道	320506002000	七都镇	320509104000	和平桥街道	320602002000
长桥街道	320506003000	震泽镇	320509105000	任港街道	320602003000
郭巷街道	320506004000	桃源镇	320509106000	新城桥街道	320602004000
横泾街道	320506005000	汾湖镇	320509107000	虹桥街道	320602005000
越溪街道	320506006000	**常熟市(2街道，9镇)**	**320581000000**	学田街道	320602006000
城南街道	320506007000	碧溪街道	320581001000	钟秀街道	320602007000
香山街道	320506008000	东南街道	320581003000	文峰街道	320602008000
甪直镇	320506101000	虞山镇	320581100000	观音山街道	320602009000
光福镇	320506104000	梅李镇	320581101000	狼山镇街道	320602010000
木渎镇	320506108000	海虞镇	320581102000	新开街道	320690001000
胥口镇	320506109000	古里镇	320581107000	中兴街道	320690002000

续表 4

行政区划名称	行政区划代码
小海街道	320690003000
竹行街道	320690004000
港闸区(6街道)	**320611000000**
永兴街道	320611001000
唐闸镇街道	320611002000
天生港镇街道	320611003000
秦灶镇街道	320611004000
陈桥街道	320611005000
幸福街道	320611006000
通州区(19镇)	**320612000000**
金沙镇	320612100000
西亭镇	320612101000
二甲镇	320612102000
东社镇	320612103000
三余镇	320612104000
十总镇	320612107000
骑岸镇	320612108000
五甲镇	320612109000
石港镇	320612110000
四安镇	320612111000
刘桥镇	320612112000
平潮镇	320612114000
平东镇	320612115000
五接镇	320612116000
兴仁镇	320612117000
兴东镇	320612118000
张芝山镇	320612119000
川姜镇	320612120000
先锋镇	320612121000
海安县(10镇)	**320621000000**
海安镇	320621100000
曲塘镇	320621101000
李堡镇	320621102000
角斜镇	320621103000
大公镇	320621106000
城东镇	320621107000
雅周镇	320621112000
南莫镇	320621113000
白甸镇	320621114000
墩头镇	320621116000
如东县(14镇)	**320623000000**
拼茶镇	320623100000
洋口镇	320623101000
苴镇	320623103000
长沙镇	320623104000
掘港镇	320623106000
马塘镇	320623109000
丰利镇	320623110000
曹埠镇	320623111000
岔河镇	320623112000
双甸镇	320623113000
新店镇	320623114000
河口镇	320623115000
袁庄镇	320623117000
大豫镇	320623121000
启东市(11镇，1乡)	**320681000000**
汇龙镇	320681100000
南阳镇	320681102000
北新镇	320681105000
王鲍镇	320681107000
合作镇	320681108000
吕四港镇	320681110000
海复镇	320681113000
近海镇	320681117000
寅阳镇	320681118000
惠萍镇	320681120000
东海镇	320681122000
启隆乡	320681200000
如皋市(20镇)	**320682000000**
如城镇	320682100000
柴湾镇	320682101000
雪岸镇	320682102000
东陈镇	320682103000
丁埝镇	320682104000
白蒲镇	320682105000
林梓镇	320682106000
下原镇	320682107000
九华镇	320682108000
郭园镇	320682109000
石庄镇	320682110000
长江镇	320682111000
吴窑镇	320682112000
江安镇	320682113000
高明镇	320682114000
常青镇	320682115000
搬经镇	320682116000
磨头镇	320682117000
桃园镇	320682118000
袁桥镇	320682119000
海门市(3街道，8镇，1乡)	**320684000000**
海门街道	320684001000
滨江街道	320684002000
三厂街道	320684003000
三星镇	320684101000
常乐镇	320684106000
悦来镇	320684108000
四甲镇	320684111000
余东镇	320684113000
正余镇	320684114000
包场镇	320684115000
临江镇	320684118000
海永乡	320684200000
连云港市(18街道，53镇，30乡)	**320700000000**
连云区(7街道，1镇，2乡)	**320703000000**
墟沟街道	320703001000
连云街道	320703002000
连岛街道	320703003000
板桥街道	320703004000
云山街道	320703005000
海州湾街道	320703006000
宿城乡	320703201000
高公岛乡	320703202000
中云街道	320791001000
朝阳镇	320791100000
新浦区(7街道，2镇，2乡)	**320705000000**
浦东街道	320705001000
浦西街道	320705002000
新东街道	320705004000
新南街道	320705005000
路南街道	320705006000
新海街道	320705007000
南城镇	320705100000
浦南镇	320705101000
花果山乡	320705200000
猴嘴街道	320791003000
云台乡	320793200000
海州区(4街道，3镇，1乡)	**320706000000**
海州街道	320706001000
幸福路街道	320706002000
朐阳街道	320706003000
洪门街道	320706004000
新坝镇	320706100000

续表 5

行政区划名称	行政区划代码	行政区划名称	行政区划代码	行政区划名称	行政区划代码
锦屏镇	320706101000	燕尾港镇	320723103000	平桥镇	320803101000
板浦镇	320706102000	同兴镇	320723104000	上河镇	320803102000
宁海乡	320706200000	四队镇	320723105000	朱桥镇	320803103000
赣榆县(18镇)	**320721000000**	圩丰镇	320723106000	溪河镇	320803104000
青口镇	320721100000	龙苴镇	320723107000	施河镇	320803105000
柘汪镇	320721101000	伊芦乡	320723201000	车桥镇	320803106000
石桥镇	320721102000	鲁河乡	320723202000	泾口镇	320803107000
金山镇	320721103000	图河乡	320723203000	流均镇	320803108000
黑林镇	320721104000	沂北乡	320723204000	苏嘴镇	320803109000
厉庄镇	320721105000	下车乡	320723205000	钦工镇	320803110000
海头镇	320721106000	白蚬乡	320723206000	顺河镇	320803111000
塔山镇	320721107000	东王集乡	320723207000	林集镇	320803112000
赣马镇	320721108000	侍庄乡	320723208000	博里镇	320803113000
班庄镇	320721109000	小伊乡	320723209000	马甸镇	320803114000
城头镇	320721110000	穆圩乡	320723210000	席桥镇	320803115000
门河镇	320721111000	陡沟乡	320723211000	复兴镇	320803116000
城西镇	320721112000	南岗乡	320723212000	季桥镇	320803117000
欢墩镇	320721113000	**灌南县(9镇，5乡)**	**320724000000**	仇桥镇	320803118000
宋庄镇	320721114000	新安镇	320724100000	南闸镇	320803119000
沙河镇	320721115000	堆沟港镇	320724101000	范集镇	320803120000
墩尚镇	320721116000	长茂镇	320724102000	建淮乡	320803200000
罗阳镇	320721117000	北陈集镇	320724103000	茭陵乡	320803201000
东海县(13镇，8乡)	**320722000000**	张店镇	320724104000	宋集乡	320803202000
牛山镇	320722100000	汤沟镇	320724105000	城东乡	320803203000
白塔埠镇	320722101000	百禄镇	320724106000	三堡乡	320803206000
黄川镇	320722103000	孟兴庄镇	320724107000	**淮阴区(14镇，7乡)**	**320804000000**
石梁河镇	320722104000	三口镇	320724108000	王营镇	320804100000
青湖镇	320722105000	五队乡	320724200000	赵集镇	320804101000
石榴镇	320722106000	田楼乡	320724201000	吴城镇	320804102000
温泉镇	320722107000	李集乡	320724203000	南陈集镇	320804103000
双店镇	320722108000	新集乡	320724206000	码头镇	320804104000
桃林镇	320722109000	花园乡	320724207000	王兴镇	320804105000
洪庄镇	320722110000	**淮安市(11街道，91镇，24乡)**	**320800000000**	棉花庄镇	320804106000
安峰镇	320722111000			丁集镇	320804107000
房山镇	320722112000	**清河区(7街道，3乡)**	**320802000000**	五里镇	320804108000
平明镇	320722113000	府前街道	320802001000	徐溜镇	320804109000
驼峰乡	320722200000	长西街道	320802002000	渔沟镇	320804110000
南辰乡	320722201000	淮海街道	320802003000	吴集镇	320804111000
横沟乡	320722202000	长东街道	320802004000	西宋集镇	320804112000
李埝乡	320722203000	柳树湾街道	320802005000	三树镇	320804114000
山左口乡	320722204000	水渡口街道	320802006000	韩桥乡	320804200000
石湖乡	320722205000	白鹭湖街道	320802007000	新渡乡	320804201000
曲阳乡	320722206000	钵池乡	320899200000	老张集乡	320804202000
张湾乡	320722207000	徐杨乡	320899201000	凌桥乡	320804203000
灌云县(7镇，12乡)	**320723000000**	南马厂乡	320899202000	袁集乡	320804204000
伊山镇	320723100000	**淮安区(21镇，5乡)**	**320803000000**	刘老庄乡	320804205000
杨集镇	320723102000	淮城镇	320803100000	古寨乡	320804206000

续表 6

行政区划名称	行政区划代码	行政区划名称	行政区划代码	行政区划名称	行政区划代码
清浦区(4街道，3镇，2乡)	**320811000000**	桂五镇	320830104000	新都街道	320903003000
清江街道	320811001000	管镇镇	320830105000	盐龙街道	320903004000
浦楼街道	320811002000	河桥镇	320830106000	学富镇	320903103000
闸口街道	320811003000	鲍集镇	320830107000	龙冈镇	320903109000
清安街道	320811004000	黄花塘镇	320830108000	郭猛镇	320903111000
和平镇	320811100000	明祖陵镇	320830109000	大冈镇	320903112000
武墩镇	320811101000	铁佛镇	320830110000	大纵湖镇	320903113000
盐河镇	320811102000	淮河镇	320830111000	楼王镇	320903114000
城南乡	320811201000	仇集镇	320830112000	尚庄镇	320903115000
黄码乡	320811202000	观音寺镇	320830113000	秦南镇	320903116000
涟水县(17镇，2乡)	**320826000000**	维桥乡	320830200000	**响水县(8镇)**	**320921000000**
涟城镇	320826100000	穆店乡	320830201000	响水镇	320921100000
高沟镇	320826101000	王店乡	320830202000	陈家港镇	320921101000
唐集镇	320826102000	古桑乡	320830203000	小尖镇	320921102000
保滩镇	320826103000	兴隆乡	320830204000	黄圩镇	320921103000
大东镇	320826104000	**金湖县(11镇)**	**320831000000**	大有镇	320921104000
五港镇	320826105000	黎城镇	320831100000	双港镇	320921105000
梁岔镇	320826106000	金南镇	320831101000	南河镇	320921106000
石湖镇	320826107000	闵桥镇	320831102000	运河镇	320921107000
朱码镇	320826108000	塔集镇	320831103000	**滨海县(12镇)**	**320922000000**
岔庙镇	320826109000	银集镇	320831104000	东坎镇	320922100000
东胡集镇	320826110000	涂沟镇	320831105000	五汛镇	320922101000
南集镇	320826111000	前锋镇	320831106000	蔡桥镇	320922102000
义兴镇	320826112000	吕良镇	320831107000	正红镇	320922103000
成集镇	320826113000	陈桥镇	320831108000	通榆镇	320922104000
红窑镇	320826114000	金北镇	320831109000	界牌镇	320922105000
陈师镇	320826115000	戴楼镇	320831110000	八巨镇	320922106000
前进镇	320826116000	**盐城市(13街道，99镇)**	**320900000000**	八滩镇	320922107000
徐集乡	320826200000	**亭湖区(9街道，6镇)**	**320902000000**	滨海港镇	320922108000
黄营乡	320826201000	五星街道	320902001000	滨淮镇	320922109000
洪泽县(11镇)	**320829000000**	文峰街道	320902002000	天场镇	320922110000
高良涧镇	320829100000	先锋街道	320902003000	陈涛镇	320922112000
蒋坝镇	320829101000	伍佑街道	320902004000	**阜宁县(14镇)**	**320923000000**
仁和镇	320829102000	新城街道	320902005000	阜城镇	320923100000
岔河镇	320829103000	大洋街道	320902006000	沟墩镇	320923101000
西顺河镇	320829104000	黄海街道	320902007000	陈良镇	320923104000
老子山镇	320829105000	新洋街道	320902008000	三灶镇	320923106000
三河镇	320829106000	毓龙街道	320902009000	郭墅镇	320923107000
黄集镇	320829108000	新兴镇	320902102000	新沟镇	320923108000
万集镇	320829109000	南洋镇	320902104000	陈集镇	320923109000
东双沟镇	320829110000	便仓镇	320902106000	羊寨镇	320923110000
共和镇	320829111000	步凤镇	320902108000	芦蒲镇	320923111000
盱眙县(14镇，5乡)	**320830000000**	黄尖镇	320902115000	板湖镇	320923113000
盱城镇	320830100000	盐东镇	320902116000	东沟镇	320923114000
马坝镇	320830101000	**盐都区(4街道，8镇)**	**320903000000**	益林镇	320923115000
官滩镇	320830102000	张庄街道	320903001000	古河镇	320923118000
旧铺镇	320830103000	潘黄街道	320903002000	罗桥镇	320923119000

续表 7

行政区划名称	行政区划代码
射阳县(13镇)	**320924000000**
合德镇	320924100000
临海镇	320924101000
千秋镇	320924102000
四明镇	320924104000
海河镇	320924106000
海通镇	320924108000
兴桥镇	320924109000
新坍镇	320924110000
长荡镇	320924111000
盘湾镇	320924112000
特庸镇	320924113000
洋马镇	320924114000
黄沙港镇	320924117000
建湖县(12镇)	**320925000000**
近湖镇	320925100000
建阳镇	320925101000
九龙口镇	320925102000
恒济镇	320925103000
颜单镇	320925104000
沿河镇	320925105000
芦沟镇	320925106000
庆丰镇	320925107000
上冈镇	320925108000
冈西镇	320925111000
宝塔镇	320925113000
高作镇	320925114000
东台市(14镇)	**320981000000**
溱东镇	320981100000
时埝镇	320981101000
五烈镇	320981106000
梁垛镇	320981107000
安丰镇	320981108000
南沈灶镇	320981109000
富安镇	320981110000
唐洋镇	320981112000
新街镇	320981113000
许河镇	320981114000
三仓镇	320981115000
头灶镇	320981118000
弶港镇	320981121000
东台镇	320981122000
大丰市(12镇)	**320982000000**
大中镇	320982100000
草堰镇	320982101000
白驹镇	320982102000
刘庄镇	320982103000
小海镇	320982106000
西团镇	320982107000
新丰镇	320982108000
大桥镇	320982110000
草庙镇	320982111000
万盈镇	320982112000
南阳镇	320982114000
三龙镇	320982116000
扬州市(12街道，71镇，5乡)	**321000000000**
广陵区(4街道，6镇，1乡)	**321002000000**
东关街道	321002001000
汶河街道	321002002000
文峰街道	321002003000
曲江街道	321002004000
湾头镇	321002100000
杭集镇	321002101000
李典镇	321002102000
沙头镇	321002103000
头桥镇	321002104000
泰安镇	321002105000
汤汪乡	321002200000
邗江区(8街道，9镇，3乡)	**321003000000**
邗上街道	321003001000
新盛街道	321003002000
蒋王街道	321003003000
汊河街道	321003004000
梅岭街道	321003005000
甘泉街道	321003006000
瘦西湖街道	321003007000
公道镇	321003102000
方巷镇	321003104000
槐泗镇	321003106000
瓜洲镇	321003109000
杨寿镇	321003118000
杨庙镇	321003120000
西湖镇	321003121000
平山乡	321003200000
城北乡	321003201000
双桥乡	321003202000
扬子津街道	321091002000
八里镇	321091100000
施桥镇	321091101000
江都区(13镇)	**321012000000**
仙女镇	321012100000
小纪镇	321012101000
武坚镇	321012102000
樊川镇	321012103000
真武镇	321012104000
宜陵镇	321012105000
丁沟镇	321012106000
郭村镇	321012107000
邵伯镇	321012108000
丁伙镇	321012109000
大桥镇	321012110000
吴桥镇	321012111000
浦头镇	321012112000
宝应县(14镇)	**321023000000**
安宜镇	321023100000
范水镇	321023101000
夏集镇	321023102000
柳堡镇	321023103000
射阳湖镇	321023104000
广洋湖镇	321023105000
鲁垛镇	321023106000
小官庄镇	321023107000
望直港镇	321023108000
曹甸镇	321023109000
西安丰镇	321023110000
山阳镇	321023111000
黄塍镇	321023112000
泾河镇	321023113000
仪征市(10镇)	**321081000000**
真州镇	321081100000
青山镇	321081101000
新集镇	321081103000
新城镇	321081104000
马集镇	321081105000
刘集镇	321081106000
陈集镇	321081107000
大仪镇	321081108000
月塘镇	321081109000
朴席镇	321091102000
高邮市(19镇，1乡)	**321084000000**
高邮镇	321084100000
龙虬镇	321084101000
马棚镇	321084102000
车逻镇	321084103000
八桥镇	321084104000
汉留镇	321084105000
汤庄镇	321084106000
卸甲镇	321084107000
三垛镇	321084108000
甘垛镇	321084109000
司徒镇	321084110000
横泾镇	321084111000
界首镇	321084112000

续表 8

行政区划名称	行政区划代码
周山镇	321084113000
周巷镇	321084114000
临泽镇	321084115000
送桥镇	321084116000
郭集镇	321084117000
天山镇	321084118000
菱塘回族乡	321084200000
镇江市(18街道，35镇)	**321100000000**
京口区(8街道，3镇)	**321102000000**
正东路街道	321102001000
健康路街道	321102002000
大市口街道	321102003000
四牌楼街道	321102004000
谏壁街道	321102005000
象山街道	321102006000
丁卯街道	321192001000
大港街道	321192002000
丁岗镇	321192100000
大路镇	321192101000
姚桥镇	321192102000
润州区(7街道)	**321111000000**
宝塔路街道	321111001000
和平路街道	321111002000
官塘街道	321111003000
蒋乔街道	321111004000
金山街道	321111005000
韦岗街道	321111006000
七里甸街道	321111007000
丹徒区(1街道，6镇)	**321112000000**
高资街道	321112001000
高桥镇	321112103000
辛丰镇	321112105000
谷阳镇	321112107000
上党镇	321112108000
宝堰镇	321112110000
世业镇	321112113000
丹阳市(13镇)	**321181000000**
司徒镇	321181101000
延陵镇	321181105000
珥陵镇	321181106000
导墅镇	321181109000
皇塘镇	321181110000
吕城镇	321181112000
陵口镇	321181114000
访仙镇	321181117000
界牌镇	321181118000
新桥镇	321181119000
后巷镇	321181120000
埤城镇	321181121000
云阳镇	321181122000
扬中市(2街道，4镇)	**321182000000**
三茅街道	321182001000
兴隆街道	321182002000
新坝镇	321182101000
油坊镇	321182103000
八桥镇	321182104000
西来桥镇	321182105000
句容市(9镇)	**321183000000**
华阳镇	321183100000
下蜀镇	321183102000
白兔镇	321183103000
茅山镇	321183105000
后白镇	321183106000
郭庄镇	321183107000
天王镇	321183109000
宝华镇	321183112000
边城镇	321183117000
泰州市(16街道，74镇，6乡)	**321200000000**
海陵区(10街道，3镇)	**321202000000**
城东街道	321202001000
城西街道	321202002000
城南街道	321202003000
城中街道	321202004000
城北街道	321202005000
京泰路街道	321202007000
九龙镇	321202100000
罡杨镇	321202102000
苏陈镇	321202103000
凤凰路街道	321290001000
寺巷街道	321290002000
明珠街道	321290003000
农业开发区街道	321290004000
高港区(4街道，5镇)	**321203000000**
口岸街道	321203001000
刁铺街道	321203002000
许庄街道	321203003000
永安洲镇	321203102000
白马镇	321203103000
大泗镇	321203105000
胡庄镇	321203106000
沿江街道	321290005000
野徐镇	321290101000
姜堰区（15镇）	**321204000000**
蒋垛镇	321204100000
娄庄镇	321204101000
白米镇	321204102000
俞垛镇	321204103000
兴泰镇	321204104000
大伦镇	321204105000
华港镇	321204106000
顾高镇	321204107000
桥头镇	321204108000
张甸镇	321204109000
沈高镇	321204110000
溱潼镇	321204111000
梁徐镇	321204112000
淤溪镇	321204113000
姜堰镇	321204114000
兴化市(29镇，5乡)	**321281000000**
戴窑镇	321281100000
合陈镇	321281101000
永丰镇	321281102000
新垛镇	321281103000
安丰镇	321281104000
海南镇	321281105000
钓鱼镇	321281106000
大邹镇	321281107000
沙沟镇	321281108000
中堡镇	321281109000
李中镇	321281110000
西郊镇	321281111000
临城镇	321281112000
垛田镇	321281113000
竹泓镇	321281114000
沈纶镇	321281115000
大垛镇	321281116000
荻垛镇	321281117000
陶庄镇	321281118000
昌荣镇	321281119000
茅山镇	321281120000
周庄镇	321281121000
陈堡镇	321281122000
戴南镇	321281123000
张郭镇	321281124000
昭阳镇	321281125000
大营镇	321281126000
下圩镇	321281127000
城东镇	321281128000
老圩乡	321281201000
周奋乡	321281203000
缸顾乡	321281204000
西鲍乡	321281206000
林湖乡	321281207000
靖江市(1街道，8镇)	**321282000000**
靖城街道	321282001000
新桥镇	321282101000
东兴镇	321282102000
斜桥镇	321282104000
西来镇	321282105000
季市镇	321282106000
孤山镇	321282107000
生祠镇	321282109000
马桥镇	321282110000
泰兴市(1街道，14镇，1乡)	**321283000000**
济川街道	321283001000
黄桥镇	321283101000
珊瑚镇	321283102000
广陵镇	321283103000
古溪镇	321283106000

续表 9

行政区划名称	行政区划代码
元竹镇	321283107000
张桥镇	321283108000
曲霞镇	321283109000
河失镇	321283110000
新街镇	321283113000
姚王镇	321283114000
宣堡镇	321283115000
分界镇	321283122000
滨江镇	321283123000
虹桥镇	321283124000
根思乡	321283201000
宿迁市(4街道，75镇，29乡)	**321300000000**
宿城区(4街道，10镇，4乡)	**321302000000**
幸福街道	321302001000
项里街道	321302002000
河滨街道	321302003000
古城街道	321302004000
双庄镇	321302100000
耿车镇	321302101000
埠子镇	321302102000
龙河镇	321302103000
洋北镇	321302104000
仓集镇	321302105000
中杨镇	321302107000
郑楼镇	321302108000
陈集镇	321302109000
罗圩乡	321302201000
南蔡乡	321302202000
屠园乡	321302203000
三棵树乡	321391200000
洋河镇	321393100000
宿豫区(14镇，3乡)	**321311000000**
顺河镇	321311100000
蔡集镇	321311102000
王官集镇	321311103000
仰化镇	321311105000
大兴镇	321311106000
丁嘴镇	321311107000
来龙镇	321311108000
黄墩镇	321311109000
陆集镇	321311110000

行政区划名称	行政区划代码
关庙镇	321311111000
侍岭镇	321311112000
新庄镇	321311113000
曹集乡	321311201000
保安乡	321311202000
晓店镇	321392100000
皂河镇	321392101000
井头乡	321392200000
沭阳县(26镇，8乡)	**321322000000**
沭城镇	321322100000
陇集镇	321322101000
胡集镇	321322102000
钱集镇	321322103000
塘沟镇	321322104000
马厂镇	321322105000
沂涛镇	321322106000
庙头镇	321322107000
韩山镇	321322108000
华冲镇	321322109000
桑墟镇	321322110000
悦来镇	321322111000
刘集镇	321322112000
李恒镇	321322114000
扎下镇	321322115000
颜集镇	321322116000
潼阳镇	321322117000
龙庙镇	321322118000
高墟镇	321322119000
耿圩镇	321322120000
汤涧镇	321322122000
新河镇	321322124000
贤官镇	321322125000
吴集镇	321322126000
湖东镇	321322127000
青伊湖镇	321322128000
北丁集乡	321322200000
周集乡	321322201000
东小店乡	321322202000
张圩乡	321322203000
茆圩乡	321322204000
西圩乡	321322205000
万匹乡	321322206000

行政区划名称	行政区划代码
官墩乡	321322207000
泗阳县(11镇，5乡)	**321323000000**
众兴镇	321323100000
爱园镇	321323101000
王集镇	321323102000
裴圩镇	321323103000
新袁镇	321323104000
李口镇	321323105000
临河镇	321323107000
穿城镇	321323108000
张家圩镇	321323109000
高渡镇	321323110000
卢集镇	321323111000
庄圩乡	321323200000
里仁乡	321323201000
三庄乡	321323202000
南刘集乡	321323203000
八集乡	321323204000
泗洪县(14镇，9乡)	**321324000000**
青阳镇	321324100000
双沟镇	321324101000
上塘镇	321324102000
魏营镇	321324103000
临淮镇	321324104000
半城镇	321324105000
孙园镇	321324106000
梅花镇	321324107000
归仁镇	321324108000
金锁镇	321324109000
朱湖镇	321324110000
界集镇	321324111000
太平镇	321324112000
龙集镇	321324113000
四河乡	321324200000
峰山乡	321324201000
天岗湖乡	321324202000
车门乡	321324203000
瑶沟乡	321324204000
石集乡	321324205000
城头乡	321324206000
陈圩乡	321324207000
曹庙乡	321324210000

浙江省

浙江省(浙)

行政区划名称	行政区划代码
浙江省(412街道，650镇，279乡)	**330000000000**
杭州市(83街道，86镇，23乡)	**330100000000**
上城区(6街道)	**330102000000**
清波街道	330102001000
湖滨街道	330102003000
小营街道	330102004000
南星街道	330102008000
紫阳街道	330102009000
望江街道	330102010000
下城区(8街道)	**330103000000**
长庆街道	330103001000
武林街道	330103002000
天水街道	330103003000
潮鸣街道	330103005000
朝晖街道	330103006000
文晖街道	330103007000
东新街道	330103008000
石桥街道	330103009000
江干区(6街道，4镇)	**330104000000**
凯旋街道	330104005000
采荷街道	330104006000
闸弄口街道	330104007000
四季青街道	330104008000
白杨街道	330104009000
下沙街道	330104010000
彭埠镇	330104102000
笕桥镇	330104103000
丁桥镇	330104104000
九堡镇	330104105000
拱墅区(10街道)	**330105000000**
米市巷街道	330105001000
湖墅街道	330105002000
小河街道	330105003000
和睦街道	330105004000
拱宸桥街道	330105005000
大关街道	330105007000
上塘街道	330105008000
祥符街道	330105009000
康桥街道	330105010000
半山街道	330105011000
西湖区(10街道，2镇)	**330106000000**
北山街道	330106002000
灵隐街道	330106003000
西溪街道	330106004000
翠苑街道	330106005000
文新街道	330106006000
转塘街道	330106011000
蒋村街道	330106012000
留下街道	330106013000
古荡街道	330106014000
西湖街道	330106015000
三墩镇	330106109000
双浦镇	330106110000
滨江区(3街道)	**330108000000**
西兴街道	330108001000
浦沿街道	330108002000
长河街道	330108003000
萧山区(11街道，17镇)	**330109000000**
城厢街道	330109001000
北干街道	330109002000
蜀山街道	330109003000
新塘街道	330109004000
靖江街道	330109005000
南阳街道	330109006000
义蓬街道	330109007000
新湾街道	330109008000
河庄街道	330109009000
前进街道	330109010000
临江街道	330109011000
楼塔镇	330109100000
河上镇	330109101000
戴村镇	330109102000
浦阳镇	330109103000
进化镇	330109104000
临浦镇	330109105000
义桥镇	330109106000
所前镇	330109107000
衙前镇	330109108000
闻堰镇	330109109000
宁围镇	330109110000
新街镇	330109111000
坎山镇	330109112000
瓜沥镇	330109113000
党山镇	330109114000
益农镇	330109115000
党湾镇	330109120000
余杭区(14街道，6镇)	**330110000000**
临平街道	330110001000
南苑街道	330110002000
东湖街道	330110003000
星桥街道	330110004000
五常街道	330110005000
乔司街道	330110006000
运河街道	330110007000
崇贤街道	330110008000
仁和街道	330110009000
闲林街道	330110010000
中泰街道	330110011000
余杭街道	330110012000
良渚街道	330110013000
仓前街道	330110014000
塘栖镇	330110102000
径山镇	330110109000
瓶窑镇	330110110000
鸬鸟镇	330110111000
百丈镇	330110112000
黄湖镇	330110113000
桐庐县(4街道，6镇，4乡)	**330122000000**
桐君街道	330122001000
旧县街道	330122002000
城南街道	330122003000
凤川街道	330122004000
富春江镇	330122101000
横村镇	330122102000
江南镇	330122105000
分水镇	330122109000
瑶琳镇	330122110000
百江镇	330122112000
莪山畲族乡	330122201000
钟山乡	330122202000
新合乡	330122204000
合村乡	330122210000
淳安县(11镇，12乡)	**330127000000**
文昌镇	330127101000
石林镇	330127102000
临岐镇	330127103000
威坪镇	330127104000
姜家镇	330127106000
梓桐镇	330127107000
汾口镇	330127108000
中洲镇	330127109000
大墅镇	330127110000
枫树岭镇	330127111000
千岛湖镇	330127112000
里商乡	330127200000
金峰乡	330127201000
富文乡	330127202000
左口乡	330127203000
屏门乡	330127205000
瑶山乡	330127206000
王阜乡	330127208000
宋村乡	330127210000
鸠坑乡	330127211000
浪川乡	330127212000
界首乡	330127214000
安阳乡	330127216000
建德市(3街道，12镇，1乡)	**330182000000**
新安江街道	330182001000

续表 1

行政区划名称	行政区划代码
洋溪街道	330182002000
更楼街道	330182003000
莲花镇	330182101000
乾潭镇	330182102000
梅城镇	330182104000
杨村桥镇	330182105000
下涯镇	330182106000
大洋镇	330182107000
三都镇	330182108000
寿昌镇	330182109000
航头镇	330182110000
大慈岩镇	330182111000
大同镇	330182112000
李家镇	330182113000
钦堂乡	330182202000
富阳市(4街道，15镇，6乡)	**330183000000**
富春街道	330183001000
春江街道	330183002000
东洲街道	330183003000
鹿山街道	330183004000
万市镇	330183100000
洞桥镇	330183101000
新登镇	330183102000
渌渚镇	330183103000
胥口镇	330183104000
永昌镇	330183105000
大源镇	330183106000
灵桥镇	330183107000
里山镇	330183108000
常绿镇	330183109000
场口镇	330183110000
常安镇	330183111000
龙门镇	330183112000
高桥镇	330183113000
受降镇	330183114000
新桐乡	330183200000
上官乡	330183201000
渔山乡	330183202000
环山乡	330183204000
湖源乡	330183205000
春建乡	330183206000
临安市(4街道，13镇)	**330185000000**
锦城街道	330185001000
玲珑街道	330185002000
青山湖街道	330185003000
锦南街道	330185004000
高虹镇	330185102000
太湖源镇	330185103000
於潜镇	330185104000
天目山镇	330185105000
太阳镇	330185106000
潜川镇	330185107000
昌化镇	330185108000
河桥镇	330185109000
龙岗镇	330185110000
湍口镇	330185111000
清凉峰镇	330185112000
岛石镇	330185113000
板桥镇	330185115000
宁波市(64街道，78镇，11乡)	**330200000000**
海曙区(8街道)	**330203000000**
南门街道	330203001000
江厦街道	330203002000
西门街道	330203003000
月湖街道	330203004000
鼓楼街道	330203005000
白云街道	330203006000
段塘街道	330203007000
望春街道	330203008000
江东区(8街道)	**330204000000**
百丈街道	330204001000
东胜街道	330204002000
明楼街道	330204003000
白鹤街道	330204004000
东柳街道	330204005000
东郊街道	330204006000
福明街道	330204007000
新明街道	330204008000
江北区(7街道，1镇)	**330205000000**
中马街道	330205001000
白沙街道	330205002000
孔浦街道	330205003000
文教街道	330205004000
庄桥街道	330205005000
甬江街道	330205006000
洪塘街道	330205007000
慈城镇	330205103000
北仑区(7街道，2镇，1乡)	**330206000000**
新碶街道	330206001000
小港街道	330206002000
大碶街道	330206003000
霞浦街道	330206004000
柴桥街道	330206005000
戚家山街道	330206006000
大榭街道	330206007000
白峰镇	330206100000
春晓镇	330206101000
梅山乡	330206200000
镇海区(4街道，2镇)	**330211000000**
招宝山街道	330211001000
蛟川街道	330211002000
骆驼街道	330211003000
庄市街道	330211004000
澥浦镇	330211100000
九龙湖镇	330211101000
鄞州区(7街道，17镇，1乡)	**330212000000**
下应街道	330212003000
钟公庙街道	330212004000
石碶街道	330212005000
首南街道	330212006000
中河街道	330212007000
梅墟街道	330212008000
潘火街道	330212009000
瞻岐镇	330212100000
咸祥镇	330212101000
塘溪镇	330212102000
东吴镇	330212104000
五乡镇	330212105000
邱隘镇	330212106000
云龙镇	330212108000
横溪镇	330212109000
高桥镇	330212113000
横街镇	330212114000
集士港镇	330212115000
古林镇	330212116000
洞桥镇	330212118000
鄞江镇	330212119000
姜山镇	330212121000
章水镇	330212122000
东钱湖镇	330212123000
龙观乡	330212200000
象山县(3街道，10镇，5乡)	**330225000000**
丹东街道	330225001000
丹西街道	330225002000
爵溪街道	330225003000
石浦镇	330225101000
西周镇	330225102000
鹤浦镇	330225103000
贤庠镇	330225104000
墙头镇	330225105000
泗洲头镇	330225106000
定塘镇	330225107000
涂茨镇	330225108000
大徐镇	330225109000

续表 2

行政区划名称	行政区划代码
新桥镇	330225110000
东陈乡	330225200000
晓塘乡	330225201000
黄避岙乡	330225202000
茅洋乡	330225203000
高塘岛乡	330225204000
宁海县(4街道，11镇，3乡)	**330226000000**
跃龙街道	330226001000
桃源街道	330226002000
梅林街道	330226003000
桥头胡街道	330226004000
长街镇	330226101000
力洋镇	330226102000
一市镇	330226104000
岔路镇	330226105000
前童镇	330226106000
桑洲镇	330226107000
黄坛镇	330226108000
大佳何镇	330226109000
强蛟镇	330226110000
西店镇	330226111000
深甽镇	330226112000
胡陈乡	330226200000
茶院乡	330226201000
越溪乡	330226202000
余姚市(6街道，14镇，1乡)	**330281000000**
梨洲街道	330281001000
凤山街道	330281002000
兰江街道	330281003000
阳明街道	330281004000
低塘街道	330281005000
朗霞街道	330281006000
临山镇	330281100000
黄家埠镇	330281101000
小曹娥镇	330281102000
泗门镇	330281103000
马渚镇	330281106000
牟山镇	330281108000
丈亭镇	330281109000
三七市镇	330281110000
河姆渡镇	330281111000
大隐镇	330281112000
陆埠镇	330281113000
梁弄镇	330281114000
大岚镇	330281115000
四明山镇	330281116000
鹿亭乡	330281201000
慈溪市(5街道，15镇)	**330282000000**
浒山街道	330282001000
宗汉街道	330282002000
坎墩街道	330282003000
白沙路街道	330282004000
古塘街道	330282005000
龙山镇	330282101000
掌起镇	330282104000
观海卫镇	330282107000
附海镇	330282108000
桥头镇	330282109000
匡堰镇	330282110000
逍林镇	330282111000
新浦镇	330282112000
胜山镇	330282113000
横河镇	330282114000
崇寿镇	330282116000
庵东镇	330282118000
天元镇	330282119000
长河镇	330282120000
周巷镇	330282121000
奉化市(5街道，6镇)	**330283000000**
锦屏街道	330283001000
岳林街道	330283002000
江口街道	330283003000
西坞街道	330283004000
萧王庙街道	330283005000
溪口镇	330283100000
尚田镇	330283103000
莼湖镇	330283104000
裘村镇	330283106000
大堰镇	330283107000
松岙镇	330283108000
温州市(60街道，64镇，6乡)	**330300000000**
鹿城区(7街道，1镇)	**330302000000**
滨江街道	330302002000
松台街道	330302014000
五马街道	330302018000
南汇街道	330302021000
双屿街道	330302022000
仰义街道	330302023000
七都街道	330302024000
藤桥镇	330302100000
龙湾区(11街道)	**330303000000**
永中街道	330303001000
蒲州街道	330303002000
海滨街道	330303003000
永兴街道	330303004000
海城街道	330303005000
状元街道	330303006000
瑶溪街道	330303007000
沙城街道	330303008000
天河街道	330303009000
灵昆街道	330303010000
星海街道	330303011000
瓯海区(12街道，1镇)	**330304000000**
景山街道	330304001000
梧田街道	330304002000
茶山街道	330304003000
南白象街道	330304004000
新桥街道	330304005000
娄桥街道	330304006000
三垟街道	330304007000
瞿溪街道	330304008000
潘桥街道	330304010000
丽岙街道	330304011000
仙岩街道	330304012000
郭溪街道	330304013000
泽雅镇	330304108000
洞头县(4街道，1镇，1乡)	**330322000000**
北岙街道	330322001000
东屏街道	330322002000
元觉街道	330322003000
霓屿街道	330322004000
大门镇	330322101000
鹿西乡	330322202000
永嘉县(8街道，10镇)	**330324000000**
乌牛街道	330324001000
东城街道	330324002000
北城街道	330324003000
南城街道	330324004000
江北街道	330324005000
东瓯街道	330324006000
三江街道	330324007000
黄田街道	330324008000
桥头镇	330324102000
大箬岩镇	330324105000
枫林镇	330324109000
桥下镇	330324112000
碧莲镇	330324113000
巽宅镇	330324114000
岩头镇	330324115000
岩坦镇	330324116000

续表 3

行政区划名称	行政区划代码	行政区划名称	行政区划代码	行政区划名称	行政区划代码
沙头镇	330324117000	安阳街道	330381001000	高照街道	330411003000
鹤盛镇	330324118000	上望街道	330381002000	王江泾镇	330411101000
平阳县(9镇，1乡)	**330326000000**	东山街道	330381003000	油车港镇	330411103000
昆阳镇	330326100000	玉海街道	330381004000	新塍镇	330411104000
鳌江镇	330326101000	锦湖街道	330381005000	王店镇	330411105000
水头镇	330326102000	莘塍街道	330381006000	洪合镇	330411106000
萧江镇	330326103000	汀田街道	330381007000	嘉北街道	330491002000
腾蛟镇	330326105000	南滨街道	330381008000	塘汇街道	330491003000
山门镇	330326107000	飞云街道	330381009000	**嘉善县(3街道，6镇)**	**330421000000**
顺溪镇	330326108000	仙降街道	330381010000	罗星街道	330421001000
南雁镇	330326109000	塘下镇	330381101000	魏塘街道	330421002000
万全镇	330326112000	陶山镇	330381125000	惠民街道	330421003000
青街畲族乡	330326214000	湖岭镇	330381126000	大云镇	330421102000
苍南县(10镇，2乡)	**330327000000**	马屿镇	330381127000	西塘镇	330421103000
宜山镇	330327103000	高楼镇	330381128000	干窑镇	330421105000
藻溪镇	330327112000	**乐清市(8街道，9镇)**	**330382000000**	陶庄镇	330421107000
灵溪镇	330327122000	城东街道	330382001000	天凝镇	330421111000
龙港镇	330327123000	城南街道	330382002000	姚庄镇	330421112000
金乡镇	330327124000	盐盆街道	330382003000	**海盐县(4街道，5镇)**	**330424000000**
钱库镇	330327125000	翁垟街道	330382004000	武原街道	330424001000
马站镇	330327126000	白石街道	330382005000	秦山街道	330424002000
矾山镇	330327127000	石帆街道	330382006000	元通街道	330424003000
桥墩镇	330327128000	天成街道	330382007000	西塘桥街道	330424004000
赤溪镇	330327129000	乐成街道	330382008000	沈荡镇	330424101000
凤阳畲族乡	330327216000	雁荡镇	330382104000	百步镇	330424102000
岱岭畲族乡	330327218000	柳市镇	330382121000	于城镇	330424103000
文成县(9镇，1乡)	**330328000000**	北白象镇	330382122000	澉浦镇	330424105000
百丈漈镇	330328101000	虹桥镇	330382123000	通元镇	330424106000
巨屿镇	330328106000	淡溪镇	330382124000	**海宁市(4街道，8镇)**	**330481000000**
大峃镇	330328108000	清江镇	330382125000	马桥街道	330481001000
珊溪镇	330328109000	芙蓉镇	330382126000	海昌街道	330481002000
玉壶镇	330328110000	大荆镇	330382127000	海洲街道	330481003000
南田镇	330328111000	仙溪镇	330382128000	硖石街道	330481004000
黄坦镇	330328112000	**嘉兴市(29街道，44镇)**	**330400000000**	许村镇	330481101000
西坑畲族镇	330328113000	**南湖区(8街道，5镇)**	**330402000000**	长安镇	330481103000
峃口镇	330328114000	建设街道	330402007000	周王庙镇	330481105000
周山畲族乡	330328217000	解放街道	330402008000	丁桥镇	330481106000
泰顺县(9镇，1乡)	**330329000000**	新嘉街道	330402009000	斜桥镇	330481107000
百丈镇	330329102000	南湖街道	330402010000	黄湾镇	330481108000
罗阳镇	330329111000	新兴街道	330402011000	盐官镇	330481110000
司前畲族镇	330329112000	东栅街道	330402013000	袁花镇	330481112000
筱村镇	330329113000	凤桥镇	330402100000	**平湖市(3街道，6镇)**	**330482000000**
泗溪镇	330329114000	余新镇	330402101000	当湖街道	330482001000
彭溪镇	330329115000	新丰镇	330402103000	曹桥街道	330482002000
雅阳镇	330329116000	七星镇	330402104000	钟埭街道	330482003000
仕阳镇	330329117000	大桥镇	330402105000	乍浦镇	330482101000
三魁镇	330329118000	城南街道	330491001000	新埭镇	330482102000
竹里畲族乡	330329204000	长水街道	330491004000	新仓镇	330482103000
瑞安市(10街道，5镇)	**330381000000**	**秀洲区(4街道，5镇)**	**330411000000**	广陈镇	330482106000
		新城街道	330411002000	林埭镇	330482107000

续表 4

行政区划名称	行政区划代码
独山港镇	330482108000
桐乡市(3街道，9镇)	**330483000000**
梧桐街道	330483001000
龙翔街道	330483002000
凤鸣街道	330483003000
乌镇镇	330483100000
濮院镇	330483101000
屠甸镇	330483102000
石门镇	330483103000
河山镇	330483104000
洲泉镇	330483105000
大麻镇	330483106000
崇福镇	330483107000
高桥镇	330483108000
湖州市(15街道，41镇，11乡)	**330500000000**
吴兴区(12街道，5镇，1乡)	**330502000000**
月河街道	330502001000
朝阳街道	330502002000
爱山街道	330502003000
飞英街道	330502004000
龙泉街道	330502005000
凤凰街道	330502006000
仁皇山街道	330502008000
滨湖街道	330502009000
康山街道	330502010000
环渚街道	330502011000
龙溪街道	330502012000
杨家埠街道	330502013000
织里镇	330502100000
八里店镇	330502101000
妙西镇	330502102000
东林镇	330502103000
埭溪镇	330502104000
道场乡	330502200000
南浔区(9镇)	**330503000000**
南浔镇	330503100000
练市镇	330503101000
双林镇	330503102000
菱湖镇	330503103000
和孚镇	330503104000
善琏镇	330503105000
旧馆镇	330503106000
千金镇	330503107000
石淙镇	330503108000
德清县(9镇，2乡)	**330521000000**
武康镇	330521100000
乾元镇	330521101000
洛舍镇	330521103000
雷甸镇	330521110000
钟管镇	330521113000
新市镇	330521114000
新安镇	330521115000
禹越镇	330521116000
莫干山镇	330521117000
筏头乡	330521201000
三合乡	330521202000
长兴县(3街道，9镇，4乡)	**330522000000**
雉城街道	330522001000
画溪街道	330522002000
太湖街道	330522003000
洪桥镇	330522101000
李家巷镇	330522102000
夹浦镇	330522103000
林城镇	330522104000
泗安镇	330522105000
虹星桥镇	330522106000
和平镇	330522107000
小浦镇	330522108000
煤山镇	330522109000
水口乡	330522200000
吕山乡	330522202000
白岘乡	330522204000
槐坎乡	330522205000
安吉县(9镇，4乡)	**330523000000**
递铺镇	330523100000
梅溪镇	330523101000
鄣吴镇	330523103000
杭垓镇	330523104000
孝丰镇	330523105000
报福镇	330523106000
章村镇	330523107000
天荒坪镇	330523108000
天子湖镇	330523111000
溪龙乡	330523201000
皈山乡	330523204000
上墅乡	330523205000
山川乡	330523206000
绍兴市(24街道，79镇，15乡)	**330600000000**
越城区(7街道，7镇)	**330602000000**
塔山街道	330602001000
府山街道	330602002000
蕺山街道	330602003000
北海街道	330602004000
城南街道	330602005000
稽山街道	330602006000
迪荡街道	330602007000
东湖镇	330602100000
灵芝镇	330602101000
东浦镇	330602102000
鉴湖镇	330602103000
皋埠镇	330602104000
马山镇	330602105000
斗门镇	330602106000
绍兴县(4街道，15镇)	**330621000000**
柯桥街道	330621001000
柯岩街道	330621002000
华舍街道	330621003000
湖塘街道	330621004000
齐贤镇	330621100000
钱清镇	330621101000
孙端镇	330621102000
福全镇	330621103000
马鞍镇	330621104000
平水镇	330621105000
安昌镇	330621106000
王坛镇	330621107000
兰亭镇	330621108000
稽东镇	330621109000
杨汛桥镇	330621110000
漓渚镇	330621111000
富盛镇	330621112000
陶堰镇	330621113000
夏履镇	330621114000
新昌县(3街道，8镇，5乡)	**330624000000**
南明街道	330624001000
羽林街道	330624002000
七星街道	330624003000
澄潭镇	330624101000
梅渚镇	330624102000
回山镇	330624104000
大市聚镇	330624106000
小将镇	330624107000
沙溪镇	330624108000
镜岭镇	330624109000
儒岙镇	330624110000
城南乡	330624200000
东茗乡	330624201000
双彩乡	330624203000
新林乡	330624205000
巧英乡	330624206000
诸暨市(3街道，23镇，1乡)	**330681000000**
暨阳街道	330681001000
浣东街道	330681002000
陶朱街道	330681003000

续表 5

行政区划名称	行政区划代码	行政区划名称	行政区划代码	行政区划名称	行政区划代码
大唐镇	330681101000	三江街道	330683002000	莘畈乡	330702208000
应店街镇	330681102000	鹿山街道	330683003000	苏孟乡	330702209000
次坞镇	330681103000	浦口街道	330683004000	**金东区(2街道，8镇，1乡)**	**330703000000**
店口镇	330681104000	甘霖镇	330683100000	多湖街道	330703001000
阮市镇	330681105000	长乐镇	330683101000	东孝街道	330703002000
直埠镇	330681106000	崇仁镇	330683102000	孝顺镇	330703101000
江藻镇	330681107000	黄泽镇	330683103000	傅村镇	330703102000
山下湖镇	330681108000	三界镇	330683104000	曹宅镇	330703103000
枫桥镇	330681109000	石璜镇	330683105000	澧浦镇	330703104000
赵家镇	330681110000	谷来镇	330683106000	岭下镇	330703105000
马剑镇	330681111000	仙岩镇	330683107000	江东镇	330703106000
五泄镇	330681112000	金庭镇	330683108000	塘雅镇	330703107000
草塔镇	330681113000	北漳镇	330683109000	赤松镇	330703108000
王家井镇	330681114000	下王镇	330683110000	源东乡	330703200000
牌头镇	330681115000	贵门乡	330683200000	**武义县(3街道，8镇，7乡)**	**330723000000**
同山镇	330681116000	里南乡	330683201000	白洋街道	330723001000
安华镇	330681117000	竹溪乡	330683202000	壶山街道	330723002000
街亭镇	330681118000	雅璜乡	330683203000	熟溪街道	330723003000
璜山镇	330681119000	王院乡	330683204000	柳城畲族镇	330723100000
陈宅镇	330681120000	通源乡	330683205000	履坦镇	330723101000
岭北镇	330681121000	**金华市(39街道，76镇，**	**330700000000**	桐琴镇	330723102000
浬浦镇	330681122000	**36乡)**		泉溪镇	330723103000
东白湖镇	330681123000	**婺城区(9街道，9镇，9乡)**	**330702000000**	新宅镇	330723104000
东和乡	330681201000	城东街道	330702001000	王宅镇	330723105000
上虞市(3街道，15镇，3乡)	**330682000000**	城中街道	330702002000	桃溪镇	330723106000
百官街道	330682001000	城西街道	330702003000	茭道镇	330723107000
曹娥街道	330682002000	城北街道	330702004000	大田乡	330723200000
东关街道	330682003000	江南街道	330702005000	白姆乡	330723201000
道墟镇	330682100000	三江街道	330702006000	俞源乡	330723202000
长塘镇	330682101000	西关街道	330702007000	坦洪乡	330723203000
上浦镇	330682102000	秋滨街道	330702008000	西联乡	330723204000
汤浦镇	330682103000	新狮街道	330702009000	三港乡	330723205000
章镇镇	330682104000	罗店镇	330702100000	大溪口乡	330723206000
下管镇	330682105000	雅畈镇	330702101000	**浦江县(3街道，7镇，5乡)**	**330726000000**
丰惠镇	330682106000	安地镇	330702102000	浦南街道	330726001000
永和镇	330682107000	白龙桥镇	330702103000	仙华街道	330726002000
梁湖镇	330682108000	琅琊镇	330702104000	浦阳街道	330726003000
驿亭镇	330682109000	蒋堂镇	330702105000	黄宅镇	330726101000
小越镇	330682110000	汤溪镇	330702106000	白马镇	330726102000
谢塘镇	330682111000	罗埠镇	330702107000	郑家坞镇	330726103000
盖北镇	330682112000	洋埠镇	330702108000	郑宅镇	330726104000
崧厦镇	330682113000	乾西乡	330702201000	岩头镇	330726105000
沥海镇	330682114000	竹马乡	330702202000	檀溪镇	330726106000
岭南乡	330682200000	长山乡	330702203000	杭坪镇	330726107000
陈溪乡	330682201000	箬阳乡	330702204000	大畈乡	330726200000
丁宅乡	330682202000	沙畈乡	330702205000	中余乡	330726201000
嵊州市(4街道，11镇，6乡)	**330683000000**	塔石乡	330702206000	前吴乡	330726202000
剡湖街道	330683001000	岭上乡	330702207000	花桥乡	330726203000

续表 6

行政区划名称	行政区划代码
虞宅乡	330726204000
磐安县(9镇，10乡)	**330727000000**
安文镇	330727100000
新渥镇	330727101000
尖山镇	330727102000
仁川镇	330727103000
大盘镇	330727104000
方前镇	330727105000
玉山镇	330727106000
尚湖镇	330727107000
冷水镇	330727108000
深泽乡	330727200000
双峰乡	330727201000
双溪乡	330727203000
窈川乡	330727205000
盘峰乡	330727206000
高二乡	330727207000
维新乡	330727208000
胡宅乡	330727209000
万苍乡	330727210000
九和乡	330727211000
兰溪市(6街道，7镇，3乡)	**330781000000**
兰江街道	330781001000
云山街道	330781002000
上华街道	330781003000
永昌街道	330781004000
赤溪街道	330781005000
女埠街道	330781006000
游埠镇	330781101000
诸葛镇	330781102000
黄店镇	330781103000
香溪镇	330781104000
梅江镇	330781106000
马涧镇	330781109000
横溪镇	330781110000
灵洞乡	330781200000
柏社乡	330781201000
水亭畲族乡	330781202000
义乌市(7街道，6镇)	**330782000000**
稠城街道	330782001000
江东街道	330782002000
稠江街道	330782003000
北苑街道	330782004000
后宅街道	330782005000
城西街道	330782006000
廿三里街道	330782007000
佛堂镇	330782100000
赤岸镇	330782101000
义亭镇	330782102000
上溪镇	330782104000
苏溪镇	330782105000
大陈镇	330782106000
东阳市(6街道，11镇，1乡)	**330783000000**
吴宁街道	330783001000
南市街道	330783002000
白云街道	330783003000
江北街道	330783004000
城东街道	330783005000
六石街道	330783006000
歌山镇	330783128000
巍山镇	330783129000
虎鹿镇	330783130000
佐村镇	330783131000
东阳江镇	330783133000
湖溪镇	330783134000
横店镇	330783135000
马宅镇	330783136000
千祥镇	330783137000
南马镇	330783138000
画水镇	330783139000
三单乡	330783200000
永康市(3街道，11镇)	**330784000000**
东城街道	330784001000
西城街道	330784002000
江南街道	330784003000
石柱镇	330784100000
古山镇	330784101000
象珠镇	330784102000
龙山镇	330784103000
花街镇	330784104000
方岩镇	330784105000
舟山镇	330784106000
前仓镇	330784107000
唐先镇	330784108000
西溪镇	330784109000
芝英镇	330784110000
衢州市(16街道，45镇，43乡)	**330800000000**
柯城区(7街道，2镇，8乡)	**330802000000**
府山街道	330802001000
荷花街道	330802004000
新新街道	330802005000
双港街道	330802007000
信安街道	330802008000
花园街道	330802009000
白云街道	330802010000
石梁镇	330802100000
航埠镇	330802101000
姜家山乡	330802200000
万田乡	330802201000
石室乡	330802202000
黄家乡	330802205000
七里乡	330802209000
九华乡	330802210000
沟溪乡	330802211000
华墅乡	330802212000
衢江区(2街道，10镇，8乡)	**330803000000**
樟潭街道	330803001000
浮石街道	330803002000
上方镇	330803100000
峡川镇	330803101000
杜泽镇	330803102000
莲花镇	330803103000
高家镇	330803105000
全旺镇	330803109000
大洲镇	330803110000
后溪镇	330803111000
廿里镇	330803112000
湖南镇	330803113000
灰坪乡	330803200000
太真乡	330803202000
双桥乡	330803203000
周家乡	330803206000
云溪乡	330803207000
黄坛口乡	330803212000
举村乡	330803213000
岭洋乡	330803214000
常山县(3街道，6镇，5乡)	**330822000000**
天马街道	330822001000
紫港街道	330822002000
金川街道	330822003000
辉埠镇	330822101000
芳村镇	330822102000
球川镇	330822103000
白石镇	330822104000
招贤镇	330822105000
青石镇	330822106000
何家乡	330822200000
新昌乡	330822208000
同弓乡	330822211000
大桥头乡	330822213000
东案乡	330822214000
开化县(9镇，9乡)	**330824000000**
城关镇	330824100000
华埠镇	330824101000
马金镇	330824102000
村头镇	330824103000

续表 7

行政区划名称	行政区划代码	行政区划名称	行政区划代码	行政区划名称	行政区划代码
池淮镇	330824104000	张村乡	330881204000	枸杞乡	330922202000
桐村镇	330824106000	塘源口乡	330881205000	花鸟乡	330922203000
杨林镇	330824107000	**舟山市(11街道，21镇，11乡)**	**330900000000**	**台州市(41街道，64镇，28乡)**	**331000000000**
苏庄镇	330824108000				
齐溪镇	330824109000	**定海区(6街道，7镇，3乡)**	**330902000000**	**椒江区(8街道，1镇)**	**331002000000**
林山乡	330824200000	解放街道	330902001000	海门街道	331002001000
音坑乡	330824201000	昌国街道	330902002000	白云街道	331002002000
中村乡	330824202000	环南街道	330902003000	葭沚街道	331002003000
长虹乡	330824205000	城东街道	330902004000	洪家街道	331002004000
张湾乡	330824206000	盐仓街道	330902005000	三甲街道	331002005000
何田乡	330824208000	临城街道	330902006000	下陈街道	331002006000
塘坞乡	330824209000	金塘镇	330902100000	前所街道	331002007000
大溪边乡	330824210000	小沙镇	330902101000	章安街道	331002008000
金村乡	330824214000	岑港镇	330902102000	大陈镇	331002101000
龙游县(2街道，6镇，7乡)	**330825000000**	双桥镇	330902103000	**黄岩区(8街道，5镇，6乡)**	**331003000000**
东华街道	330825001000	白泉镇	330902104000	东城街道	331003001000
龙洲街道	330825002000	干礅镇	330902105000	南城街道	331003002000
湖镇镇	330825101000	马岙镇	330902106000	西城街道	331003003000
小南海镇	330825102000	长白乡	330902200000	北城街道	331003004000
溪口镇	330825103000	册子乡	330902201000	新前街道	331003005000
横山镇	330825104000	北蝉乡	330902202000	澄江街道	331003006000
塔石镇	330825105000	**普陀区(5街道，5镇，3乡)**	**330903000000**	江口街道	331003007000
詹家镇	330825106000	沈家门街道	330903001000	高桥街道	331003008000
罗家乡	330825201000	勾山街道	330903002000	宁溪镇	331003101000
庙下乡	330825203000	东港街道	330903003000	北洋镇	331003102000
沐尘畲族乡	330825204000	展茅街道	330903004000	头陀镇	331003103000
模环乡	330825206000	朱家尖街道	330903005000	院桥镇	331003107000
石佛乡	330825207000	虾峙镇	330903102000	沙埠镇	331003108000
社阳乡	330825209000	桃花镇	330903104000	屿头乡	331003200000
大街乡	330825211000	东极镇	330903105000	上郑乡	331003201000
江山市(2街道，12镇，6乡)	**330881000000**	六横镇	330903106000	富山乡	331003202000
双塔街道	330881001000	普陀山镇	330903107000	茅畲乡	331003203000
虎山街道	330881002000	蚂蚁岛乡	330903200000	上垟乡	331003204000
上余镇	330881102000	登步乡	330903201000	平田乡	331003205000
贺村镇	330881103000	白沙乡	330903202000	**路桥区(6街道，4镇)**	**331004000000**
清湖镇	330881104000	**岱山县(6镇，1乡)**	**330921000000**	路南街道	331004001000
坛石镇	330881105000	高亭镇	330921100000	路桥街道	331004002000
大桥镇	330881106000	东沙镇	330921101000	路北街道	331004003000
四都镇	330881107000	岱东镇	330921102000	螺洋街道	331004004000
新塘边镇	330881109000	岱西镇	330921103000	桐屿街道	331004005000
凤林镇	330881110000	长涂镇	330921105000	峰江街道	331004006000
峡口镇	330881111000	衢山镇	330921106000	新桥镇	331004103000
廿八都镇	330881112000	秀山乡	330921200000	横街镇	331004104000
长台镇	330881113000	**嵊泗县(3镇，4乡)**	**330922000000**	金清镇	331004106000
石门镇	330881114000	菜园镇	330922100000	蓬街镇	331004107000
大陈乡	330881200000	嵊山镇	330922101000	**玉环县(3街道，5镇，3乡)**	**331021000000**
碗窑乡	330881201000	洋山镇	330922102000	玉城街道	331021001000
保安乡	330881202000	五龙乡	330922200000	坎门街道	331021002000
双溪口乡	330881203000	黄龙乡	330922201000	大麦屿街道	331021003000

续表 8

行政区划名称	行政区划代码
清港镇	331021101000
楚门镇	331021102000
干江镇	331021103000
沙门镇	331021105000
芦浦镇	331021106000
龙溪乡	331021200000
鸡山乡	331021201000
海山乡	331021202000
三门县(10镇，4乡)	**331022000000**
海游镇	331022100000
沙柳镇	331022101000
珠岙镇	331022102000
亭旁镇	331022103000
六敖镇	331022104000
健跳镇	331022105000
横渡镇	331022106000
浬浦镇	331022107000
花桥镇	331022108000
小雄镇	331022109000
高枧乡	331022200000
沿赤乡	331022203000
泗淋乡	331022204000
蛇蟠乡	331022205000
天台县(3街道，7镇，5乡)	**331023000000**
赤城街道	331023001000
福溪街道	331023002000
始丰街道	331023003000
白鹤镇	331023101000
石梁镇	331023102000
街头镇	331023104000
平桥镇	331023105000
坦头镇	331023106000
三合镇	331023107000
洪畴镇	331023108000
三州乡	331023200000
龙溪乡	331023203000
雷峰乡	331023204000
南屏乡	331023207000
泳溪乡	331023209000
仙居县(3街道，7镇，10乡)	**331024000000**
福应街道	331024001000
南峰街道	331024002000
安洲街道	331024003000
横溪镇	331024101000
埠头镇	331024102000
白塔镇	331024103000
田市镇	331024104000
官路镇	331024105000
下各镇	331024106000
朱溪镇	331024107000
安岭乡	331024200000
溪港乡	331024201000
湫山乡	331024202000
淡竹乡	331024203000
皤滩乡	331024204000
上张乡	331024205000
步路乡	331024206000
广度乡	331024207000
大战乡	331024209000
双庙乡	331024210000
温岭市(5街道，11镇)	**331081000000**
太平街道	331081001000
城东街道	331081002000
城西街道	331081003000
城北街道	331081004000
横峰街道	331081005000
泽国镇	331081100000
大溪镇	331081101000
松门镇	331081102000
箬横镇	331081103000
新河镇	331081104000
石塘镇	331081105000
滨海镇	331081106000
温峤镇	331081107000
城南镇	331081108000
石桥头镇	331081109000
坞根镇	331081110000
临海市(5街道，14镇)	**331082000000**
古城街道	331082001000
大洋街道	331082002000
江南街道	331082003000
大田街道	331082004000
邵家渡街道	331082005000
汛桥镇	331082100000
东塍镇	331082101000
汇溪镇	331082103000
小芝镇	331082104000
河头镇	331082105000
白水洋镇	331082106000
括苍镇	331082107000
永丰镇	331082108000
尤溪镇	331082109000
涌泉镇	331082110000
沿江镇	331082111000
杜桥镇	331082112000
上盘镇	331082113000
桃渚镇	331082114000
丽水市(30街道，52镇，95乡)	**331100000000**
莲都区(7街道，4镇，5乡)	**331102000000**
紫金街道	331102001000
岩泉街道	331102002000
万象街道	331102003000
白云街道	331102004000
联城街道	331102005000
碧湖镇	331102100000
大港头镇	331102102000
老竹畲族镇	331102103000
雅溪镇	331102104000
太平乡	331102200000
仙渡乡	331102202000
峰源乡	331102204000
丽新畲族乡	331102207000
黄村乡	331102211000
水阁街道	331191001000
富岭街道	331191002000
青田县(3街道，9镇，21乡)	**331121000000**
鹤城街道	331121001000
瓯南街道	331121002000
油竹街道	331121003000
温溪镇	331121101000
东源镇	331121102000
高湖镇	331121103000
船寮镇	331121104000
海口镇	331121105000
腊口镇	331121106000
北山镇	331121107000
山口镇	331121108000
仁庄镇	331121109000
万山乡	331121200000
黄垟乡	331121201000
季宅乡	331121202000
高市乡	331121203000
海溪乡	331121204000
章村乡	331121205000
祯旺乡	331121206000
祯埠乡	331121207000
舒桥乡	331121208000
巨浦乡	331121209000
岭根乡	331121210000
万阜乡	331121211000
方山乡	331121212000

续表 9

行政区划名称	行政区划代码	行政区划名称	行政区划代码	行政区划名称	行政区划代码
汤垟乡	331121213000	**松阳县(3街道，5镇，11乡)**	**331124000000**	合湖乡	331126208000
贵岙乡	331121214000	西屏街道	331124001000	龙溪乡	331126209000
小舟山乡	331121215000	水南街道	331124002000	百山祖乡	331126210000
吴坑乡	331121216000	望松街道	331124003000	官塘乡	331126211000
仁宫乡	331121217000	古市镇	331124101000	**景宁畲族自治县(2街道，**	**331127000000**
章旦乡	331121218000	玉岩镇	331124102000	**4镇，16乡)**	
阜山乡	331121219000	象溪镇	331124103000	鹤溪街道	331127001000
石溪乡	331121220000	大东坝镇	331124104000	红星街道	331127002000
缙云县(3街道，7镇，8乡)	**331122000000**	新兴镇	331124105000	渤海镇	331127101000
五云街道	331122001000	叶村乡	331124201000	东坑镇	331127102000
仙都街道	331122002000	斋坛乡	331124202000	英川镇	331127103000
新碧街道	331122003000	三都乡	331124203000	沙湾镇	331127104000
壶镇镇	331122101000	竹源乡	331124204000	大均乡	331127201000
新建镇	331122102000	四都乡	331124205000	澄照乡	331127202000
舒洪镇	331122103000	赤寿乡	331124206000	梅岐乡	331127203000
大洋镇	331122105000	樟溪乡	331124208000	郑坑乡	331127205000
东渡镇	331122106000	枫坪乡	331124211000	九龙乡	331127206000
东方镇	331122107000	板桥畲族乡	331124212000	大漈乡	331127208000
大源镇	331122108000	裕溪乡	331124213000	景南乡	331127209000
七里乡	331122203000	安民乡	331124214000	雁溪乡	331127210000
前路乡	331122206000	**云和县(4街道，3镇，3乡)**	**331125000000**	葛山乡	331127211000
三溪乡	331122207000	元和街道	331125001000	鸬鹚乡	331127212000
溶江乡	331122208000	凤凰山街道	331125002000	梧桐乡	331127213000
双溪口乡	331122209000	白龙山街道	331125003000	标溪乡	331127214000
胡源乡	331122210000	浮云街道	331125004000	毛垟乡	331127215000
方溪乡	331122211000	石塘镇	331125101000	秋炉乡	331127216000
石笕乡	331122212000	紧水滩镇	331125102000	大地乡	331127217000
遂昌县(2街道，7镇，11乡)	**331123000000**	崇头镇	331125103000	家地乡	331127218000
妙高街道	331123001000	雾溪畲族乡	331125201000	**龙泉市(3街道，8镇，8乡)**	**331181000000**
云峰街道	331123002000	安溪畲族乡	331125202000	龙渊街道	331181001000
新路湾镇	331123102000	赤石乡	331125206000	西街街道	331181002000
北界镇	331123103000	**庆元县(3街道，5镇，12乡)**	**331126000000**	剑池街道	331181003000
金竹镇	331123104000	濛洲街道	331126001000	八都镇	331181100000
大柘镇	331123105000	屏都街道	331126002000	上垟镇	331181101000
石练镇	331123106000	松源街道	331126003000	小梅镇	331181102000
王村口镇	331123107000	黄田镇	331126101000	查田镇	331181103000
黄沙腰镇	331123108000	竹口镇	331126102000	安仁镇	331181104000
三仁畲族乡	331123200000	荷地镇	331126104000	锦溪镇	331181105000
濂竹乡	331123201000	左溪镇	331126105000	住龙镇	331181106000
应村乡	331123202000	贤良镇	331126106000	屏南镇	331181107000
高坪乡	331123203000	岭头乡	331126200000	兰巨乡	331181200000
湖山乡	331123204000	五大堡乡	331126201000	跶石乡	331181201000
蔡源乡	331123205000	淤上乡	331126202000	宝溪乡	331181202000
焦滩乡	331123206000	安南乡	331126203000	竹垟畲族乡	331181203000
龙洋乡	331123207000	张村乡	331126204000	道太乡	331181204000
柘岱口乡	331123208000	隆宫乡	331126205000	岩樟乡	331181205000
西畈乡	331123209000	举水乡	331126206000	城北乡	331181206000
垵口乡	331123210000	江根乡	331126207000	龙南乡	331181207000

安徽省

安徽省(皖)

行政区划名称	行政区划代码
安徽省(252街道，923镇，334乡)	**340000000000**
合肥市(43街道，65镇，19乡)	**340100000000**
瑶海区(13街道，2镇，1乡)	**340102000000**
明光路街道	340102001000
车站街道	340102002000
胜利路街道	340102003000
三里街街道	340102004000
铜陵路街道	340102005000
七里站街道	340102006000
红光街道	340102007000
和平路街道	340102008000
大通路街道	340102009000
城东街道	340102010000
长淮街道	340102011000
方庙街道	340102012000
大兴镇	340102101000
七里塘街道	340193003000
三十头镇	340193110000
磨店乡	340193200000
庐阳区(9街道，1镇，1乡)	**340103000000**
逍遥津街道	340103003000
亳州路街道	340103009000
双岗街道	340103010000
杏花村街道	340103011000
海棠街道	340103012000
杏林街道	340103013000
三孝口街道	340103014000
四里河街道	340103015000
林店街道	340103016000
大杨镇	340103101000
三十岗乡	340103200000
蜀山区(8街道，2镇)	**340104000000**
三里庵街道	340104001000
南七里站街道	340104002000
稻香村街道	340104003000
琥珀山庄街道	340104004000
西园街道	340104005000
五里墩街道	340104006000
荷叶地街道	340104008000
笔架山街道	340104009000
井岗镇	340104100000
南岗镇	340104110000
包河区(7街道，2镇)	**340111000000**
包公街道	340111002000
芜湖路街道	340111003000
常青街道	340111004000
望湖街道	340111006000
义城街道	340111007000
烟墩街道	340111008000
骆岗街道	340111009000
大圩镇	340111101000
淝河镇	340111106000
长丰县(8镇，6乡)	**340121000000**
水湖镇	340121100000
庄墓镇	340121103000
杨庙镇	340121104000
吴山镇	340121105000
岗集镇	340121106000
双墩镇	340121107000
下塘镇	340121108000
朱巷镇	340121109000
罗塘乡	340121203000
义井乡	340121208000
陶楼乡	340121215000
造甲乡	340121216000
杜集乡	340121217000
左店乡	340121219000
肥东县(12镇，6乡)	**340122000000**
店埠镇	340122100000
撮镇镇	340122101000
梁园镇	340122102000
桥头集镇	340122103000
长临河镇	340122104000
八斗镇	340122105000
白龙镇	340122106000
古城镇	340122107000
石塘镇	340122108000
元疃镇	340122109000
包公镇	340122110000
陈集镇	340122112000
牌坊回族满族乡	340122200000
响导乡	340122201000
杨店乡	340122202000
众兴乡	340122203000
张集乡	340122204000
马湖乡	340122205000
肥西县(10镇，4乡)	**340123000000**
上派镇	340123100000
三河镇	340123101000
桃花镇	340123102000
花岗镇	340123103000
高刘镇	340123104000
官亭镇	340123105000
小庙镇	340123106000
山南镇	340123107000
丰乐镇	340123108000
紫蓬镇	340123110000
高店乡	340123201000
铭传乡	340123203000
柿树岗乡	340123207000
严店乡	340123210000
庐江县(17镇)	**340124000000**
庐城镇	340124100000
冶父山镇	340124101000
万山镇	340124102000
汤池镇	340124103000
郭河镇	340124104000
金牛镇	340124105000
石头镇	340124106000
白山镇	340124107000
盛桥镇	340124108000
白湖镇	340124109000
龙桥镇	340124110000
矾山镇	340124111000
罗河镇	340124112000
泥河镇	340124113000
乐桥镇	340124114000
柯坦镇	340124115000
同大镇	340124116000
巢湖市(6街道，11镇，1乡)	**340181000000**
卧牛山街道	340181005000
亚父街道	340181006000
天河街道	340181007000
凤凰山街道	340181008000
半汤街道	340181009000
中庙街道	340181010000
柘皋镇	340181100000
烔炀镇	340181101000
槐林镇	340181102000
夏阁镇	340181104000
苏湾镇	340181105000
黄麓镇	340181107000
银屏镇	340181108000
散兵镇	340181109000
坝镇	340181110000
中垾镇	340181112000
栏杆集镇	340181113000
庙岗乡	340181200000
芜湖市(20街道，40镇，4乡)	**340200000000**
镜湖区(1街道)	**340202000000**
方村街道	340202012000
弋江区(8街道)	**340203000000**
弋江桥街道	340203001000
中山南路街道	340203002000
利民路街道	340203003000
南瑞街道	340203004000
马塘街道	340203005000
澛港街道	340203006000
火龙街道	340203007000
白马街道	340203008000
鸠江区(7街道，2镇)	**340207000000**

续表 1

行政区划名称	行政区划代码
四褐山街道	340207001000
裕溪口街道	340207002000
官陡街道	340207003000
湾里街道	340207004000
清水街道	340207005000
沈巷镇	340207100000
二坝镇	340207101000
龙山街道	340291001000
万春街道	340291002000
三山区(4街道，1镇)	**340208000000**
三山街道	340208001000
保定街道	340208002000
龙湖街道	340208003000
高安街道	340208004000
峨桥镇	340208100000
芜湖县(5镇)	**340221000000**
湾沚镇	340221100000
陶辛镇	340221107000
六郎镇	340221110000
花桥镇	340221113000
红杨镇	340221115000
繁昌县(6镇)	**340222000000**
繁阳镇	340222100000
荻港镇	340222101000
新港镇	340222102000
孙村镇	340222105000
平铺镇	340222108000
峨山镇	340222109000
南陵县(8镇)	**340223000000**
籍山镇	340223100000
弋江镇	340223101000
许镇镇	340223102000
三里镇	340223103000
工山镇	340223105000
家发镇	340223108000
烟墩镇	340223110000
何湾镇	340223112000
无为县(18镇，4乡)	**340225000000**
无城镇	340225100000
襄安镇	340225101000
汤沟镇	340225103000
陡沟镇	340225104000
石涧镇	340225105000
严桥镇	340225106000
开城镇	340225107000
蜀山镇	340225108000
牛埠镇	340225110000
刘渡镇	340225111000
姚沟镇	340225112000
泥汊镇	340225113000
白茆镇	340225115000
福渡镇	340225117000
泉塘镇	340225118000
赫店镇	340225120000
高沟镇	340225123000
红庙镇	340225124000
鹤毛乡	340225203000
十里墩乡	340225204000
昆山乡	340225207000
洪巷乡	340225208000
蚌埠市(19街道，37镇，18乡)	**340300000000**
龙子湖区(7街道，1镇，1乡)	**340302000000**
解放街道	340302001000
东风街道	340302002000
治淮街道	340302003000
东升街道	340302004000
曹山街道	340302006000
延安街道	340302008000
长淮卫镇	340302100000
李楼乡	340302200000
龙湖新村街道	340391002000
蚌山区(6街道，2乡)	**340303000000**
天桥街道	340303001000
青年街道	340303002000
纬二路街道	340303003000
黄庄街道	340303004000
宏业村街道	340303005000
雪华乡	340303201000
燕山乡	340303202000
胜利街道	340391001000
禹会区(5街道，1镇，1乡)	**340304000000**
朝阳街道	340304001000
纬四街道	340304002000
大庆街道	340304003000
张公山街道	340304004000
钓鱼台街道	340304005000
秦集镇	340304100000
长青乡	340304200000
淮上区(1街道，4镇)	**340311000000**
淮滨街道	340311001000
吴小街镇	340311100000
小蚌埠镇	340311101000
曹老集镇	340311102000
梅桥镇	340311103000
怀远县(10镇，9乡)	**340321000000**
城关镇	340321100000
鲍集镇	340321101000
龙亢镇	340321102000
河溜镇	340321103000
常坟镇	340321104000
马城镇	340321105000
双桥集镇	340321106000
魏庄镇	340321107000
唐集镇	340321108000
万福镇	340321109000
淝南乡	340321200000
淝河乡	340321201000
褚集乡	340321202000
陈集乡	340321203000
古城乡	340321204000
徐圩乡	340321205000
兰桥乡	340321206000
荆芡乡	340321207000
找郢乡	340321208000
五河县(13镇，2乡)	**340322000000**
城关镇	340322100000
新集镇	340322101000
沫河口镇	340322102000
小溪镇	340322103000
双忠庙镇	340322104000
小圩镇	340322105000
东刘集镇	340322106000
头铺镇	340322107000
大新镇	340322108000
武桥镇	340322109000
朱顶镇	340322110000
浍南镇	340322111000
申集镇	340322112000
沱湖乡	340322200000
临北回族乡	340322201000
固镇县(8镇，3乡)	**340323000000**
城关镇	340323100000
王庄镇	340323101000
新马桥镇	340323103000
刘集镇	340323104000
湖沟镇	340323105000
任桥镇	340323106000
濠城镇	340323107000
连城镇	340323108000
石湖乡	340323201000
仲兴乡	340323204000
杨庙乡	340323207000
淮南市(19街道，31镇，15乡)	**340400000000**
大通区(1街道，3镇，1乡)	**340402000000**
大通街道	340402001000
上窑镇	340402100000
洛河镇	340402101000
九龙岗镇	340402102000
孔店乡	340402200000
田家庵区(9街道，3镇，2乡)	**340403000000**
田东街道	340403001000
新淮街道	340403002000
淮滨街道	340403003000
公园街道	340403004000
国庆街道	340403005000
泉山街道	340403006000
洞山街道	340403007000
龙泉街道	340403008000
朝阳街道	340403009000
舜耕镇	340403100000
安成镇	340403101000
曹庵镇	340403102000
三和乡	340403200000
史院乡	340403201000

续表 2

行政区划名称	行政区划代码
谢家集区(5街道，4镇，2乡)	**340404000000**
谢家集街道	340404001000
蔡家岗街道	340404002000
立新街道	340404003000
谢三村街道	340404004000
平山街道	340404005000
望峰岗镇	340404100000
李郢孜镇	340404101000
唐山镇	340404102000
杨公镇	340404103000
孤堆回族乡	340404200000
孙庙乡	340404201000
八公山区(3街道，2镇)	**340405000000**
新庄孜街道	340405001000
土坝孜街道	340405002000
毕家岗街道	340405003000
山王镇	340405100000
八公山镇	340405101000
潘集区(1街道，8镇，2乡)	**340406000000**
田集街道	340406002000
泥河镇	340406100000
芦集镇	340406101000
潘集镇	340406102000
平圩镇	340406103000
高皇镇	340406104000
架河镇	340406105000
祁集镇	340406106000
夹沟镇	340406107000
贺疃乡	340406201000
古沟回族乡	340406205000
凤台县(11镇，8乡)	**340421000000**
城关镇	340421100000
新集镇	340421102000
朱马店镇	340421103000
岳张集镇	340421104000
顾桥镇	340421106000
桂集镇	340421107000
凤凰镇	340421108000
杨村镇	340421109000
李冲回族乡	340421201000
刘集乡	340421202000
古店乡	340421205000
钱庙乡	340421206000
尚塘乡	340421208000
丁集乡	340421209000
关店乡	340421210000
大兴集乡	340421211000
毛集镇	340491100000
夏集镇	340491101000
焦岗湖镇	340491102000
马鞍山市(13街道，30镇，5乡)	**340500000000**
花山区(9街道，1乡)	**340503000000**
沙塘路街道	340503001000
解放路街道	340503002000
湖东路街道	340503003000
桃源路街道	340503004000
霍里街道	340503005000
金家庄街道	340503006000
江东街道	340503007000
塘西街道	340503008000
慈湖街道	340503009000
慈湖乡	340503200000
雨山区(4街道，2镇，1乡)	**340504000000**
平湖街道	340504001000
雨山街道	340504002000
安民街道	340504003000
采石街道	340504004000
向山镇	340504100000
银塘镇	340504101000
佳山乡	340504200000
博望区（3镇）	340506000000
博望镇	340506100000
丹阳镇	340506101000
新市镇	340506102000
当涂县(8镇，3乡)	**340521000000**
姑孰镇	340521100000
黄池镇	340521101000
乌溪镇	340521102000
石桥镇	340521103000
塘南镇	340521104000
护河镇	340521105000
太白镇	340521109000
年陡镇	340521110000
大陇乡	340521200000
湖阳乡	340521202000
江心乡	340521203000
含山县(8镇)	**340522000000**
环峰镇	340522100000
运漕镇	340522101000
铜闸镇	340522103000
陶厂镇	340522104000
林头镇	340522105000
清溪镇	340522106000
仙踪镇	340522107000
昭关镇	340522109000
和县(9镇)	**340523000000**
历阳镇	340523100000
白桥镇	340523105000
姥桥镇	340523106000
西埠镇	340523107000
香泉镇	340523108000
乌江镇	340523109000
善厚镇	340523110000
石杨镇	340523111000
功桥镇	340523112000
淮北市(17街道，18镇)	**340600000000**
杜集区(2街道，3镇)	**340602000000**
高岳街道	340602001000
矿山集街道	340602002000
朔里镇	340602102000
石台镇	340602103000
段园镇	340602104000
相山区(10街道，1镇)	**340603000000**
相南街道	340603001000
相山东街道	340603002000
相山西街道	340603003000
三堤口街道	340603004000
东山街道	340603005000
人民路街道	340603006000
刘桥街道	340603007000
曲阳街道	340603008000
南黎街道	340603009000
任圩街道	340603010000
渠沟镇	340603100000
烈山区(5街道，3镇)	**340604000000**
杨庄街道	340604001000
任楼街道	340604002000
临海童街道	340604003000
百善街道	340604005000
前岭街道	340604006000
烈山镇	340604100000
宋疃镇	340604101000
古饶镇	340604102000
濉溪县(11镇)	**340621000000**
濉溪镇	340621100000
韩村镇	340621102000
临涣镇	340621104000
南坪镇	340621105000
孙疃镇	340621108000
刘桥镇	340621109000
百善镇	340621110000
双堆集镇	340621112000
五沟镇	340621113000
铁佛镇	340621114000
四铺镇	340621115000
铜陵市(13街道，7镇，5乡)	**340700000000**
铜官山区(6街道)	**340702000000**
长江路街道	340702001000
铜官山街道	340702002000
杨家山街道	340702003000
石城路街道	340702004000
扫把沟街道	340702005000
横港街道	340702006000
狮子山区(5街道，1镇)	**340703000000**
狮子山街道	340703001000
新庙街道	340703002000
翠湖街道	340703003000
凤凰山街道	340703004000
东郊街道	340703007000
西湖镇	340703100000
郊区(2街道，2镇，1乡)	**340711000000**
安铜街道	340711001000
桥南街道	340711002000
铜山镇	340711100000
大通镇	340711101000

续表 3

行政区划名称	行政区划代码
灰河乡	340711200000
铜陵县(4镇，4乡)	**340721000000**
五松镇	340721100000
钟鸣镇	340721101000
天门镇	340721102000
顺安镇	340721103000
西联乡	340721200000
胥坝乡	340721201000
东联乡	340721202000
老洲乡	340721203000
安庆市(18街道，97镇，56乡)	**340800000000**
迎江区(6街道，1镇，3乡)	**340802000000**
宜城路街道	340802001000
新河路街道	340802002000
华中路街道	340802003000
人民路街道	340802004000
孝肃路街道	340802005000
建设路街道	340802006000
龙狮桥乡	340802200000
长风乡	340802201000
新洲乡	340802203000
老峰镇	340891100000
大观区(7街道，1镇，2乡)	**340803000000**
德宽路街道	340803001000
玉琳路街道	340803002000
龙山路街道	340803003000
菱湖街道	340803004000
集贤路街道	340803005000
石化路街道	340803006000
花亭路街道	340803007000
海口镇	340803100000
山口乡	340803200000
十里铺乡	340803201000
宜秀区(2街道，3镇，2乡)	**340811000000**
大桥街道	340811055000
杨桥镇	340811100000
大龙山镇	340811101000
罗岭镇	340811102000
白泽湖乡	340811200000
五横乡	340811201000
菱北街道	340891001000
怀宁县(15镇，5乡)	**340822000000**
石牌镇	340822100000
高河镇	340822101000
月山镇	340822102000
腊树镇	340822103000
黄龙镇	340822104000
三桥镇	340822105000
小市镇	340822106000
黄墩镇	340822107000
公岭镇	340822108000
马庙镇	340822109000
金拱镇	340822110000
茶岭镇	340822111000
洪铺镇	340822113000
江镇镇	340822114000
平山镇	340822116000
雷埠乡	340822201000
清河乡	340822203000
秀山乡	340822204000
凉亭乡	340822206000
石镜乡	340822208000
枞阳县(14镇，8乡)	**340823000000**
枞阳镇	340823100000
(田山)镇	340823102000
汤沟镇	340823103000
老洲镇	340823104000
陈瑶湖镇	340823105000
周潭镇	340823106000
横埠镇	340823107000
项铺镇	340823108000
钱桥镇	340823109000
麒麟镇	340823110000
义津镇	340823111000
浮山镇	340823112000
官埠桥镇	340823113000
会宫镇	340823114000
铁铜乡	340823200000
凤仪乡	340823201000
长沙乡	340823202000
钱铺乡	340823205000
金社乡	340823207000
白梅乡	340823208000
白湖乡	340823209000
雨坛乡	340823212000
潜山县(11镇，5乡)	**340824000000**
梅城镇	340824100000
王河镇	340824101000
源潭镇	340824102000
余井镇	340824103000
黄泥镇	340824105000
槎水镇	340824106000
官庄镇	340824107000
水吼镇	340824108000
黄柏镇	340824109000
黄铺镇	340824110000
天柱山镇	340824111000
油坝乡	340824200000
痘姆乡	340824202000
塔畈乡	340824204000
五庙乡	340824209000
龙潭乡	340824215000
太湖县(10镇，5乡)	**340825000000**
晋熙镇	340825100000
徐桥镇	340825101000
新仓镇	340825102000
小池镇	340825103000
寺前镇	340825104000
天华镇	340825105000
牛镇镇	340825106000
弥陀镇	340825107000
北中镇	340825108000
百里镇	340825109000
大石乡	340825200000
城西乡	340825201000
江塘乡	340825202000
汤泉乡	340825203000
刘畈乡	340825204000
宿松县(9镇，13乡)	**340826000000**
孚玉镇	340826100000
复兴镇	340826101000
汇口镇	340826102000
许岭镇	340826103000
下仓镇	340826104000
二郎镇	340826105000
破凉镇	340826106000
凉亭镇	340826107000
长铺镇	340826108000
高岭乡	340826200000
程岭乡	340826201000
九姑乡	340826202000
千岭乡	340826203000
洲头乡	340826204000
佐坝乡	340826205000
北浴乡	340826206000
陈汉乡	340826207000
隘口乡	340826208000
柳坪乡	340826209000
趾凤乡	340826210000
河塌乡	340826211000
五里乡	340826212000
望江县(8镇，2乡)	**340827000000**
华阳镇	340827101000
杨湾镇	340827102000
漳湖镇	340827103000
赛口镇	340827104000
高士镇	340827105000
鸦滩镇	340827106000
长岭镇	340827107000
太慈镇	340827108000
雷池乡	340827200000
凉泉乡	340827210000
岳西县(13镇，11乡)	**340828000000**
天堂镇	340828100000
店前镇	340828101000
来榜镇	340828102000
菖蒲镇	340828103000
头陀镇	340828104000
白帽镇	340828105000
温泉镇	340828106000
响肠镇	340828107000
河图镇	340828108000
五河镇	340828109000
主簿镇	340828110000
冶溪镇	340828111000
黄尾镇	340828112000
毛尖山乡	340828200000
莲云乡	340828201000
青天乡	340828202000

续表 4

行政区划名称	行政区划代码	行政区划名称	行政区划代码	行政区划名称	行政区划代码
包家乡	340828203000	西溪南镇	341004101000	龙田乡	341022221000
古坊乡	340828204000	潜口镇	341004102000	璜尖乡	341022222000
田头乡	340828205000	呈坎镇	341004103000	白际乡	341022223000
中关乡	340828206000	洽舍乡	341004200000	**黟县(4镇，4乡)**	**341023000000**
石关乡	340828207000	杨村乡	341004201000	碧阳镇	341023100000
姚河乡	340828208000	富溪乡	341004202000	宏村镇	341023101000
和平乡	340828209000	**歙县(13镇，15乡)**	**341021000000**	渔亭镇	341023102000
巍岭乡	340828214000	徽城镇	341021100000	西递镇	341023103000
桐城市(3街道，12镇)	**340881000000**	深渡镇	341021101000	柯村乡	341023200000
文昌街道	340881002000	桂林镇	341021102000	美溪乡	341023201000
龙眠街道	340881003000	富堨镇	341021103000	宏潭乡	341023202000
龙腾街道	340881004000	郑村镇	341021104000	洪星乡	341023203000
双港镇	340881100000	北岸镇	341021105000	**祁门县(8镇，10乡)**	**341024000000**
新渡镇	340881101000	许村镇	341021106000	祁山镇	341024100000
金神镇	340881102000	溪头镇	341021107000	小路口镇	341024101000
孔城镇	340881103000	杞梓里镇	341021108000	金字牌镇	341024102000
范岗镇	340881104000	霞坑镇	341021109000	平里镇	341024103000
青草镇	340881105000	岔口镇	341021110000	历口镇	341024104000
吕亭镇	340881108000	街口镇	341021111000	闪里镇	341024105000
大关镇	340881114000	王村镇	341021112000	安凌镇	341024106000
唐湾镇	340881115000	坑口乡	341021201000	凫峰镇	341024107000
鲟鱼镇	340881116000	雄村乡	341021202000	大坦乡	341024200000
嬉子湖镇	340881118000	上丰乡	341021203000	柏溪乡	341024206000
黄甲镇	340881120000	昌溪乡	341021207000	塔坊乡	341024207000
黄山市(6街道，53镇，48乡)	**341000000000**	武阳乡	341021209000	祁红乡	341024208000
屯溪区(4街道，5镇)	**341002000000**	三阳乡	341021213000	溶口乡	341024209000
昱东街道	341002001000	金川乡	341021214000	芦溪乡	341024210000
昱中街道	341002002000	小川乡	341021216000	渚口乡	341024211000
昱西街道	341002003000	新溪口乡	341021218000	古溪乡	341024213000
老街街道	341002004000	璜田乡	341021219000	新安乡	341024214000
屯光镇	341002100000	长陔乡	341021222000	箬坑乡	341024215000
阳湖镇	341002101000	森村乡	341021223000	**滁州市(16街道，82镇，**	**341100000000**
黎阳镇	341002102000	绍濂乡	341021224000	**12乡)**	
新潭镇	341002103000	石门乡	341021226000	**琅琊区(9街道)**	**341102000000**
奕棋镇	341002104000	狮石乡	341021227000	琅琊街道	341102001000
黄山区(1街道，9镇，5乡)	**341003000000**	**休宁县(10镇，11乡)**	**341022000000**	东门街道	341102002000
新城街道	341003001000	海阳镇	341022100000	西门街道	341102003000
甘棠镇	341003100000	齐云山镇	341022101000	南门街道	341102004000
仙源镇	341003101000	万安镇	341022102000	北门街道	341102005000
汤口镇	341003102000	五城镇	341022103000	清流街道	341102006000
谭家桥镇	341003103000	东临溪镇	341022104000	扬子街道	341102007000
太平湖镇	341003104000	兰田镇	341022105000	西涧街道	341102008000
焦村镇	341003105000	溪口镇	341022106000	凤凰街道	341191010000
耿城镇	341003106000	流口镇	341022107000	**南谯区(2街道，8镇)**	**341103000000**
三口镇	341003107000	汪村镇	341022108000	龙蟠街道	341103001000
乌石镇	341003108000	商山镇	341022109000	大王街道	341103002000
新明乡	341003201000	山斗乡	341022204000	乌衣镇	341103100000
龙门乡	341003202000	岭南乡	341022205000	沙河镇	341103101000
新华乡	341003208000	渭桥乡	341022207000	章广镇	341103102000
新丰乡	341003209000	板桥乡	341022211000	黄泥岗镇	341103103000
永丰乡	341003210000	陈霞乡	341022213000	珠龙镇	341103104000
徽州区(1街道，4镇，3乡)	**341004000000**	鹤城乡	341022215000	大柳镇	341103105000
徽州街道	341004001000	源芳乡	341022218000	腰铺镇	341103106000
岩寺镇	341004100000	榆村乡	341022219000	施集镇	341103108000

续表 5

行政区划名称	行政区划代码	行政区划名称	行政区划代码	行政区划名称	行政区划代码
来安县(8镇，4乡)	**341122000000**	总铺镇	341126109000	袁集镇	341202106000
新安镇	341122100000	红心镇	341126110000	马寨乡	341202200000
半塔镇	341122101000	板桥镇	341126111000	京九街道	341291001000
水口镇	341122102000	大溪河镇	341126112000	**颍东区(3街道，8镇，1乡)**	**341203000000**
汊河镇	341122104000	小溪河镇	341126114000	河东街道	341203001000
大英镇	341122105000	枣巷镇	341126118000	新华街道	341203002000
雷官镇	341122106000	官塘镇	341126119000	向阳街道	341203003000
施官镇	341122107000	黄湾乡	341126207000	口孜镇	341203100000
舜山镇	341122108000	**天长市(1街道，14镇)**	**341181000000**	插花镇	341203101000
三城乡	341122200000	天长街道	341181001000	袁寨镇	341203102000
独山乡	341122202000	铜城镇	341181100000	枣庄镇	341203103000
杨郢乡	341122207000	汊涧镇	341181101000	老庙镇	341203104000
张山乡	341122208000	秦栏镇	341181102000	正午镇	341203105000
全椒县(10镇)	**341124000000**	大通镇	341181103000	杨楼孜镇	341203106000
襄河镇	341124100000	杨村镇	341181104000	新乌江镇	341203107000
古河镇	341124101000	石梁镇	341181105000	冉庙乡	341203200000
大墅镇	341124102000	金集镇	341181106000	**颍泉区(2街道，4镇)**	**341204000000**
二郎口镇	341124103000	仁和集镇	341181108000	中市街道	341204001000
武岗镇	341124104000	冶山镇	341181109000	周棚街道	341204004000
马厂镇	341124105000	郑集镇	341181110000	伍明镇	341204100000
石沛镇	341124106000	张铺镇	341181111000	宁老庄镇	341204101000
西王镇	341124108000	永丰镇	341181112000	闻集镇	341204102000
六镇镇	341124109000	新街镇	341181113000	行流镇	341204103000
十字镇	341124111000	万寿镇	341181114000	**临泉县(21镇，10乡)**	**341221000000**
定远县(16镇，6乡)	**341125000000**	**明光市(4街道，12镇，1乡)**	**341182000000**	城关镇	341221100000
定城镇	341125100000	明西街道	341182001000	杨桥镇	341221101000
炉桥镇	341125101000	明光街道	341182002000	鲖城镇	341221102000
永康镇	341125102000	明南街道	341182003000	谭棚镇	341221105000
吴圩镇	341125103000	明东街道	341182004000	老集镇	341221106000
朱湾镇	341125104000	张八岭镇	341182101000	滑集镇	341221107000
张桥镇	341125105000	三界镇	341182102000	吕寨镇	341221108000
藕塘镇	341125106000	管店镇	341182103000	单桥镇	341221109000
池河镇	341125107000	自来桥镇	341182104000	长官镇	341221110000
连江镇	341125108000	涧溪镇	341182105000	宋集镇	341221111000
界牌集镇	341125109000	石坝镇	341182106000	张新镇	341221112000
仓镇镇	341125110000	苏巷镇	341182108000	艾亭镇	341221113000
三和集镇	341125111000	桥头镇	341182109000	陈集镇	341221114000
西卅店镇	341125112000	女山湖镇	341182110000	韦寨镇	341221115000
桑涧镇	341125114000	古沛镇	341182111000	迎仙镇	341221116000
蒋集镇	341125115000	潘村镇	341182112000	瓦店镇	341221117000
大桥镇	341125116000	柳巷镇	341182113000	姜寨镇	341221118000
严桥乡	341125203000	泊岗乡	341182212000	庙岔镇	341221119000
拂晓乡	341125204000	**阜阳市(13街道，121镇，36乡)**	**341200000000**	黄岭镇	341221120000
能仁乡	341125210000			白庙镇	341221121000
七里塘乡	341125214000	**颍州区(5街道，7镇，1乡)**	**341202000000**	关庙镇	341221122000
二龙回族乡	341125215000	鼓楼街道	341202001000	牛庄乡	341221200000
范岗乡	341125219000	文峰街道	341202002000	高塘乡	341221201000
凤阳县(14镇，1乡)	**341126000000**	清河街道	341202003000	范兴集乡	341221202000
府城镇	341126100000	颍西街道	341202004000	土陂乡	341221203000
临淮关镇	341126101000	王店镇	341202100000	谢集乡	341221204000
武店镇	341126103000	程集镇	341202101000	杨小街乡	341221205000
西泉镇	341126104000	三合镇	341202102000	陶老乡	341221206000
刘府镇	341126105000	西湖镇	341202103000	田桥乡	341221207000
大庙镇	341126106000	九龙镇	341202104000	张营乡	341221208000
殷涧镇	341126107000	三十里铺镇	341202105000	庞营乡	341221209000

续表 6

行政区划名称	行政区划代码
太和县(26镇，5乡)	**341222000000**
城关镇	341222100000
旧县镇	341222101000
税镇镇	341222102000
皮条孙镇	341222103000
原墙镇	341222104000
倪邱镇	341222105000
李兴镇	341222106000
大新镇	341222107000
肖口镇	341222108000
关集镇	341222109000
三塔镇	341222110000
双浮镇	341222111000
蔡庙镇	341222112000
三堂镇	341222113000
苗老集镇	341222114000
赵庙镇	341222115000
宫集镇	341222116000
坟台镇	341222117000
洪山镇	341222118000
清浅镇	341222119000
五星镇	341222120000
高庙镇	341222121000
桑营镇	341222122000
大庙集镇	341222123000
阮桥镇	341222124000
双庙镇	341222125000
胡总乡	341222200000
赵集乡	341222201000
郭庙乡	341222202000
马集乡	341222203000
二郎乡	341222204000
阜南县(21镇，8乡)	**341225000000**
鹿城镇	341225100000
方集镇	341225101000
中岗镇	341225102000
柴集镇	341225103000
新村镇	341225104000
三塔集镇	341225105000
朱寨镇	341225106000
赵集镇	341225108000
田集镇	341225109000
苗集镇	341225110000
黄岗镇	341225111000
焦陂镇	341225112000
张寨镇	341225113000
王堰镇	341225114000
洪河桥镇	341225115000
地城镇	341225116000
王家坝镇	341225117000
王化镇	341225118000
曹集镇	341225119000
柳沟镇	341225120000
会龙镇	341225121000
王店孜乡	341225200000
许堂乡	341225201000
段郢乡	341225204000
公桥乡	341225205000
龙王乡	341225206000
于集乡	341225207000
老观乡	341225208000
郜台乡	341225209000
颍上县(22镇，8乡)	**341226000000**
谢桥镇	341226101000
南照镇	341226102000
杨湖镇	341226103000
江口镇	341226104000
润河镇	341226105000
新集镇	341226106000
六十铺镇	341226107000
耿棚镇	341226108000
半岗镇	341226109000
王岗镇	341226110000
夏桥镇	341226111000
江店孜镇	341226112000
陈桥镇	341226113000
黄桥镇	341226114000
八里河镇	341226115000
迪沟镇	341226116000
西三十铺镇	341226117000
红星镇	341226118000
十八里铺镇	341226119000
鲁口镇	341226120000
慎城镇	341226121000
古城镇	341226123000
建颍乡	341226201000
五十铺乡	341226203000
盛堂乡	341226204000
关屯乡	341226205000
垂岗乡	341226206000
赛涧回族乡	341226207000
新刘集乡	341226208000
黄坝乡	341226209000
界首市(3街道，12镇，3乡)	**341282000000**
东城街道	341282001000
西城街道	341282002000
颍南街道	341282003000
光武镇	341282100000
泉阳镇	341282101000
芦村镇	341282102000
新马集镇	341282103000
大黄镇	341282104000
田营镇	341282105000
陶庙镇	341282106000
王集镇	341282107000
砖集镇	341282108000
顾集镇	341282109000
戴桥镇	341282110000
舒庄镇	341282111000
邴集乡	341282200000
靳寨乡	341282201000
任寨乡	341282202000
宿州市(12街道，71镇，23乡)	**341300000000**
埇桥区(12街道，15镇，9乡)	**341302000000**
埇桥街道	341302001000
沱河街道	341302002000
道东街道	341302003000
东关街道	341302004000
三里湾街道	341302005000
南关街道	341302006000
西关街道	341302007000
北关街道	341302008000
城东街道	341302009000
三八街道	341302010000
汴河街道	341302011000
金海街道	341302012000
符离镇	341302100000
芦岭镇	341302101000
朱仙庄镇	341302102000
褚兰镇	341302103000
曹村镇	341302104000
夹沟镇	341302105000
栏杆镇	341302106000
时村镇	341302107000
永安镇	341302108000
灰古镇	341302109000
大店镇	341302110000
西寺坡镇	341302111000
桃园镇	341302112000
蕲县镇	341302113000
大营镇	341302114000
杨庄乡	341302200000
支河乡	341302201000
解集乡	341302202000
桃沟乡	341302203000
顺河乡	341302204000
蒿沟乡	341302205000
苗庵乡	341302206000
永镇乡	341302207000
西二铺乡	341302208000
砀山县(13镇)	**341321000000**
李庄镇	341321102000
唐寨镇	341321103000
葛集镇	341321104000
官庄坝镇	341321107000
曹庄镇	341321108000
朱楼镇	341321110000
程庄镇	341321112000
良梨镇	341321113000
砀城镇	341321114000
玄庙镇	341321115000
周寨镇	341321116000
关帝庙镇	341321117000

续表 7

行政区划名称	行政区划代码	行政区划名称	行政区划代码	行政区划名称	行政区划代码
赵屯镇	341321118000	草庙镇	341324110000	双桥镇	341521101000
萧县(18镇，5乡)	**341322000000**	屏山镇	341324111000	涧沟镇	341521102000
龙城镇	341322100000	大路口乡	341324200000	丰庄镇	341521103000
黄口镇	341322101000	大杨乡	341324202000	正阳关镇	341521104000
杨楼镇	341322102000	瓦坊乡	341324203000	迎河镇	341521105000
阎集镇	341322103000	**六安市(8街道，107镇，**	**341500000000**	板桥镇	341521106000
新庄镇	341322104000	**52乡)**		安丰塘镇	341521107000
刘套镇	341322105000	**金安区(5街道，11镇，**	**341502000000**	堰口镇	341521108000
马井镇	341322106000	**6乡)**		保义镇	341521109000
大屯镇	341322107000	中市街道	341502001000	隐贤镇	341521110000
赵庄镇	341322108000	东市街道	341502002000	安丰镇	341521111000
杜楼镇	341322109000	三里桥街道	341502003000	瓦埠镇	341521112000
丁里镇	341322110000	清水河街道	341502004000	众兴镇	341521113000
王寨镇	341322111000	望城街道	341502005000	茶庵镇	341521114000
祖楼镇	341322112000	木厂镇	341502100000	三觉镇	341521115000
青龙集镇	341322113000	马头镇	341502101000	炎刘镇	341521116000
张庄寨镇	341322114000	东桥镇	341502102000	刘岗镇	341521117000
永堌镇	341322115000	张店镇	341502103000	双庙集镇	341521118000
白土镇	341322116000	毛坦厂镇	341502104000	小甸镇	341521119000
官桥镇	341322117000	东河口镇	341502105000	大顺镇	341521120000
圣泉乡	341322200000	双河镇	341502106000	八公山乡	341521200000
酒店乡	341322201000	施桥镇	341502107000	陶店回族乡	341521202000
孙圩子乡	341322202000	孙岗镇	341502108000	张李乡	341521203000
庄里乡	341322203000	三十铺镇	341502109000	窑口乡	341521204000
石林乡	341322204000	椿树镇	341502110000	**霍邱县(24镇，11乡)**	**341522000000**
灵璧县(13镇，6乡)	**341323000000**	城北乡	341502200000	城关镇	341522100000
灵城镇	341323100000	翁墩乡	341502201000	河口镇	341522101000
韦集镇	341323101000	淠东乡	341502202000	周集镇	341522102000
黄湾镇	341323102000	中店乡	341502203000	临水镇	341522103000
娄庄镇	341323103000	横塘岗乡	341502204000	新店镇	341522104000
杨疃镇	341323104000	先生店乡	341502205000	石店镇	341522105000
尹集镇	341323105000	**裕安区(3街道，12镇，7乡)**	**341503000000**	马店镇	341522106000
浍沟镇	341323106000	鼓楼街道	341503001000	孟集镇	341522107000
尤集镇	341323107000	西市街道	341503003000	花园镇	341522108000
下楼镇	341323108000	小华山街道	341503005000	扈胡镇	341522109000
朝阳镇	341323109000	苏埠镇	341503100000	长集镇	341522110000
渔沟镇	341323110000	韩摆渡镇	341503101000	洪集镇	341522111000
高楼镇	341323111000	新安镇	341503102000	姚李镇	341522112000
冯庙镇	341323112000	顺河镇	341503103000	乌龙镇	341522113000
向阳乡	341323200000	独山镇	341503104000	高塘镇	341522114000
朱集乡	341323202000	石婆店镇	341503105000	龙潭镇	341522115000
大路乡	341323203000	城南镇	341503106000	岔路镇	341522116000
大庙乡	341323204000	丁集镇	341503107000	冯井镇	341522117000
禅堂乡	341323205000	固镇镇	341503108000	众兴集镇	341522118000
虞姬乡	341323206000	徐集镇	341503109000	夏店镇	341522119000
泗县(12镇，3乡)	**341324000000**	分路口镇	341503110000	曹庙镇	341522120000
泗城镇	341324100000	江家店镇	341503111000	叶集镇	341522121000
墩集镇	341324101000	单王乡	341503200000	潘集镇	341522122000
丁湖镇	341324102000	青山乡	341503201000	范桥镇	341522123000
草沟镇	341324103000	石板冲乡	341503202000	王截流乡	341522201000
长沟镇	341324104000	西河口乡	341503203000	临淮岗乡	341522203000
黄圩镇	341324105000	平桥乡	341503204000	城西湖乡	341522204000
大庄镇	341324106000	罗集乡	341503205000	宋店乡	341522205000
山头镇	341324107000	狮子岗乡	341503206000	三流乡	341522206000
刘圩镇	341324108000	**寿县(21镇，4乡)**	**341521000000**	邵岗乡	341522207000
黑塔镇	341324109000	寿春镇	341521100000	白莲乡	341522208000

续表 8

行政区划名称	行政区划代码
冯瓴乡	341522210000
彭塔乡	341522211000
孙岗乡	341522212000
三元乡	341522213000
舒城县(15镇，6乡)	**341523000000**
城关镇	341523100000
晓天镇	341523101000
桃溪镇	341523102000
万佛湖镇	341523103000
千人桥镇	341523104000
百神庙镇	341523105000
杭埠镇	341523106000
舒茶镇	341523107000
南港镇	341523108000
干汊河镇	341523109000
张母桥镇	341523110000
五显镇	341523111000
山七镇	341523112000
河棚镇	341523113000
汤池镇	341523114000
春秋乡	341523200000
柏林乡	341523201000
棠树乡	341523202000
阙店乡	341523203000
高峰乡	341523204000
庐镇乡	341523205000
金寨县(12镇，14乡)	**341524000000**
梅山镇	341524100000
南溪镇	341524101000
汤家汇镇	341524103000
斑竹园镇	341524104000
天堂寨镇	341524105000
古碑镇	341524106000
吴家店镇	341524107000
燕子河镇	341524108000
青山镇	341524109000
响洪甸镇	341524110000
双河镇	341524111000
白塔畈镇	341524112000
张冲乡	341524201000
油坊店乡	341524202000
长岭乡	341524203000
槐树湾乡	341524204000
花石乡	341524205000
沙河乡	341524206000
桃岭乡	341524207000
果子园乡	341524208000
关庙乡	341524209000
银山畈乡	341524210000
铁冲乡	341524211000
全军乡	341524212000
张畈乡	341524213000
水竹坪乡	341524214000
霍山县(12镇，4乡)	**341525000000**
衡山镇	341525100000

行政区划名称	行政区划代码
下符桥镇	341525101000
但家庙镇	341525102000
与儿街镇	341525103000
磨子潭镇	341525104000
上土市镇	341525105000
漫水河镇	341525106000
大化坪镇	341525107000
落儿岭镇	341525108000
诸佛庵镇	341525109000
黑石渡镇	341525110000
佛子岭镇	341525111000
单龙寺乡	341525200000
东西溪乡	341525201000
太阳乡	341525202000
太平畈乡	341525203000
亳州市(10街道，71镇，8乡)	**341600000000**
谯城区(3街道，20镇，2乡)	**341602000000**
花戏楼街道	341602001000
薛阁街道	341602002000
汤陵街道	341602003000
古井镇	341602100000
芦庙镇	341602102000
华佗镇	341602103000
魏岗镇	341602104000
牛集镇	341602105000
颜集镇	341602107000
五马镇	341602108000
十八里镇	341602109000
谯东镇	341602111000
十九里镇	341602112000
沙土镇	341602113000
观堂镇	341602114000
大杨镇	341602115000
城父镇	341602116000
十河镇	341602117000
双沟镇	341602119000
淝河镇	341602120000
古城镇	341602121000
龙扬镇	341602122000
立德镇	341602123000
张店乡	341602200000
赵桥乡	341602201000
涡阳县(4街道，20镇)	**341621000000**
城关街道	341621001000
城西街道	341621002000
城东街道	341621003000
涡北街道	341621004000
西阳镇	341621103000
涡南镇	341621104000
楚店镇	341621105000
高公镇	341621106000
高炉镇	341621108000
曹市镇	341621109000
青疃镇	341621110000

行政区划名称	行政区划代码
石弓镇	341621111000
龙山镇	341621112000
义门镇	341621113000
新兴镇	341621114000
临湖镇	341621115000
丹城镇	341621116000
马店集镇	341621117000
花沟镇	341621118000
店集镇	341621119000
陈大镇	341621120000
牌坊镇	341621121000
公吉寺镇	341621122000
标里镇	341621123000
蒙城县(3街道，12镇，2乡)	**341622000000**
漆园街道	341622001000
庄周街道	341622002000
城关街道	341622003000
双涧镇	341622101000
小涧镇	341622102000
坛城镇	341622104000
许疃镇	341622106000
板桥集镇	341622107000
马集镇	341622108000
岳坊镇	341622110000
立仓镇	341622112000
楚村镇	341622114000
乐土镇	341622115000
三义镇	341622116000
篱笆镇	341622117000
王集乡	341622200000
小辛集乡	341622202000
利辛县(19镇，4乡)	**341623000000**
城关镇	341623100000
阚疃镇	341623101000
张村镇	341623102000
江集镇	341623103000
旧城镇	341623104000
西潘楼镇	341623105000
孙集镇	341623106000
汝集镇	341623107000
巩店镇	341623108000
王人镇	341623109000
王市镇	341623110000
永兴镇	341623111000
马店孜镇	341623112000
大李集镇	341623113000
胡集镇	341623114000
展沟镇	341623115000
程家集镇	341623116000
中疃镇	341623117000
望疃镇	341623118000
刘家集乡	341623202000
纪王场乡	341623203000
孙庙乡	341623204000
新张集乡	341623205000

续表 9

行政区划名称	行政区划代码	行政区划名称	行政区划代码	行政区划名称	行政区划代码
池州市(11街道, 36镇, 9乡)	**341700000000**	九华镇	341723110000	泾川镇	341823100000
		陵阳镇	341723111000	桃花潭镇	341823101000
贵池区(11街道, 9镇)	**341702000000**	乔木乡	341723202000	茂林镇	341823102000
秋江街道	341702006000	西华乡	341723203000	榔桥镇	341823103000
马衙街道	341702007000	杜村乡	341723204000	丁家桥镇	341823105000
梅龙街道	341702008000	九华乡	341723205000	蔡村镇	341823106000
墩上街道	341702009000	**宣城市(14街道, 57镇, 24乡)**	**341800000000**	琴溪镇	341823108000
池阳街道	341702022000			云岭镇	341823109000
秋浦街道	341702023000	**宣州区(8街道, 14镇, 4乡)**	**341802000000**	黄村镇	341823110000
江口街道	341702024000	西林街道	341802001000	汀溪乡	341823204000
里山街道	341702025000	澄江街道	341802002000	昌桥乡	341823207000
杏花村街道	341702026000	鳌峰街道	341802003000	**绩溪县(8镇, 3乡)**	**341824000000**
清风街道	341702027000	济川街道	341802004000	华阳镇	341824100000
清溪街道	341702028000	敬亭山街道	341802005000	临溪镇	341824101000
殷汇镇	341702101000	飞彩街道	341802006000	长安镇	341824102000
牌楼镇	341702102000	双桥街道	341802007000	上庄镇	341824103000
涓桥镇	341702107000	金坝街道	341802008000	扬溪镇	341824104000
唐田镇	341702110000	向阳镇	341802100000	伏岭镇	341824105000
乌沙镇	341702113000	古泉镇	341802101000	金沙镇	341824106000
牛头山镇	341702114000	寒亭镇	341802102000	瀛洲镇	341824107000
梅街镇	341702115000	文昌镇	341802103000	板桥头乡	341824201000
梅村镇	341702116000	杨柳镇	341802104000	家朋乡	341824202000
棠溪镇	341702117000	溪口镇	341802105000	荆州乡	341824203000
东至县(12镇, 3乡)	**341721000000**	新田镇	341802106000	**旌德县(6镇, 4乡)**	**341825000000**
尧渡镇	341721100000	洪林镇	341802108000	旌阳镇	341825100000
东流镇	341721101000	沈村镇	341802109000	蔡家桥镇	341825101000
大渡口镇	341721102000	水阳镇	341802111000	三溪镇	341825102000
胜利镇	341721103000	水东镇	341802112000	庙首镇	341825103000
张溪镇	341721104000	孙埠镇	341802113000	白地镇	341825104000
洋湖镇	341721105000	周王镇	341802114000	俞村镇	341825105000
葛公镇	341721106000	狸桥镇	341802115000	版书乡	341825200000
香隅镇	341721107000	黄渡乡	341802204000	云乐乡	341825206000
官港镇	341721108000	五星乡	341802209000	兴隆乡	341825207000
昭潭镇	341721109000	朱桥乡	341802210000	孙村乡	341825208000
龙泉镇	341721110000	养贤乡	341802211000	**宁国市(6街道, 8镇, 5乡)**	**341881000000**
泥溪镇	341721111000	**郎溪县(7镇, 2乡)**	**341821000000**	西津街道	341881001000
花园乡	341721209000	建平镇	341821100000	南山街道	341881002000
木塔乡	341721212000	梅渚镇	341821102000	河沥溪街道	341881003000
青山乡	341721216000	涛城镇	341821103000	汪溪街道	341881004000
石台县(6镇, 2乡)	**341722000000**	十字镇	341821104000	竹峰街道	341881005000
七都镇	341722101000	毕桥镇	341821107000	天湖街道	341881006000
丁香镇	341722103000	新发镇	341821108000	港口镇	341881100000
小河镇	341722104000	飞鲤镇	341821109000	梅林镇	341881101000
横渡镇	341722105000	凌笪乡	341821201000	中溪镇	341881102000
仁里镇	341722106000	姚村乡	341821203000	仙霞镇	341881103000
仙寓镇	341722107000	**广德县(5镇, 4乡)**	**341822000000**	宁墩镇	341881104000
大演乡	341722203000	桃州镇	341822100000	甲路镇	341881105000
矶滩乡	341722205000	柏垫镇	341822101000	霞西镇	341881106000
青阳县(9镇, 4乡)	**341723000000**	誓节镇	341822102000	胡乐镇	341881107000
蓉城镇	341723100000	邱村镇	341822103000	云梯畲族乡	341881200000
木镇镇	341723101000	新杭镇	341822104000	南极乡	341881201000
庙前镇	341723102000	卢村乡	341822200000	万家乡	341881202000
新河镇	341723104000	东亭乡	341822201000	方塘乡	341881204000
丁桥镇	341723105000	杨滩乡	341822202000	青龙乡	341881205000
朱备镇	341723107000	四合乡	341822203000		
杨田镇	341723109000	**泾县(9镇, 2乡)**	**341823000000**		

福建省

福建省(闽)

行政区划名称	行政区划代码
福建省(175街道，609镇，320乡)	**350000000000**
福州市(43街道，99镇，47乡)	**350100000000**
鼓楼区(9街道，1镇)	**350102000000**
鼓东街道	350102001000
鼓西街道	350102002000
温泉街道	350102003000
东街街道	350102004000
南街街道	350102005000
安泰街道	350102006000
华大街道	350102007000
水部街道	350102008000
五凤街道	350102009000
洪山镇	350102100000
台江区(10街道)	**350103000000**
瀛洲街道	350103001000
后洲街道	350103002000
义洲街道	350103003000
新港街道	350103004000
上海街道	350103005000
苍霞街道	350103007000
茶亭街道	350103009000
洋中街道	350103010000
鳌峰街道	350103011000
宁化街道	350103012000
仓山区(8街道，5镇)	**350104000000**
仓前街道	350104001000
东升街道	350104002000
对湖街道	350104003000
临江街道	350104004000
三叉街街道	350104005000
上渡街道	350104006000
下渡街道	350104007000
金山街道	350104008000
仓山镇	350104100000
城门镇	350104101000
盖山镇	350104102000
建新镇	350104103000
螺洲镇	350104104000
马尾区(1街道，3镇)	**350105000000**
罗星街道	350105001000
马尾镇	350105100000
亭江镇	350105101000
琅岐镇	350105102000
晋安区(3街道，4镇，2乡)	**350111000000**
茶园街道	350111001000
王庄街道	350111002000
象园街道	350111003000
鼓山镇	350111100000
新店镇	350111101000
岳峰镇	350111102000
宦溪镇	350111103000
寿山乡	350111201000
日溪乡	350111202000
闽侯县(1街道，8镇，6乡)	**350121000000**
甘蔗街道	350121001000
白沙镇	350121101000
南屿镇	350121102000
尚干镇	350121103000
祥谦镇	350121104000
青口镇	350121105000
南通镇	350121106000
上街镇	350121107000
荆溪镇	350121108000
竹岐乡	350121200000
鸿尾乡	350121201000
洋里乡	350121202000
大湖乡	350121203000
廷坪乡	350121204000
小箬乡	350121206000
连江县(16镇，7乡)	**350122000000**
凤城镇	350122100000
敖江镇	350122101000
东岱镇	350122102000
琯头镇	350122103000
晓澳镇	350122104000
东湖镇	350122105000
丹阳镇	350122106000
长龙镇	350122107000
透堡镇	350122108000
马鼻镇	350122109000
官坂镇	350122110000
筱埕镇	350122111000
黄岐镇	350122112000
苔菉镇	350122113000
浦口镇	350122114000
坑园镇	350122115000
潘渡乡	350122200000
江南乡	350122201000
蓼沿乡	350122202000
安凯乡	350122203000
下宫乡	350122204000
小沧畲族乡	350122205000
马祖乡	350122206000
罗源县(6镇，5乡)	**350123000000**
凤山镇	350123100000
松山镇	350123101000
起步镇	350123102000
中房镇	350123103000
飞竹镇	350123104000
鉴江镇	350123105000
白塔乡	350123200000
洪洋乡	350123201000
西兰乡	350123202000
霍口畲族乡	350123203000
碧里乡	350123204000
闽清县(11镇，5乡)	**350124000000**
梅城镇	350124100000
梅溪镇	350124101000
白樟镇	350124102000
金沙镇	350124103000
白中镇	350124104000
池园镇	350124105000
坂东镇	350124106000
塔庄镇	350124107000
省璜镇	350124108000
雄江镇	350124109000
东桥镇	350124110000
云龙乡	350124200000
上莲乡	350124201000
三溪乡	350124204000
桔林乡	350124205000
下祝乡	350124206000
永泰县(9镇，12乡)	**350125000000**
樟城镇	350125100000
嵩口镇	350125101000
梧桐镇	350125102000
葛岭镇	350125103000
城峰镇	350125104000
清凉镇	350125105000
长庆镇	350125106000
同安镇	350125107000
大洋镇	350125108000
塘前乡	350125200000
富泉乡	350125201000
岭路乡	350125202000
赤锡乡	350125203000
洑口乡	350125204000
盖洋乡	350125205000
东洋乡	350125206000
霞拔乡	350125207000
盘谷乡	350125208000
红星乡	350125209000
白云乡	350125210000
丹云乡	350125211000
平潭县(7镇，8乡)	**350128000000**
潭城镇	350128100000
苏澳镇	350128101000
流水镇	350128102000
澳前镇	350128103000
北厝镇	350128104000
平原镇	350128105000
敖东镇	350128106000
白青乡	350128200000
屿头乡	350128201000
大练乡	350128202000
芦洋乡	350128203000
中楼乡	350128204000
东庠乡	350128205000
岚城乡	350128206000
南海乡	350128207000
福清市(7街道，17镇)	**350181000000**
玉屏街道	350181001000
音西街道	350181002000
宏路街道	350181003000
阳下街道	350181004000
龙山街道	350181005000
龙江街道	350181006000
石竹街道	350181007000
海口镇	350181103000

续表 1

行政区划名称	行政区划代码
城头镇	350181104000
南岭镇	350181105000
龙田镇	350181106000
江镜镇	350181107000
港头镇	350181108000
高山镇	350181109000
沙埔镇	350181110000
三山镇	350181111000
东瀚镇	350181112000
渔溪镇	350181113000
上迳镇	350181114000
新厝镇	350181115000
江阴镇	350181116000
东张镇	350181117000
镜洋镇	350181118000
一都镇	350181119000
长乐市(4街道，12镇，2乡)	**350182000000**
营前街道	350182001000
漳港街道	350182002000
航城街道	350182003000
吴航街道	350182004000
首占镇	350182102000
玉田镇	350182103000
松下镇	350182104000
江田镇	350182105000
古槐镇	350182106000
文武砂镇	350182107000
鹤上镇	350182108000
湖南镇	350182110000
金峰镇	350182111000
文岭镇	350182112000
梅花镇	350182113000
潭头镇	350182114000
罗联乡	350182200000
猴屿乡	350182201000
厦门市(24街道，13镇)	**350200000000**
思明区(10街道)	**350203000000**
厦港街道	350203001000
中华街道	350203003000
滨海街道	350203005000
鹭江街道	350203006000
开元街道	350203007000
梧村街道	350203008000
筼筜街道	350203009000
莲前街道	350203010000
嘉莲街道	350203011000
鼓浪屿街道	350203012000
海沧区(2街道，1镇)	**350205000000**
海沧街道	350205001000
新阳街道	350205002000
东孚镇	350205103000
湖里区(5街道)	**350206000000**
湖里街道	350206001000
殿前街道	350206002000
禾山街道	350206003000
江头街道	350206004000
金山街道	350206005000
集美区(4街道，2镇)	**350211000000**
集美街道	350211001000
侨英街道	350211002000
杏林街道	350211003000
杏滨街道	350211004000
灌口镇	350211102000
后溪镇	350211103000
同安区(2街道，6镇)	**350212000000**
大同街道	350212001000
祥平街道	350212002000
莲花镇	350212105000
新民镇	350212106000
洪塘镇	350212107000
西柯镇	350212108000
汀溪镇	350212109000
五显镇	350212110000
翔安区(1街道，4镇)	**350213000000**
大嶝街道	350213001000
马巷镇	350213102000
新圩镇	350213103000
新店镇	350213104000
内厝镇	350213111000
莆田市(8街道，39镇，7乡)	**350300000000**
城厢区(3街道，4镇)	**350302000000**
龙桥街道	350302001000
凤凰山街道	350302002000
霞林街道	350302003000
常太镇	350302100000
华亭镇	350302101000
灵川镇	350302102000
东海镇	350302103000
涵江区(2街道，9镇，1乡)	**350303000000**
涵东街道	350303001000
涵西街道	350303002000
三江口镇	350303100000
白塘镇	350303101000
国欢镇	350303102000
梧塘镇	350303103000
江口镇	350303104000
秋芦镇	350303105000
白沙镇	350303106000
庄边镇	350303107000
新县镇	350303108000
大洋乡	350303200000
荔城区(2街道，4镇)	**350304000000**
镇海街道	350304001000
拱辰街道	350304002000
西天尾镇	350304100000
黄石镇	350304101000
新度镇	350304102000
北高镇	350304103000
秀屿区(10镇，1乡)	**350305000000**
笏石镇	350305100000
东庄镇	350305101000
东峤镇	350305104000
埭头镇	350305105000
平海镇	350305106000
南日镇	350305107000
月塘乡	350305200000
湄洲镇	350391110000
忠门镇	350392110000
东埔镇	350392120000
山亭镇	350392130000
仙游县(1街道，12镇，5乡)	**350322000000**
鲤城街道	350322001000
枫亭镇	350322101000
榜头镇	350322102000
郊尾镇	350322103000
度尾镇	350322104000
赖店镇	350322106000
盖尾镇	350322107000
园庄镇	350322108000
大济镇	350322109000
龙华镇	350322110000
钟山镇	350322111000
游洋镇	350322112000
鲤南镇	350322113000
西苑乡	350322200000
石苍乡	350322202000
社硎乡	350322203000
书峰乡	350322204000
菜溪乡	350322205000
三明市(13街道，61镇，68乡)	**350400000000**
梅列区(3街道，2镇)	**350402000000**
列东街道	350402001000
列西街道	350402002000
徐碧街道	350402003000
陈大镇	350402100000
洋溪镇	350402101000
三元区(4街道，2镇，2乡)	**350403000000**
城关街道	350403001000
白沙街道	350403002000
富兴堡街道	350403003000
荆西街道	350403004000
莘口镇	350403100000
岩前镇	350403101000
城东乡	350403200000
中村乡	350403201000
明溪县(4镇，5乡)	**350421000000**
雪峰镇	350421100000
盖洋镇	350421101000
胡坊镇	350421102000
瀚仙镇	350421103000
城关乡	350421200000
沙溪乡	350421201000
夏阳乡	350421202000
枫溪乡	350421203000
夏坊乡	350421204000
清流县(5镇，8乡)	**350423000000**
龙津镇	350423100000
嵩溪镇	350423101000
嵩口镇	350423102000
灵地镇	350423103000
长校镇	350423104000
温郊乡	350423201000

续表 2

行政区划名称	行政区划代码
林畲乡	350423202000
田源乡	350423203000
沙芜乡	350423204000
赖坊乡	350423205000
余朋乡	350423206000
李家乡	350423208000
里田乡	350423209000
宁化县(5镇，11乡)	**350424000000**
翠江镇	350424100000
泉上镇	350424101000
湖村镇	350424102000
石壁镇	350424103000
曹坊镇	350424104000
城郊乡	350424200000
城南乡	350424201000
济村乡	350424202000
淮土乡	350424203000
方田乡	350424204000
安乐乡	350424205000
治平畲族乡	350424207000
中沙乡	350424208000
河龙乡	350424209000
水茜乡	350424210000
安远乡	350424211000
大田县(8镇，10乡)	**350425000000**
均溪镇	350425100000
石牌镇	350425101000
上京镇	350425102000
广平镇	350425103000
桃源镇	350425104000
太华镇	350425105000
建设镇	350425106000
奇韬镇	350425107000
华兴乡	350425200000
屏山乡	350425201000
吴山乡	350425202000
济阳乡	350425203000
武陵乡	350425204000
谢洋乡	350425205000
文江乡	350425206000
梅山乡	350425207000
湖美乡	350425208000
前坪乡	350425209000
尤溪县(9镇，6乡)	**350426000000**
城关镇	350426100000
梅仙镇	350426101000
西滨镇	350426102000
洋中镇	350426103000
新阳镇	350426104000
管前镇	350426105000
西城镇	350426106000
尤溪口镇	350426107000
坂面镇	350426108000
联合乡	350426200000
汤川乡	350426201000
溪尾乡	350426202000
中仙乡	350426203000
台溪乡	350426204000
八字桥乡	350426206000
沙县(2街道，6镇，4乡)	**350427000000**
凤岗街道	350427001000
虬江街道	350427002000
青州镇	350427101000
夏茂镇	350427102000
高砂镇	350427104000
高桥镇	350427105000
富口镇	350427106000
大洛镇	350427107000
南霞乡	350427201000
南阳乡	350427203000
郑湖乡	350427204000
湖源乡	350427205000
将乐县(6镇，7乡)	**350428000000**
古镛镇	350428100000
万安镇	350428101000
高唐镇	350428102000
白莲镇	350428103000
黄潭镇	350428104000
水南镇	350428105000
光明乡	350428200000
漠源乡	350428201000
南口乡	350428202000
万全乡	350428203000
安仁乡	350428204000
大源乡	350428205000
余坊乡	350428206000
泰宁县(2镇，7乡)	**350429000000**
杉城镇	350429100000
朱口镇	350429101000
新桥乡	350429200000
上青乡	350429201000
大田乡	350429202000
梅口乡	350429203000
下渠乡	350429204000
开善乡	350429205000
大龙乡	350429206000
建宁县(4镇，5乡)	**350430000000**
濉溪镇	350430100000
里心镇	350430101000
溪口镇	350430102000
均口镇	350430103000
伊家乡	350430201000
黄坊乡	350430202000
溪源乡	350430203000
客坊乡	350430204000
黄埠乡	350430205000
永安市(4街道，8镇，3乡)	**350481000000**
燕东街道	350481001000
燕西街道	350481002000
燕南街道	350481003000
燕北街道	350481004000
西洋镇	350481100000
贡川镇	350481101000
安砂镇	350481102000
小陶镇	350481103000
大湖镇	350481104000
曹远镇	350481105000
洪田镇	350481106000
槐南镇	350481107000
上坪乡	350481202000
罗坊乡	350481203000
青水畲族乡	350481204000
泉州市(30街道，107镇，26乡)	**350500000000**
鲤城区(8街道)	**350502000000**
海滨街道	350502001000
临江街道	350502002000
鲤中街道	350502003000
开元街道	350502004000
浮桥街道	350502005000
江南街道	350502006000
金龙街道	350502007000
常泰街道	350502008000
丰泽区(8街道)	**350503000000**
东湖街道	350503001000
丰泽街道	350503002000
泉秀街道	350503003000
清源街道	350503004000
华大街道	350503005000
城东街道	350503006000
东海街道	350503007000
北峰街道	350503008000
洛江区(2街道，3镇，1乡)	**350504000000**
万安街道	350504001000
双阳街道	350504002000
罗溪镇	350504100000
马甲镇	350504101000
河市镇	350504102000
虹山乡	350504200000
泉港区(1街道，6镇)	**350505000000**
山腰街道	350505001000
南埔镇	350505100000
界山镇	350505101000
后龙镇	350505102000
峰尾镇	350505103000
前黄镇	350505105000
涂岭镇	350505106000
惠安县(15镇，1乡)	**350521000000**
螺城镇	350521100000
螺阳镇	350521101000
黄塘镇	350521102000
紫山镇	350521103000
洛阳镇	350521104000
东园镇	350521105000
张坂镇	350521106000
崇武镇	350521107000
山霞镇	350521108000
涂寨镇	350521109000
东岭镇	350521110000
东桥镇	350521111000
净峰镇	350521112000
小岞镇	350521113000
辋川镇	350521114000
百崎回族乡	350521200000

续表 3

行政区划名称	行政区划代码
安溪县(13镇，11乡)	**350524000000**
凤城镇	350524100000
蓬莱镇	350524101000
湖头镇	350524102000
官桥镇	350524103000
剑斗镇	350524104000
城厢镇	350524105000
金谷镇	350524106000
龙门镇	350524107000
虎邱镇	350524108000
芦田镇	350524109000
感德镇	350524110000
魁斗镇	350524111000
西坪镇	350524112000
参内乡	350524200000
白濑乡	350524201000
湖上乡	350524202000
尚卿乡	350524203000
大坪乡	350524204000
龙涓乡	350524205000
长坑乡	350524206000
蓝田乡	350524207000
祥华乡	350524208000
桃舟乡	350524209000
福田乡	350524210000
永春县(18镇，4乡)	**350525000000**
桃城镇	350525100000
五里街镇	350525101000
一都镇	350525102000
下洋镇	350525103000
蓬壶镇	350525104000
达埔镇	350525105000
吾峰镇	350525106000
石鼓镇	350525107000
岵山镇	350525108000
东平镇	350525109000
湖洋镇	350525110000
坑仔口镇	350525111000
玉斗镇	350525112000
锦斗镇	350525113000
东关镇	350525114000
桂洋镇	350525115000
苏坑镇	350525116000
仙夹镇	350525117000
横口乡	350525200000
呈祥乡	350525201000
介福乡	350525202000
外山乡	350525204000
德化县(11镇，7乡)	**350526000000**
浔中镇	350526100000
龙浔镇	350526101000
三班镇	350526102000
龙门滩镇	350526103000
雷峰镇	350526104000
南埕镇	350526105000
水口镇	350526106000
赤水镇	350526107000
上涌镇	350526108000
葛坑镇	350526109000
盖德镇	350526110000
杨梅乡	350526200000
汤头乡	350526202000
桂阳乡	350526204000
国宝乡	350526206000
美湖乡	350526207000
大铭乡	350526208000
春美乡	350526209000
金门县	**350527000000**
石狮市(2街道，7镇)	**350581000000**
湖滨街道	350581001000
凤里街道	350581002000
灵秀镇	350581100000
宝盖镇	350581101000
蚶江镇	350581102000
祥芝镇	350581103000
鸿山镇	350581104000
锦尚镇	350581105000
永宁镇	350581106000
晋江市(6街道，13镇)	**350582000000**
青阳街道	350582001000
梅岭街道	350582002000
西园街道	350582003000
罗山街道	350582004000
灵源街道	350582005000
新塘街道	350582006000
陈埭镇	350582101000
池店镇	350582102000
安海镇	350582103000
磁灶镇	350582104000
内坑镇	350582105000
紫帽镇	350582106000
东石镇	350582107000
永和镇	350582108000
英林镇	350582109000
金井镇	350582110000
龙湖镇	350582111000
深沪镇	350582112000
西滨镇	350582113000
南安市(3街道，21镇，2乡)	**350583000000**
溪美街道	350583001000
柳城街道	350583002000
美林街道	350583003000
省新镇	350583100000
仑苍镇	350583101000
东田镇	350583102000
英都镇	350583103000
翔云镇	350583104000
金淘镇	350583105000
诗山镇	350583106000
蓬华镇	350583107000
码头镇	350583108000
九都镇	350583109000
乐峰镇	350583110000
罗东镇	350583111000
梅山镇	350583112000
洪濑镇	350583113000
洪梅镇	350583114000
康美镇	350583115000
丰州镇	350583116000
霞美镇	350583117000
官桥镇	350583118000
水头镇	350583119000
石井镇	350583120000
眉山乡	350583200000
向阳乡	350583201000
漳州市(8街道，89镇，24乡)	**350600000000**
芗城区(6街道，4镇)	**350602000000**
东铺头街道	350602001000
西桥街道	350602002000
新桥街道	350602003000
巷口街道	350602004000
南坑街道	350602005000
通北街道	350602006000
浦南镇	350602100000
天宝镇	350602101000
芝山镇	350602102000
石亭镇	350602103000
龙文区(1街道，4镇)	**350603000000**
东岳街道	350603001000
蓝田镇	350603100000
步文镇	350603101000
朝阳镇	350603102000
郭坑镇	350603103000
云霄县(6镇，3乡)	**350622000000**
云陵镇	350622100000
陈岱镇	350622101000
东厦镇	350622102000
莆美镇	350622103000
列屿镇	350622104000
火田镇	350622105000
下河乡	350622200000
马铺乡	350622201000
和平乡	350622202000
漳浦县(17镇，4乡)	**350623000000**
绥安镇	350623100000
旧镇镇	350623101000
佛昙镇	350623102000
赤湖镇	350623103000
杜浔镇	350623104000
霞美镇	350623105000
官浔镇	350623106000
石榴镇	350623107000
盘陀镇	350623108000
长桥镇	350623109000
前亭镇	350623110000
马坪镇	350623111000
深土镇	350623112000
六鳌镇	350623113000
沙西镇	350623114000
古雷镇	350623115000
大南坂镇	350623116000
南浦乡	350623200000

续表 4

行政区划名称	行政区划代码
赤岭畲族乡	350623201000
湖西畲族乡	350623202000
赤土乡	350623203000
诏安县(9镇，6乡)	**350624000000**
南诏镇	350624100000
四都镇	350624101000
梅岭镇	350624102000
桥东镇	350624103000
深桥镇	350624104000
太平镇	350624105000
霞葛镇	350624106000
官陂镇	350624107000
秀篆镇	350624108000
金星乡	350624200000
西潭乡	350624201000
白洋乡	350624202000
建设乡	350624203000
红星乡	350624204000
梅洲乡	350624205000
长泰县(4镇，1乡)	**350625000000**
武安镇	350625100000
岩溪镇	350625101000
陈巷镇	350625102000
枋洋镇	350625103000
坂里乡	350625200000
东山县(7镇)	**350626000000**
西埔镇	350626100000
樟塘镇	350626101000
康美镇	350626102000
杏陈镇	350626103000
陈城镇	350626104000
前楼镇	350626105000
铜陵镇	350626106000
南靖县(11镇)	**350627000000**
山城镇	350627100000
丰田镇	350627101000
靖城镇	350627102000
龙山镇	350627103000
金山镇	350627104000
和溪镇	350627105000
奎洋镇	350627106000
梅林镇	350627107000
书洋镇	350627108000
船场镇	350627109000
南坑镇	350627110000
平和县(10镇，5乡)	**350628000000**
小溪镇	350628100000
山格镇	350628101000
文峰镇	350628102000
南胜镇	350628103000
坂仔镇	350628104000
安厚镇	350628105000
大溪镇	350628106000
霞寨镇	350628107000
九峰镇	350628108000
芦溪镇	350628109000
五寨乡	350628200000
国强乡	350628201000
崎岭乡	350628202000
长乐乡	350628203000
秀峰乡	350628204000
华安县(6镇，3乡)	**350629000000**
华丰镇	350629100000
丰山镇	350629101000
沙建镇	350629102000
新圩镇	350629103000
高安镇	350629104000
仙都镇	350629105000
高车乡	350629200000
马坑乡	350629201000
湖林乡	350629203000
龙海市(1街道，11镇，2乡)	**350681000000**
石码街道	350681001000
海澄镇	350681101000
角美镇	350681102000
白水镇	350681103000
浮宫镇	350681104000
程溪镇	350681105000
港尾镇	350681106000
九湖镇	350681107000
颜厝镇	350681108000
榜山镇	350681109000
紫泥镇	350681110000
东园镇	350681111000
东泗乡	350681200000
隆教畲族乡	350681201000
南平市(24街道，71镇，44乡)	**350700000000**
延平区(6街道，13镇，2乡)	**350702000000**
梅山街道	350702001000
黄墩街道	350702002000
紫云街道	350702003000
四鹤街道	350702004000
水南街道	350702005000
水东街道	350702006000
来舟镇	350702100000
樟湖镇	350702101000
夏道镇	350702102000
西芹镇	350702103000
峡阳镇	350702104000
南山镇	350702105000
大横镇	350702106000
王台镇	350702107000
太平镇	350702108000
塔前镇	350702109000
洋后镇	350702111000
炉下镇	350702112000
茫荡镇	350702113000
巨口乡	350702200000
赤门乡	350702202000
顺昌县(1街道，7镇，4乡)	**350721000000**
双溪街道	350721001000
建西镇	350721101000
洋口镇	350721102000
元坑镇	350721103000
埔上镇	350721105000
大历镇	350721106000
大干镇	350721107000
仁寿镇	350721108000
洋墩乡	350721200000
郑坊乡	350721201000
岚下乡	350721203000
高阳乡	350721204000
浦城县(2街道，9镇，8乡)	**350722000000**
南浦街道	350722001000
河滨街道	350722002000
富岭镇	350722101000
石陂镇	350722102000
临江镇	350722103000
仙阳镇	350722104000
水北街镇	350722105000
永兴镇	350722106000
忠信镇	350722107000
莲塘镇	350722108000
九牧镇	350722109000
万安乡	350722200000
古楼乡	350722201000
山下乡	350722202000
枫溪乡	350722203000
濠村乡	350722204000
管厝乡	350722205000
盘亭乡	350722206000
官路乡	350722207000
光泽县(3镇，5乡)	**350723000000**
杭川镇	350723100000
寨里镇	350723101000
止马镇	350723102000
鸾凤乡	350723200000
崇仁乡	350723201000
李坊乡	350723202000
华桥乡	350723203000
司前乡	350723204000
松溪县(1街道，2镇，6乡)	**350724000000**
松源街道	350724001000
郑墩镇	350724101000
渭田镇	350724102000
河东乡	350724200000
茶平乡	350724201000
旧县乡	350724202000
溪东乡	350724203000
花桥乡	350724204000
祖墩乡	350724205000
政和县(1街道，4镇，5乡)	**350725000000**
熊山街道	350725001000
东平镇	350725101000
石屯镇	350725102000
铁山镇	350725103000
镇前镇	350725104000
星溪乡	350725200000
外屯乡	350725201000
杨源乡	350725202000
澄源乡	350725203000
岭腰乡	350725204000

续表 5

行政区划名称	行政区划代码	行政区划名称	行政区划代码	行政区划名称	行政区划代码
邵武市(4街道，12镇，3乡)	**350781000000**	黄坑镇	350784106000	峰市镇	350822109000
昭阳街道	350781001000	水吉镇	350784107000	城郊乡	350822200000
通泰街道	350781002000	漳墩镇	350784108000	西溪乡	350822201000
水北街道	350781003000	小湖镇	350784109000	金砂乡	350822202000
晒口街道	350781004000	崇雒乡	350784200000	仙师乡	350822203000
城郊镇	350781100000	书坊乡	350784201000	洪山乡	350822204000
水北镇	350781101000	回龙乡	350784202000	湖山乡	350822205000
下沙镇	350781102000	**龙岩市(12街道，67镇，55乡)**	**350800000000**	岐岭乡	350822206000
卫闽镇	350781103000	**新罗区(10街道，8镇，2乡)**	**350802000000**	古竹乡	350822207000
沿山镇	350781104000	东城街道	350802001000	堂堡乡	350822208000
拿口镇	350781105000	南城街道	350802002000	合溪乡	350822209000
洪墩镇	350781106000	西城街道	350802003000	虎岗乡	350822210000
大埠岗镇	350781107000	中城街道	350802004000	大溪乡	350822211000
和平镇	350781108000	西陂街道	350802005000	陈东乡	350822212000
肖家坊镇	350781109000	曹溪街道	350802006000	高头乡	350822213000
大竹镇	350781110000	东肖街道	350802007000	**上杭县(13镇，9乡)**	**350823000000**
吴家塘镇	350781111000	龙门街道	350802008000	临江镇	350823100000
桂林乡	350781200000	铁山街道	350802009000	临城镇	350823101000
张厝乡	350781201000	北城街道	350802010000	中都镇	350823102000
金坑乡	350781202000	红坊镇	350802100000	蓝溪镇	350823103000
武夷山市(3街道，3镇，	**350782000000**	适中镇	350802101000	稔田镇	350823104000
4乡)		雁石镇	350802102000	白砂镇	350823105000
崇安街道	350782001000	白沙镇	350802103000	古田镇	350823106000
新丰街道	350782002000	万安镇	350802104000	才溪镇	350823107000
武夷街道	350782003000	大池镇	350802105000	南阳镇	350823108000
星村镇	350782101000	小池镇	350802106000	蛟洋镇	350823109000
兴田镇	350782102000	江山镇	350802107000	旧县镇	350823110000
五夫镇	350782103000	岩山乡	350802201000	溪口镇	350823111000
上梅乡	350782201000	苏坂乡	350802202000	湖洋镇	350823112000
吴屯乡	350782202000	**长汀县(13镇，5乡)**	**350821000000**	下都乡	350823201000
岚谷乡	350782203000	汀州镇	350821100000	庐丰畲族乡	350823202000
洋庄乡	350782204000	大同镇	350821101000	太拔乡	350823203000
建瓯市(4街道，10镇，4乡)	**350783000000**	古城镇	350821102000	茶地乡	350823205000
建安街道	350783001000	新桥镇	350821103000	泮境乡	350823206000
通济街道	350783002000	馆前镇	350821104000	步云乡	350823208000
瓯宁街道	350783003000	童坊镇	350821105000	通贤乡	350823210000
芝山街道	350783004000	河田镇	350821106000	官庄畲族乡	350823211000
徐墩镇	350783100000	南山镇	350821107000	珊瑚乡	350823212000
吉阳镇	350783101000	濯田镇	350821108000	**武平县(7镇，10乡)**	**350824000000**
房道镇	350783102000	四都镇	350821109000	平川镇	350824100000
南雅镇	350783103000	涂坊镇	350821110000	中山镇	350824101000
迪口镇	350783104000	策武镇	350821111000	岩前镇	350824102000
小桥镇	350783105000	三洲镇	350821112000	十方镇	350824103000
玉山镇	350783106000	铁长乡	350821201000	中堡镇	350824104000
东游镇	350783107000	庵杰乡	350821202000	桃溪镇	350824105000
东峰镇	350783108000	宣成乡	350821204000	城厢镇	350824106000
小松镇	350783109000	红山乡	350821205000	万安乡	350824201000
顺阳乡	350783200000	羊牯乡	350821206000	东留乡	350824202000
水源乡	350783201000	**永定县(10镇，14乡)**	**350822000000**	民主乡	350824203000
川石乡	350783202000	凤城镇	350822100000	下坝乡	350824204000
龙村乡	350783203000	坎市镇	350822101000	中赤乡	350824205000
建阳市(2街道，8镇，3乡)	**350784000000**	下洋镇	350822102000	象洞乡	350824206000
潭城街道	350784001000	湖雷镇	350822103000	武东乡	350824207000
童游街道	350784002000	高陂镇	350822104000	永平乡	350824208000
将口镇	350784102000	抚市镇	350822105000	湘店乡	350824209000
徐市镇	350784103000	湖坑镇	350822106000	大禾乡	350824210000
莒口镇	350784104000	培丰镇	350822107000	**连城县(8镇，9乡)**	**350825000000**
麻沙镇	350784105000	龙潭镇	350822108000	莲峰镇	350825100000

续表 6

行政区划名称	行政区划代码
北团镇	350825101000
姑田镇	350825102000
朋口镇	350825103000
莒溪镇	350825104000
新泉镇	350825105000
庙前镇	350825106000
文亨镇	350825107000
揭乐乡	350825200000
塘前乡	350825201000
隔川乡	350825202000
四堡乡	350825203000
罗坊乡	350825204000
林坊乡	350825205000
曲溪乡	350825208000
赖源乡	350825209000
宣和乡	350825210000
漳平市(2街道，8镇，6乡)	**350881000000**
菁城街道	350881001000
桂林街道	350881002000
新桥镇	350881100000
双洋镇	350881101000
永福镇	350881102000
溪南镇	350881103000
和平镇	350881104000
拱桥镇	350881105000
象湖镇	350881106000
赤水镇	350881107000
芦芝乡	350881200000
西园乡	350881201000
南洋乡	350881202000
官田乡	350881203000
吾祠乡	350881204000
灵地乡	350881205000
宁德市(13街道，63镇，49乡)	**350900000000**
蕉城区(2街道，10镇，4乡)	**350902000000**
蕉南街道	350902001000
蕉北街道	350902002000
城南镇	350902100000
漳湾镇	350902101000
七都镇	350902102000
八都镇	350902103000
九都镇	350902104000
霍童镇	350902105000
赤溪镇	350902106000
洋中镇	350902107000
飞鸾镇	350902108000
三都镇	350902109000
金涵畲族乡	350902200000
洪口乡	350902201000
石后乡	350902202000
虎浿乡	350902203000
霞浦县(2街道，6镇，6乡)	**350921000000**
松港街道	350921001000
松城街道	350921002000
长春镇	350921101000
牙城镇	350921102000
溪南镇	350921103000
沙江镇	350921104000
下浒镇	350921105000
三沙镇	350921106000
盐田畲族乡	350921200000
水门畲族乡	350921201000
崇儒畲族乡	350921202000
柏洋乡	350921203000
北壁乡	350921204000
海岛乡	350921205000
古田县(2街道，7镇，5乡)	**350922000000**
城西街道	350922001000
城东街道	350922002000
平湖镇	350922101000
大桥镇	350922102000
黄田镇	350922103000
鹤塘镇	350922104000
杉洋镇	350922105000
凤都镇	350922106000
水口镇	350922107000
吉巷乡	350922201000
泮洋乡	350922203000
凤埔乡	350922204000
卓洋乡	350922205000
大甲乡	350922206000
屏南县(4镇，7乡)	**350923000000**
古峰镇	350923100000
双溪镇	350923101000
黛溪镇	350923102000
长桥镇	350923103000
屏城乡	350923200000
棠口乡	350923201000
甘棠乡	350923202000
熙岭乡	350923203000
路下乡	350923204000
寿山乡	350923205000
岭下乡	350923206000
寿宁县(5镇，9乡)	**350924000000**
鳌阳镇	350924100000
斜滩镇	350924101000
南阳镇	350924102000
武曲镇	350924103000
犀溪镇	350924104000
大安乡	350924200000
坑底乡	350924201000
清源乡	350924202000
竹管垅乡	350924203000
芹洋乡	350924205000
托溪乡	350924206000
平溪乡	350924207000
凤阳乡	350924208000
下党乡	350924209000
周宁县(6镇，3乡)	**350925000000**
狮城镇	350925100000
咸村镇	350925101000
浦源镇	350925102000
七步镇	350925103000
李墩镇	350925104000
纯池镇	350925105000
泗桥乡	350925200000
礼门乡	350925201000
玛坑乡	350925202000
柘荣县(2镇，7乡)	**350926000000**
双城镇	350926100000
富溪镇	350926101000
城郊乡	350926200000
乍洋乡	350926201000
东源乡	350926202000
黄柏乡	350926203000
宅中乡	350926204000
楮坪乡	350926205000
英山乡	350926206000
福安市(4街道，13镇，5乡)	**350981000000**
城南街道	350981001000
城北街道	350981002000
阳头街道	350981003000
罗江街道	350981004000
赛岐镇	350981100000
穆阳镇	350981101000
上白石镇	350981102000
潭头镇	350981103000
社口镇	350981104000
晓阳镇	350981105000
溪潭镇	350981106000
甘棠镇	350981107000
下白石镇	350981108000
溪尾镇	350981109000
溪柄镇	350981110000
湾坞镇	350981111000
城阳镇	350981112000
坂中畲族乡	350981201000
范坑乡	350981202000
穆云畲族乡	350981203000
康厝畲族乡	350981204000
松罗乡	350981206000
福鼎市(3街道，10镇，3乡)	**350982000000**
桐山街道	350982001000
桐城街道	350982002000
山前街道	350982003000
贯岭镇	350982100000
前岐镇	350982101000
沙埕镇	350982102000
店下镇	350982103000
太姥山镇	350982104000
磻溪镇	350982105000
白琳镇	350982106000
点头镇	350982107000
管阳镇	350982108000
嵛山镇	350982109000
硖门畲族乡	350982200000
叠石乡	350982201000
佳阳畲族乡	350982202000

江西省

江西省(赣)

行政区划名称	行政区划代码
江西省(142街道，802镇，596乡)	**360000000000**
南昌市(30街道，51镇，29乡)	**360100000000**
东湖区(10街道)	**360102000000**
董家窑街道	360102014000
滕王阁街道	360102015000
百花洲街道	360102016000
墩子塘街道	360102017000
公园街道	360102018000
八一桥街道	360102019000
大院街道	360102020000
豫章街道	360102022000
彭家桥街道	360102023000
沙井街道	360193001000
西湖区(10街道，1镇)	**360103000000**
南浦街道	360103014000
系马桩街道	360103015000
绳金塔街道	360103016000
南站街道	360103018000
朝阳洲街道	360103019000
西湖街道	360103020000
广润门街道	360103021000
十字街街道	360103022000
丁公路街道	360103023000
桃源街道	360103024000
桃花镇	360103100000
青云谱区(5街道，1镇)	**360104000000**
三家店街道	360104006000
洪都街道	360104007000
岱山街道	360104008000
徐家坊街道	360104009000
京山街道	360104010000
青云谱镇	360104100000
湾里区(2街道，4镇)	**360105000000**
站前街道	360105001000
幸福街道	360105002000
梅岭镇	360105100000
太平镇	360105101000
罗亭镇	360105102000
招贤镇	360105103000
青山湖区(3街道，6镇)	**360111000000**
青山路街道	360111001000
上海路街道	360111002000
南钢街道	360111003000
罗家镇	360111101000
扬子洲镇	360111102000
湖坊镇	360111103000
塘山镇	360111104000
京东镇	360111106000
蛟桥镇	360191100000
南昌县(11镇，7乡)	**360121000000**
莲塘镇	360121100000
向塘镇	360121101000
三江镇	360121102000
广福镇	360121103000
塘南镇	360121104000
幽兰镇	360121105000
蒋巷镇	360121106000
武阳镇	360121107000
冈上镇	360121108000
黄马乡	360121200000
富山乡	360121201000
泾口乡	360121202000
东新乡	360121203000
南新乡	360121204000
八一乡	360121205000
塔城乡	360121206000
昌东镇	360192101000
麻丘镇	360192102000
新建县(12镇，7乡)	**360122000000**
长凌镇	360122100000
石岗镇	360122102000
松湖镇	360122104000
望城镇	360122105000
樵舍镇	360122106000
象山镇	360122107000
乐化镇	360122108000
西山镇	360122109000
溪霞镇	360122110000
联圩镇	360122111000
石埠镇	360122112000
昌邑乡	360122200000
南矶乡	360122202000
厚田乡	360122203000
金桥乡	360122205000
大塘坪乡	360122207000
流湖乡	360122208000
铁河乡	360122210000
生米镇	360193101000
安义县(7镇，3乡)	**360123000000**
龙津镇	360123100000
万埠镇	360123101000
石鼻镇	360123102000
鼎湖镇	360123103000
长埠镇	360123104000
东阳镇	360123105000
黄洲镇	360123106000
乔乐乡	360123201000
长均乡	360123202000
新民乡	360123204000
进贤县(9镇，12乡)	**360124000000**
温圳镇	360124101000
李渡镇	360124102000
张公镇	360124104000
梅庄镇	360124105000
架桥镇	360124106000
罗溪镇	360124107000
前坊镇	360124109000
民和镇	360124110000
文港镇	360124111000
白圩乡	360124201000
下埠集乡	360124202000
衙前乡	360124203000
长山晏乡	360124204000
泉岭乡	360124205000
池溪乡	360124206000
南台乡	360124207000
钟陵乡	360124208000
二塘乡	360124209000
三里乡	360124210000
七里乡	360124211000
三阳集乡	360124213000
景德镇市(13街道，25镇，14乡)	**360200000000**
昌江区(2街道，2镇，3乡)	**360202000000**
新枫街道	360202001000
西郊街道	360202002000
鲇鱼山镇	360202101000
竟成镇	360202102000
吕蒙乡	360202200000
荷塘乡	360202201000
丽阳乡	360202202000
珠山区(9街道)	**360203000000**
珠山街道	360203001000
里村街道	360203003000
新村街道	360203004000
石狮埠街道	360203005000
新厂街道	360203006000
昌江街道	360203007000
周路口街道	360203008000
昌河街道	360203009000
太白园街道	360203010000
浮梁县(9镇，9乡)	**360222000000**
浮梁镇	360222100000
鹅湖镇	360222101000
经公桥镇	360222102000
蛟潭镇	360222103000
湘湖镇	360222104000
瑶里镇	360222105000
洪源镇	360222106000
寿安镇	360222107000
三龙镇	360222108000
王港乡	360222202000
庄湾乡	360222203000
黄坛乡	360222208000
兴田乡	360222210000
江村乡	360222212000
峙滩乡	360222213000
勒功乡	360222214000
西湖乡	360222215000
罗家桥乡	360222216000
乐平市(2街道，14镇，2乡)	**360281000000**
塔山街道	360281001000
洎阳街道	360281002000
镇桥镇	360281101000
乐港镇	360281102000
涌山镇	360281103000
众埠镇	360281104000
接渡镇	360281105000

续表 1

行政区划名称	行政区划代码
礼林镇	360281107000
后港镇	360281108000
塔前镇	360281109000
双田镇	360281110000
临港镇	360281111000
高家镇	360281112000
名口镇	360281113000
涪口镇	360281114000
洪岩镇	360281115000
鸬鹚乡	360281205000
十里岗乡	360281208000
萍乡市(7街道，28镇，19乡)	**360300000000**
安源区(6街道，4镇)	**360302000000**
八一街道	360302001000
凤凰街道	360302002000
丹江街道	360302003000
后埠街道	360302004000
东大街道	360302005000
白源街道	360302006000
高坑镇	360302101000
安源镇	360302102000
青山镇	360302103000
五陂镇	360302105000
湘东区(1街道，8镇，2乡)	**360313000000**
峡山口街道	360313001000
湘东镇	360313100000
荷尧镇	360313101000
老关镇	360313102000
下埠镇	360313103000
排上镇	360313104000
东桥镇	360313105000
麻山镇	360313106000
腊市镇	360313107000
白竺乡	360313201000
广寒寨乡	360313203000
莲花县(5镇，8乡)	**360321000000**
琴亭镇	360321100000
坊楼镇	360321101000
升坊镇	360321102000
良坊镇	360321104000
路口镇	360321105000
神泉乡	360321204000
三板桥乡	360321205000
南岭乡	360321206000
荷塘乡	360321207000
高洲乡	360321209000
六市乡	360321210000
湖上乡	360321213000
闪石乡	360321215000
上栗县(6镇，4乡)	**360322000000**
上栗镇	360322100000
桐木镇	360322101000
福田镇	360322102000
金山镇	360322103000
彭高镇	360322104000
赤山镇	360322105000
长平乡	360322200000
东源乡	360322201000
鸡冠山乡	360322203000
杨岐乡	360322204000
芦溪县(5镇，5乡)	**360323000000**
芦溪镇	360323100000
宣风镇	360323101000
上埠镇	360323102000
银河镇	360323103000
南坑镇	360323104000
长丰乡	360323200000
新泉乡	360323201000
万龙山乡	360323203000
张家坊乡	360323204000
源南乡	360323206000
九江市(13街道，101镇，80乡)	**360400000000**
庐山区(3街道，7镇，1乡)	**360402000000**
十里街道	360402001000
五里街道	360402002000
威家镇	360402101000
新港镇	360402102000
莲花镇	360402103000
海会镇	360402104000
赛阳镇	360402105000
姑塘镇	360402106000
虞家河乡	360402202000
牯岭镇	360491102000
七里湖街道	360492001000
浔阳区(7街道)	**360403000000**
甘棠街道	360403001000
湓浦街道	360403002000
人民路街道	360403004000
白水湖街道	360403005000
金鸡坡街道	360403006000
向阳街道	360492002000
滨兴街道	360492003000
九江县(7镇，5乡)	**360421000000**
沙河街镇	360421100000
马回岭镇	360421101000
江洲镇	360421102000
城子镇	360421103000
港口街镇	360421104000
新合镇	360421105000
狮子镇	360421106000
涌泉乡	360421202000
新塘乡	360421203000
城门乡	360421205000
岷山乡	360421208000
永安乡	360492200000
武宁县(8镇，11乡)	**360423000000**
新宁镇	360423100000
罗坪镇	360423101000
泉口镇	360423102000
鲁溪镇	360423103000
澧溪镇	360423104000
船滩镇	360423105000
石门楼镇	360423106000
宋溪镇	360423108000
大洞乡	360423200000
横路乡	360423201000
官莲乡	360423202000
巾口乡	360423203000
甫田乡	360423206000
石渡乡	360423207000
清江乡	360423208000
上汤乡	360423209000
东林乡	360423211000
罗溪乡	360423212000
杨洲乡	360423214000
修水县(19镇，17乡)	**360424000000**
义宁镇	360424100000
三都镇	360424101000
全丰镇	360424102000
白岭镇	360424103000
古市镇	360424104000
大桥镇	360424105000
渣津镇	360424106000
杭口镇	360424107000
马坳镇	360424108000
溪口镇	360424109000
港口镇	360424110000
上奉镇	360424111000
何市镇	360424112000
黄港镇	360424113000
黄沙镇	360424114000
山口镇	360424115000
四都镇	360424116000
西港镇	360424117000
宁州镇	360424118000
路口乡	360424200000
黄龙乡	360424201000
上杉乡	360424202000
余段乡	360424203000
水源乡	360424204000
石坳乡	360424205000
东港乡	360424206000
上杭乡	360424207000
新湾乡	360424210000
布甲乡	360424211000
大椿乡	360424212000
庙岭乡	360424213000
竹坪乡	360424214000
征村乡	360424215000
漫江乡	360424216000
复源乡	360424217000
黄坳乡	360424218000
永修县(11镇，4乡)	**360425000000**
涂埠镇	360425100000
吴城镇	360425101000
柘林镇	360425102000
虬津镇	360425103000

续表 2

行政区划名称	行政区划代码
艾城镇	360425104000
滩溪镇	360425105000
白槎镇	360425106000
梅棠镇	360425107000
三溪桥镇	360425108000
燕坊镇	360425109000
马口镇	360425110000
三角乡	360425200000
九合乡	360425201000
立新乡	360425203000
江上乡	360425205000
德安县(5镇，8乡)	**360426000000**
蒲亭镇	360426100000
聂桥镇	360426101000
车桥镇	360426102000
丰林镇	360426103000
吴山镇	360426104000
宝塔乡	360426201000
河东乡	360426202000
高塘乡	360426204000
林泉乡	360426205000
磨溪乡	360426208000
爱民乡	360426209000
邹桥乡	360426211000
塘山乡	360426212000
星子县(7镇，1乡)	**360427000000**
南康镇	360427100000
蛟塘镇	360427102000
白鹿镇	360427103000
蓼花镇	360427104000
温泉镇	360427105000
华林镇	360427106000
横塘镇	360427107000
蓼南乡	360427205000
都昌县(12镇，12乡)	**360428000000**
都昌镇	360428100000
周溪镇	360428101000
三汊港镇	360428102000
中馆镇	360428103000
大沙镇	360428104000
万户镇	360428105000
南峰镇	360428106000
土塘镇	360428107000
大港镇	360428108000
蔡岭镇	360428109000
徐埠镇	360428110000
左里镇	360428111000
和合乡	360428200000
阳峰乡	360428201000
西源乡	360428202000
芗溪乡	360428203000
狮山乡	360428204000
鸣山乡	360428207000
春桥乡	360428210000
苏山乡	360428211000
多宝乡	360428212000
汪墩乡	360428213000
北山乡	360428215000
大树乡	360428216000
湖口县(5镇，7乡)	**360429000000**
双钟镇	360429100000
流泗镇	360429101000
马影镇	360429102000
武山镇	360429103000
城山镇	360429104000
大垄乡	360429200000
凰村乡	360429201000
张青乡	360429202000
文桥乡	360429204000
傅垄乡	360429205000
舜德乡	360429208000
流芳乡	360429210000
彭泽县(10镇，3乡)	**360430000000**
龙城镇	360430100000
棉船镇	360430101000
马垱镇	360430102000
芙蓉墩镇	360430104000
定山镇	360430105000
天红镇	360430106000
杨梓镇	360430107000
东升镇	360430108000
瀼溪镇	360430109000
黄花镇	360430110000
太平关乡	360430201000
浩山乡	360430203000
黄岭乡	360430206000
瑞昌市(2街道，8镇，8乡)	**360481000000**
湓城街道	360481001000
桂林街道	360481002000
码头镇	360481101000
白杨镇	360481102000
南义镇	360481103000
横港镇	360481104000
范镇	360481105000
肇陈镇	360481106000
高丰镇	360481107000
夏畈镇	360481108000
乐园乡	360481205000
洪一乡	360481206000
花园乡	360481207000
洪下乡	360481208000
武蛟乡	360481209000
黄金乡	360481211000
南阳乡	360481212000
横立山乡	360481213000
共青城市(1街道，2镇，3乡)	**360482000000**
茶山街道	360482001000
甘露镇	360482100000
江益镇	360482101000
金湖乡	360482202000
泽泉乡	360482203000
苏家当乡	360482204000
新余市(3街道，16镇，10乡)	**360500000000**
渝水区(3街道，10镇，6乡)	**360502000000**
城南街道	360502001000
城北街道	360502002000
袁河街道	360502003000
罗坊镇	360502101000
水北镇	360502102000
良山镇	360502103000
姚圩镇	360502105000
下村镇	360502106000
珠珊镇	360502107000
观巢镇	360502109000
欧里镇	360502110000
南安乡	360502202000
人和乡	360502204000
鹄山乡	360502205000
新溪乡	360502206000
界水乡	360502211000
河下镇	360591100000
九龙山乡	360591200000
水西镇	360592100000
分宜县(6镇，4乡)	**360521000000**
分宜镇	360521100000
杨桥镇	360521101000
湖泽镇	360521102000
双林镇	360521104000
钤山镇	360521105000
洋江镇	360521107000
凤阳乡	360521200000
洞村乡	360521204000
高岚乡	360521205000
操场乡	360521206000
鹰潭市(9街道，22镇，11乡)	**360600000000**
月湖区(6街道，1镇，1乡)	**360602000000**
江边街道	360602001000
交通街道	360602002000
东湖街道	360602003000
梅园街道	360602004000
白露街道	360602005000
四青街道	360602006000
童家镇	360602101000
夏埠乡	360602200000
余江县(6镇，5乡)	**360622000000**
邓埠镇	360622100000
锦江镇	360622101000
画桥镇	360622102000
潢溪镇	360622103000
中童镇	360622104000
马荃镇	360622105000
黄庄乡	360622200000
春涛乡	360622202000
平定乡	360622203000
杨溪乡	360622205000
洪湖乡	360622206000

续表 3

行政区划名称	行政区划代码	行政区划名称	行政区划代码	行政区划名称	行政区划代码
贵溪市(3街道，15镇，5乡)	**360681000000**	长洛乡	360721203000	长龙镇	360725105000
雄石街道	360681001000	大田乡	360721204000	关田镇	360725106000
东门街道	360681002000	石芫乡	360721207000	龙勾乡	360725200000
花园街道	360681003000	三溪乡	360721208000	杰坝乡	360725202000
塘湾镇	360681103000	白鹭乡	360721209000	金坑乡	360725203000
泗沥镇	360681104000	**信丰县(13镇，3乡)**	**360722000000**	思顺乡	360725204000
河潭镇	360681105000	嘉定镇	360722100000	麟潭乡	360725205000
志光镇	360681106000	大塘埠镇	360722101000	上堡乡	360725206000
鸿塘镇	360681107000	古陂镇	360722102000	聂都乡	360725207000
冷水镇	360681108000	大桥镇	360722103000	文英乡	360725208000
文坊镇	360681109000	新田镇	360722104000	乐洞乡	360725209000
金屯镇	360681110000	安西镇	360722105000	丰州乡	360725210000
流口镇	360681111000	小江镇	360722106000	**安远县(8镇，10乡)**	**360726000000**
罗河镇	360681112000	铁石口镇	360722107000	欣山镇	360726100000
周坊镇	360681113000	大阿镇	360722108000	孔田镇	360726101000
滨江镇	360681114000	油山镇	360722109000	版石镇	360726102000
天禄镇	360681115000	小河镇	360722110000	天心镇	360726103000
白田乡	360681201000	西牛镇	360722111000	龙布镇	360726104000
耳口乡	360681206000	正平镇	360722112000	鹤子镇	360726105000
樟坪畲族乡	360681208000	虎山乡	360722200000	三百山镇	360726106000
雷溪乡	360681209000	崇仙乡	360722201000	车头镇	360726107000
彭湾乡	360681210000	万隆乡	360722202000	镇岗乡	360726200000
上清镇	360691101000	**大余县(8镇，3乡)**	**360723000000**	凤山乡	360726201000
龙虎山镇	360691102000	南安镇	360723100000	新龙乡	360726202000
赣州市(7街道，140镇，143乡)	**360700000000**	新城镇	360723101000	蔡坊乡	360726203000
		池江镇	360723102000	重石乡	360726204000
章贡区(5街道，7镇)	**360702000000**	青龙镇	360723103000	长沙乡	360726205000
赣江街道	360702001000	樟斗镇	360723104000	浮槎乡	360726206000
解放街道	360702002000	黄龙镇	360723105000	双芫乡	360726207000
南外街道	360702003000	吉村镇	360723106000	塘村乡	360726208000
东外街道	360702004000	左拔镇	360723107000	高云山乡	360726209000
沙石镇	360702101000	浮江乡	360723200000	**龙南县(8镇，5乡)**	**360727000000**
水东镇	360702102000	内良乡	360723201000	龙南镇	360727100000
水南镇	360702103000	河洞乡	360723202000	武当镇	360727101000
沙河镇	360702105000	**上犹县(5镇，9乡)**	**360724000000**	杨村镇	360727102000
水西镇	360702106000	东山镇	360724100000	汶龙镇	360727103000
黄金岭街道	360791001000	陡水镇	360724101000	程龙镇	360727104000
蟠龙镇	360791102000	社溪镇	360724102000	关西镇	360727105000
湖边镇	360791104000	营前镇	360724103000	里仁镇	360727106000
赣县(11镇，8乡)	**360721000000**	黄埠镇	360724104000	渡江镇	360727108000
梅林镇	360721100000	梅水乡	360724200000	桃江乡	360727200000
王母渡镇	360721101000	油石乡	360724201000	东江乡	360727202000
沙地镇	360721102000	安和乡	360724202000	临塘乡	360727203000
江口镇	360721103000	寺下乡	360724203000	南亨乡	360727204000
田村镇	360721104000	双溪乡	360724204000	夹湖乡	360727205000
南塘镇	360721105000	水岩乡	360724205000	**定南县(7镇)**	**360728000000**
茅店镇	360721106000	平富乡	360724206000	历市镇	360728100000
吉埠镇	360721107000	五指峰乡	360724207000	岿美山镇	360728101000
五云镇	360721108000	紫阳乡	360724208000	老城镇	360728102000
湖江镇	360721109000	**崇义县(6镇，10乡)**	**360725000000**	天九镇	360728103000
储潭镇	360721110000	横水镇	360725100000	龙塘镇	360728104000
阳埠乡	360721200000	扬眉镇	360725102000	岭北镇	360728105000
韩坊乡	360721201000	过埠镇	360725103000	鹅公镇	360728106000
大埠乡	360721202000	铅厂镇	360725104000	**全南县(6镇，3乡)**	**360729000000**

续表 4

行政区划名称	行政区划代码
城厢镇	360729100000
大吉山镇	360729101000
陂头镇	360729102000
金龙镇	360729103000
南迳镇	360729104000
龙源坝镇	360729105000
中寨乡	360729200000
社迳乡	360729201000
龙下乡	360729202000
宁都县（12镇，12乡）	**360730000000**
梅江镇	360730100000
青塘镇	360730101000
长胜镇	360730102000
黄陂镇	360730103000
赖村镇	360730104000
固村镇	360730105000
石上镇	360730106000
东山坝镇	360730107000
洛口镇	360730108000
小布镇	360730109000
黄石镇	360730110000
田头镇	360730111000
竹笮乡	360730200000
对坊乡	360730201000
固厚乡	360730202000
田埠乡	360730203000
会同乡	360730204000
湛田乡	360730205000
安福乡	360730206000
东韶乡	360730207000
蔡江乡	360730208000
大沽乡	360730209000
肖田乡	360730210000
钓峰乡	360730211000
于都县（9镇，14乡）	**360731000000**
贡江镇	360731100000
铁山垄镇	360731101000
盘古山镇	360731102000
祁禄山镇	360731103000
银坑镇	360731104000
罗坳镇	360731105000
禾丰镇	360731106000
岭背镇	360731107000
梓山镇	360731108000
罗江乡	360731200000
小溪乡	360731201000
利村乡	360731202000
新陂乡	360731203000
靖石乡	360731204000
黄麟乡	360731205000
沙心乡	360731206000
宽田乡	360731207000
葛坳乡	360731208000
桥头乡	360731209000
马安乡	360731210000
仙下乡	360731211000
车溪乡	360731212000
段屋乡	360731213000
兴国县（7镇，18乡）	**360732000000**
潋江镇	360732100000
江背镇	360732101000
古龙冈镇	360732102000
梅窖镇	360732103000
高兴镇	360732104000
良村镇	360732105000
龙口镇	360732106000
兴江乡	360732200000
樟木乡	360732201000
东村乡	360732202000
兴莲乡	360732203000
杰村乡	360732204000
社富乡	360732205000
埠头乡	360732206000
永丰乡	360732207000
隆坪乡	360732208000
均村乡	360732209000
茶园乡	360732210000
崇贤乡	360732211000
枫边乡	360732212000
南坑乡	360732213000
城岗乡	360732214000
方太乡	360732215000
鼎龙乡	360732216000
长冈乡	360732217000
会昌县（6镇，13乡）	**360733000000**
文武坝镇	360733100000
筠门岭镇	360733101000
西江镇	360733102000
周田镇	360733103000
麻州镇	360733104000
庄口镇	360733105000
清溪乡	360733201000
右水乡	360733202000
高排乡	360733203000
晓龙乡	360733204000
珠兰乡	360733205000
洞头乡	360733206000
中村乡	360733207000
站塘乡	360733208000
永隆乡	360733209000
富城乡	360733210000
小密乡	360733211000
庄埠乡	360733213000
白鹅乡	360733214000
寻乌县（7镇，8乡）	**360734000000**
长宁镇	360734100000
晨光镇	360734101000
留车镇	360734102000
南桥镇	360734103000
吉潭镇	360734104000
澄江镇	360734105000
桂竹帽镇	360734106000
文峰乡	360734200000
三标乡	360734201000
菖蒲乡	360734202000
龙廷乡	360734203000
丹溪乡	360734204000
项山乡	360734205000
水源乡	360734206000
罗珊乡	360734207000
石城县（5镇，5乡）	**360735000000**
琴江镇	360735100000
小松镇	360735101000
屏山镇	360735102000
横江镇	360735103000
高田镇	360735104000
木兰乡	360735200000
丰山乡	360735201000
大由乡	360735202000
龙岗乡	360735203000
珠坑乡	360735204000
瑞金市（7镇，10乡）	**360781000000**
象湖镇	360781100000
壬田镇	360781101000
谢坊镇	360781102000
沙洲坝镇	360781103000
瑞林镇	360781104000
九堡镇	360781105000
武阳镇	360781106000
叶坪乡	360781200000
日东乡	360781201000
黄柏乡	360781202000
大柏地乡	360781203000
丁陂乡	360781204000
冈面乡	360781205000
万田乡	360781206000
云石山乡	360781207000
泽覃乡	360781208000
拔英乡	360781209000
南康市（2街道，8镇，12乡）	**360782000000**
蓉江街道	360782001000
东山街道	360782002000
唐江镇	360782101000
凤岗镇	360782102000
横市镇	360782103000
龙岭镇	360782104000
龙回镇	360782105000
镜坝镇	360782106000
浮石乡	360782201000
横寨乡	360782202000
朱坊乡	360782203000
太窝乡	360782204000
三江乡	360782205000
龙华乡	360782206000
十八塘乡	360782207000
麻双乡	360782208000
大坪乡	360782209000

续表 5

行政区划名称	行政区划代码
坪市乡	360782210000
隆木乡	360782211000
赤土畲族乡	360782212000
潭东镇	360791103000
潭口镇	360791105000
吉安市(10街道，117镇，98乡)	**360800000000**
吉州区(6街道，4镇，1乡)	**360802000000**
古南街道	360802001000
永叔街道	360802002000
文山街道	360802003000
习溪桥街道	360802004000
北门街道	360802005000
白塘街道	360802006000
兴桥镇	360802101000
樟山镇	360802102000
长塘镇	360802103000
曲濑镇	360802104000
禾埠乡	360802200000
青原区(2街道，6镇，1乡)	**360803000000**
河东街道	360803001000
滨江街道	360803002000
天玉镇	360803101000
值夏镇	360803102000
新圩镇	360803103000
文陂镇	360803104000
富滩镇	360803105000
富田镇	360803108000
东固畲族乡	360803203000
吉安县(1街道，12镇，7乡)	**360821000000**
高新街道	360821001000
敦厚镇	360821100000
永阳镇	360821101000
天河镇	360821102000
横江镇	360821103000
固江镇	360821104000
万福镇	360821105000
永和镇	360821106000
桐坪镇	360821107000
梅塘镇	360821108000
油田镇	360821113000
敖城镇	360821114000
凤凰镇	360821115000
北源乡	360821200000
大冲乡	360821201000
浬田乡	360821204000
登龙乡	360821207000
安塘乡	360821208000
官田乡	360821209000
指阳乡	360821211000
吉水县(15镇，3乡)	**360822000000**
文峰镇	360822100000
阜田镇	360822101000
八都镇	360822102000
水南镇	360822103000
枫江镇	360822104000
金滩镇	360822105000
白沙镇	360822106000
白水镇	360822107000
盘谷镇	360822108000
双村镇	360822109000
醪桥镇	360822110000
乌江镇	360822111000
丁江镇	360822112000
黄桥镇	360822113000
螺田镇	360822114000
尚贤乡	360822200000
水田乡	360822203000
冠山乡	360822207000
峡江县(6镇，5乡)	**360823000000**
水边镇	360823100000
马埠镇	360823101000
巴邱镇	360823102000
仁和镇	360823103000
砚溪镇	360823104000
罗田镇	360823105000
桐林乡	360823200000
福民乡	360823201000
戈坪乡	360823203000
金江乡	360823204000
金坪民族乡	360823205000
新干县(7镇，6乡)	**360824000000**
金川镇	360824100000
三湖镇	360824101000
大洋洲镇	360824102000
七琴镇	360824103000
麦斜镇	360824105000
界埠镇	360824106000
溧江镇	360824107000
桃溪乡	360824201000
城上乡	360824202000
潭丘乡	360824203000
神政桥乡	360824204000
沂江乡	360824205000
荷浦乡	360824207000
永丰县(8镇，13乡)	**360825000000**
恩江镇	360825100000
藤田镇	360825101000
石马镇	360825102000
沙溪镇	360825103000
坑田镇	360825104000
沿陂镇	360825105000
古县镇	360825106000
瑶田镇	360825107000
佐龙乡	360825200000
八江乡	360825202000
潭城乡	360825204000
鹿冈乡	360825205000
七都乡	360825206000
陶塘乡	360825208000
中村乡	360825210000
上溪乡	360825211000
潭头乡	360825213000
三坊乡	360825214000
上固乡	360825215000
君埠乡	360825216000
龙冈畲族乡	360825217000
泰和县(16镇，6乡)	**360826000000**
碧溪镇	360826100000
桥头镇	360826101000
禾市镇	360826102000
螺溪镇	360826103000
苏溪镇	360826105000
马市镇	360826106000
塘洲镇	360826107000
冠朝镇	360826108000
沙村镇	360826109000
小龙镇	360826110000
苑前镇	360826111000
万合镇	360826112000
澄江镇	360826114000
老营盘镇	360826115000
灌溪镇	360826116000
沿溪镇	360826117000
石山乡	360826200000
南溪乡	360826201000
上模乡	360826203000
水槎乡	360826204000
上圯乡	360826205000
中龙乡	360826207000
遂川县(11镇，12乡)	**360827000000**
泉江镇	360827100000
雩田镇	360827101000
碧洲镇	360827102000
草林镇	360827103000
堆子前镇	360827104000
左安镇	360827105000
高坪镇	360827106000
大汾镇	360827107000
衙前镇	360827108000
禾源镇	360827109000
汤湖镇	360827110000
珠田乡	360827200000
巾石乡	360827201000
大坑乡	360827204000
枚江乡	360827205000
双桥乡	360827208000
新江乡	360827209000
五斗江乡	360827210000
西溪乡	360827212000
南江乡	360827213000
黄坑乡	360827214000
戴家埔乡	360827219000
营盘圩乡	360827220000

续表 6

行政区划名称	行政区划代码
万安县(9镇，7乡)	**360828000000**
芙蓉镇	360828100000
五丰镇	360828101000
枧头镇	360828102000
窑头镇	360828103000
百嘉镇	360828104000
高陂镇	360828105000
潞田镇	360828106000
沙坪镇	360828107000
夏造镇	360828108000
韶口乡	360828201000
罗塘乡	360828202000
弹前乡	360828205000
武术乡	360828206000
宝山乡	360828207000
涧田乡	360828208000
顺峰乡	360828209000
安福县(7镇，12乡)	**360829000000**
平都镇	360829100000
浒坑镇	360829101000
洲湖镇	360829102000
横龙镇	360829103000
枫田镇	360829104000
洋溪镇	360829105000
严田镇	360829106000
竹江乡	360829201000
瓜畲乡	360829202000
钱山乡	360829203000
赤谷乡	360829204000
山庄乡	360829206000
洋门乡	360829207000
金田乡	360829209000
彭坊乡	360829210000
泰山乡	360829213000
寮塘乡	360829214000
甘洛乡	360829215000
章庄乡	360829216000
永新县(10镇，13乡)	**360830000000**
禾川镇	360830100000
石桥镇	360830102000
澧田镇	360830104000
龙门镇	360830105000
沙市镇	360830106000
文竹镇	360830107000
埠前镇	360830108000
怀忠镇	360830109000
高桥楼镇	360830110000
龙源口镇	360830111000
坳南乡	360830201000
才丰乡	360830204000
烟阁乡	360830205000
在中乡	360830207000
三湾乡	360830208000
台岭乡	360830210000
龙田乡	360830211000
高溪乡	360830212000
莲洲乡	360830213000
高市乡	360830214000
象形乡	360830216000
芦溪乡	360830217000
曲白乡	360830218000
井冈山市(1街道，6镇，12乡)	**360881000000**
红星街道	360881002000
厦坪镇	360881100000
龙市镇	360881101000
古城镇	360881102000
新城镇	360881103000
大陇镇	360881104000
茨坪镇	360881105000
拿山乡	360881200000
黄坳乡	360881201000
下七乡	360881202000
长坪乡	360881203000
坳里乡	360881204000
鹅岭乡	360881205000
柏露乡	360881206000
茅坪乡	360881207000
葛田乡	360881208000
荷花乡	360881209000
睦村乡	360881210000
东上乡	360881211000
宜春市(23街道，112镇，45乡)	**360900000000**
袁州区(9街道，18镇，4乡)	**360902000000**
灵泉街道	360902001000
金园街道	360902002000
秀江街道	360902003000
湛郎街道	360902004000
珠泉街道	360902005000
化成街道	360902006000
凤凰街道	360902007000
官园街道	360902008000
下浦街道	360902009000
彬江镇	360902100000
西村镇	360902101000
金瑞镇	360902102000
温汤镇	360902103000
三阳镇	360902104000
慈化镇	360902105000
天台镇	360902106000
洪塘镇	360902107000
渥江镇	360902108000
新坊镇	360902109000
寨下镇	360902114000
芦村镇	360902115000
湖田镇	360902116000
新田镇	360902117000
南庙镇	360902118000
竹亭镇	360902119000
辽市镇	360902120000
水江镇	360902121000
洪江乡	360902204000
楠木乡	360902209000
柏木乡	360902216000
飞剑潭乡	360902219000
奉新县(10镇，3乡)	**360921000000**
冯川镇	360921100000
上富镇	360921101000
干洲镇	360921102000
罗市镇	360921103000
赤田镇	360921104000
宋埠镇	360921105000
澡下镇	360921106000
甘坊镇	360921107000
会埠镇	360921108000
赤岸镇	360921109000
仰山乡	360921206000
澡溪乡	360921207000
柳溪乡	360921210000
万载县(1街道，9镇，7乡)	**360922000000**
康乐街道	360922001000
株潭镇	360922101000
黄茅镇	360922102000
潭埠镇	360922103000
双桥镇	360922104000
高村镇	360922105000
罗城镇	360922106000
三兴镇	360922107000
高城镇	360922108000
白良镇	360922109000
鹅峰乡	360922200000
马步乡	360922201000
赤兴乡	360922204000
岭东乡	360922205000
白水乡	360922206000
仙源乡	360922207000
茭湖乡	360922214000
上高县(1街道，8镇，5乡)	**360923000000**
敖阳街道	360923001000
田心镇	360923101000
徐家渡镇	360923102000
锦江镇	360923103000
泗溪镇	360923104000
南港镇	360923105000
翰堂镇	360923107000
敖山镇	360923108000
新界埠镇	360923109000
芦洲乡	360923201000
塔下乡	360923202000
蒙山乡	360923205000
镇渡乡	360923206000
野市乡	360923207000
宜丰县(8镇，4乡)	**360924000000**
新昌镇	360924100000
潭山镇	360924101000
棠浦镇	360924102000
新庄镇	360924103000

续表 7

行政区划名称	行政区划代码
芳溪镇	360924104000
石市镇	360924105000
澄塘镇	360924106000
黄岗镇	360924107000
花桥乡	360924202000
同安乡	360924203000
天宝乡	360924204000
桥西乡	360924208000
靖安县(5镇，6乡)	**360925000000**
双溪镇	360925100000
宝峰镇	360925101000
高湖镇	360925102000
璪都镇	360925103000
仁首镇	360925104000
香田乡	360925200000
水口乡	360925202000
中源乡	360925205000
雷公尖乡	360925207000
三爪仑乡	360925208000
罗湾乡	360925210000
铜鼓县(6镇，3乡)	**360926000000**
永宁镇	360926100000
温泉镇	360926101000
棋坪镇	360926102000
排埠镇	360926103000
三都镇	360926104000
大塅镇	360926105000
高桥乡	360926200000
港口乡	360926201000
带溪乡	360926202000
丰城市(5街道，20镇，7乡)	**360981000000**
剑光街道	360981001000
剑南街道	360981002000
河洲街道	360981003000
尚庄街道	360981006000
孙渡街道	360981007000
曲江镇	360981101000
泉港镇	360981103000
上塘镇	360981104000
小港镇	360981106000
拖船镇	360981107000
荣塘镇	360981108000
秀市镇	360981109000
张巷镇	360981110000
石滩镇	360981111000
白土镇	360981112000
袁渡镇	360981113000
丽村镇	360981114000
铁路镇	360981115000
淘沙镇	360981116000
梅林镇	360981117000
隍城镇	360981118000
董家镇	360981119000
杜市镇	360981120000
桥东镇	360981121000
洛市镇	360981123000
荷湖乡	360981203000
蕉坑乡	360981205000
筱塘乡	360981210000
段潭乡	360981211000
同田乡	360981212000
湖塘乡	360981214000
石江乡	360981217000
樟树市(5街道，10镇，4乡)	**360982000000**
淦阳街道	360982001000
鹿江街道	360982002000
福城街道	360982003000
张家山街道	360982005000
大桥街道	360982006000
临江镇	360982101000
永泰镇	360982102000
黄土岗镇	360982103000
经楼镇	360982104000
昌傅镇	360982105000
店下镇	360982106000
閤山镇	360982108000
刘公庙镇	360982109000
观上镇	360982110000
义城镇	360982111000
中洲乡	360982200000
洲上乡	360982204000
洋湖乡	360982207000
吴城乡	360982209000
高安市(2街道，18镇，2乡)	**360983000000**
筠阳街道	360983001000
瑞州街道	360983002000
荷岭镇	360983100000
八景镇	360983101000
新街镇	360983102000
灰埠镇	360983103000
建山镇	360983104000
独城镇	360983105000
石脑镇	360983106000
黄沙岗镇	360983107000
杨圩镇	360983108000
大城镇	360983109000
相城镇	360983110000
蓝坊镇	360983111000
太阳镇	360983112000
田南镇	360983113000
祥符镇	360983114000
伍桥镇	360983115000
龙潭镇	360983116000
村前镇	360983117000
汪家圩乡	360983213000
上湖乡	360983216000
抚州市(7街道，91镇，60乡)	**361000000000**
临川区(7街道，18镇，9乡)	**361002000000**
青云街道	361002001000
六水桥街道	361002002000
文昌街道	361002003000
荆公路街道	361002004000
西大街街道	361002005000
城西街道	361002006000
钟岭街道	361002007000
抚北镇	361002101000
上顿渡镇	361002102000
唱凯镇	361002103000
温泉镇	361002104000
高坪镇	361002105000
腾桥镇	361002106000
龙溪镇	361002107000
孝桥镇	361002108000
崇岗镇	361002109000
罗针镇	361002110000
云山镇	361002111000
罗湖镇	361002112000
大岗镇	361002113000
青泥镇	361002114000
太阳镇	361002115000
秋溪镇	361002116000
东馆镇	361002117000
荣山镇	361002118000
河埠乡	361002200000
茅排乡	361002201000
湖南乡	361002203000
七里岗乡	361002205000
鹏田乡	361002206000
连城乡	361002209000
嵩湖乡	361002210000
展坪乡	361002211000
桐源乡	361002212000
南城县(9镇，3乡)	**361021000000**
建昌镇	361021100000
上唐镇	361021101000
洪门镇	361021102000
株良镇	361021103000
里塔镇	361021104000
龙湖镇	361021105000
沙洲镇	361021106000
新丰街镇	361021107000
万坊镇	361021108000
天井源乡	361021201000
浔溪乡	361021203000
徐家乡	361021204000
黎川县(6镇，8乡)	**361022000000**
日峰镇	361022100000
宏村镇	361022101000
洵口镇	361022102000
熊村镇	361022103000
德胜镇	361022104000
龙安镇	361022105000
潭溪乡	361022200000
荷源乡	361022201000
厚村乡	361022202000

续表 8

行政区划名称	行政区划代码
湖坊乡	361022204000
中田乡	361022205000
樟溪乡	361022206000
西城乡	361022207000
社苹乡	361022208000
南丰县(7镇，5乡)	**361023000000**
琴城镇	361023100000
太和镇	361023101000
白舍镇	361023102000
洽湾镇	361023103000
桑田镇	361023104000
市山镇	361023105000
紫霄镇	361023106000
三溪乡	361023203000
东坪乡	361023205000
莱溪乡	361023206000
太源乡	361023208000
傅坊乡	361023209000
崇仁县(7镇，8乡)	**361024000000**
巴山镇	361024100000
相山镇	361024101000
航埠镇	361024102000
孙坊镇	361024103000
河上镇	361024104000
礼陂镇	361024105000
马鞍镇	361024106000
石庄乡	361024200000
六家桥乡	361024201000
白路乡	361024202000
三山乡	361024203000
白陂乡	361024204000
桃源乡	361024205000
许坊乡	361024206000
郭圩乡	361024207000
乐安县(9镇，6乡)	**361025000000**
鳌溪镇	361025100000
公溪镇	361025101000
戴坊镇	361025102000
牛田镇	361025103000
招携镇	361025104000
龚坊镇	361025105000
山砀镇	361025106000
增田镇	361025107000
万崇镇	361025108000
湖溪乡	361025200000
罗陂乡	361025201000
湖坪乡	361025202000
金竹畲族乡	361025203000
南村乡	361025204000
谷岗乡	361025205000
宜黄县(8镇，4乡)	**361026000000**
凤冈镇	361026100000
棠阴镇	361026101000
黄陂镇	361026102000
东陂镇	361026103000
梨溪镇	361026104000
二都镇	361026105000
中港镇	361026106000
桃陂镇	361026107000
新丰乡	361026200000
神冈乡	361026201000
圳口乡	361026202000
南源乡	361026203000
金溪县(8镇，5乡)	**361027000000**
秀谷镇	361027100000
浒湾镇	361027101000
双塘镇	361027102000
何源镇	361027104000
合市镇	361027105000
琅琚镇	361027106000
左坊镇	361027107000
对桥镇	361027108000
黄通乡	361027200000
陆坊乡	361027202000
陈坊积乡	361027203000
琉璃乡	361027204000
石门乡	361027205000
资溪县(5镇，2乡)	**361028000000**
鹤城镇	361028100000
马头山镇	361028101000
高阜镇	361028102000
嵩市镇	361028103000
乌石镇	361028104000
高田乡	361028200000
石峡乡	361028201000
东乡县(9镇，4乡)	**361029000000**
孝岗镇	361029100000
小璜镇	361029101000
圩上桥镇	361029102000
马圩镇	361029103000
詹圩镇	361029104000
岗上积镇	361029105000
杨桥殿镇	361029106000
王桥镇	361029107000
黎圩镇	361029108000
珀玕乡	361029200000
邓家乡	361029201000
虎圩乡	361029202000
瑶圩乡	361029203000
广昌县(5镇，6乡)	**361030000000**
盱江镇	361030100000
头陂镇	361030101000
赤水镇	361030103000
驿前镇	361030104000
甘竹镇	361030105000
千善乡	361030200000
水南圩乡	361030201000
长桥乡	361030202000
杨溪乡	361030204000
尖峰乡	361030205000
塘坊乡	361030206000
上饶市(20街道，99镇，87乡)	**361100000000**
信州区(6街道，2镇，1乡)	**361102000000**
东市街道	361102001000
西市街道	361102002000
水南街道	361102003000
灵溪街道	361102004000
北门街道	361102005000
茅家岭街道	361102006000
沙溪镇	361102101000
朝阳镇	361102102000
秦峰乡	361102204000
上饶县(3街道，11镇，10乡)	**361121000000**
罗桥街道	361121001000
旭日街道	361121002000
兴园街道	361121003000
田墩镇	361121101000
上泸镇	361121102000
华坛山镇	361121103000
茶亭镇	361121104000
皂头镇	361121105000
四十八镇	361121106000
枫岭头镇	361121107000
煌固镇	361121108000
花厅镇	361121109000
五府山镇	361121110000
郑坊镇	361121111000
望仙乡	361121200000
石人乡	361121201000
清水乡	361121203000
石狮乡	361121204000
湖村乡	361121206000
董团乡	361121208000
尊桥乡	361121209000
应家乡	361121211000
黄沙岭乡	361121212000
铁山乡	361121213000
广丰县(3街道，16镇，4乡)	**361122000000**
芦林街道	361122001000
永丰街道	361122002000
丰溪街道	361122003000
五都镇	361122101000
洋口镇	361122102000
横山镇	361122103000
桐畈镇	361122104000
湖丰镇	361122105000
大南镇	361122106000
排山镇	361122107000
毛村镇	361122108000
枧底镇	361122109000
泉波镇	361122110000
壶峤镇	361122111000
霞峰镇	361122113000
下溪镇	361122114000
吴村镇	361122115000
沙田镇	361122116000
铜钹山镇	361122117000
大石乡	361122204000

续表 9

行政区划名称	行政区划代码	行政区划名称	行政区划代码	行政区划名称	行政区划代码
东阳乡	361122210000	曹溪镇	361126103000	游城乡	361128215000
嵩峰乡	361122213000	樟树墩镇	361126104000	珠湖乡	361128216000
少阳乡	361122218000	圭峰镇	361126105000	白沙洲乡	361128218000
玉山县(2街道，9镇，6乡)	**361123000000**	叠山镇	361126106000	团林乡	361128219000
冰溪街道	361123001000	南岩镇	361126107000	昌洲乡	361128222000
文成街道	361123002000	朱坑镇	361126108000	芦田乡	361128228000
仙岩镇	361123101000	湾里乡	361126201000	三庙前乡	361128230000
下镇镇	361123102000	葛溪乡	361126202000	莲湖乡	361128231000
岩瑞镇	361123103000	清湖乡	361126203000	**万年县(6镇，6乡)**	**361129000000**
临湖镇	361123105000	中畈乡	361126207000	陈营镇	361129100000
双明镇	361123106000	旭光乡	361126211000	青云镇	361129102000
樟村镇	361123107000	**余干县(8镇，12乡)**	**361127000000**	梓埠镇	361129103000
横街镇	361123108000	玉亭镇	361127100000	大源镇	361129104000
紫湖镇	361123110000	瑞洪镇	361127101000	裴梅镇	361129105000
必姆镇	361123111000	黄金埠镇	361127102000	石镇镇	361129106000
下塘乡	361123200000	石口镇	361127103000	湖云乡	361129200000
四股桥乡	361123201000	古埠镇	361127104000	齐埠乡	361129201000
南山乡	361123203000	九龙镇	361127105000	汪家乡	361129203000
怀玉乡	361123205000	乌泥镇	361127106000	上坊乡	361129205000
六都乡	361123207000	杨埠镇	361127107000	苏桥乡	361129206000
三清乡	361123209000	康山乡	361127200000	珠田乡	361129212000
铅山县(7镇，10乡)	**361124000000**	东塘乡	361127202000	**婺源县(1街道，10镇，6乡)**	**361130000000**
河口镇	361124100000	大塘乡	361127204000	蚺城街道	361130001000
永平镇	361124101000	鹭鸶港乡	361127207000	紫阳镇	361130100000
石塘镇	361124102000	三塘乡	361127208000	清华镇	361130101000
湖坊镇	361124103000	洪家嘴乡	361127211000	秋口镇	361130102000
鹅湖镇	361124104000	白马桥乡	361127212000	江湾镇	361130103000
武夷山镇	361124107000	江埠乡	361127213000	思口镇	361130105000
汪二镇	361124108000	枫港乡	361127215000	中云镇	361130106000
陈坊乡	361124200000	大溪乡	361127216000	赋春镇	361130107000
虹桥乡	361124205000	梅港乡	361127220000	镇头镇	361130108000
新滩乡	361124206000	社庚乡	361127221000	许村镇	361130109000
杨林乡	361124211000	**鄱阳县(14镇，15乡)**	**361128000000**	太白镇	361130110000
稼轩乡	361124214000	鄱阳镇	361128100000	溪头乡	361130201000
英将乡	361124215000	石门街镇	361128101000	段莘乡	361130202000
紫溪乡	361124216000	田畈街镇	361128102000	浙源乡	361130207000
太源畲族乡	361124217000	谢家滩镇	361128103000	沱川乡	361130208000
天柱山乡	361124218000	四十里街镇	361128104000	大鄣山乡	361130209000
篁碧畲族乡	361124219000	双港镇	361128105000	珍珠山乡	361130211000
横峰县(1街道，2镇，6乡)	**361125000000**	古县渡镇	361128106000	**德兴市(3街道，5镇，6乡)**	**361181000000**
兴安街道	361125001000	饶埠镇	361128107000	银城街道	361181001000
岑阳镇	361125100000	油墩街镇	361128108000	新营街道	361181002000
葛源镇	361125101000	乐丰镇	361128109000	香屯街道	361181003000
姚家乡	361125200000	饶丰镇	361128110000	泗洲镇	361181101000
莲荷乡	361125202000	金盘岑镇	361128111000	花桥镇	361181102000
司铺乡	361125203000	高家岭镇	361128112000	绕二镇	361181103000
港边乡	361125204000	凰岗镇	361128113000	海口镇	361181105000
龙门畈乡	361125205000	侯家岗乡	361128202000	新岗山镇	361181106000
青板乡	361125206000	莲花山乡	361128203000	黄柏乡	361181200000
弋阳县(1街道，9镇，5乡)	**361126000000**	银宝湖乡	361128204000	万村乡	361181201000
桃源街道	361126001000	响水滩乡	361128207000	张村乡	361181202000
弋江镇	361126100000	鸦鹊湖乡	361128208000	皈大乡	361181205000
漆工镇	361126101000	柘港乡	361128210000	李宅乡	361181206000
港口镇	361126102000	枧田街乡	361128212000	龙头山乡	361181207000

山东省

山东省(鲁)

行政区划名称	行政区划代码
山东省(617街道，1094镇，113乡)	**370000000000**
济南市(86街道，51镇，4乡)	**370100000000**
历下区(14街道)	**370102000000**
解放路街道	370102001000
千佛山街道	370102002000
趵突泉街道	370102003000
泉城路街道	370102004000
大明湖街道	370102005000
东关街道	370102006000
文化东路街道	370102007000
建筑新村街道	370102008000
甸柳新村街道	370102009000
燕山街道	370102011000
姚家街道	370102013000
智远街道	370102014000
龙洞街道	370102015000
舜华路街道	370190001000
市中区(17街道)	**370103000000**
大观园街道	370103002000
杆石桥街道	370103003000
四里村街道	370103004000
魏家庄街道	370103006000
二七新村街道	370103008000
七里山街道	370103009000
六里山街道	370103010000
舜玉路街道	370103012000
泺源街道	370103014000
王官庄街道	370103015000
舜耕街道	370103016000
白马山街道	370103017000
七贤街道	370103018000
十六里河街道	370103019000
兴隆街道	370103020000
党家街道	370103021000
陡沟街道	370103022000
槐荫区(12街道，2镇)	**370104000000**
振兴街道	370104001000
中大槐树街道	370104002000
道德街街道	370104003000
西市场街道	370104004000
五里沟街道	370104005000
营市街街道	370104006000
青年公园街道	370104007000
南辛庄街道	370104008000
段店北路街道	370104009000
张庄路街道	370104010000
匡山街道	370104011000
美里湖街道	370104012000
吴家堡镇	370104100000
段店镇	370104101000
天桥区(13街道，2镇)	**370105000000**
无影山街道	370105001000
天桥东街街道	370105003000
工人新村北村街道	370105004000
工人新村南村街道	370105005000
堤口路街道	370105006000
北坦街道	370105007000
制锦市街道	370105009000
宝华街街道	370105010000
官扎营街道	370105011000
纬北路街道	370105012000
药山街道	370105013000
北园街道	370105014000
泺口街道	370105015000
桑梓店镇	370105101000
大桥镇	370105102000
历城区(15街道，6镇)	**370112000000**
山大路街道	370112001000
洪家楼街道	370112002000
东风街道	370112003000
全福街道	370112004000
荷花路街道	370112005000
鲍山街道	370112006000
唐冶街道	370112007000
临港街道	370112008000
华山街道	370112009000
王舍人街道	370112010000
郭店街道	370112011000
港沟街道	370112012000
遥墙街道	370112013000
仲宫镇	370112101000
柳埠镇	370112103000
董家镇	370112106000
唐王镇	370112107000
西营镇	370112111000
彩石镇	370112112000
巨野河街道	370190002000
孙村街道	370190003000
长清区(4街道，6镇)	**370113000000**
文昌街道	370113001000
崮云湖街道	370113002000
平安街道	370113003000
五峰山街道	370113004000
归德镇	370113101000
孝里镇	370113102000
万德镇	370113103000
张夏镇	370113106000
马山镇	370113107000
双泉镇	370113108000
平阴县(2街道，6镇)	**370124000000**
榆山街道	370124001000
锦水街道	370124002000
东阿镇	370124102000
孝直镇	370124103000
孔村镇	370124104000
洪范池镇	370124105000
玫瑰镇	370124106000
安城镇	370124107000
济阳县(2街道，8镇)	**370125000000**
济阳街道	370125001000
济北街道	370125002000
垛石镇	370125101000
孙耿镇	370125102000
曲堤镇	370125103000
仁风镇	370125104000
回河镇	370125106000
崔寨镇	370125107000
太平镇	370125108000
新市镇	370125109000
商河县(1街道，7镇，4乡)	**370126000000**
许商街道	370126001000
殷巷镇	370126101000
怀仁镇	370126102000
玉皇庙镇	370126103000
龙桑寺镇	370126104000
郑路镇	370126105000
贾庄镇	370126106000
白桥镇	370126108000
孙集乡	370126201000
沙河乡	370126204000
韩庙乡	370126205000
张坊乡	370126207000
章丘市(6街道，14镇)	**370181000000**
明水街道	370181001000
双山街道	370181002000
枣园街道	370181003000
龙山街道	370181004000
埠村街道	370181005000
圣井街道	370181006000
普集镇	370181101000
绣惠镇	370181103000
相公庄镇	370181104000
垛庄镇	370181105000
水寨镇	370181106000
文祖镇	370181109000
刁镇	370181110000
曹范镇	370181111000
白云湖镇	370181113000
高官寨镇	370181114000
宁家埠镇	370181115000
官庄镇	370181116000
辛寨镇	370181117000
黄河镇	370181118000
青岛市(102街道，43镇)	**370200000000**
市南区(14街道)	**370202000000**
中山路街道	370202001000
台西街道	370202003000
云南路街道	370202004000
江苏路街道	370202006000
金口路街道	370202009000
观海路街道	370202011000
湛山街道	370202012000
八大峡街道	370202015000
八大关街道	370202016000
香港中路街道	370202017000
八大湖街道	370202018000
金湖路街道	370202019000
金门路街道	370202020000
珠海路街道	370202021000

续表 1

行政区划名称	行政区划代码	行政区划名称	行政区划代码	行政区划名称	行政区划代码
市北区（31街道）	**370203000000**	泊里镇	370211101000	洋河镇	370281111000
辽宁路街道	370203005000	大场镇	370211102000	胶莱镇	370281113000
华阳路街道	370203010000	大村镇	370211103000	**即墨市（8街道，7镇）**	**370282000000**
登州路街道	370203011000	六汪镇	370211104000	环秀街道	370282001000
宁夏路街道	370203013000	王台镇	370211105000	潮海街道	370282002000
敦化路街道	370203014000	张家楼镇	370211106000	通济街道	370282003000
辽源路街道	370203015000	海青镇	370211107000	北安街道	370282004000
合肥路街道	370203016000	宝山镇	370211108000	龙山街道	370282005000
即墨路街道	370203017000	藏南镇	370211109000	龙泉街道	370282006000
镇江路街道	370203018000	**崂山区（4街道）**	**370212000000**	鳌山卫街道	370282007000
台东街道	370203019000	中韩街道	370212001000	温泉街道	370282008000
延安路街道	370203020000	沙子口街道	370212002000	蓝村镇	370282105000
大港街道	370203021000	王哥庄街道	370212003000	灵山镇	370282107000
小港街道	370203022000	北宅街道	370212004000	段泊岚镇	370282115000
浮山新区街道	370203023000	**李沧区（11街道）**	**370213000000**	移风店镇	370282117000
同安路街道	370203024000	振华路街道	370213001000	大信镇	370282119000
洪山坡街道	370203025000	永清路街道	370213002000	田横镇	370282121000
湖岛街道	370203026000	永安路街道	370213003000	金口镇	370282122000
兴隆路街道	370203027000	兴华路街道	370213004000	**平度市（5街道，12镇）**	**370283000000**
平安路街道	370203028000	兴城路街道	370213005000	李园街道	370283002000
杭州路街道	370203029000	李村街道	370213006000	同和街道	370283004000
瑞昌路街道	370203030000	虎山路街道	370213007000	凤台街道	370283005000
嘉兴路街道	370203031000	浮山路街道	370213008000	白沙河街道	370283006000
阜新路街道	370203032000	九水路街道	370213009000	东阁街道	370283007000
鞍山路街道	370203033000	湘潭路街道	370213010000	古岘镇	370283102000
水清沟街道	370203034000	楼山街道	370213011000	仁兆镇	370283103000
洛阳路街道	370203035000	**城阳区（8街道）**	**370214000000**	南村镇	370283105000
开平路街道	370203036000	城阳街道	370214001000	蓼兰镇	370283107000
郑州路街道	370203037000	流亭街道	370214002000	崔家集镇	370283109000
河西街道	370203038000	夏庄街道	370214003000	明村镇	370283110000
海伦路街道	370203039000	惜福镇街道	370214004000	田庄镇	370283112000
双山街道	370203040000	棘洪滩街道	370214005000	新河镇	370283113000
黄岛区（12街道，10镇）	**370211000000**	上马街道	370214006000	大泽山镇	370283116000
黄岛街道	370211001000	河套街道	370214007000	旧店镇	370283117000
辛安街道	370211002000	红岛街道	370214008000	云山镇	370283125000
薛家岛街道	370211003000	**胶州市（6街道，6镇）**	**370281000000**	店子镇	370283126000
长江路街道	370211004000	阜安街道	370281001000	**莱西市（3街道，8镇）**	**370285000000**
灵珠山街道	370211005000	中云街道	370281002000	水集街道	370285001000
红石崖街道	370211006000	三里河街道	370281004000	望城街道	370285002000
珠山街道	370211007000	胶东街道	370281007000	沽河街道	370285006000
珠海街道	370211008000	胶北街道	370281008000	姜山镇	370285101000
隐珠街道	370211009000	九龙街道	370281009000	夏格庄镇	370285102000
滨海街道	370211010000	李哥庄镇	370281102000	院上镇	370285104000
灵山卫街道	370211011000	铺集镇	370281105000	日庄镇	370285105000
铁山街道	370211012000	里岔镇	370281108000	南墅镇	370285106000
琅琊镇	370211100000	胶西镇	370281110000	河头店镇	370285107000

续表 2

行政区划名称	行政区划代码
店埠镇	370285108000
马连庄镇	370285116000
淄博市(29街道，59镇)	**370300000000**
淄川区(4街道，9镇)	**370302000000**
般阳路街道	370302001000
松龄路街道	370302002000
钟楼街道	370302004000
将军路街道	370302007000
昆仑镇	370302101000
洪山镇	370302102000
罗村镇	370302103000
龙泉镇	370302104000
寨里镇	370302105000
岭子镇	370302106000
西河镇	370302108000
双杨镇	370302116000
太河镇	370302117000
张店区(7街道，6镇)	**370303000000**
车站街道	370303001000
公园街道	370303002000
和平街道	370303004000
科苑街道	370303005000
体育场街道	370303006000
杏园街道	370303007000
马尚镇	370303100000
南定镇	370303101000
沣水镇	370303102000
傅家镇	370303104000
中埠镇	370303105000
房镇镇	370303107000
四宝山街道	370390004000
博山区(3街道，7镇)	**370304000000**
城西街道	370304002000
城东街道	370304003000
山头街道	370304004000
域城镇	370304102000
白塔镇	370304103000
八陡镇	370304106000
石马镇	370304108000
池上镇	370304112000
博山镇	370304113000
源泉镇	370304114000
临淄区(5街道，7镇)	**370305000000**
闻韶街道	370305001000
雪宫街道	370305002000
辛店街道	370305003000
稷下街道	370305004000
齐陵街道	370305005000
齐都镇	370305100000
皇城镇	370305102000
敬仲镇	370305103000
朱台镇	370305104000
凤凰镇	370305105000
金岭回族镇	370305107000
金山镇	370305108000
周村区(5街道，5镇)	**370306000000**
丝绸路街道	370306001000
大街街道	370306002000
青年路街道	370306003000
永安街道	370306004000
城北路街道	370306005000
北郊镇	370306100000
南郊镇	370306101000
王村镇	370306102000
商家镇	370391101000
萌水镇	370391102000
桓台县(2街道，7镇)	**370321000000**
索镇街道	370321001000
少海街道	370321002000
起凤镇	370321101000
田庄镇	370321103000
荆家镇	370321104000
马桥镇	370321105000
新城镇	370321107000
唐山镇	370321109000
果里镇	370321110000
高青县(2街道，7镇)	**370322000000**
田镇街道	370322001000
芦湖街道	370322002000
青城镇	370322101000
高城镇	370322102000
黑里寨镇	370322103000
唐坊镇	370322104000
常家镇	370322105000
花沟镇	370322106000
木李镇	370322108000
沂源县(1街道，11镇)	**370323000000**
历山街道	370323001000
南麻镇	370323100000
东里镇	370323103000
悦庄镇	370323104000
西里镇	370323105000
大张庄镇	370323106000
中庄镇	370323107000
张家坡镇	370323108000
鲁村镇	370323109000
南鲁山镇	370323110000
燕崖镇	370323111000
石桥镇	370323112000
枣庄市(18街道，44镇，2乡)	**370400000000**
市中区(6街道，3镇，2乡)	**370402000000**
中心街街道	370402001000
各塔埠街道	370402002000
矿区街道	370402003000
文化路街道	370402004000
龙山路街道	370402005000
光明路街道	370402006000
税郭镇	370402101000
孟庄镇	370402102000
齐村镇	370402103000
永安乡	370402201000
西王庄乡	370402202000
薛城区(4街道，5镇)	**370403000000**
临城街道	370403001000
沙沟镇	370403101000
周营镇	370403102000
邹坞镇	370403103000
陶庄镇	370403104000
常庄镇	370403106000
兴仁街道	370499001000
兴城街道	370499002000
张范街道	370499003000
峄城区(2街道，5镇)	**370404000000**
坛山街道	370404001000
吴林街道	370404002000
古邵镇	370404100000
阴平镇	370404101000
底阁镇	370404102000
榴园镇	370404103000
峨山镇	370404104000
台儿庄区(1街道，5镇)	**370405000000**
运河街道	370405001000
涧头集镇	370405101000
邳庄镇	370405102000
泥沟镇	370405103000
张山子镇	370405104000
马兰屯镇	370405105000
山亭区(1街道，9镇)	**370406000000**
山城街道	370406001000
店子镇	370406101000
西集镇	370406102000
桑村镇	370406103000
北庄镇	370406104000
城头镇	370406105000
徐庄镇	370406106000
水泉镇	370406107000
冯卯镇	370406108000
凫城镇	370406109000
滕州市(4街道，17镇)	**370481000000**
荆河街道	370481001000
龙泉街道	370481002000
北辛街道	370481003000
善南街道	370481004000
东沙河镇	370481100000
洪绪镇	370481101000
南沙河镇	370481102000
大坞镇	370481103000
滨湖镇	370481104000
级索镇	370481105000
西岗镇	370481106000
姜屯镇	370481107000
鲍沟镇	370481108000

续表 3

行政区划名称	行政区划代码
张汪镇	370481109000
官桥镇	370481110000
柴胡店镇	370481111000
羊庄镇	370481112000
木石镇	370481113000
界河镇	370481114000
龙阳镇	370481115000
东郭镇	370481116000
东营市（14街道，23镇，3乡）	**370500000000**
东营区（6街道，4镇）	**370502000000**
文汇街道	370502001000
黄河路街道	370502002000
东城街道	370502003000
辛店街道	370502004000
胜利街道	370502005000
胜园街道	370502006000
牛庄镇	370502102000
六户镇	370502103000
史口镇	370502104000
龙居镇	370502105000
河口区（2街道，4镇）	**370503000000**
河口街道	370503001000
六合街道	370503002000
义和镇	370503100000
仙河镇	370503101000
孤岛镇	370503102000
新户镇	370503103000
垦利县（2街道，5镇）	**370521000000**
垦利街道	370521001000
兴隆街道	370521002000
胜坨镇	370521101000
郝家镇	370521102000
永安镇	370521104000
黄河口镇	370521105000
董集镇	370521106000
利津县（2街道，4镇，2乡）	**370522000000**
利津街道	370522001000
凤凰城街道	370522002000
北宋镇	370522101000
陈庄镇	370522103000
汀罗镇	370522104000
盐窝镇	370522105000
明集乡	370522201000
刁口乡	370522206000
广饶县（2街道，6镇，1乡）	**370523000000**
广饶街道	370523001000
乐安街道	370523002000
大王镇	370523101000
丁庄镇	370523104000
李鹊镇	370523106000
稻庄镇	370523107000
大码头镇	370523108000
花官镇	370523109000
陈官乡	370523208000
烟台市（67街道，81镇，6乡）	**370600000000**
芝罘区（12街道）	**370602000000**
向阳街道	370602001000
东山街道	370602002000
毓璜顶街道	370602003000
通伸街道	370602004000
凤凰台街道	370602005000
奇山街道	370602006000
白石街道	370602007000
芝罘岛街道	370602008000
黄务街道	370602009000
只楚街道	370602010000
世回尧街道	370602011000
幸福街道	370602012000
福山区（8街道，3镇）	**370611000000**
清洋街道	370611001000
福新街道	370611002000
门楼街道	370611003000
东厅街道	370611004000
高疃镇	370611102000
张格庄镇	370611103000
回里镇	370611104000
福莱山街道	370690003000
古现街道	370690004000
八角街道	370690005000
大季家街道	370690006000
牟平区（6街道，7镇）	**370612000000**
宁海街道	370612001000
文化街道	370612002000
养马岛街道	370612003000
姜格庄街道	370612004000
大窑街道	370612005000
武宁街道	370612006000
观水镇	370612101000
龙泉镇	370612105000
玉林店镇	370612106000
水道镇	370612107000
高陵镇	370612109000
王格庄镇	370612110000
昆嵛镇	370692100000
莱山区（7街道）	**370613000000**
黄海路街道	370613001000
初家街道	370613002000
滨海路街道	370613003000
院格庄街道	370613004000
解甲庄街道	370613005000
莱山街道	370613006000
马山街道	370691001000
长岛县（1街道，1镇，6乡）	**370634000000**
南长山街道	370634001000
砣矶镇	370634101000
北长山乡	370634201000
黑山乡	370634202000
大钦岛乡	370634203000
小钦岛乡	370634204000
南隍城乡	370634205000
北隍城乡	370634206000
龙口市（5街道，8镇）	**370681000000**
东莱街道	370681001000
龙港街道	370681002000
新嘉街道	370681003000
徐福街道	370681004000
东江街道	370681005000
黄山馆镇	370681102000
北马镇	370681103000
芦头镇	370681104000
下丁家镇	370681106000
七甲镇	370681107000
石良镇	370681108000
兰高镇	370681109000
诸由观镇	370681110000
莱阳市（5街道，13镇）	**370682000000**
城厢街道	370682001000
古柳街道	370682002000
龙旺庄街道	370682003000
冯格庄街道	370682004000
柏林庄街道	370682005000
沐浴店镇	370682101000
团旺镇	370682102000
穴坊镇	370682103000
羊郡镇	370682104000
姜疃镇	370682105000
万第镇	370682106000
照旺庄镇	370682107000
谭格庄镇	370682108000
河洛镇	370682110000
吕格庄镇	370682111000
高格庄镇	370682112000
大夼镇	370682113000
山前店镇	370682114000
莱州市（6街道，11镇）	**370683000000**
文昌路街道	370683001000
永安路街道	370683002000
三山岛街道	370683003000
城港路街道	370683004000
文峰路街道	370683005000
金仓街道	370683006000
沙河镇	370683101000
朱桥镇	370683102000
郭家店镇	370683103000
金城镇	370683104000
平里店镇	370683105000
驿道镇	370683106000
程郭镇	370683107000
虎头崖镇	370683108000
柞村镇	370683109000
夏邱镇	370683110000
土山镇	370683111000
蓬莱市（5街道，7镇）	**370684000000**
登州街道	370684001000
紫荆山街道	370684002000
新港街道	370684003000
蓬莱阁街道	370684004000
南王街道	370684005000
刘家沟镇	370684102000

续表 4

行政区划名称	行政区划代码	行政区划名称	行政区划代码	行政区划名称	行政区划代码
潮水镇	370684103000	西关街道	370702003000	黄楼街道	370781008000
大柳行镇	370684105000	北关街道	370702004000	弥河镇	370781100000
小门家镇	370684106000	于河街道	370702005000	王坟镇	370781101000
大辛店镇	370684107000	望留街道	370702006000	庙子镇	370781103000
村里集镇	370684108000	**寒亭区(7街道)**	**370703000000**	邵庄镇	370781105000
北沟镇	370684109000	寒亭街道	370703001000	高柳镇	370781109000
招远市(5街道，9镇)	**370685000000**	开元街道	370703002000	何官镇	370781111000
罗峰街道	370685001000	固堤街道	370703003000	东夏镇	370781113000
泉山街道	370685002000	高里街道	370703004000	谭坊镇	370781115000
梦芝街道	370685003000	朱里街道	370703005000	**诸城市(3街道，10镇)**	**370782000000**
温泉街道	370685004000	大家洼街道	370791001000	密州街道	370782001000
大秦家街道	370685005000	央子街道	370791005000	龙都街道	370782002000
辛庄镇	370685101000	**坊子区(7街道)**	**370704000000**	舜王街道	370782003000
蚕庄镇	370685102000	坊城街道	370704001000	枳沟镇	370782101000
金岭镇	370685103000	凤凰街道	370704003000	贾悦镇	370782102000
毕郭镇	370685104000	坊安街道	370704004000	石桥子镇	370782105000
玲珑镇	370685105000	九龙街道	370704005000	相州镇	370782108000
张星镇	370685106000	黄旗堡街道	370704006000	昌城镇	370782110000
夏甸镇	370685108000	王家庄街道	370793001000	百尺河镇	370782111000
阜山镇	370685109000	太保庄街道	370793002000	辛兴镇	370782112000
齐山镇	370685110000	**奎文区(10街道)**	**370705000000**	林家村镇	370782114000
栖霞市(3街道，12镇)	**370686000000**	东关街道	370705001000	皇华镇	370782117000
翠屏街道	370686001000	大虞街道	370705002000	桃林镇	370782118000
庄园街道	370686002000	梨园街道	370705003000	**寿光市(5街道，9镇)**	**370783000000**
松山街道	370686003000	廿里堡街道	370705004000	圣城街道	370783001000
观里镇	370686101000	潍州路街道	370705005000	文家街道	370783003000
蛇窝泊镇	370686102000	北苑街道	370705006000	孙家集街道	370783004000
唐家泊镇	370686103000	广文街道	370705007000	洛城街道	370783005000
桃村镇	370686104000	北海路街道	370705008000	古城街道	370783006000
亭口镇	370686105000	新城街道	370790001000	化龙镇	370783100000
臧家庄镇	370686106000	清池街道	370790002000	营里镇	370783103000
寺口镇	370686107000	**临朐县(2街道，8镇)**	**370724000000**	台头镇	370783104000
苏家店镇	370686108000	城关街道	370724001000	田柳镇	370783106000
杨础镇	370686109000	东城街道	370724002000	上口镇	370783108000
西城镇	370686110000	五井镇	370724101000	侯镇	370783109000
官道镇	370686111000	冶源镇	370724103000	纪台镇	370783111000
庙后镇	370686113000	寺头镇	370724104000	稻田镇	370783112000
海阳市(4街道，10镇)	**370687000000**	九山镇	370724105000	羊口镇	370783115000
方圆街道	370687001000	辛寨镇	370724107000	**安丘市(2街道，10镇)**	**370784000000**
东村街道	370687002000	沂山镇	370724109000	兴安街道	370784001000
凤城街道	370687003000	龙岗镇	370724112000	新安街道	370784002000
龙山街道	370687004000	柳山镇	370724113000	凌河镇	370784103000
留格庄镇	370687102000	**昌乐县(5街道，4镇)**	**370725000000**	官庄镇	370784104000
盘石店镇	370687103000	宝城街道	370725016000	大盛镇	370784107000
郭城镇	370687104000	城关街道	370725017000	石埠子镇	370784111000
徐家店镇	370687105000	朱刘街道	370725018000	石堆镇	370784112000
发城镇	370687106000	城南街道	370725019000	柘山镇	370784118000
小纪镇	370687107000	五图街道	370725020000	辉渠镇	370784119000
行村镇	370687108000	乔官镇	370725107000	郚山镇	370784120000
辛安镇	370687109000	鄌郚镇	370725108000	金冢子镇	370784121000
二十里店镇	370687110000	红河镇	370725110000	景芝镇	370784122000
朱吴镇	370687112000	营丘镇	370725112000	**高密市(3街道，7镇)**	**370785000000**
潍坊市(57街道，62镇)	**370700000000**	**青州市(4街道，8镇)**	**370781000000**	朝阳街道	370785001000
潍城区(6街道)	**370702000000**	王府街道	370781001000	醴泉街道	370785002000
城关街道	370702001000	益都街道	370781002000	密水街道	370785003000
南关街道	370702002000	云门山街道	370781006000	柏城镇	370785100000

续表 5

行政区划名称	行政区划代码
夏庄镇	370785103000
姜庄镇	370785104000
大牟家镇	370785106000
阚家镇	370785109000
井沟镇	370785111000
柴沟镇	370785114000
昌邑市(3街道，6镇)	**370786000000**
奎聚街道	370786001000
都昌街道	370786002000
围子街道	370786003000
柳疃镇	370786101000
龙池镇	370786102000
卜庄镇	370786104000
饮马镇	370786108000
北孟镇	370786109000
下营镇	370786110000
济宁市(43街道，98镇，15乡)	**370800000000**
市中区(8街道，1镇)	**370802000000**
古槐街道	370802001000
济阳街道	370802002000
阜桥街道	370802003000
越河街道	370802004000
观音阁街道	370802006000
南苑街道	370802008000
安居街道	370802009000
唐口街道	370802010000
喻屯镇	370802102000
任城区(9街道，2镇)	**370811000000**
金城街道	370811002000
仙营街道	370811003000
南张街道	370811004000
李营街道	370811005000
廿里铺街道	370811006000
接庄街道	370811007000
长沟镇	370811102000
石桥镇	370811109000
柳行街道	370890002000
洸河街道	370890005000
许庄街道	370891001000
微山县(3街道，8镇，4乡)	**370826000000**
夏镇街道	370826001000
昭阳街道	370826002000
傅村街道	370826003000
韩庄镇	370826101000
欢城镇	370826102000
南阳镇	370826103000
鲁桥镇	370826104000
留庄镇	370826106000
两城镇	370826107000
马坡镇	370826108000
赵庙镇	370826109000
微山岛乡	370826200000
高楼乡	370826206000
张楼乡	370826207000
西平乡	370826210000
鱼台县(2街道，8镇，1乡)	**370827000000**
谷亭街道	370827001000
滨湖街道	370827002000
清河镇	370827101000
鱼城镇	370827102000
王鲁镇	370827103000
张黄镇	370827104000
王庙镇	370827105000
李阁镇	370827106000
唐马镇	370827107000
老砦镇	370827108000
罗屯乡	370827204000
金乡县(2街道，11镇)	**370828000000**
金乡街道	370828001000
高河街道	370828002000
羊山镇	370828101000
胡集镇	370828102000
霄云镇	370828103000
鸡黍镇	370828104000
王丕镇	370828106000
司马镇	370828107000
鱼山镇	370828108000
马庙镇	370828109000
化雨镇	370828110000
卜集镇	370828112000
兴隆镇	370828113000
嘉祥县(1街道，10镇，4乡)	**370829000000**
嘉祥街道	370829001000
纸坊镇	370829101000
梁宝寺镇	370829102000
卧龙山镇	370829103000
疃里镇	370829104000
马村镇	370829105000
金屯镇	370829106000
大张楼镇	370829107000
马集镇	370829108000
万张镇	370829109000
孟姑集镇	370829110000
老僧堂乡	370829200000
黄垓乡	370829201000
满硐乡	370829208000
仲山乡	370829209000
汶上县(2街道，11镇，2乡)	**370830000000**
中都街道	370830001000
汶上街道	370830002000
南站镇	370830101000
南旺镇	370830102000
次邱镇	370830103000
寅寺镇	370830104000
郭楼镇	370830105000
康驿镇	370830106000
苑庄镇	370830107000
义桥镇	370830108000
白石镇	370830109000
郭仓镇	370830110000
杨店镇	370830111000
刘楼乡	370830202000
军屯乡	370830205000
泗水县(2街道，10镇，1乡)	**370831000000**
泗河街道	370831001000
济河街道	370831002000
泉林镇	370831101000
星村镇	370831102000
柘沟镇	370831103000
金庄镇	370831104000
苗馆镇	370831105000
中册镇	370831106000
杨柳镇	370831107000
泗张镇	370831108000
圣水峪镇	370831109000
高峪镇	370831110000
大黄沟乡	370831205000
梁山县(2街道，9镇，3乡)	**370832000000**
梁山街道	370832001000
水泊街道	370832002000
小路口镇	370832101000
韩岗镇	370832102000
黑虎庙镇	370832103000
拳铺镇	370832104000
杨营镇	370832105000
韩垓镇	370832106000
馆驿镇	370832107000
小安山镇	370832108000
寿张集镇	370832109000
马营乡	370832211000
赵固堆乡	370832215000
大路口乡	370832217000
曲阜市(4街道，8镇)	**370881000000**
鲁城街道	370881001000
书院街道	370881002000
小雪街道	370881003000
时庄街道	370881004000
吴村镇	370881101000
姚村镇	370881102000
陵城镇	370881103000
尼山镇	370881105000
王庄镇	370881106000
息陬镇	370881107000
石门山镇	370881108000
防山镇	370881109000
兖州市(5街道，7镇)	**370882000000**
鼓楼街道	370882001000
酒仙桥街道	370882003000
龙桥街道	370882004000
大安镇	370882101000
新驿镇	370882102000
颜店镇	370882103000
新兖镇	370882105000
漕河镇	370882107000
兴隆庄镇	370882110000
小孟镇	370882111000
黄屯街道	370890003000

续表 6

行政区划名称	行政区划代码
王因街道	370890004000
邹城市(3街道，13镇)	**370883000000**
钢山街道	370883001000
千泉街道	370883002000
凫山街道	370883003000
香城镇	370883101000
城前镇	370883102000
大束镇	370883103000
北宿镇	370883104000
中心店镇	370883105000
唐村镇	370883106000
太平镇	370883107000
石墙镇	370883109000
峄山镇	370883110000
看庄镇	370883111000
张庄镇	370883112000
田黄镇	370883113000
郭里镇	370883114000
泰安市(18街道，61镇，8乡)	**370900000000**
泰山区(5街道，2镇，1乡)	**370902000000**
岱庙街道	370902001000
财源街道	370902002000
泰前街道	370902003000
上高街道	370902004000
徐家楼街道	370902005000
省庄镇	370902100000
邱家店镇	370902101000
大津口乡	370902202000
岱岳区(3街道，13镇，2乡)	**370911000000**
粥店街道	370911001000
天平街道	370911002000
山口镇	370911100000
祝阳镇	370911101000
范镇	370911102000
角峪镇	370911103000
徂徕镇	370911104000
满庄镇	370911105000
夏张镇	370911106000
道朗镇	370911107000
黄前镇	370911108000
大汶口镇	370911109000
马庄镇	370911110000
房村镇	370911111000
良庄镇	370911112000
下港乡	370911200000
化马湾乡	370911201000
北集坡街道	370990001000
宁阳县(2街道，9镇，2乡)	**370921000000**
文庙街道	370921001000
八仙桥街道	370921002000
泗店镇	370921101000
东疏镇	370921102000
伏山镇	370921103000
堽城镇	370921105000
蒋集镇	370921107000
磁窑镇	370921109000
华丰镇	370921110000
葛石镇	370921111000
东庄镇	370921112000
鹤山乡	370921201000
乡饮乡	370921206000
东平县(3街道，9镇，2乡)	**370923000000**
州城街道	370923001000
东平街道	370923002000
彭集街道	370923003000
沙河站镇	370923101000
老湖镇	370923106000
银山镇	370923107000
斑鸠店镇	370923108000
接山镇	370923109000
大羊镇	370923110000
梯门镇	370923111000
戴庙镇	370923112000
新湖镇	370923113000
商老庄乡	370923206000
旧县乡	370923208000
新泰市(2街道，17镇，1乡)	**370982000000**
青云街道	370982001000
新汶街道	370982002000
东都镇	370982101000
小协镇	370982102000
翟镇	370982103000
泉沟镇	370982104000
羊流镇	370982105000
果都镇	370982106000
西张庄镇	370982107000
天宝镇	370982108000
楼德镇	370982110000
禹村镇	370982111000
宫里镇	370982112000
谷里镇	370982113000
石莱镇	370982114000
放城镇	370982115000
刘杜镇	370982116000
汶南镇	370982117000
龙廷镇	370982119000
岳家庄乡	370982203000
肥城市(3街道，11镇)	**370983000000**
新城街道	370983001000
老城街道	370983002000
王瓜店街道	370983003000
潮泉镇	370983101000
桃园镇	370983103000
王庄镇	370983104000
湖屯镇	370983105000
石横镇	370983106000
安临站镇	370983107000
孙伯镇	370983108000
安驾庄镇	370983109000
边院镇	370983112000
汶阳镇	370983113000
仪阳镇	370983114000
威海市(22街道，49镇)	**371000000000**
环翠区(8街道，9镇)	**371002000000**
环翠楼街道	371002001000
鲸园街道	371002002000
竹岛街道	371002003000
张村镇	371002100000
羊亭镇	371002101000
温泉镇	371002102000
孙家疃镇	371002104000
桥头镇	371002106000
皇冠街道	371090001000
凤林街道	371090002000
西苑街道	371090003000
崮山镇	371090100000
泊于镇	371090101000
怡园街道	371091001000
田和街道	371091004000
初村镇	371091100000
草庙子镇	371092100000
文登市(3街道，14镇)	**371081000000**
龙山街道	371081001000
天福街道	371081002000
环山街道	371081003000
文登营镇	371081100000
大水泊镇	371081101000
张家产镇	371081102000
高村镇	371081103000
泽库镇	371081104000
侯家镇	371081105000
宋村镇	371081106000
泽头镇	371081107000
小观镇	371081108000
葛家镇	371081109000
米山镇	371081110000
界石镇	371081111000
汪疃镇	371092101000
苘山镇	371092102000
荣成市(10街道，12镇)	**371082000000**
港湾街道	371082001000
斥山街道	371082002000
东山街道	371082003000
王连街道	371082004000
桃园街道	371082005000
宁津街道	371082006000
崖头街道	371082007000
崂山街道	371082008000
寻山街道	371082009000
城西街道	371082010000
俚岛镇	371082101000
成山镇	371082102000
埠柳镇	371082103000
港西镇	371082104000
夏庄镇	371082105000
崖西镇	371082106000
荫子镇	371082107000

续表 7

行政区划名称	行政区划代码
滕家镇	371082108000
大疃镇	371082109000
上庄镇	371082110000
虎山镇	371082111000
人和镇	371082112000
乳山市(1街道，14镇)	**371083000000**
城区街道	371083001000
夏村镇	371083100000
乳山口镇	371083101000
海阳所镇	371083102000
白沙滩镇	371083103000
大孤山镇	371083104000
南黄镇	371083105000
冯家镇	371083106000
下初镇	371083107000
午极镇	371083108000
育黎镇	371083109000
崖子镇	371083110000
诸往镇	371083111000
乳山寨镇	371083112000
徐家镇	371083113000
日照市(9街道，40镇，5乡)	**371100000000**
东港区(5街道，7镇)	**371102000000**
日照街道	371102001000
石臼街道	371102002000
秦楼街道	371102004000
河山镇	371102101000
两城镇	371102102000
涛雒镇	371102103000
西湖镇	371102107000
陈疃镇	371102108000
南湖镇	371102109000
三庄镇	371102110000
奎山街道	371199010000
北京路街道	371199030000
岚山区(2街道，6镇，1乡)	**371103000000**
岚山头街道	371103005000
安东卫街道	371103006000
高兴镇	371103104000
巨峰镇	371103105000
后村镇	371103106000
黄墩镇	371103111000
虎山镇	371103112000
碑廓镇	371103113000
前三岛乡	371103201000
五莲县(1街道，9镇，2乡)	**371121000000**
洪凝街道	371121001000
街头镇	371121102000
潮河镇	371121103000
许孟镇	371121104000
于里镇	371121105000
汪湖镇	371121106000
叩官镇	371121107000
中至镇	371121108000
高泽镇	371121109000
松柏镇	371121110000
石场乡	371121201000
户部乡	371121202000
莒县(1街道，18镇，2乡)	**371122000000**
城阳街道	371122001000
招贤镇	371122102000
阎庄镇	371122103000
夏庄镇	371122104000
刘官庄镇	371122105000
峤山镇	371122106000
小店镇	371122107000
中楼镇	371122108000
龙山镇	371122109000
东莞镇	371122110000
浮来山镇	371122111000
陵阳镇	371122112000
店子集镇	371122113000
长岭镇	371122114000
安庄镇	371122115000
洛河镇	371122116000
棋山镇	371122117000
寨里河镇	371122118000
桑园镇	371122119000
果庄乡	371122204000
库山乡	371122206000
莱芜市(7街道，13镇)	**371200000000**
莱城区(4街道，11镇)	**371202000000**
凤城街道	371202001000
张家洼街道	371202002000
高庄街道	371202003000
口镇	371202100000
羊里镇	371202101000
方下镇	371202102000
牛泉镇	371202103000
苗山镇	371202105000
雪野镇	371202106000
大王庄镇	371202107000
寨里镇	371202108000
杨庄镇	371202109000
茶业口镇	371202110000
和庄镇	371202111000
鹏泉街道	371290001000
钢城区(3街道，2镇)	**371203000000**
艾山街道	371203001000
里辛街道	371203002000
汶源街道	371203003000
颜庄镇	371203100000
辛庄镇	371203103000
临沂市(28街道，119镇，10乡)	**371300000000**
兰山区(4街道，8镇)	**371302000000**
兰山街道	371302001000
银雀山街道	371302002000
金雀山街道	371302003000
南坊街道	371302004000
白沙埠镇	371302101000
枣沟头镇	371302102000
半程镇	371302103000
义堂镇	371302105000
李官镇	371302107000
汪沟镇	371302109000
方城镇	371302110000
马厂湖镇	371391100000
罗庄区(6街道，3镇)	**371311000000**
罗庄街道	371311001000
傅庄街道	371311002000
盛庄街道	371311003000
册山街道	371311006000
高都街道	371311007000
沂堂镇	371311101000
褚墩镇	371311102000
黄山镇	371311103000
罗西街道	371391001000
河东区(8街道，3镇)	**371312000000**
九曲街道	371312001000
相公街道	371312002000
太平街道	371312003000
汤头街道	371312004000
凤凰岭街道	371312005000
汤河镇	371312104000
八湖镇	371312107000
郑旺镇	371312108000
芝麻墩街道	371398001000
梅埠街道	371398002000
朝阳街道	371398003000
沂南县(1街道，13镇，1乡)	**371321000000**
界湖街道	371321001000
岸堤镇	371321101000
孙祖镇	371321102000
双堠镇	371321103000
青驼镇	371321104000
张庄镇	371321105000
砖埠镇	371321106000
大庄镇	371321109000
辛集镇	371321110000
蒲汪镇	371321111000
湖头镇	371321112000
苏村镇	371321113000
铜井镇	371321114000
依汶镇	371321115000
马牧池乡	371321201000
郯城县(1街道，9镇，3乡)	**371322000000**
郯城街道	371322001000
马头镇	371322101000
重坊镇	371322102000
李庄镇	371322103000
杨集镇	371322105000
港上镇	371322107000
高峰头镇	371322108000
庙山镇	371322109000
胜利镇	371322111000
红花镇	371322112000
花园乡	371322202000
归昌乡	371322203000
泉源乡	371322205000

续表 8

行政区划名称	行政区划代码
沂水县(1街道，16镇，1乡)	**371323000000**
沂城街道	371323001000
马站镇	371323101000
高桥镇	371323102000
许家湖镇	371323103000
黄山铺镇	371323104000
诸葛镇	371323106000
崔家峪镇	371323107000
四十里堡镇	371323108000
杨庄镇	371323109000
夏蔚镇	371323110000
沙沟镇	371323111000
高庄镇	371323112000
道托镇	371323113000
龙家圈镇	371323114000
泉庄镇	371323115000
富官庄镇	371323116000
院东头镇	371323117000
圈里乡	371323201000
苍山县(1街道，15镇，1乡)	**371324000000**
卞庄街道	371324001000
大仲村镇	371324101000
兰陵镇	371324102000
长城镇	371324103000
磨山镇	371324104000
神山镇	371324105000
车辋镇	371324106000
尚岩镇	371324107000
向城镇	371324108000
新兴镇	371324109000
南桥镇	371324110000
庄坞镇	371324112000
矿坑镇	371324113000
鲁城镇	371324114000
芦柞镇	371324115000
金岭镇	371324116000
下村乡	371324202000
费县(1街道，9镇，2乡)	**371325000000**
费城街道	371325001000
上冶镇	371325101000
薛庄镇	371325102000
探沂镇	371325105000
朱田镇	371325106000
梁邱镇	371325107000
新庄镇	371325108000
马庄镇	371325109000
胡阳镇	371325112000
石井镇	371325113000
大田庄乡	371325200000
南张庄乡	371325201000
平邑县(1街道，13镇)	**371326000000**
平邑街道	371326001000
仲村镇	371326101000
武台镇	371326102000
保太镇	371326103000
柏林镇	371326104000
卞桥镇	371326105000
地方镇	371326106000
铜石镇	371326107000
温水镇	371326108000
流峪镇	371326109000
郑城镇	371326110000
白彦镇	371326111000
临涧镇	371326112000
丰阳镇	371326113000
莒南县(1街道，14镇，1乡)	**371327000000**
十字路街道	371327001000
大店镇	371327102000
坊前镇	371327103000
板泉镇	371327106000
洙边镇	371327107000
文疃镇	371327108000
石莲子镇	371327111000
岭泉镇	371327112000
筵宾镇	371327113000
涝坡镇	371327114000
道口镇	371327115000
相沟乡	371327201000
团林镇	371393100000
坪上镇	371393101000
壮岗镇	371393102000
朱芦镇	371393103000
蒙阴县(1街道，8镇，1乡)	**371328000000**
蒙阴街道	371328001000
常路镇	371328101000
岱崮镇	371328102000
坦埠镇	371328103000
垛庄镇	371328104000
高都镇	371328105000
野店镇	371328106000
桃墟镇	371328107000
联城镇	371328109000
旧寨乡	371328201000
临沭县(2街道，8镇)	**371329000000**
临沭街道	371329001000
郑山街道	371329002000
蛟龙镇	371329101000
大兴镇	371329102000
石门镇	371329103000
曹庄镇	371329104000
白旄镇	371329107000
青云镇	371329108000
玉山镇	371329109000
店头镇	371329110000
德州市(27街道，88镇，19乡)	**371400000000**
德城区(7街道，5镇)	**371402000000**
新湖街道	371402001000
新华街道	371402003000
天衢街道	371402004000
广川街道	371402005000
黄河涯镇	371402101000
二屯镇	371402102000
运河街道	371498001000
长河街道	371499001000
宋官屯街道	371499002000
赵虎镇	371499100000
抬头寺镇	371499101000
袁桥镇	371499102000
陵县(2街道，10镇，1乡)	**371421000000**
安德街道	371421001000
临齐街道	371421002000
郑家寨镇	371421101000
糜镇	371421102000
宋家镇	371421103000
徽王庄镇	371421104000
神头镇	371421105000
滋镇	371421106000
前孙镇	371421107000
边临镇	371421108000
义渡口镇	371421109000
丁庄镇	371421110000
于集乡	371421202000
宁津县(2街道，9镇，1乡)	**371422000000**
宁城街道	371422001000
津城街道	371422002000
柴胡店镇	371422101000
长官镇	371422102000
杜集镇	371422103000
保店镇	371422104000
大柳镇	371422105000
大曹镇	371422106000
相衙镇	371422107000
时集镇	371422108000
张大庄镇	371422109000
刘营伍乡	371422201000
庆云县(1街道，5镇，3乡)	**371423000000**
渤海路街道	371423001000
庆云镇	371423100000
常家镇	371423101000
尚堂镇	371423102000
崔口镇	371423103000
东辛店镇	371423104000
严务乡	371423200000
中丁乡	371423202000
徐园子乡	371423203000
临邑县(3街道，8镇，1乡)	**371424000000**
临盘街道	371424001000
邢侗街道	371424002000
恒源街道	371424003000
临邑镇	371424100000
临南镇	371424102000
德平镇	371424103000
林子镇	371424104000
兴隆镇	371424105000
孟寺镇	371424106000
翟家镇	371424107000
理合务镇	371424108000
宿安乡	371424200000

续表 9

行政区划名称	行政区划代码
齐河县(2街道，9镇，4乡)	**371425000000**
晏城街道	371425001000
晏北街道	371425002000
表白寺镇	371425101000
焦庙镇	371425102000
赵官镇	371425103000
祝阿镇	371425104000
仁里集镇	371425105000
潘店镇	371425106000
胡官屯镇	371425107000
宣章屯镇	371425108000
马集镇	371425109000
华店乡	371425200000
安头乡	371425201000
刘桥乡	371425203000
大黄乡	371425204000
平原县(2街道，8镇，2乡)	**371426000000**
龙门街道	371426001000
桃园街道	371426002000
王凤楼镇	371426101000
前曹镇	371426102000
恩城镇	371426103000
王庙镇	371426104000
王杲铺镇	371426105000
张华镇	371426106000
腰站镇	371426107000
王打卦镇	371426108000
坊子乡	371426200000
三唐乡	371426202000
夏津县(2街道，10镇，2乡)	**371427000000**
银城街道	371427001000
北城街道	371427002000
南城镇	371427100000
苏留庄镇	371427101000
新盛店镇	371427102000
雷集镇	371427103000
郑保屯镇	371427104000
白马湖镇	371427105000
东李官屯镇	371427106000
宋楼镇	371427107000
香赵庄镇	371427108000
双庙镇	371427109000
渡口驿乡	371427200000
田庄乡	371427204000
武城县(1街道，7镇)	**371428000000**
广运街道	371428001000
武城镇	371428100000
老城镇	371428101000
郝王庄镇	371428104000
鲁权屯镇	371428105000
四女寺镇	371428106000
甲马营镇	371428107000
李家户镇	371428108000
乐陵市(4街道，9镇，3乡)	**371481000000**
市中街道	371481001000
胡家街道	371481002000
云红街道	371481003000
郭家街道	371481004000
杨安镇	371481100000
朱集镇	371481101000
黄夹镇	371481102000
丁坞镇	371481103000
花园镇	371481104000
郑店镇	371481105000
化楼镇	371481106000
孔镇镇	371481107000
铁营镇	371481108000
西段乡	371481200000
大孙乡	371481201000
寨头堡乡	371481203000
禹城市(1街道，8镇，2乡)	**371482000000**
市中街道	371482001000
伦镇	371482100000
房寺镇	371482101000
张庄镇	371482102000
辛店镇	371482103000
安仁镇	371482104000
辛寨镇	371482105000
梁家镇	371482106000
十里望回族镇	371482107000
李屯乡	371482200000
莒镇乡	371482202000
聊城市(32街道，86镇，17乡)	**371500000000**
东昌府区(10街道，11镇，2乡)	**371502000000**
古楼街道	371502001000
新区街道	371502002000
柳园街道	371502003000
湖西街道	371502004000
凤凰街道	371502005000
闫寺街道	371502006000
道口铺街道	371502008000
沙镇镇	371502102000
侯营镇	371502103000
堂邑镇	371502104000
梁水镇	371502105000
斗虎屯镇	371502106000
张炉集镇	371502108000
于集镇	371502109000
郑家镇	371502110000
朱老庄镇	371502112000
东城街道	371599001000
蒋官屯街道	371599002000
北城街道	371599003000
许营镇	371599100000
顾官屯镇	371599101000
韩集乡	371599200000
广平乡	371599201000
阳谷县(3街道，12镇，3乡)	**371521000000**
博济桥街道	371521001000
狮子楼街道	371521002000
侨润街道	371521003000
阿城镇	371521101000
七级镇	371521102000
安乐镇	371521103000
寿张镇	371521104000
张秋镇	371521105000
阎楼镇	371521106000
石佛镇	371521108000
李台镇	371521109000
十五里园镇	371521111000
定水镇	371521112000
西湖镇	371521113000
郭屯镇	371521114000
大布乡	371521203000
高庙王乡	371521206000
金斗营乡	371521207000
莘县(4街道，18镇，2乡)	**371522000000**
莘州街道	371522001000
莘亭街道	371522002000
东鲁街道	371522003000
燕塔街道	371522004000
张鲁回族镇	371522101000
朝城镇	371522102000
观城镇	371522103000
古城镇	371522104000
大张家镇	371522105000
古云镇	371522106000
十八里铺镇	371522107000
燕店镇	371522109000
董杜庄镇	371522110000
王奉镇	371522111000
樱桃园镇	371522112000
河店镇	371522113000
妹冢镇	371522114000
魏庄镇	371522115000
张寨镇	371522116000
大王寨镇	371522117000
徐庄镇	371522118000
王庄集镇	371522119000
俎店乡	371522207000
柿子园乡	371522214000
茌平县(3街道，10镇，1乡)	**371523000000**
振兴街道	371523001000
信发街道	371523002000
温陈街道	371523003000
乐平铺镇	371523101000
冯官屯镇	371523102000
菜屯镇	371523103000
博平镇	371523104000
杜郎口镇	371523105000
韩屯镇	371523106000
胡屯镇	371523107000
肖家庄镇	371523108000
贾寨镇	371523109000
洪官屯镇	371523110000
杨官屯乡	371523208000

续表 10

行政区划名称	行政区划代码
东阿县(2街道，7镇，1乡)	**371524000000**
铜城街道	371524001000
新城街道	371524002000
刘集镇	371524101000
牛角店镇	371524102000
大桥镇	371524103000
高集镇	371524104000
姜楼镇	371524105000
姚寨镇	371524107000
鱼山镇	371524108000
陈集乡	371524205000
冠县(3街道，7镇，8乡)	**371525000000**
清泉街道	371525001000
崇文街道	371525002000
烟庄街道	371525003000
贾镇	371525101000
桑阿镇	371525102000
柳林镇	371525103000
清水镇	371525104000
东古城镇	371525105000
北馆陶镇	371525106000
店子镇	371525107000
斜店乡	371525200000
梁堂乡	371525201000
定远寨乡	371525202000
辛集乡	371525203000
范寨乡	371525204000
甘官屯乡	371525205000
兰沃乡	371525206000
万善乡	371525209000
高唐县(3街道，9镇)	**371526000000**
鱼邱湖街道	371526001000
人和街道	371526002000
汇鑫街道	371526003000
梁村镇	371526101000
尹集镇	371526102000
清平镇	371526103000
固河镇	371526104000
三十里铺镇	371526105000
琉璃寺镇	371526106000
赵寨子镇	371526107000
姜店镇	371526108000
杨屯镇	371526109000
临清市(4街道，12镇)	**371581000000**
青年路街道	371581001000
新华路街道	371581002000
先锋路街道	371581003000
大辛庄街道	371581004000
松林镇	371581101000
老赵庄镇	371581102000
康庄镇	371581103000
魏湾镇	371581104000
刘垓子镇	371581105000
八岔路镇	371581107000
潘庄镇	371581108000
烟店镇	371581109000
唐园镇	371581110000
金郝庄镇	371581111000
戴湾镇	371581112000
尚店镇	371581113000
滨州市(29街道，57镇，5乡)	**371600000000**
滨城区(12街道，2镇，1乡)	**371602000000**
市中街道	371602001000
市西街道	371602002000
北镇街道	371602003000
市东街道	371602004000
彭李街道	371602005000
滨北街道	371602007000
梁才街道	371602009000
杨柳雪镇	371602101000
三河湖镇	371602105000
秦皇台乡	371602203000
青田街道	371698004000
小营街道	371698006000
杜店街道	371699001000
沙河街道	371699002000
里则街道	371699003000
惠民县(3街道，12镇)	**371621000000**
孙武街道	371621001000
武定府街道	371621002000
何坊街道	371621003000
石庙镇	371621101000
桑落墅镇	371621102000
淄角镇	371621103000
胡集镇	371621104000
李庄镇	371621105000
麻店镇	371621107000
魏集镇	371621108000
清河镇	371621109000
姜楼镇	371621111000
辛店镇	371621113000
大年陈镇	371621114000
皂户李镇	371621115000
阳信县(2街道，7镇，1乡)	**371622000000**
信城街道	371622001000
金阳街道	371622002000
商店镇	371622101000
温店镇	371622102000
河流镇	371622103000
翟王镇	371622104000
流坡坞镇	371622105000
水落坡镇	371622106000
劳店镇	371622107000
洋湖乡	371622204000
无棣县(2街道，9镇，1乡)	**371623000000**
海丰街道	371623001000
棣丰街道	371623002000
水湾镇	371623101000
碣石山镇	371623102000
小泊头镇	371623103000
埕口镇	371623104000
车王镇	371623106000
柳堡镇	371623107000
佘家镇	371623108000
信阳镇	371623109000
马山子镇	371697101000
西小王乡	371623203000
沾化县(2街道，7镇，2乡)	**371624000000**
富国街道	371624001000
富源街道	371624002000
下洼镇	371624101000
古城镇	371624102000
冯家镇	371624103000
泊头镇	371624104000
大高镇	371624105000
黄升镇	371624106000
滨海镇	371624107000
下河乡	371624203000
利国乡	371624204000
博兴县(3街道，9镇)	**371625000000**
博昌街道	371625001000
城东街道	371625002000
锦秋街道	371625003000
曹王镇	371625101000
兴福镇	371625102000
陈户镇	371625103000
湖滨镇	371625104000
店子镇	371625106000
吕艺镇	371625107000
纯化镇	371625108000
庞家镇	371625109000
乔庄镇	371625110000
邹平县(5街道，11镇)	**371626000000**
黛溪街道	371626001000
黄山街道	371626002000
高新街道	371626003000
好生街道	371626004000
西董街道	371626005000
长山镇	371626101000
魏桥镇	371626102000
临池镇	371626105000
焦桥镇	371626108000
韩店镇	371626109000
孙镇	371626110000
九户镇	371626111000
青阳镇	371626112000
明集镇	371626113000
台子镇	371626114000
码头镇	371626115000
菏泽市(29街道，120镇，19乡)	**371700000000**
牡丹区(10街道，13镇，1乡)	**371702000000**
东城街道	371702001000
西城街道	371702002000
南城街道	371702003000
北城街道	371702004000
牡丹街道	371702005000
万福街道	371702009000
何楼街道	371702010000

续表 11

行政区划名称	行政区划代码
沙土镇	371702100000
吴店镇	371702101000
王浩屯镇	371702102000
黄堽镇	371702103000
都司镇	371702104000
高庄镇	371702105000
小留镇	371702106000
李村镇	371702107000
马岭岗镇	371702108000
安兴镇	371702109000
大黄集镇	371702110000
吕陵镇	371702111000
胡集镇	371702112000
皇镇乡	371702202000
丹阳街道	371790001000
岳程街道	371790002000
佃户屯街道	371790003000
曹县(3街道，19镇，5乡)	**371721000000**
青菏街道	371721001000
曹城街道	371721002000
磐石街道	371721003000
庄寨镇	371721101000
普连集镇	371721102000
青堌集镇	371721103000
桃源集镇	371721104000
韩集镇	371721105000
砖庙镇	371721106000
古营集镇	371721107000
魏湾镇	371721108000
侯集回族镇	371721109000
苏集镇	371721110000
孙老家镇	371721111000
阎店楼镇	371721112000
梁堤头镇	371721113000
安蔡楼镇	371721114000
邵庄镇	371721115000
王集镇	371721116000
郑庄镇	371721117000
青岗集镇	371721118000
倪集镇	371721119000
常乐集乡	371721201000
楼庄乡	371721203000
大集乡	371721206000
朱洪庙乡	371721207000
仵楼乡	371721208000
单县(4街道，16镇，2乡)	**371722000000**
南城街道	371722001000
北城街道	371722002000
园艺街道	371722003000
东城街道	371722004000
郭村镇	371722101000
黄岗镇	371722102000
终兴镇	371722103000
高韦庄镇	371722105000
徐寨镇	371722106000
蔡堂镇	371722107000
朱集镇	371722108000
李新庄镇	371722109000
浮岗镇	371722110000
莱河镇	371722111000
时楼镇	371722112000
杨楼镇	371722113000
张集镇	371722114000
龙王庙镇	371722115000
谢集镇	371722116000
李田楼镇	371722117000
高老家乡	371722201000
曹庄乡	371722202000
成武县(2街道，11镇)	**371723000000**
文亭街道	371723001000
永昌街道	371723002000
大田集镇	371723101000
天宫庙镇	371723102000
汶上集镇	371723103000
南鲁集镇	371723104000
伯乐集镇	371723105000
苟村集镇	371723106000
白浮图镇	371723107000
孙寺镇	371723108000
九女集镇	371723109000
党集镇	371723110000
张楼镇	371723111000
巨野县(2街道，15镇)	**371724000000**
永丰街道	371724001000
凤凰街道	371724002000
龙固镇	371724101000
大义镇	371724102000
柳林镇	371724103000
章缝镇	371724104000
大谢集镇	371724105000
独山镇	371724106000
麒麟镇	371724107000
核桃园镇	371724108000
田庄镇	371724109000
太平镇	371724110000
万丰镇	371724111000
陶庙镇	371724112000
董官屯镇	371724113000
田桥镇	371724114000
营里镇	371724115000
郓城县(2街道，15镇，5乡)	**371725000000**
郓州街道	371725001000
唐塔街道	371725002000
黄安镇	371725101000
杨庄集镇	371725102000
侯咽集镇	371725103000
武安镇	371725104000
郭屯镇	371725105000
丁里长镇	371725106000
玉皇庙镇	371725107000
程屯镇	371725108000
随官屯镇	371725109000
张营镇	371725110000
潘渡镇	371725111000
双桥镇	371725112000
南赵楼镇	371725113000
黄堆集镇	371725114000
唐庙镇	371725115000
黄集乡	371725205000
李集乡	371725206000
张鲁集乡	371725207000
水堡乡	371725208000
陈坡乡	371725209000
鄄城县(2街道，13镇，2乡)	**371726000000**
陈王街道	371726001000
古泉街道	371726002000
什集镇	371726101000
红船镇	371726102000
旧城镇	371726103000
阎什镇	371726104000
箕山镇	371726105000
李进士堂镇	371726106000
董口镇	371726107000
临濮镇	371726108000
彭楼镇	371726109000
凤凰镇	371726110000
郑营镇	371726111000
大埝镇	371726112000
引马镇	371726113000
左营乡	371726200000
富春乡	371726207000
定陶县(2街道，9镇，1乡)	**371727000000**
天中街道	371727001000
滨河街道	371727002000
陈集镇	371727101000
冉堌镇	371727102000
张湾镇	371727103000
黄店镇	371727104000
孟海镇	371727105000
马集镇	371727106000
半堤镇	371727107000
仿山镇	371727108000
杜堂镇	371727109000
南王店乡	371727202000
东明县(2街道，9镇，3乡)	**371728000000**
城关街道	371728001000
渔沃街道	371728002000
东明集镇	371728101000
刘楼镇	371728102000
陆圈镇	371728103000
马头镇	371728104000
三春集镇	371728105000
大屯镇	371728106000
武胜桥镇	371728107000
菜园集镇	371728108000
沙窝镇	371728109000
小井乡	371728202000
长兴集乡	371728204000
焦园乡	371728205000

河南省

河南省(豫)

行政区划名称	行政区划代码
河南省(558街道，1014镇，827乡)	**410000000000**
郑州市(83街道，74镇，16乡)	**410100000000**
中原区(12街道，1镇，1乡)	**410102000000**
林山寨街道	410102001000
建设路街道	410102002000
棉纺路街道	410102003000
秦岭路街道	410102004000
桐柏路街道	410102005000
三官庙街道	410102006000
绿东村街道	410102007000
汝河路街道	410102008000
航海西路街道	410102009000
中原西路街道	410102010000
须水街道	410102011000
西流湖街道	410102012000
石佛镇	410191102000
沟赵乡	410191201000
二七区(13街道，1镇，1乡)	**410103000000**
淮河路街道	410103001000
解放路街道	410103002000
铭功路街道	410103003000
一马路街道	410103004000
蜜蜂张街道	410103005000
五里堡街道	410103006000
大学路街道	410103007000
建中街街道	410103008000
福华街街道	410103009000
德化街街道	410103010000
嵩山路街道	410103011000
长江路街道	410103012000
京广路街道	410103013000
马寨镇	410103100000
侯寨乡	410103201000
管城回族区(9街道，1镇，2乡)	**410104000000**
北下街街道	410104001000
西大街街道	410104002000
南关街道	410104003000
城东路街道	410104004000
东大街街道	410104005000
二里岗街道	410104006000
陇海路街道	410104007000
紫荆山南路街道	410104008000
航海东路街道	410104009000
十八里河镇	410104100000
南曹乡	410104201000
圃田乡	410104202000
金水区(19街道)	**410105000000**
经八路街道	410105001000
花园路街道	410105002000
人民路街道	410105003000
杜岭街道	410105004000
大石桥街道	410105005000
南阳路街道	410105006000
南阳新村街道	410105007000
文化路街道	410105008000
丰产路街道	410105009000
东风路街道	410105010000
北林路街道	410105011000
未来路街道	410105012000
凤凰台街道	410105015000
兴达路街道	410105016000
国基路街道	410105017000
杨金路街道	410105018000
丰庆路街道	410105019000
祭城路街道	410193001000
龙子湖街道	410193002000
上街区(5街道，1镇)	**410106000000**
济源路街道	410106001000
中心路街道	410106002000
新安路街道	410106003000
工业路街道	410106004000
矿山街道	410106005000
峡窝镇	410106100000
惠济区(6街道，2镇)	**410108000000**
新城街道	410108011000
刘寨街道	410108012000
老鸦陈街道	410108013000
长兴路街道	410108014000
迎宾路街道	410108015000
大河路街道	410108016000
古荥镇	410108105000
花园口镇	410108106000
中牟县(3街道，15镇，1乡)	**410122000000**
青年路街道	410122001000
东风路街道	410122002000
广惠街街道	410122003000
韩寺镇	410122101000
官渡镇	410122102000
狼城岗镇	410122103000
万滩镇	410122104000
白沙镇	410122105000
郑庵镇	410122106000
九龙镇	410122107000
张庄镇	410122108000
黄店镇	410122109000
大孟镇	410122110000
刘集镇	410122111000
八岗镇	410122112000
雁鸣湖镇	410122113000
三官庙镇	410122114000
姚家镇	410122115000
刁家乡	410122208000
巩义市(5街道，15镇)	**410181000000**
新华路街道	410181001000
杜甫路街道	410181002000
永安路街道	410181003000
紫荆路街道	410181004000
孝义街道	410181005000
米河镇	410181100000
新中镇	410181101000
小关镇	410181102000
竹林镇	410181103000
大峪沟镇	410181104000
河洛镇	410181105000
站街镇	410181106000
康店镇	410181108000
北山口镇	410181110000
西村镇	410181111000
芝田镇	410181112000
回郭镇	410181113000
鲁庄镇	410181114000
夹津口镇	410181115000
涉村镇	410181116000
荥阳市(2街道，9镇，3乡)	**410182000000**
索河街道	410182001000
京城路街道	410182002000
乔楼镇	410182101000
豫龙镇	410182102000
广武镇	410182103000
王村镇	410182104000
汜水镇	410182105000
高山镇	410182106000
刘河镇	410182108000
崔庙镇	410182109000
贾峪镇	410182110000
城关乡	410182200000
高村乡	410182201000
金寨回族乡	410182204000
新密市(3街道，12镇，1乡)	**410183000000**
青屏街街道	410183001000
新华路街道	410183002000
西大街街道	410183003000
城关镇	410183100000
米村镇	410183101000
牛店镇	410183102000
平陌镇	410183103000
超化镇	410183104000
苟堂镇	410183105000
大隗镇	410183106000
刘寨镇	410183107000
白寨镇	410183108000
岳村镇	410183109000
来集镇	410183110000
曲梁镇	410183111000
袁庄乡	410183200000
新郑市(3街道，9镇，3乡)	**410184000000**
新建路街道	410184001000
新华路街道	410184002000
新烟街街道	410184003000
新村镇	410184101000
辛店镇	410184102000
观音寺镇	410184103000
梨河镇	410184104000
和庄镇	410184105000
薛店镇	410184106000
孟庄镇	410184107000
郭店镇	410184108000

续表 1

行政区划名称	行政区划代码
龙湖镇	410184109000
城关乡	410184200000
八千乡	410184202000
龙王乡	410184203000
登封市(3街道，8镇，4乡)	**410185000000**
嵩阳街道	410185001000
少林街道	410185002000
中岳街道	410185003000
大金店镇	410185100000
颍阳镇	410185101000
卢店镇	410185102000
告成镇	410185103000
大冶镇	410185105000
宣化镇	410185106000
徐庄镇	410185107000
东华镇	410185108000
白坪乡	410185202000
君召乡	410185203000
石道乡	410185204000
唐庄乡	410185205000
开封市(25街道，35镇，55乡)	**410200000000**
龙亭区(4街道，3乡)	**410202000000**
北书店街道	410202001000
午朝门街道	410202002000
大兴街道	410202003000
北道门街道	410202005000
北郊乡	410202200000
柳园口乡	410202201000
水稻乡	410202202000
顺河回族区(6街道，2乡)	**410203000000**
清平街道	410203001000
铁塔街道	410203002000
曹门街道	410203003000
宋门街道	410203004000
工业街道	410203005000
苹果园街道	410203006000
东郊乡	410203200000
土柏岗乡	410203203000
鼓楼区(8街道)	**410204000000**
相国寺街道	410204001000
新华街道	410204002000
卧龙街道	410204003000
州桥街道	410204004000
西司门街道	410204005000
五一街道	410204006000
南苑街道	410204007000
仙人庄街道	410204008000
禹王台区(5街道，2乡)	**410205000000**
三里堡街道	410205001000
新门关街道	410205002000
繁塔街道	410205003000
官坊街道	410205004000
菜市街道	410205005000
南郊乡	410205201000
汪屯乡	410205202000
金明区(2街道，1镇，1乡)	**410211000000**
城西街道	410211001000
梁苑街道	410211002000
杏花营镇	410211100000
西郊乡	410211201000
杞县(8镇，13乡)	**410221000000**
城关镇	410221100000
五里河镇	410221101000
傅集镇	410221102000
圉镇镇	410221103000
高阳镇	410221104000
葛岗镇	410221105000
阳堌镇	410221106000
邢口镇	410221107000
裴村店乡	410221200000
宗店乡	410221202000
板木乡	410221203000
竹林乡	410221204000
官庄乡	410221205000
湖岗乡	410221206000
苏木乡	410221207000
沙沃乡	410221208000
平城乡	410221209000
泥沟乡	410221210000
柿园乡	410221211000
西寨乡	410221212000
城郊乡	410221213000
通许县(6镇，6乡)	**410222000000**
城关镇	410222100000
竖岗镇	410222101000
玉皇庙镇	410222102000
四所楼镇	410222103000
朱砂镇	410222104000
长智镇	410222105000
冯庄乡	410222200000
孙营乡	410222201000
大岗李乡	410222202000
邸阁乡	410222203000
练城乡	410222204000
厉庄乡	410222205000
尉氏县(9镇，8乡)	**410223000000**
城关镇	410223100000
洧川镇	410223101000
朱曲镇	410223102000
蔡庄镇	410223103000
永兴镇	410223104000
张市镇	410223105000
十八里镇	410223106000
水坡镇	410223107000
大营镇	410223108000
邢庄乡	410223200000
庄头乡	410223201000
大马乡	410223203000
岗李乡	410223204000
门楼任乡	410223205000
大桥乡	410223206000
南曹乡	410223207000
小陈乡	410223208000
开封县(6镇，9乡)	**410224000000**
城关镇	410224100000
陈留镇	410224101000
仇楼镇	410224102000
八里湾镇	410224103000
曲兴镇	410224104000
朱仙镇	410224106000
半坡店乡	410224200000
罗王乡	410224202000
刘店乡	410224203000
袁坊乡	410224204000
杜良乡	410224205000
兴隆乡	410224206000
西姜寨乡	410224208000
万隆乡	410224209000
范村乡	410224211000
兰考县(5镇，11乡)	**410225000000**
城关镇	410225100000
堌阳镇	410225101000
南彰镇	410225102000
张君墓镇	410225103000
红庙镇	410225104000
城关乡	410225200000
三义寨乡	410225201000
东坝头乡	410225202000
爪营乡	410225203000
谷营乡	410225204000
小宋乡	410225205000
孟寨乡	410225206000
许河乡	410225207000
葡萄架乡	410225208000
阎楼乡	410225209000
仪封乡	410225210000
洛阳市(53街道，92镇，39乡)	**410300000000**
老城区(8街道)	**410302000000**
西关街道	410302001000
西南隅街道	410302002000
西北隅街道	410302003000
东南隅街道	410302004000
东北隅街道	410302005000
南关街道	410302006000
洛浦街道	410302007000
邙山街道	410302008000
西工区(10街道)	**410303000000**
王城路街道	410303001000
金谷园街道	410303002000
西工街道	410303003000
邙岭路街道	410303004000
道北路街道	410303005000
唐宫路街道	410303006000
汉屯路街道	410303007000
凯旋东路街道	410303008000
红山街道	410303009000
洛北街道	410303010000
瀍河回族区(7街道，1乡)	**410304000000**
东关街道	410304001000
瀍西街道	410304002000
五股路街道	410304003000
北窑街道	410304004000

续表 2

行政区划名称	行政区划代码
塔湾街道	410304005000
杨文街道	410304006000
华林街道	410304007000
瀍河回族乡	410304200000
涧西区(13街道)	**410305000000**
湖北路街道	410305001000
天津路街道	410305002000
长春路街道	410305003000
南昌路街道	410305004000
长安路街道	410305005000
重庆路街道	410305006000
郑州路街道	410305007000
武汉路街道	410305008000
徐家营街道	410305009000
珠江路街道	410305010000
周山路街道	410305011000
工农街道	410305012000
瀛洲街道	410390002000
吉利区(3街道)	**410306000000**
大庆路街道	410306001000
吉利街道	410306002000
西霞院街道	410306003000
洛龙区(9街道，8镇)	**410311000000**
安乐路街道	410311001000
开元路街道	410311002000
关林街道	410311003000
太康东路街道	410311004000
古城街道	410311005000
科技园街道	410311006000
龙门街道	410311007000
龙门石窟街道	410311008000
安乐镇	410311102000
白马寺镇	410311103000
李楼镇	410311105000
辛店街道	410390001000
李村镇	410392100000
诸葛镇	410392101000
佃庄镇	410392102000
寇店镇	410392103000
庞村镇	410392104000
孟津县(10镇)	**410322000000**
城关镇	410322100000
会盟镇	410322101000
平乐镇	410322102000
送庄镇	410322103000
白鹤镇	410322104000
朝阳镇	410322105000
麻屯镇	410322106000
马屯镇	410322107000
横水镇	410322108000
常袋镇	410322109000
新安县(10镇，1乡)	**410323000000**
城关镇	410323100000
石寺镇	410323101000
五头镇	410323102000
磁涧镇	410323103000
铁门镇	410323104000
北冶镇	410323105000
南李村镇	410323106000
仓头镇	410323107000
石井镇	410323108000
正村镇	410323109000
曹村乡	410323205000
栾川县(12镇，2乡)	**410324000000**
城关镇	410324100000
赤土店镇	410324101000
合峪镇	410324102000
潭头镇	410324103000
三川镇	410324104000
冷水镇	410324105000
陶湾镇	410324106000
石庙镇	410324107000
庙子镇	410324108000
狮子庙镇	410324109000
白土镇	410324110000
叫河镇	410324111000
栾川乡	410324200000
秋扒乡	410324203000
嵩县(9镇，7乡)	**410325000000**
城关镇	410325100000
田湖镇	410325101000
旧县镇	410325102000
车村镇	410325103000
闫庄镇	410325104000
德亭镇	410325107000
大章镇	410325108000
白河镇	410325109000
纸房镇	410325110000
大坪乡	410325201000
库区乡	410325202000
何村乡	410325203000
饭坡乡	410325207000
九店乡	410325208000
黄庄乡	410325209000
木植街乡	410325210000
汝阳县(7镇，6乡)	**410326000000**
城关镇	410326100000
上店镇	410326101000
付店镇	410326102000
小店镇	410326103000
刘店镇	410326104000
内埠镇	410326105000
三屯镇	410326106000
柏树乡	410326200000
十八盘乡	410326202000
靳村乡	410326203000
王坪乡	410326204000
陶营乡	410326207000
蔡店乡	410326209000
宜阳县(10镇，7乡)	**410327000000**
城关镇	410327100000
柳泉镇	410327102000
韩城镇	410327103000
白杨镇	410327104000
香鹿山镇	410327105000
锦屏镇	410327106000
三乡镇	410327107000
张坞镇	410327108000
莲庄镇	410327109000
丰李镇	410327110000
盐镇乡	410327203000
高村乡	410327204000
花果山乡	410327208000
上观乡	410327209000
赵保乡	410327211000
董王庄乡	410327212000
樊村乡	410327213000
洛宁县(10镇，8乡)	**410328000000**
城关镇	410328100000
王范回族镇	410328101000
上戈镇	410328102000
下峪镇	410328103000
河底镇	410328104000
兴华镇	410328105000
东宋镇	410328106000
马店镇	410328107000
故县镇	410328108000
赵村镇	410328109000
城郊乡	410328200000
小界乡	410328205000
长水乡	410328208000
罗岭乡	410328209000
底张乡	410328213000
西山底乡	410328214000
陈吴乡	410328216000
涧口乡	410328217000
伊川县(9镇，5乡)	**410329000000**
城关镇	410329100000
鸣皋镇	410329101000
水寨镇	410329102000
彭婆镇	410329103000
白沙镇	410329104000
江左镇	410329105000
高山镇	410329106000
吕店镇	410329107000
半坡镇	410329108000
鸦岭乡	410329200000
平等乡	410329203000
酒后乡	410329204000
葛寨乡	410329205000
白元乡	410329206000
偃师市(3街道，7镇，2乡)	**410381000000**
商城街道	410381002000
工业区街道	410381003000
首阳山街道	410381004000
翟镇镇	410381103000
岳滩镇	410381104000
顾县镇	410381105000
缑氏镇	410381106000
府店镇	410381107000
高龙镇	410381108000
山化镇	410381109000
邙岭乡	410381201000
大口乡	410381203000
平顶山市(48街道，46镇，44乡)	**410400000000**
新华区(10街道，2镇)	**410402000000**
曙光街街道	410402001000

续表 3

行政区划名称	行政区划代码
光明路街道	410402002000
中兴路街道	410402003000
矿工路街道	410402004000
西市场街道	410402005000
新新街街道	410402006000
青石山街道	410402007000
湛河北路街道	410402008000
湖滨路街道	410402009000
西高皇街道	410402010000
焦店镇	410402100000
滍阳镇	410402101000
卫东区(12街道)	**410403000000**
东安路街道	410403001000
优越路街道	410403002000
五一路街道	410403003000
建设路街道	410403004000
东环路街道	410403005000
东工人镇街道	410403006000
光华路街道	410403007000
鸿鹰街道	410403008000
皇台街道	410403009000
北环路街道	410403010000
东高皇街道	410403011000
蒲城街道	410403012000
石龙区(4街道)	**410404000000**
高庄街道	410404001000
龙兴街道	410404002000
人民路街道	410404003000
龙河街道	410404004000
湛河区(6街道，1镇，1乡)	**410411000000**
马庄街道	410411001000
南环路街道	410411002000
姚孟街道	410411003000
九里山街道	410411004000
轻工路街道	410411005000
高阳路街道	410411006000
北渡镇	410411100000
曹镇乡	410411200000
宝丰县(8镇，4乡)	**410421000000**
城关镇	410421100000
周庄镇	410421101000
闹店镇	410421102000
石桥镇	410421103000
商酒务镇	410421104000
大营镇	410421105000
张八桥镇	410421106000
杨庄镇	410421107000
肖旗乡	410421200000
赵庄乡	410421201000
前营乡	410421202000
李庄乡	410421204000
叶县(9镇，9乡)	**410422000000**
昆阳镇	410422100000
任店镇	410422101000
保安镇	410422102000
仙台镇	410422103000
遵化店镇	410422104000
叶邑镇	410422105000
廉村镇	410422106000
常村镇	410422107000
辛店镇	410422108000
城关乡	410422200000
夏李乡	410422201000
马庄回族乡	410422203000
田庄乡	410422204000
龙泉乡	410422207000
水寨乡	410422208000
邓李乡	410422210000
龚店乡	410422211000
洪庄杨乡	410422212000
鲁山县(4街道，5镇，15乡)	**410423000000**
露峰街道	410423001000
琴台街道	410423002000
鲁阳街道	410423003000
汇源街道	410423004000
下汤镇	410423101000
梁洼镇	410423102000
张官营镇	410423103000
张良镇	410423104000
尧山镇	410423105000
赵村乡	410423200000
四棵树乡	410423201000
团城乡	410423202000
熊背乡	410423203000
瀼河乡	410423204000
瓦屋乡	410423205000
观音寺乡	410423206000
背孜乡	410423208000
仓头乡	410423209000
董周乡	410423210000
张店乡	410423211000
辛集乡	410423212000
磙子营乡	410423213000
马楼乡	410423214000
昭平台库区乡	410423215000
郏县(2街道，8镇，5乡)	**410425000000**
龙山街道	410425001000
东城街道	410425002000
冢头镇	410425101000
安良镇	410425102000
堂街镇	410425103000
薛店镇	410425104000
长桥镇	410425105000
茨芭镇	410425106000
黄道镇	410425107000
李口镇	410425108000
王集乡	410425200000
姚庄回族乡	410425202000
白庙乡	410425203000
广阔天地乡	410425204000
渣园乡	410425205000
舞钢市(5街道，4镇，4乡)	**410481000000**
垭口街道	410481001000
寺坡街道	410481002000
朱兰街道	410481003000
院岭街道	410481004000
矿建街道	410481005000
尚店镇	410481100000
八台镇	410481101000
尹集镇	410481102000
枣林镇	410481103000
庙街乡	410481202000
铁山乡	410481203000
武功乡	410481204000
杨庄乡	410481205000
汝州市(5街道，9镇，6乡)	**410482000000**
钟楼街道	410482001000
风穴路街道	410482002000
煤山街道	410482003000
洗耳河街道	410482004000
汝南街道	410482005000
寄料镇	410482101000
温泉镇	410482102000
临汝镇	410482103000
小屯镇	410482104000
杨楼镇	410482105000
蟒川镇	410482106000
庙下镇	410482107000
陵头镇	410482108000
米庙镇	410482109000
王寨乡	410482202000
纸坊乡	410482205000
骑岭乡	410482207000
大峪乡	410482208000
夏店乡	410482209000
焦村乡	410482210000
安阳市(43街道，51镇，41乡)	**410500000000**
文峰区(15街道，1镇，1乡)	**410502000000**
东大街街道	410502001000
头二三道街街道	410502002000
甜水井街道	410502003000
东关街道	410502004000
南关街道	410502005000
西大街街道	410502006000
西关街道	410502007000
北大街街道	410502008000
紫薇大道街道	410502009000
光华街道	410502010000
中华路街道	410502011000
永明路街道	410502012000
宝莲寺镇	410502100000
高庄乡	410502200000
峨嵋大街街道	410590001000
银杏大街街道	410590002000
商颂大街街道	410590003000
北关区(9街道)	**410503000000**
红旗路街道	410503001000
解放路街道	410503003000
灯塔路街道	410503004000
豆腐营街道	410503005000
洹北街道	410503006000
曙光街道	410503011000
民航街道	410503012000
彰东街道	410503013000

续表 4

行政区划名称	行政区划代码	行政区划名称	行政区划代码	行政区划名称	行政区划代码
彰北街道	410503014000	城关镇	410526101000	城郊乡	410581200000
殷都区(9街道，1乡)	**410505000000**	白道口镇	410526102000	茶店乡	410581202000
梅园庄街道	410505001000	留固镇	410526103000	石板岩乡	410581203000
李珍街道	410505002000	上官镇	410526104000	**鹤壁市(23街道，14镇，5乡)**	**410600000000**
水冶街道	410505003000	牛屯镇	410526105000	**鹤山区(5街道，1镇，1乡)**	**410602000000**
铁西路街道	410505005000	万古镇	410526106000	中山北路街道	410602001000
电厂路街道	410505006000	高平镇	410526107000	中山路街道	410602002000
清风街道	410505008000	王庄镇	410526108000	新华街道	410602003000
纱厂路街道	410505009000	老店镇	410526109000	鹤山街道	410602004000
北蒙街道	410505010000	枣村乡	410526200000	九矿广场街道	410602005000
相台街道	410505011000	四间房乡	410526201000	鹤壁集镇	410602100000
西郊乡	410505200000	八里营乡	410526202000	姬家山乡	410602201000
龙安区(6街道，1镇，2乡)	**410506000000**	赵营乡	410526203000	**山城区(7街道，1镇)**	**410603000000**
文昌大道街道	410506001000	大寨乡	410526204000	红旗街道	410603001000
田村街道	410506002000	桑村乡	410526205000	长风中路街道	410603002000
彰武街道	410506003000	老爷庙乡	410526206000	山城路街道	410603003000
文明大道街道	410506004000	慈周寨乡	410526208000	汤河桥街道	410603004000
太行小区街道	410506005000	瓦岗寨乡	410526209000	鹿楼街道	410603005000
中州路街道	410506006000	焦虎乡	410526210000	宝山街道	410603006000
龙泉镇	410506100000	半坡店乡	410526211000	大胡街道	410603007000
东风乡	410506203000	小铺乡	410526212000	石林镇	410603100000
马投涧乡	410506204000	**内黄县(7镇，10乡)**	**410527000000**	**淇滨区(3街道，2镇，2乡)**	**410611000000**
安阳县(12镇，9乡)	**410522000000**	城关镇	410527100000	金山街道	410611003000
水冶镇	410522101000	东庄镇	410527101000	九州路街道	410611004000
铜冶镇	410522102000	井店镇	410527102000	黎阳路街道	410611006000
善应镇	410522103000	梁庄镇	410527103000	大赉店镇	410611100000
柏庄镇	410522105000	后河镇	410527104000	钜桥镇	410611101000
白壁镇	410522106000	楚旺镇	410527105000	上峪乡	410611200000
曲沟镇	410522107000	田氏镇	410527106000	大河涧乡	410611201000
吕村镇	410522108000	张龙乡	410527200000	**浚县(4街道，6镇，1乡)**	**410621000000**
伦掌镇	410522109000	马上乡	410527201000	黎阳街道	410621001000
崔家桥镇	410522110000	高堤乡	410527202000	卫溪街道	410621003000
辛村镇	410522111000	亳城乡	410527203000	浚州街道	410621004000
蒋村镇	410522112000	二安乡	410527204000	伾山街道	410621005000
韩陵镇	410522113000	六村乡	410527205000	善堂镇	410621101000
都里乡	410522202000	中召乡	410527206000	屯子镇	410621102000
磊口乡	410522203000	宋村乡	410527207000	王庄镇	410621103000
许家沟乡	410522204000	石盘屯乡	410527209000	新镇镇	410621104000
马家乡	410522205000	豆公乡	410527210000	小河镇	410621105000
安丰乡	410522210000	**林州市(4街道，13镇，3乡)**	**410581000000**	卫贤镇	410621107000
洪河屯乡	410522211000	振林街道	410581001000	白寺乡	410621201000
永和乡	410522213000	桂园街道	410581002000	**淇县(4街道，4镇，1乡)**	**410622000000**
瓦店乡	410522214000	开元街道	410581003000	朝歌街道	410622001000
北郭乡	410522216000	龙山街道	410581004000	桥盟街道	410622002000
汤阴县(7镇，3乡)	**410523000000**	合涧镇	410581101000	卫都街道	410622003000
城关镇	410523100000	临淇镇	410581102000	灵山街道	410622004000
菜园镇	410523101000	东姚镇	410581103000	高村镇	410622101000
任固镇	410523102000	横水镇	410581104000	北阳镇	410622102000
五陵镇	410523103000	河顺镇	410581105000	西岗镇	410622103000
宜沟镇	410523104000	任村镇	410581106000	庙口镇	410622104000
白营镇	410523105000	姚村镇	410581107000	黄洞乡	410622202000
伏道镇	410523106000	陵阳镇	410581108000	**新乡市(30街道，63镇，58乡)**	**410700000000**
韩庄乡	410523200000	原康镇	410581109000		
古贤乡	410523202000	五龙镇	410581110000	**红旗区(6街道，2镇，1乡)**	**410702000000**
瓦岗乡	410523203000	采桑镇	410581111000	西街街道	410702001000
滑县(10镇，12乡)	**410526000000**	东岗镇	410581112000	东街街道	410702002000
道口镇	410526100000	桂林镇	410581113000	渠东街道	410702003000

续表 5

行政区划名称	行政区划代码
文化街街道	410702007000
向阳街道	410702009000
洪门镇	410702100000
小店镇	410702101000
振中街道	410791001000
关堤乡	410791201000
卫滨区(7街道，1乡)	**410703000000**
胜利路街道	410703001000
解放路街道	410703002000
中同街街道	410703003000
健康路街道	410703004000
自由路街道	410703007000
南桥街道	410703008000
铁西街道	410703009000
平原乡	410703201000
凤泉区(2街道，1镇，2乡)	**410704000000**
宝山西路街道	410704001000
宝山东路街道	410704002000
大块镇	410704100000
潞王坟乡	410704200000
耿黄乡	410704201000
牧野区(7街道，1镇，1乡)	**410711000000**
卫北街道	410711001000
新辉路街道	410711002000
荣校路街道	410711003000
北干道街道	410711004000
花园街道	410711005000
东干道街道	410711006000
和平路街道	410711007000
王村镇	410711100000
牧野乡	410711201000
新乡县(6镇，1乡)	**410721000000**
翟坡镇	410721101000
小冀镇	410721102000
七里营镇	410721103000
朗公庙镇	410721104000
古固寨镇	410721105000
大召营镇	410721107000
合河乡	410721200000
获嘉县(8镇，3乡)	**410724000000**
城关镇	410724100000
照境镇	410724101000
黄堤镇	410724102000
中和镇	410724103000
徐营镇	410724104000
冯庄镇	410724105000
亢村镇	410724106000
史庄镇	410724107000
位庄乡	410724200000
大新庄乡	410724203000
太山乡	410724204000
原阳县(1街道，6镇，11乡)	**410725000000**
城关镇	410725100000
师寨镇	410725102000
齐街镇	410725103000
太平镇	410725104000
福宁集镇	410725105000
葛埠口乡	410725200000
韩董庄乡	410725205000
蒋庄乡	410725206000
官厂乡	410725207000
大宾乡	410725209000
陡门乡	410725211000
路寨乡	410725215000
阳阿乡	410725216000
靳堂乡	410725218000
龙源街道	410794001000
原武镇	410794101000
祝楼乡	410794201000
桥北乡	410794202000
延津县(3镇，9乡)	**410726000000**
城关镇	410726100000
丰庄镇	410726102000
东屯镇	410726103000
僧固乡	410726200000
石婆固乡	410726202000
魏邱乡	410726203000
司寨乡	410726204000
王楼乡	410726205000
马庄乡	410726207000
胙城乡	410726209000
榆林乡	410726210000
小潭乡	410726213000
封丘县(8镇，11乡)	**410727000000**
城关镇	410727100000
黄陵镇	410727101000
黄德镇	410727102000
应举镇	410727103000
陈桥镇	410727104000
赵岗镇	410727105000
留光镇	410727106000
潘店镇	410727107000
城关乡	410727200000
荆乡回族乡	410727201000
王村乡	410727202000
陈固乡	410727204000
居厢乡	410727205000
鲁岗乡	410727206000
荆隆宫乡	410727209000
曹岗乡	410727215000
李庄乡	410727217000
尹岗乡	410727218000
冯村乡	410727219000
长垣县(5街道，9镇，4乡)	**410728000000**
蒲东街道	410728001000
蒲北街道	410728002000
南蒲街道	410728003000
蒲西街道	410728004000
魏庄街道	410728005000
丁栾镇	410728101000
樊相镇	410728102000
恼里镇	410728104000
赵堤镇	410728188000
常村镇	410728189000
孟岗镇	410728190000
满村镇	410728191000
苗寨镇	410728192000
张三寨镇	410728193000
芦岗乡	410728202000
方里乡	410728205000
武邱乡	410728206000
佘家乡	410728208000
卫辉市(7镇，6乡)	**410781000000**
汲水镇	410781100000
太公镇	410781101000
孙杏村镇	410781102000
后河镇	410781103000
李源屯镇	410781104000
唐庄镇	410781105000
上乐村镇	410781106000
狮豹头乡	410781201000
安都乡	410781203000
顿坊店乡	410781204000
柳庄乡	410781205000
庞寨乡	410781206000
城郊乡	410781208000
辉县市(2街道，12镇，8乡)	**410782000000**
胡桥街道	410782001000
城关街道	410782002000
薄壁镇	410782101000
峪河镇	410782102000
百泉镇	410782103000
孟庄镇	410782104000
常村镇	410782105000
吴村镇	410782106000
南村镇	410782107000
南寨镇	410782108000
上八里镇	410782109000
北云门镇	410782110000
占城镇	410782111000
冀屯镇	410782112000
黄水乡	410782200000
拍石头乡	410782201000
高庄乡	410782202000
张村乡	410782203000
洪洲乡	410782207000
赵固乡	410782209000
西平罗乡	410782210000
沙窑乡	410782212000
焦作市(50街道，34镇，22乡)	**410800000000**
解放区(9街道)	**410802000000**
民生街道	410802001000
民主街道	410802002000
新华街道	410802003000
焦西街道	410802004000
焦南街道	410802005000
焦北街道	410802006000
七百间街道	410802007000
上白作街道	410802008000
王褚街道	410802009000
中站区(10街道)	**410803000000**
李封街道	410803001000
王封街道	410803002000

续表 6

行政区划名称	行政区划代码
朱村街道	410803003000
冯封街道	410803004000
龙洞街道	410803005000
月山街道	410803006000
丹河街道	410803007000
府城街道	410803008000
许衡街道	410803009000
龙翔街道	410803010000
马村区(7街道)	**410804000000**
马村街道	410804001000
北山街道	410804002000
冯营街道	410804003000
九里山街道	410804004000
待王街道	410804005000
安阳城街道	410804006000
演马街道	410804007000
山阳区(12街道，2镇，1乡)	**410811000000**
东方红街道	410811001000
焦东街道	410811002000
百间房街道	410811003000
太行街道	410811004000
艺新街道	410811005000
光亚街道	410811006000
定和街道	410811007000
新城街道	410811008000
中星街道	410811009000
李万街道	410811010000
文苑街道	410811011000
文昌街道	410811012000
阳庙镇	410811100000
宁郭镇	410811101000
苏家作乡	410811200000
修武县(3镇，5乡)	**410821000000**
城关镇	410821100000
七贤镇	410821101000
郇封镇	410821102000
高村乡	410821202000
周庄乡	410821203000
五里源乡	410821204000
岸上乡	410821205000
西村乡	410821206000
博爱县(6镇，2乡)	**410822000000**
清化镇	410822100000
柏山镇	410822101000
月山镇	410822102000
许良镇	410822103000
磨头镇	410822105000
孝敬镇	410822106000
寨豁乡	410822200000
金城乡	410822203000
武陟县(4街道，4镇，7乡)	**410823000000**
木城街道	410823001000
龙源街道	410823002000
龙泉街道	410823003000
木栾街道	410823004000
詹店镇	410823101000
西陶镇	410823102000
谢旗营镇	410823103000
大封镇	410823104000
嘉应观乡	410823200000
乔庙乡	410823201000
圪当店乡	410823202000
三阳乡	410823203000
小董乡	410823204000
大虹桥乡	410823205000
北郭乡	410823206000
温县(7镇，3乡)	**410825000000**
温泉镇	410825100000
祥云镇	410825101000
番田镇	410825102000
黄庄镇	410825104000
赵堡镇	410825106000
南张羌镇	410825107000
武德镇	410825108000
岳村乡	410825200000
招贤乡	410825201000
北冷乡	410825203000
沁阳市(4街道，6镇，3乡)	**410882000000**
覃怀街道	410882001000
怀庆街道	410882002000
太行街道	410882003000
沁园街道	410882004000
崇义镇	410882100000
西向镇	410882101000
西万镇	410882102000
柏香镇	410882103000
山王庄镇	410882104000
紫陵镇	410882105000
常平乡	410882200000
王召乡	410882201000
王曲乡	410882205000
孟州市(4街道，6镇，1乡)	**410883000000**
大定街道	410883001000
会昌街道	410883002000
河雍街道	410883003000
河阳街道	410883004000
化工镇	410883101000
南庄镇	410883102000
城伯镇	410883104000
谷旦镇	410883105000
西虢镇	410883107000
赵和镇	410883108000
槐树乡	410883201000
濮阳市(11街道，26镇，49乡)	**410900000000**
华龙区(11街道，1镇，3乡)	**410902000000**
中原路街道	410902001000
胜利路街道	410902002000
建设路街道	410902003000
人民路街道	410902004000
大庆路街道	410902005000
黄河路街道	410902006000
任丘路街道	410902007000
岳村乡	410902202000
孟轲乡	410902203000
昆吾街道	410990001000
长庆路街道	410990002000
皇甫街道	410990003000
开州街道	410990004000
王助镇	410990100000
胡村乡	410990204000
清丰县(5镇，12乡)	**410922000000**
城关镇	410922100000
马庄桥镇	410922101000
瓦屋头镇	410922102000
柳格镇	410922103000
仙庄镇	410922104000
六塔乡	410922200000
巩营乡	410922202000
马村乡	410922203000
高堡乡	410922204000
古城乡	410922205000
大流乡	410922206000
韩村乡	410922207000
大屯乡	410922208000
固城乡	410922209000
双庙乡	410922212000
纸房乡	410922213000
阳邵乡	410922214000
南乐县(4镇，8乡)	**410923000000**
城关镇	410923100000
韩张镇	410923101000
元村镇	410923102000
福堪镇	410923103000
杨村乡	410923200000
张果屯乡	410923201000
千口乡	410923202000
谷金楼乡	410923204000
西邵乡	410923205000
寺庄乡	410923206000
梁庄乡	410923207000
近德固乡	410923208000
范县(4镇，8乡)	**410926000000**
城关镇	410926100000
濮城镇	410926101000
龙王庄镇	410926102000
高码头镇	410926103000
辛庄乡	410926200000
杨集乡	410926201000
陈庄乡	410926202000
白衣阁乡	410926203000
王楼乡	410926204000
颜村铺乡	410926205000
陆集乡	410926208000
张庄乡	410926209000
台前县(4镇，5乡)	**410927000000**
城关镇	410927100000
侯庙镇	410927101000
孙口镇	410927102000
打渔陈镇	410927103000
后方乡	410927200000
清水河乡	410927201000
马楼乡	410927202000
夹河乡	410927205000
吴坝乡	410927206000
濮阳县(8镇，13乡)	**410928000000**

续表 7

行政区划名称	行政区划代码
城关镇	410928100000
柳屯镇	410928101000
文留镇	410928102000
庆祖镇	410928103000
八公桥镇	410928104000
户部寨镇	410928105000
徐镇镇	410928106000
鲁河镇	410928107000
清河头乡	410928202000
梁庄乡	410928204000
王称堌乡	410928205000
白堽乡	410928206000
梨园乡	410928207000
五星乡	410928208000
子岸乡	410928209000
胡状乡	410928210000
郎中乡	410928211000
海通乡	410928212000
渠村乡	410928213000
习城乡	410928214000
新习乡	410990205000
许昌市(20街道，49镇，29乡)	**411000000000**
魏都区(12街道)	**411002000000**
西大街街道	411002001000
东大街街道	411002002000
西关街道	411002003000
南关街道	411002004000
北大街街道	411002005000
五一路街道	411002006000
丁庄街道	411002007000
七里店街道	411002009000
高桥营街道	411002010000
文峰街道	411002011000
新兴街道	411002012000
半截河街道	411090001000
许昌县(7镇，9乡)	**411023000000**
将官池镇	411023100000
五女店镇	411023101000
尚集镇	411023102000
苏桥镇	411023103000
蒋李集镇	411023104000
张潘镇	411023105000
灵井镇	411023106000
陈曹乡	411023200000
小召乡	411023202000
河街乡	411023203000
桂村乡	411023204000
椹涧乡	411023205000
榆林乡	411023206000
艾庄回族乡	411023208000
邓庄乡	411090200000
长村张乡	411091200000
鄢陵县(8镇，4乡)	**411024000000**
安陵镇	411024100000
马栏镇	411024101000
柏梁镇	411024102000
陈化店镇	411024103000
望田镇	411024104000
张桥镇	411024105000
陶城镇	411024106000
大马镇	411024107000
南坞乡	411024201000
只乐乡	411024203000
彭店乡	411024205000
马坊乡	411024206000
襄城县(9镇，7乡)	**411025000000**
城关镇	411025100000
颍桥回族镇	411025101000
麦岭镇	411025102000
颍阳镇	411025103000
王洛镇	411025104000
紫云镇	411025105000
库庄镇	411025106000
十里铺镇	411025107000
山头店镇	411025108000
湛北乡	411025200000
茨沟乡	411025202000
丁营乡	411025203000
姜庄乡	411025204000
范湖乡	411025205000
双庙乡	411025206000
汾陈乡	411025207000
禹州市(4街道，17镇，5乡)	**411081000000**
颍川街道	411081001000
夏都街道	411081002000
韩城街道	411081003000
钧台街道	411081004000
火龙镇	411081100000
顺店镇	411081101000
方山镇	411081102000
神垕镇	411081103000
鸿畅镇	411081104000
梁北镇	411081105000
古城镇	411081106000
无梁镇	411081107000
文殊镇	411081108000
鸠山镇	411081109000
褚河镇	411081110000
郭连镇	411081111000
范坡镇	411081112000
朱阁镇	411081113000
浅井镇	411081114000
方岗镇	411081115000
花石镇	411081116000
苌庄乡	411081201000
磨街乡	411081204000
张得乡	411081205000
小吕乡	411081206000
山货回族乡	411081210000
长葛市(4街道，8镇，4乡)	**411082000000**
建设路街道	411082001000
长兴路街道	411082002000
长社路街道	411082003000
金桥路街道	411082004000
和尚桥镇	411082100000
坡胡镇	411082101000
后河镇	411082102000
石固镇	411082103000
老城镇	411082104000
南席镇	411082105000
大周镇	411082106000
董村镇	411082107000
增福庙乡	411082200000
官亭乡	411082201000
石象乡	411082202000
古桥乡	411082203000
漯河市(3街道，32镇，16乡)	**411100000000**
源汇区(3镇，1乡)	**411102000000**
大刘镇	411102101000
阴阳赵镇	411102102000
空冢郭镇	411102103000
问十乡	411102201000
郾城区(1街道，7镇，1乡)	**411103000000**
沙北街道	411103001000
城关镇	411103100000
孟庙镇	411103101000
商桥镇	411103102000
龙城镇	411103103000
新店镇	411103104000
裴城镇	411103105000
李集镇	411103106000
黑龙潭乡	411103200000
召陵区(2街道，5镇，2乡)	**411104000000**
天桥街道	411104001000
翟庄街道	411104002000
老窝镇	411104101000
召陵镇	411104102000
万金镇	411104103000
邓襄镇	411104104000
姬石镇	411104105000
青年村乡	411104201000
后谢乡	411104202000
舞阳县(8镇，6乡)	**411121000000**
舞泉镇	411121100000
吴城镇	411121101000
北舞渡镇	411121102000
莲花镇	411121103000
辛安镇	411121104000
孟寨镇	411121105000
太尉镇	411121106000
侯集镇	411121107000
文峰乡	411121200000
保和乡	411121201000
马村乡	411121202000
姜店乡	411121204000
九街乡	411121205000
章化乡	411121206000
临颍县(9镇，6乡)	**411122000000**
城关镇	411122100000

续表 8

行政区划名称	行政区划代码
繁城回族镇	411122101000
杜曲镇	411122102000
王岗镇	411122103000
台陈镇	411122104000
巨陵镇	411122105000
瓦店镇	411122106000
三家店镇	411122107000
窝城镇	411122108000
大郭乡	411122200000
皇帝庙乡	411122201000
固厢乡	411122202000
石桥乡	411122203000
陈庄乡	411122204000
王孟乡	411122205000
三门峡市(12街道，29镇，33乡)	**411200000000**
湖滨区(5街道，3乡)	**411202000000**
湖滨街道	411202001000
前进街道	411202002000
车站街道	411202003000
涧河街道	411202004000
大安街道	411202005000
交口乡	411202201000
磁钟乡	411202202000
高庙乡	411202203000
渑池县(6镇，6乡)	**411221000000**
城关镇	411221100000
英豪镇	411221101000
张村镇	411221102000
洪阳镇	411221103000
天池镇	411221104000
仰韶镇	411221105000
仁村乡	411221203000
果园乡	411221206000
陈村乡	411221207000
坡头乡	411221208000
段村乡	411221209000
南村乡	411221210000
陕县(4镇，9乡)	**411222000000**
大营镇	411222100000
原店镇	411222101000
西张村镇	411222102000
观音堂镇	411222103000
张汴乡	411222200000
张湾乡	411222201000
菜园乡	411222203000
张茅乡	411222205000
王家后乡	411222206000
硖石乡	411222207000
西李村乡	411222210000
宫前乡	411222211000
店子乡	411222212000
卢氏县(9镇，10乡)	**411224000000**
城关镇	411224100000
杜关镇	411224101000
五里川镇	411224102000
官道口镇	411224103000
朱阳关镇	411224104000
官坡镇	411224105000
范里镇	411224106000
东明镇	411224107000
双龙湾镇	411224108000
文峪乡	411224200000
横涧乡	411224201000
双槐树乡	411224203000
汤河乡	411224204000
瓦窑沟乡	411224205000
狮子坪乡	411224206000
沙河乡	411224207000
徐家湾乡	411224208000
潘河乡	411224209000
木桐乡	411224210000
义马市(7街道)	**411281000000**
千秋路街道	411281001000
朝阳路街道	411281002000
新义街道	411281003000
常村路街道	411281004000
泰山路街道	411281005000
新区街道	411281006000
东区街道	411281007000
灵宝市(10镇，5乡)	**411282000000**
城关镇	411282100000
尹庄镇	411282101000
朱阳镇	411282102000
阳平镇	411282103000
故县镇	411282104000
豫灵镇	411282105000
大王镇	411282106000
阳店镇	411282107000
函谷关镇	411282108000
焦村镇	411282109000
川口乡	411282200000
寺河乡	411282201000
苏村乡	411282202000
五亩乡	411282203000
西阎乡	411282204000
南阳市(36街道，128镇，76乡)	**411300000000**
宛城区(7街道，4镇，6乡)	**411302000000**
东关街道	411302001000
新华街道	411302002000
汉冶街道	411302003000
仲景街道	411302004000
白河街道	411302005000
枣林街道	411302006000
赤虎街道	411302007000
官庄镇	411302102000
瓦店镇	411302103000
红泥湾镇	411302104000
黄台岗镇	411302105000
溧河乡	411302201000
汉冢乡	411302202000
金华乡	411302203000
茶庵乡	411302204000
高庙乡	411302205000
新店乡	411302206000
卧龙区(9街道，7镇，4乡)	**411303000000**
七一街道	411303002000
卧龙岗街道	411303003000
武侯街道	411303004000
梅溪街道	411303005000
车站街道	411303006000
光武街道	411303007000
靳岗街道	411303008000
张衡街道	411303009000
百里奚街道	411303010000
石桥镇	411303101000
潦河镇	411303102000
安皋镇	411303103000
蒲山镇	411303104000
陆营镇	411303105000
青华镇	411303106000
英庄镇	411303107000
七里园乡	411303200000
谢庄乡	411303205000
王村乡	411303206000
龙兴乡	411303207000
南召县(8镇，8乡)	**411321000000**
城关镇	411321100000
留山镇	411321101000
云阳镇	411321102000
皇路店镇	411321103000
南河店镇	411321104000
板山坪镇	411321105000
乔端镇	411321106000
白土岗镇	411321107000
城郊乡	411321200000
小店乡	411321201000
皇后乡	411321202000
太山庙乡	411321203000
石门乡	411321204000
四棵树乡	411321205000
马市坪乡	411321208000
崔庄乡	411321210000
方城县(2街道，6镇，9乡)	**411322000000**
凤瑞街道	411322001000
释之街道	411322002000
独树镇	411322101000
博望镇	411322102000
拐河镇	411322103000
小史店镇	411322104000
赵河镇	411322105000
广阳镇	411322106000
券桥乡	411322200000
杨集乡	411322201000
二郎庙乡	411322202000
古庄店乡	411322203000
杨楼乡	411322204000
清河乡	411322206000
柳河乡	411322209000
四里店乡	411322210000
袁店回族乡	411322211000

续表 9

行政区划名称	行政区划代码
西峡县(3街道，12镇，4乡)	**411323000000**
白羽街道	411323001000
紫金街道	411323002000
莲花街道	411323003000
丹水镇	411323101000
西坪镇	411323102000
双龙镇	411323103000
回车镇	411323104000
丁河镇	411323105000
桑坪镇	411323106000
米坪镇	411323107000
五里桥镇	411323108000
重阳镇	411323109000
太平镇	411323110000
二郎坪镇	411323111000
阳城镇	411323112000
田关乡	411323200000
寨根乡	411323207000
石界河乡	411323209000
军马河乡	411323211000
镇平县(3街道，14镇，5乡)	**411324000000**
涅阳街道	411324001000
雪枫街道	411324002000
玉都街道	411324003000
石佛寺镇	411324101000
晁陂镇	411324102000
贾宋镇	411324103000
侯集镇	411324104000
老庄镇	411324105000
卢医镇	411324106000
遮山镇	411324107000
高丘镇	411324108000
曲屯镇	411324109000
枣园镇	411324110000
杨营镇	411324111000
柳泉铺镇	411324112000
安字营镇	411324113000
张林镇	411324114000
二龙乡	411324203000
王岗乡	411324206000
马庄乡	411324209000
彭营乡	411324214000
郭庄回族乡	411324215000
内乡县(10镇，6乡)	**411325000000**
城关镇	411325100000
夏馆镇	411325101000
师岗镇	411325102000
马山口镇	411325103000
湍东镇	411325104000
赤眉镇	411325105000
瓦亭镇	411325106000
王店镇	411325107000
灌涨镇	411325108000
桃溪镇	411325109000
板场乡	411325200000
大桥乡	411325201000
赵店乡	411325202000
七里坪乡	411325206000
余关乡	411325207000
岞岖乡	411325208000
淅川县(2街道，11镇，4乡)	**411326000000**
龙城街道	411326001000
商圣街道	411326002000
荆紫关镇	411326101000
老城镇	411326102000
香花镇	411326103000
厚坡镇	411326104000
丹阳镇	411326105000
盛湾镇	411326106000
金河镇	411326107000
寺湾镇	411326108000
仓房镇	411326109000
上集镇	411326110000
马蹬镇	411326111000
西簧乡	411326201000
毛堂乡	411326202000
大石桥乡	411326203000
滔河乡	411326204000
社旗县(2街道，12镇，2乡)	**411327000000**
赵河街道	411327001000
潘河街道	411327002000
赊店镇	411327100000
桥头镇	411327101000
饶良镇	411327103000
兴隆镇	411327104000
晋庄镇	411327105000
李店镇	411327106000
苗店镇	411327107000
郝寨镇	411327108000
朱集镇	411327109000
下洼镇	411327111000
大冯营镇	411327112000
太和镇	411327113000
陌陂乡	411327212000
唐庄乡	411327213000
唐河县(3街道，12镇，7乡)	**411328000000**
滨河街道	411328001000
文峰街道	411328002000
东兴街道	411328003000
源潭镇	411328101000
张店镇	411328102000
郭滩镇	411328103000
湖阳镇	411328104000
黑龙镇	411328105000
大河屯镇	411328106000
龙潭镇	411328107000
桐寨铺镇	411328108000
苍台镇	411328109000
上屯镇	411328110000
毕店镇	411328111000
少拜寺镇	411328112000
城郊乡	411328200000
桐河乡	411328201000
昝岗乡	411328206000
祁仪乡	411328207000
马振抚乡	411328208000
古城乡	411328209000
东王集乡	411328211000
新野县(2街道，8镇，5乡)	**411329000000**
汉城街道	411329001000
汉华街道	411329002000
王庄镇	411329101000
沙堰镇	411329102000
新甸铺镇	411329103000
施庵镇	411329104000
歪子镇	411329105000
五星镇	411329106000
溧河铺镇	411329107000
王集镇	411329108000
城郊乡	411329200000
前高庙乡	411329203000
樊集乡	411329205000
上庄乡	411329207000
上港乡	411329209000
桐柏县(11镇，5乡)	**411330000000**
城关镇	411330100000
月河镇	411330101000
吴城镇	411330102000
固县镇	411330103000
毛集镇	411330104000
大河镇	411330105000
埠江镇	411330106000
平氏镇	411330107000
淮源镇	411330108000
黄岗镇	411330109000
安棚镇	411330110000
城郊乡	411330200000
回龙乡	411330201000
朱庄乡	411330203000
程湾乡	411330205000
新集乡	411330206000
邓州市(3街道，13镇，11乡)	**411381000000**
古城街道	411381001000
花洲街道	411381002000
湍河街道	411381003000
罗庄镇	411381102000
汲滩镇	411381103000
穰东镇	411381104000
孟楼镇	411381105000
林扒镇	411381106000
构林镇	411381107000
十林镇	411381108000
张村镇	411381109000
都司镇	411381110000
赵集镇	411381111000
刘集镇	411381112000
桑庄镇	411381113000
彭桥镇	411381114000
张楼乡	411381200000
白牛乡	411381201000
夏集乡	411381202000
裴营乡	411381203000

续表 10

行政区划名称	行政区划代码
文渠乡	411381204000
高集乡	411381205000
陶营乡	411381206000
小杨营乡	411381207000
腰店乡	411381208000
龙堰乡	411381209000
九龙乡	411381210000
商丘市(18街道，82镇，92乡)	**411400000000**
梁园区(10街道，3镇，7乡)	**411402000000**
前进街道	411402001000
长征街道	411402002000
八八街道	411402003000
东风街道	411402004000
中州街道	411402005000
白云街道	411402006000
平原街道	411402007000
建设街道	411402008000
双八镇	411402101000
张阁镇	411402102000
谢集镇	411402103000
周集乡	411402200000
水池铺乡	411402201000
观堂乡	411402202000
王楼乡	411402203000
李庄乡	411402204000
孙福集乡	411402205000
刘口乡	411402206000
平台街道	411490001000
平安街道	411490002000
睢阳区(6街道，7镇，6乡)	**411403000000**
古城街道	411403001000
文化街道	411403002000
东方街道	411403003000
新城街道	411403004000
古宋街道	411403005000
宋城街道	411403008000
宋集镇	411403100000
郭村镇	411403101000
李口镇	411403102000
高辛镇	411403103000
坞墙镇	411403104000
冯桥镇	411403106000
路河镇	411403107000
阎集乡	411403201000
包公庙乡	411403204000
娄店乡	411403205000
毛堌堆乡	411403206000
勒马乡	411403208000
临河店乡	411403209000
民权县(10镇，8乡)	**411421000000**
城关镇	411421100000
人和镇	411421101000
龙塘镇	411421102000
北关镇	411421103000
程庄镇	411421104000
孙六镇	411421105000
王庄寨镇	411421106000
白云寺镇	411421107000
庄子镇	411421108000
王桥镇	411421109000
伯党回族乡	411421200000
花园乡	411421201000
野岗乡	411421204000
双塔乡	411421205000
林七乡	411421206000
胡集回族乡	411421207000
褚庙乡	411421208000
老颜集乡	411421210000
睢县(8镇，12乡)	**411422000000**
长岗镇	411422100000
平岗镇	411422101000
周堂镇	411422102000
蓼堤镇	411422103000
西陵寺镇	411422104000
城关回族镇	411422105000
潮庄镇	411422106000
尚屯镇	411422107000
后台乡	411422200000
河集乡	411422202000
孙聚寨乡	411422203000
白楼乡	411422204000
河堤乡	411422205000
白庙乡	411422206000
胡堂乡	411422207000
尤吉屯乡	411422208000
董店乡	411422210000
涧岗乡	411422211000
匡城乡	411422213000
城郊乡	411422214000
宁陵县(6镇，8乡)	**411423000000**
城关回族镇	411423100000
张弓镇	411423101000
柳河镇	411423102000
逻岗镇	411423103000
石桥镇	411423104000
黄岗镇	411423105000
华堡乡	411423201000
刘楼乡	411423203000
程楼乡	411423204000
乔楼乡	411423205000
城郊乡	411423206000
阳驿乡	411423207000
孔集乡	411423209000
赵村乡	411423210000
柘城县(2街道，8镇，12乡)	**411424000000**
浦东街道	411424001000
长江新城街道	411424002000
城关镇	411424100000
陈青集镇	411424101000
起台镇	411424102000
胡襄镇	411424103000
慈圣镇	411424104000
安平镇	411424105000
远襄镇	411424106000
岗王镇	411424107000
邵园乡	411424200000
张桥乡	411424201000
洪恩乡	411424203000
老王集乡	411424204000
大仵乡	411424205000
马集乡	411424206000
牛城乡	411424207000
惠济乡	411424208000
伯岗乡	411424210000
申桥乡	411424212000
李原乡	411424213000
皇集乡	411424214000
虞城县(10镇，16乡)	**411425000000**
城关镇	411425100000
界沟镇	411425101000
营郭镇	411425102000
杜集镇	411425103000
谷熟镇	411425104000
大杨集镇	411425105000
贾寨镇	411425106000
利民镇	411425107000
张集镇	411425108000
站集镇	411425109000
黄冢乡	411425200000
沙集乡	411425201000
店集乡	411425202000
闻集乡	411425204000
芒种桥乡	411425205000
刘店乡	411425207000
大侯乡	411425208000
城郊乡	411425210000
郑集乡	411425211000
李老家乡	411425212000
稍岗乡	411425213000
镇里堌乡	411425214000
古王集乡	411425215000
刘集乡	411425219000
乔集乡	411425220000
田庙乡	411425221000
夏邑县(11镇，13乡)	**411426000000**
城关镇	411426100000
会亭镇	411426101000
马头镇	411426102000
济阳镇	411426103000
李集镇	411426104000
车站镇	411426105000
杨集镇	411426106000
韩道口镇	411426107000
罗庄镇	411426108000
太平镇	411426109000
火店镇	411426110000
曹集乡	411426200000
胡桥乡	411426201000
歧河乡	411426202000
郭店乡	411426203000
业庙乡	411426204000
中峰乡	411426205000
桑堌乡	411426207000
何营乡	411426208000
王集乡	411426210000

续表 11

行政区划名称	行政区划代码
刘店集乡	411426211000
骆集乡	411426212000
孔庄乡	411426214000
北镇乡	411426216000
永城市(19镇，10乡)	**411481000000**
演集镇	411481100000
城关镇	411481101000
芒山镇	411481102000
高庄镇	411481103000
酂城镇	411481104000
裴桥镇	411481105000
马桥镇	411481106000
薛湖镇	411481107000
太丘镇	411481111000
十八里镇	411481112000
陈集镇	411481113000
蒋口镇	411481114000
苗桥镇	411481115000
茴村镇	411481116000
顺和镇	411481171000
李寨镇	411481172000
龙岗镇	411481173000
酂阳镇	411481174000
马牧镇	411481175000
城厢乡	411481200000
侯岭乡	411481201000
黄口乡	411481202000
新桥乡	411481203000
双桥乡	411481204000
大王集乡	411481205000
卧龙乡	411481207000
条河乡	411481217000
刘河乡	411481218000
陈官庄乡	411481219000
信阳市(34街道，74镇，97乡)	**411500000000**
浉河区(9街道，5镇，4乡)	**411502000000**
老城街道	411502001000
民权街道	411502002000
车站街道	411502003000
五里墩街道	411502004000
五星街道	411502005000
金牛山街道	411502006000
南湾街道	411502007000
湖东街道	411502008000
双井街道	411502009000
吴家店镇	411502101000
东双河镇	411502102000
李家寨镇	411502103000
董家河镇	411502104000
师河港镇	411502105000
游河乡	411502203000
谭家河乡	411502206000
柳林乡	411502207000
十三里桥乡	411502208000
平桥区(7街道，5镇，9乡)	**411503000000**
甘岸街道	411503001000
平桥街道	411503002000
前进街道	411503003000
羊山街道	411503004000
南京路街道	411503005000
五里店街道	411503006000
平西街道	411503007000
明港镇	411503101000
邢集镇	411503103000
平昌关镇	411503105000
五里店镇	411503106000
洋河镇	411503107000
肖王乡	411503201000
龙井乡	411503202000
胡店乡	411503203000
彭家湾乡	411503205000
长台关乡	411503206000
肖店乡	411503207000
王岗乡	411503209000
高粱店乡	411503210000
查山乡	411503211000
罗山县(11镇，8乡)	**411521000000**
城关镇	411521100000
周党镇	411521101000
竹竿镇	411521102000
灵山镇	411521103000
子路镇	411521104000
楠杆镇	411521105000
青山镇	411521106000
潘新镇	411521107000
彭新镇	411521108000
莽张镇	411521109000
东铺镇	411521110000
龙山乡	411521200000
庙仙乡	411521202000
定远乡	411521204000
山店乡	411521205000
铁铺乡	411521206000
朱堂乡	411521207000
尤店乡	411521208000
高店乡	411521209000
光山县(2街道，7镇，10乡)	**411522000000**
弦山街道	411522001000
紫水街道	411522002000
十里店镇	411522101000
寨河镇	411522102000
孙铁铺镇	411522103000
马畈镇	411522104000
泼陂河镇	411522105000
白雀园镇	411522106000
砖桥镇	411522107000
仙居乡	411522201000
北向店乡	411522203000
罗陈乡	411522204000
殷棚乡	411522206000
南向店乡	411522207000
晏河乡	411522208000
凉亭乡	411522210000
斛山乡	411522212000
槐店乡	411522213000
文殊乡	411522215000
新县(5镇，10乡)	**411523000000**
新集镇	411523100000
沙窝镇	411523101000
吴陈河镇	411523103000
苏河镇	411523104000
八里畈镇	411523105000
周河乡	411523201000
陡山河乡	411523202000
浒湾乡	411523203000
千斤乡	411523204000
卡房乡	411523205000
郭家河乡	411523206000
陈店乡	411523207000
箭厂河乡	411523208000
泗店乡	411523209000
田铺乡	411523210000
商城县(2街道，7镇，10乡)	**411524000000**
赤城街道	411524001000
鲇鱼山街道	411524002000
上石桥镇	411524101000
鄢岗镇	411524102000
双椿铺镇	411524103000
汪桥镇	411524104000
余集镇	411524105000
达权店镇	411524106000
丰集镇	411524107000
河凤桥乡	411524203000
李集乡	411524204000
金刚台乡	411524206000
苏仙石乡	411524207000
汪岗乡	411524208000
伏山乡	411524209000
观庙乡	411524211000
吴河乡	411524212000
冯店乡	411524213000
长竹园乡	411524215000
固始县(3街道，15镇，15乡)	**411525000000**
蓼城街道	411525001000
番城街道	411525002000
秀水街道	411525003000
陈淋子镇	411525101000
黎集镇	411525102000
蒋集镇	411525103000
往流镇	411525104000
郭陆滩镇	411525105000
胡族铺镇	411525106000
方集镇	411525107000
三河尖镇	411525108000
段集镇	411525109000
张广庙镇	411525110000
汪棚镇	411525111000
分水亭镇	411525112000

续表 12

行政区划名称	行政区划代码
石佛店镇	411525113000
陈集镇	411525114000
武庙集镇	411525115000
洪埠乡	411525201000
杨集乡	411525202000
马堽集乡	411525203000
草庙集乡	411525204000
南大桥乡	411525206000
赵岗乡	411525208000
祖师庙乡	411525210000
张老埠乡	411525211000
泉河铺乡	411525214000
沙河铺乡	411525216000
徐集乡	411525218000
李店乡	411525221000
丰港乡	411525222000
柳树店乡	411525223000
观堂乡	411525224000
潢川县(4街道，9镇，8乡)	**411526000000**
弋阳街道	411526001000
春申街道	411526002000
定城街道	411526003000
老城街道	411526004000
双柳树镇	411526101000
伞陂镇	411526102000
卜塔集镇	411526103000
仁和镇	411526105000
傅店镇	411526106000
踅孜镇	411526107000
桃林铺镇	411526108000
黄寺岗镇	411526109000
江家集镇	411526110000
传流店乡	411526201000
魏岗乡	411526202000
张集乡	411526203000
来龙乡	411526204000
隆古乡	411526205000
谈店乡	411526206000
上油岗乡	411526207000
白店乡	411526209000
淮滨县(4街道，5镇，10乡)	**411527000000**
顺河街道	411527001000
滨湖街道	411527002000
栏杆街道	411527003000
桂花街道	411527004000
马集镇	411527101000
防胡镇	411527103000
新里镇	411527104000
期思镇	411527105000
赵集镇	411527106000
台头乡	411527200000
王家岗乡	411527201000
固城乡	411527202000
三空桥乡	411527203000
张里乡	411527204000
邓湾乡	411527206000
张庄乡	411527207000
王店乡	411527208000
谷堆乡	411527209000
芦集乡	411527212000
息县(3街道，5镇，13乡)	**411528000000**
谯楼街道	411528001000
龙湖街道	411528002000
淮河街道	411528003000
包信镇	411528101000
夏庄镇	411528102000
东岳镇	411528103000
项店镇	411528104000
小茴店镇	411528105000
孙庙乡	411528201000
路口乡	411528202000
彭店乡	411528203000
杨店乡	411528204000
张陶乡	411528205000
白土店乡	411528206000
岗李店乡	411528207000
长陵乡	411528208000
陈棚乡	411528209000
临河乡	411528210000
关店乡	411528211000
曹黄林乡	411528213000
八里岔乡	411528214000
周口市(32街道，91镇，78乡)	**411600000000**
川汇区(9街道，2乡)	**411602000000**
陈州街道	411602001000
七一路街道	411602002000
荷花路街道	411602003000
人和街道	411602004000
小桥街道	411602005000
城南街道	411602010000
城北街道	411602011000
文昌街道	411602012000
搬口街道	411602013000
李埠口乡	411602204000
许湾乡	411602205000
扶沟县(2街道，8镇，6乡)	**411621000000**
桐丘街道	411621001000
扶亭街道	411621002000
崔桥镇	411621101000
江村镇	411621102000
白潭镇	411621103000
韭园镇	411621104000
练寺镇	411621105000
大新镇	411621106000
包屯镇	411621107000
汴岗镇	411621108000
曹里乡	411621200000
柴岗乡	411621201000
固城乡	411621202000
吕潭乡	411621203000
大李庄乡	411621204000
城郊乡	411621205000
西华县(3街道，8镇，10乡)	**411622000000**
娲城街道	411622001000
箕子台街道	411622002000
昆山街道	411622003000
西夏亭镇	411622101000
逍遥镇	411622102000
奉母镇	411622103000
红花集镇	411622104000
聂堆镇	411622105000
东夏亭镇	411622106000
西华营镇	411622107000
址坊镇	411622108000
田口乡	411622200000
清河驿乡	411622201000
皮营乡	411622202000
东王营乡	411622203000
大王庄乡	411622204000
李大庄乡	411622205000
叶埠口乡	411622206000
迟营乡	411622207000
黄桥乡	411622208000
艾岗乡	411622209000
商水县(3街道，9镇，11乡)	**411623000000**
东城街道	411623001000
新城街道	411623002000
老城街道	411623003000
黄寨镇	411623101000
练集镇	411623102000
魏集镇	411623103000
固墙镇	411623104000
白寺镇	411623105000
巴村镇	411623106000
谭庄镇	411623107000
邓城镇	411623108000
胡吉镇	411623109000
城关乡	411623200000
平店乡	411623202000
袁老乡	411623203000
化河乡	411623204000
姚集乡	411623205000
舒庄乡	411623206000
大武乡	411623207000
张明乡	411623208000
郝岗乡	411623209000
张庄乡	411623210000
汤庄乡	411623211000
沈丘县(2街道，10镇，10乡)	**411624000000**
东城街道	411624001000
北城街道	411624002000
槐店回族镇	411624100000
刘庄店镇	411624101000
留福镇	411624102000
老城镇	411624103000
赵德营镇	411624104000
付井镇	411624105000
纸店镇	411624106000
新安集镇	411624107000
白集镇	411624108000
刘湾镇	411624109000
连池乡	411624200000

续表 13

行政区划名称	行政区划代码
石槽集乡	411624201000
范营乡	411624202000
李老庄乡	411624203000
大邢庄乡	411624204000
冯营乡	411624205000
周营乡	411624206000
洪山乡	411624207000
北杨集乡	411624208000
卞路口乡	411624209000
郸城县（3街道，8镇，11乡）	**411625000000**
洺南街道	411625001000
洺北街道	411625002000
新城街道	411625003000
吴台镇	411625101000
南丰镇	411625102000
白马镇	411625103000
宁平镇	411625104000
宜路镇	411625105000
钱店镇	411625106000
汲冢镇	411625107000
石槽镇	411625108000
城郊乡	411625200000
虎岗乡	411625201000
汲水乡	411625202000
张完集乡	411625203000
丁村乡	411625204000
双楼乡	411625205000
秋渠乡	411625206000
东风乡	411625207000
巴集乡	411625208000
李楼乡	411625209000
胡集乡	411625210000
淮阳县（7镇，11乡）	**411626000000**
城关回族镇	411626100000
新站镇	411626101000
鲁台镇	411626102000
四通镇	411626103000
临蔡镇	411626104000
安岭镇	411626105000
白楼镇	411626106000
朱集乡	411626200000
豆门乡	411626201000
冯塘乡	411626202000
刘振屯乡	411626203000
王店乡	411626204000
大连乡	411626205000
葛店乡	411626206000
黄集乡	411626207000
齐老乡	411626209000
郑集乡	411626210000
曹河乡	411626211000
太康县（13镇，10乡）	**411627000000**
城关回族镇	411627100000
常营镇	411627101000
逊母口镇	411627102000
老冢镇	411627103000
朱口镇	411627104000
马头镇	411627105000
龙曲镇	411627106000
板桥镇	411627107000
符草楼镇	411627108000
马厂镇	411627109000
毛庄镇	411627110000
张集镇	411627111000
清集镇	411627112000
城郊乡	411627200000
杨庙乡	411627201000
王集乡	411627202000
高贤乡	411627203000
芝麻洼乡	411627204000
独塘乡	411627206000
大许寨乡	411627207000
五里口乡	411627208000
高朗乡	411627210000
转楼乡	411627211000
鹿邑县（4街道，13镇，7乡）	**411628000000**
卫真街道	411628001000
鸣鹿街道	411628002000
谷阳街道	411628003000
真源街道	411628004000
玄武镇	411628101000
宋河镇	411628102000
太清宫镇	411628103000
王皮溜镇	411628104000
试量镇	411628105000
辛集镇	411628106000
马铺镇	411628107000
涡北镇	411628108000
杨湖口镇	411628109000
贾滩镇	411628110000
张店镇	411628111000
观堂镇	411628112000
生铁冢镇	411628114000
郑家集乡	411628201000
赵村乡	411628205000
任集乡	411628206000
唐集乡	411628207000
高集乡	411628208000
邱集乡	411628209000
穆店乡	411628210000
项城市（6街道，15镇）	**411681000000**
花园街道	411681001000
水寨街道	411681002000
东方街道	411681003000
莲花街道	411681004000
千佛阁街道	411681005000
光武街道	411681006000
南顿镇	411681101000
孙店镇	411681102000
李寨镇	411681103000
贾岭镇	411681104000
高寺镇	411681105000
新桥镇	411681106000
付集镇	411681107000
官会镇	411681108000
丁集镇	411681109000
郑郭镇	411681110000
秣陵镇	411681111000
王明口镇	411681112000
范集镇	411681113000
永丰镇	411681114000
三店镇	411681115000
驻马店市（32街道，83镇，77乡）	**411700000000**
驿城区（11街道，5镇，5乡）	**411702000000**
人民街道街道	411702001000
东风街道街道	411702002000
西园街道街道	411702003000
新华街道街道	411702004000
南海街道	411702005000
雪松街道	411702006000
顺河街道	411702007000
老街街道	411702008000
橡林街道	411702009000
刘阁街道	411702010000
香山街道	411702012000
水屯镇	411702100000
蚁蜂镇	411702101000
沙河店镇	411702102000
板桥镇	411702103000
诸市镇	411702104000
朱古洞乡	411702207000
胡庙乡	411702208000
古城乡	411702209000
老河乡	411702211000
关王庙乡	411790200000
西平县（2街道，5镇，12乡）	**411721000000**
柏城街道	411721001000
柏亭街道	411721002000
五沟营镇	411721101000
权寨镇	411721102000
师灵镇	411721103000
出山镇	411721104000
盆尧镇	411721105000
环城乡	411721200000
重渠乡	411721201000
人和乡	411721203000
宋集乡	411721204000
谭店乡	411721205000
吕店乡	411721206000
芦庙乡	411721208000
杨庄乡	411721209000
专探乡	411721210000
二郎乡	411721211000
蔡寨回族乡	411721212000
焦庄乡	411721213000
上蔡县（4街道，9镇，13乡）	**411722000000**
蔡都街道	411722001000
芦岗街道	411722002000
卧龙街道	411722003000
重阳街道	411722004000
黄埠镇	411722101000
杨集镇	411722102000

续表 14

行政区划名称	行政区划代码	行政区划名称	行政区划代码	行政区划名称	行政区划代码
洙湖镇	411722103000	皮店乡	411724212000	板店乡	411727212000
党店镇	411722104000	彭桥乡	411724213000	**遂平县(3街道，6镇，5乡)**	**411728000000**
朱里镇	411722105000	兰青乡	411724214000	莲花湖街道	411728001000
华陂镇	411722106000	**确山县(10镇，2乡)**	**411725000000**	灈阳街道	411728002000
塔桥镇	411722107000	盘龙镇	411725100000	车站街道	411728003000
东洪镇	411722108000	竹沟镇	411725101000	玉山镇	411728102000
邵店镇	411722109000	任店镇	411725102000	嵖岈山镇	411728103000
大路李乡	411722201000	新安店镇	411725103000	石寨铺镇	411728104000
无量寺乡	411722202000	留庄镇	411725104000	和兴镇	411728105000
五龙乡	411722204000	刘店镇	411725105000	沈寨镇	411728106000
杨屯乡	411722205000	瓦岗镇	411725107000	阳丰镇	411728107000
和店乡	411722206000	双河镇	411725108000	常庄乡	411728200000
蔡沟乡	411722207000	石滚河镇	411725109000	槐树乡	411728204000
齐海乡	411722209000	李新店镇	411725110000	花庄乡	411728207000
崇礼乡	411722210000	三里河乡	411725200000	文城乡	411728209000
韩寨乡	411722211000	普会寺乡	411725209000	褚堂乡	411728211000
东岸乡	411722212000	**泌阳县(3街道，6镇，**	**411726000000**	**新蔡县(3街道，11镇，**	**411729000000**
小岳寺乡	411722215000	**13乡)**		**9乡)**	
西洪乡	411722216000	泌水街道	411726001000	古吕街道	411729001000
百尺乡	411722217000	花园街道	411726002000	今是街道	411729002000
平舆县(3街道，11镇，	**411723000000**	古城街道	411726003000	月亮湾街道	411729003000
5乡)		羊册镇	411726102000	砖店镇	411729101000
古槐街道	411723001000	马谷田镇	411726103000	陈店镇	411729102000
清河街道	411723002000	春水镇	411726105000	佛阁寺镇	411729103000
东皇街道	411723003000	赊湾镇	411726106000	练村镇	411729104000
杨埠镇	411723101000	官庄镇	411726107000	棠村镇	411729105000
东和店镇	411723102000	郭集镇	411726108000	韩集镇	411729106000
庙湾镇	411723103000	高店乡	411726200000	龙口镇	411729107000
射桥镇	411723104000	盘古乡	411726201000	李桥回族镇	411729108000
西洋店镇	411723105000	高邑乡	411726202000	黄楼镇	411729109000
阳城镇	411723106000	王店乡	411726203000	孙召镇	411729110000
郭楼镇	411723107000	铜山乡	411726204000	余店镇	411729111000
李屯镇	411723108000	下碑寺乡	411726206000	河坞乡	411729204000
万金店镇	411723109000	象河乡	411726207000	关津乡	411729205000
高杨店镇	411723110000	付庄乡	411726208000	宋岗乡	411729206000
万冢镇	411723111000	贾楼乡	411726209000	顿岗乡	411729207000
十字路乡	411723202000	黄山口乡	411726210000	涧头乡	411729208000
玉皇庙乡	411723205000	泰山庙乡	411726212000	杨庄户乡	411729209000
老王岗乡	411723208000	杨家集乡	411726214000	化庄乡	411729210000
辛店乡	411723209000	双庙街乡	411726215000	栎城乡	411729211000
双庙乡	411723211000	**汝南县(3街道，12镇，**	**411727000000**	弥陀寺乡	411729213000
正阳县(8镇，11乡)	**411724000000**	**2乡)**		**济源市(5街道，11镇)**	**419001000000**
真阳镇	411724100000	汝宁街道	411727001000	沁园街道	419001001000
寒冻镇	411724101000	古塔街道	411727002000	济水街道	419001002000
汝南埠镇	411724102000	三门闸街道	411727003000	北海街道	419001003000
铜钟镇	411724103000	王岗镇	411727101000	天坛街道	419001004000
陡沟镇	411724104000	梁祝镇	411727102000	玉泉街道	419001005000
熊寨镇	411724105000	和孝镇	411727103000	克井镇	419001100000
大林镇	411724106000	老君庙镇	411727104000	五龙口镇	419001101000
永兴镇	411724107000	留盆镇	411727105000	轵城镇	419001102000
慎水乡	411724200000	金铺镇	411727106000	承留镇	419001103000
傅寨乡	411724201000	东官庄镇	411727107000	邵原镇	419001104000
袁寨乡	411724202000	罗店镇	411727108000	坡头镇	419001105000
新阮店乡	411724203000	常兴镇	411727109000	梨林镇	419001106000
油坊店乡	411724204000	韩庄镇	411727110000	大峪镇	419001107000
雷寨乡	411724207000	三桥镇	411727111000	思礼镇	419001108000
王勿桥乡	411724208000	张楼镇	411727112000	王屋镇	419001109000
闾河乡	411724210000	南余店乡	411727204000	下冶镇	419001110000

湖北省

湖北省(鄂)

行政区划名称	行政区划代码
湖北省(298街道，746镇，188乡)	**420000000000**
武汉市(150街道，6镇，4乡)	**420100000000**
江岸区(16街道)	**420102000000**
大智街道	420102002000
一元街道	420102003000
车站街道	420102004000
四唯街道	420102005000
永清街道	420102006000
西马街道	420102007000
球场街道	420102008000
劳动街道	420102009000
二七街道	420102010000
新村街道	420102011000
丹水池街道	420102012000
台北街道	420102014000
花桥街道	420102015000
谌家矶街道	420102016000
后湖街道	420102017000
塔子湖街道	420102018000
江汉区(13街道)	**420103000000**
民族街道	420103001000
花楼街道	420103002000
水塔街道	420103003000
民权街道	420103004000
满春街道	420103005000
民意街道	420103006000
新华街道	420103007000
万松街道	420103008000
唐家墩街道	420103009000
北湖街道	420103010000
前进街道	420103011000
常青街道	420103012000
汉兴街道	420103013000
硚口区(11街道)	**420104000000**
古田街道	420104001000
韩家墩街道	420104002000
宗关街道	420104003000
汉水桥街道	420104004000
宝丰街道	420104005000
荣华街道	420104006000
汉中街道	420104008000
汉正街道	420104009000
六角亭街道	420104010000
长丰街道	420104011000
易家街道	420104012000
汉阳区(11街道)	**420105000000**
翠微街道	420105001000
建桥街道	420105002000
月湖街道	420105003000
晴川街道	420105004000
鹦鹉街道	420105005000
洲头街道	420105006000
五里墩街道	420105007000
琴断口街道	420105008000
二桥街道	420105009000
永丰街道	420105010000
江堤街道	420105011000
武昌区(14街道)	**420106000000**
积玉桥街道	420106001000
杨园街道	420106002000
徐家棚街道	420106003000
粮道街道	420106005000
中华路街道	420106006000
黄鹤楼街道	420106007000
紫阳街道	420106008000
白沙洲街道	420106009000
首义路街道	420106010000
中南路街道	420106011000
水果湖街道	420106012000
珞珈山街道	420106013000
石洞街道	420106014000
南湖街道	420106015000
青山区(10街道)	**420107000000**
红卫路街道	420107001000
冶金街道	420107002000
新沟桥街道	420107003000
红钢城街道	420107004000
工人村街道	420107005000
青山镇街道	420107006000
厂前街道	420107007000
武东街道	420107008000
白玉山街道	420107009000
钢花村街道	420107010000
洪山区(13街道，1乡)	**420111000000**
珞南街道	420111001000
关山街道	420111002000
狮子山街道	420111003000
张家湾街道	420111004000
梨园街道	420111005000
卓刀泉街道	420111006000
洪山街道	420111007000
和平街道	420111008000
青菱街道	420111011000
八吉府街道	420193001000
九峰街道	420192004000
左岭街道	420192005000
花山街道	420192006000
天兴乡	420111205000
东西湖区(11街道)	**420112000000**
吴家山街道	420112001000
柏泉街道	420112002000
将军路街道	420112004000
慈惠街道	420112005000
走马岭街道	420112006000
径河街道	420112007000
长青街道	420112008000
新沟镇街道	420112009000
辛安渡街道	420112011000
东山街道	420112012000
金银湖街道	420112014000
汉南区(4街道)	**420113000000**
纱帽街道	420113001000
东荆街道	420113002000
湘口街道	420113003000
邓南街道	420113004000
蔡甸区(9街道，2镇，1乡)	**420114000000**
蔡甸街道	420114001000
奓山街道	420114002000
永安街道	420114003000
侏儒街道	420114004000
大集街道	420114005000
张湾街道	420114006000
沌口街道	420191001000
军山街道	420191002000
沌阳街道	420191003000
索河镇	420114100000
玉贤镇	420114101000
消泗乡	420114200000
江夏区(15街道)	**420115000000**
纸坊街道	420115001000
金口街道	420115002000
乌龙泉街道	420115003000
郑店街道	420115005000
五里界街道	420115010000
安山街道	420115011000
山坡街道	420115013000
法泗街道	420115017000
湖泗街道	420115018000
舒安街道	420115019000
关东街道	420192001000
佛祖岭街道	420192002000
豹澥街道	420192003000
流芳街道	420192007000
滨湖街道	420192008000
黄陂区(13街道，1镇，2乡)	**420116000000**
前川街道	420116001000
祁家湾街道	420116002000
横店街道	420116003000
罗汉寺街道	420116004000
滠口街道	420116005000
六指街道	420116006000
天河街道	420116007000
武湖街道	420116008000
王家河街道	420116009000
长轩岭街道	420116010000
李家集街道	420116011000
姚家集街道	420116012000
蔡家榨街道	420116013000
三里镇	420116105000
蔡店乡	420116200000
木兰乡	420116201000
新洲区(10街道，3镇)	**420117000000**
邾城街道	420117001000
阳逻街道	420117002000
仓埠街道	420117003000
汪集街道	420117004000
李集街道	420117005000
三店街道	420117006000
潘塘街道	420117007000
旧街街道	420117008000

续表 1

行政区划名称	行政区划代码	行政区划名称	行政区划代码	行政区划名称	行政区划代码
双柳街道	420117009000	五堰街道	420302003000	麻家渡镇	420323102000
涨渡湖街道	420117010000	白浪街道	420302005000	宝丰镇	420323103000
辛冲镇	420117100000	大川镇	420302100000	擂鼓镇	420323104000
徐古镇	420117101000	茅塔乡	420302200000	秦古镇	420323105000
凤凰镇	420117102000	鸳鸯乡	420302201000	得胜镇	420323106000
黄石市(8街道，27镇，1乡)	**420200000000**	**张湾区(4街道，2镇，2乡)**	**420303000000**	上庸镇	420323107000
		花果街道	420303001000	官渡镇	420323108000
黄石港区(1街道)	**420202000000**	红卫街道	420303002000	潘口乡	420323200000
花湖街道	420202005000	车城街道	420303003000	竹坪乡	420323201000
西塞山区(1街道，1镇)	**420203000000**	汉江街道	420303004000	大庙乡	420323202000
西塞街道	420203006000	黄龙镇	420303100000	双台乡	420323203000
河口镇	420203100000	柏林镇	420303101000	楼台乡	420323204000
下陆区(1街道)	**420204000000**	方滩乡	420303200000	文峰乡	420323205000
团城山街道	420204004000	西沟乡	420303201000	深河乡	420323206000
铁山区	**420205000000**	**郧县(16镇，3乡)**	**420321000000**	柳林乡	420323207000
阳新县(16镇)	**420222000000**	城关镇	420321100000	**竹溪县(8镇，7乡)**	**420324000000**
兴国镇	420222100000	安阳镇	420321101000	城关镇	420324100000
富池镇	420222101000	杨溪铺镇	420321102000	蒋家堰镇	420324101000
黄颡口镇	420222102000	青曲镇	420321103000	中峰镇	420324102000
韦源口镇	420222103000	白桑关镇	420321104000	水坪镇	420324103000
太子镇	420222104000	南化塘镇	420321105000	县河镇	420324104000
大王镇	420222105000	白浪镇	420321106000	泉溪镇	420324105000
陶港镇	420222106000	刘洞镇	420321107000	丰溪镇	420324106000
白沙镇	420222107000	谭山镇	420321108000	龙坝镇	420324107000
浮屠镇	420222108000	梅铺镇	420321109000	鄂坪乡	420324201000
三溪镇	420222109000	青山镇	420321110000	汇湾乡	420324202000
龙港镇	420222110000	茶店镇	420321111000	天宝乡	420324203000
洋港镇	420222111000	柳陂镇	420321112000	兵营乡	420324204000
排市镇	420222112000	鲍峡镇	420321113000	新洲乡	420324205000
木港镇	420222113000	胡家营镇	420321114000	桃源乡	420324206000
枫林镇	420222114000	谭家湾镇	420321115000	向坝乡	420324207000
王英镇	420222115000	大柳乡	420321200000	**房县(12镇，8乡)**	**420325000000**
大冶市(5街道，10镇，1乡)	**420281000000**	五峰乡	420321201000	城关镇	420325100000
东岳路街道	420281001000	叶大乡	420321202000	军店镇	420325101000
东风路街道	420281002000	**郧西县(9镇，7乡)**	**420322000000**	化龙堰镇	420325102000
金湖街道	420281003000	城关镇	420322100000	土城镇	420325103000
罗家桥街道	420281004000	土门镇	420322101000	大木厂镇	420325104000
金山街道	420281005000	上津镇	420322102000	青峰镇	420325105000
金牛镇	420281100000	店子镇	420322103000	门古寺镇	420325106000
保安镇	420281101000	夹河镇	420322104000	白鹤镇	420325107000
灵乡镇	420281102000	羊尾镇	420322105000	野人谷镇	420325108000
金山店镇	420281103000	观音镇	420322106000	红塔镇	420325109000
还地桥镇	420281106000	马安镇	420322107000	窑淮镇	420325110000
殷祖镇	420281107000	河夹镇	420322108000	尹吉甫镇	420325111000
刘仁八镇	420281109000	香口乡	420322200000	五台乡	420325212000
陈贵镇	420281110000	关防乡	420322201000	姚坪乡	420325203000
大箕铺镇	420281111000	湖北口回族乡	420322202000	沙河乡	420325205000
汪仁镇	420281112000	景阳乡	420322203000	万峪河乡	420325206000
茗山乡	420281202000	六郎乡	420322204000	上龛乡	420325208000
十堰市(13街道，69镇，37乡)	**420300000000**	涧池乡	420322205000	中坝乡	420325209000
		安家乡	420322206000	九道乡	420325210000
茅箭区(4街道，1镇，2乡)	**420302000000**	**竹山县(9镇，8乡)**	**420323000000**	回龙乡	420325211000
武当路街道	420302001000	城关镇	420323100000	**丹江口市(5街道，12镇)**	**420381000000**
二堰街道	420302002000	溢水镇	420323101000	均州路街道	420381001000

续表 2

行政区划名称	行政区划代码
大坝街道	420381002000
丹赵路街道	420381003000
武当山街道	420381004000
三官殿街道	420381005000
土关垭镇	420381100000
浪河镇	420381101000
丁家营镇	420381102000
六里坪镇	420381103000
盐池河镇	420381104000
均县镇	420381105000
习家店镇	420381106000
蒿坪镇	420381107000
石鼓镇	420381108000
凉水河镇	420381109000
官山镇	420381110000
龙山镇	420381111000
宜昌市(23街道，66镇，21乡)	**420500000000**
西陵区(9街道，1乡)	**420502000000**
西陵街道	420502001000
学院街道	420502002000
云集街道	420502003000
西坝街道	420502005000
葛洲坝街道	420502006000
夜明珠街道	420502007000
东苑街道	420502008000
南苑街道	420502009000
北苑街道	420502010000
窑湾乡	420502201000
伍家岗区(4街道，1乡)	**420503000000**
大公桥街道	420503001000
万寿桥街道	420503002000
宝塔河街道	420503003000
伍家岗街道	420503004000
伍家乡	420503201000
点军区(1街道，2镇，2乡)	**420504000000**
点军街道	420504001000
艾家镇	420504101000
桥边镇	420504102000
联棚乡	420504202000
土城乡	420504203000
猇亭区(3街道)	**420505000000**
古老背街道	420505001000
虎牙街道	420505002000
云池街道	420505003000
夷陵区(1街道，9镇，2乡)	**420506000000**
小溪塔街道	420506001000
樟村坪镇	420506101000
雾渡河镇	420506102000
太平溪镇	420506103000
三斗坪镇	420506104000
乐天溪镇	420506105000
分乡镇	420506106000
龙泉镇	420506107000
鸦鹊岭镇	420506108000
黄花镇	420506109000
下堡坪乡	420506201000
邓村乡	420506203000
远安县(6镇，1乡)	**420525000000**
鸣凤镇	420525101000
花林寺镇	420525102000
旧县镇	420525103000
洋坪镇	420525104000
茅坪场镇	420525105000
荷花镇	420525106000
河口乡	420525201000
兴山县(6镇，2乡)	**420526000000**
昭君镇	420526101000
峡口镇	420526102000
南阳镇	420526103000
古夫镇	420526104000
黄粮镇	420526105000
水月寺镇	420526106000
高桥乡	420526201000
榛子乡	420526202000
秭归县(8镇，4乡)	**420527000000**
茅坪镇	420527101000
归州镇	420527102000
屈原镇	420527103000
沙镇溪镇	420527104000
两河口镇	420527105000
郭家坝镇	420527106000
杨林桥镇	420527107000
九畹溪镇	420527108000
水田坝乡	420527201000
泄滩乡	420527202000
梅家河乡	420527203000
磨坪乡	420527204000
长阳土家族自治县(8镇，3乡)	**420528000000**
龙舟坪镇	420528101000
高家堰镇	420528102000
磨市镇	420528103000
都镇湾镇	420528104000
资丘镇	420528105000
渔峡口镇	420528106000
榔坪镇	420528107000
贺家坪镇	420528108000
大堰乡	420528201000
鸭子口乡	420528202000
火烧坪乡	420528203000
五峰土家族自治县(5镇，3乡)	**420529000000**
五峰镇	420529101000
长乐坪镇	420529102000
渔洋关镇	420529103000
仁和坪镇	420529104000
湾潭镇	420529105000
傅家堰乡	420529201000
牛庄乡	420529202000
采花乡	420529203000
宜都市(1街道，7镇，2乡)	**420581000000**
陆城街道	420581001000
红花套镇	420581101000
高坝洲镇	420581102000
聂家河镇	420581103000
松木坪镇	420581104000
枝城镇	420581105000
姚家店镇	420581106000
五眼泉镇	420581107000
潘家湾土家族乡	420581203000
王家畈乡	420581204000
当阳市(3街道，7镇)	**420582000000**
玉阳街道	420582001000
坝陵街道	420582002000
玉泉街道	420582003000
两河镇	420582101000
河溶镇	420582102000
育溪镇	420582103000
庙前镇	420582104000
王店镇	420582105000
半月镇	420582106000
草埠湖镇	420582107000
枝江市(1街道，8镇)	**420583000000**
马家店街道	420583001000
安福寺镇	420583101000
白洋镇	420583102000
顾家店镇	420583103000
董市镇	420583104000
仙女镇	420583105000
问安镇	420583106000
七星台镇	420583107000
百里洲镇	420583108000
襄阳市(25街道，74镇，4乡)	**420600000000**
襄城区(6街道，2镇，1乡)	**420602000000**
王府街道	420602001000
昭明街道	420602002000
庞公街道	420602003000
檀溪街道	420602004000
隆中街道	420602005000
余家湖街道	420602006000
欧庙镇	420602100000
卧龙镇	420602101000
尹集乡	420602200000
樊城区(10街道，3镇)	**420606000000**
汉江街道	420606001000
王寨街道	420606002000
中原街道	420606003000
定中门街道	420606004000
清河口街道	420606005000
屏襄门街道	420606006000
米公街道	420606007000
柿铺街道	420606008000
七里河街道	420606009000
紫贞街道	420606010000
牛首镇	420606100000
太平店镇	420606101000
团山镇	420606102000
襄州区(2街道，13镇)	**420607000000**
张湾街道	420607001000
刘集街道	420607002000
龙王镇	420607101000
石桥镇	420607102000
黄集镇	420607103000
伙牌镇	420607104000
古驿镇	420607105000

续表 3

行政区划名称	行政区划代码
朱集镇	420607106000
程河镇	420607107000
双沟镇	420607108000
张家集镇	420607109000
黄龙镇	420607110000
峪山镇	420607111000
东津镇	420607112000
米庄镇	420607113000
南漳县(10镇)	**420624000000**
城关镇	420624100000
武安镇	420624101000
九集镇	420624102000
李庙镇	420624103000
长坪镇	420624104000
薛坪镇	420624105000
板桥镇	420624106000
巡检镇	420624107000
东巩镇	420624108000
肖堰镇	420624109000
谷城县(9镇，1乡)	**420625000000**
城关镇	420625100000
石花镇	420625101000
盛康镇	420625102000
庙滩镇	420625103000
茨河镇	420625104000
南河镇	420625105000
紫金镇	420625106000
冷集镇	420625107000
五山镇	420625108000
赵湾乡	420625200000
保康县(10镇，1乡)	**420626000000**
城关镇	420626100000
黄堡镇	420626101000
后坪镇	420626102000
龙坪镇	420626103000
店垭镇	420626104000
马良镇	420626105000
歇马镇	420626106000
马桥镇	420626107000
寺坪镇	420626108000
过渡湾镇	420626109000
两峪乡	420626200000
老河口市(2街道，7镇，1乡)	**420682000000**
光化街道	420682001000
赞阳街道	420682002000
孟楼镇	420682100000
竹林桥镇	420682101000
薛集镇	420682102000
张集镇	420682103000
仙人渡镇	420682104000
洪山嘴镇	420682105000
李楼镇	420682106000
袁冲乡	420682200000
枣阳市(3街道，12镇)	**420683000000**
北城街道	420683001000
南城街道	420683002000
环城街道	420683003000
琚湾镇	420683100000
七方镇	420683101000
杨垱镇	420683102000
太平镇	420683103000
新市镇	420683104000
鹿头镇	420683105000
刘升镇	420683106000
兴隆镇	420683107000
王城镇	420683108000
吴店镇	420683109000
熊集镇	420683110000
平林镇	420683111000
宜城市(2街道，8镇)	**420684000000**
鄢城街道	420684001000
南营街道	420684002000
郑集镇	420684100000
小河镇	420684101000
刘猴镇	420684102000
孔湾镇	420684103000
流水镇	420684104000
板桥店镇	420684105000
王集镇	420684106000
雷河镇	420684107000
鄂州市(4街道，18镇，3乡)	**420700000000**
梁子湖区(5镇)	**420702000000**
太和镇	420702100000
东沟镇	420702101000
梁子镇	420702102000
涂家垴镇	420702103000
沼山镇	420702104000
华容区(4镇，2乡)	**420703000000**
华容镇	420703100000
葛店镇	420703101000
庙岭镇	420703102000
段店镇	420703103000
临江乡	420703200000
蒲团乡	420703201000
鄂城区(4街道，9镇，1乡)	**420704000000**
凤凰街道	420704001000
古楼街道	420704002000
西山街道	420704003000
樊口街道	420704004000
泽林镇	420704100000
杜山镇	420704101000
新庙镇	420704102000
碧石渡镇	420704103000
汀祖镇	420704104000
燕矶镇	420704105000
杨叶镇	420704106000
花湖镇	420704107000
长港镇	420704108000
沙窝乡	420704200000
荆门市(7街道，50镇，2乡)	**420800000000**
东宝区(2街道，6镇，1乡)	**420802000000**
龙泉街道	420802001000
泉口街道	420802002000
栗溪镇	420802100000
子陵铺镇	420802101000
漳河镇	420802102000
马河镇	420802103000
石桥驿镇	420802104000
牌楼镇	420802105000
仙居乡	420802200000
掇刀区(4街道，2镇)	**420804000000**
掇刀石街道	420804001000
白庙街道	420804002000
兴隆街道	420804003000
双喜街道	420804004000
团林铺镇	420804100000
麻城镇	420804101000
京山县(14镇)	**420821000000**
新市镇	420821100000
永兴镇	420821101000
曹武镇	420821102000
罗店镇	420821103000
宋河镇	420821105000
坪坝镇	420821106000
三阳镇	420821107000
绿林镇	420821108000
杨集镇	420821109000
孙桥镇	420821110000
石龙镇	420821111000
永漋镇	420821112000
雁门口镇	420821114000
钱场镇	420821115000
沙洋县(13镇)	**420822000000**
沙洋镇	420822100000
五里铺镇	420822101000
十里铺镇	420822102000
纪山镇	420822103000
拾回桥镇	420822104000
后港镇	420822105000
毛李镇	420822107000
官垱镇	420822108000
李市镇	420822109000
马良镇	420822110000
高阳镇	420822111000
沈集镇	420822112000
曾集镇	420822113000
钟祥市(1街道，15镇，1乡)	**420881000000**
郢中街道	420881001000
洋梓镇	420881100000
长寿镇	420881101000
丰乐镇	420881102000
胡集镇	420881103000
双河镇	420881104000
磷矿镇	420881105000
文集镇	420881106000
冷水镇	420881107000
石牌镇	420881108000
旧口镇	420881109000
柴湖镇	420881110000
长滩镇	420881111000
东桥镇	420881112000
客店镇	420881113000
张集镇	420881114000
九里回族乡	420881200000

续表 4

行政区划名称	行政区划代码
孝感市(13街道，72镇，23乡)	**420900000000**
孝南区(4街道，8镇，3乡)	**420902000000**
书院街道	420902001000
新华街道	420902002000
广场街道	420902003000
车站街道	420902004000
新铺镇	420902100000
西河镇	420902101000
杨店镇	420902102000
陡岗镇	420902103000
肖港镇	420902104000
毛陈镇	420902105000
三汊镇	420902106000
祝站镇	420902107000
朋兴乡	420902200000
卧龙乡	420902201000
闵集乡	420902202000
孝昌县(8镇，4乡)	**420921000000**
花园镇	420921100000
丰山镇	420921101000
周巷镇	420921102000
小河镇	420921103000
王店镇	420921104000
卫店镇	420921105000
白沙镇	420921106000
邹岗镇	420921107000
小悟乡	420921200000
季店乡	420921201000
花西乡	420921202000
陡山乡	420921203000
大悟县(14镇，3乡)	**420922000000**
城关镇	420922100000
阳平镇	420922101000
芳畈镇	420922102000
新城镇	420922103000
夏店镇	420922104000
刘集镇	420922105000
河口镇	420922106000
四姑镇	420922107000
吕王镇	420922108000
黄站镇	420922109000
宣化店镇	420922110000
丰店镇	420922111000
大新镇	420922112000
三里镇	420922113000
高店乡	420922201000
彭店乡	420922202000
东新乡	420922203000
云梦县(9镇，3乡)	**420923000000**
城关镇	420923100000
义堂镇	420923101000
曾店镇	420923102000
吴铺镇	420923103000
伍洛镇	420923104000
下辛店镇	420923105000
道桥镇	420923106000
隔蒲潭镇	420923107000
胡金店镇	420923108000
倒店乡	420923200000
沙河乡	420923201000
清明河乡	420923202000
应城市(5街道，10镇)	**420981000000**
城中街道	420981001000
城北街道	420981002000
四里棚街道	420981003000
东马坊街道	420981004000
长江埠街道	420981005000
田店镇	420981100000
杨河镇	420981101000
三合镇	420981102000
郎君镇	420981103000
天鹅镇	420981105000
义和镇	420981106000
陈河镇	420981107000
杨岭镇	420981108000
汤池镇	420981109000
黄滩镇	420981110000
安陆市(2街道，9镇，4乡)	**420982000000**
府城街道	420982001000
南城街道	420982002000
赵棚镇	420982100000
李店镇	420982101000
巡店镇	420982102000
棠棣镇	420982103000
雷公镇	420982104000
王义贞镇	420982105000
孛畈镇	420982106000
烟店镇	420982107000
洑水镇	420982108000
陈店乡	420982200000
辛榨乡	420982201000
木梓乡	420982202000
接官乡	420982203000
汉川市(2街道，14镇，6乡)	**420984000000**
仙女山街道	420984001000
汈东街道	420984002000
马口镇	420984101000
脉旺镇	420984102000
城隍镇	420984103000
分水镇	420984104000
沉湖镇	420984105000
田二河镇	420984106000
回龙镇	420984107000
新堰镇	420984108000
垌冢镇	420984109000
麻河镇	420984110000
刘家隔镇	420984111000
新河镇	420984112000
庙头镇	420984113000
杨林沟镇	420984114000
西江乡	420984200000
湾潭乡	420984201000
南河乡	420984202000
马鞍乡	420984203000
里潭乡	420984204000
韩集乡	420984205000
荆州市(13街道，89镇，13乡)	**421000000000**
沙市区(6街道，4镇，2乡)	**421002000000**
中山路街道	421002001000
崇文街道	421002002000
解放路街道	421002003000
胜利街道	421002004000
朝阳路街道	421002005000
西湖街道	421002006000
锣场镇	421002100000
岑河镇	421002101000
观音垱镇	421002102000
关沮镇	421002103000
立新乡	421002200000
联合乡	421002202000
荆州区(3街道，7镇)	**421003000000**
西城街道	421003001000
东城街道	421003002000
城南街道	421003003000
纪南镇	421003100000
川店镇	421003101000
马山镇	421003102000
八岭山镇	421003103000
李埠镇	421003104000
弥市镇	421003105000
郢城镇	421003106000
公安县(14镇，2乡)	**421022000000**
埠河镇	421022100000
斗湖堤镇	421022101000
夹竹园镇	421022102000
闸口镇	421022103000
杨家厂镇	421022104000
麻豪口镇	421022105000
藕池镇	421022106000
黄山头镇	421022107000
孟家溪镇	421022108000
南平镇	421022109000
章庄铺镇	421022110000
狮子口镇	421022111000
斑竹垱镇	421022112000
毛家港镇	421022113000
甘家厂乡	421022200000
章田寺乡	421022201000
监利县(18镇，3乡)	**421023000000**
容城镇	421023100000
朱河镇	421023101000
新沟镇	421023102000
龚场镇	421023103000
周老嘴镇	421023104000
黄歇口镇	421023105000
汪桥镇	421023106000
程集镇	421023107000

续表 5

行政区划名称	行政区划代码
分盐镇	421023108000
毛市镇	421023109000
福田寺镇	421023110000
上车湾镇	421023111000
汴河镇	421023112000
尺八镇	421023113000
白螺镇	421023114000
网市镇	421023115000
三洲镇	421023116000
桥市镇	421023117000
红城乡	421023200000
棋盘乡	421023201000
柘木乡	421023202000
江陵县(7镇，2乡)	**421024000000**
资市镇	421024100000
滩桥镇	421024101000
熊河镇	421024102000
白马寺镇	421024103000
沙岗镇	421024104000
普济镇	421024105000
郝穴镇	421024106000
马家寨乡	421024200000
秦市乡	421024201000
石首市(2街道，11镇，1乡)	**421081000000**
绣林街道	421081001000
笔架山街道	421081002000
新厂镇	421081100000
横沟市镇	421081101000
小河口镇	421081102000
桃花山镇	421081103000
调关镇	421081104000
东升镇	421081105000
高基庙镇	421081106000
南口镇	421081107000
高陵镇	421081108000
团山寺镇	421081109000
大垸镇	421081120000
久合垸乡	421081202000
洪湖市(2街道，14镇，1乡)	**421083000000**
新堤街道	421083001000
滨湖街道	421083004000
螺山镇	421083100000
乌林镇	421083101000
龙口镇	421083102000
燕窝镇	421083103000
新滩镇	421083104000
峰口镇	421083105000
曹市镇	421083106000
府场镇	421083107000
戴家场镇	421083108000
瞿家湾镇	421083109000
沙口镇	421083110000
万全镇	421083111000
汊河镇	421083112000
黄家口镇	421083113000
老湾回族乡	421083200000
松滋市(14镇，2乡)	**421087000000**
新江口镇	421087100000
南海镇	421087101000
八宝镇	421087102000
涴市镇	421087103000
老城镇	421087104000
陈店镇	421087105000
王家桥镇	421087106000
斯家场镇	421087107000
杨林市镇	421087108000
纸厂河镇	421087109000
街河市镇	421087110000
洈水镇	421087111000
刘家场镇	421087112000
沙道观镇	421087113000
万家乡	421087200000
卸甲坪土家族乡	421087201000
黄冈市(11街道，97镇，18乡)	**421100000000**
黄州区(4街道，3镇，1乡)	**421102000000**
赤壁街道	421102001000
东湖街道	421102002000
禹王街道	421102003000
南湖街道	421102004000
路口镇	421102101000
堵城镇	421102102000
陈策楼镇	421102103000
陶店乡	421102200000
团风县(8镇，2乡)	**421121000000**
团风镇	421121100000
淋山河镇	421121101000
方高坪镇	421121102000
回龙山镇	421121103000
马曹庙镇	421121104000
上巴河镇	421121105000
总路咀镇	421121106000
但店镇	421121107000
贾庙乡	421121200000
杜皮乡	421121201000
红安县(10镇，1乡)	**421122000000**
城关镇	421122100000
七里坪镇	421122101000
华家河镇	421122102000
二程镇	421122103000
上新集镇	421122104000
高桥镇	421122105000
觅儿寺镇	421122106000
八里湾镇	421122107000
太平桥镇	421122108000
永佳河镇	421122109000
杏花乡	421122200000
罗田县(8镇，4乡)	**421123000000**
凤山镇	421123100000
骆驼坳镇	421123101000
大河岸镇	421123103000
九资河镇	421123104000
胜利镇	421123105000
河铺镇	421123106000
三里畈镇	421123107000
匡河镇	421123108000
白莲河乡	421123201000
白庙河乡	421123205000
平湖乡	421123209000
大崎乡	421123211000
英山县(8镇，3乡)	**421124000000**
温泉镇	421124100000
南河镇	421124101000
红山镇	421124102000
金家铺镇	421124103000
石头咀镇	421124104000
草盘地镇	421124105000
雷家店镇	421124106000
杨柳湾镇	421124107000
方家咀乡	421124200000
孔家坊乡	421124201000
陶家河乡	421124202000
浠水县(12镇，1乡)	**421125000000**
清泉镇	421125100000
巴河镇	421125101000
竹瓦镇	421125102000
汪岗镇	421125103000
团陂镇	421125104000
关口镇	421125105000
白莲镇	421125106000
蔡河镇	421125107000
洗马镇	421125108000
丁司垱镇	421125109000
散花镇	421125110000
兰溪镇	421125111000
绿杨乡	421125200000
蕲春县(13镇，1乡)	**421126000000**
漕河镇	421126100000
赤东镇	421126101000
蕲州镇	421126102000
管窑镇	421126103000
彭思镇	421126104000
横车镇	421126105000
株林镇	421126106000
刘河镇	421126107000
狮子镇	421126108000
青石镇	421126109000
张榜镇	421126110000
大同镇	421126111000
檀林镇	421126112000
向桥乡	421126200000
黄梅县(12镇，4乡)	**421127000000**
黄梅镇	421127100000
孔垄镇	421127101000
小池镇	421127102000
下新镇	421127103000
大河镇	421127104000
停前镇	421127105000
五祖镇	421127106000
濯港镇	421127107000
蔡山镇	421127108000

续表 6

行政区划名称	行政区划代码	行政区划名称	行政区划代码	行政区划名称	行政区划代码
新开镇	421127109000	大幕乡	421202200000	中伙铺镇	421281103000
独山镇	421127110000	**嘉鱼县(8镇)**	**421221000000**	官塘驿镇	421281104000
分路镇	421127111000	陆溪镇	421221100000	神山镇	421281105000
柳林乡	421127200000	高铁岭镇	421221101000	车埠镇	421281106000
杉木乡	421127201000	官桥镇	421221102000	周郎嘴回族镇	421281107000
苦竹乡	421127202000	鱼岳镇	421221103000	柳山湖镇	421281108000
刘佐乡	421127203000	新街镇	421221104000	黄盖湖镇	421281109000
麻城市(3街道，15镇，	**421181000000**	渡普镇	421221105000	余家桥乡	421281200000
1乡)		潘家湾镇	421221106000	**随州市(7街道，34镇，4乡)**	**421300000000**
鼓楼街道	421181002000	簰洲湾镇	421221107000	**曾都区(4街道，5镇)**	**421303000000**
南湖街道	421181003000	**通城县(9镇，2乡)**	**421222000000**	西城街道	421303001000
龙池桥街道	421181004000	隽水镇	421222100000	东城街道	421303002000
中馆驿镇	421181100000	麦市镇	421222101000	南郊街道	421303003000
宋埠镇	421181101000	塘湖镇	421222102000	北郊街道	421303004000
歧亭镇	421181102000	关刀镇	421222103000	淅河镇	421303100000
白果镇	421181103000	沙堆镇	421222104000	万店镇	421303101000
夫子河镇	421181104000	五里镇	421222105000	何店镇	421303122000
阎家河镇	421181105000	石南镇	421222106000	洛阳镇	421303123000
张家畈镇	421181106000	北港镇	421222107000	府河镇	421303124000
木子店镇	421181107000	马港镇	421222108000	**随县(19镇)**	**421321000000**
盐田河镇	421181108000	四庄乡	421222200000	高城镇	421321100000
三河口镇	421181109000	大坪乡	421222201000	殷店镇	421321101000
黄土岗镇	421181110000	**崇阳县(8镇，4乡)**	**421223000000**	草店镇	421321102000
福田河镇	421181111000	天城镇	421223100000	小林镇	421321103000
乘马岗镇	421181112000	沙坪镇	421223101000	淮河镇	421321104000
顺河集镇	421181113000	石城镇	421223102000	万和镇	421321105000
龟山镇	421181114000	桂花泉镇	421223103000	尚市镇	421321106000
铁门岗乡	421181200000	白霓镇	421223104000	厉山镇	421321107000
武穴市(4街道，8镇)	**421182000000**	路口镇	421223105000	唐县镇	421321108000
武穴街道	421182001000	金塘镇	421223106000	吴山镇	421321109000
刊江街道	421182002000	青山镇	421223107000	安居镇	421321110000
田家镇街道	421182003000	肖岭乡	421223200000	新街镇	421321111000
万丈湖街道	421182004000	铜钟乡	421223201000	环潭镇	421321112000
梅川镇	421182100000	港口乡	421223202000	洪山镇	421321113000
余川镇	421182101000	高枧乡	421223203000	长岗镇	421321114000
花桥镇	421182102000	**通山县(8镇，4乡)**	**421224000000**	三里岗镇	421321115000
大金镇	421182103000	通羊镇	421224100000	柳林镇	421321116000
石佛寺镇	421182104000	南林桥镇	421224101000	均川镇	421321117000
四望镇	421182105000	厦铺镇	421224102000	万福镇	421321118000
大法寺镇	421182106000	闯王镇	421224103000	**广水市(3街道，10镇，4乡)**	**421381000000**
龙坪镇	421182107000	九宫山镇	421224104000	应山街道	421381001000
咸宁市(6街道，52镇，	**421200000000**	洪港镇	421224105000	十里街道	421381002000
12乡)		大畈镇	421224106000	广水街道	421381003000
咸安区(3街道，9镇，1乡)	**421202000000**	黄沙铺镇	421224108000	武胜关镇	421381100000
温泉街道	421202001000	大路乡	421224200000	杨寨镇	421381101000
浮山街道	421202002000	杨芳林乡	421224201000	陈巷镇	421381102000
永安街道	421202003000	燕厦乡	421224202000	长岭镇	421381104000
汀泗桥镇	421202100000	慈口乡	421224203000	马坪镇	421381105000
向阳湖镇	421202101000	**赤壁市(3街道，10镇，**	**421281000000**	关庙镇	421381106000
官埠桥镇	421202102000	**1乡)**		余店镇	421381107000
横沟桥镇	421202103000	蒲圻街道	421281001000	吴店镇	421381108000
贺胜桥镇	421202104000	陆水湖街道	421281002000	郝店镇	421381109000
双溪桥镇	421202105000	赤马港街道	421281003000	蔡河镇	421381110000
马桥镇	421202106000	新店镇	421281100000	城郊乡	421381200000
桂花镇	421202107000	赵李桥镇	421281101000	骆店乡	421381204000
高桥镇	421202108000	茶庵岭镇	421281102000	太平乡	421381205000

续表 7

行政区划名称	行政区划代码
李店乡	421381206000
恩施土家族苗族自治州（5街道，40镇，43乡）	**422800000000**
恩施市（3街道，3镇，10乡）	**422801000000**
舞阳坝街道	422801001000
六角亭街道	422801002000
小渡船街道	422801003000
龙凤镇	422801100000
崔家坝镇	422801101000
板桥镇	422801102000
三岔乡	422801200000
新塘乡	422801201000
红土乡	422801202000
沙地乡	422801203000
白杨坪乡	422801204000
太阳河乡	422801205000
屯堡乡	422801206000
白果乡	422801207000
芭蕉侗族乡	422801208000
盛家坝乡	422801209000
利川市（2街道，6镇，6乡）	**422802000000**
都亭街道	422802001000
东城街道	422802002000
柏杨坝镇	422802101000
汪营镇	422802102000
建南镇	422802103000
忠路镇	422802104000
团堡镇	422802105000
谋道镇	422802106000
凉雾乡	422802200000
元堡乡	422802201000
南坪乡	422802202000
文斗乡	422802203000
沙溪乡	422802205000
毛坝乡	422802206000
建始县（6镇，4乡）	**422822000000**
业州镇	422822100000
高坪镇	422822101000
红岩寺镇	422822102000
景阳镇	422822103000
官店镇	422822104000
花坪镇	422822105000
长梁乡	422822200000
茅田乡	422822201000
龙坪乡	422822202000
三里乡	422822203000
巴东县（10镇，2乡）	**422823000000**
信陵镇	422823100000
东瀼口镇	422823101000
沿渡河镇	422823102000
官渡口镇	422823103000
茶店子镇	422823104000
绿葱坡镇	422823105000
大支坪镇	422823106000
野三关镇	422823107000
水布垭镇	422823108000
清太坪镇	422823109000
溪丘湾乡	422823200000
金果坪乡	422823201000
宣恩县（3镇，6乡）	**422825000000**
珠山镇	422825100000
椒园镇	422825101000
沙道沟镇	422825102000
万寨乡	422825200000
长潭河侗族乡	422825201000
李家河乡	422825202000
晓关侗族乡	422825203000
高罗乡	422825204000
椿木营乡	422825205000
咸丰县（5镇，5乡）	**422826000000**
高乐山镇	422826100000
朝阳寺镇	422826101000
坪坝营镇	422826102000
忠堡镇	422826103000
清坪镇	422826104000
丁寨乡	422826200000
尖山乡	422826201000
活龙坪乡	422826202000
小村乡	422826203000
黄金洞乡	422826204000
来凤县（5镇，3乡）	**422827000000**
翔凤镇	422827100000
百福司镇	422827101000
大河镇	422827102000
绿水镇	422827103000
旧司镇	422827104000
漫水乡	422827201000
三胡乡	422827203000
革勒车乡	422827204000
鹤峰县（2镇，7乡）	**422828000000**
容美镇	422828100000
走马镇	422828101000
铁炉白族乡	422828201000
五里乡	422828202000
燕子乡	422828203000
下坪乡	422828204000
邬阳乡	422828205000
中营乡	422828206000
太平乡	422828207000
省直辖县级行政单位	
仙桃市（3街道，15镇）	**429004000000**
沙嘴街道	429004001000
干河街道	429004002000
龙华山街道	429004003000
郑场镇	429004101000
毛嘴镇	429004102000
剅河镇	429004103000
三伏潭镇	429004104000
胡场镇	429004105000
长埫口镇	429004106000
西流河镇	429004107000
沙湖镇	429004108000
杨林尾镇	429004109000
彭场镇	429004110000
张沟镇	429004111000
郭河镇	429004112000
沔城回族镇	429004113000
通海口镇	429004114000
陈场镇	429004115000
潜江市（7街道，10镇）	**429005000000**
园林街道	429005001000
泽口街道	429005002000
广华街道	429005003000
周矶街道	429005004000
杨市街道	429005005000
泰丰街道	429005006000
高场街道	429005007000
竹根滩镇	429005100000
渔洋镇	429005101000
老新镇	429005102000
熊口镇	429005103000
王场镇	429005104000
高石碑镇	429005105000
积玉口镇	429005106000
浩口镇	429005107000
张金镇	429005108000
龙湾镇	429005109000
天门市（3街道，21镇，1乡）	**429006000000**
竟陵街道	429006001000
侨乡街道	429006002000
杨林街道	429006003000
多宝镇	429006100000
拖市镇	429006101000
张港镇	429006102000
蒋场镇	429006103000
汪场镇	429006104000
渔薪镇	429006105000
黄潭镇	429006106000
岳口镇	429006107000
横林镇	429006108000
彭市镇	429006109000
麻洋镇	429006110000
多祥镇	429006111000
干驿镇	429006112000
马湾镇	429006113000
卢市镇	429006114000
小板镇	429006115000
九真镇	429006116000
皂市镇	429006118000
胡市镇	429006119000
石河镇	429006120000
佛子山镇	429006121000
净潭乡	429006201000
神农架林区（6镇，2乡）	**429021000000**
松柏镇	429021100000
阳日镇	429021101000
木鱼镇	429021102000
红坪镇	429021103000
新华镇	429021104000
大九湖镇	429021105000
宋洛乡	429021201000
下谷坪土家族乡	429021203000

湖南省

湖南省(湘)

行政区划名称	行政区划代码
湖南省(305街道，1131镇，952乡)	**430000000000**
长沙市(82街道，82镇，19乡)	**430100000000**
芙蓉区(13街道)	**430102000000**
文艺路街道	430102001000
朝阳街道	430102002000
韭菜园街道	430102003000
五里牌街道	430102008000
火星街道	430102009000
马王堆街道	430102010000
东屯渡街道	430102011000
湘湖街道	430102012000
东岸街道	430102013000
荷花园街道	430102014000
马坡岭街道	430102015000
东湖街道	430102016000
定王台街道	430102017000
天心区(12街道)	**430103000000**
坡子街街道	430103002000
城南路街道	430103004000
裕南街街道	430103005000
金盆岭街道	430103006000
新开铺街道	430103007000
青园街道	430103008000
桂花坪街道	430103009000
先锋街道	430103010000
赤岭路街道	430103011000
文源街道	430103012000
黑石铺街道	430103013000
大托铺街道	430103014000
岳麓区(16街道，3镇)	**430104000000**
望月湖街道	430104001000
岳麓街道	430104002000
桔子洲街道	430104003000
银盆岭街道	430104004000
观沙岭街道	430104005000
望城坡街道	430104006000
西湖街道	430104007000
咸嘉湖街道	430104008000
望岳街道	430104009000
梅溪湖街道	430104010000
麓谷街道	430104011000
坪塘街道	430104012000
含浦街道	430104013000
天顶街道	430104014000
洋湖街道	430104015000
学士街道	430104016000
东方红镇	430104100000
莲花镇	430104101000
雨敞坪镇	430104104000
开福区(10街道，3镇)	**430105000000**
芙蓉北路街道	430105001000
东风路街道	430105002000
清水塘街道	430105003000
望麓园街道	430105004000
湘雅路街道	430105005000
伍家岭街道	430105006000
新河街道	430105009000
通泰街道	430105010000
四方坪街道	430105012000
洪山街道	430105013000
捞刀河镇	430105100000
新港镇	430105101000
青竹湖镇	430105102000
雨花区(12街道)	**430111000000**
侯家塘街道	430111001000
左家塘街道	430111002000
圭塘街道	430111003000
砂子塘街道	430111004000
东塘街道	430111005000
雨花亭街道	430111006000
高桥街道	430111007000
井湾子街道	430111008000
洞井街道	430111009000
黎托街道	430111010000
同升街道	430111011000
东山街道	430111012000
望城区(10街道，10镇，1乡)	**430112000000**
高塘岭街道	430112001000
喻家坡街道	430112005000
白沙洲街道	430112006000
大泽湖街道	430112007000
月亮岛街道	430112008000
丁字湾街道	430112009000
书堂山街道	430112010000
金山桥街道	430112011000
黄金园街道	430112012000
廖家坪街道	430112013000
桥驿镇	430112101000
茶亭镇	430112103000
东城镇	430112104000
铜官镇	430112105000
靖港镇	430112106000
乔口镇	430112107000
乌山镇	430112108000
雷锋镇	430112110000
白箬铺镇	430112115000
格塘镇	430112117000
新康乡	430112201000
长沙县(5街道，18镇)	**430121000000**
星沙街道	430121001000
湘龙街道	430121002000
泉塘街道	430121003000
榔梨街道	430121004000
长龙街道	430121005000
暮云镇	430121101000
黄兴镇	430121102000
江背镇	430121104000
黄花镇	430121105000
春华镇	430121106000
果园镇	430121107000
路口镇	430121108000
高桥镇	430121109000
金井镇	430121110000
福临镇	430121111000
青山铺镇	430121112000
安沙镇	430121113000
北山镇	430121114000
双江镇	430121115000
跳马镇	430121116000
开慧镇	430121117000
干杉镇	430121118000
白沙镇	430121119000
宁乡县(21镇，12乡)	**430124000000**
玉潭镇	430124100000
道林镇	430124101000
花明楼镇	430124102000
东湖塘镇	430124103000
夏铎铺镇	430124104000
双江口镇	430124105000
煤炭坝镇	430124106000
坝塘镇	430124107000
偕乐桥镇	430124108000
灰汤镇	430124109000
双凫铺镇	430124110000
老粮仓镇	430124111000
流沙河镇	430124112000
巷子口镇	430124113000
龙田镇	430124114000
黄材镇	430124115000
横市镇	430124116000
回龙铺镇	430124117000
大成桥镇	430124118000
青山桥镇	430124119000
金洲镇	430124120000
大屯营乡	430124200000
朱良桥乡	430124202000
菁华铺乡	430124203000
南田坪乡	430124205000
资福乡	430124206000
枫木桥乡	430124207000
喻家坳乡	430124209000
沩山乡	430124211000
沙田乡	430124213000
白马桥乡	430124215000
历经铺乡	430124216000
城郊乡	430124217000
浏阳市(4街道，27镇，6乡)	**430181000000**
淮川街道	430181001000
集里街道	430181002000
荷花街道	430181003000
关口街道	430181004000
沙市镇	430181100000
淳口镇	430181101000
社港镇	430181102000
大围山镇	430181103000
官渡镇	430181104000
张坊镇	430181105000
达浒镇	430181106000
沿溪镇	430181107000
古港镇	430181108000
永和镇	430181109000
大瑶镇	430181110000
金刚镇	430181111000
文家市镇	430181112000
太平桥镇	430181113000
枨冲镇	430181114000
镇头镇	430181115000
普迹镇	430181116000
永安镇	430181117000
北盛镇	430181118000
龙伏镇	430181120000
澄潭江镇	430181121000

续表 1

行政区划名称	行政区划代码
中和镇	430181122000
柏加镇	430181123000
洞阳镇	430181124000
高坪镇	430181125000
三口镇	430181126000
官桥镇	430181127000
小河乡	430181201000
七宝山乡	430181202000
溪江乡	430181205000
杨花乡	430181206000
葛家乡	430181207000
蕉溪乡	430181211000
株洲市(26街道，65镇，40乡)	**430200000000**
荷塘区(5街道，1镇，1乡)	**430202000000**
月塘街道	430202001000
茨菇塘街道	430202002000
宋家桥街道	430202003000
金山街道	430202004000
桂花街道	430202005000
仙庾镇	430202100000
明照乡	430202201000
芦淞区(7街道，1镇，2乡)	**430203000000**
贺嘉土街道	430203001000
建设街道	430203002000
建宁街道	430203003000
董家塅街道	430203004000
庆云街道	430203005000
龙泉街道	430203006000
枫溪街道	430203007000
白关镇	430203100000
五里墩乡	430203201000
姚家坝乡	430203202000
石峰区(5街道，2镇)	**430204000000**
田心街道	430204001000
响石岭街道	430204002000
清水塘街道	430204003000
铜塘湾街道	430204004000
井龙街道	430204005000
龙头铺镇	430291100000
云田镇	430291101000
天元区(3街道，4镇)	**430211000000**
嵩山路街道	430211001000
泰山路街道	430211002000
栗雨街道	430211003000
马家河镇	430211100000
群丰镇	430211101000
雷打石镇	430211102000
三门镇	430211103000
株洲县(4镇，10乡)	**430221000000**
渌口镇	430221100000
朱亭镇	430221101000
淦田镇	430221102000
古岳峰镇	430221106000
龙凤乡	430221200000
龙潭乡	430221201000
砖桥乡	430221202000
平山乡	430221203000
太湖乡	430221204000
洲坪乡	430221207000
南阳桥乡	430221208000
仙井乡	430221209000
堂市乡	430221212000
王十万乡	430221213000
攸县(2街道，15镇，4乡)	**430223000000**
联星街道	430223001000
江桥街道	430223002000
黄丰桥镇	430223101000
酒埠江镇	430223102000
桃水镇	430223103000
鸾山镇	430223104000
网岭镇	430223106000
丫江桥镇	430223108000
渌田镇	430223109000
柏市镇	430223110000
大同桥镇	430223111000
上云桥镇	430223112000
石羊塘镇	430223115000
新市镇	430223118000
皇图岭镇	430223119000
菜花坪镇	430223120000
莲塘坳镇	430223121000
湖南坳乡	430223204000
坪阳庙乡	430223205000
槚山乡	430223207000
鸭塘铺乡	430223212000
茶陵县(14镇，6乡)	**430224000000**
城关镇	430224100000
界首镇	430224101000
严塘镇	430224102000
湖口镇	430224103000
浣溪镇	430224104000
马江镇	430224105000
高陇镇	430224106000
腰陂镇	430224107000
潞水镇	430224108000
虎踞镇	430224109000
平水镇	430224110000
枣市镇	430224111000
火田镇	430224112000
秩堂镇	430224113000
桃坑乡	430224201000
下东乡	430224202000
舲舫乡	430224203000
思聪乡	430224204000
洣江乡	430224205000
八团乡	430224207000
炎陵县(6镇，9乡)	**430225000000**
霞阳镇	430225100000
沔渡镇	430225101000
十都镇	430225102000
水口镇	430225103000
三河镇	430225104000
鹿原镇	430225105000
垄溪乡	430225200000
石洲乡	430225201000
策源乡	430225202000
下村乡	430225203000
中村乡	430225204000
龙渣瑶族乡	430225205000
平乐乡	430225206000
船形乡	430225207000
东风乡	430225208000
醴陵市(4街道，18镇，8乡)	**430281000000**
阳三街道	430281002000
西山街道	430281003000
黄泥坳街道	430281004000
来龙门街道	430281006000
南桥镇	430281100000
富里镇	430281101000
白兔潭镇	430281102000
浦口镇	430281103000
王坊镇	430281104000
王仙镇	430281105000
东富镇	430281106000
泗汾镇	430281107000
沈潭镇	430281108000
船湾镇	430281109000
大障镇	430281110000
贺家桥镇	430281111000
栗山坝镇	430281113000
神福港镇	430281115000
均楚镇	430281116000
石亭镇	430281117000
仙霞镇	430281118000
黄獭嘴镇	430281119000
东堡乡	430281201000
孙家湾乡	430281204000
清水江乡	430281205000
嘉树乡	430281206000
板杉乡	430281211000
新阳乡	430281213000
官庄乡	430281214000
枫林市乡	430281215000
湘潭市(26街道，37镇，20乡)	**430300000000**
雨湖区(9街道，3镇，6乡)	**430302000000**
雨湖街道	430302001000
城正街街道	430302002000
平政路街道	430302003000
云塘街道	430302004000
广场街道	430302005000
中山路街道	430302006000
窑湾街道	430302007000
羊牯塘街道	430302008000
鹤岭镇	430302100000
楠竹山镇	430302101000
姜畲镇	430302102000
昭潭乡	430302200000
护潭乡	430302201000
长城乡	430302202000
先锋乡	430302203000
响塘乡	430302204000
和平街道	430392001000
响水乡	430392200000

续表 2

行政区划名称	行政区划代码
岳塘区(13街道，1镇，3乡)	**430304000000**
岳塘街道	430304001000
东坪街道	430304002000
中洲路街道	430304003000
书院路街道	430304004000
下摄司街道	430304005000
建设路街道	430304006000
滴水埠街道	430304007000
五里堆街道	430304008000
社建村街道	430304009000
宝塔街道	430304010000
红旗街道	430304011000
霞城乡	430304200000
荷塘乡	430304202000
双马街道	430391001000
板塘街道	430391002000
易家湾镇	430393100000
昭山乡	430393200000
湘潭县(15镇，4乡)	**430321000000**
易俗河镇	430321100000
梅林桥镇	430321101000
谭家山镇	430321102000
中路铺镇	430321103000
茶恩寺镇	430321104000
河口镇	430321105000
射埠镇	430321106000
花石镇	430321107000
青山桥镇	430321108000
石鼓镇	430321109000
云湖桥镇	430321111000
石潭镇	430321112000
杨嘉桥镇	430321113000
乌石镇	430321114000
白石镇	430321115000
分水乡	430321202000
排头乡	430321203000
龙口乡	430321204000
锦石乡	430321205000
湘乡市(4街道，15镇，3乡)	**430381000000**
望春门街道	430381001000
新湘路街道	430381002000
昆仑桥街道	430381003000
东山街道	430381004000
山枣镇	430381100000
栗山镇	430381101000
中沙镇	430381102000
虞唐镇	430381103000
潭市镇	430381104000
棋梓镇	430381105000
壶天镇	430381106000
翻江镇	430381107000
金石镇	430381108000
白田镇	430381109000
月山镇	430381110000
泉塘镇	430381111000
梅桥镇	430381112000

行政区划名称	行政区划代码
毛田镇	430381113000
龙洞镇	430381114000
东郊乡	430381200000
金薮乡	430381202000
育塅乡	430381203000
韶山市(3镇，4乡)	**430382000000**
清溪镇	430382100000
银田镇	430382101000
如意镇	430382102000
韶山乡	430382200000
永义乡	430382201000
杨林乡	430382203000
大坪乡	430382204000
衡阳市(34街道，115镇，69乡)	**430400000000**
珠晖区(7街道，2镇，2乡)	**430405000000**
广东路街道	430405001000
东风街道	430405002000
冶金街道	430405003000
苗圃街道	430405004000
粤汉街道	430405005000
新湘街道	430405006000
衡州路街道	430405007000
茶山坳镇	430405100000
东阳渡镇	430405101000
和平乡	430405200000
酃湖乡	430405201000
雁峰区(6街道，1镇，1乡)	**430406000000**
先锋街道	430406001000
雁峰街道	430406002000
天马山街道	430406003000
黄茶岭街道	430406004000
白沙洲街道	430406005000
金龙坪街道	430406006000
岳屏镇	430406100000
湘江乡	430406200000
石鼓区(7街道，2乡)	**430407000000**
人民路街道	430407001000
青山街道	430407002000
潇湘街道	430407003000
五一街道	430407004000
合江街道	430407005000
黄沙湾街道	430407006000
金源街道	430407007000
松木乡	430407200000
角山乡	430407201000
蒸湘区(4街道，1镇，2乡)	**430408000000**
蒸湘街道	430408001000
红湘街道	430408002000
华兴街道	430408003000
联合街道	430408004000
呆鹰岭镇	430408100000
长湖乡	430408200000
雨母山乡	430408201000
南岳区(1街道，1镇，3乡)	**430412000000**
祝融街道	430412001000
南岳镇	430412100000

行政区划名称	行政区划代码
岳林乡	430412200000
龙凤乡	430412201000
拜殿乡	430412202000
衡阳县(17镇，9乡)	**430421000000**
西渡镇	430421100000
集兵镇	430421101000
杉桥镇	430421103000
井头镇	430421104000
演陂镇	430421105000
金兰镇	430421106000
洪市镇	430421107000
曲兰镇	430421108000
金溪镇	430421109000
界牌镇	430421110000
渣江镇	430421111000
三湖镇	430421112000
台源镇	430421113000
关市镇	430421114000
库宗桥镇	430421115000
岘山镇	430421116000
石市镇	430421117000
樟木乡	430421200000
岣嵝乡	430421201000
栏垅乡	430421205000
大安乡	430421207000
溪江乡	430421208000
长安乡	430421210000
板市乡	430421211000
樟树乡	430421212000
潮江乡	430421213000
衡南县(23镇，3乡)	**430422000000**
云集镇	430422100000
向阳镇	430422101000
廖田镇	430422102000
茶市镇	430422103000
冠市镇	430422104000
江口镇	430422105000
宝盖镇	430422106000
花桥镇	430422107000
铁丝塘镇	430422108000
泉溪镇	430422109000
洪山镇	430422110000
三塘镇	430422111000
谭子山镇	430422112000
鸡笼镇	430422113000
泉湖镇	430422114000
柞市镇	430422115000
茅市镇	430422116000
硫市镇	430422117000
栗江镇	430422118000
近尾洲镇	430422119000
车江镇	430422120000
咸塘镇	430422121000
松江镇	430422122000
相市乡	430422200000
洲市乡	430422201000
川口乡	430422202000

续表 3

行政区划名称	行政区划代码
衡山县(8镇，9乡)	**430423000000**
开云镇	430423100000
白果镇	430423101000
东湖镇	430423102000
萱洲镇	430423103000
长江镇	430423104000
新桥镇	430423105000
马迹镇	430423106000
店门镇	430423107000
贺家乡	430423200000
永和乡	430423201000
沙泉乡	430423202000
福田铺乡	430423203000
岭坡乡	430423204000
望峰乡	430423205000
长青乡	430423206000
贯塘乡	430423207000
江东乡	430423208000
衡东县(15镇，9乡)	**430424000000**
城关镇	430424100000
石湾镇	430424101000
新塘镇	430424102000
大浦镇	430424103000
吴集镇	430424104000
甘溪镇	430424105000
杨林镇	430424106000
草市镇	430424107000
杨桥镇	430424108000
霞流镇	430424109000
荣桓镇	430424110000
高湖镇	430424111000
白莲镇	430424112000
大桥镇	430424113000
蓬源镇	430424114000
莫井乡	430424200000
踏庄乡	430424201000
高塘乡	430424202000
南湾乡	430424204000
三樟乡	430424208000
栗木乡	430424209000
珍珠乡	430424210000
石滩乡	430424211000
德圳乡	430424212000
祁东县(19镇，4乡)	**430426000000**
洪桥镇	430426100000
白鹤铺镇	430426101000
金桥镇	430426102000
鸟江镇	430426103000
粮市镇	430426104000
河洲镇	430426105000
归阳镇	430426106000
过水坪镇	430426107000
双桥镇	430426108000
灵官镇	430426109000
风石堰镇	430426110000
白地市镇	430426111000
黄土铺镇	430426112000
石亭子镇	430426113000
官家嘴镇	430426114000

行政区划名称	行政区划代码
步云桥镇	430426115000
砖塘镇	430426116000
蒋家桥镇	430426117000
太和堂镇	430426118000
马杜桥乡	430426200000
凤歧坪乡	430426201000
城连圩乡	430426202000
四明山乡	430426203000
耒阳市(5街道，13镇，18乡)	**430481000000**
蔡子池街道	430481001000
灶市街道	430481002000
水东江街道	430481003000
五里牌街道	430481004000
三顺街道	430481005000
黄市镇	430481100000
小水镇	430481101000
公平圩镇	430481102000
泗门洲镇	430481103000
三都镇	430481104000
南阳镇	430481105000
竹市镇	430481106000
夏塘镇	430481107000
龙塘镇	430481108000
哲桥镇	430481109000
永济镇	430481110000
遥田镇	430481111000
新市镇	430481112000
洲陂乡	430481200000
亮源乡	430481201000
马水乡	430481202000
太平圩乡	430481203000
导子乡	430481204000
东湖圩乡	430481205000
上架乡	430481206000
沙明乡	430481207000
大义乡	430481208000
磨形乡	430481209000
南京乡	430481210000
仁义乡	430481211000
余庆乡	430481212000
长坪乡	430481213000
太和圩乡	430481214000
坛下乡	430481215000
大市乡	430481216000
肥田乡	430481217000
常宁市(4街道，15镇，7乡)	**430482000000**
泉峰街道	430482001000
培元街道	430482002000
宜阳街道	430482003000
水口山街道	430482004000
柏坊镇	430482101000
松柏镇	430482102000
烟洲镇	430482103000
荫田镇	430482104000
白沙镇	430482105000
西岭镇	430482106000
盐湖镇	430482107000
三角塘镇	430482108000

行政区划名称	行政区划代码
洋泉镇	430482109000
庙前镇	430482110000
罗桥镇	430482111000
板桥镇	430482112000
胜桥镇	430482113000
官岭镇	430482114000
新河镇	430482115000
宜潭乡	430482200000
蓬塘乡	430482201000
兰江乡	430482202000
大堡乡	430482203000
江河乡	430482204000
弥泉乡	430482205000
塔山瑶族乡	430482206000
邵阳市(24街道，98镇，98乡)	**430500000000**
双清区(6街道，2镇，4乡)	**430502000000**
兴隆街道	430502001000
龙须塘街道	430502002000
汽车站街道	430502003000
小江湖街道	430502004000
东风路街道	430502005000
桥头街道	430502006000
高崇山镇	430502100000
渡头桥镇	430502101000
城东乡	430502200000
石桥乡	430502201000
火车站乡	430502202000
云水乡	430502203000
大祥区(9街道，2镇，3乡)	**430503000000**
中心路街道	430503001000
红旗路街道	430503002000
城北路街道	430503003000
城西街道	430503004000
翠园街道	430503005000
百春园街道	430503006000
城南街道	430503007000
火车南站街道	430503008000
学院路街道	430503009000
雨溪镇	430503100000
罗市镇	430503101000
檀江乡	430503202000
蔡锷乡	430503203000
板桥乡	430503204000
北塔区(2街道，3乡)	**430511000000**
新滩镇街道	430511001000
状元洲街道	430511002000
田江乡	430511200000
茶元头乡	430511202000
陈家桥乡	430511203000
邵东县(3街道，16镇，9乡)	**430521000000**
两市塘街道	430521001000
宋家塘街道	430521002000
大禾塘街道	430521003000
牛马司镇	430521101000
范家山镇	430521102000
九龙岭镇	430521103000
仙槎桥镇	430521104000
火厂坪镇	430521105000

续表 4

行政区划名称	行政区划代码	行政区划名称	行政区划代码	行政区划名称	行政区划代码
余田桥镇	430521106000	罗城乡	430523208000	唐家坊镇	430527104000
灵官殿镇	430521107000	金江乡	430523209000	金屋塘镇	430527105000
团山镇	430521108000	**隆回县(16镇，10乡)**	**430524000000**	东山侗族乡	430527200000
砂石镇	430521109000	桃洪镇	430524100000	鹅公岭苗族侗族乡	430527201000
廉桥镇	430521110000	小沙江镇	430524101000	朝仪侗族乡	430527202000
流光岭镇	430521111000	金石桥镇	430524102000	在市苗族侗族乡	430527203000
流泽镇	430521112000	司门前镇	430524103000	乐安铺苗族侗族乡	430527204000
魏家桥镇	430521113000	高平镇	430524104000	黄桑坪苗族乡	430527205000
野鸡坪镇	430521114000	六都寨镇	430524105000	关峡苗族乡	430527206000
杨桥镇	430521115000	荷香桥镇	430524106000	长铺子苗族乡	430527207000
水东江镇	430521116000	横板桥镇	430524107000	党坪苗族乡	430527208000
黄陂桥乡	430521201000	周旺镇	430524108000	联民苗族瑶族乡	430527209000
黑田铺乡	430521202000	滩头镇	430524109000	麻塘苗族乡	430527210000
双凤乡	430521203000	鸭田镇	430524110000	枫木团苗族侗族乡	430527211000
周官桥乡	430521204000	西洋江镇	430524111000	河口苗族乡	430527212000
简家陇乡	430521205000	雨山铺镇	430524112000	竹舟江苗族乡	430527213000
堡面前乡	430521209000	岩口镇	430524113000	白玉乡	430527214000
石株桥乡	430521210000	北山镇	430524114000	黄土矿乡	430527215000
界岭乡	430521211000	三阁司镇	430524115000	瓦屋塘乡	430527216000
斫曹乡	430521212000	麻塘山乡	430524200000	水口乡	430527217000
新邵县(11镇，4乡)	**430522000000**	虎形山瑶族乡	430524201000	梅坪乡	430527218000
酿溪镇	430522100000	大水田乡	430524203000	**新宁县(9镇，9乡)**	**430528000000**
严塘镇	430522101000	羊古坳乡	430524204000	金石镇	430528100000
雀塘镇	430522102000	罗洪乡	430524205000	水庙镇	430528101000
陈家坊镇	430522103000	七江乡	430524206000	崀山镇	430528102000
潭溪镇	430522104000	荷田乡	430524207000	白沙镇	430528103000
寸石镇	430522105000	石门乡	430524208000	黄龙镇	430528104000
坪上镇	430522106000	南岳庙乡	430524211000	高桥镇	430528105000
龙溪铺镇	430522107000	山界回族乡	430524212000	回龙寺镇	430528106000
巨口铺镇	430522108000	**洞口县(10镇，12乡)**	**430525000000**	一渡水镇	430528107000
新田铺镇	430522109000	洞口镇	430525100000	马头桥镇	430528108000
小塘镇	430522110000	江口镇	430525101000	黄金瑶族民族乡	430528200000
潭府乡	430522200000	毓兰镇	430525102000	麻林瑶族民族乡	430528201000
太芝庙乡	430522201000	高沙镇	430525103000	飞仙桥乡	430528202000
大新乡	430522202000	竹市镇	430525104000	万塘乡	430528203000
迎光乡	430522203000	石江镇	430525105000	清江桥乡	430528204000
邵阳县(12镇，10乡)	**430523000000**	黄桥镇	430525106000	安山乡	430528205000
塘渡口镇	430523100000	山门镇	430525107000	丰田乡	430528206000
白仓镇	430523101000	醪田镇	430525108000	巡田乡	430528208000
金称市镇	430523102000	花园镇	430525109000	靖位乡	430528209000
塘田市镇	430523103000	花古乡	430525200000	**城步苗族自治县(6镇，6乡)**	**430529000000**
黄亭市镇	430523104000	古楼乡	430525201000	儒林镇	430529100000
长阳铺镇	430523105000	长塘瑶族乡	430525202000	茅坪镇	430529101000
岩口铺镇	430523106000	那溪瑶族乡	430525203000	西岩镇	430529102000
九公桥镇	430523107000	月溪乡	430525204000	丹口镇	430529103000
下花桥镇	430523108000	渣坪乡	430525205000	五团镇	430529104000
谷洲镇	430523109000	岩山乡	430525207000	南山镇	430529105000
郦家坪镇	430523110000	杨林乡	430525208000	威溪乡	430529200000
五峰铺镇	430523111000	水东乡	430525209000	长安营乡	430529201000
黄塘乡	430523200000	石柱乡	430525210000	白毛坪乡	430529202000
小溪市乡	430523201000	桐山乡	430525211000	兰蓉乡	430529203000
霞塘云乡	430523202000	大屋瑶族乡	430525212000	汀坪乡	430529204000
长乐乡	430523203000	**绥宁县(6镇，19乡)**	**430527000000**	蒋坊乡	430529205000
蔡桥乡	430523204000	长铺镇	430527100000	**武冈市(4街道，8镇，9乡)**	**430581000000**
河伯乡	430523205000	武阳镇	430527101000	辕门口街道	430581001000
黄荆乡	430523206000	李熙桥镇	430527102000	迎春亭街道	430581002000
诸甲亭乡	430523207000	红岩镇	430527103000	法相岩街道	430581003000

续表 5

行政区划名称	行政区划代码	行政区划名称	行政区划代码	行政区划名称	行政区划代码
水西门街道	430581004000	良心堡镇	430611104000	六塘乡	430624201000
邓元泰镇	430581100000	采桑湖镇	430611105000	白泥湖乡	430624203000
湾头桥镇	430581101000	**岳阳县(12镇，8乡)**	**430621000000**	静河乡	430624204000
文坪镇	430581102000	荣家湾镇	430621100000	玉华乡	430624205000
荆竹铺镇	430581103000	麻塘镇	430621102000	青潭乡	430624209000
椆树塘镇	430581104000	鹿角镇	430621103000	杨林寨乡	430624217000
邓家铺镇	430581105000	黄沙街镇	430621104000	**平江县(16镇，11乡)**	**430626000000**
龙溪镇	430581106000	新墙镇	430621105000	汉昌镇	430626100000
司马冲镇	430581107000	柏祥镇	430621106000	安定镇	430626101000
龙田乡	430581200000	筻口镇	430621107000	三市镇	430626102000
头堂乡	430581201000	公田镇	430621108000	加义镇	430626103000
安乐乡	430581202000	毛田镇	430621109000	长寿镇	430626104000
大甸乡	430581203000	月田镇	430621110000	龙门镇	430626105000
马坪乡	430581204000	张谷英镇	430621111000	虹桥镇	430626106000
晏田乡	430581205000	新开镇	430621112000	南江镇	430626107000
秦桥乡	430581206000	中洲乡	430621202000	梅仙镇	430626108000
水浸坪乡	430581207000	长湖乡	430621203000	浯口镇	430626109000
双牌乡	430581208000	步仙乡	430621204000	瓮江镇	430626110000
岳阳市(22街道，96镇，	**430600000000**	甘田乡	430621205000	伍市镇	430626111000
60乡)		杨林乡	430621206000	向家镇	430626112000
岳阳楼区(17街道，1镇，4乡)	**430602000000**	云山乡	430621207000	童市镇	430626113000
岳阳楼街道	430602001000	相思乡	430621208000	岑川镇	430626114000
三眼桥街道	430602002000	饶村乡	430621209000	福寿山镇	430626115000
吕仙亭街道	430602003000	**华容县(12镇，8乡)**	**430623000000**	三阳乡	430626200000
金鹗山街道	430602004000	城关镇	430623100000	咏生乡	430626202000
东茅岭街道	430602005000	三封寺镇	430623101000	黄金洞乡	430626203000
五里牌街道	430602006000	治河渡镇	430623102000	南桥乡	430626204000
望岳路街道	430602007000	北景港镇	430623103000	木金乡	430626205000
城陵矶街道	430602008000	鲇鱼须镇	430623104000	大坪乡	430626206000
枫桥湖街道	430602009000	宋家嘴镇	430623105000	冬塔乡	430626207000
奇家岭街道	430602010000	万庾镇	430623106000	板江乡	430626208000
洞庭街道	430602011000	梅田湖镇	430623109000	大洲乡	430626209000
洛王街道	430602012000	插旗镇	430623110000	三墩乡	430626211000
站前路街道	430602014000	注滋口镇	430623111000	余坪乡	430626212000
王家河街道	430602015000	操军镇	430623112000	**汨罗市(1街道，19镇，**	**430681000000**
梅溪乡	430602200000	东山镇	430623113000	**15乡)**	
郭镇乡	430602201000	胜峰乡	430623200000	天问街道	430681001000
西塘镇	430692101000	新河乡	430623201000	城关镇	430681100000
康王乡	430692201000	护城乡	430623202000	汨罗镇	430681101000
三荷乡	430692202000	新建乡	430623203000	新市镇	430681102000
湖滨街道	430693001000	南山乡	430623204000	古培镇	430681103000
南湖街道	430693002000	终南乡	430623205000	白水镇	430681104000
求索街道	430693003000	幸福乡	430623206000	川山坪镇	430681105000
云溪区(1街道，5镇，2乡)	**430603000000**	团洲乡	430623207000	高家坊镇	430681106000
长岭街道	430603001000	**湘阴县(12镇，7乡)**	**430624000000**	弼时镇	430681107000
云溪镇	430603100000	文星镇	430624100000	李家塅镇	430681108000
陆城镇	430603101000	东塘镇	430624101000	黄柏镇	430681109000
路口镇	430603102000	袁家铺镇	430624102000	长乐镇	430681110000
道仁矶镇	430603103000	金龙镇	430624103000	大荆镇	430681111000
文桥镇	430603104000	樟树镇	430624104000	桃林寺镇	430681112000
云溪乡	430603200000	鹤龙湖镇	430624105000	三江镇	430681113000
永济乡	430603201000	新泉镇	430624107000	范家园镇	430681114000
君山区(1街道，6镇)	**430611000000**	南湖洲镇	430624111000	沙溪镇	430681115000
西城街道	430611001000	岭北镇	430624114000	屈子祠镇	430681118000
柳林洲镇	430611100000	湘滨镇	430624115000	城郊乡	430681200000
广兴洲镇	430611101000	长康镇	430624116000	红花乡	430681201000
许市镇	430611102000	三塘镇	430624117000	黄市乡	430681202000
钱粮湖镇	430611103000	石塘乡	430624200000	玉池乡	430681203000

续表 6

行政区划名称	行政区划代码
天井乡	430681205000
智峰乡	430681206000
古仑乡	430681207000
火天乡	430681208000
新塘乡	430681209000
白塘乡	430681210000
磊石乡	430681212000
八景乡	430681213000
营田镇	430691100000
河市镇	430691101000
琴棋乡	430691200000
凤凰乡	430691201000
黄金乡	430691202000
临湘市(2街道，13镇，5乡)	**430682000000**
长安街道	430682001000
桃矿街道	430682003000
忠防镇	430682101000
白云镇	430682102000
聂市镇	430682103000
源潭镇	430682104000
江南镇	430682105000
羊楼司镇	430682106000
桃林镇	430682107000
长塘镇	430682108000
白羊田镇	430682109000
詹桥镇	430682110000
儒溪镇	430682111000
定湖镇	430682112000
黄盖镇	430682113000
五里牌乡	430682200000
乘风乡	430682201000
坦渡乡	430682204000
城南乡	430682205000
横铺乡	430682206000
常德市(10街道，106镇，102乡)	**430700000000**
武陵区(6街道，2镇，7乡)	**430702000000**
城东街道	430702001000
城南街道	430702002000
城西街道	430702003000
城北街道	430702004000
三岔路街道	430702005000
河洑镇	430702100000
芦荻山乡	430702200000
东郊乡	430702201000
东江乡	430702202000
护城乡	430702203000
丹洲乡	430702204000
南坪岗乡	430702205000
德山街道	430791004000
德山镇	430791105000
白鹤山乡	430792203000
鼎城区(23镇，10乡)	**430703000000**
武陵镇	430703100000
蒿子港镇	430703101000
中河口镇	430703102000
十美堂镇	430703103000
牛鼻滩镇	430703104000
韩公渡镇	430703105000
石公桥镇	430703106000
镇德桥镇	430703107000
周家店镇	430703108000
大龙站镇	430703109000
双桥坪镇	430703110000
灌溪镇	430703111000
蔡家岗镇	430703112000
斗姆湖镇	430703113000
草坪镇	430703114000
谢家铺镇	430703116000
黄土店镇	430703117000
尧天坪镇	430703118000
港二口镇	430703119000
雷公庙镇	430703120000
石板滩镇	430703121000
黄珠洲乡	430703200000
黑山嘴乡	430703201000
长岭岗乡	430703203000
许家桥回族维吾尔族乡	430703204000
丁家港乡	430703205000
钱家坪乡	430703206000
唐家铺乡	430703207000
沧山乡	430703208000
长茅岭乡	430703209000
逆江坪乡	430703210000
石门桥镇	430791115000
祝丰镇	430794101000
安乡县(8镇，11乡)	**430721000000**
深柳镇	430721100000
大鲸港镇	430721101000
黄山头镇	430721102000
三岔河镇	430721103000
官垱镇	430721104000
下渔口镇	430721105000
陈家嘴镇	430721106000
焦圻镇	430721107000
安障乡	430721201000
安昌乡	430721202000
安宏乡	430721203000
安生乡	430721204000
安全乡	430721205000
安福乡	430721206000
安凝乡	430721207000
安丰乡	430721208000
安裕乡	430721209000
安康乡	430721210000
安德乡	430721211000
汉寿县(16镇，16乡)	**430722000000**
龙阳镇	430722100000
蒋家嘴镇	430722101000
岩汪湖镇	430722102000
坡头镇	430722103000
西港镇	430722104000
洲口镇	430722105000
罐头嘴镇	430722106000
沧港镇	430722107000
朱家铺镇	430722108000
太子庙镇	430722109000
毓德铺镇	430722110000
崔家桥镇	430722111000
军山铺镇	430722112000
百禄桥镇	430722113000
洋淘湖镇	430722115000
周文庙乡	430722201000
鸭子港乡	430722202000
文蔚乡	430722203000
新兴乡	430722204000
聂家桥乡	430722205000
毛家滩回族维吾尔族乡	430722206000
丰家铺乡	430722207000
东岳庙乡	430722208000
岩嘴乡	430722209000
株木山乡	430722210000
三和乡	430722211000
龙潭桥乡	430722212000
月明潭乡	430722213000
大南湖乡	430722216000
西湖镇	430793102000
西洲乡	430793204000
东洲乡	430793205000
澧县(15镇，17乡)	**430723000000**
澧阳镇	430723100000
张公庙镇	430723101000
小渡口镇	430723102000
梦溪镇	430723103000
复兴厂镇	430723104000
盐井镇	430723105000
雷公塔镇	430723106000
大堰垱镇	430723107000
王家厂镇	430723108000
金罗镇	430723109000
码头铺镇	430723110000
方石坪镇	430723111000
甘溪滩镇	430723112000
火连坡镇	430723113000
澧南镇	430723114000
九垸乡	430723200000
官垸乡	430723201000
永丰乡	430723202000
如东乡	430723203000
澧澹乡	430723204000
澧东乡	430723206000
涔南乡	430723207000
大坪乡	430723208000
道河乡	430723209000
双龙乡	430723210000
宜万乡	430723211000
车溪乡	430723212000
中武乡	430723213000
闸口乡	430723214000
涧市乡	430723215000
杨家坊乡	430723216000

续表 7

行政区划名称	行政区划代码
太青乡	430723217000
临澧县(8镇，9乡)	**430724000000**
安福镇	430724100000
合口镇	430724101000
新安镇	430724102000
佘市桥镇	430724103000
太浮镇	430724104000
四新岗镇	430724105000
停弦渡镇	430724106000
修梅镇	430724107000
杉板乡	430724200000
文家乡	430724201000
陈二乡	430724202000
柏枝乡	430724203000
烽火乡	430724204000
望城乡	430724205000
杨板乡	430724206000
官亭乡	430724207000
九里乡	430724208000
桃源县(18镇，22乡)	**430725000000**
漳江镇	430725100000
陬市镇	430725101000
盘塘镇	430725102000
热市镇	430725103000
黄石镇	430725104000
漆河镇	430725105000
理公港镇	430725106000
观音寺镇	430725107000
龙潭镇	430725108000
三阳港镇	430725109000
剪市镇	430725110000
茶庵铺镇	430725111000
西安镇	430725112000
沙坪镇	430725113000
桃花源镇	430725114000
架桥镇	430725115000
马鬃岭镇	430725116000
凌津滩镇	430725117000
青林回族维吾尔族乡	430725200000
车湖垸乡	430725201000
枫树维吾尔族回族乡	430725202000
木塘垸乡	430725203000
双溪口乡	430725206000
郝坪乡	430725207000
九溪乡	430725208000
黄甲铺乡	430725209000
钟家铺乡	430725210000
牛车河乡	430725211000
佘家坪乡	430725212000
太平桥乡	430725213000
浯溪河乡	430725214000
深水港乡	430725215000
泥窝潭乡	430725216000
兴隆街乡	430725218000
太平铺乡	430725219000
牯牛山乡	430725220000
杨溪桥乡	430725221000
寺坪乡	430725222000
郑家驿乡	430725223000
芦花潭乡	430725224000
石门县(11镇，8乡)	**430726000000**
楚江镇	430726100000
蒙泉镇	430726101000
夹山镇	430726102000
易家渡镇	430726103000
新关镇	430726104000
皂市镇	430726105000
维新镇	430726106000
太平镇	430726107000
磨市镇	430726108000
壶瓶山镇	430726109000
南北镇	430726110000
二都乡	430726200000
新铺乡	430726201000
白云乡	430726202000
三圣乡	430726203000
子良乡	430726204000
所街乡	430726205000
雁池乡	430726206000
罗坪乡	430726207000
津市市(4街道，5镇，2乡)	**430781000000**
三洲驿街道	430781001000
汪家桥街道	430781002000
襄阳街街道	430781003000
金鱼岭街道	430781004000
新洲镇	430781100000
渡口镇	430781101000
保河堤镇	430781102000
白衣镇	430781103000
灵泉镇	430781104000
棠华乡	430781203000
李家铺乡	430781204000
张家界市(7街道，32镇，62乡)	**430800000000**
永定区(6街道，9镇，12乡)	**430802000000**
永定街道	430802001000
大庸桥街道	430802002000
西溪坪街道	430802003000
官黎坪街道	430802004000
崇文街道	430802005000
南庄街道	430802006000
新桥镇	430802100000
温塘镇	430802101000
教字垭镇	430802102000
大坪镇	430802103000
沅古坪镇	430802104000
尹家溪镇	430802105000
后坪镇	430802106000
阳湖坪镇	430802107000
王家坪镇	430802108000
三家馆乡	430802201000
沙堤乡	430802202000
枫香岗乡	430802203000
合作桥乡	430802204000
双溪桥乡	430802205000
谢家垭乡	430802206000
青安坪乡	430802207000
罗塔坪乡	430802208000
罗水乡	430802209000
桥头乡	430802210000
三岔乡	430802211000
四都坪乡	430802212000
武陵源区(1街道，1镇，3乡)	**430811000000**
军地坪街道	430811001000
天子山镇	430811100000
索溪峪土家族乡	430811200000
协合乡	430811201000
中湖乡	430811202000
慈利县(13镇，18乡)	**430821000000**
零阳镇	430821100000
岩泊渡镇	430821101000
溪口镇	430821102000
东岳观镇	430821103000
通津铺镇	430821104000
杉木桥镇	430821105000
象市镇	430821106000
江垭镇	430821107000
苗市镇	430821108000
零溪镇	430821109000
高桥镇	430821110000
龙潭河镇	430821111000
广福桥镇	430821112000
南山坪乡	430821200000
宜冲桥乡	430821201000
洞溪乡	430821202000
金坪乡	430821203000
景龙桥乡	430821204000
二坊坪乡	430821205000
三合口乡	430821206000
国太桥乡	430821207000
庄塌乡	430821208000
杨柳铺乡	430821209000
朝阳乡	430821210000
三官寺土家族乡	430821211000
高峰土家族乡	430821212000
许家坊土家族乡	430821213000
金岩土家族乡	430821214000
赵家岗土家族乡	430821215000
甘堰土家族乡	430821216000
阳和土家族乡	430821217000
桑植县(9镇，29乡)	**430822000000**
澧源镇	430822100000
瑞塔铺镇	430822101000
官地坪镇	430822102000
凉水口镇	430822103000
龙潭坪镇	430822104000
五道水镇	430822105000
陈家河镇	430822106000
廖家村镇	430822107000
利福塔镇	430822108000
空壳树乡	430822200000
汩湖乡	430822201000
竹叶坪乡	430822202000

续表 8

行政区划名称	行政区划代码
走马坪白族乡	430822203000
人潮溪乡	430822204000
西莲乡	430822205000
白石乡	430822206000
刘家坪白族乡	430822207000
芙蓉桥白族乡	430822208000
麦地坪白族乡	430822209000
马合口白族乡	430822210000
长潭坪乡	430822211000
淋溪河白族乡	430822212000
洪家关白族乡	430822213000
桥自弯乡	430822214000
谷罗山乡	430822215000
沙塔坪乡	430822216000
苦竹坪乡	430822217000
四方溪乡	430822218000
芭茅溪乡	430822219000
细砂坪乡	430822220000
八大公山乡	430822221000
蹇家坡乡	430822222000
岩屋口乡	430822223000
河口乡	430822224000
上河溪乡	430822225000
两河口乡	430822226000
打鼓泉乡	430822227000
上洞街乡	430822228000
益阳市（9街道，71镇，14乡）	**430900000000**
资阳区（2街道，5镇，1乡）	**430902000000**
大码头街道	430902001000
汽车路街道	430902003000
长春镇	430902100000
新桥河镇	430902101000
迎风桥镇	430902102000
沙头镇	430902104000
茈湖口镇	430902105000
张家塞乡	430902203000
赫山区（5街道，11镇，2乡）	**430903000000**
赫山街道	430903001000
桃花仑街道	430903002000
金银山街道	430903003000
会龙山街道	430903004000
兰溪镇	430903100000
八字哨镇	430903101000
龙光桥镇	430903102000
泉交河镇	430903103000
欧江岔镇	430903104000
沧水铺镇	430903105000
衡龙桥镇	430903106000
岳家桥镇	430903107000
泥江口镇	430903108000
新市渡镇	430903110000
牌口乡	430903202000
笔架山乡	430903203000
朝阳街道	430991001000
谢林港镇	430991100000
南县（13镇，2乡）	**430921000000**
南洲镇	430921100000
华阁镇	430921101000
明山头镇	430921102000
青树嘴镇	430921103000
三仙湖镇	430921104000
茅草街镇	430921105000
厂窖镇	430921106000
武圣宫镇	430921107000
麻河口镇	430921108000
浪拔湖镇	430921125000
乌嘴乡	430921201000
中鱼口乡	430921203000
河坝镇	430992100000
金盆镇	430992101000
北洲子镇	430992102000
桃江县（12镇，3乡）	**430922000000**
桃花江镇	430922100000
修山镇	430922101000
三堂街镇	430922102000
鸬鹚渡镇	430922103000
大栗港镇	430922104000
武潭镇	430922105000
马迹塘镇	430922106000
石牛江镇	430922107000
牛田镇	430922108000
松木塘镇	430922109000
灰山港镇	430922111000
沾溪镇	430922112000
浮丘山乡	430922202000
高桥乡	430922203000
鲊埠回族乡	430922208000
安化县（18镇，5乡）	**430923000000**
东坪镇	430923100000
清塘铺镇	430923101000
梅城镇	430923102000
仙溪镇	430923103000
大福镇	430923104000
长塘镇	430923105000
小淹镇	430923106000
江南镇	430923107000
羊角塘镇	430923108000
冷市镇	430923109000
马路镇	430923110000
奎溪镇	430923111000
烟溪镇	430923112000
渠江镇	430923113000
平口镇	430923114000
柘溪镇	430923115000
乐安镇	430923116000
滔溪镇	430923117000
高明乡	430923200000
龙塘乡	430923206000
田庄乡	430923209000
南金乡	430923211000
古楼乡	430923212000
沅江市（2街道，12镇，1乡）	**430981000000**
庆云山街道	430981002000
琼湖街道	430981006000
南大膳镇	430981100000
黄茅洲镇	430981101000
四季红镇	430981102000
阳罗洲镇	430981103000
草尾镇	430981104000
泗湖山镇	430981105000
共华镇	430981106000
南嘴镇	430981107000
新湾镇	430981108000
三眼塘镇	430981109000
茶盘洲镇	430981110000
万子湖乡	430981209000
千山红镇	430992103000
郴州市（19街道，102镇，82乡）	**431000000000**
北湖区（8街道，4镇，4乡）	**431002000000**
人民路街道	431002001000
北湖街道	431002002000
燕泉街道	431002003000
下湄桥街道	431002004000
郴江街道	431002005000
骆仙街道	431002006000
增福街道	431002007000
涌泉街道	431002008000
石盖塘镇	431002100000
华塘镇	431002101000
鲁塘镇	431002102000
保和镇	431002108000
大塘瑶族乡	431002202000
月峰瑶族乡	431002205000
芙蓉乡	431002206000
永春乡	431002207000
苏仙区（6街道，9镇，1乡）	**431003000000**
苏仙岭街道	431003001000
南塔街道	431003002000
白鹿洞街道	431003003000
王仙岭街道	431003004000
卜里坪街道	431003005000
观山洞街道	431003006000
桥口镇	431003100000
白露塘镇	431003101000
良田镇	431003102000
栖凤渡镇	431003103000
坳上镇	431003104000
许家洞镇	431003105000
五盖山镇	431003108000
望仙镇	431003109000
五里牌镇	431003110000
马头岭乡	431003202000
桂阳县（3街道，17镇，6乡）	**431021000000**
龙潭街道	431021001000
鹿峰街道	431021002000
黄沙坪街道	431021003000

续表 9

行政区划名称	行政区划代码	行政区划名称	行政区划代码	行政区划名称	行政区划代码
仁义镇	431021102000	天塘乡	431022217000	楚江镇	431025110000
太和镇	431021103000	**永兴县(14镇，7乡)**	**431023000000**	香花镇	431025111000
洋市镇	431021104000	马田镇	431023101000	双溪乡	431025200000
和平镇	431021105000	湘阴渡镇	431023102000	同益乡	431025203000
流峰镇	431021106000	塘门口镇	431023103000	土地乡	431025205000
塘市镇	431021107000	金龟镇	431023104000	花塘乡	431025208000
莲塘镇	431021108000	柏林镇	431023105000	武源乡	431025210000
荷叶镇	431021110000	鲤鱼塘镇	431023106000	万水乡	431025211000
方元镇	431021111000	油市镇	431023107000	镇南乡	431025214000
樟市镇	431021112000	悦来镇	431023108000	大冲乡	431025215000
敖泉镇	431021113000	复和镇	431023109000	西山瑶族乡	431025216000
正和镇	431021114000	高亭镇	431023110000	**汝城县(8镇，11乡)**	**431026000000**
春陵江镇	431021116000	黄泥镇	431023111000	小垣镇	431026101000
雷坪镇	431021122000	樟树镇	431023112000	热水镇	431026102000
四里镇	431021123000	太和镇	431023113000	土桥镇	431026103000
欧阳海镇	431021124000	便江镇	431023114000	泉水镇	431026104000
浩塘镇	431021125000	洋塘乡	431023203000	暖水镇	431026105000
桥市乡	431021209000	油麻乡	431023205000	大坪镇	431026106000
华山瑶族乡	431021214000	三塘乡	431023206000	三江口镇	431026107000
泗洲乡	431021217000	香梅乡	431023209000	卢阳镇	431026108000
光明乡	431021219000	大布江乡	431023214000	井坡乡	431026202000
白水乡	431021220000	龙形市乡	431023215000	文明乡	431026203000
杨柳瑶族乡	431021221000	七甲乡	431023216000	盈洞瑶族乡	431026204000
宜章县(11镇，11乡)	**431022000000**	**嘉禾县(8镇，5乡)**	**431024000000**	岭秀瑶族乡	431026205000
白石渡镇	431022101000	车头镇	431024101000	田庄乡	431026206000
杨梅山镇	431022102000	塘村镇	431024102000	南洞乡	431026207000
梅田镇	431022104000	袁家镇	431024103000	永丰乡	431026208000
麻田镇	431022105000	行廊镇	431024104000	濠头乡	431026209000
黄沙镇	431022106000	肖家镇	431024105000	马桥乡	431026212000
迎春镇	431022107000	龙潭镇	431024106000	延寿瑶族乡	431026214000
一六镇	431022108000	石桥镇	431024107000	集益乡	431026215000
栗源镇	431022109000	珠泉镇	431024108000	**桂东县(7镇，8乡)**	**431027000000**
岩泉镇	431022110000	普满乡	431024201000	沙田镇	431027101000
玉溪镇	431022111000	田心乡	431024202000	清泉镇	431027102000
瑶岗仙镇	431022112000	坦坪乡	431024203000	大塘镇	431027103000
浆水乡	431022201000	广发乡	431024204000	四都镇	431027104000
长村乡	431022202000	盘江乡	431024206000	沤江镇	431027105000
莽山瑶族乡	431022205000	**临武县(9镇，9乡)**	**431025000000**	寨前镇	431027106000
笆篱乡	431022206000	舜峰镇	431025100000	普乐镇	431027107000
白沙圩乡	431022207000	金江镇	431025101000	桥头乡	431027200000
关溪乡	431022208000	武水镇	431025104000	寒口乡	431027201000
里田乡	431022210000	南强镇	431025105000	增口乡	431027204000
赤石乡	431022212000	水东镇	431025106000	流源乡	431027206000
平和乡	431022213000	汾市镇	431025108000	新坊乡	431027208000
五岭乡	431022216000	麦市镇	431025109000	东洛乡	431027210000

续表 10

行政区划名称	行政区划代码
贝溪乡	431027211000
青山乡	431027213000
安仁县(5镇，12乡)	**431028000000**
安平镇	431028101000
龙海镇	431028102000
关王镇	431028104000
灵官镇	431028105000
永乐江镇	431028106000
龙市乡	431028201000
渡口乡	431028204000
华王乡	431028205000
牌楼乡	431028206000
平背乡	431028207000
坪上乡	431028208000
承坪乡	431028209000
竹山乡	431028210000
豪山乡	431028211000
羊脑乡	431028212000
新洲乡	431028213000
洋际乡	431028214000
资兴市(2街道，10镇，8乡)	**431081000000**
唐洞街道	431081001000
东江街道	431081002000
滁口镇	431081100000
三都镇	431081102000
蓼江镇	431081103000
七里镇	431081104000
兴宁镇	431081105000
州门司镇	431081106000
青腰镇	431081107000
黄草镇	431081108000
汤溪镇	431081110000
程水镇	431081111000
东坪乡	431081202000
团结瑶族乡	431081203000
连坪瑶族乡	431081207000
兰市乡	431081213000
波水乡	431081214000
清江乡	431081216000
龙溪乡	431081217000
白廊乡	431081218000
永州市(16街道，109镇，80乡)	**431100000000**
零陵区(4街道，8镇，4乡)	**431102000000**
朝阳街道	431102001000
南津渡街道	431102002000
七里店街道	431102003000
徐家井街道	431102004000
水口山镇	431102101000
珠山镇	431102102000
黄田铺镇	431102103000
富家桥镇	431102104000
菱角塘镇	431102105000
邮亭圩镇	431102106000
接履桥镇	431102107000
石岩头镇	431102108000
大庆坪乡	431102200000
梳子铺乡	431102201000
石山脚乡	431102202000
凼底乡	431102203000
冷水滩区(6街道，11镇，2乡)	**431103000000**
梅湾街道	431103001000
菱角山街道	431103002000
肖家园街道	431103003000
杨家桥街道	431103004000
凤凰街道	431103005000
梧桐街道	431103006000
花桥街镇	431103101000
普利桥镇	431103102000
牛角坝镇	431103103000
高溪市镇	431103104000
黄阳司镇	431103105000
上岭桥镇	431103106000
竹山桥镇	431103107000
伊塘镇	431103108000
岚角山镇	431103109000
蔡市镇	431103110000
仁湾镇	431103111000
珊瑚乡	431103200000
杨村甸乡	431103201000
祁阳县(3街道，20镇，8乡)	**431121000000**
龙山街道	431121001000
长虹街道	431121002000
浯溪街道	431121003000
观音滩镇	431121101000
茅竹镇	431121102000
大忠桥镇	431121103000
三口塘镇	431121104000
肖家村镇	431121105000
八宝镇	431121106000
白水镇	431121107000
黄泥塘镇	431121108000
进宝塘镇	431121109000
潘市镇	431121110000
梅溪镇	431121111000
羊角塘镇	431121112000
下马渡镇	431121113000
七里桥镇	431121114000
大村甸镇	431121115000
黎家坪镇	431121116000
文富市镇	431121117000
文明铺镇	431121118000
龚家坪镇	431121119000
金洞镇	431121120000
小金洞乡	431121200000
晒北滩瑶族乡	431121201000
凤凰乡	431121202000
白果市乡	431121203000
石鼓源乡	431121204000
上司源乡	431121205000
内下乡	431121206000
万宝山乡	431121207000
东安县(13镇，3乡)	**431122000000**
白牙市镇	431122100000
大庙口镇	431122101000
紫溪市镇	431122102000
横塘镇	431122103000
石期市镇	431122104000
井头圩镇	431122105000
端桥铺镇	431122106000
鹿马桥镇	431122107000
芦洪市镇	431122108000
新圩江镇	431122109000
花桥镇	431122110000
大盛镇	431122111000
南桥镇	431122112000
大江口乡	431122200000
川岩乡	431122201000
水岭乡	431122202000
双牌县(3镇，11乡)	**431123000000**
泷泊镇	431123100000
江村镇	431123101000
五里牌镇	431123102000
平福头乡	431123200000
尚仁里乡	431123201000
永江乡	431123202000
何家洞乡	431123203000
麻江乡	431123204000
茶林乡	431123205000
塘底乡	431123206000
上梧江瑶族乡	431123207000
理家坪乡	431123208000
五星岭乡	431123209000
打鼓坪乡	431123210000
道县(3街道，11镇，10乡)	**431124000000**
濂溪街道	431124001000
西洲街道	431124002000
上关街道	431124003000
梅花镇	431124101000
寿雁镇	431124102000
仙子脚镇	431124103000
清塘镇	431124104000
祥霖铺镇	431124105000
蚣坝镇	431124106000
四马桥镇	431124107000
白马渡镇	431124108000
柑子园镇	431124109000
新车镇	431124110000
白芒铺镇	431124111000

续表 11

行政区划名称	行政区划代码
富塘乡	431124200000
乐福堂乡	431124201000
桥头乡	431124202000
营江乡	431124203000
万家庄乡	431124204000
东门乡	431124209000
审章塘瑶族乡	431124210000
井塘瑶族乡	431124211000
横岭瑶族乡	431124212000
洪塘营瑶族乡	431124213000
江永县(7镇，5乡)	**431125000000**
潇浦镇	431125100000
上江圩镇	431125101000
允山镇	431125102000
夏层铺镇	431125103000
桃川镇	431125104000
粗石江镇	431125105000
回龙圩镇	431125106000
松柏瑶族乡	431125200000
黄甲岭乡	431125201000
千家峒瑶族乡	431125202000
兰溪瑶族乡	431125203000
源口瑶族乡	431125204000
宁远县(12镇，5乡)	**431126000000**
舜陵镇	431126100000
天堂镇	431126101000
水市镇	431126102000
湾井镇	431126103000
冷水镇	431126104000
太平镇	431126105000
禾亭镇	431126106000
仁和镇	431126107000
中和镇	431126108000
柏家坪镇	431126109000
清水桥镇	431126110000
鲤溪镇	431126111000
九疑瑶族乡	431126200000
保安乡	431126201000
荒塘瑶族乡	431126202000
棉花坪瑶族乡	431126203000
桐木漯瑶族乡	431126204000
蓝山县(6镇，9乡)	**431127000000**
塔峰镇	431127100000
竹管寺镇	431127101000
毛俊镇	431127102000
楠市镇	431127103000
所城镇	431127104000
新圩镇	431127105000
汇源瑶族乡	431127200000
犁头瑶族乡	431127201000
浆洞瑶族乡	431127202000
紫良瑶族乡	431127203000
大桥瑶族乡	431127204000
荆竹瑶族乡	431127205000
祠堂圩乡	431127206000
土市乡	431127207000
太平圩乡	431127208000
新田县(7镇，12乡)	**431128000000**
龙泉镇	431128100000
金陵镇	431128101000
骥村镇	431128102000
枧头镇	431128103000
新圩镇	431128104000
石羊镇	431128105000
新隆镇	431128106000
莲花乡	431128200000
冷水井乡	431128201000
门楼下瑶族乡	431128202000
茂家乡	431128203000
毛里乡	431128204000
十字乡	431128205000
金盆圩乡	431128206000
三井乡	431128207000
陶岭乡	431128208000
高山乡	431128209000
知市坪乡	431128210000
大坪塘乡	431128211000
江华瑶族自治县(11镇，11乡)	**431129000000**
沱江镇	431129100000
桥头铺镇	431129101000
东田镇	431129102000
大路铺镇	431129103000
白芒营镇	431129104000
涛圩镇	431129105000
河路口镇	431129106000
小圩镇	431129107000
大圩镇	431129108000
水口镇	431129109000
码市镇	431129110000
界牌乡	431129200000
桥市乡	431129201000
大石桥乡	431129202000
清塘壮族乡	431129203000
两岔河乡	431129204000
务江乡	431129205000
花江乡	431129206000
湘江乡	431129207000
贝江乡	431129208000
未竹口乡	431129209000
大锡乡	431129210000
怀化市(11街道，90镇，196乡)	**431200000000**
鹤城区(7街道，1镇，6乡)	**431202000000**
城中街道	431202001000
城北街道	431202002000
红星街道	431202003000
迎丰街道	431202004000
坨院街道	431202005000
河西街道	431202006000
城南街道	431202007000
黄金坳镇	431202101000
盈口乡	431202201000
杨村乡	431202202000
石门乡	431202203000
贺家田乡	431202204000
凉亭坳乡	431202205000
芦坪乡	431202206000
中方县(11镇，11乡)	**431221000000**
中方镇	431221100000
牌楼坳镇	431221101000
泸阳镇	431221102000
花桥镇	431221103000
铜湾镇	431221104000
桐木镇	431221105000
铁坡镇	431221106000
新建镇	431221107000
接龙镇	431221108000
铜鼎镇	431221109000
新路河镇	431221110000
炉亭坳乡	431221200000
下坪乡	431221201000
聂家村乡	431221202000
龙场乡	431221203000
袁家乡	431221206000
蒋家乡	431221207000
丁家乡	431221209000
锦溪乡	431221211000
活水乡	431221212000
石宝乡	431221213000
蒿吉坪瑶族乡	431221214000
沅陵县(8镇，15乡)	**431222000000**
沅陵镇	431222100000
明溪口镇	431222101000
麻溪铺镇	431222102000
凉水井镇	431222103000
官庄镇	431222104000
五强溪镇	431222105000
筲箕湾镇	431222107000
七甲坪镇	431222108000
太常乡	431222201000
盘古乡	431222204000
二酉苗族乡	431222207000
荔溪乡	431222215000
杜家坪乡	431222223000
楠木铺乡	431222224000
马底驿乡	431222225000
北溶乡	431222228000
深溪口乡	431222229000
肖家桥乡	431222230000
大合坪乡	431222232000
火场土家族乡	431222234000
借母溪乡	431222235000
陈家滩乡	431222238000
清浪乡	431222239000
辰溪县(8镇，22乡)	**431223000000**
辰阳镇	431223100000
孝坪镇	431223101000
田湾镇	431223102000
火马冲镇	431223103000
黄溪口镇	431223104000

续表 12

行政区划名称	行政区划代码
潭湾镇	431223105000
安坪镇	431223106000
寺前镇	431223107000
船溪乡	431223200000
城郊乡	431223201000
板桥乡	431223202000
长田湾乡	431223204000
小龙门乡	431223205000
后塘瑶族乡	431223206000
苏木溪瑶族乡	431223207000
罗子山瑶族乡	431223208000
上蒲溪瑶族乡	431223209000
仙人湾瑶族乡	431223210000
龙头庵乡	431223211000
锦滨乡	431223212000
石碧乡	431223213000
桥头乡	431223214000
大水田乡	431223215000
桥头溪乡	431223216000
石马湾乡	431223217000
龙泉岩乡	431223218000
修溪乡	431223219000
伍家湾乡	431223220000
柿溪乡	431223221000
谭家场乡	431223222000
溆浦县(14镇，29乡)	**431224000000**
卢峰镇	431224100000
江口镇	431224101000
低庄镇	431224102000
桥江镇	431224103000
龙潭镇	431224104000
均坪镇	431224105000
观音阁镇	431224106000
双井镇	431224107000
水东镇	431224108000
两丫坪镇	431224109000
黄茅园镇	431224110000
祖市殿镇	431224111000
葛竹坪镇	431224112000
谭家湾镇	431224113000
伏水湾乡	431224200000
小江口乡	431224201000
思蒙乡	431224202000
木溪乡	431224203000
舒溶溪乡	431224204000
仲夏乡	431224205000
水隘乡	431224207000
让家溪乡	431224208000
大渭溪乡	431224209000
岩家垅乡	431224210000
水田庄乡	431224212000
油洋乡	431224213000
新田乡	431224214000
岗东乡	431224215000
两江乡	431224216000
善溪乡	431224217000
桐木溪乡	431224218000
小横垅乡	431224219000
统溪河乡	431224220000
龙王江乡	431224221000
陶金坪乡	431224222000
中都乡	431224223000
沿溪乡	431224224000
九溪江乡	431224225000
北斗溪乡	431224226000
横板桥乡	431224227000
温水乡	431224228000
大华乡	431224229000
龙庄湾乡	431224230000
会同县(8镇，17乡)	**431225000000**
林城镇	431225100000
坪村镇	431225101000
堡子镇	431225102000
团河镇	431225103000
若水镇	431225104000
朗江镇	431225105000
广坪镇	431225106000
马鞍镇	431225107000
沙溪乡	431225200000
金子岩侗族苗族乡	431225201000
王家坪乡	431225202000
长寨乡	431225203000
高椅乡	431225204000
黄茅乡	431225205000
肖家乡	431225206000
金龙乡	431225207000
宝田侗族苗族乡	431225209000
漠滨侗族苗族乡	431225210000
蒲稳侗族苗族乡	431225211000
青朗侗族苗族乡	431225212000
炮团侗族苗族乡	431225213000
地灵乡	431225214000
连山乡	431225215000
岩头乡	431225216000
洒溪乡	431225217000
麻阳苗族自治县(6镇，17乡)	**431226000000**
高村镇	431226100000
锦和镇	431226101000
江口墟镇	431226102000
岩门镇	431226103000
兰里镇	431226104000
吕家坪镇	431226105000
郭公坪乡	431226200000
长潭乡	431226201000
拖冲乡	431226202000
尧市乡	431226203000
文昌阁乡	431226204000
大桥江乡	431226205000
舒家村乡	431226206000
隆家堡乡	431226207000
谭家寨乡	431226208000
石羊哨乡	431226209000
板栗树乡	431226210000
谷达坡乡	431226211000
兰村乡	431226213000
栗坪乡	431226214000
绿溪口乡	431226215000
和平溪乡	431226216000
黄桑乡	431226217000
新晃侗族自治县(7镇，16乡)	**431227000000**
新晃镇	431227100000
波洲镇	431227101000
兴隆镇	431227102000
鱼市镇	431227103000
凉伞镇	431227104000
扶罗镇	431227105000
中寨镇	431227106000
步头降苗族乡	431227200000
洞坪乡	431227201000
大湾罗乡	431227202000
方家屯乡	431227203000
晏家乡	431227204000
林冲乡	431227205000
天堂乡	431227206000
黄雷乡	431227207000
凳寨乡	431227208000
茶坪乡	431227209000
新寨乡	431227210000
贡溪乡	431227211000
李树乡	431227212000
禾滩乡	431227213000
碧朗乡	431227214000
米贝苗族乡	431227215000
芷江侗族自治县(5镇，23乡)	**431228000000**
芷江镇	431228100000
罗旧镇	431228101000
新店坪镇	431228102000
碧涌镇	431228103000
公坪镇	431228104000
牛牯坪乡	431228201000
艾头坪乡	431228202000
岩桥乡	431228203000
水宽乡	431228204000
木叶溪乡	431228206000
五郎溪乡	431228207000
麻缨塘乡	431228208000
竹坪铺乡	431228209000
土桥乡	431228210000
上坪乡	431228211000
大树坳乡	431228212000
大洪山乡	431228213000
杨公庙乡	431228214000
梨溪口乡	431228215000
洞下场乡	431228216000
罗岩乡	431228217000
板山乡	431228218000
大垅乡	431228219000
禾梨坳乡	431228220000
冷水溪乡	431228221000
楠木坪乡	431228222000
晓坪乡	431228223000
罗卜田乡	431228224000

续表 13

行政区划名称	行政区划代码
靖州苗族侗族自治县(6镇，7乡)	**431229000000**
渠阳镇	431229100000
甘棠镇	431229101000
大堡子镇	431229102000
坳上镇	431229103000
新厂镇	431229104000
平茶镇	431229105000
太阳坪乡	431229200000
三锹乡	431229201000
文溪乡	431229202000
寨牙乡	431229203000
横江桥乡	431229204000
铺口乡	431229205000
藕团乡	431229206000
通道侗族自治县(8镇，13乡)	**431230000000**
双江镇	431230100000
县溪镇	431230101000
播阳镇	431230102000
临口镇	431230103000
牙屯堡镇	431230104000
菁芜洲镇	431230105000
溪口镇	431230106000
陇城镇	431230107000
江口乡	431230200000
戈冲苗族乡	431230201000
大高坪苗族乡	431230203000
独坡乡	431230204000
杉木桥乡	431230209000
木脚乡	431230210000
下乡乡	431230211000
马龙乡	431230212000
传素瑶族乡	431230214000
黄土乡	431230215000
坪坦乡	431230216000
坪阳乡	431230218000
甘溪乡	431230219000
洪江市(4街道，8镇，20乡)	**431281000000**
黔城镇	431281101000
安江镇	431281102000
托口镇	431281103000
雪峰镇	431281104000
双溪镇	431281105000
江市镇	431281106000
沅河镇	431281107000
塘湾镇	431281108000
硖州乡	431281200000
龙田乡	431281201000
岔头乡	431281202000
茅渡乡	431281203000
大崇乡	431281204000
熟坪乡	431281205000
铁山乡	431281206000
群峰乡	431281207000
湾溪乡	431281208000
洗马乡	431281209000
沙湾乡	431281211000
深渡苗族乡	431281212000
龙船塘瑶族乡	431281213000
太平乡	431281214000
土溪乡	431281215000
红岩乡	431281216000
岩垅乡	431281217000
河滨路街道	431291001000
沅江路街道	431291002000
新街街道	431291003000
高坡街街道	431291004000
横岩乡	431291218000
常青乡	431291219000
桂花园乡	431291220000
娄底市(12街道，60镇，20乡)	**431300000000**
娄星区(7街道，4镇，3乡)	**431302000000**
乐坪街道	431302001000
花山街道	431302002000
黄泥塘街道	431302003000
长青街道	431302004000
大科街道	431302005000
杉山镇	431302100000
万宝镇	431302101000
茶园镇	431302103000
石井镇	431302104000
百亩乡	431302202000
小碧乡	431302203000
双江乡	431302204000
大埠桥街道	431391001000
涟滨街道	431391002000
双峰县(13镇，3乡)	**431321000000**
永丰镇	431321100000
荷叶镇	431321101000
井字镇	431321102000
梓门桥镇	431321103000
杏子铺镇	431321104000
走马街镇	431321105000
蛇形山镇	431321106000
洪山殿镇	431321107000
甘棠铺镇	431321108000
三塘铺镇	431321109000
青树坪镇	431321110000
花门镇	431321111000
锁石镇	431321112000
石牛乡	431321200000
沙塘乡	431321201000
印塘乡	431321202000
新化县(19镇，7乡)	**431322000000**
上梅镇	431322100000
石冲口镇	431322101000
洋溪镇	431322102000
槎溪镇	431322103000
水车镇	431322104000
文田镇	431322105000
奉家镇	431322106000
炉观镇	431322107000
游家镇	431322108000
西河镇	431322109000
孟公镇	431322110000
琅塘镇	431322111000
白溪镇	431322112000
圳上镇	431322113000
吉庆镇	431322114000
温塘镇	431322115000
田坪镇	431322116000
桑梓镇	431322117000
曹家镇	431322118000
科头乡	431322200000
维山乡	431322201000
天门乡	431322202000
荣华乡	431322203000
金凤乡	431322204000
油溪乡	431322205000
坐石乡	431322206000
冷水江市(4街道，7镇，5乡)	**431381000000**
冷水江街道	431381001000
锡矿山街道	431381002000
沙塘湾街道	431381003000
布溪街道	431381004000
禾青镇	431381100000
岩口镇	431381101000
渣渡镇	431381102000
铎山镇	431381103000
毛易镇	431381104000
三尖镇	431381105000
金竹山镇	431381106000
潘桥乡	431381200000
梓龙乡	431381203000
矿山乡	431381204000
中连乡	431381205000
同兴乡	431381206000
涟源市(1街道，17镇，2乡)	**431382000000**
蓝田街道	431382001000
六亩塘镇	431382100000
石马山镇	431382101000
安平镇	431382102000
湄江镇	431382103000
伏口镇	431382104000
桥头河镇	431382105000
七星街镇	431382106000
杨市镇	431382107000
枫坪镇	431382108000
斗笠山镇	431382109000
水洞底镇	431382110000
白马镇	431382111000
茅塘镇	431382112000
荷塘镇	431382113000
金石镇	431382114000
龙塘镇	431382115000
渡头塘镇	431382116000
三甲乡	431382200000
古塘乡	431382202000
湘西土家族苗族自治州(7街道，68镇，90乡)	**433100000000**
吉首市(4街道，5镇，7乡)	**433101000000**

续表 14

行政区划名称	行政区划代码	行政区划名称	行政区划代码	行政区划名称	行政区划代码
镇溪街道	433101005000	花垣镇	433124100000	青坪镇	433127109000
峒河街道	433101006000	边城镇	433124101000	砂坝镇	433127110000
乾州街道	433101007000	龙潭镇	433124102000	松柏镇	433127111000
吉凤街道	433101008000	民乐镇	433124103000	两岔乡	433127200000
矮寨镇	433101100000	团结镇	433124104000	勺哈乡	433127201000
马颈坳镇	433101101000	吉卫镇	433124105000	西歧乡	433127202000
河溪镇	433101102000	麻栗场镇	433124106000	对山乡	433127203000
双塘镇	433101103000	雅酉镇	433124107000	大坝乡	433127205000
丹青镇	433101104000	长乐乡	433124200000	列夕乡	433127206000
寨阳乡	433101202000	两河乡	433124202000	高坪乡	433127210000
已略乡	433101203000	排碧乡	433124204000	回龙乡	433127212000
太平乡	433101204000	董马库乡	433124205000	小溪乡	433127214000
白岩乡	433101205000	猫儿乡	433124206000	朗溪乡	433127216000
排绸乡	433101207000	补抽乡	433124208000	润雅乡	433127220000
排吼乡	433101208000	道二乡	433124209000	车坪乡	433127222000
社塘坡乡	433101209000	排吾乡	433124210000	毛坝乡	433127228000
泸溪县(8镇，7乡)	**433122000000**	排料乡	433124211000	万民乡	433127229000
白沙镇	433122100000	雅桥乡	433124212000	盐井乡	433127230000
浦市镇	433122101000	**保靖县(10镇，6乡)**	**433125000000**	抚志乡	433127233000
达岚镇	433122102000	迁陵镇	433125100000	吊井乡	433127235000
合水镇	433122103000	水田河镇	433125101000	颗砂乡	433127236000
兴隆场镇	433122104000	葫芦镇	433125102000	**龙山县(3街道，11镇，20乡)**	**433130000000**
潭溪镇	433122105000	毛沟镇	433125103000		
洗溪镇	433122106000	普戎镇	433125104000	民安街道	433130001000
武溪镇	433122107000	比耳镇	433125105000	华塘街道	433130002000
石榴坪乡	433122203000	清水坪镇	433125106000	新城街道	433130003000
永兴场乡	433122205000	野竹坪镇	433125107000	石羔镇	433130101000
解放岩乡	433122206000	复兴镇	433125108000	茨岩塘镇	433130102000
小章乡	433122207000	碗米坡镇	433125109000	红岩溪镇	433130103000
白羊溪乡	433122208000	阳朝乡	433125201000	洗车河镇	433130104000
梁家潭乡	433122209000	水银乡	433125202000	苗儿滩镇	433130105000
八什坪乡	433122210000	涂乍乡	433125203000	隆头镇	433130106000
凤凰县(9镇，15乡)	**433123000000**	大妥乡	433125205000	里耶镇	433130107000
沱江镇	433123100000	夯沙乡	433125210000	召市镇	433130108000
廖家桥镇	433123101000	清水乡	433125215000	桂塘镇	433130109000
木江坪镇	433123102000	**古丈县(5镇，7乡)**	**433126000000**	石牌镇	433130110000
阿拉营镇	433123103000	古阳镇	433126100000	靛房镇	433130111000
茶田镇	433123104000	默戎镇	433126101000	洛塔乡	433130200000
吉信镇	433123105000	罗依溪镇	433126102000	洗洛乡	433130203000
山江镇	433123106000	红石林镇	433126103000	湾塘乡	433130204000
腊尔山镇	433123107000	岩头寨镇	433126104000	白羊乡	433130205000
禾库镇	433123108000	断龙山乡	433126200000	兴隆街乡	433130206000
官庄乡	433123202000	高峰乡	433126202000	三元乡	433130207000
水打田乡	433123204000	河蓬乡	433126205000	桶车乡	433130208000
林峰乡	433123205000	坪坝乡	433126206000	大安乡	433130210000
都里乡	433123206000	山枣乡	433126207000	水田坝乡	433130211000
落潮井乡	433123207000	双溪乡	433126208000	乌鸦乡	433130212000
新场乡	433123208000	高望界乡	433126211000	猛必乡	433130213000
茨岩乡	433123209000	**永顺县(12镇，18乡)**	**433127000000**	茅坪乡	433130215000
三拱桥乡	433123212000	灵溪镇	433127100000	他砂乡	433130218000
竿子坪乡	433123213000	首车镇	433127101000	内溪乡	433130222000
麻冲乡	433123216000	泽家镇	433127102000	贾市乡	433130223000
千工坪乡	433123218000	芙蓉镇	433127103000	塔泥乡	433130231000
木里乡	433123219000	永茂镇	433127104000	农车乡	433130232000
两林乡	433123220000	石堤镇	433127105000	老兴乡	433130234000
柳薄乡	433123221000	塔卧镇	433127106000	贾坝乡	433130235000
米良乡	433123222000	万坪镇	433127107000	咱果乡	433130236000
花垣县(8镇，10乡)	**433124000000**	长官镇	433127108000		

广东省

广东省(粤)

行政区划名称	行政区划代码
广东省(444街道, 1131镇, 11乡)	**440000000000**
广州市(133街道, 35镇)	**440100000000**
荔湾区(22街道)	**440103000000**
沙面街道	440103001000
岭南街道	440103002000
华林街道	440103003000
多宝街道	440103004000
昌华街道	440103005000
逢源街道	440103006000
龙津街道	440103007000
金花街道	440103008000
彩虹街道	440103009000
南源街道	440103010000
西村街道	440103011000
站前街道	440103012000
桥中街道	440103013000
白鹤洞街道	440103014000
冲口街道	440103015000
花地街道	440103016000
石围塘街道	440103017000
茶滘街道	440103018000
东漖街道	440103019000
海龙街道	440103020000
东沙街道	440103021000
中南街道	440103022000
越秀区(22街道)	**440104000000**
洪桥街道	440104001000
广卫街道	440104002000
北京街道	440104003000
六榕街道	440104004000
流花街道	440104005000
东风街道	440104006000
光塔街道	440104007000
大新街道	440104009000
人民街道	440104010000
东湖街道	440104011000
农林街道	440104012000
梅花村街道	440104013000
黄花岗街道	440104014000
华乐街道	440104015000
大塘街道	440104017000
珠光街道	440104018000
大东街道	440104019000
白云街道	440104020000
登峰街道	440104021000
矿泉街道	440104022000
诗书街道	440104023000
建设街道	440104024000
海珠区(18街道)	**440105000000**
赤岗街道	440105001000
新港街道	440105002000
昌岗街道	440105003000
江南中街道	440105004000
滨江街道	440105005000
素社街道	440105006000
海幢街道	440105007000
南华西街道	440105008000
龙凤街道	440105009000
沙园街道	440105010000
南石头街道	440105011000
凤阳街道	440105012000
瑞宝街道	440105013000
江海街道	440105014000
琶洲街道	440105015000
南洲街道	440105016000
华洲街道	440105017000
官洲街道	440105018000
天河区(21街道)	**440106000000**
五山街道	440106001000
员村街道	440106002000
车陂街道	440106003000
沙河街道	440106004000
石牌街道	440106006000
沙东街道	440106007000
天河南街道	440106008000
林和街道	440106009000
兴华街道	440106010000
棠下街道	440106011000
天园街道	440106012000
猎德街道	440106013000
冼村街道	440106014000
元岗街道	440106015000
黄村街道	440106016000
凤凰街道	440106017000
龙洞街道	440106018000
长兴街道	440106019000
前进街道	440106020000
珠吉街道	440106021000
新塘街道	440106022000
白云区(14街道, 4镇)	**440111000000**
三元里街道	440111002000
松洲街道	440111003000
景泰街道	440111004000
同德街道	440111005000
黄石街道	440111006000
棠景街道	440111007000
新市街道	440111008000
同和街道	440111009000
京溪街道	440111010000
永平街道	440111011000
嘉禾街道	440111012000
均禾街道	440111013000
石井街道	440111014000
金沙街道	440111015000
人和镇	440111103000
太和镇	440111107000
钟落潭镇	440111108000
江高镇	440111113000
黄埔区(9街道)	**440112000000**
黄埔街道	440112001000
红山街道	440112002000
鱼珠街道	440112003000
大沙街道	440112005000
文冲街道	440112006000
穗东街道	440112007000
南岗街道	440112008000
荔联街道	440112009000
长洲街道	440112010000
番禺区(11街道, 5镇)	**440113000000**
沙湾街道	440113002000
钟村街道	440113003000
大石街道	440113004000
市桥街道	440113005000
沙头街道	440113006000
东环街道	440113007000
桥南街道	440113008000
小谷围街道	440113009000
洛浦街道	440113010000
石壁街道	440113011000
大龙街道	440113012000
石碁镇	440113102000
南村镇	440113103000
新造镇	440113104000
化龙镇	440113105000
石楼镇	440113106000
花都区(1街道, 7镇)	**440114000000**
新华街道	440114001000
梯面镇	440114103000
花山镇	440114104000
花东镇	440114105000
炭步镇	440114107000
赤坭镇	440114108000
狮岭镇	440114109000
雅瑶镇	440114111000
南沙区(3街道, 6镇)	**440115000000**
南沙街道	440115001000
珠江街道	440115002000
龙穴街道	440115003000
横沥镇	440115101000
万顷沙镇	440115102000
黄阁镇	440115103000
东涌镇	440115104000
大岗镇	440115105000
榄核镇	440115106000
萝岗区(5街道, 1镇)	**440116000000**
夏港街道	440116001000
萝岗街道	440116002000
东区街道	440116003000
联和街道	440116004000
永和街道	440116005000
九龙镇	440116100000
增城市(4街道, 7镇)	**440183000000**
荔城街道	440183001000
增江街道	440183002000
朱村街道	440183003000
永宁街道	440183004000
正果镇	440183102000
石滩镇	440183104000
新塘镇	440183107000
中新镇	440183112000

续表 1

行政区划名称	行政区划代码	行政区划名称	行政区划代码	行政区划名称	行政区划代码
派潭镇	440183114000	董塘镇	440224108000	珠玑镇	440282113000
小楼镇	440183115000	黄坑镇	440224109000	主田镇	440282115000
仙村镇	440183116000	周田镇	440224110000	古市镇	440282116000
从化市(3街道，5镇)	**440184000000**	大桥镇	440224111000	全安镇	440282118000
街口街道	440184001000	**翁源县(7镇)**	**440229000000**	百顺镇	440282120000
城郊街道	440184002000	龙仙镇	440229100000	澜河镇	440282121000
江埔街道	440184003000	坝仔镇	440229104000	帽子峰镇	440282122000
温泉镇	440184103000	江尾镇	440229106000	**深圳市(57街道)**	**440300000000**
良口镇	440184104000	官渡镇	440229109000	**罗湖区(10街道)**	**440303000000**
吕田镇	440184107000	周陂镇	440229111000	桂园街道	440303001000
太平镇	440184111000	翁城镇	440229113000	黄贝街道	440303002000
鳌头镇	440184113000	新江镇	440229114000	东门街道	440303003000
韶关市(10街道，93镇，1乡)	**440200000000**	**乳源瑶族自治县(9镇)**	**440232000000**	翠竹街道	440303004000
武江区(2街道，5镇)	**440203000000**	乳城镇	440232100000	南湖街道	440303005000
新华街道	440203001000	一六镇	440232103000	笋岗街道	440303006000
惠民街道	440203002000	桂头镇	440232104000	东湖街道	440303007000
西联镇	440203100000	洛阳镇	440232106000	莲塘街道	440303008000
西河镇	440203101000	大布镇	440232108000	东晓街道	440303009000
重阳镇	440203102000	大桥镇	440232109000	清水河街道	440303010000
龙归镇	440203103000	东坪镇	440232111000	**福田区(10街道)**	**440304000000**
江湾镇	440203104000	游溪镇	440232112000	南园街道	440304001000
浈江区(3街道，5镇)	**440204000000**	必背镇	440232113000	园岭街道	440304002000
东河街道	440204001000	**新丰县(1街道，6镇)**	**440233000000**	福田街道	440304004000
车站街道	440204002000	丰城街道	440233001000	沙头街道	440304005000
风采街道	440204006000	黄磜镇	440233101000	香蜜湖街道	440304006000
新韶镇	440204100000	马头镇	440233102000	梅林街道	440304007000
乐园镇	440204101000	梅坑镇	440233103000	莲花街道	440304008000
花坪镇	440204102000	沙田镇	440233104000	华富街道	440304009000
犁市镇	440204103000	遥田镇	440233105000	华强北街道	440304010000
十里亭镇	440204104000	回龙镇	440233106000	福保街道	440304011000
曲江区(1街道，9镇)	**440205000000**	**乐昌市(1街道，16镇)**	**440281000000**	**南山区(8街道)**	**440305000000**
松山街道	440205001000	乐城街道	440281001000	南头街道	440305001000
马坝镇	440205100000	北乡镇	440281102000	南山街道	440305002000
大塘镇	440205103000	九峰镇	440281103000	沙河街道	440305003000
枫湾镇	440205104000	廊田镇	440281104000	蛇口街道	440305005000
小坑镇	440205105000	长来镇	440281105000	招商街道	440305006000
沙溪镇	440205106000	梅花镇	440281106000	粤海街道	440305007000
乌石镇	440205108000	三溪镇	440281107000	桃源街道	440305008000
樟市镇	440205109000	坪石镇	440281108000	西丽街道	440305009000
白土镇	440205110000	黄圃镇	440281110000	**宝安区(12街道)**	**440306000000**
罗坑镇	440205119000	五山镇	440281111000	新安街道	440306001000
始兴县(9镇，1乡)	**440222000000**	两江镇	440281112000	西乡街道	440306003000
太平镇	440222100000	沙坪镇	440281113000	福永街道	440306004000
马市镇	440222101000	云岩镇	440281114000	沙井街道	440306005000
澄江镇	440222102000	秀水镇	440281115000	松岗街道	440306006000
顿岗镇	440222103000	大源镇	440281117000	石岩街道	440306008000
罗坝镇	440222104000	庆云镇	440281118000	观澜街道	440306010000
司前镇	440222105000	白石镇	440281119000	龙华街道	440306011000
隘子镇	440222106000	**南雄市(1街道，17镇)**	**440282000000**	大浪街道	440306012000
城南镇	440222107000	雄州街道	440282001000	民治街道	440306013000
沈所镇	440222108000	乌迳镇	440282100000	公明街道	440391001000
深渡水瑶族乡	440222203000	界址镇	440282103000	光明街道	440391002000
仁化县(1街道，10镇)	**440224000000**	坪田镇	440282104000	**龙岗区(13街道)**	**440307000000**
丹霞街道	440224001000	黄坑镇	440282105000	横岗街道	440307003000
闻韶镇	440224102000	邓坊镇	440282106000	布吉街道	440307004000
扶溪镇	440224103000	油山镇	440282107000	葵涌街道	440307005000
长江镇	440224104000	南亩镇	440282109000	大鹏街道	440307006000
城口镇	440224105000	水口镇	440282110000	南澳街道	440307007000
红山镇	440224106000	江头镇	440282111000	平湖街道	440307008000
石塘镇	440224107000	湖口镇	440282112000	坪地街道	440307009000

续表 2

行政区划名称	行政区划代码	行政区划名称	行政区划代码	行政区划名称	行政区划代码
龙岗街道	440307011000	石炮台街道	440511010000	**佛山市(12街道，21镇)**	**440600000000**
龙城街道	440307012000	东方街道	440511011000	**禅城区(3街道，1镇)**	**440604000000**
坂田街道	440307013000	金厦街道	440511012000	祖庙街道	440604001000
南湾街道	440307014000	金砂街道	440511013000	石湾镇街道	440604002000
坪山街道	440392001000	东墩街道	440511014000	张槎街道	440604003000
坑梓街道	440392002000	广厦街道	440511015000	南庄镇	440604100000
盐田区(4街道)	**440308000000**	岐山街道	440511016000	**南海区(2街道，6镇)**	**440605000000**
梅沙街道	440308001000	月浦街道	440511017000	桂城街道	440605001000
盐田街道	440308002000	**濠江区(7街道)**	**440512000000**	罗村街道	440605002000
沙头角街道	440308003000	礐石街道	440512001000	里水镇	440605100000
海山街道	440308004000	达濠街道	440512002000	九江镇	440605101000
珠海市(9街道，15镇)	**440400000000**	马滘街道	440512003000	丹灶镇	440605102000
香洲区(8街道，6镇)	**440402000000**	广澳街道	440512004000	西樵镇	440605104000
翠香街道	440402001000	河浦街道	440512005000	大沥镇	440605105000
梅华街道	440402002000	玉新街道	440512006000	狮山镇	440605106000
前山街道	440402003000	滨海街道	440512007000	**顺德区(4街道，6镇)**	**440606000000**
吉大街道	440402004000	**潮阳区(4街道，9镇)**	**440513000000**	容桂街道	440606001000
拱北街道	440402005000	文光街道	440513001000	伦教街道	440606002000
香湾街道	440402006000	城南街道	440513002000	勒流街道	440606003000
狮山街道	440402007000	棉北街道	440513003000	大良街道	440606004000
湾仔街道	440402008000	金浦街道	440513004000	陈村镇	440606100000
唐家湾镇	440402100000	海门镇	440513101000	北滘镇	440606101000
南屏镇	440402102000	和平镇	440513102000	乐从镇	440606102000
横琴镇	440402104000	贵屿镇	440513103000	龙江镇	440606103000
桂山镇	440402105000	铜盂镇	440513104000	杏坛镇	440606104000
担杆镇	440402106000	谷饶镇	440513105000	均安镇	440606105000
万山镇	440402107000	河溪镇	440513106000	**三水区(2街道，5镇)**	**440607000000**
斗门区(1街道，5镇)	**440403000000**	西胪镇	440513107000	西南街道	440607001000
白藤街道	440403001000	关埠镇	440513108000	云东海街道	440607004000
莲洲镇	440403102000	金灶镇	440513110000	大塘镇	440607101000
斗门镇	440403103000	**潮南区(1街道，10镇)**	**440514000000**	乐平镇	440607103000
乾务镇	440403105000	峡山街道	440514001000	白坭镇	440607104000
白蕉镇	440403106000	井都镇	440514101000	芦苞镇	440607105000
井岸镇	440403107000	陇田镇	440514102000	南山镇	440607106000
金湾区(4镇)	**440404000000**	成田镇	440514104000	**高明区(1街道，3镇)**	**440608000000**
三灶镇	440404100000	胪岗镇	440514105000	荷城街道	440608001000
南水镇	440404101000	两英镇	440514107000	明城镇	440608103000
红旗镇	440404103000	司马浦镇	440514108000	杨和镇	440608107000
平沙镇	440404104000	陈店镇	440514109000	更合镇	440608108000
汕头市(37街道，32镇)	**440500000000**	仙城镇	440514111000	**江门市(17街道，61镇)**	**440700000000**
龙湖区(5街道，2镇)	**440507000000**	红场镇	440514112000	**蓬江区(6街道，3镇)**	**440703000000**
金霞街道	440507001000	雷岭镇	440514113000	仓后街道	440703001000
龙祥街道	440507002000	**澄海区(3街道，8镇)**	**440515000000**	白沙街道	440703002000
鸥汀街道	440507003000	凤翔街道	440515001000	堤东街道	440703003000
新津街道	440507004000	澄华街道	440515002000	北街街道	440703004000
珠池街道	440507005000	广益街道	440515003000	潮连街道	440703005000
外砂镇	440507100000	东里镇	440515101000	环市街道	440703006000
新溪镇	440507101000	盐鸿镇	440515102000	荷塘镇	440703101000
金平区(17街道)	**440511000000**	莲华镇	440515103000	杜阮镇	440703102000
光华街道	440511001000	溪南镇	440515104000	棠下镇	440703103000
同益街道	440511002000	隆都镇	440515105000	**江海区(5街道)**	**440704000000**
海安街道	440511003000	莲上镇	440515106000	江南街道	440704001000
新福街道	440511004000	莲下镇	440515107000	滘头街道	440704002000
永祥街道	440511005000	上华镇	440515108000	滘北街道	440704003000
鮀莲街道	440511006000	**南澳县(3镇)**	**440523000000**	外海街道	440704004000
鮀江街道	440511007000	后宅镇	440523101000	礼乐街道	440704005000
乌桥街道	440511008000	云澳镇	440523102000	**新会区(1街道，10镇)**	**440705000000**
大华街道	440511009000	深澳镇	440523103000	会城街道	440705001000

续表 3

行政区划名称	行政区划代码
大泽镇	440705101000
司前镇	440705103000
沙堆镇	440705110000
古井镇	440705111000
三江镇	440705112000
睦洲镇	440705113000
大鳌镇	440705114000
罗坑镇	440705119000
双水镇	440705120000
崖门镇	440705121000
台山市(1街道，16镇)	**440781000000**
台城街道	440781001000
大江镇	440781101000
水步镇	440781102000
四九镇	440781103000
白沙镇	440781105000
三合镇	440781106000
冲蒌镇	440781107000
斗山镇	440781108000
都斛镇	440781109000
赤溪镇	440781110000
端芬镇	440781111000
广海镇	440781112000
海宴镇	440781113000
汶村镇	440781114000
深井镇	440781115000
北陡镇	440781117000
川岛镇	440781120000
开平市(2街道，13镇)	**440783000000**
三埠街道	440783001000
长沙街道	440783002000
月山镇	440783101000
水口镇	440783102000
沙塘镇	440783103000
苍城镇	440783104000
龙胜镇	440783105000
大沙镇	440783106000
马冈镇	440783107000
塘口镇	440783108000
赤坎镇	440783109000
百合镇	440783110000
蚬冈镇	440783111000
金鸡镇	440783112000
赤水镇	440783113000
鹤山市(1街道，9镇)	**440784000000**
沙坪街道	440784001000
龙口镇	440784101000
雅瑶镇	440784102000
古劳镇	440784103000
桃源镇	440784104000
鹤城镇	440784105000
共和镇	440784106000
址山镇	440784107000
宅梧镇	440784108000
双合镇	440784110000
恩平市(1街道，10镇)	**440785000000**
恩城街道	440785001000
横陂镇	440785100000
圣堂镇	440785101000
良西镇	440785102000
沙湖镇	440785103000
牛江镇	440785104000
君堂镇	440785105000
大田镇	440785106000
那吉镇	440785107000
大槐镇	440785108000
东成镇	440785109000
湛江市(37街道，82镇，2乡)	**440800000000**
赤坎区(8街道)	**440802000000**
中华街道	440802001000
寸金街道	440802002000
民主街道	440802003000
中山街道	440802004000
调顺街道	440802005000
沙湾街道	440802006000
南桥街道	440802007000
北桥街道	440802008000
霞山区(12街道)	**440803000000**
解放街道	440803001000
爱国街道	440803002000
工农街道	440803003000
友谊街道	440803004000
新兴街道	440803005000
海滨街道	440803006000
建设街道	440803009000
东新街道	440803010000
新园街道	440803011000
海头街道	440803012000
乐华街道	440803013000
泉庄街道	440803014000
坡头区(2街道，5镇)	**440804000000**
南调街道	440804001000
麻斜街道	440804002000
南三镇	440804100000
坡头镇	440804101000
乾塘镇	440804102000
龙头镇	440804103000
官渡镇	440804104000
麻章区(3街道，4镇)	**440811000000**
东山街道	440811001000
东简街道	440811002000
民安街道	440811003000
麻章镇	440811100000
太平镇	440811101000
湖光镇	440811102000
硇洲镇	440811106000
遂溪县(15镇)	**440823000000**
遂城镇	440823100000
黄略镇	440823101000
洋青镇	440823102000
界炮镇	440823104000
杨柑镇	440823106000
城月镇	440823107000
乌塘镇	440823108000
建新镇	440823109000
岭北镇	440823110000
北坡镇	440823111000
港门镇	440823112000
草潭镇	440823113000
河头镇	440823115000
乐民镇	440823116000
江洪镇	440823117000
徐闻县(1街道，12镇，2乡)	**440825000000**
徐城街道	440825001000
迈陈镇	440825102000
海安镇	440825103000
曲界镇	440825104000
前山镇	440825105000
西连镇	440825106000
下桥镇	440825107000
龙塘镇	440825108000
下洋镇	440825109000
锦和镇	440825110000
和安镇	440825111000
新寮镇	440825112000
南山镇	440825113000
城北乡	440825201000
角尾乡	440825204000
廉江市(3街道，18镇)	**440881000000**
罗州街道	440881001000
城北街道	440881002000
城南街道	440881003000
石城镇	440881101000
新民镇	440881102000
吉水镇	440881103000
河唇镇	440881104000
石角镇	440881105000
良垌镇	440881106000
横山镇	440881109000
安铺镇	440881110000
营仔镇	440881111000
青平镇	440881112000
车板镇	440881113000
高桥镇	440881114000
石岭镇	440881115000
雅塘镇	440881117000
石颈镇	440881118000
长山镇	440881119000
塘蓬镇	440881120000
和寮镇	440881121000
雷州市(3街道，18镇)	**440882000000**
雷城街道	440882001000
新城街道	440882002000
西湖街道	440882003000
附城镇	440882101000
白沙镇	440882102000
沈塘镇	440882103000
客路镇	440882104000
杨家镇	440882105000
唐家镇	440882106000
纪家镇	440882107000
企水镇	440882108000
南兴镇	440882109000

续表 4

行政区划名称	行政区划代码
松竹镇	440882110000
调风镇	440882111000
雷高镇	440882112000
东里镇	440882113000
龙门镇	440882114000
英利镇	440882115000
北和镇	440882116000
覃斗镇	440882118000
乌石镇	440882119000
吴川市(5街道，10镇)	**440883000000**
梅菉街道	440883001000
塘尾街道	440883002000
大山江街道	440883003000
博铺街道	440883004000
海滨街道	440883005000
浅水镇	440883100000
长岐镇	440883101000
覃巴镇	440883102000
王村港镇	440883103000
振文镇	440883104000
樟铺镇	440883105000
吴阳镇	440883106000
塘㙍镇	440883107000
黄坡镇	440883109000
兰石镇	440883111000
茂名市(22街道，87镇)	**440900000000**
茂南区(8街道，8镇)	**440902000000**
红旗街道	440902001000
河西街道	440902002000
河东街道	440902003000
露天矿街道	440902004000
新华街道	440902005000
官渡街道	440902006000
站前街道	440902007000
城南街道	440902008000
金塘镇	440902100000
公馆镇	440902101000
新坡镇	440902102000
镇盛镇	440902103000
鳌头镇	440902104000
袂花镇	440902105000
高山镇	440902106000
山阁镇	440902107000
茂港区(2街道，5镇)	**440903000000**
南海街道	440903001000
高地街道	440903002000
羊角镇	440903101000
坡心镇	440903102000
七迳镇	440903103000
小良镇	440903104000
沙院镇	440903105000
电白县(16镇)	**440923000000**
马踏镇	440923100000
岭门镇	440923101000
电城镇	440923103000
树仔镇	440923104000
麻岗镇	440923106000
旦场镇	440923107000
林头镇	440923113000
霞洞镇	440923115000
观珠镇	440923116000
沙琅镇	440923117000
黄岭镇	440923118000
望夫镇	440923119000
罗坑镇	440923120000
那霍镇	440923121000
博贺镇	440923122000
水东镇	440923123000
高州市(5街道，23镇)	**440981000000**
石仔岭街道	440981002000
山美街道	440981003000
金山街道	440981006000
宝光街道	440981007000
潘州街道	440981008000
谢鸡镇	440981100000
新垌镇	440981101000
云潭镇	440981102000
分界镇	440981103000
根子镇	440981104000
泗水镇	440981105000
石鼓镇	440981106000
镇江镇	440981107000
沙田镇	440981109000
南塘镇	440981110000
荷花镇	440981111000
石板镇	440981112000
东岸镇	440981113000
大井镇	440981115000
潭头镇	440981116000
长坡镇	440981117000
大坡镇	440981119000
平山镇	440981120000
深镇镇	440981121000
马贵镇	440981122000
古丁镇	440981123000
曹江镇	440981124000
荷塘镇	440981126000
化州市(6街道，17镇)	**440982000000**
河西街道	440982001000
东山街道	440982002000
下郭街道	440982003000
南盛街道	440982004000
石湾街道	440982005000
鉴江街道	440982006000
长岐镇	440982100000
同庆镇	440982101000
杨梅镇	440982102000
良光镇	440982103000
笪桥镇	440982104000
丽岗镇	440982106000
新安镇	440982107000
官桥镇	440982108000
林尘镇	440982110000
中垌镇	440982111000
合江镇	440982112000
那务镇	440982113000
播扬镇	440982114000
宝圩镇	440982115000
平定镇	440982116000
文楼镇	440982117000
江湖镇	440982118000
信宜市(1街道，18镇)	**440983000000**
东镇街道	440983001000
镇隆镇	440983101000
水口镇	440983102000
北界镇	440983103000
丁堡镇	440983105000
池洞镇	440983106000
金垌镇	440983107000
朱砂镇	440983109000
贵子镇	440983112000
怀乡镇	440983113000
茶山镇	440983114000
洪冠镇	440983115000
白石镇	440983116000
大成镇	440983117000
钱排镇	440983118000
合水镇	440983119000
新宝镇	440983120000
平塘镇	440983121000
思贺镇	440983122000
肇庆市(14街道，91镇，1乡)	**441200000000**
端州区(6街道)	**441202000000**
城东街道	441202001000
城北街道	441202002000
城西街道	441202003000
城南街道	441202004000
黄岗街道	441202005000
睦岗街道	441202006000
鼎湖区(3街道，4镇)	**441203000000**
坑口街道	441203001000
桂城街道	441203002000
广利街道	441203003000
永安镇	441203101000
沙浦镇	441203102000
凤凰镇	441203103000
莲花镇	441203104000
广宁县(15镇)	**441223000000**
排沙镇	441223100000
潭布镇	441223102000
江屯镇	441223103000
螺岗镇	441223105000
北市镇	441223106000
坑口镇	441223107000
赤坑镇	441223108000
南街镇	441223109000
宾亨镇	441223110000
五和镇	441223111000
横山镇	441223112000
木格镇	441223113000

续表 5

行政区划名称	行政区划代码
石咀镇	441223114000
古水镇	441223115000
洲仔镇	441223116000
怀集县(18镇，1乡)	**441224000000**
怀城镇	441224100000
闸岗镇	441224101000
坳仔镇	441224102000
汶朗镇	441224103000
甘洒镇	441224104000
凤岗镇	441224105000
洽水镇	441224106000
梁村镇	441224107000
大岗镇	441224108000
岗坪镇	441224109000
冷坑镇	441224110000
马宁镇	441224111000
蓝钟镇	441224112000
永固镇	441224113000
诗洞镇	441224114000
桥头镇	441224115000
中洲镇	441224116000
连麦镇	441224118000
下帅壮族瑶族乡	441224200000
封开县(16镇)	**441225000000**
江口镇	441225100000
江川镇	441225101000
白垢镇	441225102000
大洲镇	441225103000
渔涝镇	441225104000
河儿口镇	441225105000
莲都镇	441225106000
杏花镇	441225107000
罗董镇	441225108000
长岗镇	441225109000
平凤镇	441225110000
南丰镇	441225111000
大玉口镇	441225112000
都平镇	441225113000
金装镇	441225114000
长安镇	441225115000
德庆县(1街道，12镇)	**441226000000**
德城街道	441226001000
新圩镇	441226101000
回龙镇	441226102000
官圩镇	441226103000
马圩镇	441226105000
高良镇	441226106000
莫村镇	441226107000
永丰镇	441226109000
武垄镇	441226110000
播植镇	441226111000
凤村镇	441226112000
悦城镇	441226113000
九市镇	441226114000
高要市(1街道，16镇)	**441283000000**
南岸街道	441283001000
河台镇	441283100000
乐城镇	441283101000
水南镇	441283102000
禄步镇	441283103000
小湘镇	441283105000
大湾镇	441283106000
新桥镇	441283107000
白诸镇	441283108000
莲塘镇	441283109000
活道镇	441283110000
蛟塘镇	441283111000
回龙镇	441283112000
白土镇	441283113000
金渡镇	441283114000
金利镇	441283115000
蚬岗镇	441283116000
四会市(3街道，10镇)	**441284000000**
城中街道	441284001000
东城街道	441284002000
贞山街道	441284003000
龙甫镇	441284100000
地豆镇	441284101000
威整镇	441284102000
罗源镇	441284103000
迳口镇	441284104000
大沙镇	441284105000
石狗镇	441284107000
黄田镇	441284108000
江谷镇	441284110000
下茆镇	441284113000
惠州市(16街道，52镇，1乡)	**441300000000**
惠城区(10街道，8镇)	**441302000000**
桥东街道	441302001000
桥西街道	441302002000
江南街道	441302003000
江北街道	441302004000
龙丰街道	441302005000
小金口街道	441302006000
惠环街道	441302007000
河南岸街道	441302008000
陈江街道	441302009000
水口街道	441302010000
汝湖镇	441302100000
三栋镇	441302103000
沥林镇	441302106000
潼湖镇	441302107000
马安镇	441302108000
横沥镇	441302110000
芦洲镇	441302113000
潼侨镇	441302114000
惠阳区(4街道，6镇)	**441303000000**
淡水街道	441303001000
秋长街道	441303002000
澳头街道	441303003000
霞涌街道	441303004000
沙田镇	441303101000
新圩镇	441303103000
镇隆镇	441303104000
永湖镇	441303108000
良井镇	441303109000
平潭镇	441303110000
博罗县(17镇)	**441322000000**
石坝镇	441322100000
麻陂镇	441322102000
观音阁镇	441322103000
公庄镇	441322104000
杨村镇	441322105000
柏塘镇	441322106000
泰美镇	441322108000
罗阳镇	441322110000
湖镇镇	441322113000
长宁镇	441322115000
福田镇	441322116000
龙华镇	441322117000
龙溪镇	441322118000
园洲镇	441322119000
石湾镇	441322121000
杨侨镇	441322122000
横河镇	441322123000
惠东县(1街道，13镇)	**441323000000**
平山街道	441323001000
大岭镇	441323101000
白花镇	441323102000
梁化镇	441323103000
稔山镇	441323104000
铁涌镇	441323105000
平海镇	441323106000
吉隆镇	441323109000
多祝镇	441323113000
安墩镇	441323115000
高潭镇	441323118000
宝口镇	441323120000
白盆珠镇	441323121000
黄埠镇	441323124000
龙门县(1街道，8镇，1乡)	**441324000000**
龙城街道	441324001000
麻榨镇	441324100000
永汉镇	441324101000
龙华镇	441324103000
龙江镇	441324105000
平陵镇	441324106000
龙田镇	441324107000
龙潭镇	441324109000
地派镇	441324110000
蓝田瑶族乡	441324200000
梅州市(6街道，104镇)	**441400000000**
梅江区(3街道，4镇)	**441402000000**
江南街道	441402004000
金山街道	441402006000
西郊街道	441402007000
三角镇	441402102000
长沙镇	441402103000
城北镇	441402105000
西阳镇	441402106000
梅县(17镇)	**441421000000**
松口镇	441421100000
城东镇	441421101000

续表 6

行政区划名称	行政区划代码	行政区划名称	行政区划代码	行政区划名称	行政区划代码
石扇镇	441421102000	安流镇	441424120000	捷胜镇	441502103000
梅西镇	441421103000	棉洋镇	441424123000	**海丰县(16镇)**	**441521000000**
大坪镇	441421104000	梅林镇	441424125000	海城镇	441521100000
石坑镇	441421105000	华阳镇	441424126000	梅陇镇	441521101000
南口镇	441421106000	龙村镇	441424127000	小漠镇	441521102000
畲江镇	441421108000	**平远县(12镇)**	**441426000000**	鹅埠镇	441521103000
水车镇	441421109000	大柘镇	441426100000	赤石镇	441521104000
梅南镇	441421110000	石正镇	441426101000	鲘门镇	441521105000
丙村镇	441421113000	东石镇	441426102000	联安镇	441521106000
雁洋镇	441421114000	仁居镇	441426103000	陶河镇	441521107000
白渡镇	441421115000	八尺镇	441426104000	赤坑镇	441521108000
松源镇	441421116000	差干镇	441426105000	大湖镇	441521109000
隆文镇	441421117000	河头镇	441426107000	可塘镇	441521110000
桃尧镇	441421118000	中行镇	441426108000	公平镇	441521111000
程江镇	441421120000	上举镇	441426109000	黄羌镇	441521112000
大埔县(14镇)	**441422000000**	泗水镇	441426110000	平东镇	441521113000
湖寮镇	441422100000	长田镇	441426114000	附城镇	441521114000
茶阳镇	441422101000	热柘镇	441426115000	城东镇	441521115000
高陂镇	441422102000	**蕉岭县(8镇)**	**441427000000**	**陆河县(8镇)**	**441523000000**
青溪镇	441422103000	蕉城镇	441427100000	河田镇	441523100000
三河镇	441422105000	长潭镇	441427102000	水唇镇	441523101000
大麻镇	441422107000	三圳镇	441427103000	河口镇	441523102000
银江镇	441422108000	新铺镇	441427104000	新田镇	441523103000
洲瑞镇	441422109000	文福镇	441427106000	上护镇	441523104000
光德镇	441422112000	广福镇	441427107000	螺溪镇	441523105000
桃源镇	441422113000	蓝坊镇	441427108000	东坑镇	441523106000
枫朗镇	441422114000	南磜镇	441427110000	南万镇	441523107000
百侯镇	441422116000	**兴宁市(3街道，17镇)**	**441481000000**	**陆丰市(3街道，17镇)**	**441581000000**
大东镇	441422117000	福兴街道	441481001000	东海街道	441581001000
西河镇	441422118000	兴田街道	441481002000	城东街道	441581002000
丰顺县(16镇)	**441423000000**	宁新街道	441481003000	河西街道	441581003000
汤坑镇	441423100000	宁中镇	441481102000	甲子镇	441581101000
北斗镇	441423103000	新陂镇	441481104000	碣石镇	441581102000
汤西镇	441423104000	刁坊镇	441481105000	湖东镇	441581103000
汤南镇	441423105000	永和镇	441481107000	大安镇	441581104000
埔寨镇	441423106000	径南镇	441481108000	博美镇	441581105000
八乡山镇	441423108000	坭陂镇	441481110000	内湖镇	441581106000
丰良镇	441423109000	新圩镇	441481111000	南塘镇	441581107000
建桥镇	441423110000	水口镇	441481112000	陂洋镇	441581108000
龙岗镇	441423111000	罗浮镇	441481115000	八万镇	441581109000
潘田镇	441423112000	罗岗镇	441481116000	金厢镇	441581110000
黄金镇	441423114000	黄槐镇	441481117000	潭西镇	441581111000
磜隍镇	441423115000	黄陂镇	441481118000	甲东镇	441581112000
大龙华镇	441423118000	合水镇	441481122000	河东镇	441581115000
潭江镇	441423120000	龙田镇	441481123000	上英镇	441581116000
小胜镇	441423122000	石马镇	441481124000	桥冲镇	441581117000
砂田镇	441423123000	大坪镇	441481125000	甲西镇	441581118000
五华县(16镇)	**441424000000**	叶塘镇	441481126000	西南镇	441581119000
水寨镇	441424100000	**汕尾市(10街道，44镇)**	**441500000000**	**河源市(5街道，94镇，1乡)**	**441600000000**
河东镇	441424101000	**城区(7街道，3镇)**	**441502000000**		
转水镇	441424103000	新港街道	441502001000	**源城区(5街道，2镇)**	**441602000000**
华城镇	441424104000	香洲街道	441502002000	上城街道	441602001000
岐岭镇	441424106000	凤山街道	441502003000	新江街道	441602002000
潭下镇	441424108000	田墘街道	441502004000	东埔街道	441602003000
长布镇	441424109000	东洲街道	441502005000	源西街道	441602004000
周江镇	441424111000	遮浪街道	441502006000	高埔岗街道	441602005000
横陂镇	441424113000	马宫街道	441502007000	源南镇	441602100000
郭田镇	441424117000	红草镇	441502100000	埔前镇	441602101000
双华镇	441424118000	东涌镇	441502102000	**紫金县(18镇)**	**441621000000**

续表 7

行政区划名称	行政区划代码	行政区划名称	行政区划代码	行政区划名称	行政区划代码
紫城镇	441621100000	大坝镇	441624102000	新圩镇	441721107000
龙窝镇	441621102000	长塘镇	441624103000	沙扒镇	441721108000
九和镇	441621103000	下车镇	441624104000	**阳东县(11镇)**	**441723000000**
上义镇	441621104000	上陵镇	441624105000	东城镇	441723100000
蓝塘镇	441621105000	优胜镇	441624106000	北惯镇	441723101000
凤安镇	441621106000	贝墩镇	441624107000	那龙镇	441723102000
义容镇	441621107000	古寨镇	441624108000	东平镇	441723103000
古竹镇	441621108000	彭寨镇	441624110000	雅韶镇	441723104000
临江镇	441621109000	合水镇	441624112000	大沟镇	441723105000
柏埔镇	441621110000	公白镇	441624113000	新洲镇	441723106000
黄塘镇	441621111000	青州镇	441624114000	合山镇	441723107000
敬梓镇	441621112000	浰源镇	441624115000	塘坪镇	441723108000
水墩镇	441621114000	热水镇	441624116000	大八镇	441723109000
南岭镇	441621116000	东水镇	441624117000	红丰镇	441723110000
苏区镇	441621117000	礼士镇	441624118000	**阳春市(1街道，15镇)**	**441781000000**
瓦溪镇	441621119000	林寨镇	441624119000	春城街道	441781001000
好义镇	441621120000	**东源县(20镇，1乡)**	**441625000000**	河塱镇	441781101000
中坝镇	441621122000	仙塘镇	441625100000	松柏镇	441781102000
龙川县(24镇)	**441622000000**	灯塔镇	441625101000	石望镇	441781103000
老隆镇	441622100000	骆湖镇	441625102000	春湾镇	441781105000
义都镇	441622102000	船塘镇	441625103000	合水镇	441781106000
佗城镇	441622103000	顺天镇	441625104000	陂面镇	441781107000
鹤市镇	441622104000	上莞镇	441625105000	圭岗镇	441781108000
黄布镇	441622105000	曾田镇	441625106000	永宁镇	441781109000
紫市镇	441622106000	柳城镇	441625107000	马水镇	441781110000
通衢镇	441622107000	义合镇	441625108000	岗美镇	441781111000
登云镇	441622109000	蓝口镇	441625109000	河口镇	441781112000
丰稔镇	441622110000	黄田镇	441625110000	潭水镇	441781113000
四都镇	441622111000	叶潭镇	441625111000	三甲镇	441781114000
铁场镇	441622112000	黄村镇	441625112000	双窖镇	441781116000
龙母镇	441622114000	康禾镇	441625113000	八甲镇	441781117000
田心镇	441622115000	锡场镇	441625114000	**清远市(5街道，77镇，3乡)**	**441800000000**
黎咀镇	441622116000	新港镇	441625115000	**清城区(4街道，4镇)**	**441802000000**
黄石镇	441622117000	双江镇	441625116000	凤城街道	441802001000
赤光镇	441622118000	涧头镇	441625117000	东城街道	441802002000
廻龙镇	441622119000	新回龙镇	441625121000	洲心街道	441802003000
新田镇	441622120000	半江镇	441625122000	横荷街道	441802004000
车田镇	441622121000	漳溪畲族乡	441625200000	源潭镇	441802100000
岩镇镇	441622123000	**阳江市(9街道，38镇)**	**441700000000**	龙塘镇	441802101000
麻布岗镇	441622124000	**江城区(8街道，4镇)**	**441702000000**	石角镇	441802102000
贝岭镇	441622125000	南恩街道	441702001000	飞来峡镇	441802103000
细坳镇	441622126000	城南街道	441702002000	**清新区（8镇）**	**441803000000**
上坪镇	441622127000	中洲街道	441702005000	太和镇	441803102000
连平县(13镇)	**441623000000**	城东街道	441702006000	太平镇	441803104000
元善镇	441623100000	城北街道	441702007000	山塘镇	441803105000
上坪镇	441623101000	白沙街道	441702008000	三坑镇	441803106000
内莞镇	441623102000	岗列街道	441702009000	龙颈镇	441803112000
陂头镇	441623104000	城西街道	441702010000	禾云镇	441803113000
溪山镇	441623105000	埠场镇	441702102000	浸潭镇	441803117000
隆街镇	441623107000	平冈镇	441702103000	石潭镇	441803118000
田源镇	441623108000	闸坡镇	441702105000	**佛冈县(6镇)**	**441821000000**
油溪镇	441623109000	双捷镇	441702106000	石角镇	441821100000
忠信镇	441623110000	**阳西县(8镇)**	**441721000000**	水头镇	441821101000
高莞镇	441623111000	织篢镇	441721100000	汤塘镇	441821102000
大湖镇	441623113000	程村镇	441721101000	龙山镇	441821103000
三角镇	441623114000	塘口镇	441721102000	高岗镇	441821104000
绣缎镇	441623115000	上洋镇	441721103000	迳头镇	441821107000
和平县(17镇)	**441624000000**	溪头镇	441721104000	**阳山县(12镇，1乡)**	**441823000000**
阳明镇	441624100000	儒洞镇	441721106000	青莲镇	441823100000

续表 8

行政区划名称	行政区划代码
江英镇	441823101000
杜步镇	441823104000
七拱镇	441823105000
太平镇	441823107000
杨梅镇	441823108000
大崀镇	441823110000
小江镇	441823111000
岭背镇	441823113000
黄坌镇	441823115000
黎埠镇	441823116000
阳城镇	441823119000
秤架瑶族乡	441823201000
连山壮族瑶族自治县（7镇）	**441825000000**
永和镇	441825100000
吉田镇	441825104000
太保镇	441825105000
禾洞镇	441825106000
福堂镇	441825108000
小三江镇	441825109000
上帅镇	441825111000
连南瑶族自治县(7镇)	**441826000000**
三江镇	441826100000
大麦山镇	441826101000
寨岗镇	441826102000
三排镇	441826105000
涡水镇	441826106000
大坪镇	441826108000
香坪镇	441826109000
英德市(1街道，23镇)	**441881000000**
英城街道	441881001000
沙口镇	441881101000
望埠镇	441881102000
横石水镇	441881103000
东华镇	441881104000
桥头镇	441881105000
青塘镇	441881106000
白沙镇	441881108000
大站镇	441881109000
西牛镇	441881110000
九龙镇	441881111000
浛洸镇	441881112000
大湾镇	441881114000
石灰铺镇	441881115000
石牯塘镇	441881116000
下𬒈镇	441881120000
黄花镇	441881121000
波罗镇	441881124000
横石塘镇	441881125000
大洞镇	441881126000
连江口镇	441881129000
黎溪镇	441881130000
水边镇	441881131000
英红镇	441881132000
连州市(10镇，2乡)	**441882000000**
连州镇	441882100000
星子镇	441882101000
大路边镇	441882102000
龙坪镇	441882103000
西岸镇	441882104000
保安镇	441882105000
丰阳镇	441882106000
东陂镇	441882107000
九陂镇	441882109000
西江镇	441882118000
瑶安瑶族乡	441882200000
三水瑶族乡	441882201000
东莞市(4街道，28镇)	**441900000000**
东城街道	441900003000
南城街道	441900004000
万江街道	441900005000
莞城街道	441900006000
石碣镇	441900101000
石龙镇	441900102000
茶山镇	441900103000
石排镇	441900104000
企石镇	441900105000
横沥镇	441900106000
桥头镇	441900107000
谢岗镇	441900108000
东坑镇	441900109000
常平镇	441900110000
寮步镇	441900111000
樟木头镇	441900112000
大朗镇	441900113000
黄江镇	441900114000
清溪镇	441900115000
塘厦镇	441900116000
凤岗镇	441900117000
大岭山镇	441900118000
长安镇	441900119000
虎门镇	441900121000
厚街镇	441900122000
沙田镇	441900123000
道滘镇	441900124000
洪梅镇	441900125000
麻涌镇	441900126000
望牛墩镇	441900127000
中堂镇	441900128000
高埗镇	441900129000
中山市(6街道，18镇)	**442000000000**
石岐街道	442000001000
东区街道	442000002000
中山港街道	442000003000
西区街道	442000004000
南区街道	442000005000
五桂山街道	442000006000
小榄镇	442000100000
黄圃镇	442000101000
民众镇	442000102000
东凤镇	442000103000
东升镇	442000104000
古镇镇	442000105000
沙溪镇	442000106000
坦洲镇	442000107000
港口镇	442000108000
三角镇	442000109000
横栏镇	442000110000
南头镇	442000111000
阜沙镇	442000112000
南朗镇	442000113000
三乡镇	442000114000
板芙镇	442000115000
大涌镇	442000116000
神湾镇	442000117000
潮州市(9街道，41镇)	**445100000000**
湘桥区(9街道，1镇)	**445102000000**
湘桥街道	445102001000
西湖街道	445102002000
金山街道	445102003000
太平街道	445102004000
南春街道	445102005000
西新街道	445102006000
桥东街道	445102007000
城西街道	445102008000
凤新街道	445102009000
意溪镇	445102100000
潮安县(19镇)	**445121000000**
古巷镇	445121100000
登塘镇	445121101000
凤塘镇	445121103000
浮洋镇	445121104000
龙湖镇	445121105000
金石镇	445121106000
沙溪镇	445121107000
彩塘镇	445121108000
东凤镇	445121109000
庵埠镇	445121110000
磷溪镇	445121111000
铁铺镇	445121112000
官塘镇	445121113000
江东镇	445121114000
归湖镇	445121115000
文祠镇	445121116000
凤凰镇	445121117000
赤凤镇	445121120000
枫溪镇	445121121000
饶平县(21镇)	**445122000000**
黄冈镇	445122100000
上饶镇	445122102000
饶洋镇	445122103000
新丰镇	445122104000
建饶镇	445122106000
三饶镇	445122107000
新塘镇	445122108000
汤溪镇	445122109000

续表 9

行政区划名称	行政区划代码
浮滨镇	445122110000
浮山镇	445122112000
东山镇	445122113000
新圩镇	445122114000
樟溪镇	445122116000
钱东镇	445122117000
高堂镇	445122118000
联饶镇	445122119000
所城镇	445122120000
大埕镇	445122121000
柘林镇	445122122000
汫洲镇	445122123000
海山镇	445122124000
揭阳市(18街道，63镇，2乡)	**445200000000**
榕城区(10街道，4镇)	**445202000000**
榕华街道	445202001000
新兴街道	445202002000
中山街道	445202003000
西马街道	445202004000
榕东街道	445202006000
东阳街道	445202008000
东升街道	445202009000
东兴街道	445202010000
仙桥街道	445202011000
梅云街道	445202012000
渔湖镇	445202101000
地都镇	445202102000
炮台镇	445202103000
登岗镇	445202104000
揭东区(2街道，11镇)	**445203000000**
曲溪街道	445203001000
磐东街道	445203002000
云路镇	445203100000
玉窖镇	445203101000
霖磐镇	445203102000
月城镇	445203103000
白塔镇	445203104000
龙尾镇	445203105000
桂岭镇	445203106000
锡场镇	445203107000
新亨镇	445203108000
玉湖镇	445203109000
埔田镇	445203110000
揭西县(1街道，15镇，1乡)	**445222000000**
河婆街道	445222001000
龙潭镇	445222102000
南山镇	445222103000
五经富镇	445222104000
京溪园镇	445222105000
灰寨镇	445222106000
塔头镇	445222107000
东园镇	445222108000
凤江镇	445222109000
棉湖镇	445222110000
金和镇	445222111000
大溪镇	445222112000
钱坑镇	445222113000
坪上镇	445222114000
五云镇	445222115000
上砂镇	445222116000
良田乡	445222201000
惠来县(14镇)	**445224000000**
惠城镇	445224100000
靖海镇	445224101000
神泉镇	445224102000
仙庵镇	445224103000
周田镇	445224104000
华湖镇	445224105000
前詹镇	445224106000
葵潭镇	445224107000
隆江镇	445224108000
溪西镇	445224109000
鳌江镇	445224110000
东港镇	445224111000
东陇镇	445224112000
岐石镇	445224113000
普宁市(5街道，19镇，1乡)	**445281000000**
池尾街道	445281001000
流沙北街道	445281002000
流沙西街道	445281003000
流沙东街道	445281004000
流沙南街道	445281005000
赤岗镇	445281102000
大坝镇	445281103000
洪阳镇	445281104000
南溪镇	445281105000
广太镇	445281106000
麒麟镇	445281107000
南径镇	445281108000
占陇镇	445281109000
军埠镇	445281110000
下架山镇	445281111000
大南山镇	445281112000
高埔镇	445281113000
云落镇	445281114000
大坪镇	445281115000
船埔镇	445281116000
梅林镇	445281117000
里湖镇	445281119000
梅塘镇	445281121000
燎原镇	445281122000
鮜溪乡	445281201000
云浮市(8街道，55镇)	**445300000000**
云城区(4街道，3镇)	**445302000000**
云城街道	445302001000
高峰街道	445302002000
河口街道	445302003000
安塘街道	445302004000
腰古镇	445302102000
思劳镇	445302103000
都杨镇	445302104000
新兴县(12镇)	**445321000000**
新城镇	445321100000
车岗镇	445321101000
水台镇	445321103000
稔村镇	445321104000
东成镇	445321105000
太平镇	445321107000
里洞镇	445321108000
大江镇	445321110000
天堂镇	445321112000
河头镇	445321113000
簕竹镇	445321114000
六祖镇	445321115000
郁南县(15镇)	**445322000000**
都城镇	445322100000
平台镇	445322101000
桂圩镇	445322102000
通门镇	445322104000
建城镇	445322105000
宝珠镇	445322106000
大方镇	445322108000
千官镇	445322110000
大湾镇	445322111000
河口镇	445322112000
宋桂镇	445322113000
东坝镇	445322114000
连滩镇	445322115000
历洞镇	445322116000
南江口镇	445322117000
云安县(8镇)	**445323000000**
六都镇	445323100000
高村镇	445323101000
白石镇	445323102000
镇安镇	445323103000
富林镇	445323104000
南盛镇	445323107000
前锋镇	445323108000
石城镇	445323109000
罗定市(4街道，17镇)	**445381000000**
罗城街道	445381001000
素龙街道	445381002000
附城街道	445381003000
双东街道	445381004000
罗镜镇	445381100000
太平镇	445381101000
分界镇	445381102000
罗平镇	445381104000
船步镇	445381105000
茜塘镇	445381106000
苹塘镇	445381107000
金鸡镇	445381108000
围底镇	445381109000
华石镇	445381110000
榃滨镇	445381111000
黎少镇	445381113000
生江镇	445381114000
连州镇	445381115000
泗纶镇	445381116000
加益镇	445381118000
龙湾镇	445381119000

广西壮族自治区

广西壮族自治区(桂)

行政区划名称	行政区划代码
广西壮族自治区(117街道, 716镇, 410乡)	**450000000000**
南宁市(25街道, 86镇, 16乡)	**450100000000**
兴宁区(3街道, 3镇)	**450102000000**
民生街道	450102001000
朝阳街道	450102002000
兴东街道	450102003000
三塘镇	450102101000
五塘镇	450102107000
昆仑镇	450102109000
青秀区(5街道, 4镇)	**450103000000**
新竹街道	450103001000
中山街道	450103002000
建政街道	450103003000
南湖街道	450103004000
津头街道	450103005000
刘圩镇	450103100000
南阳镇	450103101000
伶俐镇	450103102000
长塘镇	450103103000
江南区(5街道, 4镇)	**450105000000**
福建园街道	450105001000
江南街道	450105002000
沙井街道	450105003000
那洪街道	450105004000
金凯街道	450105005000
吴圩镇	450105102000
苏圩镇	450105103000
延安镇	450105104000
江西镇	450105105000
西乡塘区(10街道, 3镇)	**450107000000**
衡阳街道	450107001000
北湖街道	450107002000
西乡塘街道	450107003000
安吉街道	450107004000
华强街道	450107005000
新阳街道	450107006000
上尧街道	450107007000
安宁街道	450107008000
石埠街道	450107009000
心圩街道	450107010000
金陵镇	450107100000
双定镇	450107101000
坛洛镇	450107105000
良庆区(2街道, 5镇)	**450108000000**
大沙田街道	450108001000
玉洞街道	450108002000
良庆镇	450108100000
那马镇	450108101000
那陈镇	450108102000
大塘镇	450108103000
南晓镇	450108104000
邕宁区(4镇, 1乡)	**450109000000**
蒲庙镇	450109100000
那楼镇	450109101000
新江镇	450109102000
百济镇	450109103000
中和乡	450109202000
武鸣县(13镇)	**450122000000**
城厢镇	450122100000
太平镇	450122102000
双桥镇	450122103000
宁武镇	450122104000
锣圩镇	450122105000
仙湖镇	450122106000
府城镇	450122107000
陆斡镇	450122108000
两江镇	450122109000
罗波镇	450122110000
灵马镇	450122111000
甘圩镇	450122112000
马头镇	450122113000
隆安县(6镇, 4乡)	**450123000000**
城厢镇	450123100000
南圩镇	450123101000
雁江镇	450123102000
那桐镇	450123103000
乔建镇	450123104000
丁当镇	450123105000
古潭乡	450123201000
都结乡	450123203000
布泉乡	450123204000
屏山乡	450123205000
马山县(7镇, 4乡)	**450124000000**
白山镇	450124100000
百龙滩镇	450124101000
林圩镇	450124102000
古零镇	450124103000
金钗镇	450124104000
周鹿镇	450124105000
永州镇	450124106000
乔利乡	450124200000
加方乡	450124201000
古寨瑶族乡	450124202000
里当瑶族乡	450124203000
上林县(7镇, 4乡)	**450125000000**
大丰镇	450125100000
明亮镇	450125101000
巷贤镇	450125102000
白圩镇	450125103000
三里镇	450125104000
乔贤镇	450125105000
西燕镇	450125106000
澄泰乡	450125200000
木山乡	450125202000
塘红乡	450125203000
镇圩瑶族乡	450125205000
宾阳县(16镇)	**450126000000**
宾州镇	450126100000
黎塘镇	450126101000
甘棠镇	450126102000
思陇镇	450126103000
新桥镇	450126104000
新圩镇	450126105000
邹圩镇	450126106000
大桥镇	450126107000
武陵镇	450126108000
中华镇	450126109000
古辣镇	450126110000
露圩镇	450126111000
王灵镇	450126112000
和吉镇	450126113000
洋桥镇	450126114000
陈平镇	450126115000
横县(14镇, 3乡)	**450127000000**
横州镇	450127100000
百合镇	450127101000
那阳镇	450127102000
南乡镇	450127103000
新福镇	450127104000
莲塘镇	450127105000
平马镇	450127106000
峦城镇	450127107000
六景镇	450127108000
石塘镇	450127110000
陶圩镇	450127112000
校椅镇	450127113000
云表镇	450127114000
马岭镇	450127115000
马山乡	450127200000
平朗乡	450127203000
镇龙乡	450127204000
柳州市(31街道, 43镇, 43乡)	**450200000000**
城中区(7街道)	**450202000000**
城中街道	450202001000
公园街道	450202002000
中南街道	450202003000
水上街道	450202004000
潭中街道	450202005000
河东街道	450202006000
静兰街道	450202007000
鱼峰区(8街道, 2镇)	**450203000000**
天马街道	450203001000
驾鹤街道	450203002000
箭盘街道	450203003000
五里亭街道	450203004000
荣军街道	450203005000
白莲街道	450203007000
麒麟街道	450203008000
阳和街道	450291001000
洛埠镇	450292100000
雒容镇	450292101000
柳南区(8街道, 1镇)	**450204000000**
河西街道	450204001000
柳南街道	450204002000
柳石街道	450204003000
南站街道	450204004000
鹅山街道	450204005000
银山街道	450204006000
潭西街道	450204007000
南环街道	450204008000
太阳村镇	450204100000
柳北区(8街道, 3镇)	**450205000000**
解放街道	450205001000
雅儒街道	450205002000

续表 1

行政区划名称	行政区划代码
胜利街道	450205003000
雀儿山街道	450205004000
钢城街道	450205005000
柳长街道	450205006000
锦绣街道	450205007000
白露街道	450205008000
石碑坪镇	450205100000
沙塘镇	450205101000
长塘镇	450205102000
柳江县(11镇，1乡)	**450221000000**
拉堡镇	450221100000
里雍镇	450221101000
百朋镇	450221102000
成团镇	450221103000
洛满镇	450221104000
流山镇	450221105000
三都镇	450221106000
里高镇	450221107000
进德镇	450221108000
穿山镇	450221109000
土博镇	450221110000
白沙乡	450221200000
柳城县(9镇，3乡)	**450222000000**
大埔镇	450222100000
龙头镇	450222101000
太平镇	450222102000
沙埔镇	450222103000
东泉镇	450222104000
凤山镇	450222105000
六塘镇	450222106000
冲脉镇	450222107000
寨隆镇	450222108000
社冲乡	450222201000
古砦仫佬族乡	450222202000
马山乡	450222205000
鹿寨县(4镇，5乡)	**450223000000**
鹿寨镇	450223100000
中渡镇	450223102000
寨沙镇	450223103000
平山镇	450223104000
黄冕乡	450223201000
江口乡	450223202000
导江乡	450223203000
拉沟乡	450223205000
四排乡	450223206000
融安县(6镇，6乡)	**450224000000**
长安镇	450224100000
浮石镇	450224101000
泗顶镇	450224102000
板榄镇	450224103000
大将镇	450224104000
大良镇	450224105000
雅瑶乡	450224202000
大坡乡	450224203000
东起乡	450224204000
沙子乡	450224205000
桥板乡	450224206000
潭头乡	450224207000
融水苗族自治县(4镇，16乡)	**450225000000**
融水镇	450225100000
和睦镇	450225101000
三防镇	450225102000
怀宝镇	450225103000
永乐乡	450225201000
四荣乡	450225202000
香粉乡	450225203000
安太乡	450225204000
洞头乡	450225205000
汪洞乡	450225206000
同练瑶族乡	450225207000
滚贝侗族乡	450225208000
杆洞乡	450225209000
安陲乡	450225210000
大浪乡	450225211000
白云乡	450225212000
红水乡	450225213000
拱洞乡	450225214000
良寨乡	450225215000
大年乡	450225216000
三江侗族自治县(3镇，12乡)	**450226000000**
古宜镇	450226100000
丹洲镇	450226101000
斗江镇	450226102000
程村乡	450226201000
和平乡	450226202000
老堡乡	450226203000
高基瑶族乡	450226204000
良口乡	450226205000
洋溪乡	450226206000
富禄苗族乡	450226207000
梅林乡	450226208000
八江乡	450226209000
林溪乡	450226210000
独峒乡	450226211000
同乐苗族乡	450226212000
桂林市(13街道，67镇，66乡)	**450300000000**
秀峰区(3街道)	**450302000000**
秀峰街道	450302001000
丽君街道	450302002000
甲山街道	450302003000
叠彩区(2街道，1乡)	**450303000000**
叠彩街道	450303001000
北门街道	450303002000
大河乡	450303200000
象山区(3街道，1乡)	**450304000000**
南门街道	450304001000
象山街道	450304002000
平山街道	450304003000
二塘乡	450304200000
七星区(4街道，1乡)	**450305000000**
七星街道	450305001000
东江街道	450305002000
穿山街道	450305003000
漓东街道	450305004000
朝阳乡	450305201000
雁山区(1街道，2镇，2乡)	**450311000000**
良丰街道	450311001000
雁山镇	450311100000
柘木镇	450311101000
大埠乡	450311200000
草坪回族乡	450311201000
阳朔县(6镇，3乡)	**450321000000**
阳朔镇	450321100000
白沙镇	450321101000
福利镇	450321102000
兴坪镇	450321103000
葡萄镇	450321104000
高田镇	450321105000
金宝乡	450321200000
普益乡	450321201000
杨堤乡	450321202000
临桂县(6镇，5乡)	**450322000000**
临桂镇	450322100000
六塘镇	450322101000
会仙镇	450322102000
两江镇	450322103000
五通镇	450322104000
四塘镇	450322105000
南边山乡	450322200000
茶洞乡	450322202000
中庸乡	450322205000
宛田瑶族乡	450322206000
黄沙瑶族乡	450322207000
灵川县(7镇，4乡)	**450323000000**
灵川镇	450323100000
大圩镇	450323101000
定江镇	450323102000
三街镇	450323103000
潭下镇	450323104000
青狮潭镇	450323106000
灵田镇	450323107000
潮田乡	450323200000
大境瑶族乡	450323201000
海洋乡	450323202000
兰田瑶族乡	450323206000
全州县(9镇，9乡)	**450324000000**
全州镇	450324100000
黄沙河镇	450324101000
庙头镇	450324102000
文桥镇	450324103000
大西江镇	450324104000
龙水镇	450324105000
才湾镇	450324106000
绍水镇	450324107000
石塘镇	450324108000
永岁乡	450324200000
枧塘乡	450324201000
咸水乡	450324202000

续表 2

行政区划名称	行政区划代码	行政区划名称	行政区划代码	行政区划名称	行政区划代码
凤凰乡	450324203000	平乐镇	450330100000	新地镇	450421103000
蕉江瑶族乡	450324204000	二塘镇	450330101000	岭脚镇	450421105000
安和乡	450324205000	沙子镇	450330102000	京南镇	450421108000
两河乡	450324207000	同安镇	450330103000	狮寨镇	450421109000
白宝乡	450324208000	张家镇	450330104000	六堡镇	450421112000
东山瑶族乡	450324209000	源头镇	450330105000	梨埠镇	450421113000
兴安县(6镇，4乡)	**450325000000**	阳安乡	450330201000	木双镇	450421114000
兴安镇	450325100000	青龙乡	450330202000	石桥镇	450421115000
湘漓镇	450325101000	桥亭乡	450330203000	沙头镇	450421116000
界首镇	450325102000	大发瑶族乡	450330205000	**藤县(15镇，2乡)**	**450422000000**
高尚镇	450325103000	**荔浦县(10镇，3乡)**	**450331000000**	藤州镇	450422100000
严关镇	450325104000	荔城镇	450331100000	塘步镇	450422103000
溶江镇	450325105000	东昌镇	450331101000	埌南镇	450422104000
漠川乡	450325200000	新坪镇	450331102000	同心镇	450422105000
白石乡	450325201000	杜莫镇	450331103000	金鸡镇	450422106000
崔家乡	450325202000	青山镇	450331104000	新庆镇	450422107000
华江瑶族乡	450325203000	修仁镇	450331105000	象棋镇	450422108000
永福县(4镇，5乡)	**450326000000**	大塘镇	450331106000	岭景镇	450422109000
永福镇	450326100000	花篢镇	450331107000	天平镇	450422110000
罗锦镇	450326101000	双江镇	450331108000	蒙江镇	450422111000
百寿镇	450326102000	马岭镇	450331109000	和平镇	450422112000
苏桥镇	450326103000	龙怀乡	450331200000	太平镇	450422113000
堡里乡	450326201000	茶城乡	450331201000	古龙镇	450422114000
广福乡	450326202000	蒲芦瑶族乡	450331202000	东荣镇	450422115000
三皇乡	450326203000	**恭城瑶族自治县(3镇，6乡)**	**450332000000**	大黎镇	450422116000
永安乡	450326204000	恭城镇	450332100000	平福乡	450422200000
龙江乡	450326205000	栗木镇	450332101000	宁康乡	450422201000
灌阳县(4镇，5乡)	**450327000000**	莲花镇	450332102000	**蒙山县(6镇，3乡)**	**450423000000**
灌阳镇	450327100000	平安乡	450332200000	蒙山镇	450423100000
黄关镇	450327101000	三江乡	450332201000	西河镇	450423101000
文市镇	450327102000	嘉会乡	450332202000	新圩镇	450423102000
新街镇	450327103000	西岭乡	450332203000	文圩镇	450423103000
洞井瑶族乡	450327200000	观音乡	450332204000	黄村镇	450423104000
观音阁乡	450327201000	龙虎乡	450332205000	陈塘镇	450423105000
西山瑶族乡	450327202000	**梧州市(9街道，53镇，**	**450400000000**	汉豪乡	450423200000
新圩乡	450327204000	**5乡)**		长坪瑶族乡	450423201000
水车乡	450327205000	**万秀区(4街道，2镇)**	**450403000000**	夏宜瑶族乡	450423202000
龙胜各族自治县(3镇，	**450328000000**	城东街道	450403001000	**岑溪市(14镇)**	**450481000000**
7乡)		城南街道	450403002000	岑城镇	450481100000
龙胜镇	450328100000	城中街道	450403003000	马路镇	450481102000
瓢里镇	450328101000	城北街道	450403004000	南渡镇	450481103000
三门镇	450328102000	城东镇	450403105000	水汶镇	450481105000
和平乡	450328200000	旺甫镇	450403106000	大隆镇	450481106000
泗水乡	450328201000	**蝶山区(3街道，2镇)**	**450404000000**	梨木镇	450481107000
江底乡	450328202000	角嘴街道	450404001000	大业镇	450481108000
马堤乡	450328203000	东兴街道	450404002000	筋竹镇	450481109000
伟江乡	450328204000	富民街道	450404003000	诚谏镇	450481110000
平等乡	450328205000	龙湖镇	450404100000	归义镇	450481111000
乐江乡	450328206000	夏郢镇	450404101000	糯垌镇	450481112000
资源县(1镇，6乡)	**450329000000**	**长洲区(2街道，2镇)**	**450405000000**	安平镇	450481113000
资源镇	450329101000	大塘街道	450405001000	三堡镇	450481114000
中峰乡	450329200000	兴龙街道	450405002000	波塘镇	450481115000
梅溪乡	450329202000	长洲镇	450405101000	**北海市(7街道，21镇，2乡)**	**450500000000**
瓜里乡	450329203000	倒水镇	450405102000	**海城区(7街道，1镇)**	**450502000000**
车田苗族乡	450329204000	**苍梧县(12镇)**	**450421000000**	中街街道	450502001000
两水苗族乡	450329205000	龙圩镇	450421100000	东街街道	450502002000
河口瑶族乡	450329206000	大坡镇	450421101000	西街街道	450502003000
平乐县(6镇，4乡)	**450330000000**	广平镇	450421102000	海角街道	450502004000

续表 3

行政区划名称	行政区划代码
地角街道	450502005000
高德街道	450502006000
驿马街道	450502007000
涠洲镇	450502100000
银海区(4镇)	**450503000000**
福成镇	450503100000
银滩镇	450503101000
平阳镇	450503102000
侨港镇	450503103000
铁山港区(3镇)	**450512000000**
南康镇	450512100000
营盘镇	450512101000
兴港镇	450512102000
合浦县(13镇，2乡)	**450521000000**
廉州镇	450521100000
党江镇	450521101000
西场镇	450521102000
沙岗镇	450521103000
乌家镇	450521104000
闸口镇	450521105000
公馆镇	450521106000
白沙镇	450521107000
山口镇	450521108000
沙田镇	450521109000
石湾镇	450521110000
石康镇	450521111000
常乐镇	450521112000
曲樟乡	450521200000
星岛湖乡	450521201000
防城港市(2街道，14镇，10乡)	**450600000000**
港口区(2街道，3镇)	**450602000000**
渔洲坪街道	450602001000
白沙沥街道	450602002000
企沙镇	450602100000
光坡镇	450602101000
公车镇	450602102000
防城区(6镇，4乡)	**450603000000**
防城镇	450603100000
大菉镇	450603101000
华石镇	450603102000
那梭镇	450603103000
那良镇	450603104000
峒中镇	450603105000
茅岭乡	450603201000
扶隆乡	450603203000
滩营乡	450603204000
江山乡	450603208000
上思县(2镇，6乡)	**450621000000**
思阳镇	450621100000
在妙镇	450621101000
叫安乡	450621201000
华兰乡	450621202000
南屏瑶族乡	450621203000
平福乡	450621204000
那琴乡	450621206000
公正乡	450621208000
东兴市(3镇)	**450681000000**
东兴镇	450681100000
江平镇	450681101000
马路镇	450681102000
钦州市(7街道，57镇)	**450700000000**
钦南区(4街道，12镇)	**450702000000**
向阳街道	450702001000
水东街道	450702002000
文峰街道	450702003000
南珠街道	450702004000
沙埠镇	450702100000
康熙岭镇	450702101000
黄屋屯镇	450702102000
尖山镇	450702103000
大番坡镇	450702104000
龙门港镇	450702105000
犀牛脚镇	450702106000
久隆镇	450702107000
东场镇	450702108000
那丽镇	450702109000
那彭镇	450702110000
那思镇	450702111000
钦北区(3街道，11镇)	**450703000000**
长田街道	450703001000
鸿亭街道	450703002000
子材街道	450703003000
大垌镇	450703100000
平吉镇	450703101000
青塘镇	450703102000
小董镇	450703103000
板城镇	450703104000
那蒙镇	450703106000
长滩镇	450703107000
新棠镇	450703108000
大直镇	450703109000
大寺镇	450703110000
贵台镇	450703111000
灵山县(18镇)	**450721000000**
灵城镇	450721100000
新圩镇	450721102000
丰塘镇	450721103000
平山镇	450721104000
石塘镇	450721105000
佛子镇	450721106000
平南镇	450721107000
烟墩镇	450721108000
檀圩镇	450721109000
那隆镇	450721110000
三隆镇	450721111000
陆屋镇	450721112000
旧州镇	450721113000
太平镇	450721114000
沙坪镇	450721115000
武利镇	450721116000
文利镇	450721117000
伯劳镇	450721118000
浦北县(16镇)	**450722000000**
小江镇	450722100000
泉水镇	450722101000
石埇镇	450722102000
安石镇	450722103000
张黄镇	450722104000
大成镇	450722105000
白石水镇	450722106000
北通镇	450722107000
三合镇	450722108000
龙门镇	450722109000
福旺镇	450722111000
寨圩镇	450722112000
乐民镇	450722113000
六硍镇	450722114000
平睦镇	450722115000
官垌镇	450722116000
贵港市(2街道，53镇，19乡)	**450800000000**
港北区(1街道，3镇，4乡)	**450802000000**
贵城街道	450802001000
港城镇	450802100000
大圩镇	450802101000
庆丰镇	450802102000
奇石乡	450802200000
中里乡	450802201000
根竹乡	450802202000
武乐乡	450802203000
港南区(1街道，6镇，2乡)	**450803000000**
江南街道	450803001000
桥圩镇	450803100000
木格镇	450803101000
木梓镇	450803102000
湛江镇	450803103000
东津镇	450803104000
八塘镇	450803105000
新塘乡	450803200000
瓦塘乡	450803201000
覃塘区(6镇，4乡)	**450804000000**
覃塘镇	450804100000
东龙镇	450804101000
三里镇	450804102000
黄练镇	450804103000
石卡镇	450804104000
五里镇	450804105000
山北乡	450804200000
樟木乡	450804201000
蒙公乡	450804202000
大岭乡	450804203000
平南县(17镇，4乡)	**450821000000**
平南镇	450821100000
平山镇	450821101000
寺面镇	450821102000
六陈镇	450821103000
大新镇	450821104000
大安镇	450821105000
武林镇	450821106000
大坡镇	450821107000
大洲镇	450821108000
镇隆镇	450821109000

续表 4

行政区划名称	行政区划代码	行政区划名称	行政区划代码	行政区划名称	行政区划代码
上渡镇	450821110000	杨梅镇	450921102000	**兴业县(13镇)**	**450924000000**
安怀镇	450821112000	灵山镇	450921103000	石南镇	450924100000
丹竹镇	450821113000	六王镇	450921104000	大平山镇	450924101000
官成镇	450821114000	黎村镇	450921105000	葵阳镇	450924102000
思旺镇	450821115000	杨村镇	450921106000	城隍镇	450924103000
大鹏镇	450821116000	县底镇	450921107000	山心镇	450924104000
同和镇	450821117000	自良镇	450921108000	沙塘镇	450924105000
东华乡	450821201000	松山镇	450921109000	蒲塘镇	450924106000
思界乡	450821202000	罗江镇	450921110000	北市镇	450924107000
国安瑶族乡	450821203000	石头镇	450921111000	龙安镇	450924108000
马练瑶族乡	450821204000	石寨镇	450921112000	高峰镇	450924109000
桂平市(21镇，5乡)	**450881000000**	十里镇	450921113000	小平山镇	450924110000
西山镇	450881100000	容西镇	450921114000	卖酒镇	450924111000
木乐镇	450881101000	浪水镇	450921115000	洛阳镇	450924124000
木圭镇	450881102000	**陆川县(11镇，3乡)**	**450922000000**	**北流市(3街道，22镇)**	**450981000000**
石咀镇	450881103000	温泉镇	450922101000	陵城街道	450981001000
油麻镇	450881104000	米场镇	450922102000	城南街道	450981002000
社坡镇	450881105000	马坡镇	450922103000	城北街道	450981003000
罗秀镇	450881106000	珊罗镇	450922104000	北流镇	450981100000
麻垌镇	450881107000	平乐镇	450922105000	新荣镇	450981101000
社步镇	450881108000	沙坡镇	450922106000	民安镇	450981102000
下湾镇	450881109000	大桥镇	450922107000	山围镇	450981103000
木根镇	450881110000	乌石镇	450922108000	民乐镇	450981104000
中沙镇	450881111000	良田镇	450922109000	西埌镇	450981105000
大洋镇	450881113000	清湖镇	450922110000	新圩镇	450981106000
大湾镇	450881114000	古城镇	450922111000	大里镇	450981107000
白沙镇	450881115000	沙湖乡	450922200000	塘岸镇	450981108000
石龙镇	450881116000	横山乡	450922201000	清水口镇	450981109000
蒙圩镇	450881117000	滩面乡	450922202000	隆盛镇	450981110000
紫荆镇	450881118000	**博白县(27镇，1乡)**	**450923000000**	大坡外镇	450981111000
南木镇	450881119000	博白镇	450923100000	六麻镇	450981112000
江口镇	450881120000	径口镇	450923101000	新丰镇	450981113000
金田镇	450881121000	双凤镇	450923102000	沙垌镇	450981114000
马皮乡	450881200000	顿谷镇	450923105000	平政镇	450981115000
垌心乡	450881201000	水鸣镇	450923106000	白马镇	450981116000
寻旺乡	450881202000	那林镇	450923107000	大伦镇	450981117000
罗播乡	450881203000	江宁镇	450923108000	扶新镇	450981118000
厚禄乡	450881204000	三滩镇	450923109000	六靖镇	450981119000
玉林市(8街道，98镇，4乡)	**450900000000**	黄凌镇	450923110000	石窝镇	450981120000
		亚山镇	450923111000	清湾镇	450981122000
玉州区(5街道，10镇)	**450902000000**	旺茂镇	450923112000	**百色市(2街道，59镇，74乡)**	**451000000000**
玉城街道	450902001000	东平镇	450923114000		
南江街道	450902002000	沙河镇	450923115000	**右江区(2街道，3镇，4乡)**	**451002000000**
城西街道	450902003000	菱角镇	450923116000	百城街道	451002001000
城北街道	450902004000	新田镇	450923117000	龙景街道	451002002000
名山街道	450902005000	凤山镇	450923118000	阳圩镇	451002101000
茂林镇	450902101000	宁潭镇	450923119000	四塘镇	451002102000
仁东镇	450902102000	文地镇	450923120000	龙川镇	451002103000
仁厚镇	450902103000	英桥镇	450923121000	永乐乡	451002201000
大塘镇	450902104000	那卜镇	450923122000	汪甸瑶族乡	451002202000
福绵镇	450902107000	大垌镇	450923123000	大楞乡	451002204000
成均镇	450902108000	沙陂镇	450923124000	泮水乡	451002206000
樟木镇	450902109000	双旺镇	450923125000	**田阳县(7镇，3乡)**	**451021000000**
新桥镇	450902110000	松旺镇	450923126000	田州镇	451021100000
沙田镇	450902111000	龙潭镇	450923127000	那坡镇	451021101000
石和镇	450902112000	大坝镇	450923128000	坡洪镇	451021102000
容县(15镇)	**450921000000**	永安镇	450923129000	那满镇	451021103000
容州镇	450921100000	浪平乡	450923201000	百育镇	451021104000

续表 5

行政区划名称	行政区划代码
玉凤镇	451021105000
头塘镇	451021106000
洞靖乡	451021202000
巴别乡	451021204000
五村乡	451021205000
田东县(9镇，1乡)	**451022000000**
平马镇	451022100000
祥周镇	451022101000
林逢镇	451022103000
思林镇	451022105000
印茶镇	451022106000
江城镇	451022107000
朔良镇	451022108000
义圩镇	451022109000
那拔镇	451022110000
作登瑶族乡	451022201000
平果县(8镇，4乡)	**451023000000**
马头镇	451023100000
新安镇	451023101000
果化镇	451023102000
太平镇	451023103000
坡造镇	451023104000
四塘镇	451023105000
旧城镇	451023106000
榜圩镇	451023107000
海城乡	451023202000
凤梧乡	451023203000
黎明乡	451023205000
同老乡	451023206000
德保县(5镇，7乡)	**451024000000**
城关镇	451024100000
隆桑镇	451024101000
敬德镇	451024102000
足荣镇	451024103000
马隘镇	451024122000
都安乡	451024201000
那甲乡	451024204000
荣华乡	451024205000
燕峒乡	451024207000
龙光乡	451024208000
巴头乡	451024210000
东凌乡	451024212000
靖西县(8镇，11乡)	**451025000000**
新靖镇	451025100000
化峒镇	451025101000
湖润镇	451025102000
安德镇	451025103000
龙临镇	451025104000
渠洋镇	451025105000
岳圩镇	451025106000
龙邦镇	451025107000
同德乡	451025200000
壬庄乡	451025201000
安宁乡	451025202000
地州乡	451025203000
禄峒乡	451025204000
南坡乡	451025206000
吞盘乡	451025207000
果乐乡	451025209000
新甲乡	451025210000
武平乡	451025212000
魁圩乡	451025215000
那坡县(2镇，7乡)	**451026000000**
城厢镇	451026100000
平孟镇	451026101000
坡荷乡	451026200000
龙合乡	451026201000
德隆乡	451026203000
百合乡	451026204000
百南乡	451026205000
百省乡	451026207000
百都乡	451026208000
凌云县(3镇，5乡)	**451027000000**
泗城镇	451027100000
逻楼镇	451027101000
加尤镇	451027102000
下甲乡	451027200000
伶站瑶族乡	451027201000
朝里瑶族乡	451027202000
沙里瑶族乡	451027203000
玉洪瑶族乡	451027205000
乐业县(4镇，4乡)	**451028000000**
同乐镇	451028100000
甘田镇	451028101000
新化镇	451028102000
花坪镇	451028103000
逻沙乡	451028201000
逻西乡	451028203000
幼平乡	451028204000
雅长乡	451028205000
田林县(4镇，10乡)	**451029000000**
乐里镇	451029100000
旧州镇	451029101000
定安镇	451029102000
六隆镇	451029103000
潞城瑶族乡	451029200000
利周瑶族乡	451029202000
平塘乡	451029203000
浪平乡	451029204000
八桂瑶族乡	451029206000
八渡瑶族乡	451029208000
那比乡	451029210000
高龙乡	451029211000
百乐乡	451029213000
者苗乡	451029215000
西林县(2镇，6乡)	**451030000000**
八达镇	451030100000
古障镇	451030101000
马蚌乡	451030201000
普合苗族乡	451030203000
西平乡	451030204000
那佐苗族乡	451030206000
那劳乡	451030207000
足别瑶族苗族乡	451030208000
隆林各族自治县(4镇，12乡)	**451031000000**
新州镇	451031100000
桠杈镇	451031101000
天生桥镇	451031102000
平班镇	451031103000
沙梨乡	451031200000
隆或乡	451031201000
者保乡	451031203000
者浪乡	451031204000
革步乡	451031205000
金钟山乡	451031206000
德峨乡	451031207000
猪场乡	451031208000
蛇场乡	451031210000
克长乡	451031211000
岩茶乡	451031213000
介廷乡	451031215000
贺州市(4街道，45镇，12乡)	**451100000000**
八步区(4街道，19镇，2乡)	**451102000000**
八步街道	451102001000
城东街道	451102002000
江南街道	451102003000
贺街镇	451102101000
步头镇	451102102000
莲塘镇	451102103000
大宁镇	451102104000
南乡镇	451102105000
桂岭镇	451102106000
开山镇	451102107000
里松镇	451102109000
信都镇	451102114000
灵峰镇	451102115000
仁义镇	451102116000
铺门镇	451102117000
黄洞瑶族乡	451102200000
西湾街道	451191001000
黄田镇	451191100000
鹅塘镇	451191101000
沙田镇	451191102000
公会镇	451191103000
水口镇	451191104000
望高镇	451191105000
羊头镇	451191106000
大平瑶族乡	451191200000
昭平县(7镇，5乡)	**451121000000**
昭平镇	451121100000
文竹镇	451121101000
黄姚镇	451121102000
富罗镇	451121103000
北陀镇	451121104000
马江镇	451121105000
五将镇	451121107000
仙回瑶族乡	451121201000
走马乡	451121202000
樟木林乡	451121205000
凤凰乡	451121206000
木格乡	451121208000

续表 6

行政区划名称	行政区划代码
钟山县(10镇，2乡)	**451122000000**
钟山镇	451122100000
回龙镇	451122105000
石龙镇	451122106000
凤翔镇	451122107000
珊瑚镇	451122108000
同古镇	451122109000
公安镇	451122110000
清塘镇	451122112000
燕塘镇	451122113000
红花镇	451122114000
花山瑶族乡	451122200000
两安瑶族乡	451122201000
富川瑶族自治县(9镇，3乡)	**451123000000**
富阳镇	451123100000
白沙镇	451123101000
莲山镇	451123102000
古城镇	451123103000
福利镇	451123104000
麦岭镇	451123105000
葛坡镇	451123106000
城北镇	451123107000
朝东镇	451123108000
新华乡	451123200000
石家乡	451123201000
柳家乡	451123203000
河池市(1街道，52镇，86乡)	**451200000000**
金城江区(1街道，7镇，4乡)	**451202000000**
金城江街道	451202001000
东江镇	451202101000
六圩镇	451202102000
六甲镇	451202103000
河池镇	451202104000
拔贡镇	451202105000
九圩镇	451202106000
五圩镇	451202107000
白土乡	451202200000
侧岭乡	451202203000
保平乡	451202204000
长老乡	451202205000
南丹县(7镇，4乡)	**451221000000**
城关镇	451221100000
大厂镇	451221101000
车河镇	451221102000
芒场镇	451221103000
六寨镇	451221104000
月里镇	451221105000
吾隘镇	451221106000
罗富乡	451221200000
中堡苗族乡	451221202000
八圩瑶族乡	451221203000
里湖瑶族乡	451221204000
天峨县(2镇，7乡)	**451222000000**
六排镇	451222100000
向阳镇	451222101000
岜暮乡	451222200000
八腊瑶族乡	451222201000
纳直乡	451222203000
更新乡	451222204000
下老乡	451222206000
坡结乡	451222207000
三堡乡	451222208000
凤山县(1镇，8乡)	**451223000000**
凤城镇	451223100000
袍里乡	451223200000
砦牙乡	451223201000
长洲乡	451223202000
乔音乡	451223203000
金牙瑶族乡	451223205000
中亭乡	451223207000
平乐瑶族乡	451223208000
江洲瑶族乡	451223209000
东兰县(5镇，9乡)	**451224000000**
东兰镇	451224100000
隘洞镇	451224101000
长乐镇	451224102000
三石镇	451224103000
武篆镇	451224104000
泗孟乡	451224200000
兰木乡	451224201000
长江乡	451224202000
巴畴乡	451224203000
金谷乡	451224204000
三弄瑶族乡	451224205000
大同乡	451224206000
花香乡	451224207000
切学乡	451224208000
罗城仫佬族自治县(7镇，4乡)	**451225000000**
东门镇	451225100000
龙岸镇	451225101000
黄金镇	451225102000
小长安镇	451225103000
四把镇	451225105000
天河镇	451225106000
怀群镇	451225107000
宝坛乡	451225200000
乔善乡	451225202000
纳翁乡	451225203000
兼爱乡	451225204000
环江毛南族自治县(6镇，6乡)	**451226000000**
思恩镇	451226100000
水源镇	451226101000
洛阳镇	451226102000
川山镇	451226103000
明伦镇	451226104000
东兴镇	451226105000
大才乡	451226200000
下南乡	451226202000
大安乡	451226204000
长美乡	451226205000
龙岩乡	451226206000
驯乐苗族乡	451226207000
巴马瑶族自治县(1镇，9乡)	**451227000000**
巴马镇	451227100000
燕洞乡	451227200000
甲篆乡	451227201000
那社乡	451227202000
所略乡	451227203000
西山乡	451227205000
东山乡	451227207000
凤凰乡	451227208000
百林乡	451227209000
那桃乡	451227210000
都安瑶族自治县(6镇，13乡)	**451228000000**
安阳镇	451228100000
高岭镇	451228101000
地苏镇	451228102000
下坳镇	451228103000
拉烈镇	451228104000
百旺镇	451228105000
澄江乡	451228200000
东庙乡	451228204000
大兴乡	451228206000
隆福乡	451228208000
保安乡	451228209000
板岭乡	451228210000
永安乡	451228211000
三只羊乡	451228212000
龙湾乡	451228213000
菁盛乡	451228214000
加贵乡	451228217000
拉仁乡	451228218000
九渡乡	451228219000
大化瑶族自治县(3镇，13乡)	**451229000000**
大化镇	451229100000
都阳镇	451229101000
岩滩镇	451229102000
共和乡	451229200000
贡川乡	451229201000
百马乡	451229202000
古河乡	451229203000
古文乡	451229204000
江南乡	451229205000
羌圩乡	451229206000
乙圩乡	451229207000
北景乡	451229208000
板升乡	451229210000
七百弄乡	451229211000
雅龙乡	451229213000
六也乡	451229214000
宜州市(7镇，9乡)	**451281000000**
庆远镇	451281100000
三岔镇	451281101000
洛西镇	451281102000
怀远镇	451281103000
德胜镇	451281104000
石别镇	451281105000

续表 7

行政区划名称	行政区划代码
北山镇	451281106000
祥贝乡	451281200000
刘三姐乡	451281201000
屏南乡	451281203000
洛东乡	451281204000
福龙瑶族乡	451281207000
北牙瑶族乡	451281208000
同德乡	451281210000
安马乡	451281211000
龙头乡	451281213000
来宾市(3街道，30镇，36乡)	**451300000000**
兴宾区(3街道，7镇，13乡)	**451302000000**
城北街道	451302001000
城东街道	451302002000
河西街道	451302003000
凤凰镇	451302101000
良江镇	451302102000
小平阳镇	451302103000
迁江镇	451302104000
石陵镇	451302105000
平阳镇	451302106000
蒙村镇	451302107000
三五乡	451302201000
五山乡	451302202000
陶邓乡	451302203000
桥巩乡	451302204000
良塘乡	451302205000
七洞乡	451302206000
城厢乡	451302209000
寺山乡	451302211000
石牙乡	451302212000
南泗乡	451302213000
高安乡	451302214000
大湾乡	451302215000
正龙乡	451302216000
忻城县(5镇，7乡)	**451321000000**
城关镇	451321100000
大塘镇	451321101000
思练镇	451321102000
红渡镇	451321103000
古蓬镇	451321104000
马泗乡	451321201000
欧洞乡	451321202000
安东乡	451321203000
果遂乡	451321204000
新圩乡	451321205000
遂意乡	451321206000
北更乡	451321207000
象州县(7镇，4乡)	**451322000000**
象州镇	451322100000
石龙镇	451322101000
运江镇	451322102000
寺村镇	451322103000
中平镇	451322104000
罗秀镇	451322105000
大乐镇	451322106000
马坪乡	451322200000
妙皇乡	451322201000
百丈乡	451322202000
水晶乡	451322203000
武宣县(7镇，3乡)	**451323000000**
武宣镇	451323100000
桐岭镇	451323101000
通挽镇	451323102000
东乡镇	451323103000
三里镇	451323104000
二塘镇	451323105000
黄茆镇	451323106000
禄新乡	451323201000
思灵乡	451323202000
金鸡乡	451323205000
金秀瑶族自治县(3镇，7乡)	**451324000000**
金秀镇	451324100000
桐木镇	451324101000
头排镇	451324102000
三角乡	451324200000
忠良乡	451324201000
罗香乡	451324202000
长垌乡	451324203000
大樟乡	451324204000
六巷乡	451324205000
三江乡	451324207000
合山市(1镇，2乡)	**451381000000**
岭南镇	451381100000
北泗乡	451381200000
河里乡	451381201000
崇左市(3街道，37镇，38乡)	**451400000000**
江州区(3街道，6镇，2乡)	**451402000000**
太平街道	451402001000
江南街道	451402002000
石景林街道	451402003000
新和镇	451402101000
濑湍镇	451402102000
江州镇	451402103000
左州镇	451402104000
那隆镇	451402105000
驮卢镇	451402106000
罗白乡	451402201000
板利乡	451402202000
扶绥县(8镇，3乡)	**451421000000**
新宁镇	451421100000
渠黎镇	451421101000
渠旧镇	451421102000
柳桥镇	451421103000
东门镇	451421104000
山圩镇	451421105000
中东镇	451421106000
东罗镇	451421107000
龙头乡	451421201000
岜盆乡	451421202000
昌平乡	451421203000
宁明县(4镇，9乡)	**451422000000**
城中镇	451422100000
爱店镇	451422101000
明江镇	451422102000
海渊镇	451422103000
亭亮乡	451422201000
寨安乡	451422202000
峙浪乡	451422203000
东安乡	451422204000
板棍乡	451422205000
北江乡	451422206000
那堪乡	451422208000
那楠乡	451422209000
桐棉乡	451422210000
龙州县(5镇，7乡)	**451423000000**
龙州镇	451423100000
下冻镇	451423101000
水口镇	451423102000
金龙镇	451423103000
响水镇	451423104000
八角乡	451423201000
上降乡	451423202000
彬桥乡	451423203000
上龙乡	451423204000
武德乡	451423205000
逐卜乡	451423206000
上金乡	451423207000
大新县(5镇，9乡)	**451424000000**
桃城镇	451424100000
全茗镇	451424101000
雷平镇	451424102000
硕龙镇	451424103000
下雷镇	451424104000
五山乡	451424200000
龙门乡	451424201000
昌明乡	451424202000
福隆乡	451424203000
那岭乡	451424204000
恩城乡	451424205000
榄圩乡	451424206000
宝圩乡	451424207000
堪圩乡	451424208000
天等县(5镇，8乡)	**451425000000**
天等镇	451425100000
龙茗镇	451425101000
进结镇	451425102000
向都镇	451425103000
东平镇	451425104000
都康乡	451425200000
宁干乡	451425201000
驮堪乡	451425202000
福新乡	451425203000
进远乡	451425205000
上映乡	451425206000
把荷乡	451425207000
小山乡	451425208000
凭祥市(4镇)	**451481000000**
凭祥镇	451481100000
友谊镇	451481101000
上石镇	451481102000
夏石镇	451481103000

海南省

海南省(琼)

行政区划名称	行政区划代码
海南省(18街道，183镇，21乡)	**460000000000**
海口市(18街道，23镇)	**460100000000**
秀英区(2街道，6镇)	**460105000000**
秀英街道	460105001000
海秀街道	460105002000
长流镇	460105100000
西秀镇	460105101000
海秀镇	460105102000
石山镇	460105103000
永兴镇	460105104000
东山镇	460105105000
龙华区(6街道，5镇)	**460106000000**
中山街道	460106001000
滨海街道	460106002000
金贸街道	460106003000
大同街道	460106004000
海垦街道	460106005000
金宇街道	460106006000
城西镇	460106100000
龙桥镇	460106101000
新坡镇	460106102000
遵谭镇	460106103000
龙泉镇	460106104000
琼山区(1街道，8镇)	**460107000000**
国兴街道	460107001000
府城镇	460107100000
龙塘镇	460107101000
云龙镇	460107102000
红旗镇	460107103000
三门坡镇	460107104000
大坡镇	460107105000
甲子镇	460107106000
旧州镇	460107107000
美兰区(9街道，4镇)	**460108000000**
海府街道	460108001000
蓝天街道	460108002000
博爱街道	460108003000
海甸街道	460108004000
人民路街道	460108005000
白龙街道	460108006000
和平南街道	460108007000
白沙街道	460108008000
新埠街道	460108009000
灵山镇	460108101000
演丰镇	460108102000
三江镇	460108103000
大致坡镇	460108104000
三亚市(6镇)	**460200000000**
海棠湾镇	460291100000
吉阳镇	460291101000
凤凰镇	460291102000
崖城镇	460291103000
天涯镇	460291104000
育才镇	460291105000
三沙市	**460300000000**
五指山市(4镇，3乡)	**469001000000**
通什镇	469001100000
南圣镇	469001101000
毛阳镇	469001102000
番阳镇	469001103000
畅好乡	469001200000
毛道乡	469001201000
水满乡	469001202000
琼海市(12镇)	**469002000000**
嘉积镇	469002100000
万泉镇	469002101000
石壁镇	469002102000
中原镇	469002103000
博鳌镇	469002104000
阳江镇	469002105000
龙江镇	469002106000
潭门镇	469002107000
塔洋镇	469002108000
长坡镇	469002109000
大路镇	469002110000
会山镇	469002111000
儋州市(17镇)	**469003000000**
那大镇	469003100000
和庆镇	469003101000
南丰镇	469003102000
大成镇	469003103000
雅星镇	469003104000
兰洋镇	469003105000
光村镇	469003106000
木棠镇	469003107000
海头镇	469003108000
峨蔓镇	469003109000
三都镇	469003110000
王五镇	469003111000
白马井镇	469003112000
中和镇	469003113000
排浦镇	469003114000
东成镇	469003115000
新州镇	469003116000
文昌市(17镇)	**469005000000**
文城镇	469005100000
重兴镇	469005101000
蓬莱镇	469005102000
会文镇	469005103000
东路镇	469005104000
潭牛镇	469005105000
东阁镇	469005106000
文教镇	469005107000
东郊镇	469005108000
龙楼镇	469005109000
昌洒镇	469005110000
翁田镇	469005111000
抱罗镇	469005112000
冯坡镇	469005113000
锦山镇	469005114000
铺前镇	469005115000
公坡镇	469005116000
万宁市(12镇)	**469006000000**
万城镇	469006100000
龙滚镇	469006101000
和乐镇	469006102000
后安镇	469006103000
大茂镇	469006104000
东澳镇	469006105000
礼纪镇	469006106000
长丰镇	469006107000
山根镇	469006108000
北大镇	469006109000

续表

行政区划名称	行政区划代码
南桥镇	469006110000
三更罗镇	469006111000
东方市(8镇，2乡)	**469007000000**
八所镇	469007100000
东河镇	469007101000
大田镇	469007102000
感城镇	469007103000
板桥镇	469007104000
三家镇	469007105000
四更镇	469007106000
新龙镇	469007107000
天安乡	469007200000
江边乡	469007201000
定安县(10镇)	**469021000000**
定城镇	469021100000
新竹镇	469021101000
龙湖镇	469021102000
黄竹镇	469021103000
雷鸣镇	469021104000
龙门镇	469021105000
龙河镇	469021106000
岭口镇	469021107000
翰林镇	469021108000
富文镇	469021109000
屯昌县(8镇)	**469022000000**
屯城镇	469022100000
新兴镇	469022101000
枫木镇	469022102000
乌坡镇	469022103000
南吕镇	469022104000
南坤镇	469022105000
坡心镇	469022106000
西昌镇	469022107000
澄迈县(11镇)	**469023000000**
金江镇	469023100000
老城镇	469023101000
瑞溪镇	469023102000
永发镇	469023103000
加乐镇	469023104000
文儒镇	469023105000
中兴镇	469023106000
仁兴镇	469023107000
福山镇	469023108000
桥头镇	469023109000
大丰镇	469023110000
临高县(11镇)	**469024000000**
临城镇	469024100000
波莲镇	469024101000
东英镇	469024102000
博厚镇	469024103000
皇桐镇	469024104000
多文镇	469024105000
和舍镇	469024106000
南宝镇	469024107000
新盈镇	469024108000
调楼镇	469024109000
加来镇	469024110000
白沙黎族自治县(4镇，7乡)	**469025000000**
牙叉镇	469025100000
七坊镇	469025101000
邦溪镇	469025102000
打安镇	469025103000
细水乡	469025200000
元门乡	469025201000
南开乡	469025202000
阜龙乡	469025203000
青松乡	469025204000
金波乡	469025205000
荣邦乡	469025206000
昌江黎族自治县(7镇，1乡)	**469026000000**
石碌镇	469026100000
叉河镇	469026101000
十月田镇	469026102000
乌烈镇	469026103000
昌化镇	469026104000
海尾镇	469026105000
七叉镇	469026106000
王下乡	469026200000
乐东黎族自治县(11镇)	**469027000000**
抱由镇	469027100000
万冲镇	469027101000
大安镇	469027102000
志仲镇	469027103000
千家镇	469027104000
九所镇	469027105000
利国镇	469027106000
黄流镇	469027107000
佛罗镇	469027108000
尖峰镇	469027109000
莺歌海镇	469027110000
陵水黎族自治县(9镇，2乡)	**469028000000**
椰林镇	469028100000
光坡镇	469028101000
三才镇	469028102000
英州镇	469028103000
隆广镇	469028104000
文罗镇	469028105000
本号镇	469028106000
新村镇	469028107000
黎安镇	469028108000
提蒙乡	469028200000
群英乡	469028201000
保亭黎族苗族自治县(6镇，3乡)	**469029000000**
保城镇	469029100000
什玲镇	469029101000
加茂镇	469029102000
响水镇	469029103000
新政镇	469029104000
三道镇	469029105000
六弓乡	469029200000
南林乡	469029201000
毛感乡	469029202000
琼中黎族苗族自治县(7镇，3乡)	**469030000000**
营根镇	469030100000
湾岭镇	469030101000
黎母山镇	469030102000
和平镇	469030103000
长征镇	469030104000
红毛镇	469030105000
中平镇	469030106000
吊罗山乡	469030200000
上安乡	469030201000
什运乡	469030202000

重庆市

重庆市(渝)

行政区划名称	行政区划代码
重庆市(188街道，604镇，220乡)	**500000000000**
万州区(11街道，29镇，12乡)	**500101000000**
高笋塘街道	500101001000
太白街道	500101002000
牌楼街道	500101003000
双河口街道	500101004000
龙都街道	500101005000
周家坝街道	500101006000
沙河街道	500101007000
钟鼓楼街道	500101008000
百安坝街道	500101009000
五桥街道	500101010000
陈家坝街道	500101011000
高峰镇	500101101000
龙沙镇	500101102000
响水镇	500101103000
武陵镇	500101104000
瀼渡镇	500101105000
甘宁镇	500101106000
天城镇	500101107000
熊家镇	500101108000
小周镇	500101109000
大周镇	500101110000
高梁镇	500101111000
李河镇	500101112000
分水镇	500101113000
孙家镇	500101114000
余家镇	500101115000
后山镇	500101116000
弹子镇	500101117000
长岭镇	500101118000
新田镇	500101119000
新乡镇	500101120000
走马镇	500101121000
罗田镇	500101122000
龙驹镇	500101123000
白土镇	500101124000
长滩镇	500101125000
太安镇	500101126000
白羊镇	500101127000
太龙镇	500101128000
郭村镇	500101129000
九池乡	500101200000
柱山乡	500101201000
铁峰乡	500101203000
茨竹乡	500101204000
溪口乡	500101205000
长坪乡	500101206000
燕山乡	500101207000
梨树乡	500101208000
恒合土家族乡	500101209000
普子乡	500101210000
地宝土家族乡	500101211000
黄柏乡	500101212000
涪陵区(8街道，12镇，6乡)	**500102000000**
敦仁街道	500102001000
崇义街道	500102002000
荔枝街道	500102003000
江北街道	500102004000
江东街道	500102005000
李渡街道	500102006000
龙桥街道	500102007000
白涛街道	500102008000
百胜镇	500102100000
珍溪镇	500102101000
清溪镇	500102102000
南沱镇	500102103000
焦石镇	500102104000
马武镇	500102106000
青羊镇	500102107000
龙潭镇	500102108000
蔺市镇	500102111000
新妙镇	500102112000
石沱镇	500102113000
义和镇	500102115000
罗云乡	500102204000
大木乡	500102206000
武陵山乡	500102208000
同乐乡	500102213000
大顺乡	500102216000
增福乡	500102217000
渝中区(12街道)	**500103000000**
七星岗街道	500103001000
解放碑街道	500103003000
两路口街道	500103004000
上清寺街道	500103005000
菜园坝街道	500103007000
南纪门街道	500103008000
望龙门街道	500103009000
朝天门街道	500103010000
大溪沟街道	500103011000
大坪街道	500103012000
化龙桥街道	500103013000
石油路街道	500103014000
大渡口区(5街道，3镇)	**500104000000**
新山村街道	500104001000
跃进村街道	500104002000
九宫庙街道	500104003000
茄子溪街道	500104004000
春晖路街道	500104005000
八桥镇	500104101000
建胜镇	500104102000
跳磴镇	500104103000
江北区(9街道，3镇)	**500105000000**
华新街街道	500105004000
寸滩街道	500105005000
观音桥街道	500105006000
五里店街道	500105007000
郭家沱街道	500105008000
铁山坪街道	500105009000
江北城街道	500105010000
石马河街道	500105011000
大石坝街道	500105012000
鱼嘴镇	500105100000
复盛镇	500105101000
五宝镇	500105102000
沙坪坝区(18街道，8镇)	**500106000000**
小龙坎街道	500106001000
沙坪坝街道	500106002000
渝碚路街道	500106003000
磁器口街道	500106004000
童家桥街道	500106005000
石井坡街道	500106006000
詹家溪街道	500106007000
井口街道	500106008000
歌乐山街道	500106009000
山洞街道	500106010000
新桥街道	500106011000
天星桥街道	500106012000
土湾街道	500106013000
覃家岗街道	500106014000
陈家桥街道	500106015000
虎溪街道	500106016000
西永街道	500106017000
联芳街道	500106018000
井口镇	500106102000
歌乐山镇	500106103000
青木关镇	500106104000
凤凰镇	500106105000
回龙坝镇	500106106000
曾家镇	500106108000
土主镇	500106111000
中梁镇	500106112000
九龙坡区(7街道，11镇)	**500107000000**
杨家坪街道	500107001000
黄桷坪街道	500107002000
谢家湾街道	500107003000
石坪桥街道	500107004000
中梁山街道	500107006000
渝州路街道	500107007000
石桥铺街道	500107008000
九龙镇	500107100000
华岩镇	500107102000
含谷镇	500107103000
金凤镇	500107104000
白市驿镇	500107105000
走马镇	500107106000
石板镇	500107107000
巴福镇	500107108000
陶家镇	500107109000
西彭镇	500107110000
铜罐驿镇	500107111000
南岸区(7街道，7镇)	**500108000000**
铜元局街道	500108001000
花园路街道	500108002000
南坪街道	500108003000
海棠溪街道	500108004000
龙门浩街道	500108005000
弹子石街道	500108006000
南山街道	500108007000
南坪镇	500108101000
涂山镇	500108102000
鸡冠石镇	500108103000
峡口镇	500108105000
长生桥镇	500108106000

续表 1

行政区划名称	行政区划代码	行政区划名称	行政区划代码	行政区划名称	行政区划代码
迎龙镇	500108107000	宝顶镇	500111104000	木洞镇	500113109000
广阳镇	500108108000	中敖镇	500111105000	双河口镇	500113110000
北碚区(5街道，12镇)	**500109000000**	三驱镇	500111106000	麻柳嘴镇	500113111000
天生街道	500109001000	宝兴镇	500111107000	丰盛镇	500113112000
朝阳街道	500109002000	玉龙镇	500111108000	二圣镇	500113113000
龙凤桥街道	500109003000	石马镇	500111109000	东温泉镇	500113114000
北温泉街道	500109004000	拾万镇	500111110000	姜家镇	500113115000
东阳街道	500109005000	回龙镇	500111111000	天星寺镇	500113116000
歇马镇	500109101000	金山镇	500111112000	接龙镇	500113117000
澄江镇	500109102000	万古镇	500111113000	石滩镇	500113118000
蔡家岗镇	500109103000	国梁镇	500111114000	石龙镇	500113119000
童家溪镇	500109104000	雍溪镇	500111115000	**黔江区(6街道，12镇，12乡)**	**500114000000**
天府镇	500109105000	珠溪镇	500111116000	城东街道	500114001000
施家梁镇	500109106000	龙石镇	500111117000	城南街道	500114002000
水土镇	500109107000	邮亭镇	500111118000	城西街道	500114003000
静观镇	500109108000	铁山镇	500111119000	正阳街道	500114004000
柳荫镇	500109109000	高升镇	500111120000	舟白街道	500114005000
复兴镇	500109110000	季家镇	500111121000	冯家街道	500114006000
三圣镇	500109111000	古龙镇	500111122000	小南海镇	500114102000
金刀峡镇	500109112000	高坪镇	500111123000	邻鄂镇	500114104000
綦江区(5街道，25镇)	**500110000000**	**渝北区(15街道，11镇)**	**500112000000**	阿蓬江镇	500114105000
古南街道	500110003000	双凤桥街道	500112001000	石会镇	500114106000
文龙街道	500110004000	双龙湖街道	500112002000	黑溪镇	500114107000
三江街道	500110005000	龙溪街道	500112003000	黄溪镇	500114108000
石角镇	500110108000	回兴街道	500112004000	黎水镇	500114109000
东溪镇	500110109000	龙山街道	500112005000	金溪镇	500114110000
赶水镇	500110110000	龙塔街道	500112006000	马喇镇	500114111000
打通镇	500110111000	悦来街道	500112007000	濯水镇	500114112000
石壕镇	500110112000	两路街道	500112008000	石家镇	500114113000
永新镇	500110113000	王家街道	500112009000	鹅池镇	500114114000
三角镇	500110114000	木耳镇	500112111000	中塘乡	500114200000
隆盛镇	500110115000	兴隆镇	500112113000	蓬东乡	500114201000
郭扶镇	500110116000	茨竹镇	500112115000	沙坝乡	500114202000
篆塘镇	500110117000	大湾镇	500112117000	白石乡	500114203000
丁山镇	500110118000	龙兴镇	500112119000	杉岭乡	500114204000
安稳镇	500110119000	石船镇	500112120000	太极乡	500114205000
扶欢镇	500110120000	统景镇	500112121000	水田乡	500114206000
永城镇	500110121000	大盛镇	500112123000	白土乡	500114207000
新盛镇	500110122000	洛碛镇	500112125000	金洞乡	500114208000
中峰镇	500110123000	古路镇	500112126000	五里乡	500114209000
横山镇	500110124000	玉峰山镇	500112130000	水市乡	500114210000
万盛街道	500192001000	人和街道	500191003000	新华乡	500114211000
东林街道	500192002000	大竹林街道	500191004000	**长寿区(4街道，14镇)**	**500115000000**
万东镇	500192100000	天宫殿街道	500191005000	凤城街道	500115001000
南桐镇	500192101000	鸳鸯街道	500191006000	晏家街道	500115002000
青年镇	500192102000	翠云街道	500191007000	江南街道	500115003000
关坝镇	500192103000	礼嘉街道	500191008000	渡舟街道	500115004000
丛林镇	500192104000	**巴南区(8街道，14镇)**	**500113000000**	邻封镇	500115101000
石林镇	500192105000	鱼洞街道	500113001000	但渡镇	500115102000
金桥镇	500192106000	李家沱街道	500113002000	云集镇	500115103000
黑山镇	500192107000	龙洲湾街道	500113003000	长寿湖镇	500115104000
大足区(3街道，24镇)	**500111000000**	花溪街道	500113004000	双龙镇	500115105000
龙滩子街道	500111001000	南泉街道	500113005000	龙河镇	500115106000
龙岗街道	500111002000	南彭街道	500113006000	石堰镇	500115107000
棠香街道	500111003000	一品街道	500113007000	云台镇	500115108000
双路镇	500111100000	惠民街道	500113008000	海棠镇	500115109000
通桥镇	500111101000	界石镇	500113103000	葛兰镇	500115110000
龙水镇	500111102000	安澜镇	500113107000	新市镇	500115111000
智凤镇	500111103000	跳石镇	500113108000	八颗镇	500115112000

续表 2

行政区划名称	行政区划代码
洪湖镇	500115113000
万顺镇	500115114000
江津区(4街道，24镇)	**500116000000**
几江街道	500116001000
德感街道	500116002000
双福街道	500116004000
鼎山街道	500116005000
油溪镇	500116100000
吴滩镇	500116101000
石门镇	500116102000
朱杨镇	500116103000
石蟆镇	500116104000
永兴镇	500116105000
塘河镇	500116106000
白沙镇	500116107000
龙华镇	500116108000
李市镇	500116109000
慈云镇	500116110000
蔡家镇	500116111000
中山镇	500116112000
嘉平镇	500116113000
柏林镇	500116114000
先锋镇	500116115000
珞璜镇	500116116000
贾嗣镇	500116117000
夏坝镇	500116118000
西湖镇	500116119000
杜市镇	500116120000
广兴镇	500116121000
四面山镇	500116122000
支坪镇	500116123000
合川区(7街道，23镇)	**500117000000**
合阳城街道	500117001000
钓鱼城街道	500117002000
南津街街道	500117003000
云门街道	500117004000
大石街道	500117005000
盐井街道	500117006000
草街街道	500117007000
钱塘镇	500117101000
沙鱼镇	500117102000
官渡镇	500117103000
涞滩镇	500117104000
龙市镇	500117105000
肖家镇	500117106000
古楼镇	500117108000
三庙镇	500117109000
燕窝镇	500117110000
二郎镇	500117111000
龙凤镇	500117112000
太和镇	500117113000
隆兴镇	500117114000
铜溪镇	500117115000
渭沱镇	500117116000
双凤镇	500117119000
狮滩镇	500117120000
清平镇	500117121000
土场镇	500117122000
小沔镇	500117123000
双槐镇	500117124000
三汇镇	500117125000
香龙镇	500117126000
永川区(7街道，16镇)	**500118000000**
中山路街道	500118001000
胜利路街道	500118002000
南大街街道	500118003000
茶山竹海街道	500118004000
卫星湖街道	500118005000
大安街道	500118006000
陈食街道	500118007000
临江镇	500118102000
何埂镇	500118104000
松溉镇	500118105000
朱沱镇	500118106000
仙龙镇	500118107000
五间镇	500118108000
来苏镇	500118109000
宝峰镇	500118110000
红炉镇	500118111000
永荣镇	500118112000
双石镇	500118113000
三教镇	500118114000
板桥镇	500118115000
青峰镇	500118116000
金龙镇	500118117000
吉安镇	500118118000
南川区(3街道，16镇，15乡)	**500119000000**
东城街道	500119001000
南城街道	500119002000
西城街道	500119003000
三泉镇	500119100000
南平镇	500119101000
神童镇	500119102000
鸣玉镇	500119103000
大观镇	500119104000
兴隆镇	500119105000
太平场镇	500119106000
白沙镇	500119107000
水江镇	500119108000
石墙镇	500119109000
金山镇	500119110000
头渡镇	500119111000
大有镇	500119112000
合溪镇	500119113000
黎香湖镇	500119114000
山王坪镇	500119115000
石莲乡	500119200000
木凉乡	500119201000
河图乡	500119202000
乾丰乡	500119204000
骑龙乡	500119205000
中桥乡	500119207000
铁村乡	500119208000
德隆乡	500119209000
庆元乡	500119210000
古花乡	500119211000
峰岩乡	500119212000
民主乡	500119213000
冷水关乡	500119214000
石溪乡	500119215000
福寿乡	500119216000
潼南县(2街道，20镇)	**500223000000**
梓潼街道	500223001000
桂林街道	500223002000
上和镇	500223101000
龙形镇	500223102000
古溪镇	500223103000
宝龙镇	500223104000
玉溪镇	500223107000
米心镇	500223108000
群力镇	500223109000
双江镇	500223110000
花岩镇	500223112000
柏梓镇	500223113000
崇龛镇	500223114000
塘坝镇	500223115000
新胜镇	500223116000
太安镇	500223117000
小渡镇	500223119000
卧佛镇	500223120000
五桂镇	500223121000
田家镇	500223122000
别口镇	500223123000
寿桥镇	500223124000
铜梁县(3街道，25镇)	**500224000000**
东城街道	500224001000
南城街道	500224002000
巴川街道	500224003000
土桥镇	500224101000
旧县镇	500224102000
二坪镇	500224103000
水口镇	500224104000
安居镇	500224105000
白羊镇	500224106000
平滩镇	500224107000
虎峰镇	500224108000
石鱼镇	500224110000
福果镇	500224111000
少云镇	500224112000
维新镇	500224113000
高楼镇	500224114000
大庙镇	500224115000
围龙镇	500224116000
华兴镇	500224117000
蒲吕镇	500224118000
永嘉镇	500224120000
安溪镇	500224121000
西河镇	500224122000
侣俸镇	500224123000

续表 3

行政区划名称	行政区划代码	行政区划名称	行政区划代码	行政区划名称	行政区划代码
太平镇	500224124000	七星镇	500228117000	保合镇	500230118000
小林镇	500224125000	龙门镇	500228118000	南天湖镇	500230119000
双山镇	500224126000	文化镇	500228119000	仁沙镇	500230120000
庆隆镇	500224127000	合兴镇	500228120000	兴龙镇	500230121000
荣昌县(6街道，15镇)	**500226000000**	石安镇	500228121000	龙孔镇	500230122000
昌元街道	500226001000	柏家镇	500228122000	暨龙镇	500230123000
广顺街道	500226002000	大观镇	500228123000	青龙乡	500230202000
昌州街道	500226003000	竹山镇	500228124000	双龙场乡	500230203000
峰高街道	500226004000	蟠龙镇	500228125000	太平坝乡	500230206000
安富街道	500226005000	安胜乡	500228200000	都督乡	500230207000
双河街道	500226006000	铁门乡	500228201000	栗子乡	500230209000
直升镇	500226100000	龙胜乡	500228202000	三建乡	500230210000
路孔镇	500226101000	复平乡	500228203000	三坝乡	500230212000
清江镇	500226102000	紫照乡	500228205000	**垫江县(21镇，4乡)**	**500231000000**
仁义镇	500226103000	城北乡	500228206000	桂溪镇	500231100000
河包镇	500226104000	曲水乡	500228207000	新民镇	500231101000
古昌镇	500226105000	**城口县(2街道，7镇，16乡)**	**500229000000**	沙坪镇	500231102000
吴家镇	500226106000	葛城街道	500229001000	周嘉镇	500231103000
观胜镇	500226107000	复兴街道	500229002000	普顺镇	500231104000
铜鼓镇	500226108000	巴山镇	500229102000	永安镇	500231105000
清流镇	500226109000	坪坝镇	500229104000	高安镇	500231106000
盘龙镇	500226110000	庙坝镇	500229105000	高峰镇	500231107000
远觉镇	500226111000	明通镇	500229106000	五洞镇	500231108000
清升镇	500226112000	修齐镇	500229107000	太平镇	500231109000
荣隆镇	500226113000	高观镇	500229108000	澄溪镇	500231110000
龙集镇	500226114000	高燕镇	500229109000	砚台镇	500231111000
璧山县(6街道，9镇)	**500227000000**	龙田乡	500229201000	鹤游镇	500231112000
璧城街道	500227001000	北屏乡	500229202000	坪山镇	500231113000
青杠街道	500227002000	高楠乡	500229204000	曹回镇	500231114000
璧泉街道	500227003000	左岚乡	500229205000	杠家镇	500231115000
来凤街道	500227004000	沿河乡	500229208000	包家镇	500231116000
丁家街道	500227005000	双河乡	500229210000	白家镇	500231117000
大路街道	500227006000	蓼子乡	500229211000	裴兴镇	500231118000
河边镇	500227102000	鸡鸣乡	500229212000	三溪镇	500231119000
福禄镇	500227103000	咸宜乡	500229213000	永平镇	500231120000
大兴镇	500227104000	周溪乡	500229214000	长龙乡	500231201000
广普镇	500227109000	明中乡	500229216000	沙河乡	500231202000
三合镇	500227110000	治平乡	500229217000	大石乡	500231204000
正兴镇	500227112000	岚天乡	500229219000	黄沙乡	500231205000
八塘镇	500227118000	厚坪乡	500229220000	**武隆县(12镇，14乡)**	**500232000000**
七塘镇	500227119000	河鱼乡	500229221000	巷口镇	500232100000
健龙镇	500227120000	东安乡	500229223000	桐梓镇	500232101000
梁平县(2街道，24镇，7乡)	**500228000000**	**丰都县(2街道，21镇，7乡)**	**500230000000**	火炉镇	500232102000
梁山街道	500228001000	三合街道	500230001000	江口镇	500232103000
双桂街道	500228002000	名山街道	500230002000	羊角镇	500232104000
仁贤镇	500228101000	虎威镇	500230101000	土坎镇	500232105000
礼让镇	500228102000	社坛镇	500230102000	长坝镇	500232106000
云龙镇	500228103000	三元镇	500230103000	白马镇	500232107000
屏锦镇	500228104000	许明寺镇	500230104000	鸭江镇	500232108000
袁驿镇	500228106000	董家镇	500230105000	平桥镇	500232109000
新盛镇	500228107000	树人镇	500230106000	仙女山镇	500232110000
福禄镇	500228108000	十直镇	500230107000	和顺镇	500232111000
金带镇	500228109000	高家镇	500230109000	黄莺乡	500232201000
聚奎镇	500228110000	兴义镇	500230110000	后坪苗族土家族乡	500232207000
明达镇	500228111000	双路镇	500230111000	接龙乡	500232209000
荫平镇	500228112000	江池镇	500230112000	土地乡	500232210000
和林镇	500228113000	龙河镇	500230113000	沧沟乡	500232213000
回龙镇	500228114000	武平镇	500230114000	石桥苗族土家族乡	500232216000
碧山镇	500228115000	包鸾镇	500230115000	浩口苗族仡佬族乡	500232218000
虎城镇	500228116000	湛普镇	500230116000	文复苗族土家族乡	500232219000

续表 4

行政区划名称	行政区划代码	行政区划名称	行政区划代码	行政区划名称	行政区划代码
双河乡	500232223000	镇安镇	500234116000	清水土家族乡	500235241000
赵家乡	500232225000	敦好镇	500234117000	**奉节县(19镇，11乡)**	**500236000000**
白云乡	500232226000	竹溪镇	500234118000	永安镇	500236100000
铁矿乡	500232227000	渠口镇	500234119000	白帝镇	500236101000
庙垭乡	500232231000	高桥镇	500234120000	草堂镇	500236102000
凤来乡	500232234000	金峰镇	500234121000	汾河镇	500236103000
忠县(22镇，6乡)	**500233000000**	大德镇	500234122000	康乐镇	500236104000
忠州镇	500233100000	白桥镇	500234123000	大树镇	500236105000
新生镇	500233101000	巫山镇	500234124000	竹园镇	500236106000
任家镇	500233102000	谭家镇	500234125000	公平镇	500236107000
乌杨镇	500233103000	三汇口乡	500234200000	朱衣镇	500236108000
洋渡镇	500233104000	五通乡	500234201000	甲高镇	500236109000
东溪镇	500233105000	白泉乡	500234202000	羊市镇	500236110000
复兴镇	500233106000	关面乡	500234203000	吐祥镇	500236111000
石宝镇	500233107000	满月乡	500234204000	青龙镇	500236112000
汝溪镇	500233108000	麻柳乡	500234205000	兴隆镇	500236113000
野鹤镇	500233109000	紫水乡	500234206000	新民镇	500236114000
官坝镇	500233110000	**云阳县(4街道，29镇，9乡)**	**500235000000**	永乐镇	500236115000
石黄镇	500233111000	青龙街道	500235001000	青莲镇	500236116000
马灌镇	500233112000	双江街道	500235002000	五马镇	500236117000
金鸡镇	500233113000	人和街道	500235003000	安坪镇	500236118000
新立镇	500233114000	盘龙街道	500235004000	红土乡	500236200000
双桂镇	500233115000	云阳镇	500235100000	平安乡	500236201000
拔山镇	500233116000	云安镇	500235101000	岩湾乡	500236203000
花桥镇	500233117000	凤鸣镇	500235103000	石岗乡	500236204000
永丰镇	500233118000	龙角镇	500235105000	康坪乡	500236205000
三汇镇	500233119000	宝坪镇	500235106000	云雾土家族乡	500236207000
白石镇	500233120000	故陵镇	500235107000	太和土家族乡	500236208000
黄金镇	500233122000	红狮镇	500235108000	龙桥土家族乡	500236209000
善广乡	500233201000	南溪镇	500235109000	长安土家族乡	500236210000
石子乡	500233203000	双土镇	500235111000	冯坪乡	500236211000
磨子土家族乡	500233204000	桑坪镇	500235112000	鹤峰乡	500236213000
涂井乡	500233206000	江口镇	500235113000	**巫山县(2街道，11镇，13乡)**	**500237000000**
金声乡	500233208000	路阳镇	500235115000	高唐街道	500237001000
兴峰乡	500233210000	农坝镇	500235116000	龙门街道	500237002000
开县(7街道，26镇，7乡)	**500234000000**	高阳镇	500235117000	巫峡镇	500237100000
汉丰街道	500234001000	渠马镇	500235118000	庙宁镇	500237101000
丰乐街道	500234002000	黄石镇	500235121000	大昌镇	500237102000
镇东街道	500234003000	巴阳镇	500235122000	福田镇	500237103000
白鹤街道	500234004000	鱼泉镇	500235124000	龙溪镇	500237104000
文峰街道	500234005000	平安镇	500235126000	双龙镇	500237105000
云枫街道	500234006000	沙市镇	500235127000	官阳镇	500237106000
赵家街道	500234007000	双龙镇	500235128000	骡坪镇	500237107000
大进镇	500234100000	栖霞镇	500235129000	抱龙镇	500237108000
厚坝镇	500234101000	水口镇	500235130000	官渡镇	500237109000
长沙镇	500234102000	蕖草镇	500235131000	铜鼓镇	500237110000
郭家镇	500234103000	泥溪镇	500235132000	红椿土家族乡	500237200000
临江镇	500234104000	养鹿镇	500235133000	两坪乡	500237207000
天和镇	500234105000	后叶镇	500235134000	曲尺乡	500237208000
温泉镇	500234106000	龙洞镇	500235135000	建平乡	500237210000
铁桥镇	500234107000	堰坪镇	500235136000	大溪乡	500237211000
义和镇	500234108000	外郎乡	500235208000	金坪乡	500237214000
中和镇	500234109000	耀灵乡	500235210000	平河乡	500237216000
岳溪镇	500234110000	新津乡	500235215000	当阳乡	500237219000
南门镇	500234111000	普安乡	500235216000	竹贤乡	500237222000
南雅镇	500234112000	洞鹿乡	500235218000	三溪乡	500237225000
河堰镇	500234113000	石门乡	500235219000	培石乡	500237227000
和谦镇	500234114000	大阳乡	500235220000	笃坪乡	500237229000
九龙山镇	500234115000	上坝乡	500235239000	邓家土家族乡	500237231000

续表 5

行政区划名称	行政区划代码
巫溪县(2街道，15镇，15乡)	**500238000000**
宁河街道	500238001000
柏杨街道	500238002000
城厢镇	500238100000
凤凰镇	500238101000
宁厂镇	500238102000
上磺镇	500238103000
古路镇	500238104000
文峰镇	500238105000
徐家镇	500238106000
白鹿镇	500238107000
尖山镇	500238108000
下堡镇	500238109000
峰灵镇	500238110000
塘坊镇	500238111000
朝阳镇	500238112000
田坝镇	500238113000
通城镇	500238114000
胜利乡	500238200000
菱角乡	500238201000
大河乡	500238202000
天星乡	500238203000
长桂乡	500238204000
蒲莲乡	500238205000
鱼鳞乡	500238209000
乌龙乡	500238210000
中岗乡	500238212000
花台乡	500238214000
兰英乡	500238215000
双阳乡	500238216000
中梁乡	500238217000
天元乡	500238218000
土城乡	500238219000
石柱土家族自治县(17镇，15乡)	**500240000000**
南宾镇	500240100000
西沱镇	500240101000
下路镇	500240102000
悦崃镇	500240103000
临溪镇	500240104000
黄水镇	500240105000
马武镇	500240106000
沙子镇	500240107000
王场镇	500240108000
沿溪镇	500240109000
龙沙镇	500240110000
鱼池镇	500240111000
大歇镇	500240112000
三河镇	500240113000
万朝镇	500240114000
桥头镇	500240115000
冷水镇	500240116000
黎场乡	500240203000
三星乡	500240204000
六塘乡	500240205000
三益乡	500240207000
王家乡	500240208000
河嘴乡	500240209000
石家乡	500240210000
枫木乡	500240212000
中益乡	500240213000
洗新乡	500240214000
黄鹤乡	500240215000
龙潭乡	500240216000
新乐乡	500240217000
金铃乡	500240218000
金竹乡	500240219000
秀山土家族苗族自治县(3街道，18镇，6乡)	**500241000000**
乌杨街道	500241001000
中和街道	500241002000
平凯街道	500241003000
清溪场镇	500241102000
隘口镇	500241103000
溶溪镇	500241104000
官庄镇	500241105000
龙池镇	500241106000
石堤镇	500241107000
峨溶镇	500241108000
洪安镇	500241109000
雅江镇	500241110000
石耶镇	500241111000
梅江镇	500241112000
兰桥镇	500241113000
膏田镇	500241114000
溪口镇	500241115000
妙泉镇	500241116000
宋农镇	500241117000
钟灵镇	500241118000
里仁镇	500241119000
孝溪乡	500241201000
海洋乡	500241207000
大溪乡	500241208000
涌洞乡	500241211000
中平乡	500241214000
岑溪乡	500241215000
酉阳土家族苗族自治县(15镇，23乡)	**500242000000**
桃花源镇	500242100000
龙潭镇	500242101000
麻旺镇	500242102000
酉酬镇	500242103000
大溪镇	500242104000
兴隆镇	500242105000
黑水镇	500242106000
丁市镇	500242107000
龚滩镇	500242108000
李溪镇	500242109000
泔溪镇	500242110000
酉水河镇	500242111000
苍岭镇	500242112000
小河镇	500242113000
板溪镇	500242114000
涂市乡	500242200000
铜鼓乡	500242202000
可大乡	500242204000
偏柏乡	500242205000
五福乡	500242206000
木叶乡	500242207000
毛坝乡	500242208000
花田乡	500242209000
后坪乡	500242210000
天馆乡	500242211000
宜居乡	500242212000
万木乡	500242213000
两罾乡	500242214000
板桥乡	500242215000
官清乡	500242216000
南腰界乡	500242217000
车田乡	500242218000
腴地乡	500242219000
清泉乡	500242220000
庙溪乡	500242221000
浪坪乡	500242222000
双泉乡	500242223000
楠木乡	500242224000
彭水苗族土家族自治县(3街道，14镇，22乡)	**500243000000**
汉葭街道	500243001000
绍庆街道	500243002000
靛水街道	500243003000
保家镇	500243101000
郁山镇	500243102000
高谷镇	500243103000
桑柘镇	500243104000
鹿角镇	500243105000
黄家镇	500243106000
普子镇	500243107000
龙射镇	500243108000
连湖镇	500243109000
万足镇	500243110000
新田镇	500243111000
鞍子镇	500243112000
平安镇	500243113000
长生镇	500243114000
岩东乡	500243201000
鹿鸣乡	500243202000
棣棠乡	500243204000
太原乡	500243205000
三义乡	500243206000
联合乡	500243207000
石柳乡	500243208000
龙溪乡	500243209000
走马乡	500243210000
芦塘乡	500243211000
乔梓乡	500243213000
梅子垭乡	500243216000
诸佛乡	500243217000
小厂乡	500243218000
桐楼乡	500243219000
善感乡	500243222000
双龙乡	500243223000
石盘乡	500243224000
大垭乡	500243225000
润溪乡	500243226000
朗溪乡	500243227000
龙塘乡	500243228000

四川省

四川省(川)

行政区划名称	行政区划代码
四川省(280街道，1831镇，2549乡)	**510000000000**
成都市(95街道，193镇，27乡)	**510100000000**
锦江区(16街道)	**510104000000**
督院街街道	510104001000
盐市口街道	510104002000
春熙路街道	510104003000
书院街街道	510104004000
合江亭街道	510104005000
水井坊街道	510104006000
牛市口街道	510104007000
龙舟路街道	510104008000
双桂路街道	510104009000
莲新街道	510104010000
沙河街道	510104011000
东光街道	510104012000
狮子山街道	510104013000
成龙路街道	510104014000
柳江街道	510104015000
三圣街道	510104016000
青羊区(14街道)	**510105000000**
太升路街道	510105001000
草市街街道	510105002000
西御河街道	510105003000
汪家拐街道	510105004000
新华西路街道	510105006000
草堂街道	510105007000
府南街道	510105008000
光华街道	510105009000
东坡街道	510105010000
黄田坝街道	510105012000
文家街道	510105014000
少城街道	510105015000
苏坡街道	510105016000
金沙街道	510105017000
金牛区(15街道)	**510106000000**
荷花池街道	510106002000
人民北路街道	510106004000
黄忠街道	510106005000
驷马桥街道	510106007000
茶店子街道	510106009000
营门口街道	510106010000
九里堤街道	510106012000
西安路街道	510106013000
抚琴街道	510106014000
五块石街道	510106015000
金泉街道	510106016000
沙河源街道	510106017000
天回镇街道	510106018000
西华街道	510106019000
凤凰山街道	510106020000
武侯区(17街道)	**510107000000**
浆洗街街道	510107001000
红牌楼街道	510107002000
簇桥街道	510107003000
望江路街道	510107004000
玉林街道	510107005000
玉林街道	510107006000
火车南站街道	510107007000
双楠街道	510107008000
晋阳街道	510107011000
机投桥街道	510107012000
金花桥街道	510107013000
华兴街道	510107016000
簇锦街道	510107017000
肖家河街道	510199001000
芳草街道	510199002000
石羊街道	510199003000
桂溪街道	510199004000
成华区(14街道)	**510108000000**
府青路街道	510108001000
桃蹊路街道	510108002000
双水碾街道	510108003000
建设路街道	510108004000
万年场街道	510108005000
双桥子街道	510108006000
猛追湾街道	510108007000
跳蹬河街道	510108008000
二仙桥街道	510108009000
新鸿路街道	510108010000
圣灯街道	510108011000
保和街道	510108012000
青龙街道	510108013000
龙潭街道	510108014000
龙泉驿区(4街道，7镇，1乡)	**510112000000**
龙泉街道	510112001000
大面街道	510112002000
同安街道	510112003000
十陵街道	510112004000
洛带镇	510112102000
柏合镇	510112103000
西河镇	510112104000
洪安镇	510112108000
茶店镇	510112110000
黄土镇	510112111000
山泉镇	510112115000
万兴乡	510112200000
青白江区(2街道，7镇，2乡)	**510113000000**
红阳街道	510113001000
大弯街道	510113002000
龙王镇	510113101000
弥牟镇	510113102000
大同镇	510113103000
城厢镇	510113104000
祥福镇	510113105000
姚渡镇	510113106000
清泉镇	510113107000
福洪乡	510113200000
人和乡	510113201000
新都区(2街道，11镇)	**510114000000**
三河街道	510114001000
大丰街道	510114002000
新都镇	510114100000
石板滩镇	510114102000
新繁镇	510114103000
新民镇	510114104000
泰兴镇	510114106000
斑竹园镇	510114108000
清流镇	510114109000
马家镇	510114111000
龙桥镇	510114112000
木兰镇	510114114000
军屯镇	510114116000
温江区(4街道，6镇)	**510115000000**
柳城街道	510115001000
公平街道	510115002000
天府街道	510115003000
涌泉街道	510115004000
和盛镇	510115101000
永盛镇	510115102000
金马镇	510115104000
万春镇	510115106000
永宁镇	510115108000
寿安镇	510115110000
金堂县(19镇，2乡)	**510121000000**
赵镇	510121100000
三星镇	510121101000
清江镇	510121102000
官仓镇	510121103000
淮口镇	510121104000
白果镇	510121105000
五凤镇	510121106000
高板镇	510121108000
三溪镇	510121109000
福兴镇	510121110000
金龙镇	510121111000
赵家镇	510121112000
竹篙镇	510121113000
广兴镇	510121114000
隆盛镇	510121115000
转龙镇	510121116000
土桥镇	510121117000
云合镇	510121118000
又新镇	510121119000
栖贤乡	510121200000
平桥乡	510121203000
双流县(7街道，18镇)	**510122000000**
东升街道	510122001000
西航港街道	510122002000
华阳街道	510122004000
九江街道	510122005000
黄甲街道	510122006000
公兴街道	510122007000
太平镇	510122101000
永兴镇	510122102000
籍田镇	510122106000
正兴镇	510122107000
彭镇	510122108000

续表 1

行政区划名称	行政区划代码
大林镇	510122109000
煎茶镇	510122110000
黄龙溪镇	510122111000
永安镇	510122112000
黄水镇	510122115000
金桥镇	510122116000
胜利镇	510122119000
新兴镇	510122120000
兴隆镇	510122121000
万安镇	510122122000
白沙镇	510122123000
三星镇	510122124000
合江镇	510122125000
中和街道	510199006000
郫县(15镇)	**510124000000**
郫筒镇	510124100000
团结镇	510124101000
犀浦镇	510124102000
花园镇	510124103000
唐昌镇	510124104000
安德镇	510124105000
三道堰镇	510124106000
安靖镇	510124107000
红光镇	510124108000
新民场镇	510124110000
德源镇	510124112000
友爱镇	510124115000
古城镇	510124117000
唐元镇	510124118000
合作镇	510199100000
大邑县(17镇，3乡)	**510129000000**
晋原镇	510129100000
王泗镇	510129101000
新场镇	510129103000
悦来镇	510129104000
安仁镇	510129105000
䢺江镇	510129106000
西岭镇	510129108000
斜源镇	510129109000
董场镇	510129110000
韩场镇	510129111000
三岔镇	510129112000
上安镇	510129113000
苏家镇	510129114000
青霞镇	510129115000
沙渠镇	510129116000
蔡场镇	510129117000
花水湾镇	510129118000
雾山乡	510129202000
金星乡	510129203000
鹤鸣乡	510129205000
蒲江县(8镇，4乡)	**510131000000**
鹤山镇	510131100000
寿安镇	510131102000
西来镇	510131104000
大塘镇	510131105000
甘溪镇	510131106000
大兴镇	510131107000
成佳镇	510131108000
朝阳湖镇	510131109000
长秋乡	510131201000
复兴乡	510131204000
光明乡	510131207000
白云乡	510131208000
新津县(11镇，1乡)	**510132000000**
五津镇	510132100000
花桥镇	510132101000
花源镇	510132102000
金华镇	510132103000
普兴镇	510132104000
兴义镇	510132105000
新平镇	510132106000
方兴镇	510132107000
安西镇	510132108000
永商镇	510132109000
邓双镇	510132110000
文井乡	510132202000
都江堰市(17镇，2乡)	**510181000000**
灌口镇	510181100000
幸福镇	510181101000
蒲阳镇	510181102000
聚源镇	510181103000
崇义镇	510181104000
天马镇	510181105000
石羊镇	510181106000
柳街镇	510181107000
玉堂镇	510181108000
中兴镇	510181109000
青城山镇	510181110000
龙池镇	510181111000
胥家镇	510181112000
安龙镇	510181113000
大观镇	510181114000
紫坪铺镇	510181115000
翠月湖镇	510181118000
向峨乡	510181202000
虹口乡	510181211000
彭州市(20镇)	**510182000000**
天彭镇	510182100000
龙门山镇	510182101000
新兴镇	510182102000
丽春镇	510182103000
九尺镇	510182104000
濛阳镇	510182105000
通济镇	510182106000
丹景山镇	510182107000
隆丰镇	510182108000
敖平镇	510182109000
磁峰镇	510182110000
桂花镇	510182111000
军乐镇	510182113000
三界镇	510182114000
小渔洞镇	510182116000
红岩镇	510182118000
升平镇	510182120000
白鹿镇	510182121000
葛仙山镇	510182122000
致和镇	510182123000
邛崃市(18镇，6乡)	**510183000000**
临邛镇	510183100000
羊安镇	510183101000
牟礼镇	510183102000
桑园镇	510183103000
平乐镇	510183104000
夹关镇	510183105000
火井镇	510183106000
水口镇	510183107000
固驿镇	510183108000
冉义镇	510183109000
回龙镇	510183110000
高埂镇	510183111000
前进镇	510183112000
高何镇	510183113000
临济镇	510183115000
卧龙镇	510183116000
天台镇	510183118000
宝林镇	510183119000
茶园乡	510183201000
道佐乡	510183206000
油榨乡	510183209000
南宝乡	510183211000
大同乡	510183212000
孔明乡	510183214000
崇州市(19镇，6乡)	**510184000000**
崇阳镇	510184100000
三江镇	510184101000
江源镇	510184102000
羊马镇	510184103000
廖家镇	510184104000
元通镇	510184105000
观胜镇	510184106000
怀远镇	510184107000
三郎镇	510184108000
街子镇	510184109000
王场镇	510184111000
白头镇	510184112000
道明镇	510184113000
隆兴镇	510184114000
大划镇	510184116000
崇平镇	510184117000
梓潼镇	510184118000
桤泉镇	510184119000
文井江镇	510184120000
锦江乡	510184205000
公议乡	510184206000
鸡冠山乡	510184211000
济协乡	510184212000
燎原乡	510184213000
集贤乡	510184216000
自贡市(12街道，75镇，21乡)	**510300000000**

续表 2

行政区划名称	行政区划代码
自流井区(6街道，3镇，4乡)	**510302000000**
五星街道	510302001000
东兴寺街道	510302002000
新街街道	510302003000
郭家坳街道	510302004000
仲权镇	510302101000
舒坪镇	510302102000
荣边镇	510302103000
农团乡	510302202000
漆树乡	510302203000
高峰乡	510302204000
丹桂街道	510391001000
学苑街道	510391002000
红旗乡	510391200000
贡井区(2街道，9镇，2乡)	**510303000000**
筱溪街道	510303001000
贡井街道	510303002000
艾叶镇	510303100000
建设镇	510303101000
长土镇	510303102000
成佳镇	510303103000
白庙镇	510303104000
龙潭镇	510303105000
五宝镇	510303106000
桥头镇	510303107000
莲花镇	510303108000
章佳乡	510303200000
牛尾乡	510303201000
大安区(4街道，9镇，3乡)	**510304000000**
大安街道	510304001000
龙井街道	510304002000
马冲口街道	510304003000
凉高山街道	510304004000
大山铺镇	510304100000
新民镇	510304101000
团结镇	510304102000
三多寨镇	510304103000
何市镇	510304104000
新店镇	510304105000
牛佛镇	510304106000
庙坝镇	510304107000
回龙镇	510304108000
凤凰乡	510304200000
永嘉乡	510304201000
和平乡	510304202000
沿滩区(11镇，2乡)	**510311000000**
沿滩镇	510311100000
卫坪镇	510311101000
兴隆镇	510311102000
富全镇	510311105000
永安镇	510311106000
联络镇	510311107000
邓关镇	510311108000
王井镇	510311109000
黄市镇	510311110000
瓦市镇	510311111000
仙市镇	510311112000
刘山乡	510311203000
九洪乡	510311204000
荣县(21镇，6乡)	**510321000000**
旭阳镇	510321100000
双石镇	510321102000
望佳镇	510321103000
鼎新镇	510321107000
乐德镇	510321110000
过水镇	510321111000
古文镇	510321112000
河口镇	510321113000
新桥镇	510321114000
正紫镇	510321115000
度佳镇	510321116000
东佳镇	510321117000
长山镇	510321118000
保华镇	510321119000
留佳镇	510321120000
来牟镇	510321121000
双古镇	510321122000
观山镇	510321123000
高山镇	510321124000
东兴镇	510321125000
铁厂镇	510321126000
金花乡	510321202000
雷音乡	510321203000
古佳乡	510321204000
于佳乡	510321205000
复兴乡	510321206000
墨林乡	510321207000
富顺县(22镇，4乡)	**510322000000**
富世镇	510322100000
东湖镇	510322101000
琵琶镇	510322102000
狮市镇	510322103000
骑龙镇	510322104000
互助镇	510322107000
代寺镇	510322111000
中石镇	510322112000
童寺镇	510322113000
古佛镇	510322114000
永年镇	510322115000
彭庙镇	510322116000
兜山镇	510322117000
板桥镇	510322118000
福善镇	510322119000
李桥镇	510322120000
赵化镇	510322121000
安溪镇	510322122000
万寿镇	510322123000
飞龙镇	510322124000
怀德镇	510322125000
长滩镇	510322126000
龙万乡	510322200000
宝庆乡	510322201000
富和乡	510322202000
石道乡	510322203000
攀枝花市(16街道，21镇，23乡)	**510400000000**
东区(9街道，1镇)	**510402000000**
大渡口街道	510402001000
炳草岗街道	510402002000
南山街道	510402003000
向阳村街道	510402004000
弄弄坪街道	510402005000
枣子坪街道	510402006000
长寿路街道	510402007000
密地街道	510402008000
瓜子坪街道	510402009000
银江镇	510402100000
西区(6街道，1镇)	**510403000000**
清香坪街道	510403001000
玉泉街道	510403002000
河门口街道	510403003000
陶家渡街道	510403004000
摩梭河街道	510403005000
大宝鼎街道	510403006000
格里坪镇	510403100000
仁和区(1街道，8镇，6乡)	**510411000000**
大河中路街道	510411001000
仁和镇	510411100000
平地镇	510411101000
大田镇	510411102000
福田镇	510411103000
同德镇	510411104000
金江镇	510411105000
布德镇	510411106000
前进镇	510411107000
大龙潭彝族乡	510411200000
啊喇彝族乡	510411201000
总发乡	510411202000
太平乡	510411203000
务本乡	510411204000
中坝乡	510411205000
米易县(7镇，5乡)	**510421000000**
攀莲镇	510421100000
丙谷镇	510421101000
得石镇	510421102000
撒莲镇	510421103000
垭口镇	510421104000
普威镇	510421106000
白马镇	510421112000
草场乡	510421201000
麻陇彝族乡	510421213000
新山傈僳族乡	510421219000
湾丘彝族乡	510421220000
白坡彝族乡	510421221000
盐边县(4镇，12乡)	**510422000000**
桐子林镇	510422100000
红格镇	510422101000
渔门镇	510422102000
永兴镇	510422103000
益民乡	510422200000
新九乡	510422202000

续表 3

行政区划名称	行政区划代码
和爱彝族乡	510422203000
红果彝族乡	510422205000
鳡鱼彝族乡	510422209000
共和乡	510422212000
国胜乡	510422215000
红宝苗族彝族乡	510422216000
惠民乡	510422219000
箐河傈僳族乡	510422222000
温泉彝族乡	510422224000
格萨拉彝族乡	510422226000
泸州市(14街道，85镇，43乡)	**510500000000**
江阳区(8街道，7镇，3乡)	**510502000000**
南城街道	510502001000
北城街道	510502002000
大山坪街道	510502003000
邻玉街道	510502004000
蓝田街道	510502005000
茜草街道	510502006000
华阳街道	510502007000
张坝景区街道	510502008000
泰安镇	510502102000
黄舣镇	510502103000
弥陀镇	510502104000
况场镇	510502105000
通滩镇	510502106000
江北镇	510502107000
方山镇	510502108000
丹林乡	510502200000
分水岭乡	510502202000
石寨乡	510502203000
纳溪区(2街道，12镇)	**510503000000**
安富街道	510503001000
永宁街道	510503002000
大渡口镇	510503100000
护国镇	510503101000
打古镇	510503102000
上马镇	510503103000
合面镇	510503104000
棉花坡镇	510503105000
丰乐镇	510503106000
白节镇	510503107000
天仙镇	510503108000
新乐镇	510503109000
渠坝镇	510503110000
龙车镇	510503111000
龙马潭区(4街道，7镇，2乡)	**510504000000**
小市街道	510504001000
高坝厂区街道	510504002000
红星街道	510504003000
莲花池街道	510504004000
罗汉镇	510504100000
鱼塘镇	510504101000
石洞镇	510504102000
胡市镇	510504103000
特兴镇	510504104000
安宁镇	510504105000
双加镇	510504106000
金龙乡	510504200000
长安乡	510504201000
泸县(19镇)	**510521000000**
福集镇	510521100000
嘉明镇	510521101000
喻寺镇	510521102000
得胜镇	510521103000
牛滩镇	510521105000
兆雅镇	510521106000
玄滩镇	510521107000
太伏镇	510521108000
云龙镇	510521109000
石桥镇	510521110000
毗卢镇	510521111000
奇峰镇	510521112000
潮河镇	510521113000
云锦镇	510521114000
立石镇	510521115000
百和镇	510521116000
天兴镇	510521117000
方洞镇	510521118000
海潮镇	510521119000
合江县(17镇，10乡)	**510522000000**
合江镇	510522100000
望龙镇	510522101000
白沙镇	510522102000
佛荫镇	510522103000
先市镇	510522104000
尧坝镇	510522105000
九支镇	510522106000
五通镇	510522107000
凤鸣镇	510522108000
榕山镇	510522109000
白鹿镇	510522110000
甘雨镇	510522111000
福宝镇	510522112000
先滩镇	510522113000
自怀镇	510522114000
大桥镇	510522115000
车辋镇	510522116000
密溪乡	510522200000
白米乡	510522201000
焦滩乡	510522202000
参宝乡	510522203000
二里乡	510522206000
实录乡	510522208000
虎头乡	510522209000
榕右乡	510522210000
南滩乡	510522212000
石龙乡	510522213000
叙永县(11镇，14乡)	**510524000000**
叙永镇	510524100000
江门镇	510524101000
马岭镇	510524102000
天池镇	510524103000
水尾镇	510524104000
两河镇	510524105000
落卜镇	510524106000
后山镇	510524107000
分水镇	510524108000
摩尼镇	510524109000
赤水镇	510524110000
向林乡	510524200000
大石乡	510524201000
兴隆乡	510524202000
龙凤乡	510524203000
震东乡	510524204000
黄坭乡	510524206000
营山乡	510524207000
麻城乡	510524208000
观兴乡	510524209000
合乐苗族乡	510524210000
白腊苗族乡	510524211000
枧槽苗族乡	510524212000
水潦彝族乡	510524213000
石坝彝族乡	510524214000
古蔺县(12镇，14乡)	**510525000000**
古蔺镇	510525100000
龙山镇	510525101000
永乐镇	510525102000
太平镇	510525103000
二郎镇	510525104000
大村镇	510525105000
石宝镇	510525106000
丹桂镇	510525107000
水口镇	510525108000
观文镇	510525109000
双沙镇	510525110000
德跃镇	510525111000
护家乡	510525201000
鱼化乡	510525202000
石屏乡	510525203000
东新乡	510525204000
土城乡	510525205000
金星乡	510525206000
白泥乡	510525207000
椒园乡	510525208000
马嘶苗族乡	510525209000
马蹄乡	510525211000
箭竹苗族乡	510525212000
大寨苗族乡	510525214000
桂花乡	510525215000
黄荆乡	510525216000
德阳市(7街道，99镇，21乡)	**510600000000**
旌阳区(5街道，11镇，1乡)	**510603000000**
旌阳街道	510603001000
城南街道	510603002000
城北街道	510603003000
旌东街道	510603004000
工农街道	510603005000
黄许镇	510603100000

续表 4

行政区划名称	行政区划代码
孝泉镇	510603101000
八角井镇	510603102000
柏隆镇	510603103000
孝感镇	510603104000
天元镇	510603105000
扬嘉镇	510603107000
德新镇	510603108000
双东镇	510603110000
新中镇	510603111000
和新镇	510603117000
东湖乡	510603201000
中江县（29镇，16乡）	**510623000000**
凯江镇	510623100000
南华镇	510623101000
回龙镇	510623102000
通济镇	510623103000
永太镇	510623104000
黄鹿镇	510623105000
集凤镇	510623106000
富兴镇	510623107000
辑庆镇	510623108000
兴隆镇	510623109000
龙台镇	510623110000
永安镇	510623111000
双龙镇	510623112000
玉兴镇	510623113000
永兴镇	510623114000
悦来镇	510623115000
继光镇	510623116000
仓山镇	510623117000
广福镇	510623118000
会龙镇	510623119000
万福镇	510623120000
普兴镇	510623121000
联合镇	510623122000
冯店镇	510623123000
积金镇	510623124000
太安镇	510623125000
杰兴镇	510623127000
南山镇	510623130000
东北镇	510623131000
古店乡	510623200000
青市乡	510623201000
瓦店乡	510623203000
石泉乡	510623204000
柏树乡	510623206000
白果乡	510623207000
清河乡	510623208000
高店乡	510623209000
石笋乡	510623210000
太平乡	510623211000
民主乡	510623212000
永丰乡	510623214000
元兴乡	510623216000
通山乡	510623218000
石龙乡	510623219000
合兴乡	510623221000

行政区划名称	行政区划代码
罗江县（10镇）	**510626000000**
万安镇	510626100000
鄢家镇	510626101000
金山镇	510626102000
略坪镇	510626103000
御营镇	510626104000
慧觉镇	510626105000
调元镇	510626106000
新盛镇	510626107000
蟠龙镇	510626108000
白马关镇	510626113000
广汉市（16镇，2乡）	**510681000000**
雒城镇	510681100000
三水镇	510681101000
连山镇	510681102000
高坪镇	510681103000
南兴镇	510681104000
向阳镇	510681105000
小汉镇	510681106000
金轮镇	510681107000
新丰镇	510681108000
兴隆镇	510681109000
和兴镇	510681112000
松林镇	510681113000
金鱼镇	510681114000
新平镇	510681115000
南丰镇	510681116000
西高镇	510681119000
北外乡	510681200000
西外乡	510681202000
什邡市（2街道，14镇）	**510682000000**
方亭街道	510682001000
皂角街道	510682002000
元石镇	510682101000
回澜镇	510682103000
洛水镇	510682105000
禾丰镇	510682106000
双盛镇	510682107000
马祖镇	510682108000
隐丰镇	510682109000
马井镇	510682110000
蓥华镇	510682111000
南泉镇	510682113000
师古镇	510682114000
湔氐镇	510682116000
红白镇	510682118000
八角镇	510682119000
绵竹市（19镇，2乡）	**510683000000**
剑南镇	510683100000
东北镇	510683101000
西南镇	510683102000
兴隆镇	510683103000
九龙镇	510683104000
遵道镇	510683105000
汉旺镇	510683106000
拱星镇	510683108000
土门镇	510683109000

行政区划名称	行政区划代码
广济镇	510683110000
金花镇	510683111000
玉泉镇	510683112000
板桥镇	510683113000
新市镇	510683115000
孝德镇	510683116000
富新镇	510683119000
齐天镇	510683121000
什地镇	510683122000
绵远镇	510683123000
清平乡	510683200000
天池乡	510683201000
绵阳市（18街道，144镇，133乡）	**510700000000**
涪城区（9街道，14镇，2乡）	**510703000000**
城厢街道	510703001000
城北街道	510703002000
工区街道	510703003000
南山街道	510703004000
朝阳街道	510703005000
金家林街道	510703006000
高新区街道	510703007000
城南街道	510703008000
创业园街道	510703009000
丰谷镇	510703100000
关帝镇	510703101000
塘汛镇	510703102000
青义镇	510703103000
龙门镇	510703104000
石塘镇	510703105000
吴家镇	510703106000
杨家镇	510703107000
金峰镇	510703108000
玉皇镇	510703109000
新皂镇	510703110000
河边镇	510703111000
磨家镇	510703112000
永兴镇	510703113000
城郊乡	510703200000
石洞乡	510703201000
游仙区（5街道，13镇，11乡）	**510704000000**
涪江街道	510704001000
富乐街道	510704003000
春雷街道	510704006000
松林街道	510704007000
华丰街道	510704008000
游仙镇	510704100000
石马镇	510704101000
新桥镇	510704102000
小枧沟镇	510704103000
魏城镇	510704104000
沉抗镇	510704105000
忠兴镇	510704106000
柏林镇	510704107000
徐家镇	510704108000

续表 5

行政区划名称	行政区划代码
石板镇	510704109000
刘家镇	510704110000
玉河镇	510704111000
松垭镇	510704112000
白蝉乡	510704200000
观太乡	510704201000
建华乡	510704202000
云凤乡	510704203000
东林乡	510704204000
太平乡	510704205000
梓棉乡	510704206000
朝真乡	510704207000
东宣乡	510704208000
街子乡	510704209000
凤凰乡	510704210000
三台县(41镇，22乡)	**510722000000**
北坝镇	510722100000
潼川镇	510722101000
东塔镇	510722102000
百顷镇	510722103000
塔山镇	510722104000
柳池镇	510722105000
龙树镇	510722106000
石安镇	510722107000
富顺镇	510722108000
三元镇	510722109000
秋林镇	510722110000
永新镇	510722111000
新德镇	510722112000
新生镇	510722113000
鲁班镇	510722114000
景福镇	510722115000
紫河镇	510722116000
安居镇	510722117000
观桥镇	510722118000
郪江镇	510722119000
中新镇	510722120000
古井镇	510722121000
万安镇	510722122000
西平镇	510722123000
八洞镇	510722124000
凯河镇	510722125000
乐安镇	510722126000
建平镇	510722127000
前锋镇	510722128000
建设镇	510722129000
光辉镇	510722130000
中太镇	510722131000
金石镇	510722132000
新鲁镇	510722133000
黎曙镇	510722134000
刘营镇	510722135000
灵兴镇	510722136000
芦溪镇	510722137000
立新镇	510722138000
花园镇	510722139000
永明镇	510722140000
高堰乡	510722200000
忠孝乡	510722201000
双胜乡	510722202000
金鼓乡	510722203000
断石乡	510722204000
玉林乡	510722205000
乐加乡	510722206000
曙光乡	510722207000
建中乡	510722208000
宝泉乡	510722209000
广利乡	510722210000
协和乡	510722211000
双乐乡	510722212000
菊河乡	510722213000
幸福乡	510722214000
下新乡	510722215000
进都乡	510722216000
上新乡	510722217000
老马乡	510722218000
里程乡	510722219000
争胜乡	510722220000
云同乡	510722221000
盐亭县(14镇，22乡)	**510723000000**
云溪镇	510723100000
玉龙镇	510723101000
富驿镇	510723102000
金孔镇	510723103000
两河镇	510723104000
黄甸镇	510723105000
柏梓镇	510723106000
八角镇	510723107000
黑坪镇	510723108000
高灯镇	510723109000
金鸡镇	510723110000
安家镇	510723111000
林农镇	510723112000
巨龙镇	510723113000
龙泉乡	510723200000
折弓乡	510723201000
麻秧乡	510723202000
三元乡	510723203000
五龙乡	510723204000
茶亭乡	510723205000
金安乡	510723206000
洗泽乡	510723207000
毛公乡	510723208000
冯河乡	510723209000
石牛庙乡	510723210000
大兴回族乡	510723211000
宗海乡	510723212000
两岔河乡	510723213000
剑河乡	510723214000
来龙乡	510723215000
永泰乡	510723216000
黄溪乡	510723217000
榉溪乡	510723218000
双碑乡	510723219000
林山乡	510723220000
新农乡	510723221000
安县(15镇，3乡)	**510724000000**
花荄镇	510724100000
桑枣镇	510724102000
黄土镇	510724103000
塔水镇	510724104000
秀水镇	510724105000
河清镇	510724106000
界牌镇	510724108000
永河镇	510724109000
睢水镇	510724110000
清泉镇	510724111000
宝林镇	510724112000
沸水镇	510724113000
晓坝镇	510724114000
乐兴镇	510724115000
千佛镇	510724116000
兴仁乡	510724202000
高川乡	510724204000
迎新乡	510724205000
梓潼县(11镇，21乡)	**510725000000**
文昌镇	510725100000
长卿镇	510725101000
许州镇	510725102000
黎雅镇	510725103000
白云镇	510725104000
卧龙镇	510725105000
观义镇	510725106000
玛瑙镇	510725107000
石牛镇	510725108000
自强镇	510725109000
仁和镇	510725110000
东石乡	510725200000
三泉乡	510725201000
宏仁乡	510725202000
小垭乡	510725203000
演武乡	510725204000
仙峰乡	510725205000
双板乡	510725206000
豢龙乡	510725207000
双峰乡	510725208000
交泰乡	510725209000
金龙场乡	510725210000
石台乡	510725211000
仙鹅乡	510725212000
马鸣乡	510725213000
马迎乡	510725214000
二洞乡	510725215000
建兴乡	510725216000
宝石乡	510725217000
定远乡	510725218000
大新乡	510725219000
文兴乡	510725220000

续表 6

行政区划名称	行政区划代码
北川羌族自治县(6镇，17乡)	**510726000000**
曲山镇	510726100000
擂鼓镇	510726101000
通口镇	510726102000
安昌镇	510726103000
永安镇	510726104000
永昌镇	510726105000
香泉乡	510726200000
陈家坝乡	510726201000
桂溪乡	510726202000
贯岭乡	510726203000
都坝乡	510726204000
禹里乡	510726205000
漩坪乡	510726206000
白坭乡	510726207000
小坝乡	510726208000
桃龙藏族乡	510726209000
片口乡	510726210000
开坪乡	510726211000
坝底乡	510726212000
墩上乡	510726213000
马槽乡	510726214000
白什乡	510726215000
青片乡	510726216000
平武县(9镇，16乡)	**510727000000**
龙安镇	510727100000
古城镇	510727101000
南坝镇	510727102000
响岩镇	510727103000
平通镇	510727104000
豆叩镇	510727105000
大印镇	510727106000
大桥镇	510727107000
水晶镇	510727108000
高村乡	510727200000
水田羌族乡	510727201000
坝子乡	510727202000
水观乡	510727203000
平南羌族乡	510727204000
徐塘羌族乡	510727205000
锁江羌族乡	510727206000
土城藏族乡	510727207000
旧堡羌族乡	510727208000
阔达藏族乡	510727209000
黄羊关藏族乡	510727210000
虎牙藏族乡	510727211000
泗耳藏族乡	510727212000
白马藏族乡	510727213000
木座藏族乡	510727214000
木皮藏族乡	510727215000
江油市(4街道，21镇，19乡)	**510781000000**
长钢街道	510781001000
武都长钢街道	510781002000
含增长钢街道	510781003000
华平街道	510781004000
中坝镇	510781100000
太平镇	510781101000
三合镇	510781102000
含增镇	510781103000
青莲镇	510781104000
彰明镇	510781105000
龙凤镇	510781106000
武都镇	510781107000
大康镇	510781108000
新安镇	510781109000
战旗镇	510781110000
双河镇	510781111000
永胜镇	510781112000
小溪坝镇	510781113000
河口镇	510781114000
重华镇	510781115000
厚坝镇	510781116000
二郎庙镇	510781117000
马角镇	510781118000
雁门镇	510781119000
九岭镇	510781120000
八一乡	510781200000
方水乡	510781201000
西屏乡	510781202000
香水乡	510781203000
大堰乡	510781204000
东兴乡	510781205000
义兴乡	510781207000
贯山乡	510781208000
新兴乡	510781209000
新春乡	510781210000
东安乡	510781211000
铜星乡	510781212000
文胜乡	510781213000
重兴乡	510781214000
云集乡	510781215000
石元乡	510781216000
敬元乡	510781217000
六合乡	510781218000
枫顺乡	510781219000
广元市(9街道，91镇，139乡)	**510800000000**
利州区(8街道，7镇，3乡)	**510802000000**
东坝街道	510802001000
嘉陵街道	510802002000
雪峰街道	510802004000
回龙河街道	510802005000
杨家岩街道	510802006000
河西街道	510802007000
上西街道	510802009000
南河街道	510802010000
荣山镇	510802100000
大石镇	510802101000
盘龙镇	510802102000
宝轮镇	510802103000
赤化镇	510802104000
三堆镇	510802105000
工农镇	510802106000
白朝乡	510802200000
金洞乡	510802201000
龙潭乡	510802202000
元坝区(1街道，9镇，19乡)	**510811000000**
拣银岩街道	510811001000
元坝镇	510811100000
卫子镇	510811101000
王家镇	510811102000
磨滩镇	510811103000
柏林沟镇	510811104000
太公镇	510811105000
虎跳镇	510811106000
红岩镇	510811107000
昭化镇	510811108000
晋贤乡	510811200000
文村乡	510811201000
清水乡	510811202000
张家乡	510811203000
香溪乡	510811204000
青牛乡	510811205000
陈江乡	510811206000
丁家乡	510811207000
黄龙乡	510811208000
石井铺乡	510811209000
白果乡	510811210000
梅树乡	510811211000
明觉乡	510811212000
射箭乡	510811213000
朝阳乡	510811214000
大朝乡	510811215000
沙坝乡	510811216000
柳桥乡	510811217000
子云乡	510811218000
朝天区(6镇，19乡)	**510812000000**
朝天镇	510812100000
大滩镇	510812101000
羊木镇	510812102000
曾家镇	510812103000
中子镇	510812104000
沙河镇	510812105000
陈家乡	510812200000
小安乡	510812201000
鱼洞乡	510812202000
东溪河乡	510812203000
花石乡	510812204000
蒲家乡	510812205000
西北乡	510812206000
宣河乡	510812207000
转斗乡	510812208000
青林乡	510812209000
平溪乡	510812210000
两河口乡	510812211000
李家乡	510812212000
汪家乡	510812213000
麻柳乡	510812214000
临溪乡	510812215000
文安乡	510812216000
马家坝乡	510812217000
柏杨乡	510812218000

续表 7

行政区划名称	行政区划代码	行政区划名称	行政区划代码	行政区划名称	行政区划代码
旺苍县(15镇，20乡)	**510821000000**	前进乡	510822209000	高池乡	510823213000
东河镇	510821100000	曲河乡	510822210000	碗泉乡	510823214000
嘉川镇	510821101000	马公乡	510822211000	迎水乡	510823215000
木门镇	510821102000	石坝乡	510822212000	国光乡	510823216000
白水镇	510821103000	红光乡	510822213000	柘坝乡	510823217000
尚武镇	510821104000	苏河乡	510822214000	公店乡	510823218000
张华镇	510821105000	茅坝乡	510822215000	吼狮乡	510823219000
黄洋镇	510821106000	大院回族乡	510822216000	长岭乡	510823220000
普济镇	510821107000	楼子乡	510822217000	涂山乡	510823221000
三江镇	510821108000	金子山乡	510822218000	圈龙乡	510823222000
金溪镇	510821109000	马鹿乡	510822219000	碑垭乡	510823223000
五权镇	510821110000	七佛乡	510822220000	广坪乡	510823224000
高阳镇	510821111000	建峰乡	510822221000	禾丰乡	510823225000
双汇镇	510821112000	白家乡	510822222000	店子乡	510823226000
英萃镇	510821113000	板桥乡	510822223000	摇铃乡	510823227000
国华镇	510821114000	骑马乡	510822224000	樵店乡	510823228000
龙凤乡	510821200000	观音店乡	510822225000	锦屏乡	510823229000
大河乡	510821201000	营盘乡	510822226000	柏垭乡	510823230000
九龙乡	510821202000	**剑阁县(23镇，34乡)**	**510823000000**	高观乡	510823231000
万家乡	510821203000	普安镇	510823100000	张王乡	510823232000
燕子乡	510821204000	龙源镇	510823101000	上寺乡	510823233000
水磨乡	510821205000	城北镇	510823102000	**苍溪县(22镇，17乡)**	**510824000000**
鼓城乡	510821206000	盐店镇	510823103000	陵江镇	510824100000
檬子乡	510821207000	柳沟镇	510823104000	云峰镇	510824102000
福庆乡	510821208000	武连镇	510823105000	东青镇	510824104000
枣林乡	510821209000	东宝镇	510823106000	白桥镇	510824105000
麻英乡	510821210000	开封镇	510823107000	八庙镇	510824106000
柳溪乡	510821211000	元山镇	510823108000	五龙镇	510824107000
农建乡	510821212000	演圣镇	510823109000	永宁镇	510824108000
化龙乡	510821213000	王河镇	510823110000	鸳溪镇	510824109000
大两乡	510821214000	公兴镇	510823111000	三川镇	510824110000
万山乡	510821215000	金仙镇	510823112000	龙王镇	510824111000
正源乡	510821216000	香沉镇	510823113000	元坝镇	510824112000
天星乡	510821217000	白龙镇	510823114000	唤马镇	510824113000
盐河乡	510821218000	鹤龄镇	510823115000	歧坪镇	510824114000
大德乡	510821219000	杨村镇	510823116000	白驿镇	510824115000
青川县(9镇，27乡)	**510822000000**	羊岭镇	510823117000	漓江镇	510824116000
乔庄镇	510822100000	江口镇	510823118000	文昌镇	510824117000
青溪镇	510822101000	木马镇	510823119000	岳东镇	510824118000
房石镇	510822102000	剑门关镇	510823120000	石马镇	510824119000
关庄镇	510822103000	汉阳镇	510823121000	运山镇	510824120000
凉水镇	510822104000	下寺镇	510823122000	东溪镇	510824121000
竹园镇	510822105000	江石乡	510823200000	高坡镇	510824122000
木鱼镇	510822106000	田家乡	510823201000	龙山镇	510824123000
沙州镇	510822107000	闻溪乡	510823202000	禅林乡	510824202000
姚渡镇	510822108000	姚家乡	510823203000	亭子乡	510824204000
黄坪乡	510822200000	北庙乡	510823204000	白鹤乡	510824208000
瓦砾乡	510822201000	西庙乡	510823205000	浙水乡	510824209000
孔溪乡	510822202000	义兴乡	510823206000	雍河乡	510824210000
茶坝乡	510822203000	毛坝乡	510823207000	新观乡	510824212000
大坝乡	510822204000	凉山乡	510823208000	中土乡	510824214000
桥楼乡	510822205000	垂泉乡	510823209000	石门乡	510824216000
三锅乡	510822206000	秀钟乡	510823210000	月山乡	510824223000
蒿溪回族乡	510822207000	正兴乡	510823211000	白山乡	510824226000
乐安寺乡	510822208000	马灯乡	510823212000	彭店乡	510824228000

续表 8

行政区划名称	行政区划代码	行政区划名称	行政区划代码	行政区划名称	行政区划代码
桥溪乡	510824229000	赤城镇	510921100000	文升乡	510922204000
龙洞乡	510824232000	新会镇	510921101000	万林乡	510922205000
黄猫乡	510824233000	文井镇	510921102000	太兴乡	510922206000
石灶乡	510824234000	明月镇	510921103000	东岳乡	510922207000
河地乡	510824238000	常乐镇	510921104000	金鹤乡	510922208000
双河乡	510824240000	天福镇	510921105000	玉太乡	510922209000
遂宁市(17街道，68镇，44乡)	**510900000000**	红江镇	510921106000	**大英县(11镇，7乡)**	**510923000000**
船山区(14街道，7镇，5乡)	**510903000000**	宝梵镇	510921107000	隆盛镇	510923101000
凯旋路街道	510903001000	大石镇	510921108000	回马镇	510923102000
南津路街道	510903002000	吉祥镇	510921109000	天保镇	510923103000
高升街街道	510903003000	鸣凤镇	510921110000	河边镇	510923104000
镇江寺街道	510903004000	任隆镇	510921111000	卓筒井镇	510923105000
育才路街道	510903005000	三凤镇	510921112000	玉峰镇	510923106000
介福路街道	510903006000	高坪镇	510921113000	象山镇	510923107000
嘉禾街道	510903007000	蓬南镇	510921114000	蓬莱镇	510923108000
广德街道	510903008000	群利镇	510921115000	民主镇	510923109000
九莲街道	510903009000	下东乡	510921200000	郪口镇	510923110000
龙坪街道	510903010000	新星乡	510921201000	石门镇	510923111000
富源路街道	510903011000	罗戈乡	510921202000	通仙乡	510923200000
灵泉街道	510903012000	板桥乡	510921203000	金元乡	510923201000
慈音街道	510903013000	槐花乡	510921204000	智水乡	510923202000
南强街道	510903014000	吉星乡	510921205000	五方乡	510923204000
仁里镇	510903101000	黄泥乡	510921206000	福禄乡	510923205000
复桥镇	510903102000	荷叶乡	510921207000	寸塘口乡	510923206000
河沙镇	510903103000	金龙乡	510921208000	星花乡	510923207000
新桥镇	510903104000	农兴乡	510921209000	**内江市(10街道，87镇，24乡)**	**511000000000**
桂花镇	510903105000	新胜乡	510921210000		
南强镇	510903110000	回水乡	510921211000	**市中区(6街道，8镇，6乡)**	**511002000000**
永兴镇	510903111000	群力乡	510921212000	城东街道	511002001000
老池乡	510903200000	高升乡	510921213000	城南街道	511002002000
保升乡	510903201000	金桥乡	510921214000	城西街道	511002003000
唐家乡	510903202000	**射洪县(2街道，20镇，10乡)**	**510922000000**	玉溪街道	511002004000
西宁乡	510903203000	平安街道	510922001000	牌楼街道	511002005000
北固乡	510903204000	子昂街道	510922002000	壕子口街道	511002006000
安居区(1街道，14镇，7乡)	**510904000000**	太和镇	510922100000	白马镇	511002100000
柔刚街道	510904001000	大榆镇	510922101000	史家镇	511002101000
安居镇	510904101000	广兴镇	510922102000	凌家镇	511002102000
白马镇	510904102000	金华镇	510922103000	朝阳镇	511002103000
中兴镇	510904103000	柳树镇	510922104000	永安镇	511002104000
横山镇	510904104000	太乙镇	510922105000	全安镇	511002105000
会龙镇	510904105000	金家镇	510922106000	靖民镇	511002106000
东禅镇	510904106000	复兴镇	510922107000	乐贤镇	511002107000
分水镇	510904107000	天仙镇	510922108000	沱江乡	511002200000
石洞镇	510904108000	仁和镇	510922109000	交通乡	511002201000
拦江镇	510904109000	青岗镇	510922110000	四合乡	511002202000
保石镇	510904110000	洋溪镇	510922111000	凤鸣乡	511002203000
三家镇	510904111000	香山镇	510922112000	伏龙乡	511002204000
玉丰镇	510904112000	明星镇	510922113000	龚家乡	511002205000
西眉镇	510904113000	涪西镇	510922114000	**东兴区(3街道，12镇，14乡)**	**511011000000**
磨溪镇	510904114000	陈古镇	510922115000		
聚贤乡	510904215000	凤来镇	510922116000	东兴街道	511011001000
常理乡	510904216000	潼射镇	510922117000	西林街道	511011002000
莲花乡	510904217000	曹碑镇	510922118000	新江街道	511011003000
大安乡	510904218000	官升镇	510922119000	田家镇	511011100000
马家乡	510904219000	瞿河乡	510922200000	郭北镇	511011101000
观音乡	510904220000	伏河乡	510922201000	高梁镇	511011102000
步云乡	510904221000	青堤乡	510922202000	白合镇	511011103000
蓬溪县(16镇，15乡)	**510921000000**	双溪乡	510922203000	顺河镇	511011104000

续表 9

行政区划名称	行政区划代码
胜利镇	511011105000
高桥镇	511011106000
双才镇	511011107000
小河口镇	511011108000
杨家镇	511011109000
椑木镇	511011110000
石子镇	511011111000
太安乡	511011200000
苏家乡	511011201000
富溪乡	511011202000
同福乡	511011203000
椑南乡	511011204000
永东乡	511011205000
永福乡	511011206000
新店乡	511011207000
双桥乡	511011208000
平坦乡	511011209000
中山乡	511011210000
大治乡	511011211000
柳桥乡	511011212000
三烈乡	511011213000
威远县(20镇)	**511024000000**
严陵镇	511024100000
铺子湾镇	511024101000
新店镇	511024102000
向义镇	511024103000
界牌镇	511024104000
龙会镇	511024105000
高石镇	511024106000
东联镇	511024107000
靖和镇	511024108000
镇西镇	511024109000
庆卫镇	511024110000
山王镇	511024111000
黄荆沟镇	511024112000
观英滩镇	511024113000
新场镇	511024114000
连介镇	511024115000
越溪镇	511024116000
两河镇	511024117000
碗厂镇	511024118000
小河镇	511024119000
资中县(31镇，2乡)	**511025000000**
重龙镇	511025100000
甘露镇	511025101000
归德镇	511025102000
鱼溪镇	511025103000
金李井镇	511025104000
铁佛镇	511025105000
球溪镇	511025106000
顺河场镇	511025107000
龙结镇	511025108000
罗泉镇	511025109000
发轮镇	511025110000
兴隆街镇	511025111000
银山镇	511025112000
宋家镇	511025113000
太平镇	511025114000
骝马镇	511025115000
水南镇	511025116000
苏家湾镇	511025117000
新桥镇	511025118000
明心寺镇	511025119000
双河镇	511025120000
公民镇	511025121000
龙江镇	511025122000
双龙镇	511025123000
高楼镇	511025124000
陈家镇	511025125000
配龙镇	511025126000
走马镇	511025127000
孟塘镇	511025128000
马鞍镇	511025129000
狮子镇	511025130000
板栗桠乡	511025200000
龙山乡	511025201000
隆昌县(1街道，16镇，2乡)	**511028000000**
古湖街道	511028001000
金鹅镇	511028100000
山川镇	511028101000
响石镇	511028102000
圣灯镇	511028103000
黄家镇	511028104000
双凤镇	511028105000
龙市镇	511028106000
迎祥镇	511028107000
界市镇	511028108000
石碾镇	511028109000
周兴镇	511028110000
渔箭镇	511028111000
石燕桥镇	511028112000
李市镇	511028113000
胡家镇	511028114000
云顶镇	511028115000
桂花井乡	511028200000
普润乡	511028201000
乐山市(7街道，96镇，115乡)	**511100000000**
市中区(7街道，15镇，10乡)	**511102000000**
张公桥街道	511102001000
泊水街街道	511102002000
上河街街道	511102003000
大佛街道	511102004000
柏杨街道	511102005000
肖坝街道	511102006000
通江街道	511102007000
牟子镇	511102101000
土主镇	511102102000
白马镇	511102103000
茅桥镇	511102104000
青平镇	511102105000
苏稽镇	511102106000
水口镇	511102107000
安谷镇	511102108000
棉竹镇	511102109000
全福镇	511102110000
童家镇	511102111000
九峰镇	511102112000
罗汉镇	511102113000
临江镇	511102114000
车子镇	511102115000
悦来乡	511102200000
关庙乡	511102201000
石龙乡	511102202000
剑峰乡	511102203000
凌云乡	511102204000
迎阳乡	511102205000
九龙乡	511102206000
普仁乡	511102207000
平兴乡	511102208000
杨湾乡	511102209000
沙湾区(8镇，5乡)	**511111000000**
沙湾镇	511111100000
嘉农镇	511111101000
太平镇	511111102000
福禄镇	511111103000
牛石镇	511111104000
龚嘴镇	511111105000
葫芦镇	511111106000
踏水镇	511111107000
谭坝乡	511111200000
轸溪乡	511111201000
范店乡	511111202000
铜茨乡	511111203000
碧山乡	511111204000
五通桥区(11镇，1乡)	**511112000000**
竹根镇	511112100000
牛华镇	511112101000
杨柳镇	511112102000
桥沟镇	511112103000
金粟镇	511112104000
金山镇	511112105000
辉山镇	511112106000
西坝镇	511112107000
冠英镇	511112108000
蔡金镇	511112109000
石麟镇	511112110000
新云乡	511112200000
金口河区(2镇，4乡)	**511113000000**
永和镇	511113100000
金河镇	511113101000
和平彝族乡	511113200000
共安彝族乡	511113201000
吉星乡	511113202000
永胜乡	511113203000
犍为县(12镇，18乡)	**511123000000**
玉津镇	511123100000
孝姑镇	511123101000
石溪镇	511123102000
清溪镇	511123103000

续表 10

行政区划名称	行政区划代码
新民镇	511123104000
罗城镇	511123105000
芭沟镇	511123106000
龙孔镇	511123107000
定文镇	511123108000
敖家镇	511123109000
金石井镇	511123110000
泉水镇	511123111000
双溪乡	511123200000
九井乡	511123201000
同兴乡	511123202000
榨鼓乡	511123203000
铁炉乡	511123204000
大兴乡	511123205000
南阳乡	511123206000
纪家乡	511123207000
新盛乡	511123208000
寿保乡	511123209000
舞雩乡	511123210000
下渡乡	511123211000
玉屏乡	511123212000
岷东乡	511123213000
塘坝乡	511123214000
马庙乡	511123215000
公平乡	511123216000
伏龙乡	511123217000
井研县(10镇，17乡)	**511124000000**
研城镇	511124100000
马踏镇	511124101000
竹园镇	511124102000
研经镇	511124103000
周坡镇	511124104000
千佛镇	511124105000
王村镇	511124106000
三江镇	511124107000
东林镇	511124108000
磨池镇	511124109000
集益乡	511124200000
纯复乡	511124201000
三教乡	511124202000
高滩乡	511124203000
宝五乡	511124204000
四合乡	511124205000
黄钵乡	511124206000
胜泉乡	511124207000
门坎乡	511124208000
石牛乡	511124209000
高凤乡	511124210000
金峰乡	511124211000
分全乡	511124212000
镇阳乡	511124213000
天云乡	511124214000
乌抛乡	511124215000
大佛乡	511124216000
夹江县(11镇，11乡)	**511126000000**
焉城镇	511126100000
黄土镇	511126101000
甘江镇	511126102000
界牌镇	511126103000
中兴镇	511126104000
三洞镇	511126105000
吴场镇	511126106000
木城镇	511126107000
华头镇	511126108000
甘霖镇	511126109000
新场镇	511126110000
顺河乡	511126200000
马村乡	511126201000
土门乡	511126202000
青州乡	511126203000
梧凤乡	511126204000
永青乡	511126205000
迎江乡	511126206000
龙沱乡	511126207000
南安乡	511126208000
歇马乡	511126209000
麻柳乡	511126210000
沐川县(7镇，12乡)	**511129000000**
沐溪镇	511129100000
永福镇	511129101000
大楠镇	511129102000
箭板镇	511129103000
舟坝镇	511129104000
黄丹镇	511129105000
利店镇	511129106000
建和乡	511129200000
幸福乡	511129201000
新凡乡	511129202000
富和乡	511129203000
炭库乡	511129204000
底堡乡	511129205000
杨村乡	511129206000
高笋乡	511129207000
茨竹乡	511129208000
海云乡	511129209000
武圣乡	511129210000
凤村乡	511129211000
峨边彝族自治县(6镇，13乡)	**511132000000**
沙坪镇	511132100000
大堡镇	511132101000
毛坪镇	511132102000
五渡镇	511132103000
新林镇	511132104000
黑竹沟镇	511132105000
红花乡	511132200000
宜坪乡	511132201000
杨村乡	511132202000
白杨乡	511132203000
觉莫乡	511132204000
万坪乡	511132205000
杨河乡	511132206000
共和乡	511132207000
新场乡	511132208000
平等乡	511132209000
哈曲乡	511132210000
金岩乡	511132211000
勒乌乡	511132212000
马边彝族自治县(2镇，18乡)	**511133000000**
民建镇	511133100000
荣丁镇	511133101000
劳动乡	511133200000
建设乡	511133201000
石梁乡	511133203000
莜坝乡	511133204000
民主乡	511133206000
老河坝乡	511133207000
下溪乡	511133208000
雪口山乡	511133209000
镇江庙乡	511133210000
大竹堡乡	511133211000
苏坝乡	511133213000
烟峰乡	511133214000
袁家溪乡	511133215000
沙腔乡	511133216000
三河口乡	511133217000
梅子坝乡	511133221000
高卓营乡	511133223000
永红乡	511133226000
峨眉山市(12镇，6乡)	**511181000000**
绥山镇	511181100000
高桥镇	511181101000
罗目镇	511181102000
九里镇	511181103000
龙池镇	511181104000
乐都镇	511181105000
符溪镇	511181106000
峨山镇	511181107000
双福镇	511181108000
桂花桥镇	511181109000
大为镇	511181110000
胜利镇	511181111000
龙门乡	511181200000
川主乡	511181201000
沙溪乡	511181202000
新坪乡	511181203000
普兴乡	511181204000
黄湾乡	511181205000
南充市(27街道，167镇，227乡)	**511300000000**
顺庆区(10街道，6镇，12乡)	**511302000000**
中城街道	511302001000
北城街道	511302002000
西城街道	511302003000
东南街道	511302004000
和平街道	511302005000
舞凤街道	511302006000
新建街道	511302007000
华凤街道	511302008000

续表 11

行政区划名称	行政区划代码	行政区划名称	行政区划代码	行政区划名称	行政区划代码
潆溪街道	511302009000	文峰街道	511304002000	王家镇	511321110000
荆溪街道	511302010000	凤垭街道	511304003000	富利镇	511321111000
共兴镇	511302104000	都尉街道	511304004000	楠木镇	511321112000
金台镇	511302105000	曲水镇	511304101000	长坪镇	511321113000
芦溪镇	511302106000	李渡镇	511304102000	东坝镇	511321114000
李家镇	511302107000	吉安镇	511304103000	河坝镇	511321115000
双桥镇	511302108000	龙岭镇	511304104000	定水镇	511321116000
搬罾镇	511302110000	金凤镇	511304105000	大王镇	511321117000
新复乡	511302200000	安福镇	511304106000	黄金镇	511321118000
同仁乡	511302201000	安平镇	511304107000	流马镇	511321119000
大林乡	511302204000	世阳镇	511304108000	建兴镇	511321120000
梵殿乡	511302205000	大通镇	511304109000	三官镇	511321121000
顺河乡	511302206000	一立镇	511304110000	伏虎镇	511321122000
灯台乡	511302207000	龙蟠镇	511304111000	双佛镇	511321123000
辉景乡	511302208000	里坝镇	511304112000	花罐镇	511321124000
龙桂乡	511302209000	集凤镇	511304113000	大桥镇	511321125000
永丰乡	511302210000	金宝镇	511304114000	大河镇	511321126000
桂花乡	511302211000	三会镇	511304115000	万年镇	511321127000
凤山乡	511302212000	西兴镇	511304116000	升钟镇	511321128000
渔溪乡	511302213000	双桂镇	511304117000	升水镇	511321129000
高坪区(7街道，12镇，	**511303000000**	七宝寺镇	511304119000	大坪镇	511321130000
13乡)		龙泉镇	511304120000	神坝镇	511321131000
白塔街道	511303001000	河西乡	511304201000	碾盘乡	511321200000
清溪街道	511303002000	移山乡	511304202000	火峰乡	511321201000
青松街道	511303003000	木老乡	511304203000	群龙乡	511321202000
小龙街道	511303004000	新场乡	511304205000	大富乡	511321204000
青莲街道	511303005000	土门乡	511304207000	碧龙乡	511321206000
龙门街道	511303006000	临江乡	511304208000	三清乡	511321209000
都京街道	511303007000	双店乡	511304209000	中心乡	511321210000
江陵镇	511303103000	白家乡	511304211000	五灵乡	511321211000
搽耳镇	511303104000	华兴乡	511304212000	平桥乡	511321212000
老君镇	511303105000	大同乡	511304213000	梅家乡	511321213000
东观镇	511303106000	盐溪乡	511304215000	龙庙乡	511321214000
长乐镇	511303107000	桥龙乡	511304216000	马王乡	511321215000
胜观镇	511303108000	天星乡	511304218000	大埝乡	511321216000
永安镇	511303109000	大观乡	511304219000	窑场乡	511321217000
阙家镇	511303110000	大兴乡	511304220000	太华乡	511321218000
石圭镇	511303111000	新庙乡	511304221000	兴盛乡	511321219000
青居镇	511303112000	桃园乡	511304222000	寒坡乡	511321221000
会龙镇	511303115000	太和乡	511304223000	肖家乡	511321223000
螺溪镇	511303116000	积善乡	511304226000	四龙乡	511321226000
走马乡	511303201000	花园乡	511304227000	碾垭乡	511321227000
喻家乡	511303202000	石楼乡	511304228000	千秋乡	511321228000
马家乡	511303203000	礼乐乡	511304229000	玉镇乡	511321229000
黄溪乡	511303204000	**南部县(2街道，31镇，**	**511321000000**	小元乡	511321230000
万家乡	511303205000	**40乡)**		柳驿乡	511321231000
御史乡	511303207000	滨江街道	511321001000	石泉乡	511321232000
隆兴乡	511303208000	蜀北街道	511321002000	雄狮乡	511321233000
斑竹乡	511303209000	南隆镇	511321100000	宏观乡	511321234000
鄢家乡	511303210000	河东镇	511321101000	永庆乡	511321235000
佛门乡	511303211000	老鸦镇	511321102000	永红乡	511321236000
溪头乡	511303212000	永定镇	511321103000	柳树乡	511321237000
凤凰乡	511303215000	碑院镇	511321104000	保城乡	511321238000
南江乡	511303218000	谢河镇	511321105000	双峰乡	511321239000
嘉陵区(4街道，19镇，	**511304000000**	盘龙镇	511321106000	皂角乡	511321240000
22乡)		铁佛塘镇	511321107000	丘垭乡	511321241000
火花街道	511304001000	石河镇	511321108000	光中乡	511321242000

续表 12

行政区划名称	行政区划代码
铁鞭乡	511321243000
太霞乡	511321244000
店垭乡	511321245000
桐坪乡	511321246000
西河乡	511321247000
营山县(19镇，34乡)	**511322000000**
朗池镇	511322100000
渌井镇	511322101000
东升镇	511322102000
骆市镇	511322103000
黄渡镇	511322104000
小桥镇	511322105000
灵鹫镇	511322106000
老林镇	511322107000
木垭镇	511322108000
消水镇	511322109000
双流镇	511322110000
绿水镇	511322111000
三兴镇	511322112000
蓼叶镇	511322113000
新店镇	511322114000
回龙镇	511322115000
星火镇	511322116000
西桥镇	511322117000
城南镇	511322118000
济川乡	511322201000
茶盘乡	511322202000
双溪乡	511322203000
带河乡	511322204000
四喜乡	511322205000
玲珑乡	511322206000
涌泉乡	511322207000
木顶乡	511322208000
清源乡	511322209000
龙伏乡	511322210000
双林乡	511322211000
明德乡	511322212000
普岭乡	511322213000
三元乡	511322214000
太蓬乡	511322215000
柏林乡	511322216000
孔雀乡	511322217000
合兴乡	511322218000
六合乡	511322219000
悦中乡	511322220000
高码乡	511322221000
安固乡	511322222000
大庙乡	511322223000
通天乡	511322224000
安化乡	511322225000
法堂乡	511322226000
增产乡	511322227000
丰产乡	511322228000
清水乡	511322229000
青山乡	511322230000
福源乡	511322231000
柏坪乡	511322232000
七涧乡	511322233000
凉风乡	511322234000
蓬安县(15镇，24乡)	**511323000000**
锦屏镇	511323101000
巨龙镇	511323102000
正源镇	511323103000
龙云镇	511323104000
河舒镇	511323107000
利溪镇	511323108000
龙蚕镇	511323109000
杨家镇	511323110000
福德镇	511323112000
银汉镇	511323113000
兴旺镇	511323114000
相如镇	511323115000
金溪镇	511323116000
罗家镇	511323117000
徐家镇	511323118000
高庙乡	511323201000
群乐乡	511323202000
两路乡	511323204000
睦坝乡	511323205000
石梁乡	511323207000
平头乡	511323208000
鲜店乡	511323209000
茶亭乡	511323211000
诸家乡	511323212000
骑龙乡	511323214000
新园乡	511323217000
三坝乡	511323218000
碧溪乡	511323220000
柳滩乡	511323221000
石孔乡	511323222000
开元乡	511323223000
新河乡	511323225000
南燕乡	511323226000
天成乡	511323227000
海田乡	511323228000
济渡乡	511323229000
凤石乡	511323230000
长梁乡	511323231000
金甲乡	511323232000
仪陇县(29镇，28乡)	**511324000000**
金城镇	511324100000
新政镇	511324101000
马鞍镇	511324102000
永乐镇	511324103000
日兴镇	511324104000
土门镇	511324105000
复兴镇	511324106000
观紫镇	511324107000
先锋镇	511324108000
三蛟镇	511324109000
回春镇	511324110000
柳垭镇	511324111000
义路镇	511324112000
立山镇	511324113000
三河镇	511324114000
瓦子镇	511324115000
大寅镇	511324116000
二道镇	511324117000
赛金镇	511324118000
丁字桥镇	511324119000
大仪镇	511324120000
张公镇	511324121000
五福镇	511324122000
周河镇	511324123000
杨桥镇	511324124000
保平镇	511324125000
文星镇	511324126000
双胜镇	511324127000
度门镇	511324128000
老木乡	511324200000
檬垭乡	511324201000
铜鼓乡	511324202000
中坝乡	511324205000
双盘乡	511324206000
凤仪乡	511324207000
双庆乡	511324208000
大风乡	511324209000
福临乡	511324210000
来仪乡	511324212000
碧泉乡	511324213000
乐兴乡	511324214000
石佛乡	511324216000
思德乡	511324217000
秋垭乡	511324218000
大罗乡	511324219000
义门乡	511324220000
合作乡	511324221000
龙桥乡	511324225000
板桥乡	511324226000
永光乡	511324227000
炬光乡	511324228000
九龙乡	511324229000
芭蕉乡	511324230000
灯塔乡	511324231000
武棚乡	511324232000
柴井乡	511324241000
光华乡	511324243000
西充县(15镇，29乡)	**511325000000**
晋城镇	511325100000
太平镇	511325101000
大全镇	511325102000
仙林镇	511325103000
古楼镇	511325104000
义兴镇	511325105000
关文镇	511325106000
凤鸣镇	511325107000
青狮镇	511325108000
槐树镇	511325109000

续表 13

行政区划名称	行政区划代码
鸣龙镇	511325110000
双凤镇	511325111000
高院镇	511325112000
仁和镇	511325113000
多扶镇	511325114000
常林乡	511325202000
占山乡	511325203000
莲池乡	511325204000
宏桥乡	511325205000
金泉乡	511325207000
华光乡	511325208000
金源乡	511325209000
岱林乡	511325210000
李桥乡	511325211000
中岭乡	511325212000
西碾乡	511325213000
紫岩乡	511325214000
复安乡	511325215000
观凤乡	511325216000
青龙乡	511325217000
双洛乡	511325218000
义和乡	511325219000
罐垭乡	511325220000
中南乡	511325221000
双江乡	511325222000
凤和乡	511325223000
东岱乡	511325224000
同德乡	511325225000
祥龙乡	511325226000
车龙乡	511325227000
扶君乡	511325228000
东太乡	511325229000
永清乡	511325230000
金山乡	511325231000
阆中市（4街道，21镇，25乡）	**511381000000**
保宁街道	511381001000
七里街道	511381002000
沙溪街道	511381003000
江南街道	511381004000
裕华镇	511381101000
双龙镇	511381102000
彭城镇	511381103000
玉台镇	511381104000
柏垭镇	511381105000
飞凤镇	511381106000
思依镇	511381107000
文成镇	511381108000
二龙镇	511381109000
石滩镇	511381110000
老观镇	511381111000
龙泉镇	511381112000
千佛镇	511381113000
望垭镇	511381114000
河溪镇	511381115000
妙高镇	511381116000
洪山镇	511381117000
石龙镇	511381118000
宝马镇	511381119000
水观镇	511381120000
金垭镇	511381121000
福星乡	511381200000
垭口乡	511381201000
治平乡	511381202000
宝台乡	511381203000
朱镇乡	511381204000
五马乡	511381205000
金城乡	511381206000
鹤丰乡	511381207000
天宫乡	511381208000
天林乡	511381209000
枣碧乡	511381210000
北门乡	511381211000
桥楼乡	511381212000
河楼乡	511381213000
峰占乡	511381214000
木兰乡	511381215000
东兴乡	511381216000
清泉乡	511381217000
三庙乡	511381218000
博树回族乡	511381219000
金子乡	511381220000
凉水乡	511381221000
方山乡	511381222000
西山乡	511381223000
解元乡	511381224000
眉山市（3街道，71镇，57乡）	**511400000000**
东坡区（3街道，15镇，8乡）	**511402000000**
通惠街道	511402001000
大石桥街道	511402002000
苏祠街道	511402003000
象耳镇	511402101000
太和镇	511402102000
悦兴镇	511402103000
尚义镇	511402104000
多悦镇	511402105000
秦家镇	511402106000
崇仁镇	511402108000
修文镇	511402110000
松江镇	511402112000
崇礼镇	511402113000
富牛镇	511402114000
永寿镇	511402115000
白马镇	511402117000
万胜镇	511402118000
思蒙镇	511402119000
三苏乡	511402204000
广济乡	511402206000
盘鳌乡	511402207000
土地乡	511402211000
复盛乡	511402212000
复兴乡	511402213000
金花乡	511402214000
柳圣乡	511402215000
仁寿县（24镇，36乡）	**511421000000**
文林镇	511421100000
大化镇	511421101000
文宫镇	511421102000
高家镇	511421103000
富加镇	511421104000
汪洋镇	511421105000
钟祥镇	511421106000
始建镇	511421107000
彰加镇	511421108000
慈航镇	511421109000
龙正镇	511421110000
北斗镇	511421111000
禾加镇	511421112000
中农镇	511421113000
禄加镇	511421114000
宝飞镇	511421115000
龙马镇	511421116000
方家镇	511421117000
清水镇	511421118000
满井镇	511421120000
黑龙滩镇	511421121000
视高镇	511421122000
兴盛镇	511421123000
观寺镇	511421124000
宝马乡	511421200000
青岗乡	511421202000
珠嘉乡	511421204000
虞丞乡	511421206000
古佛乡	511421209000
板燕乡	511421210000
鳌陵乡	511421214000
石咀乡	511421218000
藕塘乡	511421219000
农旺乡	511421221000
玉龙乡	511421222000
城堰乡	511421224000
鸭池乡	511421225000
谢安乡	511421227000
双堡乡	511421230000
新店乡	511421232000
河口乡	511421234000
板桥乡	511421235000
凤陵乡	511421238000
识经乡	511421240000
天峨乡	511421242000
景贤乡	511421246000
涂家乡	511421248000
四公乡	511421250000
松峰乡	511421252000
曹家乡	511421257000
合兴乡	511421259000
促进乡	511421263000
洪峰乡	511421269000
曲江乡	511421274000
元通乡	511421276000

续表 14

行政区划名称	行政区划代码
中岗乡	511421277000
向家乡	511421279000
龙桥乡	511421280000
里仁乡	511421283000
兆嘉乡	511421287000
彭山县(9镇，4乡)	**511422000000**
凤鸣镇	511422100000
青龙镇	511422101000
江口镇	511422102000
公义镇	511422103000
谢家镇	511422104000
观音镇	511422105000
彭溪镇	511422107000
黄丰镇	511422108000
牧马镇	511422110000
保胜乡	511422205000
义和乡	511422206000
锦江乡	511422209000
武阳乡	511422210000
洪雅县(11镇，4乡)	**511423000000**
洪川镇	511423100000
止戈镇	511423101000
三宝镇	511423102000
余坪镇	511423103000
槽渔滩镇	511423105000
中保镇	511423106000
东岳镇	511423107000
花溪镇	511423108000
柳江镇	511423109000
高庙镇	511423110000
瓦屋山镇	511423111000
中山乡	511423200000
将军乡	511423201000
汉王乡	511423205000
桃源乡	511423213000
丹棱县(5镇，2乡)	**511424000000**
丹棱镇	511424100000
杨场镇	511424101000
仁美镇	511424102000
双桥镇	511424103000
张场镇	511424104000
石桥乡	511424200000
顺龙乡	511424204000
青神县(7镇，3乡)	**511425000000**
瑞峰镇	511425101000
汉阳镇	511425102000
黑龙镇	511425103000
西龙镇	511425104000
河坝子镇	511425105000
南城镇	511425106000
青城镇	511425107000
白果乡	511425202000
高台乡	511425205000
罗波乡	511425208000
宜宾市(10街道，108镇，67乡)	**511500000000**
翠屏区(10街道，8镇，6乡)	**511502000000**
北城街道	511502001000
东城街道	511502002000
南城街道	511502003000
西城街道	511502004000
南岸街道	511502005000
西郊街道	511502006000
安阜街道	511502007000
白沙湾街道	511502008000
象鼻街道	511502009000
赵场街道	511502010000
南广镇	511502100000
李庄镇	511502101000
菜坝镇	511502102000
金坪镇	511502104000
高店镇	511502106000
沙坪镇	511502107000
牟坪镇	511502108000
李端镇	511502109000
宋家乡	511502200000
明威乡	511502201000
凉姜乡	511502202000
邱场乡	511502203000
思坡乡	511502204000
宗场乡	511502205000
南溪区(9镇，6乡)	**511503000000**
南溪镇	511503100000
罗龙镇	511503101000
刘家镇	511503102000
江南镇	511503103000
大观镇	511503104000
汪家镇	511503105000
黄沙镇	511503106000
仙临镇	511503107000
长兴镇	511503108000
裴石乡	511503200000
马家乡	511503201000
大坪乡	511503202000
石鼓乡	511503203000
林丰乡	511503204000
留宾乡	511503205000
宜宾县(19镇，7乡)	**511521000000**
柏溪镇	511521100000
喜捷镇	511521101000
观音镇	511521102000
横江镇	511521103000
永兴镇	511521104000
白花镇	511521105000
柳嘉镇	511521106000
泥溪镇	511521107000
蕨溪镇	511521108000
商州镇	511521109000
高场镇	511521110000
安边镇	511521111000
双龙镇	511521112000
李场镇	511521113000
合什镇	511521114000
古罗镇	511521115000
孔滩镇	511521116000
复龙镇	511521117000
普安镇	511521118000
古柏乡	511521200000
王场乡	511521201000
双谊乡	511521202000
隆兴乡	511521203000
泥南乡	511521204000
龙池乡	511521205000
凤仪乡	511521206000
江安县(15镇，3乡)	**511523000000**
江安镇	511523100000
红桥镇	511523101000
桐梓镇	511523102000
井口镇	511523103000
怡乐镇	511523104000
留耕镇	511523105000
底蓬镇	511523106000
五矿镇	511523108000
迎安镇	511523109000
夕佳山镇	511523110000
水清镇	511523111000
铁清镇	511523113000
四面山镇	511523114000
大井镇	511523115000
阳春镇	511523116000
大妙乡	511523200000
仁和乡	511523205000
蟠龙乡	511523207000
长宁县(10镇，8乡)	**511524000000**
长宁镇	511524100000
梅硐镇	511524101000
双河镇	511524102000
硐底镇	511524103000
花滩镇	511524104000
竹海镇	511524105000
老翁镇	511524106000
古河镇	511524107000
下长镇	511524108000
龙头镇	511524110000
铜锣乡	511524200000
桃坪乡	511524201000
铜鼓乡	511524203000
井江乡	511524204000
三元乡	511524205000
开佛乡	511524206000
富兴乡	511524207000
梅白乡	511524208000
高县(12镇，7乡)	**511525000000**
文江镇	511525100000
庆符镇	511525101000
沙河镇	511525102000
嘉乐镇	511525103000
大窝镇	511525104000

续表 15

行政区划名称	行政区划代码
罗场镇	511525105000
蕉村镇	511525106000
可久镇	511525107000
来复镇	511525108000
月江镇	511525109000
胜天镇	511525110000
复兴镇	511525111000
趱滩乡	511525203000
羊田乡	511525204000
落润乡	511525205000
潆溪乡	511525206000
庆岭乡	511525207000
双河乡	511525208000
四烈乡	511525210000
珙县(8镇，9乡)	**511526000000**
珙泉镇	511526100000
巡场镇	511526101000
孝儿镇	511526102000
底洞镇	511526103000
上罗镇	511526104000
洛表镇	511526105000
洛亥镇	511526106000
王家镇	511526107000
恒丰乡	511526200000
沐滩乡	511526202000
仁义乡	511526203000
玉和苗族乡	511526205000
下罗乡	511526207000
罗渡苗族乡	511526209000
曹营乡	511526210000
石碑乡	511526211000
观斗苗族乡	511526212000
筠连县(9镇，9乡)	**511527000000**
筠连镇	511527100000
腾达镇	511527101000
巡司镇	511527102000
双腾镇	511527103000
沐爱镇	511527104000
维新镇	511527105000
落木柔镇	511527106000
镇舟镇	511527107000
蒿坝镇	511527108000
武德乡	511527200000
塘坝乡	511527202000
龙镇乡	511527203000
孔雀乡	511527204000
乐义乡	511527205000
高坎乡	511527206000
团林苗族乡	511527208000
联合苗族乡	511527209000
高坪苗族乡	511527210000
兴文县(9镇，6乡)	**511528000000**
古宋镇	511528100000
晏阳镇	511528101000
共乐镇	511528103000
莲花镇	511528105000
九丝城镇	511528107000
石林镇	511528108000
太平镇	511528109000
周家镇	511528110000
五星镇	511528111000
毓秀苗族乡	511528201000
玉屏乡	511528202000
大坝苗族乡	511528203000
大河苗族乡	511528205000
麒麟苗族乡	511528206000
仙峰苗族乡	511528207000
屏山县(9镇，6乡)	**511529000000**
锦屏镇	511529100000
新市镇	511529101000
中都镇	511529102000
龙华镇	511529103000
大乘镇	511529104000
富荣镇	511529106000
新安镇	511529107000
书楼镇	511529108000
屏山镇	511529109000
鸭池乡	511529203000
龙溪乡	511529204000
太平乡	511529205000
夏溪乡	511529208000
屏边彝族乡	511529210000
清平彝族乡	511529211000
广安市(9街道，86镇，86乡)	**511600000000**
广安区(6街道，21镇，22乡)	**511602000000**
浓洄街道	511602001000
北辰街道	511602002000
奎阁街道	511602003000
广福街道	511602004000
万盛街道	511602005000
中桥街道	511602006000
枣山镇	511602100000
官盛镇	511602101000
协兴镇	511602102000
浓溪镇	511602103000
悦来镇	511602104000
兴平镇	511602105000
井河镇	511602106000
花桥镇	511602107000
龙台镇	511602108000
肖溪镇	511602109000
恒升镇	511602110000
石笋镇	511602111000
白市镇	511602112000
大安镇	511602113000
观阁镇	511602114000
广兴镇	511602115000
前锋镇	511602116000
桂兴镇	511602117000
代市镇	511602118000
观塘镇	511602119000
护安镇	511602120000
穿石乡	511602200000
广门乡	511602201000
广罗乡	511602202000
方坪乡	511602203000
化龙乡	511602204000
大龙乡	511602205000
崇望乡	511602206000
龙安乡	511602207000
彭家乡	511602208000
杨坪乡	511602209000
郑山乡	511602210000
蒲莲乡	511602211000
大有乡	511602212000
消河乡	511602213000
东岳乡	511602214000
苏溪乡	511602215000
白马乡	511602216000
光辉乡	511602217000
龙滩乡	511602218000
小井乡	511602219000
新桥乡	511602220000
虎城乡	511602222000
岳池县(22镇，21乡)	**511621000000**
九龙镇	511621100000
花园镇	511621101000
坪滩镇	511621102000
龙孔镇	511621103000
镇裕镇	511621104000
白庙镇	511621105000
酉溪镇	511621106000
同兴镇	511621107000
兴隆镇	511621108000
秦溪镇	511621109000
顾县镇	511621110000
苟角镇	511621111000
天平镇	511621112000
石垭镇	511621113000
乔家镇	511621114000
罗渡镇	511621115000
裕民镇	511621116000
中和镇	511621117000
新场镇	511621118000
普安镇	511621119000
赛龙镇	511621120000
临溪镇	511621121000
朝阳乡	511621200000
北城乡	511621201000
镇龙乡	511621202000
粽粑乡	511621203000
排楼乡	511621205000
西板乡	511621206000
嘉陵乡	511621207000
石鼓乡	511621208000
平安乡	511621209000
恐龙乡	511621210000
团结乡	511621211000
黄龙乡	511621212000

续表 16

行政区划名称	行政区划代码
双鄢乡	511621213000
东板乡	511621214000
长田乡	511621215000
鱼峰乡	511621216000
大石乡	511621218000
花板乡	511621219000
大佛乡	511621220000
齐福乡	511621222000
伏龙乡	511621223000
武胜县(16镇，15乡)	**511622000000**
沿口镇	511622100000
中心镇	511622101000
烈面镇	511622102000
飞龙镇	511622103000
乐善镇	511622104000
万善镇	511622105000
龙女镇	511622106000
三溪镇	511622107000
赛马镇	511622108000
胜利镇	511622109000
金牛镇	511622110000
清平镇	511622111000
街子镇	511622112000
万隆镇	511622113000
礼安镇	511622114000
华封镇	511622115000
鸣钟乡	511622200000
真静乡	511622201000
猛山乡	511622202000
双星乡	511622203000
龙庭乡	511622204000
石盘乡	511622205000
旧县乡	511622207000
鼓匠乡	511622208000
白坪乡	511622209000
永胜乡	511622210000
新学乡	511622211000
宝箴塞乡	511622212000
金光乡	511622213000
八一乡	511622214000
高石乡	511622215000
邻水县(18镇，27乡)	**511623000000**
鼎屏镇	511623100000
城北镇	511623101000
城南镇	511623102000
柑子镇	511623103000
龙安镇	511623104000
观音桥镇	511623105000
牟家镇	511623106000
合流镇	511623107000
坛同镇	511623108000
高滩镇	511623109000
九龙镇	511623110000
幺滩镇	511623111000
袁市镇	511623112000
丰禾镇	511623113000
八耳镇	511623114000
石永镇	511623115000
兴仁镇	511623116000
王家镇	511623117000
太和乡	511623200000
新镇乡	511623201000
冷家乡	511623202000
长安乡	511623203000
西天乡	511623204000
梁板乡	511623205000
甘坝乡	511623206000
四海乡	511623207000
九峰乡	511623208000
椿木乡	511623209000
华蓥乡	511623210000
子中乡	511623211000
风垭乡	511623212000
黎家乡	511623213000
龙桥乡	511623214000
关河乡	511623215000
两河乡	511623216000
长滩乡	511623217000
凉山乡	511623218000
复盛乡	511623219000
古路乡	511623220000
荆坪乡	511623221000
柳塘乡	511623222000
石滓乡	511623223000
护邻乡	511623224000
同石乡	511623225000
三古乡	511623226000
华蓥市(3街道，9镇，1乡)	**511681000000**
双河街道	511681001000
华龙街道	511681002000
古桥街道	511681003000
天池镇	511681101000
禄市镇	511681102000
永兴镇	511681103000
明月镇	511681104000
阳和镇	511681105000
高兴镇	511681106000
观音溪镇	511681107000
溪口镇	511681108000
庆华镇	511681109000
红岩乡	511681200000
达州市(5街道，103镇，206乡)	**511700000000**
通川区(3街道，7镇，3乡)	**511702000000**
东城街道	511702001000
西城街道	511702002000
朝阳街道	511702003000
西外镇	511702100000
北外镇	511702101000
罗江镇	511702102000
蒲家镇	511702103000
复兴镇	511702104000
双龙镇	511702105000
魏兴镇	511702106000
盘石乡	511702200000
东岳乡	511702202000
新村乡	511702203000
达县(2街道，20镇，43乡)	**511721000000**
三里坪街道	511721001000
翠屏街道	511721002000
亭子镇	511721101000
麻柳镇	511721102000
檀木镇	511721103000
大树镇	511721104000
南岳镇	511721105000
景市镇	511721106000
赵家镇	511721107000
河市镇	511721108000
石板镇	511721109000
渡市镇	511721110000
管村镇	511721111000
石梯镇	511721112000
石桥镇	511721113000
堡子镇	511721114000
江陵镇	511721115000
碑庙镇	511721116000
福善镇	511721117000
万家镇	511721118000
百节镇	511721119000
金垭镇	511721120000
大风乡	511721201000
江阳乡	511721202000
东兴乡	511721203000
安仁乡	511721204000
葫芦乡	511721205000
大滩乡	511721206000
花红乡	511721207000
黄庭乡	511721209000
黄都乡	511721211000
平滩乡	511721214000
碑高乡	511721217000
马家乡	511721218000
木子乡	511721219000
双庙乡	511721220000
斌郎乡	511721223000
幺塘乡	511721224000
陈家乡	511721226000
龙会乡	511721227000
罐子乡	511721228000
申家乡	511721229000
草兴乡	511721230000
木头乡	511721231000
金檀乡	511721232000
大堰乡	511721233000
赵固乡	511721234000
九岭乡	511721235000
桥湾乡	511721237000
五四乡	511721240000
银铁乡	511721241000

续表 17

行政区划名称	行政区划代码	行政区划名称	行政区划代码	行政区划名称	行政区划代码
沿河乡	511721242000	漆碑乡	511722221000	朝阳乡	511724204000
香隆乡	511721243000	三墩土家族乡	511722222000	人和乡	511724205000
永进乡	511721244000	漆树土家族乡	511722223000	中华乡	511724207000
洛车乡	511721245000	龙泉土家族乡	511722224000	黄家乡	511724208000
道让乡	511721246000	渡口土家族乡	511722225000	柏家乡	511724209000
虎让乡	511721247000	石铁乡	511722226000	李家乡	511724210000
米城乡	511721250000	厂溪乡	511722227000	余华乡	511724211000
檬双乡	511721251000	红峰乡	511722228000	二郎乡	511724214000
龙滩乡	511721252000	凤鸣乡	511722229000	蒲包乡	511724215000
梓桐乡	511721253000	花池乡	511722230000	永胜乡	511724216000
北山乡	511721254000	庆云乡	511722232000	新生乡	511724217000
金石乡	511721255000	马渡乡	511722233000	安吉乡	511724218000
安云乡	511721256000	隘口乡	511722234000	白坝乡	511724219000
青宁乡	511721257000	**开江县(10镇，10乡)**	**511723000000**	双溪乡	511724220000
宣汉县(21镇，33乡)	**511722000000**	新宁镇	511723100000	高明乡	511724222000
东乡镇	511722100000	普安镇	511723101000	八渡乡	511724224000
君塘镇	511722101000	回龙镇	511723102000	中和乡	511724226000
清溪镇	511722102000	天师镇	511723103000	天城乡	511724227000
普光镇	511722103000	永兴镇	511723104000	杨通乡	511724228000
天生镇	511722104000	讲治镇	511723105000	四合乡	511724230000
柏树镇	511722105000	甘棠镇	511723106000	张家乡	511724231000
芭蕉镇	511722106000	任市镇	511723107000	童家乡	511724233000
南坝镇	511722107000	广福镇	511723108000	神合乡	511724234000
五宝镇	511722108000	长岭镇	511723109000	金鸡乡	511724235000
峰城镇	511722109000	长田乡	511723203000	黄滩乡	511724237000
土黄镇	511722110000	骑龙乡	511723204000	牌坊乡	511724238000
华景镇	511722111000	新太乡	511723205000	姚市乡	511724240000
樊哙镇	511722112000	灵岩乡	511723206000	莲印乡	511724243000
新华镇	511722113000	梅家乡	511723207000	川主乡	511724244000
黄金镇	511722114000	沙坝场乡	511723208000	**渠县(15镇，45乡)**	**511725000000**
胡家镇	511722115000	宝石乡	511723209000	渠江镇	511725100000
毛坝镇	511722116000	靖安乡	511723212000	天星镇	511725101000
双河镇	511722117000	新街乡	511723213000	临巴镇	511725102000
大成镇	511722118000	拔妙乡	511723214000	三汇镇	511725103000
土主镇	511722119000	**大竹县(18镇，32乡)**	**511724000000**	涌兴镇	511725104000
下八镇	511722120000	竹阳镇	511724100000	有庆镇	511725105000
明月乡	511722200000	乌木镇	511724101000	土溪镇	511725106000
红岭乡	511722201000	团坝镇	511724102000	文崇镇	511725107000
柳池乡	511722202000	杨家镇	511724103000	贵福镇	511725108000
三河乡	511722203000	清河镇	511724104000	岩峰镇	511725109000
老君乡	511722204000	柏林镇	511724105000	静边镇	511725110000
黄石乡	511722205000	石河镇	511724106000	清溪场镇	511725111000
七里乡	511722206000	双拱镇	511724107000	宝城镇	511725112000
庙安乡	511722207000	石桥铺镇	511724108000	鲜渡镇	511725113000
天宝乡	511722208000	观音镇	511724109000	琅琊镇	511725114000
东林乡	511722209000	周家镇	511724110000	渠南乡	511725200000
凉风乡	511722211000	石子镇	511724111000	渠北乡	511725202000
上峡乡	511722212000	文星镇	511724112000	青龙乡	511725203000
塔河乡	511722213000	妈妈镇	511724113000	板桥乡	511725204000
茶河乡	511722214000	高穴镇	511724114000	锡溪乡	511725205000
天台乡	511722215000	欧家镇	511724115000	龙潭乡	511725207000
观山乡	511722216000	庙坝镇	511724116000	河东乡	511725208000
南坪乡	511722217000	清水镇	511724117000	李馥乡	511725209000
凤林乡	511722218000	城西乡	511724201000	青神乡	511725213000
桃花乡	511722219000	竹北乡	511724202000	流溪乡	511725215000
白马乡	511722220000	东柳乡	511724203000	东安乡	511725216000

续表 18

行政区划名称	行政区划代码	行政区划名称	行政区划代码	行政区划名称	行政区划代码
汇东乡	511725217000	曾家乡	511781212000	蒙阳镇	511803100000
汇南乡	511725219000	大沙乡	511781213000	百丈镇	511803101000
汇北乡	511725220000	秦河乡	511781214000	车岭镇	511803102000
丰乐乡	511725224000	庙垭乡	511781215000	永兴镇	511803103000
报恩乡	511725227000	鹰背乡	511781216000	马岭镇	511803104000
安北乡	511725228000	石窝乡	511781217000	新店镇	511803105000
平安乡	511725230000	玉带乡	511781218000	蒙顶山镇	511803106000
千佛乡	511725235000	魏家乡	511781219000	黑竹镇	511803107000
柏水乡	511725236000	柳黄乡	511781220000	红星镇	511803108000
义和乡	511725237000	新店乡	511781221000	城东乡	511803200000
大义乡	511725238000	溪口乡	511781222000	前进乡	511803201000
水口乡	511725242000	永宁乡	511781223000	中峰乡	511803202000
三板乡	511725243000	虹桥乡	511781224000	联江乡	511803203000
巨光乡	511725245000	康乐乡	511781225000	廖场乡	511803204000
蔡和乡	511725246000	庙坡乡	511781226000	万古乡	511803205000
鹤林乡	511725248000	紫溪乡	511781227000	红岩乡	511803206000
青丝乡	511725250000	庙子乡	511781229000	双河乡	511803207000
万寿乡	511725251000	钟亭乡	511781230000	建山乡	511803208000
白兔乡	511725252000	白果乡	511781231000	解放乡	511803209000
射洪乡	511725254000	黎树乡	511781232000	茅河乡	511803210000
望江乡	511725255000	皮窝乡	511781233000	**荥经县(3镇，18乡)**	**511822000000**
和乐乡	511725256000	中坪乡	511781235000	严道镇	511822100000
龙凤乡	511725258000	丝罗乡	511781236000	花滩镇	511822101000
新市乡	511725261000	罐坝乡	511781237000	龙苍沟镇	511822102000
宋家乡	511725262000	石人乡	511781238000	六合乡	511822200000
拱市乡	511725263000	赵塘乡	511781239000	烈太乡	511822201000
中滩乡	511725264000	石塘乡	511781241000	安靖乡	511822203000
屏西乡	511725265000	八台乡	511781242000	民建彝族乡	511822205000
定远乡	511725267000	曹家乡	511781243000	烈士乡	511822206000
嘉禾乡	511725268000	花萼乡	511781244000	荥河乡	511822207000
李渡乡	511725270000	**雅安市(5街道，45镇，**	**511800000000**	新建乡	511822208000
望溪乡	511725275000	**93乡)**		泗坪乡	511822209000
双土乡	511725278000	**雨城区(4街道，12镇，**	**511802000000**	新庙乡	511822210000
卷硐乡	511725279000	**6乡)**		三合乡	511822211000
万源市(12镇，40乡)	**511781000000**	东城街道	511802001000	大田坝乡	511822212000
太平镇	511781100000	西城街道	511802002000	天凤乡	511822215000
青花镇	511781101000	河北街道	511802003000	宝峰彝族乡	511822216000
旧院镇	511781102000	青江街道	511802004000	新添乡	511822217000
罗文镇	511781103000	北郊镇	511802100000	附城乡	511822218000
河口镇	511781104000	草坝镇	511802101000	五宪乡	511822219000
草坝镇	511781105000	合江镇	511802102000	烟竹乡	511822220000
竹峪镇	511781106000	大兴镇	511802103000	青龙乡	511822221000
大竹镇	511781107000	对岩镇	511802104000	**汉源县(10镇，20乡)**	**511823000000**
官渡镇	511781108000	沙坪镇	511802105000	富林镇	511823100000
黄钟镇	511781109000	中里镇	511802106000	九襄镇	511823101000
白沙镇	511781110000	上里镇	511802107000	乌斯河镇	511823102000
沙滩镇	511781111000	严桥镇	511802108000	宜东镇	511823103000
茶垭乡	511781201000	晏场镇	511802109000	富庄镇	511823104000
长石乡	511781203000	多营镇	511802110000	清溪镇	511823105000
白羊乡	511781204000	碧峰峡镇	511802111000	大树镇	511823106000
铁矿乡	511781205000	南郊乡	511802201000	皇木镇	511823107000
固军乡	511781206000	八步乡	511802203000	富泉镇	511823108000
井溪乡	511781207000	观化乡	511802204000	唐家镇	511823109000
蜂桶乡	511781208000	孔坪乡	511802205000	大田乡	511823200000
堰塘乡	511781209000	凤鸣乡	511802211000	河西乡	511823203000
花楼乡	511781210000	望鱼乡	511802212000	前域乡	511823205000
长坝乡	511781211000	**名山区(9镇，11乡)**	**511803000000**	后域乡	511823206000

续表 19

行政区划名称	行政区划代码	行政区划名称	行政区划代码	行政区划名称	行政区划代码
富乡乡	511823209000	双石镇	511826102000	白庙乡	511902205000
梨园乡	511823210000	太平镇	511826103000	关渡乡	511902206000
三交乡	511823211000	大川镇	511826104000	金碑乡	511902210000
双溪乡	511823212000	龙门乡	511826203000	羊凤乡	511902215000
西溪乡	511823213000	思延乡	511826204000	凤溪乡	511902216000
安乐乡	511823218000	宝盛乡	511826208000	龙背乡	511902217000
万里乡	511823219000	清仁乡	511826209000	三星乡	511902219000
马烈乡	511823220000	**宝兴县(3镇，6乡)**	**511827000000**	关公乡	511902222000
河南乡	511823224000	穆坪镇	511827100000	舞凤乡	511902223000
晒经乡	511823225000	灵关镇	511827101000	双胜乡	511902226000
料林乡	511823226000	陇东镇	511827102000	群乐乡	511902227000
小堡藏彝族乡	511823227000	硗碛藏族乡	511827202000	万安乡	511902228000
片马彝族乡	511823228000	永富乡	511827203000	尹家乡	511902232000
坭美彝族乡	511823229000	明礼乡	511827204000	九镇乡	511902235000
永利彝族乡	511823230000	五龙乡	511827205000	兴隆场乡	511902238000
顺河彝族乡	511823231000	大溪乡	511827207000	石城乡	511902239000
石棉县(1街道，1镇，15乡)	**511824000000**	蜂桶寨乡	511827208000	平梁乡	511902244000
棉城街道	511824001000	**巴中市(6街道，65镇，123乡)**	**511900000000**	凌云乡	511902246000
新棉镇	511824100000			寺岭乡	511902247000
安顺彝族乡	511824200000	**巴州区(6街道，23镇，25乡)**	**511902000000**	梓橦庙乡	511902252000
先锋藏族乡	511824201000			玉井乡	511902253000
蟹螺藏族乡	511824202000	东城街道	511902001000	义兴乡	511902254000
永和乡	511824203000	西城街道	511902002000	**通江县(14镇，35乡)**	**511921000000**
回隆彝族乡	511824205000	回风街道	511902003000	诺江镇	511921100000
擦罗彝族乡	511824206000	宕梁街道	511902004000	民胜镇	511921101000
栗子坪彝族乡	511824207000	玉堂街道	511902005000	火炬镇	511921102000
美罗乡	511824208000	江北街道	511902006000	广纳镇	511921103000
迎政乡	511824209000	大茅坪镇	511902100000	铁佛镇	511921104000
宰羊乡	511824210000	清江镇	511902101000	麻石镇	511921105000
丰乐乡	511824211000	兴文镇	511902102000	至诚镇	511921106000
新民藏族彝族乡	511824212000	水宁寺镇	511902103000	洪口镇	511921107000
挖角彝族藏族乡	511824213000	恩阳镇	511902104000	沙溪镇	511921108000
田湾彝族乡	511824214000	曾口镇	511902105000	瓦室镇	511921109000
草科藏族乡	511824215000	梁永镇	511902106000	永安镇	511921110000
天全县(2镇，13乡)	**511825000000**	渔溪镇	511902107000	铁溪镇	511921111000
城厢镇	511825100000	三河场镇	511902108000	涪阳镇	511921112000
始阳镇	511825101000	青木镇	511902109000	诺水河镇	511921113000
小河乡	511825202000	鼎山镇	511902110000	杨柏乡	511921200000
思经乡	511825203000	大罗镇	511902111000	大兴乡	511921201000
鱼泉乡	511825204000	玉山镇	511902112000	东山乡	511921202000
紫石乡	511825206000	茶坝镇	511902113000	三溪乡	511921203000
两路乡	511825207000	观音井镇	511902114000	双泉乡	511921204000
大坪乡	511825208000	花丛镇	511902115000	文峰乡	511921205000
乐英乡	511825210000	柳林镇	511902116000	春在乡	511921206000
多功乡	511825211000	下八庙镇	511902117000	三合乡	511921207000
仁义乡	511825212000	化成镇	511902118000	云昙乡	511921208000
老场乡	511825213000	三汇镇	511902119000	唱歌乡	511921209000
新华乡	511825216000	上八庙镇	511902120000	芝苞乡	511921210000
新场乡	511825217000	三江镇	511902121000	龙凤场乡	511921211000
兴业乡	511825219000	枣林镇	511902122000	董溪乡	511921212000
芦山县(5镇，4乡)	**511826000000**	光辉乡	511902201000	澌波乡	511921213000
芦阳镇	511826100000	花溪乡	511902202000	松溪乡	511921214000
飞仙关镇	511826101000	大和乡	511902203000	九层乡	511921215000

续表 20

行政区划名称	行政区划代码
胜利乡	511921216000
板凳乡	511921217000
文胜乡	511921218000
兴隆乡	511921219000
毛浴乡	511921220000
泥溪乡	511921221000
烟溪乡	511921222000
沙坪乡	511921223000
朱元乡	511921224000
长坪乡	511921225000
两河口乡	511921226000
空山乡	511921227000
青浴乡	511921228000
板桥口乡	511921229000
铁厂乡	511921230000
新场乡	511921231000
陈河乡	511921232000
草池乡	511921233000
回林乡	511921234000
南江县(11镇，37乡)	**511922000000**
南江镇	511922100000
沙河镇	511922101000
乐坝镇	511922102000
长赤镇	511922103000
正直镇	511922104000
大河镇	511922105000
光雾山镇	511922106000
东榆镇	511922107000
下两镇	511922108000
赶场镇	511922109000
杨坝镇	511922110000
赤溪乡	511922204000
燕山乡	511922205000
八庙乡	511922206000
高塔乡	511922208000
团结乡	511922209000
红光乡	511922210000
傅家乡	511922211000
红四乡	511922213000
天池乡	511922216000
侯家乡	511922217000
双桂乡	511922219000
凤仪乡	511922220000
朱公乡	511922221000
黑潭乡	511922223000
和平乡	511922224000
双流乡	511922225000
元潭乡	511922227000
高桥乡	511922230000
平岗乡	511922231000
仁和乡	511922233000
石滩乡	511922234000
关门乡	511922235000
兴马乡	511922236000
北极乡	511922239000
关路乡	511922240000
关田乡	511922241000
红岩乡	511922242000
桥亭乡	511922244000
贵民乡	511922246000
沙坝乡	511922247000
柳湾乡	511922249000
汇滩乡	511922252000
上两乡	511922253000
关坝乡	511922254000
寨坡乡	511922255000
坪河乡	511922258000
流坝乡	511922259000
平昌县(17镇，26乡)	**511923000000**
江口镇	511923100000
响滩镇	511923101000
西兴镇	511923102000
佛楼镇	511923103000
白衣镇	511923104000
涵水镇	511923105000
岳家镇	511923106000
兰草镇	511923107000
驷马镇	511923108000
坦溪镇	511923109000
元山镇	511923110000
云台镇	511923111000
邱家镇	511923112000
笔山镇	511923113000
镇龙镇	511923114000
得胜镇	511923115000
鹿鸣镇	511923116000
青云乡	511923200000
元石乡	511923201000
六门乡	511923202000
大寨乡	511923203000
龙岗乡	511923204000
土兴乡	511923205000
板庙乡	511923206000
泥龙乡	511923207000
岩口乡	511923208000
望京乡	511923209000
喜神乡	511923210000
黑水乡	511923211000
南风乡	511923212000
福申乡	511923213000
土垭乡	511923214000
高峰乡	511923215000
澌岸乡	511923216000
粉壁乡	511923217000
灵山乡	511923218000
澌滩乡	511923219000
石垭乡	511923220000
青凤乡	511923221000
马鞍乡	511923222000
界牌乡	511923223000
五木乡	511923224000
双鹿乡	511923225000
资阳市(4街道，84镇，87乡)	**512000000000**
雁江区(4街道，19镇，3乡)	**512002000000**
莲花街道	512002001000
三贤祠街道	512002002000
资溪街道	512002003000
狮子山街道	512002004000
雁江镇	512002100000
松涛镇	512002101000
宝台镇	512002102000
临江镇	512002103000
保和镇	512002104000
老君镇	512002105000
中和镇	512002106000
丹山镇	512002107000
小院镇	512002108000
堪嘉镇	512002109000
伍隍镇	512002110000
石岭镇	512002111000
东峰镇	512002112000
南津镇	512002113000
忠义镇	512002114000
碑记镇	512002115000
丰裕镇	512002116000
迎接镇	512002117000
祥符镇	512002118000
新场乡	512002200000
回龙乡	512002201000
清水乡	512002202000
安岳县(22镇，47乡)	**512021000000**
岳阳镇	512021100000
鸳大镇	512021101000
石桥铺镇	512021102000
通贤镇	512021103000
龙台镇	512021104000
姚市镇	512021105000
林凤镇	512021106000
毛家镇	512021107000
永清镇	512021108000
永顺镇	512021109000
石羊镇	512021110000
两板桥镇	512021111000
护龙镇	512021112000
李家镇	512021113000
元坝镇	512021114000
兴隆镇	512021115000
天林镇	512021116000
镇子镇	512021117000
文化镇	512021118000
周礼镇	512021119000
驯龙镇	512021120000
华严镇	512021121000
城北乡	512021200000
城西乡	512021201000
思贤乡	512021202000
石鼓乡	512021203000

续表 21

行政区划名称	行政区划代码	行政区划名称	行政区划代码	行政区划名称	行政区划代码
八庙乡	512021204000	蟠龙镇	512022113000	同合乡	512081218000
来凤乡	512021205000	东山镇	512022114000	老龙乡	512081219000
天马乡	512021206000	通旅镇	512022115000	壮溪乡	512081220000
人和乡	512021207000	高寺镇	512022116000	海螺乡	512081221000
长河源乡	512021208000	龙溪乡	512022200000	坛罐乡	512081222000
团结乡	512021209000	全胜乡	512022201000	雷家乡	512081223000
悦来乡	512021210000	孔雀乡	512022202000	安乐乡	512081224000
白水乡	512021211000	龙门乡	512022203000	普安乡	512081225000
云峰乡	512021212000	双河场乡	512022204000	平息乡	512081226000
岳新乡	512021213000	放生乡	512022205000	五合乡	512081227000
偏岩乡	512021214000	盛池乡	512022206000	永宁乡	512081228000
东胜乡	512021215000	凉水乡	512022207000	**阿坝藏族羌族自治州（33镇，190乡）**	**513200000000**
坪河乡	512021216000	**简阳市(26镇，29乡)**	**512081000000**		
乾龙乡	512021217000	简城镇	512081100000	**汶川县(6镇，7乡)**	**513221000000**
高升乡	512021218000	石桥镇	512081101000	威州镇	513221100000
横庙乡	512021219000	新市镇	512081102000	绵池镇	513221101000
瑞云乡	512021220000	石盘镇	512081103000	映秀镇	513221102000
白塔寺乡	512021221000	东溪镇	512081104000	卧龙镇	513221103000
双龙街乡	512021222000	平泉镇	512081105000	漩口镇	513221104000
顶新乡	512021223000	禾丰镇	512081106000	水磨镇	513221105000
和平乡	512021224000	云龙镇	512081107000	龙溪乡	513221200000
高屋乡	512021225000	三星镇	512081108000	克枯乡	513221201000
忠义乡	512021226000	养马镇	512081109000	雁门乡	513221202000
合义乡	512021227000	贾家镇	512081110000	草坡乡	513221203000
努力乡	512021228000	石板凳镇	512081111000	银杏乡	513221204000
护建乡	512021229000	三岔镇	512081112000	耿达乡	513221205000
清流乡	512021230000	镇金镇	512081113000	三江乡	513221207000
共和乡	512021231000	石钟镇	512081114000	**理县(4镇，9乡)**	**513222000000**
天宝乡	512021232000	施家镇	512081115000	杂谷脑镇	513222100000
协和乡	512021233000	三合镇	512081116000	米亚罗镇	513222101000
鱼龙乡	512021234000	平武镇	512081117000	古尔沟镇	513222102000
建华乡	512021235000	金马镇	512081118000	薛城镇	513222103000
大平乡	512021236000	踏水镇	512081119000	夹壁乡	513222200000
九龙乡	512021237000	江源镇	512081120000	朴头乡	513222201000
岳源乡	512021238000	涌泉镇	512081121000	甘堡乡	513222202000
龙桥乡	512021239000	芦葭镇	512081122000	蒲溪乡	513222203000
千佛乡	512021240000	草池镇	512081123000	上孟乡	513222204000
拱桥乡	512021241000	太平桥镇	512081124000	下孟乡	513222205000
宝华乡	512021242000	青龙镇	512081125000	木卡乡	513222206000
南薰乡	512021243000	老君井乡	512081200000	通化乡	513222207000
自治乡	512021244000	福田乡	512081201000	桃坪乡	513222208000
大埝乡	512021245000	宏缘乡	512081202000	**茂县(3镇，18乡)**	**513223000000**
朝阳乡	512021246000	周家乡	512081203000	凤仪镇	513223100000
乐至县(17镇，8乡)	**512022000000**	平窝乡	512081204000	南新镇	513223101000
天池镇	512022100000	武庙乡	512081205000	叠溪镇	513223102000
石佛镇	512022101000	高明乡	512081206000	渭门乡	513223201000
回澜镇	512022102000	玉成乡	512081207000	永和乡	513223202000
石湍镇	512022103000	丹景乡	512081208000	沟口乡	513223203000
童家镇	512022104000	望水乡	512081209000	光明乡	513223204000
宝林镇	512022105000	清风乡	512081210000	富顺乡	513223205000
大佛镇	512022106000	董家埂乡	512081211000	土门乡	513223206000
良安镇	512022107000	五星乡	512081212000	东兴乡	513223207000
金顺镇	512022108000	飞龙乡	512081213000	黑虎乡	513223208000
中和场镇	512022109000	灵仙乡	512081214000	飞虹乡	513223209000
劳动镇	512022110000	五指乡	512081215000	回龙乡	513223210000
中天镇	512022111000	新民乡	512081216000	三龙乡	513223211000
佛星镇	512022112000	新星乡	512081217000	白溪乡	513223212000

续表 22

行政区划名称	行政区划代码
洼底乡	513223213000
石大关乡	513223214000
太平乡	513223215000
松坪沟乡	513223216000
曲谷乡	513223217000
雅都乡	513223218000
松潘县(2镇，23乡)	**513224000000**
进安镇	513224100000
川主寺镇	513224101000
进安回族乡	513224200000
十里回族乡	513224201000
青云乡	513224202000
安宏乡	513224203000
大寨乡	513224204000
牟尼乡	513224205000
镇江关乡	513224206000
镇坪乡	513224207000
岷江乡	513224208000
大姓乡	513224209000
白羊乡	513224210000
红土乡	513224211000
红扎乡	513224212000
小姓乡	513224213000
燕云乡	513224214000
山巴乡	513224215000
水晶乡	513224216000
小河乡	513224217000
施家堡乡	513224218000
黄龙乡	513224219000
上八寨乡	513224220000
下八寨乡	513224221000
草原乡	513224222000
九寨沟县(2镇，15乡)	**513225000000**
永乐镇	513225100000
漳扎镇	513225101000
永丰乡	513225200000
永和乡	513225201000
安乐乡	513225202000
白河乡	513225203000
双河乡	513225204000
保华乡	513225205000
罗依乡	513225206000
勿角乡	513225207000
马家乡	513225208000
郭元乡	513225209000
草地乡	513225210000
陵江乡	513225211000
黑河乡	513225212000
玉瓦乡	513225213000
大录乡	513225214000
金川县(2镇，21乡)	**513226000000**
金川镇	513226100000
观音桥镇	513226101000
沙耳乡	513226200000
庆宁乡	513226201000
咯尔乡	513226202000
勒乌乡	513226203000
万林乡	513226204000
河东乡	513226205000
河西乡	513226206000
集沐乡	513226207000
撒瓦脚乡	513226208000
卡拉脚乡	513226209000
俄热乡	513226210000
太阳河乡	513226211000
二嘎里乡	513226212000
阿科里乡	513226213000
安宁乡	513226214000
卡撒乡	513226215000
曾达乡	513226216000
独松乡	513226217000
马尔邦乡	513226218000
马奈乡	513226219000
毛日乡	513226220000
小金县(2镇，19乡)	**513227000000**
美兴镇	513227100000
日隆镇	513227101000
老营乡	513227200000
崇德乡	513227201000
新桥乡	513227202000
美沃乡	513227203000
沙龙乡	513227204000
宅垄乡	513227205000
新格乡	513227206000
达维乡	513227207000
日尔乡	513227208000
结斯乡	513227209000
沃日乡	513227210000
木坡乡	513227211000
两河乡	513227212000
抚边乡	513227213000
八角乡	513227214000
双柏乡	513227215000
窝底乡	513227216000
汗牛乡	513227217000
潘安乡	513227218000
黑水县(2镇，15乡)	**513228000000**
芦花镇	513228100000
卡龙镇	513228101000
沙石多乡	513228200000
红岩乡	513228201000
麻窝乡	513228202000
双溜索乡	513228203000
瓦钵梁子乡	513228204000
色尔古乡	513228205000
石碉楼乡	513228206000
龙坝乡	513228207000
洛多乡	513228208000
木苏乡	513228209000
维古乡	513228210000
知木林乡	513228211000
扎窝乡	513228212000
晴朗乡	513228213000
慈坝乡	513228214000
马尔康县(3镇，11乡)	**513229000000**
马尔康镇	513229100000
卓克基镇	513229101000
松岗镇	513229102000
梭磨乡	513229201000
白湾乡	513229203000
党坝乡	513229204000
木尔宗乡	513229205000
脚木足乡	513229206000
沙尔宗乡	513229207000
龙尔甲乡	513229208000
大藏乡	513229209000
康山乡	513229210000
草登乡	513229211000
日部乡	513229212000
壤塘县(1镇，11乡)	**513230000000**
壤柯镇	513230100000
蒲西乡	513230200000
宗科乡	513230201000
石里乡	513230202000
吾依乡	513230203000
岗木达乡	513230204000
上杜柯乡	513230205000
茸木达乡	513230206000
南木达乡	513230207000
尕多乡	513230208000
中壤塘乡	513230209000
上壤塘乡	513230210000
阿坝县(1镇，18乡)	**513231000000**
阿坝镇	513231100000
哇尔玛乡	513231200000
麦昆乡	513231201000
河支乡	513231202000
龙藏乡	513231203000
求吉玛乡	513231204000
甲尔多乡	513231205000
各莫乡	513231206000
德格乡	513231207000
四洼乡	513231208000
安斗乡	513231209000
柯河乡	513231210000
垮沙乡	513231211000
安羌乡	513231212000
查理乡	513231213000
茸安乡	513231214000
洛尔达乡	513231215000
麦尔玛乡	513231216000
贾洛乡	513231217000
若尔盖县(2镇，15乡)	**513232000000**
达扎寺镇	513232100000
唐克镇	513232102000
班佑乡	513232200000
阿西乡	513232201000
辖曼乡	513232203000

续表 23

行政区划名称	行政区划代码
红星乡	513232204000
麦溪乡	513232205000
嫩哇乡	513232206000
降扎乡	513232207000
占哇乡	513232208000
崇尔乡	513232209000
冻列乡	513232210000
热尔乡	513232211000
巴西乡	513232212000
阿西茸乡	513232213000
求吉乡	513232214000
包座乡	513232215000
红原县(3镇，8乡)	**513233000000**
邛溪镇	513233100000
刷经寺镇	513233101000
瓦切镇	513233102000
安曲乡	513233200000
龙日乡	513233201000
江茸乡	513233202000
阿木乡	513233204000
壤口乡	513233205000
麦洼乡	513233206000
色地乡	513233207000
查尔玛乡	513233208000
甘孜藏族自治州(29镇，296乡)	**513300000000**
康定县(3镇，18乡)	**513321000000**
炉城镇	513321100000
姑咱镇	513321101000
新都桥镇	513321102000
雅拉乡	513321201000
时济乡	513321202000
前溪乡	513321203000
舍联乡	513321204000
麦崩乡	513321205000
三合乡	513321206000
金汤乡	513321207000
捧塔乡	513321208000
沙德乡	513321209000
六巴乡	513321210000
普沙绒乡	513321211000
吉居乡	513321212000
瓦泽乡	513321213000
呷巴乡	513321214000
甲根坝乡	513321215000
朋布西乡	513321216000
塔公乡	513321217000
孔玉乡	513321218000
泸定县(4镇，8乡)	**513322000000**
泸桥镇	513322100000
冷碛镇	513322101000
兴隆镇	513322102000
岚安乡	513322200000
烹坝乡	513322201000
田坝乡	513322202000
杵坭乡	513322203000
加郡乡	513322204000
德威乡	513322205000
得妥乡	513322207000
磨西镇	513391103000
新兴乡	513391206000
丹巴县(2镇，13乡)	**513323000000**
章谷镇	513323100000
巴底镇	513323101000
巴旺乡	513323201000
聂呷乡	513323202000
革什扎乡	513323203000
边耳乡	513323204000
丹东乡	513323205000
东谷乡	513323206000
水子乡	513323207000
格宗乡	513323208000
梭坡乡	513323209000
中路乡	513323210000
岳扎乡	513323211000
半扇门乡	513323212000
太平桥乡	513323213000
九龙县(1镇，17乡)	**513324000000**
呷尔镇	513324100000
汤古乡	513324200000
斜卡乡	513324201000
三岩龙乡	513324202000
上团乡	513324203000
八窝龙乡	513324204000
乃渠乡	513324205000
乌拉溪乡	513324206000
烟袋乡	513324207000
魁多乡	513324208000
子耳彝族乡	513324209000
三垭彝族乡	513324210000
俄尔彝族乡	513324211000
小金彝族乡	513324212000
朵洛彝族乡	513324213000
踏卡彝族乡	513324214000
湾坝彝族乡	513324215000
洪坝乡	513324216000
雅江县(1镇，16乡)	**513325000000**
河口镇	513325100000
呷拉乡	513325200000
八角楼乡	513325201000
普巴绒乡	513325202000
祝桑乡	513325203000
米龙乡	513325204000
八衣绒乡	513325205000
波斯河乡	513325206000
恶古乡	513325207000
牙衣河乡	513325208000
西俄洛乡	513325209000
麻郎错乡	513325210000
德差乡	513325211000
红龙乡	513325212000
柯拉乡	513325213000
瓦多乡	513325214000
木绒乡	513325215000
道孚县(2镇，20乡)	**513326000000**
鲜水镇	513326100000
八美镇	513326101000
格西乡	513326200000
麻孜乡	513326201000
孔色乡	513326202000
葛卡乡	513326203000
亚卓乡	513326204000
仲尼乡	513326205000
红顶乡	513326206000
扎拖乡	513326207000
下拖乡	513326208000
瓦日乡	513326209000
木茹乡	513326210000
甲斯孔乡	513326211000
甲宗乡	513326212000
七美乡	513326213000
银恩乡	513326214000
维它乡	513326215000
龙灯乡	513326216000
协德乡	513326217000
色卡乡	513326218000
沙冲乡	513326219000
炉霍县(1镇，15乡)	**513327000000**
新都镇	513327100000
泥巴乡	513327200000
雅德乡	513327201000
洛秋乡	513327202000
斯木乡	513327203000
宜木乡	513327204000
仁达乡	513327205000
朱倭乡	513327206000
旦都乡	513327207000
充古乡	513327208000
更知乡	513327209000
卡娘乡	513327210000
宗塔乡	513327211000
宗麦乡	513327212000
上罗柯马乡	513327213000
下罗柯马乡	513327214000
甘孜县(1镇，21乡)	**513328000000**
甘孜镇	513328100000
呷拉乡	513328200000
色西底乡	513328201000
南多乡	513328202000
生康乡	513328203000
贡隆乡	513328204000
扎科乡	513328205000
来马乡	513328206000
昔色乡	513328207000
卡攻乡	513328208000
仁果乡	513328209000
拖坝乡	513328210000
斯俄乡	513328211000

续表 24

行政区划名称	行政区划代码	行政区划名称	行政区划代码	行政区划名称	行政区划代码
庭卡乡	513328212000	**白玉县(1镇，16乡)**	**513331000000**	扬各乡	513333212000
下雄乡	513328213000	建设镇	513331100000	甲学乡	513333213000
四通达乡	513328214000	绒盖乡	513331201000	歌乐沱乡	513333214000
夺多乡	513328215000	章都乡	513331202000	**理塘县(1镇，23乡)**	**513334000000**
泥柯乡	513328216000	麻绒乡	513331203000	高城镇	513334100000
茶扎乡	513328217000	河坡乡	513331204000	君坝乡	513334200000
大德乡	513328218000	热加乡	513331205000	哈依乡	513334201000
卡龙乡	513328219000	登龙乡	513331206000	觉吾乡	513334202000
查龙乡	513328220000	赠科乡	513331207000	莫坝乡	513334203000
新龙县(1镇，18乡)	**513329000000**	阿察乡	513331208000	亚火乡	513334204000
茹龙镇	513329100000	辽西乡	513331210000	绒坝乡	513334205000
沙堆乡	513329200000	纳塔乡	513331211000	呷柯乡	513334206000
乐安乡	513329201000	麻邛乡	513331212000	奔戈乡	513334207000
大盖乡	513329202000	盖玉乡	513331213000	村戈乡	513334208000
绕鲁乡	513329203000	沙马乡	513331214000	禾尼乡	513334209000
色威乡	513329204000	安孜乡	513331215000	曲登乡	513334210000
甲拉西乡	513329205000	金沙乡	513331216000	喇嘛垭乡	513334211000
拉日马乡	513329206000	山岩乡	513331217000	章纳乡	513334212000
博美乡	513329207000	**石渠县(3镇，19乡)**	**513332000000**	上木拉乡	513334213000
尤拉西乡	513329208000	尼呷镇	513332100000	下木拉乡	513334214000
子拖西乡	513329209000	洛须镇	513332101000	中木拉乡	513334215000
和平乡	513329210000	色须镇	513332102000	雄坝乡	513334216000
洛古乡	513329211000	真达乡	513332200000	甲洼乡	513334217000
雄龙西乡	513329212000	奔达乡	513332201000	藏坝乡	513334218000
麻日乡	513329213000	正科乡	513332202000	格木乡	513334219000
通宵乡	513329214000	麻呷乡	513332203000	拉波乡	513334220000
友谊乡	513329215000	德荣马乡	513332204000	麦洼乡	513334221000
皮擦乡	513329216000	长沙贡马乡	513332206000	德巫乡	513334222000
银多乡	513329217000	呷衣乡	513332207000	**巴塘县(1镇，18乡)**	**513335000000**
德格县(1镇，25乡)	**513330000000**	格孟乡	513332208000	夏邛镇	513335100000
更庆镇	513330100000	蒙宜乡	513332209000	拉哇乡	513335200000
达马乡	513330200000	新荣乡	513332210000	党巴乡	513335201000
普马乡	513330201000	宜牛乡	513332211000	竹巴龙乡	513335202000
岳巴乡	513330202000	虾扎乡	513332212000	中心绒乡	513335203000
八帮乡	513330203000	起坞乡	513332213000	苏哇龙乡	513335204000
龚垭乡	513330204000	阿日扎乡	513332214000	昌波乡	513335205000
白垭乡	513330205000	长须贡马乡	513332215000	地巫乡	513335206000
汪布顶乡	513330206000	长沙干马乡	513332216000	中咱乡	513335207000
柯洛洞乡	513330207000	长须干马乡	513332217000	亚日贡乡	513335208000
卡松渡乡	513330208000	温波乡	513332218000	波密乡	513335209000
俄南乡	513330209000	瓦须乡	513332219000	莫多乡	513335210000
竹庆乡	513330210000	**色达县(2镇，15乡)**	**513333000000**	松多乡	513335211000
俄支乡	513330211000	色柯镇	513333100000	波戈溪乡	513335212000
马尼干戈乡	513330212000	翁达镇	513333101000	甲英乡	513335213000
玉隆乡	513330213000	泥朵乡	513333200000	措拉乡	513335214000
错阿乡	513330214000	克戈乡	513333201000	茶洛乡	513335215000
中扎科乡	513330215000	然充乡	513333202000	列衣乡	513335216000
然姑乡	513330216000	康勒乡	513333203000	德达乡	513335217000
窝公乡	513330217000	大章乡	513333204000	**乡城县(1镇，11乡)**	**513336000000**
温拖乡	513330218000	大则乡	513333205000	桑披镇	513336100000
年古乡	513330219000	亚龙乡	513333206000	尼斯乡	513336200000
浪多乡	513330220000	塔子乡	513333207000	沙贡乡	513336201000
阿须乡	513330221000	年龙乡	513333208000	水洼乡	513336202000
打滚乡	513330222000	洛若乡	513333209000	青德乡	513336203000
亚丁乡	513330223000	霍西乡	513333210000	青麦乡	513336204000
所巴乡	513330224000	旭日乡	513333211000	然乌乡	513336205000

续表 25

行政区划名称	行政区划代码
洞松乡	513336206000
热打乡	513336207000
定波乡	513336208000
正斗乡	513336209000
白依乡	513336210000
稻城县(2镇，12乡)	**513337000000**
金珠镇	513337100000
香格里拉镇	513337101000
桑堆乡	513337200000
省母乡	513337201000
傍河乡	513337202000
色拉乡	513337203000
巨龙乡	513337204000
邓波乡	513337205000
木拉乡	513337206000
赤土乡	513337207000
蒙自乡	513337209000
各卡乡	513337210000
吉呷乡	513337211000
俄牙同乡	513337212000
得荣县(1镇，11乡)	**513338000000**
松麦镇	513338100000
斯闸乡	513338200000
徐龙乡	513338201000
日龙乡	513338202000
曲雅贡乡	513338203000
奔都乡	513338204000
八日乡	513338205000
古学乡	513338206000
子庚乡	513338207000
贡波乡	513338208000
白松乡	513338209000
茨巫乡	513338210000
凉山彝族自治州(6街道，81镇，527乡)	**513400000000**
西昌市(6街道，8镇，29乡)	**513401000000**
西城街道	513401001000
东城街道	513401002000
北城街道	513401003000
长安街道	513401004000
新村街道	513401005000
长宁街道	513401006000
马道镇	513401100000
礼州镇	513401101000
安宁镇	513401102000
川兴镇	513401103000
黄联关镇	513401104000
佑君镇	513401105000
太和镇	513401106000
安哈镇	513401107000
西郊乡	513401200000
高枧乡	513401201000
小庙乡	513401202000
四合乡	513401203000
月华乡	513401204000
兴胜乡	513401205000
琅环乡	513401206000
民胜乡	513401207000
西乡乡	513401208000
樟木箐乡	513401209000
响水乡	513401210000
开元乡	513401211000
大兴乡	513401212000
海南乡	513401213000
大箐乡	513401214000
经久乡	513401215000
西溪乡	513401216000
黄水乡	513401217000
洛古波乡	513401218000
裕隆回族乡	513401219000
高草回族乡	513401220000
中坝乡	513401221000
阿七乡	513401222000
荞地乡	513401223000
磨盘乡	513401224000
巴汝乡	513401225000
银厂乡	513401226000
白马乡	513401227000
马鞍山乡	513401228000
木里藏族自治县(1镇，28乡)	**513422000000**
乔瓦镇	513422100000
博科乡	513422201000
宁朗乡	513422202000
依吉乡	513422203000
俄亚纳西族乡	513422204000
水洛乡	513422205000
牦牛坪乡	513422206000
屋脚蒙古族乡	513422207000
项脚蒙古族乡	513422208000
李子坪乡	513422209000
列瓦乡	513422210000
芽祖乡	513422211000
下麦地乡	513422212000
西秋乡	513422213000
克尔乡	513422214000
白碉苗族乡	513422215000
三桷垭乡	513422216000
倮波乡	513422217000
卡拉乡	513422218000
后所乡	513422219000
沙湾乡	513422220000
固增苗族乡	513422222000
麦日乡	513422223000
东朗乡	513422224000
唐央乡	513422225000
博窝乡	513422226000
麦地龙乡	513422227000
东子乡	513422228000
桃巴乡	513422229000
盐源县(8镇，26乡)	**513423000000**
盐井镇	513423100000
卫城镇	513423101000
梅雨镇	513423102000
白乌镇	513423103000
树河镇	513423104000
黄草镇	513423105000
平川镇	513423106000
泸沽湖镇	513423107000
双河乡	513423200000
干海乡	513423201000
下海乡	513423202000
棉桠乡	513423203000
甘塘乡	513423204000
马鹿乡	513423205000
藤桥乡	513423206000
田湾乡	513423207000
德石乡	513423208000
大河乡	513423209000
盐塘乡	513423210000
大草乡	513423211000
博大乡	513423212000
金河乡	513423213000
右所乡	513423214000
巴折乡	513423215000
阿萨乡	513423216000
长柏乡	513423217000
桃子乡	513423218000
盖租乡	513423219000
前所乡	513423220000
沃底乡	513423221000
大坡蒙古族乡	513423222000
洼里乡	513423223000
梅子坪乡	513423224000
巫木乡	513423225000
德昌县(4镇，18乡)	**513424000000**
德州镇	513424100000
永郎镇	513424101000
乐跃镇	513424102000
麻栗镇	513424103000
阿月乡	513424201000
王所乡	513424202000
六所乡	513424203000
巴洞乡	513424204000
宽裕乡	513424205000
茨达乡	513424206000
小高乡	513424207000
锦川乡	513424208000
老碾乡	513424209000
大湾乡	513424210000
马安乡	513424211000
铁炉乡	513424212000
前山乡	513424213000
大山乡	513424214000
大六槽乡	513424215000
热河乡	513424216000
南山傈僳族乡	513424217000
金沙傈僳族乡	513424218000

续表 26

行政区划名称	行政区划代码	行政区划名称	行政区划代码	行政区划名称	行政区划代码
会理县(9镇，41乡)	**513425000000**	乌东德镇	513426102000	葫芦口镇	513427105000
		姜州镇	513426103000	景星乡	513427200000
城关镇	513425100000	小岔河乡	513426200000	俱乐乡	513427201000
鹿厂镇	513425101000	撒者邑乡	513426201000	新村乡	513427202000
黎溪镇	513425102000	新云乡	513426202000	幸福乡	513427203000
通安镇	513425103000	长新乡	513426203000	海子乡	513427204000
太平镇	513425104000	火山乡	513426204000	六铁乡	513427205000
益门镇	513425105000	堵格乡	513426205000	新建乡	513427206000
绿水镇	513425106000	坪塘乡	513426206000	稻谷乡	513427207000
云甸镇	513425107000	小坝乡	513426209000	新华乡	513427208000
新发镇	513425108000	火石乡	513426210000	石梨乡	513427209000
果元乡	513425200000	铁柳乡	513426211000	松林乡	513427210000
南阁乡	513425201000	龙树乡	513426212000	杉树乡	513427211000
内东乡	513425202000	可河乡	513426213000	梁子乡	513427212000
老街乡	513425203000	嘎吉乡	513426214000	大同乡	513427213000
外北乡	513425204000	柏岩乡	513426215000	西瑶乡	513427214000
彰冠乡	513425205000	海坝乡	513426216000	红星乡	513427215000
爱民乡	513425206000	淌塘乡	513426219000	骑骡沟乡	513427216000
爱国乡	513425207000	普咩乡	513426220000	倮格乡	513427217000
凤营乡	513425208000	岩坝乡	513426221000	跑马乡	513427218000
白鸡乡	513425209000	新田乡	513426223000	**普格县(3镇，31乡)**	**513428000000**
矮郎乡	513425210000	江西街乡	513426224000	普基镇	513428100000
小黑箐乡	513425211000	岔河乡	513426225000	荞窝镇	513428101000
河口乡	513425212000	双堰乡	513426226000	螺髻山镇	513428102000
中厂乡	513425213000	发箐乡	513426227000	永安乡	513428200000
关河乡	513425214000	铁厂沟乡	513426228000	向阳乡	513428201000
鱼乍乡	513425215000	新街乡	513426229000	文坪乡	513428202000
黎洪乡	513425217000	马龙乡	513426230000	黎安乡	513428203000
金雨乡	513425218000	新龙乡	513426231000	花山乡	513428204000
树堡乡	513425219000	红岩乡	513426232000	东山乡	513428205000
江竹乡	513425220000	红果乡	513426233000	大坪乡	513428206000
新安傣族乡	513425221000	鲁吉乡	513426234000	辉隆乡	513428207000
普隆乡	513425222000	溜姑乡	513426235000	洛乌沟乡	513428208000
竹箐乡	513425223000	大崇乡	513426236000	雨水乡	513428209000
杨家坝乡	513425225000	黑嘎乡	513426237000	甘天地乡	513428210000
江普乡	513425226000	文箐乡	513426238000	洛乌乡	513428211000
木古乡	513425227000	野牛坪乡	513426239000	孟甘乡	513428212000
富乐乡	513425228000	松坪乡	513426240000	特兹乡	513428213000
海潮乡	513425229000	新山乡	513426241000	吉乐乡	513428214000
芭蕉乡	513425230000	小街乡	513426242000	特口乡	513428215000
横山乡	513425231000	老口乡	513426243000	耶底乡	513428216000
马宗乡	513425232000	干海子乡	513426244000	夹铁乡	513428217000
法坪乡	513425233000	黄坪乡	513426245000	瓦洛乡	513428218000
槽元乡	513425234000	野租乡	513426246000	哈力洛乡	513428219000
黄柏乡	513425235000	拉马乡	513426247000	莱子乡	513428220000
仓田乡	513425237000	鲁南乡	513426248000	祝联乡	513428221000
白果湾乡	513425238000	雪山乡	513426249000	刘家坪乡	513428222000
下村乡	513425239000	柏杉乡	513426250000	月吾乡	513428223000
龙泉乡	513425240000	**宁南县(6镇，19乡)**	**513427000000**	特补乡	513428224000
六华乡	513425241000			五道箐乡	513428225000
三地乡	513425242000	披砂镇	513427100000	特尔果乡	513428226000
六民乡	513425243000	松新镇	513427101000	大槽乡	513428227000
会东县(4镇，46乡)	**513426000000**	竹寿镇	513427102000	马洪乡	513428228000
会东镇	513426100000	华弹镇	513427103000	洛甘乡	513428229000
铅锌镇	513426101000	白鹤滩镇	513427104000	红莫依达乡	513428230000

续表 27

行政区划名称	行政区划代码	行政区划名称	行政区划代码	行政区划名称	行政区划代码
布拖县(3镇，27乡)	**513429000000**	谷德乡	513430220000	日哈乡	513431244000
特木里镇	513429100000	高峰乡	513430221000	哈甘乡	513431245000
龙潭镇	513429101000	老寨子乡	513430222000	**喜德县(7镇，17乡)**	**513432000000**
拖觉镇	513429102000	德溪乡	513430223000	光明镇	513432100000
木尔乡	513429200000	南瓦乡	513430224000	冕山镇	513432101000
九都乡	513429201000	依莫合乡	513430225000	红莫镇	513432102000
拉达乡	513429202000	土沟乡	513430226000	两河口镇	513432103000
乌科乡	513429203000	丙底乡	513430227000	米市镇	513432104000
沙洛乡	513429204000	依达乡	513430228000	洛哈镇	513432105000
洛古乡	513429205000	丝窝乡	513430229000	尼波镇	513432106000
补尔乡	513429206000	**昭觉县(1镇，46乡)**	**513431000000**	拉克乡	513432200000
觉撒乡	513429207000	新城镇	513431100000	则约乡	513432201000
美撒乡	513429208000	城北乡	513431200000	贺波洛乡	513432202000
拉果乡	513429209000	树坪乡	513431201000	鲁基乡	513432203000
乌依乡	513429210000	谷曲乡	513431202000	李子乡	513432204000
浪珠乡	513429211000	达洛乡	513431203000	北山乡	513432205000
包谷坪乡	513429212000	龙恩乡	513431204000	西河乡	513432206000
合井乡	513429213000	美甘乡	513431205000	东河乡	513432207000
罗家坪乡	513429214000	四开乡	513431206000	且拖乡	513432208000
牛角湾乡	513429215000	大坝乡	513431207000	博洛拉达乡	513432209000
补洛乡	513429216000	地莫乡	513431208000	沙马拉达乡	513432210000
火烈乡	513429217000	柳且乡	513431209000	巴久乡	513432211000
乐安乡	513429218000	博洛乡	513431210000	洛莫乡	513432212000
四棵乡	513429219000	库莫乡	513431211000	依洛乡	513432213000
地洛乡	513429220000	解放乡	513431212000	热柯依达乡	513432214000
俄里坪乡	513429221000	三岗乡	513431213000	额尼乡	513432215000
瓦都乡	513429222000	洒拉地坡乡	513431214000	乐武乡	513432216000
采哈乡	513429223000	三岔河乡	513431215000	**冕宁县(6镇，32乡)**	**513433000000**
委只洛乡	513429224000	尼地乡	513431216000	城厢镇	513433100000
联补乡	513429225000	碗厂乡	513431217000	漫水湾镇	513433101000
基只乡	513429226000	普诗乡	513431218000	大桥镇	513433102000
金阳县(4镇，30乡)	**513430000000**	玛增依乌乡	513431219000	复兴镇	513433103000
天地坝镇	513430100000	塘且乡	513431220000	泸沽镇	513433104000
派来镇	513430101000	久特洛古乡	513431221000	沙坝镇	513433105000
芦稿镇	513430102000	齿可波西乡	513431222000	回坪乡	513433200000
对坪镇	513430103000	特口甲谷乡	513431223000	回龙乡	513433201000
桃坪乡	513430200000	竹核乡	513431224000	哈哈乡	513433202000
热水河乡	513430201000	阿并洛古乡	513431225000	森荣乡	513433203000
马依足乡	513430202000	革吾乡	513431226000	林里乡	513433204000
红峰乡	513430203000	特布洛乡	513431227000	石龙乡	513433205000
尔觉西乡	513430204000	庆恒乡	513431228000	铁厂乡	513433206000
热柯觉乡	513430205000	拉一木乡	513431229000	河边乡	513433207000
甲依乡	513430206000	色底乡	513431230000	河里乡	513433208000
木府乡	513430207000	补约乡	513431231000	冶勒乡	513433209000
寨子乡	513430208000	比尔乡	513431232000	拖乌乡	513433210000
则祖乡	513430209000	库依乡	513431233000	彝海乡	513433211000
基觉乡	513430210000	金曲乡	513431234000	曹古乡	513433212000
小银木乡	513430211000	宜牧地乡	513431235000	惠安乡	513433213000
春江乡	513430212000	波洛乡	513431236000	后山乡	513433214000
红联乡	513430213000	央摩租乡	513431237000	宏模乡	513433215000
青松乡	513430214000	则普乡	513431238000	先锋乡	513433216000
放马坪乡	513430215000	永洛乡	513431239000	泽远乡	513433217000
梗堡乡	513430216000	且莫乡	513431240000	里庄乡	513433218000
山江乡	513430217000	甘多洛古乡	513431241000	金林乡	513433219000
洛觉乡	513430218000	支尔莫乡	513431242000	腊窝乡	513433220000
向岭乡	513430219000	龙沟乡	513431243000	联合乡	513433221000

续表 28

行政区划名称	行政区划代码	行政区划名称	行政区划代码	行政区划名称	行政区划代码
麦地沟乡	513433222000	吉米镇	513435103000	龙门乡	513436229000
锦屏乡	513433223000	斯觉镇	513435104000	依果觉乡	513436230000
南河乡	513433224000	普昌镇	513435105000	洒库乡	513436231000
青纳乡	513433225000	玉田镇	513435106000	瓦西乡	513436232000
和爱藏族乡	513433226000	前进乡	513435200000	树窝乡	513436233000
棉沙湾乡	513433227000	胜利乡	513435201000	龙窝乡	513436234000
马头乡	513433228000	新茶乡	513435202000	**雷波县(4镇，45乡)**	**513437000000**
窝堡乡	513433229000	两河乡	513435203000	锦城镇	513437100000
新兴乡	513433230000	里克乡	513435204000	西宁镇	513437101000
健美乡	513433231000	尼尔觉乡	513435205000	汶水镇	513437102000
越西县(5镇，36乡)	**513434000000**	拉莫乡	513435206000	黄琅镇	513437103000
越城镇	513434100000	波波乡	513435207000	南田乡	513437200000
中所镇	513434101000	阿嘎乡	513435208000	海湾乡	513437201000
新民镇	513434102000	阿尔乡	513435209000	杉树堡乡	513437202000
乃托镇	513434103000	石海乡	513435210000	箐口乡	513437203000
普雄镇	513434104000	团结乡	513435211000	帕哈乡	513437204000
新乡乡	513434200000	嘎日乡	513435212000	永盛乡	513437205000
马拖乡	513434201000	则拉乡	513435213000	溪洛米乡	513437206000
大瑞乡	513434202000	坪坝乡	513435214000	白铁坝乡	513437207000
南箐乡	513434203000	蓼坪乡	513435215000	顺河乡	513437208000
丁山乡	513434204000	阿兹觉乡	513435216000	渡口乡	513437209000
大花乡	513434205000	乌史大桥乡	513435217000	回龙场乡	513437210000
河东乡	513434206000	黑马乡	513435218000	马湖乡	513437211000
西山乡	513434207000	沙岱乡	513435219000	中田乡	513437212000
板桥乡	513434208000	苏雄乡	513435220000	谷米乡	513437213000
瓦岩乡	513434209000	**美姑县(1镇，35乡)**	**513436000000**	柑子乡	513437214000
大屯乡	513434210000	巴普镇	513436100000	双河口乡	513437215000
保安藏族乡	513434211000	觉洛乡	513436200000	罗山溪乡	513437216000
白果乡	513434212000	井叶特西乡	513436201000	桂花乡	513437217000
梅花乡	513434213000	合姑洛乡	513436202000	烂坝子乡	513437218000
拉普乡	513434214000	巴古乡	513436203000	沙沱乡	513437219000
铁西乡	513434215000	农作乡	513436204000	山棱岗乡	513437220000
尔觉乡	513434216000	佐戈依达乡	513436205000	长河乡	513437221000
四甘普乡	513434217000	子威乡	513436206000	谷堆乡	513437222000
贡莫乡	513434218000	依洛拉达乡	513436207000	八寨乡	513437223000
拉白乡	513434219000	典补乡	513436208000	拉咪乡	513437224000
乐青地乡	513434220000	哈洛乡	513436209000	松树乡	513437225000
德吉乡	513434221000	牛牛坝乡	513436210000	曲依乡	513437226000
依洛地坝乡	513434222000	尔合乡	513436211000	千万贯乡	513437227000
尔赛乡	513434223000	竹库乡	513436212000	五官乡	513437228000
古二乡	513434224000	候古莫乡	513436213000	上田坝乡	513437229000
竹阿觉乡	513434225000	候播乃拖乡	513436214000	大坪子乡	513437230000
保石乡	513434226000	采红乡	513436215000	簸箕梁子乡	513437231000
五里箐乡	513434227000	苏洛乡	513436216000	小沟乡	513437232000
书古乡	513434228000	九口乡	513436217000	莫红乡	513437233000
瓦普莫乡	513434229000	洛俄依甘乡	513436218000	克觉乡	513437234000
申果乡	513434230000	拉木阿觉乡	513436219000	坪头乡	513437235000
瓦曲觉乡	513434231000	洛莫依达乡	513436220000	雷池乡	513437236000
申普乡	513434232000	柳洪乡	513436221000	巴姑乡	513437237000
瓦里觉乡	513434234000	乐约乡	513436222000	咪姑乡	513437238000
拉吉乡	513434235000	尔其乡	513436223000	一车乡	513437239000
瓦曲乃乌乡	513434236000	瓦古乡	513436224000	斯古溪乡	513437240000
甘洛县(7镇，21乡)	**513435000000**	峨曲古乡	513436225000	卡哈洛乡	513437241000
新市坝镇	513435100000	炳途乡	513436226000	元宝山乡	513437242000
田坝镇	513435101000	拖木乡	513436227000	大岩洞乡	513437243000
海棠镇	513435102000	尼哈乡	513436228000	岩脚乡	513437244000

贵州省

贵州省(黔)

行政区划名称	行政区划代码
贵州省(95街道，696镇，747乡)	**520000000000**
贵阳市(31镇，46乡)	**520100000000**
南明区(4乡)	**520102000000**
后巢乡	520102200000
云关乡	520102201000
永乐乡	520102202000
小碧布依族苗族乡	520102203000
云岩区(1镇)	**520103000000**
黔灵镇	520103100000
花溪区(2镇，9乡)	**520111000000**
青岩镇	520111101000
石板镇	520111102000
孟关苗族布依族乡	520111201000
党武乡	520111203000
湖潮苗族布依族乡	520111204000
久安乡	520111205000
麦坪乡	520111206000
高坡苗族乡	520111207000
黔陶布依族苗族乡	520111208000
马铃布依族苗族乡	520111209000
燕楼乡	520111210000
乌当区(3镇，5乡)	**520112000000**
东风镇	520112101000
水田镇	520112102000
羊昌镇	520112103000
下坝乡	520112202000
新堡布依族乡	520112203000
新场乡	520112204000
百宜乡	520112205000
偏坡布依族乡	520112206000
白云区(3镇，2乡)	**520113000000**
麦架镇	520113101000
沙文镇	520113102000
艳山红镇	520113103000
都拉布依族乡	520113202000
牛场布依族乡	520113204000
观山湖区（2镇，1乡）	**520115000000**
金华镇	520115100000
朱昌镇	520115101000
百花湖乡	520115200000
开阳县(8镇，8乡)	**520121000000**
城关镇	520121100000
双流镇	520121101000
金中镇	520121102000
冯三镇	520121103000
楠木渡镇	520121104000
龙岗镇	520121105000
花梨镇	520121106000
永温镇	520121107000
南龙乡	520121200000
宅吉乡	520121202000
龙水乡	520121204000
米坪乡	520121205000
禾丰布依族苗族乡	520121206000
南江布依族苗族乡	520121207000
高寨苗族布依族乡	520121208000
毛云乡	520121209000
息烽县(4镇，6乡)	**520122000000**
永靖镇	520122100000
温泉镇	520122101000
九庄镇	520122102000
小寨坝镇	520122103000
青山苗族乡	520122200000
西山乡	520122201000
养龙司乡	520122202000
石硐乡	520122203000
鹿窝乡	520122204000
流长乡	520122205000
修文县(4镇，6乡)	**520123000000**
龙场镇	520123100000
扎佐镇	520123101000
久长镇	520123102000
六广镇	520123103000
谷堡乡	520123200000
六屯乡	520123201000
小箐乡	520123202000
洒坪乡	520123203000
大石布依族乡	520123204000
六桶乡	520123205000
清镇市(4镇，5乡)	**520181000000**
红枫湖镇	520181100000
站街镇	520181101000
卫城镇	520181102000
新店镇	520181103000
麦格苗族布依族乡	520181201000
暗流乡	520181202000
王庄布依族苗族乡	520181203000
流长苗族乡	520181204000
犁倭乡	520181205000
六盘水市(7街道，38镇，56乡)	**520200000000**
钟山区(7街道，4镇，1乡)	**520201000000**
黄土坡街道	520201001000
荷城街道	520201002000
凤凰街道	520201003000
德坞街道	520201004000
荷泉街道	520201005000
红岩街道	520201006000
杨柳街道	520201007000
大河镇	520201101000
汪家寨镇	520201102000
大湾镇	520201103000
老鹰山镇	520201104000
月照彝族回族苗族乡	520201200000
六枝特区(5镇，14乡)	**520203000000**
平寨镇	520203100000
郎岱镇	520203101000
岩脚镇	520203102000
木岗镇	520203103000
大用镇	520203104000
新窑乡	520203200000
龙场乡	520203201000
新华乡	520203202000
梭戛苗族彝族回族乡	520203203000
牛场苗族彝族乡	520203204000
新场乡	520203205000
堕却乡	520203206000
箐口彝族仡佬族布依族乡	520203207000
中寨苗族彝族布依族乡	520203208000
毛口布依族苗族乡	520203209000
洒志彝族布依族苗族乡	520203210000
陇脚布依族乡	520203211000
折溪彝族乡	520203212000
落别布依族彝族乡	520203213000
水城县(9镇，24乡)	**520221000000**

续表 1

行政区划名称	行政区划代码
滥坝镇	520221100000
阿戛镇	520221102000
蟠龙镇	520221103000
玉舍镇	520221104000
发耳镇	520221105000
都格镇	520221106000
鸡场镇	520221107000
勺米镇	520221108000
化乐镇	520221109000
陡箐苗族彝族乡	520221200000
董地苗族彝族乡	520221201000
比德苗族彝族乡	520221202000
南开苗族彝族乡	520221204000
保华苗族彝族乡	520221205000
青林苗族彝族乡	520221206000
金盆苗族彝族乡	520221207000
木果彝族苗族乡	520221208000
发箐苗族彝族乡	520221209000
双戛彝族乡	520221210000
纸厂彝族乡	520221212000
坪寨彝族乡	520221214000
龙场苗族白族彝族乡	520221218000
营盘苗族彝族白族乡	520221219000
顺场苗族彝族布依族乡	520221220000
花戛苗族布依族彝族乡	520221221000
杨梅彝族苗族回族乡	520221222000
新街彝族苗族布依族乡	520221223000
野钟苗族彝族布依族乡	520221224000
果布戛彝族苗族布依族乡	520221225000
盐井乡	520221227000
米萝布依族苗族彝族乡	520221228000
猴场苗族布依族乡	520221230000
红岩布依族彝族苗族乡	520221231000
盘县(20镇，17乡)	**520222000000**
红果镇	520222100000
平关镇	520222101000
火铺镇	520222102000
断江镇	520222103000
盘江镇	520222104000
柏果镇	520222105000
洒基镇	520222106000
刘官镇	520222107000
马依镇	520222108000
老厂镇	520222109000
城关镇	520222110000
响水镇	520222111000
乐民镇	520222112000
石桥镇	520222113000
板桥镇	520222114000
西冲镇	520222115000
保田镇	520222116000
大山镇	520222117000
民主镇	520222118000
水塘镇	520222119000
两河乡	520222200000
坪地彝族乡	520222201000
四格彝族乡	520222202000
松河彝族乡	520222203000
鸡场坪彝族乡	520222204000
滑石乡	520222205000
羊场布依族白族苗族乡	520222206000
旧营白族彝族苗族乡	520222207000
保基苗族彝族乡	520222208000
淤泥彝族乡	520222209000
普古彝族苗族乡	520222210000
英武乡	520222211000
珠东乡	520222212000
新民乡	520222213000
普田回族乡	520222214000
忠义乡	520222215000
马场彝族苗族乡	520222216000
遵义市(20街道，167镇，58乡)	**520300000000**
红花岗区(8街道，8镇)	**520302000000**
舟水桥街道	520302001000
老城街道	520302002000
万里路街道	520302003000
北京路街道	520302004000
延安路街道	520302005000
中山路街道	520302006000
南门关街道	520302007000
中华路街道	520302008000
长征镇	520302100000
南关镇	520302101000
巷口镇	520302103000
忠庄镇	520302104000
海龙镇	520302105000
新蒲镇	520302106000
深溪镇	520302107000
金鼎山镇	520302108000
汇川区(3街道，6镇)	**520303000000**
上海路街道	520303001000
洗马路街道	520303002000
大连路街道	520303003000
高桥镇	520303100000
董公寺镇	520303101000
团泽镇	520303102000
高坪镇	520303103000
板桥镇	520303104000
泗渡镇	520303105000
遵义县(29镇，2乡)	**520321000000**
南白镇	520321100000
龙坑镇	520321101000
三岔镇	520321102000
苟江镇	520321103000
三合镇	520321104000
乌江镇	520321105000
虾子镇	520321107000
三渡镇	520321108000
新舟镇	520321109000
永乐镇	520321110000
龙坪镇	520321111000
喇叭镇	520321112000
团溪镇	520321113000
铁厂镇	520321114000
西坪镇	520321115000
尚嵇镇	520321116000
茅栗镇	520321117000
新民镇	520321118000
鸭溪镇	520321119000
石板镇	520321120000
乐山镇	520321121000
枫香镇	520321122000
泮水镇	520321123000
马蹄镇	520321124000
沙湾镇	520321126000
松林镇	520321129000
毛石镇	520321130000
山盆镇	520321131000
芝麻镇	520321132000
平正仡佬族乡	520321200000
洪关苗族乡	520321201000
桐梓县(18镇，6乡)	**520322000000**
娄山关镇	520322100000
楚米镇	520322101000
新站镇	520322102000
松坎镇	520322103000
高桥镇	520322104000
水坝塘镇	520322105000
官仓镇	520322106000
花秋镇	520322107000
羊磴镇	520322108000
九坝镇	520322109000
大河镇	520322110000
夜郎镇	520322111000
木瓜镇	520322112000
坡渡镇	520322113000
燎原镇	520322114000
狮溪镇	520322115000
茅石镇	520322116000
尧龙山镇	520322117000
风水乡	520322201000
容光乡	520322202000
小水乡	520322203000
黄莲乡	520322205000
芭蕉乡	520322206000
马鬃苗族乡	520322207000
绥阳县(12镇，3乡)	**520323000000**
洋川镇	520323100000
郑场镇	520323101000
旺草镇	520323102000
蒲场镇	520323103000
风华镇	520323104000
茅垭镇	520323105000
枧坝镇	520323106000
宽阔镇	520323107000
黄杨镇	520323108000
青杠塘镇	520323109000

续表 2

行政区划名称	行政区划代码
太白镇	520323110000
温泉镇	520323111000
大路槽乡	520323200000
小关乡	520323201000
坪乐乡	520323202000
正安县(11镇，8乡)	**520324000000**
凤仪镇	520324100000
瑞溪镇	520324101000
和溪镇	520324102000
安场镇	520324103000
土坪镇	520324104000
流渡镇	520324105000
格林镇	520324106000
新洲镇	520324107000
庙塘镇	520324108000
小雅镇	520324109000
中观镇	520324110000
碧丰乡	520324200000
乐俭乡	520324201000
谢坝仡佬族苗族乡	520324202000
市坪苗族仡佬族乡	520324203000
俭坪乡	520324204000
杨兴乡	520324205000
桴槁乡	520324206000
班竹乡	520324207000
道真仡佬族苗族自治县(10镇，4乡)	**520325000000**
玉溪镇	520325100000
三江镇	520325101000
隆兴镇	520325102000
旧城镇	520325103000
忠信镇	520325104000
洛龙镇	520325105000
阳溪镇	520325106000
三桥镇	520325107000
大矸镇	520325108000
平模镇	520325109000
上坝土家族乡	520325200000
棕坪乡	520325201000
桃源乡	520325202000
河口乡	520325203000
务川仡佬族苗族自治县(10镇，5乡)	**520326000000**
都濡镇	520326100000
丰乐镇	520326101000
黄都镇	520326102000
涪洋镇	520326103000
镇南镇	520326104000
砚山镇	520326105000
泥水镇	520326106000
茅天镇	520326107000
柏村镇	520326108000
大坪镇	520326109000
泥高乡	520326200000
分水乡	520326201000
蕉坝乡	520326202000
红丝乡	520326203000
石朝乡	520326204000
凤冈县(9镇，5乡)	**520327000000**
龙泉镇	520327100000
进化镇	520327101000
琊川镇	520327102000
蜂岩镇	520327103000
永和镇	520327104000
花坪镇	520327105000
绥阳镇	520327106000
土溪镇	520327107000
永安镇	520327108000
何坝乡	520327200000
天桥乡	520327201000
王寨乡	520327202000
石径乡	520327203000
新建乡	520327204000
湄潭县(3街道，10镇，4乡)	**520328000000**
湄江街道	520328001000
茶城街道	520328002000
桃花江街道	520328003000
永兴镇	520328101000
复兴镇	520328102000
马山镇	520328103000
鱼泉镇	520328104000
黄家坝镇	520328105000
高台镇	520328106000
茅坪镇	520328107000
兴隆镇	520328108000
新南镇	520328109000
石莲镇	520328110000
西河乡	520328200000
洗马乡	520328201000
抄乐乡	520328204000
天城乡	520328205000
余庆县(9镇，1乡)	**520329000000**
白泥镇	520329100000
小腮镇	520329101000
龙溪镇	520329102000
构皮滩镇	520329103000
大乌江镇	520329104000
敖溪镇	520329105000
龙家镇	520329106000
松烟镇	520329107000
关兴镇	520329108000
花山苗族乡	520329200000
习水县(14镇，9乡)	**520330000000**
东皇镇	520330100000
土城镇	520330101000
同民镇	520330102000
醒民镇	520330103000
隆兴镇	520330104000
习酒镇	520330105000
回龙镇	520330106000
桑木镇	520330107000
永安镇	520330108000
良村镇	520330109000
温水镇	520330110000
仙源镇	520330111000
官店镇	520330112000
寨坝镇	520330113000
民化乡	520330200000
二郎乡	520330201000
二里乡	520330202000
三岔河乡	520330203000
大坡乡	520330204000
双龙乡	520330205000
桃林乡	520330206000
坭坝乡	520330207000
程寨乡	520330208000
赤水市(3街道，9镇，5乡)	**520381000000**
市中街道	520381001000
文华街道	520381002000
金华街道	520381003000
天台镇	520381100000
复兴镇	520381101000
大同镇	520381102000
旺隆镇	520381103000
葫市镇	520381104000
元厚镇	520381105000
官渡镇	520381106000
长期镇	520381107000
长沙镇	520381108000
两河口乡	520381200000
丙安乡	520381201000
宝源乡	520381202000
石堡乡	520381203000
白云乡	520381204000
仁怀市(3街道，12镇，6乡)	**520382000000**
中枢街道	520382001000
盐津街道	520382002000
苍龙街道	520382003000
茅台镇	520382101000
坛厂镇	520382102000
长岗镇	520382103000
鲁班镇	520382104000
五马镇	520382105000
茅坝镇	520382106000
九仓镇	520382107000
喜头镇	520382108000
大坝镇	520382109000
三合镇	520382110000
合马镇	520382111000
二合镇	520382112000
龙井乡	520382200000
后山苗族布依族乡	520382201000
学孔乡	520382202000
高大坪乡	520382203000
火石岗乡	520382204000
沙滩乡	520382205000
安顺市(7街道，44镇，36乡)	**520400000000**
西秀区(7街道，10镇，7乡)	**520402000000**
南街街道	520402001000
东街街道	520402002000
西街街道	520402003000
北街街道	520402004000

续表 3

行政区划名称	行政区划代码	行政区划名称	行政区划代码	行政区划名称	行政区划代码
东关街道	520402005000	朵卜陇乡	520423205000	何官屯镇	520502111000
华西街道	520402006000	革利乡	520423206000	对坡镇	520502112000
西航街道	520402007000	本寨乡	520423207000	大银镇	520502113000
宋旗镇	520402100000	简嘎乡	520423210000	林口镇	520502114000
幺铺镇	520402101000	打帮乡	520423211000	生机镇	520502115000
宁谷镇	520402102000	**关岭布依族苗族自治县**	**520424000000**	清水铺镇	520502116000
龙宫镇	520402103000	**(8镇，6乡)**		亮岩镇	520502117000
双堡镇	520402104000	关索镇	520424100000	燕子口镇	520502118000
大西桥镇	520402105000	花江镇	520424101000	八寨镇	520502119000
七眼桥镇	520402106000	永宁镇	520424102000	田坝桥镇	520502120000
蔡官镇	520402107000	白水镇	520424103000	海子街镇	520502121000
轿子山镇	520402108000	坡贡镇	520424104000	小坝镇	520502122000
旧州镇	520402109000	上关镇	520424105000	层台镇	520502123000
新场布依族苗族乡	520402200000	岗乌镇	520424106000	小吉场镇	520502124000
岩腊苗族布依族乡	520402201000	断桥镇	520424107000	普宜镇	520502125000
鸡场布依族苗族乡	520402202000	顶云乡	520424200000	龙场营镇	520502126000
杨武布依族苗族乡	520402203000	八德乡	520424202000	千溪彝族苗族白族乡	520502200000
东屯乡	520402204000	新铺乡	520424203000	阴底彝族苗族白族乡	520502201000
黄腊布依族苗族乡	520402205000	普利乡	520424204000	野角乡	520502202000
刘官乡	520402206000	板贵乡	520424205000	大河乡	520502203000
平坝县(8镇，2乡)	**520421000000**	沙营乡	520424206000	团结彝族苗族乡	520502204000
城关镇	520421100000	**紫云苗族布依族自治县**	**520425000000**	阿市苗族彝族乡	520502205000
白云镇	520421101000	**(5镇，7乡)**		大屯彝族乡	520502206000
高峰镇	520421102000	松山镇	520425100000	田坎彝族乡	520502207000
天龙镇	520421103000	水塘镇	520425101000	**大方县(10镇，26乡)**	**520521000000**
夏云镇	520421104000	猴场镇	520425102000	大方镇	520521100000
马场镇	520421105000	猫营镇	520425103000	双山镇	520521101000
乐平镇	520421106000	板当镇	520425104000	猫场镇	520521102000
齐伯镇	520421107000	白石岩乡	520425200000	马场镇	520521103000
十字回族苗族乡	520421202000	宗地乡	520425201000	羊场镇	520521104000
羊昌布依族苗族乡	520421203000	大营乡	520425202000	黄泥塘镇	520521105000
普定县(5镇，6乡)	**520422000000**	四大寨乡	520425203000	六龙镇	520521106000
城关镇	520422100000	坝羊乡	520425204000	达溪镇	520521107000
马官镇	520422101000	火花乡	520425205000	瓢井镇	520521108000
化处镇	520422102000	达帮乡	520425206000	长石镇	520521109000
马场镇	520422103000	**毕节市(10街道，101镇，**	**520500000000**	东关乡	520521200000
白岩镇	520422104000	**142乡)**		竹园彝族苗族乡	520521201000
龙场乡	520422200000	**七星关区(6街道，27镇，**	**520502000000**	响水白族彝族仡佬族乡	520521202000
鸡场坡乡	520422201000	**8乡)**		文阁乡	520521203000
坪上苗族彝族布依族乡	520422202000	市西街道	520502001000	绿塘乡	520521204000
补郎苗族乡	520422203000	市东街道	520502002000	鼎新彝族苗族乡	520521205000
猴场苗族仡佬族乡	520422204000	三板桥街道	520502003000	牛场苗族彝族乡	520521206000
猫洞苗族仡佬族乡	520422205000	流沧桥街道	520502004000	高店乡	520521207000
镇宁布依族苗族自治县	**520423000000**	大新桥街道	520502005000	小屯乡	520521208000
(8镇，8乡)		观音桥街道	520502006000	理化苗族彝族乡	520521209000
城关镇	520423100000	鸭池镇	520502100000	鸡场乡	520521210000
丁旗镇	520423101000	梨树镇	520502101000	凤山彝族蒙古族乡	520521211000
黄果树镇	520423102000	岔河镇	520502102000	安乐彝族仡佬族乡	520521212000
江龙镇	520423103000	朱昌镇	520502103000	核桃彝族白族乡	520521213000
马厂镇	520423104000	田坝镇	520502104000	八堡彝族苗族乡	520521214000
大山镇	520423105000	长春堡镇	520502105000	兴隆苗族乡	520521215000
六马镇	520423106000	撒拉溪镇	520502106000	果瓦乡	520521216000
良田镇	520423107000	杨家湾镇	520502107000	大山苗族彝族乡	520521217000
扁担山乡	520423201000	放珠镇	520502108000	雨冲乡	520521218000
募役乡	520423202000	青场镇	520502109000	黄泥彝族苗族满族乡	520521219000
沙子乡	520423204000	水箐镇	520502110000	大水彝族苗族布依族乡	520521220000

续表 4

行政区划名称	行政区划代码
沙厂彝族乡	520521221000
普底彝族苗族白族乡	520521222000
百纳彝族乡	520521223000
三元彝族苗族白族乡	520521224000
星宿苗族彝族仡佬族乡	520521225000
黔西县(4街道，12镇，15乡)	**520522000000**
水西街道	520522001000
莲城街道	520522002000
文峰街道	520522003000
杜鹃街道	520522004000
金碧镇	520522101000
雨朵镇	520522102000
大关镇	520522103000
谷里镇	520522104000
素朴镇	520522105000
中坪镇	520522106000
重新镇	520522107000
林泉镇	520522108000
金兰镇	520522109000
锦星镇	520522110000
洪水镇	520522111000
甘棠镇	520522112000
五里布依族苗族乡	520522200000
沙井苗族彝族仡佬族乡	520522201000
绿化白族彝族乡	520522203000
新仁苗族乡	520522204000
钟山布依族彝族乡	520522205000
铁石苗族彝族乡	520522206000
协和彝族苗族乡	520522207000
太来彝族苗族乡	520522208000
永燊彝族苗族乡	520522210000
中建苗族彝族乡	520522211000
花溪彝族苗族乡	520522212000
定新彝族苗族乡	520522213000
金坡苗族彝族满族乡	520522215000
仁和彝族苗族乡	520522216000
红林彝族苗族乡	520522217000
金沙县(7镇，19乡)	**520523000000**
城关镇	520523100000
安底镇	520523101000
沙土镇	520523102000
岩孔镇	520523103000
禹谟镇	520523104000
岚头镇	520523105000
清池镇	520523106000
平坝乡	520523200000
西洛乡	520523201000
石场苗族彝族乡	520523202000
桂花乡	520523203000
太平彝族苗族乡	520523204000
箐门苗族彝族仡佬族乡	520523205000
龙坝乡	520523206000
高坪乡	520523207000
化觉乡	520523208000
茶园乡	520523209000
木孔乡	520523210000
长坝乡	520523211000
源村乡	520523212000
官田乡	520523213000
后山乡	520523214000
安洛苗族彝族满族乡	520523215000
新化苗族彝族满族乡	520523216000
大田彝族苗族布依族乡	520523217000
马路彝族苗族乡	520523218000
织金县(11镇，21乡)	**520524000000**
城关镇	520524100000
桂果镇	520524101000
牛场镇	520524102000
猫场镇	520524103000
化起镇	520524104000
龙场镇	520524105000
八步镇	520524106000
以那镇	520524107000
三塘镇	520524108000
阿弓镇	520524109000
珠藏镇	520524110000
三甲白族苗族乡	520524200000
自强苗族乡	520524201000
大平苗族彝族乡	520524202000
官寨苗族乡	520524203000
茶店布依族苗族彝族乡	520524204000
金龙苗族彝族布依族乡	520524205000
后寨苗族乡	520524206000
鸡场苗族彝族布依族乡	520524207000
中寨乡	520524208000
绮陌乡	520524209000
普翁乡	520524210000
实兴乡	520524211000
马场乡	520524212000
上坪寨乡	520524213000
营合乡	520524214000
纳雍乡	520524215000
板桥乡	520524216000
白泥乡	520524217000
少普乡	520524218000
熊家场乡	520524219000
黑土乡	520524220000
纳雍县(9镇，16乡)	**520525000000**
雍熙镇	520525100000
鬃岭镇	520525101000
阳长镇	520525102000
维新镇	520525103000
龙场镇	520525104000
乐治镇	520525105000
王家寨镇	520525106000
百兴镇	520525107000
张家湾镇	520525108000
勺窝乡	520525200000
新房彝族苗族乡	520525201000
库东关彝族苗族白族乡	520525202000
董地苗族彝族乡	520525203000
寨乐乡	520525204000
化作苗族彝族乡	520525205000
老凹坝乡	520525206000
沙包乡	520525207000
水东乡	520525208000
曙光乡	520525209000
姑开苗族彝族乡	520525210000
羊场苗族彝族乡	520525211000
锅圈岩苗族彝族乡	520525212000
昆寨苗族彝族白族乡	520525213000
左鸠戛彝族苗族乡	520525214000
猪场苗族彝族乡	520525215000
威宁彝族回族苗族自治县(19镇，16乡)	**520526000000**
草海镇	520526100000
么站镇	520526101000
金钟镇	520526102000
炉山镇	520526103000
龙场镇	520526104000
黑石头镇	520526105000
哲觉镇	520526106000
观风海镇	520526107000
牛棚镇	520526108000
迤那镇	520526109000
中水镇	520526110000
龙街镇	520526111000
雪山镇	520526112000
羊街镇	520526113000
小海镇	520526114000
盐仓镇	520526115000
东风镇	520526116000
二塘镇	520526117000
猴场镇	520526118000
金斗乡	520526200000
新发布依族乡	520526201000
岔河乡	520526202000
麻乍乡	520526203000
海拉乡	520526204000
哈喇河乡	520526205000
秀水乡	520526206000
斗古乡	520526207000
玉龙乡	520526208000
黑土河乡	520526209000
石门乡	520526210000
云贵乡	520526211000
兔街乡	520526212000
双龙乡	520526213000
板底乡	520526214000
大街乡	520526215000
赫章县(6镇，21乡)	**520527000000**
城关镇	520527100000
白果镇	520527101000
妈姑镇	520527102000
财神镇	520527103000
六曲河镇	520527104000
野马川镇	520527105000
达依乡	520527200000
水塘堡彝族苗族乡	520527201000
兴发苗族彝族回族乡	520527202000

续表 5

行政区划名称	行政区划代码
松林坡白族彝族苗族乡	520527203000
雉街彝族苗族乡	520527204000
珠市彝族乡	520527205000
罗州乡	520527206000
双坪彝族苗族乡	520527207000
铁匠苗族乡	520527208000
辅处彝族苗族乡	520527209000
可乐彝族苗族乡	520527210000
河镇彝族苗族乡	520527211000
德卓乡	520527212000
安乐溪乡	520527213000
朱明乡	520527214000
结构彝族苗族乡	520527215000
古基乡	520527216000
哲庄乡	520527217000
平山乡	520527218000
古达苗族彝族乡	520527219000
威奢乡	520527220000
铜仁市(5街道，79镇，85乡)	**520600000000**
碧江区(4街道，4镇，5乡)	**520602000000**
市中街道	520602001000
环北街道	520602002000
河西街道	520602003000
灯塔街道	520602005000
川硐镇	520602100000
坝黄镇	520602101000
云场坪镇	520602102000
漾头镇	520602103000
桐木坪侗族乡	520602200000
滑石侗族苗族土家族乡	520602201000
和平土家族侗族乡	520602202000
瓦屋侗族乡	520602203000
六龙山侗族土家族乡	520602204000
万山区(1街道，2镇，6乡)	**520603000000**
谢桥街道	520603001000
万山镇	520603100000
茶店镇	520603104000
高楼坪侗族乡	520603200000
黄道侗族乡	520603201000
敖寨侗族乡	520603202000
下溪侗族乡	520603203000
大坪侗族土家族乡	520603205000
鱼塘侗族苗族乡	520603206000
江口县(7镇，2乡)	**520621000000**
双江镇	520621100000
闵孝镇	520621101000
桃映镇	520621102000
民和镇	520621103000
怒溪镇	520621104000
太平镇	520621105000
坝盘镇	520621106000
德旺土家族苗族乡	520621200000
官和侗族土家族苗族乡	520621201000
玉屏侗族自治县(4镇，2乡)	**520622000000**
平溪镇	520622100000
大龙镇	520622101000
朱家场镇	520622102000
田坪镇	520622103000
新店乡	520622200000
亚鱼乡	520622201000
石阡县(7镇，11乡)	**520623000000**
汤山镇	520623100000
本庄镇	520623101000
白沙镇	520623102000
龙塘镇	520623103000
花桥镇	520623104000
五德镇	520623105000
中坝镇	520623106000
河坝场乡	520623200000
国荣乡	520623201000
聚凤仡佬族侗族乡	520623202000
龙井仡佬族侗族乡	520623203000
大沙坝仡佬族侗族乡	520623204000
枫香仡佬族侗族乡	520623205000
青阳苗族仡佬族侗族乡	520623206000
石固仡佬族侗族乡	520623207000
坪地场仡佬族侗族乡	520623208000
甘溪仡佬族侗族乡	520623209000
坪山仡佬族侗族乡	520623210000
思南县(13镇，14乡)	**520624000000**
思唐镇	520624100000
凉水井镇	520624101000
鹦鹉溪镇	520624102000
张家寨镇	520624103000
许家坝镇	520624104000
合朋溪镇	520624105000
塘头镇	520624106000
大坝场镇	520624107000
孙家坝镇	520624108000
邵家桥镇	520624109000
文家店镇	520624110000
瓮溪镇	520624111000
青杠坡镇	520624112000
大河坝土家族苗族乡	520624200000
思林土家族苗族乡	520624201000
东华土家族苗族乡	520624202000
胡家湾苗族土家族乡	520624203000
宽坪苗族土家族乡	520624204000
亭子坝土家族苗族乡	520624205000
枫芸土家族苗族乡	520624206000
香坝土家族苗族乡	520624207000
长坝苗族土家族乡	520624208000
板桥苗族土家族乡	520624209000
天桥土家族苗族乡	520624210000
兴隆土家族苗族乡	520624211000
杨家坳苗族土家族乡	520624212000
三道水土家族苗族乡	520624213000
印江土家族苗族自治县(9镇，8乡)	**520625000000**
峨岭镇	520625100000
板溪镇	520625101000
沙子坡镇	520625102000
天堂镇	520625103000
木黄镇	520625104000
合水镇	520625105000
朗溪镇	520625106000
缠溪镇	520625107000
洋溪镇	520625108000
新寨乡	520625200000
中坝乡	520625201000
杉树乡	520625202000
刀坝乡	520625203000
新业乡	520625204000
永义乡	520625205000
罗场乡	520625206000
杨柳乡	520625207000
德江县(10镇，10乡)	**520626000000**
青龙镇	520626100000
煎茶镇	520626101000
潮砥镇	520626102000
稳坪镇	520626103000
枫香溪镇	520626104000
复兴镇	520626105000
合兴镇	520626106000
高山镇	520626107000
泉口镇	520626108000
长堡镇	520626109000
堰塘土家族乡	520626200000
共和土家族乡	520626201000
沙溪土家族乡	520626203000
钱家土家族乡	520626204000
龙泉土家族乡	520626205000
平原土家族乡	520626208000
楠杆土家族乡	520626209000
桶井土家族乡	520626210000
荆角土家族乡	520626211000
长丰土家族乡	520626212000
沿河土家族自治县(10镇，12乡)	**520627000000**
和平镇	520627100000
沙子镇	520627101000
谯家镇	520627102000
夹石镇	520627103000
淇滩镇	520627104000
官舟镇	520627105000
土地坳镇	520627106000
思渠镇	520627107000
客田镇	520627108000
洪渡镇	520627109000
黑獭乡	520627200000
黑水乡	520627201000
中界乡	520627202000
晓景乡	520627203000
甘溪乡	520627204000
板场乡	520627205000
泉坝乡	520627206000
中寨乡	520627207000

续表 6

行政区划名称	行政区划代码
黄土乡	520627208000
新景乡	520627209000
塘坝乡	520627210000
后坪乡	520627211000
松桃苗族自治县(13镇，15乡)	**520628000000**
蓼皋镇	520628100000
盘石镇	520628101000
盘信镇	520628102000
大坪场镇	520628103000
普觉镇	520628104000
寨英镇	520628105000
孟溪镇	520628106000
乌罗镇	520628107000
甘龙镇	520628108000
长兴堡镇	520628109000
迓驾镇	520628110000
大兴镇	520628111000
牛郎镇	520628112000
九江乡	520628200000
世昌乡	520628201000
正大乡	520628202000
长坪乡	520628203000
太平营乡	520628204000
平头乡	520628205000
大路乡	520628206000
妙隘乡	520628207000
冷水溪乡	520628208000
石梁乡	520628209000
瓦溪乡	520628210000
永安乡	520628211000
木树乡	520628212000
黄板乡	520628213000
沙坝河乡	520628214000
黔西南布依族苗族自治州(14街道，74镇，49乡)	**522300000000**
兴义市(8街道，17镇，5乡)	**522301000000**
黄草街道	522301001000
桔山街道	522301002000
坪东街道	522301003000
下五屯街道	522301004000
兴泰街道	522301005000
丰都街道	522301006000
木贾街道	522301007000
万峰林街道	522301008000
敬南镇	522301104000
泥凼镇	522301105000
南盘江镇	522301106000
捧鲊镇	522301107000
鲁布革镇	522301108000
三江口镇	522301109000
乌沙镇	522301110000
白碗窑镇	522301111000
马岭镇	522301112000
威舍镇	522301113000
清水河镇	522301114000
郑屯镇	522301116000
万屯镇	522301117000
鲁屯镇	522301118000
仓更镇	522301119000
七舍镇	522301120000
则戎乡	522301200000
沧江乡	522301201000
洛万乡	522301202000
猪场坪乡	522301203000
雄武乡	522301204000
顶效镇	522390100000
兴仁县(4街道，8镇，6乡)	**522322000000**
城北街道	522322001000
城南街道	522322002000
真武山街道	522322003000
东湖街道	522322004000
屯脚镇	522322101000
巴铃镇	522322102000
百德镇	522322103000
雨樟镇	522322104000
潘家庄镇	522322105000
回龙镇	522322106000
下山镇	522322107000
新龙场镇	522322108000
大山乡	522322200000
新马场乡	522322201000
李关乡	522322203000
田湾乡	522322204000
鲁础营回族乡	522322205000
民建乡	522322206000
普安县(8镇，6乡)	**522323000000**
盘水镇	522323100000
龙吟镇	522323101000
罐子窑镇	522323102000
江西坡镇	522323103000
三板桥镇	522323104000
地瓜镇	522323105000
青山镇	522323106000
楼下镇	522323107000
白沙乡	522323200000
高棉乡	522323201000
窝沿乡	522323202000
罗汉乡	522323203000
新店乡	522323204000
雪浦乡	522323205000
晴隆县(8镇，6乡)	**522324000000**
莲城镇	522324100000
沙子镇	522324101000
碧痕镇	522324102000
大厂镇	522324103000
鸡场镇	522324104000
花贡镇	522324105000
中营镇	522324106000
光照镇	522324107000
长流乡	522324200000
大田乡	522324201000
马场乡	522324202000
紫马乡	522324204000
安谷乡	522324205000
三宝彝族乡	522324206000
贞丰县(6镇，7乡)	**522325000000**
珉谷镇	522325100000
龙场镇	522325101000
者相镇	522325102000
北盘江镇	522325103000
白层镇	522325104000
鲁贡镇	522325105000
连环乡	522325200000
挽澜乡	522325201000
小屯乡	522325202000
长田乡	522325203000
平街乡	522325204000
鲁容乡	522325205000
沙坪乡	522325206000
望谟县(8镇，9乡)	**522326000000**
复兴镇	522326100000
乐元镇	522326101000
打易镇	522326102000
乐旺镇	522326103000
桑郎镇	522326104000
纳夜镇	522326105000
新屯镇	522326106000
石屯镇	522326107000
坎边乡	522326200000
岜饶乡	522326201000
郊纳乡	522326202000
大观乡	522326203000
蔗香乡	522326204000
昂武乡	522326205000
油迈瑶族乡	522326206000
麻山乡	522326207000
打尖乡	522326208000
册亨县(9镇，5乡)	**522327000000**
者楼镇	522327100000
坡妹镇	522327101000
冗渡镇	522327102000
丫他镇	522327103000
巧马镇	522327104000
秧坝镇	522327105000
双江镇	522327106000
岩架镇	522327107000
八渡镇	522327108000
庆坪乡	522327200000
达央乡	522327201000
威旁乡	522327202000
弼佑乡	522327203000
百口乡	522327204000
安龙县(2街道，10镇，5乡)	**522328000000**
栖凤街道	522328001000
招堤街道	522328002000
龙广镇	522328101000
德卧镇	522328102000
万峰湖镇	522328103000

续表 7

行政区划名称	行政区划代码	行政区划名称	行政区划代码	行政区划名称	行政区划代码
木咱镇	522328104000	**三穗县(5镇，4乡)**	**522624000000**	敦寨镇	522628102000
洒雨镇	522328105000	八弓镇	522624100000	启蒙镇	522628103000
普坪镇	522328106000	台烈镇	522624101000	平秋镇	522628104000
龙山镇	522328107000	瓦寨镇	522624102000	铜鼓镇	522628105000
戈塘镇	522328108000	桐林镇	522624103000	平略镇	522628106000
兴隆镇	522328109000	雪洞镇	522624104000	大同乡	522628200000
新桥镇	522328110000	滚马乡	522624200000	新化乡	522628201000
海子乡	522328200000	长吉乡	522624201000	隆里乡	522628202000
笃山乡	522328201000	款场乡	522624202000	钟灵乡	522628203000
平乐乡	522328202000	良上乡	522624203000	偶里乡	522628204000
钱相乡	522328203000	**镇远县(6镇，6乡)**	**522625000000**	固本乡	522628205000
坡脚乡	522328204000	㵲阳镇	522625100000	河口乡	522628206000
黔东南苗族侗族自治州	**522600000000**	蕉溪镇	522625101000	彦洞乡	522628207000
(7街道，94镇，110乡)		青溪镇	522625102000	**剑河县(5镇，7乡)**	**522629000000**
凯里市(7街道，7镇，	**522601000000**	羊坪镇	522625103000	柳川镇	522629100000
2乡)		羊场镇	522625104000	岑松镇	522629101000
城西街道	522601001000	都坪镇	522625105000	南加镇	522629102000
大十字街道	522601002000	江古乡	522625200000	南明镇	522629103000
西门街道	522601003000	涌溪乡	522625201000	革东镇	522629104000
洗马河街道	522601004000	金堡乡	522625202000	久仰乡	522629200000
湾溪街道	522601005000	报京乡	522625203000	太拥乡	522629201000
鸭塘街道	522601006000	大地乡	522625204000	南哨乡	522629202000
开怀街道	522601007000	尚寨土家族乡	522625205000	南寨乡	522629203000
三棵树镇	522601100000	**岑巩县(5镇，6乡)**	**522626000000**	磻溪乡	522629204000
舟溪镇	522601101000	思旸镇	522626100000	敏洞乡	522629205000
旁海镇	522601103000	水尾镇	522626101000	观么乡	522629206000
湾水镇	522601104000	天马镇	522626102000	**台江县(2镇，6乡)**	**522630000000**
炉山镇	522601105000	龙田镇	522626103000	台拱镇	522630100000
万潮镇	522601106000	注溪镇	522626104000	施洞镇	522630101000
龙场镇	522601107000	大有乡	522626200000	南宫乡	522630200000
凯棠乡	522601200000	天星乡	522626202000	排羊乡	522630201000
大风洞乡	522601201000	羊桥土家族乡	522626203000	台盘乡	522630202000
黄平县(5镇，9乡)	**522622000000**	凯本乡	522626204000	革一乡	522630203000
新州镇	522622100000	平庄乡	522626205000	老屯乡	522630204000
旧州镇	522622101000	客楼乡	522626206000	方召乡	522630205000
重安镇	522622102000	**天柱县(10镇，6乡)**	**522627000000**	**黎平县(13镇，12乡)**	**522631000000**
谷陇镇	522622103000	凤城镇	522627100000	德凤镇	522631100000
平溪镇	522622104000	邦洞镇	522627101000	高屯镇	522631101000
野洞河乡	522622200000	坪地镇	522627102000	中潮镇	522631102000
黄飘乡	522622201000	兰田镇	522627103000	孟彦镇	522631103000
上塘乡	522622202000	瓮洞镇	522627104000	敖市镇	522631104000
一碗水乡	522622203000	高酿镇	522627105000	九潮镇	522631105000
纸房乡	522622204000	石洞镇	522627106000	岩洞镇	522631106000
浪洞乡	522622205000	远口镇	522627107000	水口镇	522631107000
翁坪乡	522622206000	坌处镇	522627108000	洪州镇	522631108000
重兴乡	522622207000	白市镇	522627109000	尚重镇	522631109000
苗陇乡	522622208000	社学乡	522627200000	肇兴镇	522631110000
施秉县(4镇，4乡)	**522623000000**	渡马乡	522627201000	龙额镇	522631111000
城关镇	522623100000	注溪乡	522627202000	双江镇	522631112000
杨柳塘镇	522623101000	地湖乡	522627203000	顺化瑶族乡	522631200000
双井镇	522623102000	竹林乡	522627204000	雷洞瑶族水族乡	522631201000
牛大场镇	522623103000	江东乡	522627205000	永从乡	522631202000
白垛乡	522623200000	**锦屏县(7镇，**	**522628000000**	罗里乡	522631203000
甘溪乡	522623201000	**8乡)**		茅贡乡	522631204000
马号乡	522623202000	三江镇	522628100000	坝寨乡	522631205000
马溪乡	522623203000	茅坪镇	522628101000	口江乡	522631206000

续表 8

行政区划名称	行政区划代码	行政区划名称	行政区划代码	行政区划名称	行政区划代码
地坪乡	522631210000	达地水族乡	522634203000	牛场镇	522702106000
德顺乡	522631211000	方祥乡	522634204000	道坪镇	522702107000
大稼乡	522631212000	**麻江县(4镇，5乡)**	**522635000000**	高坪镇	522702108000
平寨乡	522631213000	杏山镇	522635100000	兴隆乡	522702200000
德化乡	522631214000	谷硐镇	522635101000	藜山乡	522702201000
榕江县(6镇，13乡)	**522632000000**	下司镇	522635102000	岔河乡	522702202000
古州镇	522632100000	宣威镇	522635103000	仙桥乡	522702203000
忠诚镇	522632101000	碧波乡	522635200000	高石乡	522702204000
寨蒿镇	522632102000	龙山乡	522635201000	谷汪乡	522702205000
平永镇	522632103000	贤昌布依族乡	522635202000	**荔波县(8镇，9乡)**	**522722000000**
乐里镇	522632104000	坝芒布依族乡	522635203000	玉屏镇	522722100000
朗洞镇	522632105000	景阳布依族乡	522635204000	朝阳镇	522722101000
栽麻乡	522632201000	**丹寨县(3镇，4乡)**	**522636000000**	茂兰镇	522722102000
崇义乡	522632202000	龙泉镇	522636100000	立化镇	522722103000
平江乡	522632203000	兴仁镇	522636101000	甲良镇	522722104000
三江水族乡	522632204000	排调镇	522636102000	佳荣镇	522722105000
仁里水族乡	522632205000	长青乡	522636200000	小七孔镇	522722106000
塔石瑶族水族乡	522632206000	扬武乡	522636201000	播尧镇	522722107000
八开乡	522632207000	雅灰乡	522636202000	永康水族乡	522722200000
定威水族乡	522632208000	南皋乡	522636203000	水尧水族乡	522722201000
兴华水族乡	522632209000	**黔南布依族苗族自治州**	**522700000000**	瑶山瑶族乡	522722203000
计划乡	522632210000	**(9街道，101镇，128乡)**		捞村乡	522722204000
水尾水族乡	522632211000	**都匀市(5街道，10镇，8乡)**	**522701000000**	翁昂乡	522722205000
平阳乡	522632212000	广惠路街道	522701001000	瑶麓瑶族乡	522722207000
两汪乡	522632213000	文峰路街道	522701002000	洞塘乡	522722208000
从江县(8镇，13乡)	**522633000000**	新华路街道	522701003000	方村乡	522722209000
丙妹镇	522633100000	小围寨街道	522701004000	水利水族乡	522722221000
贯洞镇	522633101000	沙包堡街道	522701005000	**贵定县(8镇，12乡)**	**522723000000**
洛香镇	522633102000	杨柳街镇	522701102000	城关镇	522723100000
下江镇	522633103000	甘塘镇	522701103000	德新镇	522723101000
宰便镇	522633104000	洛邦镇	522701104000	新巴镇	522723102000
西山镇	522633105000	坝固镇	522701105000	盘江镇	522723103000
停洞镇	522633106000	大坪镇	522701106000	沿山镇	522723104000
往洞镇	522633107000	王司镇	522701107000	旧治镇	522723105000
高增乡	522633200000	墨冲镇	522701108000	昌明镇	522723106000
谷坪乡	522633201000	平浪镇	522701109000	云雾镇	522723107000
雍里乡	522633202000	凯口镇	522701110000	新铺乡	522723200000
庆云乡	522633203000	江洲镇	522701111000	洛北河乡	522723201000
刚边壮族乡	522633204000	奉合水族乡	522701200000	马场河乡	522723202000
加榜乡	522633205000	阳和水族乡	522701201000	定东乡	522723203000
秀塘壮族乡	522633206000	基场水族乡	522701202000	定南乡	522723204000
斗里乡	522633207000	良亩乡	522701203000	巩固乡	522723205000
翠里瑶族壮族乡	522633208000	河阳乡	522701204000	都六乡	522723206000
东朗乡	522633210000	沙寨乡	522701205000	岩下乡	522723207000
加鸠乡	522633211000	石龙乡	522701206000	猴场堡乡	522723208000
加勉乡	522633212000	摆忙乡	522701207000	抱管乡	522723209000
光辉乡	522633213000	**福泉市(2街道，9镇，6乡)**	**522702000000**	铁厂乡	522723210000
雷山县(4镇，5乡)	**522634000000**	金山街道	522702001000	窑上乡	522723211000
丹江镇	522634100000	马场坪街道	522702002000	**瓮安县(2街道，10镇，9乡)**	**522725000000**
西江镇	522634101000	城厢镇	522702100000	瓮水街道	522725001000
永乐镇	522634102000	黄丝镇	522702101000	雍阳街道	522725002000
郎德镇	522634103000	凤山镇	522702102000	平定营镇	522725101000
望丰乡	522634200000	陆坪镇	522702103000	猴场镇	522725102000
大塘乡	522634201000	地松镇	522702104000	中坪镇	522725103000
桃江乡	522634202000	龙昌镇	522702105000	建中镇	522725104000

续表 9

行政区划名称	行政区划代码	行政区划名称	行政区划代码	行政区划名称	行政区划代码
永和镇	522725105000	**罗甸县(7镇，19乡)**	**522728000000**	水场乡	522730202000
珠藏镇	522725106000	龙坪镇	522728100000	湾寨乡	522730203000
玉山镇	522725107000	边阳镇	522728101000	摆省乡	522730204000
天文镇	522725108000	逢亭镇	522728102000	巴江乡	522730205000
江界河镇	522725109000	沫阳镇	522728103000	谷龙乡	522730206000
银盏镇	522725110000	茂井镇	522728104000	哪嗙乡	522730207000
玉华乡	522725200000	罗悃镇	522728105000	**惠水县(8镇，17乡)**	**522731000000**
小河山乡	522725203000	红水河镇	522728106000	和平镇	522731100000
白沙乡	522725204000	板庚乡	522728200000	高镇镇	522731101000
岚关乡	522725205000	云干乡	522728201000	三都镇	522731102000
老坟嘴乡	522725206000	八总乡	522728202000	摆金镇	522731103000
高水乡	522725207000	栗木乡	522728203000	雅水镇	522731104000
木引槽乡	522725208000	罗沙乡	522728204000	断杉镇	522731105000
牛场坝乡	522725210000	交砚乡	522728205000	芦山镇	522731106000
渔河乡	522725211000	董王乡	522728206000	王佑镇	522731107000
独山县(8镇，10乡)	**522726000000**	木引乡	522728207000	长田乡	522731200000
城关镇	522726100000	纳坪乡	522728208000	摆榜乡	522731201000
兔场镇	522726101000	董当乡	522728209000	斗底乡	522731202000
麻万镇	522726102000	董架乡	522728210000	甲烈乡	522731203000
基长镇	522726103000	平岩乡	522728211000	岗度乡	522731204000
上司镇	522726104000	凤亭乡	522728212000	宁旺乡	522731205000
下司镇	522726105000	大亭乡	522728213000	鸭绒乡	522731206000
甲里镇	522726106000	班仁乡	522728214000	太阳乡	522731207000
麻尾镇	522726107000	罗苏乡	522728215000	羡塘乡	522731208000
尧棱乡	522726200000	罗暮乡	522728216000	甲戎乡	522731209000
羊凤乡	522726201000	沟亭乡	522728217000	抵季乡	522731210000
甲定水族乡	522726202000	罗妥乡	522728218000	大龙乡	522731211000
翁台水族乡	522726203000	**长顺县(7镇，10乡)**	**522729000000**	大坝乡	522731212000
本寨水族乡	522726204000	长寨镇	522729100000	抵麻乡	522731213000
水岩乡	522726205000	广顺镇	522729101000	长安乡	522731214000
打羊乡	522726206000	威远镇	522729102000	打引乡	522731215000
尧棒乡	522726207000	摆所镇	522729103000	好花红乡	522731216000
黄后乡	522726208000	代化镇	522729104000	**三都水族自治县(10镇，11乡)**	**522732000000**
董岭乡	522726209000	白云山镇	522729105000	三合镇	522732100000
平塘县(10镇，9乡)	**522727000000**	鼓扬镇	522729106000	大河镇	522732101000
平湖镇	522727100000	马路乡	522729200000	普安镇	522732102000
牙舟镇	522727101000	凯佐乡	522729201000	都江镇	522732103000
通州镇	522727102000	摆塘乡	522729202000	中和镇	522732104000
大塘镇	522727103000	种获乡	522729203000	周覃镇	522732105000
克度镇	522727104000	新寨乡	522729204000	九阡镇	522732106000
塘边镇	522727105000	营盘乡	522729205000	丰乐镇	522732107000
摆茹镇	522727106000	中坝乡	522729206000	合江镇	522732108000
者密镇	522727107000	睦化乡	522729207000	廷牌镇	522732109000
四寨镇	522727108000	交麻乡	522729208000	拉揽乡	522732200000
掌布镇	522727109000	敦操乡	522729209000	恒丰乡	522732201000
苗二河乡	522727200000	**龙里县(6镇，8乡)**	**522730000000**	扬拱乡	522732202000
卡蒲毛南族乡	522727201000	龙山镇	522730100000	交梨乡	522732203000
白龙乡	522727202000	三元镇	522730101000	坝街乡	522732204000
甘寨乡	522727203000	醒狮镇	522730102000	打鱼乡	522732205000
卡罗乡	522727204000	谷脚镇	522730103000	羊福乡	522732206000
谷洞乡	522727205000	羊场镇	522730104000	巫不乡	522732207000
鼠场乡	522727206000	洗马镇	522730105000	水龙乡	522732208000
新塘乡	522727207000	草原乡	522730200000	塘州乡	522732209000
西凉乡	522727209000	麻芝乡	522730201000	三洞乡	522732210000

云南省

云南省(滇)

行政区划名称	行政区划代码
云南省(122街道，659镇，584乡)	**530000000000**
昆明市(70街道，43镇，16乡)	**530100000000**
五华区(10街道)	**530102000000**
护国街道	530102001000
大观街道	530102002000
华山街道	530102003000
龙翔街道	530102004000
莲华街道	530102005000
丰宁街道	530102006000
红云街道	530102007000
黑林铺街道	530102008000
普吉街道	530102009000
西翥街道	530102010000
盘龙区(10街道)	**530103000000**
拓东街道	530103001000
鼓楼街道	530103002000
东华街道	530103003000
联盟街道	530103004000
金辰街道	530103005000
青云街道	530103006000
龙泉街道	530103007000
茨坝街道	530103008000
双龙街道	530103009000
松华街道	530103010000
官渡区(10街道)	**530111000000**
吴井街道	530111001000
关上街道	530111002000
金马街道	530111003000
太和街道	530111004000
官渡街道	530111005000
小板桥街道	530111006000
大板桥街道	530111007000
矣六街道	530111008000
六甲街道	530111009000
阿拉街道	530192001000
西山区(10街道)	**530112000000**
金碧街道	530112001000
永昌街道	530112002000
前卫街道	530112003000
福海街道	530112004000
棕树营街道	530112005000
马街街道	530112006000
西苑街道	530112007000
海口街道	530112008000
碧鸡街道	530112009000
团结街道	530112010000
东川区(1街道，6镇，1乡)	**530113000000**
铜都街道	530113001000
汤丹镇	530113102000
因民镇	530113103000
阿旺镇	530113104000
乌龙镇	530113106000
拖布卡镇	530113107000
红土地镇	530195100000
舍块乡	530195200000
呈贡区(10街道)	**530114000000**
龙城街道	530114001000
斗南街道	530114003000
吴家营街道	530114005000
乌龙街道	530114008000
洛龙街道	530114009000
雨花街道	530114010000
马金铺街道	530191006000
洛羊街道	530192002000
大渔街道	530193001000
七甸街道	530194001000
晋宁县(1街道，4镇，2乡)	**530122000000**
昆阳街道	530122001000
晋城镇	530122102000
二街镇	530122103000
上蒜镇	530122105000
六街镇	530122106000
双河彝族乡	530122203000
夕阳彝族乡	530122204000
富民县(1街道，5镇)	**530124000000**
永定街道	530124001000
罗免镇	530124102000
赤鹫镇	530124103000
东村镇	530124104000
款庄镇	530124105000
散旦镇	530124106000
宜良县(2街道，4镇，2乡)	**530125000000**
匡远街道	530125001000
北古城镇	530125101000
狗街镇	530125103000
马街镇	530125105000
竹山镇	530125106000
耿家营彝族苗族乡	530125204000
九乡彝族回族乡	530125205000
汤池街道	530194002000
石林彝族自治县(1街道，3镇，1乡)	**530126000000**
鹿阜街道	530126001000
西街口镇	530126104000
长湖镇	530126105000
圭山镇	530126106000
大可乡	530126202000
嵩明县(3街道，3镇)	**530127000000**
嵩阳街道	530127001000
滇源街道	530127002000
阿子营街道	530127003000
小街镇	530127101000
杨林镇	530127102000
牛栏江镇	530127103000
禄劝彝族苗族自治县(1街道，9镇，6乡)	**530128000000**
屏山街道	530128001000
撒营盘镇	530128101000
茂山镇	530128103000
翠华镇	530128104000
团街镇	530128105000
中屏镇	530128106000
皎平渡镇	530128107000
乌东德镇	530128108000
九龙镇	530128109000
云龙乡	530128204000
汤郎乡	530128208000
马鹿塘乡	530128209000
则黑乡	530128212000
转龙镇	530195101000
乌蒙乡	530195201000
雪山乡	530195202000
寻甸回族彝族自治县(1街道，9镇，4乡)	**530129000000**
仁德街道	530129001000
羊街镇	530129102000
柯渡镇	530129103000
功山镇	530129105000
七星镇	530129106000
河口镇	530129107000
先锋镇	530129108000
鸡街镇	530129109000
六哨乡	530129205000
甸沙乡	530129210000
倘甸镇	530195102000
凤合镇	530195103000
联合乡	530195203000
金源乡	530195204000
安宁市(9街道)	**530181000000**
连然街道	530181001000
金方街道	530181002000
八街街道	530181003000
县街街道	530181004000
太平新城街道	530181005000
温泉街道	530181006000
草铺街道	530181007000
青龙街道	530181008000
禄脿街道	530181009000
曲靖市(9街道，62镇，44乡)	**530300000000**
麒麟区(5街道，3镇，3乡)	**530302000000**
南宁街道	530302001000
建宁街道	530302002000
白石江街道	530302003000
廖廓街道	530302004000
西城街道	530302005000
三宝镇	530302100000
越州镇	530302101000
东山镇	530302102000
珠街乡	530302201000
沿江乡	530302202000
茨营乡	530302203000
马龙县(5镇，3乡)	**530321000000**
通泉镇	530321100000
旧县镇	530321101000
马过河镇	530321102000
王家庄镇	530321103000
纳章镇	530321105000
马鸣乡	530321200000

续表 1

行政区划名称	行政区划代码
大庄乡	530321202000
月望乡	530321203000
陆良县(8镇，2乡)	**530322000000**
中枢镇	530322100000
板桥镇	530322101000
三岔河镇	530322102000
马街镇	530322103000
召夸镇	530322104000
大莫古镇	530322105000
芳华镇	530322106000
小百户镇	530322107000
活水乡	530322200000
龙海乡	530322202000
师宗县(5镇，3乡)	**530323000000**
丹凤镇	530323100000
雄壁镇	530323101000
葵山镇	530323103000
彩云镇	530323104000
竹基镇	530323105000
龙庆彝族壮族乡	530323201000
五龙壮族乡	530323202000
高良壮族苗族瑶族乡	530323203000
罗平县(6镇，6乡)	**530324000000**
罗雄镇	530324100000
板桥镇	530324101000
马街镇	530324102000
富乐镇	530324103000
九龙镇	530324104000
阿岗镇	530324105000
大水井乡	530324201000
鲁布革布依族苗族乡	530324202000
旧屋基彝族乡	530324203000
钟山乡	530324204000
长底布依族乡	530324205000
老厂乡	530324208000
富源县(10镇，1乡)	**530325000000**
中安镇	530325100000
营上镇	530325101000
黄泥河镇	530325102000
竹园镇	530325103000
后所镇	530325104000
大河镇	530325105000
墨红镇	530325106000
富村镇	530325107000
老厂镇	530325109000
十八连山镇	530325110000
古敢水族乡	530325203000
会泽县(8镇，13乡)	**530326000000**
金钟镇	530326100000
娜姑镇	530326101000
迤车镇	530326102000
矿山镇	530326104000
者海镇	530326105000
待补镇	530326106000
乐业镇	530326107000
大井镇	530326108000
纸厂乡	530326200000
马路乡	530326202000
火红乡	530326203000
新街回族乡	530326206000
雨碌乡	530326208000
大海乡	530326209000
鲁纳乡	530326210000
老厂乡	530326211000
上村乡	530326212000
五星乡	530326213000
驾车乡	530326214000
大桥乡	530326215000
田坝乡	530326216000
沾益县(3镇，5乡)	**530328000000**
西平镇	530328100000
白水镇	530328102000
盘江镇	530328103000
炎方乡	530328202000
播乐乡	530328203000
大坡乡	530328204000
菱角乡	530328205000
德泽乡	530328206000
宣威市(4街道，14镇，8乡)	**530381000000**
宛水街道	530381001000
西宁街道	530381002000
双龙街道	530381003000
虹桥街道	530381004000
来宾镇	530381101000
格宜镇	530381102000
田坝镇	530381103000
羊场镇	530381104000
板桥镇	530381105000
倘塘镇	530381106000
落水镇	530381107000
务德镇	530381108000
海岱镇	530381109000
龙场镇	530381110000
龙潭镇	530381111000
宝山镇	530381112000
东山镇	530381113000
热水镇	530381114000
普立乡	530381201000
西泽乡	530381204000
得禄乡	530381205000
杨柳乡	530381206000
双河乡	530381207000
乐丰乡	530381208000
文兴乡	530381209000
阿都乡	530381210000
玉溪市(24街道，25镇，26乡)	**530400000000**
红塔区(9街道，2乡)	**530402000000**
玉兴路街道	530402001000
凤凰路街道	530402002000
玉带路街道	530402003000
北城街道	530402004000
春和街道	530402005000
李棋街道	530402006000
大营街街道	530402007000
研和街道	530402008000
高仓街道	530402009000
小石桥彝族乡	530402200000
洛河彝族乡	530402201000
江川县(1街道，4镇，2乡)	**530421000000**
大街街道	530421001000
江城镇	530421101000
前卫镇	530421102000
九溪镇	530421103000
路居镇	530421104000
安化彝族乡	530421200000
雄关乡	530421201000
澄江县(2街道，4镇)	**530422000000**
凤麓街道	530422001000
龙街街道	530422002000
阳宗镇	530422102000
右所镇	530422103000
海口镇	530422104000
九村镇	530422105000
通海县(2街道，4镇，3乡)	**530423000000**
秀山街道	530423001000
九龙街道	530423002000
杨广镇	530423101000
河西镇	530423103000
四街镇	530423104000
纳古镇	530423105000
里山彝族乡	530423200000
高大傣族彝族乡	530423201000
兴蒙蒙古族乡	530423202000
华宁县(1街道，3镇，1乡)	**530424000000**
宁州街道	530424001000
盘溪镇	530424101000
华溪镇	530424102000
青龙镇	530424103000
通红甸彝族苗族乡	530424200000
易门县(2街道，1镇，4乡)	**530425000000**
龙泉街道	530425001000
六街街道	530425002000
绿汁镇	530425102000
浦贝彝族乡	530425200000
十街彝族乡	530425201000
铜厂彝族乡	530425202000
小街乡	530425203000
峨山彝族自治县(2街道，3镇，3乡)	**530426000000**
双江街道	530426001000
小街街道	530426002000
甸中镇	530426102000
化念镇	530426103000
塔甸镇	530426104000
岔河乡	530426200000
大龙潭乡	530426201000
富良棚乡	530426202000
新平彝族傣族自治县(2街道，4镇，6乡)	**530427000000**
桂山街道	530427001000
古城街道	530427002000
扬武镇	530427101000
漠沙镇	530427102000

续表 2

行政区划名称	行政区划代码	行政区划名称	行政区划代码	行政区划名称	行政区划代码
戛洒镇	530427103000	滇滩镇	530522103000	守望回族乡	530602203000
水塘镇	530427104000	猴桥镇	530522104000	小龙洞回族彝族乡	530602205000
平甸乡	530427200000	和顺镇	530522105000	青岗岭回族彝族乡	530602208000
新化乡	530427201000	界头镇	530522106000	苏甲乡	530602212000
建兴乡	530427202000	曲石镇	530522107000	大寨子乡	530602214000
老厂乡	530427203000	明光镇	530522108000	田坝乡	530602216000
者竜乡	530427204000	中和镇	530522109000	**鲁甸县(10镇，2乡)**	**530621000000**
平掌乡	530427205000	芒棒镇	530522110000	文屏镇	530621100000
元江哈尼族彝族傣族自治县	**530428000000**	荷花镇	530522111000	龙头山镇	530621101000
(3街道，2镇，5乡)		马站乡	530522203000	水磨镇	530621102000
澧江街道	530428001000	北海乡	530522204000	小寨镇	530621103000
红河街道	530428002000	清水乡	530522206000	江底镇	530621104000
甘庄街道	530428003000	五合乡	530522210000	龙树镇	530621105000
因远镇	530428101000	新华乡	530522211000	新街镇	530621106000
曼来镇	530428102000	蒲川乡	530522212000	火德红镇	530621107000
羊街乡	530428201000	团田乡	530522213000	乐红镇	530621108000
那诺乡	530428202000	**龙陵县(3镇，7乡)**	**530523000000**	梭山镇	530621109000
洼垤乡	530428203000	镇安镇	530523101000	桃源回族乡	530621200000
咪哩乡	530428204000	勐糯镇	530523102000	茨院回族乡	530621201000
龙潭乡	530428205000	龙山镇	530523103000	**巧家县(12镇，4乡)**	**530622000000**
保山市(2街道，30镇，	**530500000000**	龙江乡	530523201000	白鹤滩镇	530622100000
40乡)		腊勐乡	530523202000	马树镇	530622101000
隆阳区(2街道，6镇，10乡)	**530502000000**	碧寨乡	530523204000	药山镇	530622102000
兰城街道	530502001000	龙新乡	530523205000	小河镇	530622103000
永昌街道	530502002000	象达乡	530523206000	大寨镇	530622104000
板桥镇	530502101000	平达乡	530523207000	老店镇	530622105000
河图镇	530502102000	木城彝族傈僳族乡	530523208000	蒙姑镇	530622106000
蒲缥镇	530502103000	**昌宁县(5镇，8乡)**	**530524000000**	金塘镇	530622107000
汉庄镇	530502104000	漭水镇	530524102000	新店镇	530622108000
潞江镇	530502105000	柯街镇	530524103000	茂租镇	530622109000
瓦窑镇	530502106000	卡斯镇	530524104000	崇溪镇	530622110000
金鸡乡	530502200000	勐统镇	530524105000	东坪镇	530622111000
辛街乡	530502201000	田园镇	530524106000	红山乡	530622202000
西邑乡	530502202000	温泉乡	530524200000	包谷垴乡	530622209000
丙麻乡	530502203000	大田坝乡	530524201000	中寨乡	530622212000
瓦渡乡	530502204000	鸡飞乡	530524202000	炉房乡	530622216000
水寨乡	530502205000	翁堵乡	530524203000	**盐津县(6镇，4乡)**	**530623000000**
瓦马彝族白族乡	530502208000	湾甸傣族乡	530524204000	盐井镇	530623100000
瓦房彝族苗族乡	530502210000	更戛乡	530524205000	普洱镇	530623101000
杨柳白族彝族乡	530502211000	珠街彝族乡	530524206000	豆沙镇	530623102000
芒宽彝族傣族乡	530502214000	耈街彝族苗族乡	530524207000	中和镇	530623103000
施甸县(5镇，8乡)	**530521000000**	**昭通市(4街道，100镇，**	**530600000000**	庙坝镇	530623104000
甸阳镇	530521100000	**40乡)**		柿子镇	530623105000
由旺镇	530521101000	**昭阳区(3街道，10镇，7乡)**	**530602000000**	兴隆乡	530623202000
姚关镇	530521102000	龙泉街道	530602001000	落雁乡	530623204000
太平镇	530521103000	凤凰街道	530602002000	滩头乡	530623205000
仁和镇	530521104000	太平街道	530602003000	牛寨乡	530623206000
万兴乡	530521202000	旧圃镇	530602101000	**大关县(8镇，1乡)**	**530624000000**
摆榔彝族布朗族乡	530521203000	永丰镇	530602102000	翠华镇	530624100000
酒房乡	530521204000	北闸镇	530602103000	玉碗镇	530624101000
旧城乡	530521205000	大山包镇	530602104000	吉利镇	530624102000
木老元布朗族彝族乡	530521206000	靖安镇	530602105000	天星镇	530624103000
老麦乡	530521207000	苏家院镇	530602106000	木杆镇	530624104000
何元乡	530521208000	洒渔镇	530602107000	悦乐镇	530624105000
水长乡	530521209000	乐居镇	530602108000	高桥镇	530624106000
腾冲县(11镇，7乡)	**530522000000**	盘河镇	530602109000	寿山镇	530624107000
腾越镇	530522100000	炎山镇	530602110000	上高桥回族彝族苗族乡	530624200000
固东镇	530522101000	布嘎回族乡	530602202000	**永善县(8镇，7乡)**	**530625000000**

续表 3

行政区划名称	行政区划代码
溪落渡镇	530625100000
桧溪镇	530625102000
黄华镇	530625103000
茂林镇	530625104000
大兴镇	530625105000
莲峰镇	530625106000
码口镇	530625107000
务基镇	530625108000
团结乡	530625201000
细沙乡	530625203000
青胜乡	530625204000
马楠苗族彝族乡	530625208000
水竹乡	530625209000
墨翰乡	530625212000
伍寨彝族苗族乡	530625214000
绥江县(5镇)	**530626000000**
中城镇	530626100000
南岸镇	530626101000
新滩镇	530626103000
会仪镇	530626104000
板栗镇	530626105000
镇雄县(21镇，7乡)	**530627000000**
乌峰镇	530627100000
泼机镇	530627101000
黑树镇	530627102000
母享镇	530627103000
坡头镇	530627104000
大湾镇	530627105000
以勒镇	530627106000
赤水源镇	530627107000
芒部镇	530627108000
雨河镇	530627109000
罗坎镇	530627110000
牛场镇	530627111000
五德镇	530627112000
塘房镇	530627113000
场坝镇	530627114000
以古镇	530627115000
木卓镇	530627116000
坪上镇	530627117000
碗厂镇	530627118000
盐源镇	530627119000
中屯镇	530627120000
鱼洞乡	530627202000
花朗乡	530627205000
尖山乡	530627207000
杉树乡	530627213000
花山乡	530627214000
果珠彝族乡	530627219000
林口彝族苗族乡	530627221000
彝良县(10镇，5乡)	**530628000000**
角奎镇	530628100000
洛泽河镇	530628101000
牛街镇	530628102000
小草坝镇	530628103000
龙安镇	530628104000
龙海镇	530628105000
荞山镇	530628106000
钟鸣镇	530628107000
海子镇	530628108000
两河镇	530628109000
龙街苗族彝族乡	530628202000
奎香苗族彝族乡	530628203000
树林彝族苗族乡	530628204000
柳溪苗族乡	530628213000
洛旺苗族乡	530628214000
威信县(7镇，3乡)	**530629000000**
扎西镇	530629100000
旧城镇	530629101000
罗布镇	530629102000
麟凤镇	530629103000
庙沟镇	530629104000
水田镇	530629105000
长安镇	530629106000
双河苗族彝族乡	530629201000
高田乡	530629202000
三桃乡	530629207000
水富县(1街道，3镇)	**530630000000**
云富街道	530630001000
向家坝镇	530630100000
太平镇	530630101000
两碗镇	530630102000
丽江市(4街道，20镇，39乡)	**530700000000**
古城区(4街道，2镇，3乡)	**530702000000**
大研街道	530702001000
西安街道	530702002000
祥和街道	530702003000
束河街道	530702004000
金安镇	530702100000
七河镇	530702101000
金山白族乡	530702202000
金江白族乡	530702207000
大东乡	530702215000
玉龙纳西族自治县(7镇，9乡)	**530721000000**
石鼓镇	530721101000
巨甸镇	530721102000
黄山镇	530721103000
鸣音镇	530721104000
奉科镇	530721105000
白沙镇	530721106000
拉市镇	530721107000
太安乡	530721205000
石头白族乡	530721208000
黎明傈僳族乡	530721211000
鲁甸乡	530721212000
塔城乡	530721213000
大具乡	530721216000
宝山乡	530721217000
九河白族乡	530721219000
龙蟠乡	530721220000
永胜县(6镇，9乡)	**530722000000**
永北镇	530722100000
仁和镇	530722101000
期纳镇	530722102000
三川镇	530722103000
程海镇	530722105000
涛源镇	530722106000
羊坪彝族乡	530722200000
六德傈僳族彝族乡	530722201000
东山傈僳族彝族乡	530722202000
东风傈僳族乡	530722203000
片角乡	530722206000
光华傈僳族彝族乡	530722207000
松坪傈僳族彝族乡	530722208000
大安彝族纳西族乡	530722209000
顺州乡	530722210000
华坪县(4镇，4乡)	**530723000000**
中心镇	530723100000
荣将镇	530723101000
兴泉镇	530723102000
石龙坝镇	530723103000
新庄傈僳族傣族乡	530723205000
通达傈僳族乡	530723206000
永兴傈僳族乡	530723207000
船房傈僳族傣族乡	530723208000
宁蒗彝族自治县(1镇，14乡)	**530724000000**
大兴镇	530724100000
拉伯乡	530724200000
永宁乡	530724201000
翠玉傈僳族普米族乡	530724202000
红桥乡	530724203000
宁利乡	530724205000
金棉乡	530724206000
西川乡	530724207000
西布河乡	530724208000
战河乡	530724209000
永宁坪乡	530724210000
跑马坪乡	530724211000
蝉战河乡	530724212000
新营盘乡	530724213000
烂泥箐乡	530724214000
普洱市(66镇，37乡)	**530800000000**
思茅区(5镇，2乡)	**530802000000**
思茅镇	530802100000
南屏镇	530802101000
倚象镇	530802102000
思茅港镇	530802103000
六顺镇	530802104000
龙潭彝族傣族乡	530802200000
云仙彝族乡	530802201000
宁洱哈尼族彝族自治县(6镇，3乡)	**530821000000**
宁洱镇	530821100000
磨黑镇	530821101000
勐先镇	530821102000
德化镇	530821103000
同心镇	530821104000
梅子镇	530821105000

续表 4

行政区划名称	行政区划代码
普义乡	530821204000
黎明乡	530821205000
德安乡	530821207000
墨江哈尼族自治县(12镇，3乡)	**530822000000**
联珠镇	530822100000
通关镇	530822101000
鱼塘镇	530822102000
雅邑镇	530822103000
泗南江镇	530822104000
坝溜镇	530822105000
文武镇	530822106000
景星镇	530822107000
新抚镇	530822108000
新安镇	530822109000
团田镇	530822110000
龙坝镇	530822111000
孟弄彝族乡	530822202000
龙潭乡	530822207000
那哈乡	530822211000
景东彝族自治县(10镇，3乡)	**530823000000**
锦屏镇	530823100000
文井镇	530823101000
漫湾镇	530823102000
大朝山东镇	530823103000
花山镇	530823104000
大街镇	530823105000
安定镇	530823106000
太忠镇	530823107000
文龙镇	530823108000
景福镇	530823109000
龙街乡	530823204000
林街乡	530823207000
曼等乡	530823209000
景谷傣族彝族自治县(6镇，4乡)	**530824000000**
威远镇	530824100000
永平镇	530824101000
正兴镇	530824102000
民乐镇	530824103000
景谷镇	530824104000
凤山镇	530824105000
半坡乡	530824205000
勐班乡	530824206000
碧安乡	530824207000
益智乡	530824208000
镇沅彝族哈尼族拉祜族自治县(8镇，1乡)	**530825000000**
恩乐镇	530825100000
按板镇	530825101000
勐大镇	530825102000
者东镇	530825103000
九甲镇	530825104000
振太镇	530825105000
古城镇	530825106000
和平镇	530825107000
田坝乡	530825200000
江城哈尼族彝族自治县(5镇，2乡)	**530826000000**
勐烈镇	530826100000
整董镇	530826101000
康平镇	530826102000
宝藏镇	530826103000
曲水镇	530826104000
国庆乡	530826201000
嘉禾乡	530826202000
孟连傣族拉祜族佤族自治县(4镇，2乡)	**530827000000**
娜允镇	530827100000
勐马镇	530827101000
芒信镇	530827102000
富岩镇	530827103000
景信乡	530827200000
公信乡	530827203000
澜沧拉祜族自治县(5镇，15乡)	**530828000000**
勐朗镇	530828100000
上允镇	530828101000
糯扎渡镇	530828102000
东回镇	530828103000
惠民镇	530828104000
谦六彝族乡	530828201000
东河乡	530828203000
大山乡	530828204000
南岭乡	530828205000
酒井哈尼族乡	530828208000
拉巴乡	530828211000
竹塘乡	530828212000
富邦乡	530828213000
安康佤族乡	530828214000
文东佤族乡	530828215000
富东乡	530828216000
雪林佤族乡	530828217000
木戛乡	530828218000
发展河哈尼族乡	530828219000
糯福乡	530828220000
西盟佤族自治县(5镇，2乡)	**530829000000**
勐梭镇	530829100000
勐卡镇	530829101000
翁嘎科镇	530829102000
新厂镇	530829103000
中课镇	530829104000
力所拉祜族乡	530829201000
岳宋乡	530829202000
临沧市(2街道，32镇，43乡)	**530900000000**
临翔区(2街道，1镇，7乡)	**530902000000**
凤翔街道	530902001000
忙畔街道	530902002000
博尚镇	530902101000
南美拉祜族乡	530902201000
蚂蚁堆乡	530902202000
章驮乡	530902203000
圈内乡	530902205000
马台乡	530902206000
邦东乡	530902207000
平村彝族傣族乡	530902208000
凤庆县(8镇，5乡)	**530921000000**
凤山镇	530921100000
鲁史镇	530921101000
小湾镇	530921102000
营盘镇	530921103000
勐佑镇	530921104000
洛党镇	530921107000
雪山镇	530921108000
三岔河镇	530921109000
诗礼乡	530921200000
新华彝族苗族乡	530921201000
大寺乡	530921203000
腰街彝族乡	530921206000
郭大寨彝族白族乡	530921210000
云县(7镇，5乡)	**530922000000**
爱华镇	530922100000
漫湾镇	530922101000
大朝山西镇	530922102000
茂兰镇	530922103000
大寨镇	530922104000
涌宝镇	530922105000
幸福镇	530922106000
忙怀彝族布朗族乡	530922201000
晓街乡	530922202000
茶房乡	530922203000
栗树彝族傣族乡	530922206000
后箐彝族乡	530922207000
永德县(3镇，7乡)	**530923000000**
德党镇	530923100000
小勐统镇	530923101000
永康镇	530923102000
勐板乡	530923202000
亚练乡	530923203000
乌木龙彝族乡	530923204000
大雪山彝族拉祜族傣族乡	530923205000
班卡乡	530923206000
崇岗乡	530923207000
大山乡	530923208000
镇康县(3镇，4乡)	**530924000000**
凤尾镇	530924100000
勐捧镇	530924101000
南伞镇	530924102000
忙丙乡	530924200000
勐堆乡	530924201000
木场乡	530924203000
军赛佤族拉祜族傈僳族德昂族乡	530924204000
双江拉祜族佤族布朗族傣族自治县(2镇，4乡)	**530925000000**
勐勐镇	530925100000
勐库镇	530925101000
沙河乡	530925200000
大文乡	530925201000
忙糯乡	530925202000
邦丙乡	530925204000

续表 5

行政区划名称	行政区划代码
耿马傣族佤族自治县(4镇，5乡)	**530926000000**
耿马镇	530926100000
勐永镇	530926101000
勐撒镇	530926102000
孟定镇	530926103000
大兴乡	530926200000
芒洪拉祜族布朗族乡	530926201000
四排山乡	530926202000
贺派乡	530926203000
勐简乡	530926204000
沧源佤族自治县(4镇，6乡)	**530927000000**
勐董镇	530927100000
岩帅镇	530927101000
勐省镇	530927102000
芒卡镇	530927103000
单甲乡	530927201000
糯良乡	530927202000
勐来乡	530927203000
勐角傣族彝族拉祜族乡	530927204000
班洪乡	530927205000
班老乡	530927207000
楚雄彝族自治州(54镇，49乡)	**532300000000**
楚雄市(11镇，4乡)	**532301000000**
鹿城镇	532301100000
东瓜镇	532301102000
吕合镇	532301103000
东华镇	532301104000
子午镇	532301105000
苍岭镇	532301108000
三街镇	532301109000
中山镇	532301110000
八角镇	532301111000
紫溪镇	532301112000
新村镇	532301113000
树苴乡	532301201000
大过口乡	532301203000
大地基乡	532301205000
西舍路乡	532301207000
双柏县(5镇，3乡)	**532322000000**
妥甸镇	532322100000
大庄镇	532322101000
法脿镇	532322102000
碍嘉镇	532322103000
大麦地镇	532322104000
安龙堡乡	532322204000
爱尼山乡	532322206000
独田乡	532322207000
牟定县(4镇，3乡)	**532323000000**
共和镇	532323100000
新桥镇	532323101000
江坡镇	532323102000
凤屯镇	532323103000
蟠猫乡	532323201000
戌街乡	532323202000
安乐乡	532323203000
南华县(6镇，4乡)	**532324000000**
龙川镇	532324100000
红土坡镇	532324103000
沙桥镇	532324105000
五街镇	532324106000
马街镇	532324107000
兔街镇	532324108000
雨露白族乡	532324201000
一街乡	532324204000
罗武庄乡	532324205000
五顶山乡	532324207000
姚安县(5镇，4乡)	**532325000000**
栋川镇	532325100000
光禄镇	532325101000
前场镇	532325102000
弥兴镇	532325106000
太平镇	532325108000
适中乡	532325204000
左门乡	532325205000
官屯乡	532325206000
大河口乡	532325208000
大姚县(3镇，9乡)	**532326000000**
金碧镇	532326100000
石羊镇	532326101000
六苴镇	532326102000
龙街乡	532326202000
赵家店乡	532326203000
新街乡	532326204000
昙华乡	532326205000
桂花乡	532326206000
湾碧傣族傈僳族乡	532326207000
铁锁乡	532326208000
三台乡	532326209000
三岔河乡	532326210000
永仁县(3镇，4乡)	**532327000000**
永定镇	532327100000
宜就镇	532327101000
中和镇	532327103000
莲池乡	532327200000
维的乡	532327201000
猛虎乡	532327202000
永兴傣族乡	532327205000
元谋县(3镇，7乡)	**532328000000**
元马镇	532328100000
黄瓜园镇	532328102000
羊街镇	532328103000
老城乡	532328201000
物茂乡	532328202000
平田乡	532328203000
江边乡	532328204000
新华乡	532328205000
姜驿乡	532328206000
凉山乡	532328209000
武定县(3镇，8乡)	**532329000000**
高桥镇	532329101000
猫街镇	532329102000
狮山镇	532329103000
插甸乡	532329201000
田心乡	532329202000
发窝乡	532329203000
白路乡	532329204000
万德乡	532329206000
己衣乡	532329207000
环州乡	532329208000
东坡傣族乡	532329209000
禄丰县(11镇，3乡)	**532331000000**
金山镇	532331100000
仁兴镇	532331101000
碧城镇	532331102000
勤丰镇	532331103000
一平浪镇	532331104000
和平镇	532331105000
广通镇	532331106000
黑井镇	532331107000
土官镇	532331108000
彩云镇	532331109000
恐龙山镇	532331110000
中村乡	532331200000
高峰乡	532331205000
妥安乡	532331206000
红河哈尼族彝族自治州(2街道，54镇，73乡)	**532500000000**
个旧市(1街道，7镇，2乡)	**532501000000**
城区街道	532501001000
锡城镇	532501100000
鸡街镇	532501101000
大屯镇	532501102000
老厂镇	532501104000
卡房镇	532501105000
沙甸镇	532501106000
蔓耗镇	532501107000
贾沙乡	532501201000
保和乡	532501202000
开远市(1街道，2镇，3乡)	**532502000000**
灵泉街道	532502002000
小龙潭镇	532502101000
中和营镇	532502103000
大庄回族乡	532502200000
羊街乡	532502201000
碑格乡	532502204000
蒙自市(7镇，4乡)	**532503000000**
文澜镇	532503100000
草坝镇	532503101000
雨过铺镇	532503102000
新安所镇	532503103000
芷村镇	532503104000
鸣鹫镇	532503106000
冷泉镇	532503109000
期路白苗族乡	532503200000
老寨苗族乡	532503201000
水田乡	532503202000
西北勒乡	532503203000
屏边苗族自治县(1镇，6乡)	**532523000000**
玉屏镇	532523100000
新现乡	532523201000
和平乡	532523202000
白河乡	532523203000
白云乡	532523204000
新华乡	532523205000
湾塘乡	532523206000

续表 6

行政区划名称	行政区划代码
建水县(8镇，4乡)	**532524000000**
临安镇	532524100000
官厅镇	532524101000
西庄镇	532524102000
青龙镇	532524103000
南庄镇	532524104000
岔科镇	532524105000
曲江镇	532524106000
面甸镇	532524107000
普雄乡	532524200000
坡头乡	532524202000
盘江乡	532524203000
甸尾乡	532524205000
石屏县(7镇，2乡)	**532525000000**
异龙镇	532525100000
宝秀镇	532525101000
坝心镇	532525102000
龙朋镇	532525103000
龙武镇	532525106000
哨冲镇	532525107000
牛街镇	532525108000
新城乡	532525200000
大桥乡	532525202000
弥勒县(9镇，2乡)	**532526000000**
弥阳镇	532526100000
新哨镇	532526101000
虹溪镇	532526102000
竹园镇	532526103000
巡检司镇	532526105000
西一镇	532526107000
西二镇	532526108000
西三镇	532526109000
东山镇	532526110000
五山乡	532526201000
江边乡	532526202000
泸西县(5镇，3乡)	**532527000000**
中枢镇	532527100000
金马镇	532527101000
旧城镇	532527103000
午街铺镇	532527105000
白水镇	532527106000
向阳乡	532527200000
三塘乡	532527201000
永宁乡	532527202000
元阳县(2镇，12乡)	**532528000000**
南沙镇	532528100000
新街镇	532528101000
牛角寨乡	532528201000
沙拉托乡	532528202000
嘎娘乡	532528203000
上新城乡	532528204000
小新街乡	532528205000
逢春岭乡	532528206000
大坪乡	532528207000
攀枝花乡	532528208000
黄茅岭乡	532528209000
黄草岭乡	532528210000
俄扎乡	532528211000
马街乡	532528212000
红河县(1镇，12乡)	**532529000000**
迤萨镇	532529100000
甲寅乡	532529201000
宝华乡	532529202000
洛恩乡	532529203000
石头寨乡	532529204000
阿扎河乡	532529205000
乐育乡	532529206000
浪堤乡	532529207000
大羊街乡	532529208000
车古乡	532529209000
架车乡	532529210000
垤玛乡	532529211000
三村乡	532529212000
金平苗族瑶族傣族自治县(2镇，11乡)	**532530000000**
金河镇	532530100000
金水河镇	532530101000
铜厂乡	532530201000
勐拉乡	532530202000
老集寨乡	532530203000
者米拉祜族乡	532530204000
阿得博乡	532530205000
沙依坡乡	532530206000
大寨乡	532530207000
马鞍底乡	532530208000
勐桥乡	532530209000
营盘乡	532530210000
老勐乡	532530211000
绿春县(1镇，8乡)	**532531000000**
大兴镇	532531100000
戈奎乡	532531200000
牛孔乡	532531201000
大水沟乡	532531202000
大黑山乡	532531203000
半坡乡	532531204000
骑马坝乡	532531205000
三猛乡	532531206000
平河乡	532531207000
河口瑶族自治县(2镇，4乡)	**532532000000**
河口镇	532532100000
南溪镇	532532101000
老范寨乡	532532200000
桥头苗族壮族乡	532532201000
瑶山乡	532532202000
莲花滩乡	532532203000
文山壮族苗族自治州(3街道，42镇，59乡)	**532600000000**
文山市(3街道，7镇，7乡)	**532601000000**
开化街道	532601001000
卧龙街道	532601002000
新平街道	532601003000
古木镇	532601102000
平坝镇	532601103000
马塘镇	532601104000
德厚镇	532601105000
小街镇	532601106000
薄竹镇	532601107000
追栗街镇	532601108000
东山彝族乡	532601200000
柳井彝族乡	532601201000
新街乡	532601202000
喜古乡	532601203000
坝心彝族乡	532601204000
秉烈彝族乡	532601205000
红甸回族乡	532601206000
砚山县(4镇，7乡)	**532622000000**
江那镇	532622100000
平远镇	532622101000
稼依镇	532622102000
阿猛镇	532622103000
阿舍彝族乡	532622200000
维摩彝族乡	532622201000
盘龙彝族乡	532622202000
八嘎乡	532622203000
者腊乡	532622204000
蚌峨乡	532622205000
干河彝族乡	532622207000
西畴县(2镇，7乡)	**532623000000**
西洒镇	532623100000
兴街镇	532623101000
蚌谷乡	532623200000
莲花塘乡	532623201000
新马街乡	532623202000
柏林乡	532623203000
法斗乡	532623204000
董马乡	532623205000
鸡街乡	532623206000
麻栗坡县(4镇，7乡)	**532624000000**
麻栗镇	532624100000
大坪镇	532624101000
董干镇	532624102000
天保镇	532624103000
猛硐瑶族乡	532624201000
下金厂乡	532624202000
八布乡	532624203000
六河乡	532624204000
杨万乡	532624205000
铁厂乡	532624206000
马街乡	532624207000
马关县(9镇，4乡)	**532625000000**
马白镇	532625100000
八寨镇	532625101000
仁和镇	532625102000
木厂镇	532625103000
夹寒箐镇	532625104000
小坝子镇	532625105000
都龙镇	532625106000
金厂镇	532625107000
坡脚镇	532625108000
南捞乡	532625200000

续表 7

行政区划名称	行政区划代码	行政区划名称	行政区划代码	行政区划名称	行政区划代码
大栗树乡	532625201000	普文镇	532801105000	刘厂镇	532923103000
篾厂乡	532625202000	景哈哈尼族乡	532801202000	禾甸镇	532923104000
古林箐乡	532625203000	景讷乡	532801203000	沙龙镇	532923105000
丘北县(3镇，9乡)	**532626000000**	大渡岗乡	532801204000	米甸镇	532923106000
锦屏镇	532626100000	勐旺乡	532801205000	普淜镇	532923107000
曰者镇	532626101000	基诺山基诺族乡	532801206000	鹿鸣乡	532923203000
双龙营镇	532626102000	**勐海县(6镇，5乡)**	**532822000000**	东山彝族乡	532923204000
八道哨彝族乡	532626200000	勐海镇	532822100000	**宾川县(8镇，2乡)**	**532924000000**
天星乡	532626201000	打洛镇	532822101000	金牛镇	532924100000
平寨乡	532626202000	勐遮镇	532822103000	宾居镇	532924101000
树皮彝族乡	532626203000	勐混镇	532822104000	州城镇	532924102000
腻脚彝族乡	532626204000	勐满镇	532822105000	鸡足山镇	532924104000
新店彝族乡	532626205000	勐阿镇	532822106000	力角镇	532924105000
舍得彝族乡	532626206000	勐宋乡	532822201000	乔甸镇	532924107000
官寨乡	532626207000	勐往乡	532822203000	大营镇	532924108000
温浏乡	532626209000	格朗和哈尼族乡	532822205000	平川镇	532924109000
广南县(7镇，11乡)	**532627000000**	布朗山布朗族乡	532822206000	钟英傈僳族彝族乡	532924200000
莲城镇	532627100000	西定哈尼族布朗族乡	532822209000	拉乌彝族乡	532924202000
八宝镇	532627101000	**勐腊县(7镇，3乡)**	**532823000000**	**弥渡县(5镇，3乡)**	**532925000000**
南屏镇	532627102000	勐腊镇	532823100000	弥城镇	532925100000
珠街镇	532627103000	勐捧镇	532823101000	红岩镇	532925101000
那洒镇	532627104000	勐满镇	532823102000	新街镇	532925102000
珠琳镇	532627105000	勐仑镇	532823103000	寅街镇	532925103000
坝美镇	532627106000	磨憨镇	532823104000	苴力镇	532925104000
董堡乡	532627201000	勐伴镇	532823105000	密祉乡	532925202000
旧莫乡	532627202000	关累镇	532823106000	德苴乡	532925203000
杨柳井乡	532627203000	易武乡	532823202000	牛街彝族乡	532925204000
板蚌乡	532627204000	象明彝族乡	532823204000	**南涧彝族自治县(5镇，3乡)**	**532926000000**
曙光乡	532627205000	瑶区瑶族乡	532823205000	南涧镇	532926100000
黑支果乡	532627206000	**大理白族自治州(68镇，42乡)**	**532900000000**	小湾东镇	532926101000
篆角乡	532627207000			宝华镇	532926103000
五珠乡	532627208000	**大理市(10镇，1乡)**	**532901000000**	公郎镇	532926104000
者兔乡	532627209000	下关镇	532901100000	无量山镇	532926105000
者太乡	532627210000	大理镇	532901101000	拥翠乡	532926201000
底圩乡	532627211000	凤仪镇	532901102000	乐秋乡	532926202000
富宁县(6镇，7乡)	**532628000000**	喜洲镇	532901103000	碧溪乡	532926203000
新华镇	532628100000	海东镇	532901104000	**巍山彝族回族自治县(4镇，6乡)**	**532927000000**
归朝镇	532628101000	挖色镇	532901105000		
剥隘镇	532628102000	湾桥镇	532901106000	南诏镇	532927100000
里达镇	532628103000	银桥镇	532901107000	庙街镇	532927101000
田蓬镇	532628104000	双廊镇	532901109000	大仓镇	532927102000
木央镇	532628105000	上关镇	532901110000	永建镇	532927103000
板仑乡	532628200000	太邑彝族乡	532901200000	巍宝山乡	532927200000
谷拉乡	532628201000	**漾濞彝族自治县(3镇，6乡)**	**532922000000**	马鞍山乡	532927201000
者桑乡	532628202000	苍山西镇	532922101000	紫金乡	532927202000
那能乡	532628203000	漾江镇	532922102000	五印乡	532927203000
洞波瑶族乡	532628204000	平坡镇	532922104000	牛街乡	532927204000
阿用乡	532628205000	富恒乡	532922201000	青华乡	532927206000
花甲乡	532628206000	太平乡	532922202000	**永平县(3镇，4乡)**	**532928000000**
西双版纳傣族自治州(1街道，18镇，13乡)	**532800000000**	顺濞乡	532922203000	博南镇	532928100000
		瓦厂乡	532922204000	杉阳镇	532928102000
景洪市(1街道，5镇，5乡)	**532801000000**	龙潭乡	532922205000	龙街镇	532928103000
允景洪街道	532801001000	鸡街乡	532922206000	龙门乡	532928200000
嘎洒镇	532801101000	**祥云县(8镇，2乡)**	**532923000000**	厂街彝族乡	532928202000
勐龙镇	532801102000	祥城镇	532923100000	水泄彝族乡	532928203000
勐罕镇	532801103000	云南驿镇	532923101000	北斗彝族乡	532928204000
勐养镇	532801104000	下庄镇	532923102000	**云龙县(4镇，7乡)**	**532929000000**

续表 8

行政区划名称	行政区划代码
诺邓镇	532929100000
功果桥镇	532929101000
漕涧镇	532929102000
白石镇	532929103000
宝丰乡	532929201000
关坪乡	532929202000
团结彝族乡	532929203000
长新乡	532929204000
检槽乡	532929205000
苗尾傈僳族乡	532929206000
民建乡	532929207000
洱源县(6镇，3乡)	**532930000000**
茈碧湖镇	532930100000
邓川镇	532930103000
右所镇	532930104000
三营镇	532930105000
凤羽镇	532930106000
乔后镇	532930107000
牛街乡	532930201000
炼铁乡	532930202000
西山乡	532930203000
剑川县(5镇，3乡)	**532931000000**
金华镇	532931100000
甸南镇	532931102000
马登镇	532931103000
沙溪镇	532931104000
老君山镇	532931105000
羊岑乡	532931200000
弥沙乡	532931202000
象图乡	532931203000
鹤庆县(7镇，2乡)	**532932000000**
云鹤镇	532932100000
辛屯镇	532932101000
松桂镇	532932102000
黄坪镇	532932103000
草海镇	532932104000
西邑镇	532932105000
龙开口镇	532932106000
金墩乡	532932200000
六合彝族乡	532932202000
德宏傣族景颇族自治州(1街道，23镇，27乡)	**533100000000**
瑞丽市(3镇，3乡)	**533102000000**
勐卯镇	533102100000
畹町镇	533102101000
弄岛镇	533102102000
姐相乡	533102201000
户育乡	533102202000
勐秀乡	533102203000
芒市(1街道，5镇，6乡)	**533103000000**
勐焕街道	533103001000
芒市镇	533103107000
风平镇	533103108000
勐戛镇	533103109000
芒海镇	533103110000
遮放镇	533103111000
三台山德昂族乡	533103208000
江东乡	533103210000
轩岗乡	533103211000
中山乡	533103212000
西山乡	533103213000
五岔路乡	533103214000
梁河县(3镇，6乡)	**533122000000**
遮岛镇	533122100000
芒东镇	533122101000
勐养镇	533122102000
平山乡	533122200000
小厂乡	533122201000
大厂乡	533122202000
九保阿昌族乡	533122204000
曩宋阿昌族乡	533122205000
河西乡	533122206000
盈江县(8镇，7乡)	**533123000000**
平原镇	533123100000
旧城镇	533123101000
那邦镇	533123102000
太平镇	533123103000
弄璋镇	533123104000
盏西镇	533123105000
卡场镇	533123106000
昔马镇	533123107000
新城乡	533123205000
油松岭乡	533123206000
芒章乡	533123207000
支那乡	533123209000
苏典傈僳族乡	533123210000
勐弄乡	533123211000
铜壁关乡	533123214000
陇川县(4镇，5乡)	**533124000000**
章凤镇	533124100000
陇把镇	533124101000
景罕镇	533124102000
城子镇	533124103000
户撒阿昌族乡	533124200000
护国乡	533124201000
清平乡	533124202000
王子树乡	533124204000
勐约乡	533124207000
怒江傈僳族自治州(13镇，16乡)	**533300000000**
泸水县(6镇，3乡)	**533321000000**
鲁掌镇	533321100000
六库镇	533321101000
片马镇	533321102000
上江镇	533321103000
老窝镇	533321104000
大兴地镇	533321105000
称杆乡	533321203000
古登乡	533321204000
洛本卓白族乡	533321205000
福贡县(1镇，6乡)	**533323000000**
上帕镇	533323100000
匹河怒族乡	533323200000
子里甲乡	533323201000
架科底乡	533323202000
鹿马登乡	533323203000
石月亮乡	533323204000
马吉乡	533323205000
贡山独龙族怒族自治县(2镇，3乡)	**533324000000**
茨开镇	533324100000
丙中洛镇	533324101000
捧当乡	533324201000
普拉底乡	533324202000
独龙江乡	533324203000
兰坪白族普米族自治县(4镇，4乡)	**533325000000**
金顶镇	533325100000
拉井镇	533325101000
营盘镇	533325102000
通甸镇	533325103000
河西乡	533325201000
中排乡	533325202000
石登乡	533325203000
兔峨乡	533325204000
迪庆藏族自治州(9镇，20乡)	**533400000000**
香格里拉县(4镇，7乡)	**533421000000**
建塘镇	533421100000
虎跳峡镇	533421101000
金江镇	533421102000
小中甸镇	533421103000
上江乡	533421200000
三坝纳西族乡	533421202000
洛吉乡	533421203000
尼西乡	533421205000
格咱乡	533421206000
东旺乡	533421207000
五境乡	533421208000
德钦县(2镇，6乡)	**533422000000**
升平镇	533422100000
奔子栏镇	533422101000
佛山乡	533422200000
云岭乡	533422201000
燕门乡	533422202000
拖顶傈僳族乡	533422203000
霞若傈僳族乡	533422204000
羊拉乡	533422206000
维西傈僳族自治县(3镇，7乡)	**533423000000**
保和镇	533423100000
塔城镇	533423101000
叶枝镇	533423102000
永春乡	533423200000
攀天阁乡	533423201000
白济汛乡	533423202000
康普乡	533423203000
巴迪乡	533423205000
中路乡	533423207000
维登乡	533423208000

西藏自治区

西藏自治区(藏)

行政区划名称	行政区划代码
西藏自治区(10街道，140镇，543乡)	**540000000000**
拉萨市(8街道，9镇，48乡)	**540100000000**
城关区(8街道，4乡)	**540102000000**
八廓街道	540102002000
吉日街道	540102003000
吉崩岗街道	540102004000
扎细街道	540102005000
公德林街道	540102006000
嘎玛贡桑街道	540102007000
两岛街道	540102008000
金珠西路街道	540102009000
蔡公堂乡	540102200000
夺底乡	540102201000
娘热乡	540102202000
纳金乡	540102203000
林周县(1镇，9乡)	**540121000000**
甘丹曲果镇	540121100000
春堆乡	540121200000
松盘乡	540121201000
强嘎乡	540121202000
边交林乡	540121203000
江热夏乡	540121204000
卡孜乡	540121205000
旁多乡	540121206000
唐古乡	540121207000
阿朗乡	540121208000
当雄县(2镇，6乡)	**540122000000**
当曲卡镇	540122100000
羊八井镇	540122101000
格达乡	540122200000
宁中乡	540122201000
公塘乡	540122202000
龙仁乡	540122203000
乌玛塘乡	540122204000
纳木湖乡	540122205000
尼木县(1镇，7乡)	**540123000000**
塔荣镇	540123100000
麻江乡	540123200000
普松乡	540123201000
卡如乡	540123202000
尼木乡	540123203000
续迈乡	540123204000
帕古乡	540123205000
吞巴乡	540123206000
曲水县(1镇，5乡)	**540124000000**
曲水镇	540124100000
达嘎乡	540124200000
才纳乡	540124201000
南木乡	540124202000
聂当乡	540124203000
茶巴拉乡	540124204000
堆龙德庆县(2镇，5乡)	**540125000000**
东嘎镇	540125100000
乃琼镇	540125101000
羊达乡	540125200000
古荣乡	540125201000
柳梧乡	540125202000
马乡	540125203000
德庆乡	540125204000
达孜县(1镇，5乡)	**540126000000**
德庆镇	540126100000
塔杰乡	540126200000
章多乡	540126201000
唐嘎乡	540126202000
雪乡	540126203000
帮堆乡	540126204000
墨竹工卡县(1镇，7乡)	**540127000000**
工卡镇	540127100000
唐加乡	540127200000
甲玛乡	540127201000
尼玛江热乡	540127202000
日多乡	540127203000
扎西岗乡	540127204000
门巴乡	540127205000
扎雪乡	540127206000
昌都地区(28镇，110乡)	**542100000000**
昌都县(3镇，12乡)	**542121000000**
城关镇	542121100000
俄洛镇	542121101000
卡若镇	542121102000
芒达乡	542121200000
约巴乡	542121201000
妥坝乡	542121202000
拉多乡	542121203000
面达乡	542121204000
嘎玛乡	542121205000
柴维乡	542121206000
日通乡	542121207000
如意乡	542121208000
埃西乡	542121209000
若巴乡	542121210000
沙贡乡	542121211000
江达县(2镇，11乡)	**542122000000**
江达镇	542122100000
岗托镇	542122101000
卡贡乡	542122200000
岩比乡	542122201000
邓柯乡	542122202000
生达乡	542122203000
娘西乡	542122204000
字呷乡	542122205000
青泥洞乡	542122206000
汪布顶乡	542122207000
德登乡	542122208000
同普乡	542122209000
波罗乡	542122210000
贡觉县(1镇，11乡)	**542123000000**
莫洛镇	542123100000
相皮乡	542123200000
哈加乡	542123201000
雄松乡	542123202000
拉妥乡	542123203000
阿旺乡	542123204000
木协乡	542123205000
罗麦乡	542123206000
沙东乡	542123207000
克日乡	542123208000
则巴乡	542123209000
敏都乡	542123210000
类乌齐县(2镇，8乡)	**542124000000**
类乌齐镇	542124100000
桑多镇	542124101000
加桑卡乡	542124200000
长毛岭乡	542124201000
岗色乡	542124202000
吉多乡	542124203000
滨达乡	542124204000
卡玛多乡	542124205000
尚卡乡	542124206000
伊日乡	542124207000
丁青县(2镇，11乡)	**542125000000**
丁青镇	542125100000
尺牍镇	542125101000
觉恩乡	542125200000
沙贡乡	542125201000
当雄乡	542125202000
桑多乡	542125203000
木塔乡	542125204000
布塔乡	542125205000
巴达乡	542125206000
甘岩乡	542125207000
嘎塔乡	542125208000
色扎乡	542125209000
协雄乡	542125210000
察雅县(3镇，10乡)	**542126000000**
烟多镇	542126100000
香堆镇	542126101000
吉塘镇	542126102000
宗沙乡	542126200000
卡贡乡	542126201000
荣周乡	542126202000
巴日乡	542126203000
阿孜乡	542126204000
王卡乡	542126205000
新卡乡	542126206000
肯通乡	542126207000
扩达乡	542126208000
察拉乡	542126209000

续表 1

行政区划名称	行政区划代码	行政区划名称	行政区划代码	行政区划名称	行政区划代码
八宿县(4镇，10乡)	**542127000000**	玉西乡	542132204000	曲松镇	542226100000
白玛镇	542127100000	腊久乡	542132206000	罗布萨镇	542226101000
帮达镇	542127101000	俄西乡	542132207000	下江乡	542226200000
然乌镇	542127102000	中亦乡	542132208000	邱多江乡	542226201000
同卡镇	542127103000	**边坝县(2镇，9乡)**	**542133000000**	堆随乡	542226202000
郭庆乡	542127202000	边坝镇	542133100000	**措美县(2镇，2乡)**	**542227000000**
拉根乡	542127203000	草卡镇	542133101000	措美镇	542227100000
益庆乡	542127204000	沙丁乡	542133201000	哲古镇	542227101000
吉中乡	542127205000	金岭乡	542133202000	乃西乡	542227200000
卡瓦白庆乡	542127206000	加贡乡	542133203000	古堆乡	542227201000
吉达乡	542127207000	马武乡	542133204000	**洛扎县(2镇，5乡)**	**542228000000**
夏里乡	542127208000	热玉乡	542133205000	洛扎镇	542228100000
拥巴乡	542127209000	尼木乡	542133206000	拉康镇	542228101000
瓦乡	542127210000	马秀乡	542133207000	扎日乡	542228201000
林卡乡	542127211000	拉孜乡	542133208000	色乡	542228202000
左贡县(3镇，7乡)	**542128000000**	都瓦乡	542133209000	生格乡	542228203000
旺达镇	542128100000	**山南地区(24镇，58乡)**	**542200000000**	边巴乡	542228204000
田妥镇	542128101000	**乃东县(2镇，5乡)**	**542221000000**	拉郊乡	542228205000
扎玉镇	542128102000	泽当镇	542221100000	**加查县(2镇，5乡)**	**542229000000**
东坝乡	542128203000	昌珠镇	542221101000	加查镇	542229100000
仁果乡	542128204000	亚堆乡	542221200000	安绕镇	542229105000
绕金乡	542128207000	索珠乡	542221201000	拉绥乡	542229200000
碧土乡	542128208000	多颇章乡	542221202000	崔久乡	542229201000
美玉乡	542128210000	结巴乡	542221203000	坝乡	542229202000
中林卡乡	542128211000	颇章乡	542221204000	冷达乡	542229203000
下林卡乡	542128212000	**扎囊县(2镇，3乡)**	**542222000000**	洛林乡	542229204000
芒康县(2镇，14乡)	**542129000000**	扎塘镇	542222100000	**隆子县(2镇，9乡)**	**542231000000**
嘎托镇	542129100000	桑耶镇	542222101000	隆子镇	542231100000
如美镇	542129101000	扎其乡	542222200000	日当镇	542231101000
索多西乡	542129200000	阿扎乡	542222201000	列麦乡	542231200000
莽岭乡	542129201000	吉汝乡	542222202000	热荣乡	542231201000
宗西乡	542129202000	**贡嘎县(5镇，3乡)**	**542223000000**	三安曲林乡	542231202000
昂多乡	542129203000	吉雄镇	542223100000	准巴乡	542231203000
措瓦乡	542129204000	甲竹林镇	542223101000	雪萨乡	542231204000
洛尼乡	542129205000	杰德秀镇	542223102000	扎日乡	542231205000
戈波乡	542129206000	岗堆镇	542223103000	玉麦乡	542231206000
帮达乡	542129207000	江塘镇	542223104000	加玉乡	542231207000
徐中乡	542129208000	朗杰学乡	542223200000	斗玉珞巴民族乡	542231208000
曲登乡	542129209000	昌果乡	542223201000	**错那县(1镇，9乡)**	**542232000000**
木许乡	542129210000	东拉乡	542223205000	错那镇	542232100000
纳西民族乡	542129211000	**桑日县(1镇，3乡)**	**542224000000**	卡达乡	542232200000
朱巴龙乡	542129212000	桑日镇	542224100000	觉拉乡	542232201000
曲孜卡乡	542129213000	增期乡	542224200000	浪坡乡	542232202000
洛隆县(4镇，7乡)	**542132000000**	白堆乡	542224201000	曲卓木乡	542232203000
孜托镇	542132100000	绒乡	542224202000	库局乡	542232204000
硕督镇	542132101000	**琼结县(1镇，3乡)**	**542225000000**	麻麻门巴民族乡	542232205000
康沙镇	542132102000	琼结镇	542225100000	贡日门巴民族乡	542232206000
马利镇	542132103000	加麻乡	542225200000	吉巴门巴民族乡	542232207000
达龙乡	542132200000	下水乡	542225201000	勒门巴民族乡	542232208000
新荣乡	542132201000	拉玉乡	542225202000	**浪卡子县(2镇，8乡)**	**542233000000**
白达乡	542132202000	**曲松县(2镇，3乡)**	**542226000000**		

续表 2

行政区划名称	行政区划代码
浪卡子镇	542233100000
打隆镇	542233101000
张达乡	542233200000
伦布雪乡	542233201000
多却乡	542233202000
普玛江塘乡	542233203000
阿扎乡	542233204000
卡龙乡	542233205000
白地乡	542233206000
卡热乡	542233207000
日喀则地区(2街道，27镇，174乡)	**542300000000**
日喀则市(2街道，10乡)	**542301000000**
城南街道	542301001000
城北街道	542301002000
曲布雄乡	542301200000
曲美乡	542301201000
聂日雄乡	542301202000
甲措雄乡	542301203000
纳尔乡	542301204000
东嘎乡	542301205000
边雄乡	542301206000
江当乡	542301207000
年木乡	542301208000
联乡	542301209000
南木林县(1镇，16乡)	**542322000000**
南木林镇	542322100000
达那乡	542322200000
卡孜乡	542322201000
多角乡	542322202000
秋木乡	542322203000
艾玛乡	542322204000
土布加乡	542322205000
查尔乡	542322206000
索金乡	542322207000
达孜乡	542322208000
奴玛乡	542322209000
热当乡	542322210000
拉布普乡	542322211000
普当乡	542322212000
仁堆乡	542322213000
芒热乡	542322214000
甲措乡	542322215000
江孜县(1镇，18乡)	**542323000000**
江孜镇	542323100000
纳如乡	542323200000
卡麦乡	542323201000
卡堆乡	542323202000
藏改乡	542323203000
日朗乡	542323204000
达孜乡	542323205000
热索乡	542323206000
重孜乡	542323207000
龙马乡	542323208000
加克西乡	542323209000
紫金乡	542323210000
江热乡	542323211000
年堆乡	542323212000
康卓乡	542323213000
金嘎乡	542323214000
日星乡	542323215000
车仁乡	542323216000
热龙乡	542323217000
定日县(2镇，11乡)	**542324000000**
协格尔镇	542324100000
岗嘎镇	542324101000
扎西宗乡	542324200000
绒辖乡	542324201000
曲当乡	542324202000
措果乡	542324203000
曲洛乡	542324204000
长所乡	542324205000
尼辖乡	542324206000
扎果乡	542324207000
克玛乡	542324208000
盆吉乡	542324209000
加措乡	542324210000
萨迦县(2镇，9乡)	**542325000000**
萨迦镇	542325100000
吉定镇	542325101000
雄麦乡	542325200000
麻布加乡	542325201000
雄玛乡	542325202000
扎西岗乡	542325203000
扯休乡	542325204000
赛乡	542325205000
拉洛乡	542325206000
查荣乡	542325207000
木拉乡	542325208000
拉孜县(2镇，9乡)	**542326000000**
曲下镇	542326100000
拉孜镇	542326101000
扎西宗乡	542326200000
曲玛乡	542326201000
彭措林乡	542326202000
扎西岗乡	542326203000
柳乡	542326204000
热萨乡	542326205000
锡钦乡	542326206000
芒普乡	542326207000
查务乡	542326208000
昂仁县(2镇，15乡)	**542327000000**
卡嘎镇	542327100000
桑桑镇	542327101000
达若乡	542327200000
贡久布乡	542327201000
措迈乡	542327202000
雄巴乡	542327203000
查孜乡	542327204000
阿木雄乡	542327205000
如萨乡	542327206000
孔隆乡	542327207000
尼果乡	542327208000
日吾其乡	542327209000
多白乡	542327210000
切热乡	542327211000
秋窝乡	542327212000
达居乡	542327213000
亚木乡	542327214000
谢通门县(1镇，18乡)	**542328000000**
卡嘎镇	542328100000
达木夏乡	542328200000
查布乡	542328201000
春哲乡	542328202000
则许乡	542328203000
娘热乡	542328204000
措布西乡	542328205000
纳当乡	542328206000
青都乡	542328207000
切琼乡	542328208000
美巴切勤乡	542328209000
列巴乡	542328210000
塔丁乡	542328211000
荣玛乡	542328212000
通门乡	542328213000
达那普乡	542328214000
达那答乡	542328215000
南木切乡	542328216000
仁钦则乡	542328217000
白朗县(2镇，9乡)	**542329000000**
洛江镇	542329100000
嘎东镇	542329101000
巴扎乡	542329201000
玛乡	542329202000
旺丹乡	542329203000
曲奴乡	542329204000
杜琼乡	542329205000
强堆乡	542329206000
嘎普乡	542329207000
者下乡	542329208000
东喜乡	542329209000
仁布县(1镇，8乡)	**542330000000**
德吉林镇	542330100000
康雄乡	542330200000
普松乡	542330201000
帕当乡	542330202000

续表 3

行政区划名称	行政区划代码	行政区划名称	行政区划代码	行政区划名称	行政区划代码
然巴乡	542330203000	差那乡	542335200000	**比如县(2镇，8乡)**	**542423000000**
查巴乡	542330204000	折巴乡	542335201000	比如镇	542423100000
切娃乡	542330205000	贡当乡	542335202000	夏曲镇	542423101000
姆乡	542330206000	**聂拉木县(2镇，5乡)**	**542336000000**	白嘎乡	542423201000
仁布乡	542330207000	聂拉木镇	542336100000	达塘乡	542423202000
康马县(1镇，8乡)	**542331000000**	樟木镇	542336101000	恰则乡	542423203000
康马镇	542331100000	亚来乡	542336200000	扎拉乡	542423204000
南尼乡	542331200000	锁作乡	542336201000	羊秀乡	542423207000
少岗乡	542331201000	乃龙乡	542336202000	香曲乡	542423208000
康如乡	542331202000	门布乡	542336203000	良曲乡	542423209000
萨玛达乡	542331203000	波绒乡	542336204000	茶曲乡	542423210000
嘎拉乡	542331204000	**萨嘎县(1镇，7乡)**	**542337000000**	**聂荣县(1镇，9乡)**	**542424000000**
涅如堆乡	542331205000	加加镇	542337100000	聂荣镇	542424100000
涅如麦乡	542331206000	昌果乡	542337201000	尼玛乡	542424201000
雄章乡	542331207000	雄如乡	542337202000	色庆乡	542424203000
定结县(3镇，7乡)	**542332000000**	拉藏乡	542337203000	桑荣乡	542424205000
江嘎镇	542332100000	如角乡	542337204000	下曲乡	542424206000
陈塘镇	542332101000	达吉岭乡	542337205000	白雄乡	542424207000
日屋镇	542332102000	旦嘎乡	542337206000	索雄乡	542424208000
确布乡	542332201000	夏如乡	542337207000	当木江乡	542424210000
定结乡	542332202000	**岗巴县(1镇，4乡)**	**542338000000**	查当乡	542424211000
多布扎乡	542332203000	岗巴镇	542338100000	永曲乡	542424212000
扎西岗乡	542332204000	昌龙乡	542338201000	**安多县(4镇，9乡)**	**542425000000**
琼孜乡	542332205000	直克乡	542338202000	帕那镇	542425100000
萨尔乡	542332206000	孔玛乡	542338203000	强玛镇	542425101000
郭加乡	542332207000	龙中乡	542338204000	扎仁镇	542425102000
仲巴县(1镇，12乡)	**542333000000**	**那曲地区(25镇，89乡)**	**542400000000**	雁石坪镇	542425103000
帕羊镇	542333100000	**那曲县(3镇，9乡)**	**542421000000**	多玛乡	542425201000
拉让乡	542333200000	那曲镇	542421100000	玛曲乡	542425202000
琼果乡	542333201000	罗玛镇	542421101000	滩堆乡	542425205000
亚热乡	542333202000	古露镇	542421102000	帮麦乡	542425207000
布多乡	542333203000	达萨乡	542421200000	玛荣乡	542425209000
偏吉乡	542333204000	油恰乡	542421202000	扎曲乡	542425210000
纳久乡	542333205000	香茂乡	542421203000	色务乡	542425211000
吉拉乡	542333206000	那玛切乡	542421205000	措玛乡	542425212000
霍尔巴乡	542333207000	达前乡	542421209000	岗尼乡	542425213000
隆格尔乡	542333208000	洛麦乡	542421210000	**申扎县(2镇，6乡)**	**542426000000**
吉玛乡	542333209000	孔玛乡	542421211000	申扎镇	542426100000
仁多乡	542333210000	尼玛乡	542421213000	雄梅镇	542426101000
帕江乡	542333211000	色雄乡	542421217000	下过乡	542426201000
亚东县(2镇，5乡)	**542334000000**	**嘉黎县(2镇，8乡)**	**542422000000**	恰乡	542426202000
下司马镇	542334100000	阿扎镇	542422100000	巴扎乡	542426203000
帕里镇	542334101000	嘉黎镇	542422101000	塔尔玛乡	542426204000
下亚东乡	542334200000	忠玉乡	542422201000	买巴乡	542426206000
上亚东乡	542334201000	藏比乡	542422202000	马跃乡	542426207000
康布乡	542334202000	措多乡	542422203000	**索县(2镇，8乡)**	**542427000000**
堆纳乡	542334203000	夏玛乡	542422204000	亚拉镇	542427100000
吉汝乡	542334204000	林提乡	542422206000	荣布镇	542427101000
吉隆县(2镇，3乡)	**542335000000**	措拉乡	542422207000	若达乡	542427201000
宗嘎镇	542335100000	绒多乡	542422209000	加勤乡	542427202000
吉隆镇	542335101000	鸽群乡	542422210000	赤多乡	542427203000

续表 4

行政区划名称	行政区划代码	行政区划名称	行政区划代码	行政区划名称	行政区划代码
色昌乡	542427205000	巴嘎乡	542521200000	金达镇	542622101000
江达乡	542427206000	霍尔乡	542521201000	巴河镇	542622102000
热瓦乡	542427208000	**札达县(1镇，6乡)**	**542522000000**	朱拉乡	542622200000
嘎美乡	542427209000	托林镇	542522100000	错高乡	542622201000
嘎木乡	542427210000	萨让乡	542522200000	仲萨乡	542622202000
班戈县(4镇，6乡)	**542428000000**	达巴乡	542522201000	江达乡	542622203000
普保镇	542428100000	底雅乡	542522202000	娘蒲乡	542622204000
北拉镇	542428101000	香孜乡	542522203000	加兴乡	542622205000
德庆镇	542428102000	曲松乡	542522204000	**米林县(3镇，5乡)**	**542623000000**
佳琼镇	542428103000	楚鲁松杰乡	542522205000	米林镇	542623100000
尼玛乡	542428205000	**噶尔县(1镇，4乡)**	**542523000000**	派镇	542623101000
保吉乡	542428207000	狮泉河镇	542523100000	卧龙镇	542623102000
青龙乡	542428209000	昆莎乡	542523200000	丹娘乡	542623200000
马前乡	542428211000	左左乡	542523201000	南伊珞巴民族乡	542623201000
门当乡	542428215000	门士乡	542523202000	扎西绕登乡	542623202000
新吉乡	542428216000	扎西岗乡	542523203000	里龙乡	542623203000
巴青县(3镇，7乡)	**542429000000**	**日土县(1镇，4乡)**	**542524000000**	羌纳乡	542623204000
拉西镇	542429100000	日土镇	542524100000	**墨脱县(1镇，7乡)**	**542624000000**
杂色镇	542429101000	多玛乡	542524200000	墨脱镇	542624100000
雅安镇	542429102000	东汝乡	542524201000	加热萨乡	542624200000
江绵乡	542429201000	热帮乡	542524202000	甘登乡	542624201000
玛如乡	542429202000	日松乡	542524203000	达木珞巴民族乡	542624202000
阿秀乡	542429204000	**革吉县(1镇，4乡)**	**542525000000**	帮辛乡	542624203000
贡日乡	542429205000	革吉镇	542525100000	格当乡	542624204000
岗切乡	542429206000	雄巴乡	542525200000	德兴乡	542624205000
巴青乡	542429210000	亚热乡	542525201000	背崩乡	542624206000
本塔乡	542429211000	擦卡乡	542525202000	**波密县(3镇，7乡)**	**542625000000**
尼玛县(1镇，13乡)	**542430000000**	文布当桑乡	542525203000	扎木镇	542625100000
尼玛镇	542430100000	**改则县(1镇，6乡)**	**542526000000**	倾多镇	542625101000
卓尼乡	542430201000	改则镇	542526100000	松宗镇	542625102000
达果乡	542430202000	物玛乡	542526200000	易贡乡	542625200000
阿索乡	542430203000	先遣乡	542526201000	玉普乡	542625201000
荣玛乡	542430204000	麻米乡	542526202000	康玉乡	542625202000
中仓乡	542430205000	洞措乡	542526203000	多吉乡	542625203000
来多乡	542430206000	古姆乡	542526204000	玉许乡	542625204000
申亚乡	542430207000	察布乡	542526205000	八盖乡	542625205000
卓瓦乡	542430208000	**措勤县(1镇，4乡)**	**542527000000**	古乡	542625207000
俄久乡	542430209000	措勤镇	542527100000	**察隅县(3镇，3乡)**	**542626000000**
文布乡	542430210000	磁石乡	542527200000	竹瓦根镇	542626100000
甲谷乡	542430211000	曲洛乡	542527201000	上察隅镇	542626101000
军仓乡	542430212000	江让乡	542527202000	下察隅镇	542626102000
吉瓦乡	542430213000	达雄乡	542527203000	察瓦龙乡	542626200000
双湖县（1镇，6乡）	**542431000000**	**林芝地区(20镇，34乡)**	**542600000000**	古拉乡	542626201000
措折罗玛镇	542431101000	**林芝县(4镇，3乡)**	**542621000000**	古玉乡	542626202000
协德乡	542431200000	林芝镇	542621100000	**朗县(3镇，3乡)**	**542627000000**
雅曲乡	542431201000	百巴镇	542621101000	朗镇	542627100000
嘎措乡	542431202000	八一镇	542621102000	仲达镇	542627101000
措折强玛乡	542431203000	鲁朗镇	542621103000	洞嘎镇	542627102000
多玛乡	542431204000	更章门巴民族乡	542621200000	拉多乡	542627200000
巴岭乡	542431205000	布久乡	542621202000	金东乡	542627201000
阿里地区(7镇，30乡)	**542500000000**	米瑞乡	542621203000	登木乡	542627202000
普兰县(1镇，2乡)	**542521000000**	**工布江达县(3镇，6乡)**	**542622000000**		
普兰镇	542521100000	工布江达镇	542622100000		

陕西省

陕西省(陕)

行政区划名称	行政区划代码	行政区划名称	行政区划代码	行政区划名称	行政区划代码
陕西省(202街道,1136镇,80乡)	**610000000000**	**未央区(10街道)**	**610112000000**	交口街道	610115015000
		张家堡街道	610112001000	北田街道	610115016000
西安市(109街道,67镇)	**610100000000**	辛家庙街道	610112003000	油槐街道	610115017000
		徐家湾街道	610112004000	何寨街道	610115018000
新城区(9街道)	**610102000000**	大明宫街道	610112005000	铁炉街道	610115019000
西一路街道	610102001000	谭家街道	610112006000	任留街道	610115020000
长乐中路街道	610102002000	草滩街道	610112007000	穆寨街道	610115021000
中山门街道	610102003000	未央宫街道	610112009000	小金街道	610115022000
韩森寨街道	610102004000	汉城街道	610112010000	仁宗街道	610115023000
解放门街道	610102005000	三桥街道	610191001000	**长安区(25街道)**	**610116000000**
自强路街道	610102006000	六村堡街道	610191002000	韦曲街道	610116001000
太华路街道	610102007000	**雁塔区(8街道)**	**610113000000**	郭杜街道	610116002000
长乐西路街道	610102008000	小寨路街道	610113001000	马王街道	610116003000
胡家庙街道	610102009000	大雁塔街道	610113002000	滦镇街道	610116004000
碑林区(8街道)	**610103000000**	长延堡街道	610113003000	子午街道	610116005000
南院门街道	610103001000	电子城街道	610113004000	太乙宫街道	610116006000
柏树林街道	610103002000	等驾坡街道	610113005000	引镇街道	610116007000
长乐坊街道	610103003000	鱼化寨街道	610113006000	东大街道	610116010000
东关南街道	610103004000	丈八街道	610113007000	王曲街道	610116011000
太乙路街道	610103005000	曲江街道	610113008000	杜曲街道	610116012000
文艺路街道	610103006000	**阎良区(5街道,2镇)**	**610114000000**	鸣犊街道	610116013000
长安路街道	610103007000	凤凰路街道	610114001000	细柳街道	610116014000
张家村街道	610103008000	新华路街道	610114002000	黄良街道	610116015000
莲湖区(9街道)	**610104000000**	振兴街道	610114003000	兴隆街道	610116016000
青年路街道	610104001000	新兴街道	610114004000	大兆街道	610116017000
北院门街道	610104002000	北屯街道	610114005000	五台街道	610116019000
北关街道	610104003000	武屯镇	610114100000	王莽街道	610116020000
红庙坡街道	610104004000	关山镇	610114101000	灵沼街道	610116021000
环城西路街道	610104005000	**临潼区(23街道)**	**610115000000**	五星街道	610116022000
西关街道	610104006000	骊山街道	610115001000	杨庄街道	610116023000
土门街道	610104007000	秦陵街道	610115002000	炮里街道	610116024000
桃园路街道	610104008000	新丰街道	610115003000	魏寨街道	610116025000
枣园街道	610104009000	代王街道	610115004000	斗门街道	610191003000
灞桥区(9街道)	**610111000000**	斜口街道	610115005000	王寺街道	610191004000
纺织城街道	610111001000	行者街道	610115006000	高桥街道	610191005000
十里铺街道	610111002000	马额街道	610115007000	**蓝田县(22镇)**	**610122000000**
红旗街道	610111003000	零口街道	610115008000	蓝关镇	610122100000
席王街道	610111004000	雨金街道	610115009000	洩湖镇	610122101000
洪庆街道	610111005000	栎阳街道	610115010000	华胥镇	610122102000
狄寨街道	610111006000	相桥街道	610115011000	前卫镇	610122103000
灞桥街道	610111007000	徐杨街道	610115012000	汤峪镇	610122104000
新筑街道	610111008000	西泉街道	610115013000	焦岱镇	610122105000
新合街道	610111009000	新市街道	610115014000	玉山镇	610122106000

续表 1

行政区划名称	行政区划代码
三里镇	610122107000
普化镇	610122108000
葛牌镇	610122109000
辋川镇	610122110000
蓝桥镇	610122111000
玉川镇	610122112000
灞源镇	610122113000
孟村镇	610122114000
安村镇	610122115000
史家寨镇	610122116000
小寨镇	610122117000
三官庙镇	610122118000
金山镇	610122119000
九间房镇	610122120000
厚镇镇	610122121000
周至县(22镇)	**610124000000**
二曲镇	610124100000
哑柏镇	610124101000
终南镇	610124102000
马召镇	610124103000
集贤镇	610124104000
楼观镇	610124105000
尚村镇	610124106000
广济镇	610124107000
厚畛子镇	610124108000
四屯镇	610124109000
侯家村镇	610124110000
竹峪镇	610124111000
青化镇	610124112000
翠峰镇	610124113000
九峰镇	610124114000
富仁镇	610124115000
司竹镇	610124116000
辛家寨镇	610124117000
骆峪镇	610124118000
陈河镇	610124119000
板房子镇	610124120000
王家河镇	610124121000
户县(16镇)	**610125000000**
甘亭镇	610125100000
余下镇	610125101000
祖庵镇	610125102000
秦渡镇	610125103000

行政区划名称	行政区划代码
大王镇	610125104000
草堂镇	610125105000
蒋村镇	610125106000
庞光镇	610125107000
涝店镇	610125108000
甘河镇	610125109000
石井镇	610125110000
五竹镇	610125111000
玉蝉镇	610125112000
天桥镇	610125113000
渭丰镇	610125114000
苍游镇	610125115000
高陵县(3街道，5镇)	**610126000000**
鹿苑街道	610126001000
泾渭街道	610126002000
崇皇街道	610126003000
通远镇	610126101000
耿镇	610126102000
湾子镇	610126104000
榆楚镇	610126105000
张卜镇	610126106000
铜川市(13街道，23镇，5乡)	**610200000000**
王益区(5街道，1镇，1乡)	**610202000000**
七一路街道	610202001000
红旗街道	610202002000
桃园街道	610202003000
青年路街道	610202004000
王家河街道	610202005000
黄堡镇	610202100000
王益乡	610202201000
印台区(3街道，7镇)	**610203000000**
城关街道	610203001000
三里洞街道	610203002000
王石凹街道	610203003000
陈炉镇	610203100000
红土镇	610203101000
广阳镇	610203102000
金锁关镇	610203104000
阿庄镇	610203106000
印台镇	610203107000
高楼河镇	610203108000
耀州区(5街道，9镇，1乡)	**610204000000**

行政区划名称	行政区划代码
天宝路街道	610204001000
永安路街道	610204002000
咸丰路街道	610204003000
正阳路街道	610204004000
锦阳路街道	610204005000
董家河镇	610204101000
庙湾镇	610204102000
瑶曲镇	610204103000
照金镇	610204104000
坡头镇	610204106000
小丘镇	610204107000
孙塬镇	610204108000
关庄镇	610204109000
石柱镇	610204110000
演池乡	610204200000
宜君县(6镇，3乡)	**610222000000**
城关镇	610222100000
彭镇	610222101000
五里镇	610222102000
太安镇	610222103000
棋盘镇	610222104000
尧生镇	610222105000
哭泉乡	610222200000
云梦乡	610222201000
西村乡	610222204000
宝鸡市(15街道，105镇)	**610300000000**
渭滨区(5街道，5镇)	**610302000000**
金陵街道	610302001000
经二路街道	610302002000
清姜街道	610302003000
姜谭街道	610302004000
桥南街道	610302005000
马营镇	610302100000
石鼓镇	610302101000
神农镇	610302102000
高家镇	610302103000
八鱼镇	610302105000
金台区(7街道，4镇)	**610303000000**
中山东路街道	610303001000
西关街道	610303002000
中山西路街道	610303003000
群众路街道	610303004000
东风路街道	610303006000

续表 2

行政区划名称	行政区划代码
十里铺街道	610303007000
卧龙寺街道	610303008000
陈仓镇	610303100000
蟠龙镇	610303101000
金河镇	610303102000
硖石镇	610303103000
陈仓区(3街道，15镇)	**610304000000**
虢镇街道	610304001000
东关街道	610304002000
千渭街道	610304003000
阳平镇	610304100000
千河镇	610304101000
磻溪镇	610304102000
天王镇	610304103000
慕仪镇	610304104000
周原镇	610304105000
贾村镇	610304106000
县功镇	610304108000
新街镇	610304109000
坪头镇	610304110000
香泉镇	610304111000
赤沙镇	610304112000
拓石镇	610304113000
凤阁岭镇	610304114000
钓渭镇	610304115000
凤翔县(12镇)	**610322000000**
城关镇	610322100000
虢王镇	610322101000
彪角镇	610322102000
横水镇	610322103000
田家庄镇	610322104000
糜杆桥镇	610322105000
南指挥镇	610322107000
陈村镇	610322108000
长青镇	610322109000
柳林镇	610322110000
姚家沟镇	610322111000
范家寨镇	610322112000
岐山县(10镇)	**610323000000**
益店镇	610323103000
蒲村镇	610323104000
祝家庄镇	610323105000
青化镇	610323106000
枣林镇	610323107000
雍川镇	610323108000
凤鸣镇	610323111000
蔡家坡镇	610323112000
京当镇	610323113000
故郡镇	610323114000
扶风县(8镇)	**610324000000**
城关镇	610324100000
天度镇	610324101000
午井镇	610324102000
绛帐镇	610324103000
段家镇	610324104000
杏林镇	610324105000
召公镇	610324106000
法门镇	610324107000
眉县(8镇)	**610326000000**
首善镇	610326100000
横渠镇	610326101000
槐芽镇	610326102000
汤峪镇	610326103000
常兴镇	610326104000
金渠镇	610326105000
营头镇	610326106000
齐镇	610326107000
陇县(12镇)	**610327000000**
城关镇	610327100000
东风镇	610327101000
八渡镇	610327102000
温水镇	610327106000
天成镇	610327107000
曹家湾镇	610327108000
固关镇	610327109000
火烧寨镇	610327110000
东南镇	610327111000
河北镇	610327112000
李家河镇	610327113000
新集川镇	610327114000
千阳县(8镇)	**610328000000**
城关镇	610328100000
崔家头镇	610328101000
南寨镇	610328102000
张家塬镇	610328103000
水沟镇	610328104000
草碧镇	610328105000
柿沟镇	610328106000
高崖镇	610328107000
麟游县(7镇)	**610329000000**
九成宫镇	610329100000
崔木镇	610329101000
招贤镇	610329102000
两亭镇	610329103000
常丰镇	610329104000
丈八镇	610329105000
酒房镇	610329106000
凤县(9镇)	**610330000000**
双石铺镇	610330100000
凤州镇	610330101000
黄牛铺镇	610330102000
红花铺镇	610330103000
河口镇	610330104000
唐藏镇	610330105000
平木镇	610330106000
坪坎镇	610330107000
留凤关镇	610330111000
太白县(7镇)	**610331000000**
嘴头镇	610331100000
桃川镇	610331101000
靖口镇	610331103000
太白河镇	610331104000
鹦鸽镇	610331105000
王家堎镇	610331106000
黄柏塬镇	610331107000
咸阳市(27街道，129镇)	**610400000000**
秦都区(11街道，1镇)	**610402000000**
人民路街道	610402001000
西兰路街道	610402002000
吴家堡街道	610402003000
渭阳西路街道	610402004000
陈杨寨街道	610402005000
古渡街道	610402006000
沣东街道	610402007000
钓台街道	610402008000
马泉街道	610402009000
渭滨街道	610402010000
双照街道	610402011000
马庄镇	610402105000

续表 3

行政区划名称	行政区划代码	行政区划名称	行政区划代码	行政区划名称	行政区划代码
杨陵区(2街道，3镇)	**610403000000**	薛录镇	610424101000	小章镇	610427104000
杨陵街道	610403001000	梁村镇	610424102000	永乐镇	610427105000
李台街道	610403002000	临平镇	610424103000	义门镇	610427106000
五泉镇	610403100000	姜村镇	610424104000	水口镇	610427107000
大寨镇	610403101000	王村镇	610424105000	香庙镇	610427108000
揉谷镇	610403102000	马连镇	610424106000	炭店镇	610427109000
渭城区(9街道，1镇)	**610404000000**	阳峪镇	610424107000	底店镇	610427110000
中山街道	610404001000	峰阳镇	610424108000	韩家镇	610427111000
文汇路街道	610404002000	注泔镇	610424109000	太峪镇	610427112000
新兴街道	610404003000	灵源镇	610424110000	**长武县(9镇)**	**610428000000**
渭阳街道	610404004000	阳洪镇	610424111000	昭仁镇	610428100000
渭城街道	610404005000	梁山镇	610424112000	相公镇	610428101000
窑店街道	610404006000	周城镇	610424113000	巨家镇	610428102000
正阳街道	610404007000	新阳镇	610424114000	丁家镇	610428103000
周陵街道	610404008000	大杨镇	610424115000	洪家镇	610428104000
底张街道	610404009000	**礼泉县(12镇)**	**610425000000**	亭口镇	610428105000
北杜镇	610404105000	城关镇	610425100000	彭公镇	610428106000
三原县(11镇)	**610422000000**	史德镇	610425101000	地掌镇	610428107000
城关镇	610422100000	西张堡镇	610425102000	枣元镇	610428108000
安乐镇	610422101000	阡东镇	610425103000	**旬邑县(11镇)**	**610429000000**
陂西镇	610422102000	烽火镇	610425104000	城关镇	610429100000
独李镇	610422103000	烟霞镇	610425105000	土桥镇	610429101000
大程镇	610422104000	赵镇	610425106000	职田镇	610429102000
西阳镇	610422105000	昭陵镇	610425107000	张洪镇	610429103000
鲁桥镇	610422106000	叱干镇	610425108000	太村镇	610429104000
陵前镇	610422107000	南坊镇	610425109000	郑家镇	610429105000
新兴镇	610422109000	石潭镇	610425110000	湫坡头镇	610429106000
嵯峨镇	610422110000	骏马镇	610425111000	底庙镇	610429107000
渠岸镇	610422111000	**永寿县(11镇)**	**610426000000**	丈八寺镇	610429108000
泾阳县(13镇)	**610423000000**	监军镇	610426100000	马栏镇	610429109000
泾干镇	610423100000	店头镇	610426101000	清塬镇	610429110000
永乐镇	610423101000	常宁镇	610426102000	**淳化县(12镇)**	**610430000000**
云阳镇	610423102000	仪井镇	610426103000	城关镇	610430100000
桥底镇	610423103000	甘井镇	610426104000	官庄镇	610430101000
王桥镇	610423104000	马坊镇	610426105000	马家镇	610430102000
口镇	610423105000	窦家镇	610426106000	方里镇	610430103000
三渠镇	610423107000	渠子镇	610426107000	润镇	610430104000
高庄镇	610423108000	御驾宫镇	610426108000	车坞镇	610430105000
太平镇	610423111000	永太镇	610426109000	铁王镇	610430106000
崇文镇	610423112000	永平镇	610426110000	石桥镇	610430107000
安吴镇	610423114000	**彬县(13镇)**	**610427000000**	胡家庙镇	610430108000
中张镇	610423115000	城关镇	610427100000	十里塬镇	610430109000
兴隆镇	610423116000	北极镇	610427101000	卜家镇	610430110000
乾县(16镇)	**610424000000**	新民镇	610427102000	固贤镇	610430111000
城关镇	610424100000	龙高镇	610427103000	**武功县(8镇)**	**610431000000**

续表 4

行政区划名称	行政区划代码	行政区划名称	行政区划代码	行政区划名称	行政区划代码
普集镇	610431100000	蔺店镇	610502109000	赵渡镇	610523123000
苏坊镇	610431101000	官底镇	610502111000	平民镇	610523124000
武功镇	610431102000	官路镇	610502112000	**合阳县（12镇）**	**610524000000**
游风镇	610431103000	丰原镇	610502113000	城关镇	610524100000
贞元镇	610431104000	阎村镇	610502114000	甘井镇	610524101000
长宁镇	610431105000	龙背镇	610502115000	坊镇	610524102000
小村镇	610431106000	官道镇	610502116000	洽川镇	610524103000
大庄镇	610431107000	**华县（10镇）**	**610521000000**	新池镇	610524104000
兴平市（5街道，8镇）	**610481000000**	华州镇	610521100000	黑池镇	610524105000
东城街道	610481001000	杏林镇	610521101000	路井镇	610524106000
西城街道	610481002000	赤水镇	610521102000	和家庄镇	610524107000
店张街道	610481003000	高塘镇	610521103000	王村镇	610524108000
马嵬街道	610481004000	大明镇	610521104000	同家庄镇	610524110000
西吴街道	610481005000	瓜坡镇	610521105000	百良镇	610524111000
赵村镇	610481101000	莲花寺镇	610521106000	金峪镇	610524112000
桑镇	610481102000	柳枝镇	610521107000	**澄城县（8镇，2乡）**	**610525000000**
南市镇	610481104000	下庙镇	610521108000	城关镇	610525100000
庄头镇	610481105000	金堆镇	610521109000	冯原镇	610525101000
南位镇	610481106000	**潼关县（5镇，1乡）**	**610522000000**	王庄镇	610525102000
汤坊镇	610481107000	桐峪镇	610522100000	尧头镇	610525103000
丰仪镇	610481108000	太要镇	610522101000	赵庄镇	610525104000
阜寨镇	610481109000	城关镇	610522102000	交道镇	610525105000
渭南市（12街道，124镇，6乡）	**610500000000**	秦东镇	610522103000	寺前镇	610525106000
		代字营镇	610522104000	韦庄镇	610525107000
临渭区（8街道，16镇）	**610502000000**	安乐乡	610522202000	安里乡	610525203000
杜桥街道	610502001000	**大荔县（18镇）**	**610523000000**	庄头乡	610525205000
人民街道	610502002000	城关镇	610523100000	**蒲城县（17镇）**	**610526000000**
解放街道	610502003000	两宜镇	610523104000	城关镇	610526100000
向阳街道	610502004000	冯村镇	610523107000	罕井镇	610526101000
站南街道	610502005000	双泉镇	610523108000	孙镇	610526102000
双王街道	610502006000	高明镇	610523109000	兴镇	610526103000
崇业路街道	610502007000	范家镇	610523112000	党睦镇	610526104000
良田街道	610502008000	官池镇	610523113000	高阳镇	610526105000
桥南镇	610502100000	韦林镇	610523114000	永丰镇	610526106000
阳郭镇	610502101000	羌白镇	610523115000	荆姚镇	610526107000
故市镇	610502102000	下寨镇	610523116000	苏坊镇	610526108000
下邽镇	610502103000	安仁镇	610523117000	龙阳镇	610526109000
三张镇	610502104000	许庄镇	610523118000	洛滨镇	610526112000
交斜镇	610502105000	朝邑镇	610523119000	陈庄镇	610526113000
辛市镇	610502106000	埝桥镇	610523120000	上王镇	610526114000
崇凝镇	610502107000	段家镇	610523121000	翔村镇	610526115000
孝义镇	610502108000	苏村镇	610523122000	龙池镇	610526116000

续表 5

行政区划名称	行政区划代码
椿林镇	610526117000
桥陵镇	610526118000
白水县(7镇，3乡)	**610527000000**
城关镇	610527100000
冯雷镇	610527101000
尧禾镇	610527102000
杜康镇	610527103000
西固镇	610527104000
林皋镇	610527106000
史官镇	610527107000
雷牙乡	610527201000
云台乡	610527205000
北塬乡	610527208000
富平县(17镇)	**610528000000**
庄里镇	610528101000
张桥镇	610528102000
美原镇	610528103000
流曲镇	610528104000
淡村镇	610528105000
王寮镇	610528106000
留古镇	610528107000
老庙镇	610528108000
薛镇	610528109000
到贤镇	610528110000
曹村镇	610528111000
宫里镇	610528112000
梅家坪镇	610528113000
刘集镇	610528114000
齐村镇	610528115000
小惠镇	610528116000
城关镇	610528117000
韩城市(2街道，10镇)	**610581000000**
新城街道	610581001000
金城街道	610581002000
龙门镇	610581100000
桑树坪镇	610581101000
龙亭镇	610581102000
芝川镇	610581103000
西庄镇	610581104000
昝村镇	610581105000
芝阳镇	610581106000
嵬东镇	610581107000
板桥镇	610581108000
王峰镇	610581109000
华阴市(2街道，4镇)	**610582000000**
太华路街道	610582001000
岳庙街道	610582002000
孟塬镇	610582100000
华西镇	610582103000
华山镇	610582104000
罗敷镇	610582105000
延安市(3街道，91镇，31乡)	**610600000000**
宝塔区(3街道，11镇，5乡)	**610602000000**
宝塔山街道	610602001000
南市街道	610602002000
凤凰山街道	610602003000
桥沟镇	610602100000
枣园镇	610602101000
河庄坪镇	610602102000
李渠镇	610602103000
青化砭镇	610602105000
柳林镇	610602107000
甘谷驿镇	610602110000
临镇镇	610602111000
蟠龙镇	610602112000
姚店镇	610602113000
南泥湾镇	610602114000
川口乡	610602200000
冯庄乡	610602202000
梁村乡	610602204000
麻洞川乡	610602205000
万花山乡	610602208000
延长县(7镇，2乡)	**610621000000**
七里村镇	610621100000
黑家堡镇	610621101000
郑庄镇	610621102000
张家滩镇	610621103000
交口镇	610621104000
罗子山镇	610621106000
雷赤镇	610621107000
郭旗乡	610621200000
安沟乡	610621202000
延川县(8镇，2乡)	**610622000000**
延川镇	610622100000
永坪镇	610622101000
延水关镇	610622102000
文安驿镇	610622103000
杨家圪台镇	610622104000
贾家坪镇	610622105000
禹居镇	610622106000
关庄镇	610622107000
马家河乡	610622203000
土岗乡	610622205000
子长县(9镇，1乡)	**610623000000**
玉家湾镇	610623102000
安定镇	610623103000
马家砭镇	610623104000
南沟岔镇	610623105000
涧峪岔镇	610623106000
李家岔镇	610623107000
杨家园则镇	610623108000
余家坪镇	610623109000
瓦窑堡镇	610623110000
史家畔乡	610623201000
安塞县(8镇，1乡)	**610624000000**
真武洞镇	610624100000
砖窑湾镇	610624101000
沿河湾镇	610624102000
化子坪镇	610624104000
建华镇	610624106000
招安镇	610624107000
高桥镇	610624108000
坪桥镇	610624109000
镰刀湾乡	610624203000
志丹县(7镇，1乡)	**610625000000**
保安镇	610625100000
旦八镇	610625103000
金鼎镇	610625104000
永宁镇	610625105000
杏河镇	610625106000
顺宁镇	610625107000
义正镇	610625108000
双河乡	610625200000
吴起县(6镇，3乡)	**610626000000**
周湾镇	610626102000
白豹镇	610626103000
长官庙镇	610626104000
长城镇	610626105000
铁边城镇	610626108000
吴起镇	610626109000
吴仓堡乡	610626200000
庙沟乡	610626203000
五谷城乡	610626206000

续表 6

行政区划名称	行政区划代码
甘泉县(3镇，3乡)	**610627000000**
城关镇	610627100000
下寺湾镇	610627101000
道镇	610627102000
桥镇乡	610627200000
石门乡	610627201000
劳山乡	610627203000
富县(9镇，1乡)	**610628000000**
张村驿镇	610628102000
张家湾镇	610628103000
直罗镇	610628104000
牛武镇	610628106000
交道镇	610628107000
吉子现镇	610628108000
茶坊镇	610628109000
寺仙镇	610628110000
羊泉镇	610628111000
北道德乡	610628204000
洛川县(7镇，5乡)	**610629000000**
凤栖镇	610629100000
旧县镇	610629101000
交口河镇	610629102000
老庙镇	610629103000
土基镇	610629104000
石头镇	610629105000
槐柏镇	610629106000
菩堤乡	610629200000
黄章乡	610629201000
永乡	610629202000
杨舒乡	610629204000
朱牛乡	610629208000
宜川县(6镇，3乡)	**610630000000**
丹州镇	610630100000
秋林镇	610630101000
阁楼镇	610630103000
集义镇	610630104000
云岩镇	610630105000
壶口镇	610630106000
英旺乡	610630200000
交里乡	610630201000
牛家佃乡	610630202000
黄龙县(4镇，3乡)	**610631000000**
石堡镇	610631100000
白马滩镇	610631101000
瓦子街镇	610631102000
界头庙镇	610631104000
三岔乡	610631200000
圪台乡	610631205000
崾崄乡	610631206000
黄陵县(6镇，1乡)	**610632000000**
桥山镇	610632100000
店头镇	610632101000
隆坊镇	610632102000
田庄镇	610632103000
阿党镇	610632104000
双龙镇	610632105000
仓村乡	610632202000
汉中市(8街道，180镇)	**610700000000**
汉台区(8街道，7镇)	**610702000000**
北关街道	610702001000
东大街街道	610702002000
汉中路街道	610702003000
中山街街道	610702004000
东关街道	610702005000
龙江街道	610702006000
七里街道	610702008000
铺镇	610702100000
武乡镇	610702101000
河东店镇	610702102000
宗营镇	610702104000
老君镇	610702105000
汉王镇	610702106000
徐望镇	610702107000
鑫源街道	610791001000
南郑县(22镇)	**610721000000**
汉山镇	610721100000
圣水镇	610721101000
大河坎镇	610721102000
协税镇	610721103000
梁山镇	610721104000
阳春镇	610721105000
高台镇	610721106000
新集镇	610721107000
濂水镇	610721108000
黄官镇	610721109000
青树镇	610721110000
红庙镇	610721111000
牟家坝镇	610721112000
法镇	610721113000
湘水镇	610721114000
小南海镇	610721115000
碑坝镇	610721116000
黎坪镇	610721117000
福成镇	610721118000
两河镇	610721119000
胡家营镇	610721120000
忍水镇	610721121000
城固县(18镇)	**610722000000**
博望镇	610722100000
龙头镇	610722101000
沙河营镇	610722102000
文川镇	610722103000
柳林镇	610722104000
老庄镇	610722105000
崔家山镇	610722106000
桔园镇	610722107000
原公镇	610722108000
上元观镇	610722109000
天明镇	610722110000
二里镇	610722111000
五堵镇	610722112000
双溪镇	610722114000
小河镇	610722116000
三合镇	610722118000
董家营镇	610722119000
五郎庙镇	610722120000
洋县(20镇)	**610723000000**
洋州镇	610723100000
戚氏镇	610723101000
龙亭镇	610723103000
谢村镇	610723104000
马畅镇	610723105000
溢水镇	610723107000
磨子桥镇	610723108000
黄家营镇	610723109000
黄安镇	610723110000

续表 7

行政区划名称	行政区划代码	行政区划名称	行政区划代码	行政区划名称	行政区划代码
黄金峡镇	610723111000	阜川镇	610725113000	黑河镇	610727111000
槐树关镇	610723112000	新铺镇	610725114000	白雀寺镇	610727112000
金水镇	610723113000	青羊驿镇	610725115000	西淮坝镇	610727113000
华阳镇	610723114000	茶店镇	610725116000	五龙洞镇	610727114000
茅坪镇	610723115000	镇川镇	610725117000	观音寺镇	610727115000
白石镇	610723116000	长沟河镇	610725118000	马蹄湾镇	610727116000
长溪镇	610723117000	张家河镇	610725119000	仙台坝镇	610727117000
四郎镇	610723118000	漆树坝镇	610725120000	**镇巴县(21镇)**	**610728000000**
关帝镇	610723119000	**宁强县(21镇)**	**610726000000**	泾洋镇	610728100000
桑溪镇	610723120000	汉源镇	610726100000	渔渡镇	610728101000
八里关镇	610723121000	高寨子镇	610726101000	盐场镇	610728102000
西乡县(18镇)	**610724000000**	大安镇	610726102000	观音镇	610728103000
城关镇	610724100000	代家坝镇	610726103000	巴庙镇	610728104000
杨河镇	610724101000	阳平关镇	610726104000	兴隆镇	610728105000
柳树镇	610724102000	燕子砭镇	610726105000	长岭镇	610728106000
沙河镇	610724103000	广坪镇	610726106000	三元镇	610728107000
私渡镇	610724104000	青木川镇	610726107000	简池镇	610728108000
桑园镇	610724105000	毛坝河镇	610726108000	碾子镇	610728109000
白龙塘镇	610724106000	铁锁关镇	610726109000	小洋镇	610728110000
峡口镇	610724108000	胡家坝镇	610726110000	青水镇	610728111000
堰口镇	610724109000	巴山镇	610726111000	永乐镇	610728112000
茶镇	610724110000	巨亭镇	610726112000	三溪镇	610728113000
高川镇	610724111000	舒家坝镇	610726113000	杨家河镇	610728114000
两河口镇	610724112000	庙坝镇	610726114000	赤南镇	610728115000
五里坝镇	610724113000	巩家河镇	610726115000	大巴山镇	610728116000
大河镇	610724114000	太阳岭镇	610726116000	大池镇	610728117000
罗镇	610724115000	苍社镇	610726117000	平安镇	610728118000
骆家坝镇	610724116000	安乐河镇	610726118000	仁村镇	610728119000
子午镇	610724117000	禅家岩镇	610726119000	黎坝镇	610728120000
白勉峡镇	610724118000	二郎坝镇	610726120000	**留坝县(8镇)**	**610729000000**
勉县(19镇)	**610725000000**	**略阳县(18镇)**	**610727000000**	紫柏山镇	610729100000
勉阳镇	610725100000	城关镇	610727100000	马道镇	610729101000
武侯镇	610725101000	接官亭镇	610727101000	武关驿镇	610729102000
周家山镇	610725102000	横现河镇	610727102000	留侯镇	610729103000
同沟寺镇	610725103000	两河口镇	610727103000	江口镇	610729104000
新街子镇	610725105000	金家河镇	610727104000	青桥驿镇	610729105000
老道寺镇	610725106000	徐家坪镇	610727105000	火烧店镇	610729106000
褒城镇	610725107000	白水江镇	610727106000	玉皇庙镇	610729107000
金泉镇	610725109000	硖口驿镇	610727107000	**佛坪县(8镇)**	**610730000000**
定军山镇	610725110000	何家岩镇	610727108000	袁家庄镇	610730100000
温泉镇	610725111000	乐素河镇	610727109000	陈家坝镇	610730101000
元墩镇	610725112000	郭镇	610727110000	大河坝镇	610730102000

续表 8

行政区划名称	行政区划代码
西岔河镇	610730103000
长角坝镇	610730104000
十亩地镇	610730105000
石墩河镇	610730106000
岳坝镇	610730107000
榆林市(7街道，138镇，38乡)	**610800000000**
榆阳区(7街道，14镇，7乡)	**610802000000**
鼓楼街道	610802001000
青山路街道	610802002000
上郡路街道	610802003000
新明楼街道	610802004000
航宇路街道	610802005000
崇文路街道	610802006000
驼峰路街道	610802007000
鱼河镇	610802100000
上盐湾镇	610802101000
镇川镇	610802102000
清泉镇	610802103000
麻黄梁镇	610802105000
牛家梁镇	610802106000
金鸡滩镇	610802107000
马合镇	610802108000
巴拉素镇	610802109000
榆阳镇	610802110000
鱼河峁镇	610802111000
大河塔镇	610802112000
古塔镇	610802113000
青云镇	610802114000
孟家湾乡	610802205000
小壕兔乡	610802206000
岔河则乡	610802207000
补浪河乡	610802208000
红石桥乡	610802209000
小纪汗乡	610802210000
芹河乡	610802211000
神木县(15镇)	**610821000000**
神木镇	610821100000
高家堡镇	610821101000
店塔镇	610821102000
孙家岔镇	610821103000
大柳塔镇	610821104000
花石崖镇	610821105000

行政区划名称	行政区划代码
中鸡镇	610821106000
贺家川镇	610821107000
尔林兔镇	610821108000
万镇	610821109000
大保当镇	610821110000
马镇	610821111000
栏杆堡镇	610821112000
沙峁镇	610821113000
锦界镇	610821114000
府谷县(15镇)	**610822000000**
府谷镇	610822100000
黄甫镇	610822101000
麻镇	610822102000
哈镇	610822103000
庙沟门镇	610822104000
新民镇	610822105000
孤山镇	610822106000
清水镇	610822108000
古城镇	610822109000
三道沟镇	610822110000
大昌汗镇	610822112000
老高川镇	610822113000
武家庄镇	610822114000
木瓜镇	610822115000
田家寨镇	610822116000
横山县(12镇，2乡)	**610823000000**
横山镇	610823100000
石湾镇	610823101000
高镇	610823102000
武镇	610823103000
党岔镇	610823104000
响水镇	610823105000
波罗镇	610823106000
殿市镇	610823107000
塔湾镇	610823108000
赵石畔镇	610823109000
韩岔镇	610823110000
魏家楼镇	610823111000
白界乡	610823203000
雷龙湾乡	610823207000
靖边县(11镇，6乡)	**610824000000**
张家畔镇	610824100000
东坑镇	610824101000

行政区划名称	行政区划代码
青阳岔镇	610824102000
宁条梁镇	610824103000
周河镇	610824104000
红墩界镇	610824105000
杨桥畔镇	610824106000
王渠则镇	610824107000
中山涧镇	610824108000
杨米涧镇	610824109000
天赐湾镇	610824110000
龙洲乡	610824200000
海则滩乡	610824201000
黄蒿界乡	610824202000
席麻湾乡	610824203000
小河乡	610824206000
镇靖乡	610824212000
定边县(15镇，5乡)	**610825000000**
定边镇	610825100000
贺圈镇	610825101000
红柳沟镇	610825102000
砖井镇	610825103000
白泥井镇	610825104000
安边镇	610825105000
堆子梁镇	610825106000
白湾子镇	610825107000
姬塬镇	610825108000
杨井镇	610825109000
新安边镇	610825110000
张崾崄镇	610825111000
樊学镇	610825112000
盐场堡镇	610825113000
郝滩镇	610825114000
石洞沟乡	610825202000
油房庄乡	610825204000
纪畔乡	610825205000
冯地坑乡	610825207000
学庄乡	610825210000
绥德县(12镇，4乡)	**610826000000**
薛家峁镇	610826101000
崔家湾镇	610826102000
定仙墕镇	610826103000
枣林坪镇	610826104000
义合镇	610826105000
吉镇	610826106000

续表 9

行政区划名称	行政区划代码	行政区划名称	行政区划代码	行政区划名称	行政区划代码
薛家河镇	610826107000	岔上镇	610829104000	流水镇	610902110000
石家湾镇	610826109000	张家山镇	610829105000	大竹园镇	610902111000
田庄镇	610826110000	**清涧县(8镇，4乡)**	**610830000000**	洪山镇	610902112000
名州镇	610826111000	宽洲镇	610830100000	石转镇	610902113000
中角镇	610826112000	石咀驿镇	610830101000	茨沟镇	610902114000
四十铺镇	610826113000	折家坪镇	610830102000	大河镇	610902115000
白家硷乡	610826201000	玉家河镇	610830103000	沈坝镇	610902116000
韭园沟乡	610826206000	高杰村镇	610830104000	双龙镇	610902117000
满堂川乡	610826207000	李家塔镇	610830105000	叶坪镇	610902118000
张家砭乡	610826208000	店则沟镇	610830106000	中原镇	610902119000
米脂县(8镇，2乡)	**610827000000**	解家沟镇	610830107000	早阳镇	610902120000
银州镇	610827100000	下廿里铺乡	610830202000	共进镇	610902121000
桃镇	610827101000	双庙河乡	610830203000	石梯镇	610902122000
龙镇	610827102000	老舍窠乡	610830204000	关家镇	610902123000
杨家沟镇	610827103000	石盘乡	610830206000	县河镇	610902124000
杜家石沟镇	610827104000	**子洲县(11镇，3乡)**	**610831000000**	田坝镇	610902125000
沙家店镇	610827105000	双湖峪镇	610831100000	晏坝镇	610902126000
印斗镇	610827106000	何家集镇	610831101000	双溪镇	610902127000
郭兴庄镇	610827107000	老君殿镇	610831102000	谭坝镇	610902128000
桥河岔乡	610827201000	裴家湾镇	610831103000	坝河镇	610902129000
十里铺乡	610827204000	苗家坪镇	610831104000	新坝镇	610902130000
佳县(11镇，5乡)	**610828000000**	三川口镇	610831105000	牛蹄镇	610902131000
佳芦镇	610828100000	马蹄沟镇	610831106000	紫荆镇	610902132000
坑镇	610828101000	周家硷镇	610831107000	**汉阴县(14镇)**	**610921000000**
店镇	610828102000	电市镇	610831108000	城关镇	610921100000
乌镇	610828103000	砖庙镇	610831109000	涧池镇	610921101000
金明寺镇	610828104000	淮宁湾镇	610831110000	蒲溪镇	610921102000
通镇	610828105000	驼耳巷乡	610831200000	平梁镇	610921103000
王家砭镇	610828106000	马岔乡	610831204000	双乳镇	610921104000
方塌镇	610828107000	槐树岔乡	610831205000	铁佛寺镇	610921105000
朱官寨镇	610828108000	**安康市(4街道，157镇)**	**610900000000**	龙垭镇	610921106000
朱家坬镇	610828109000	**汉滨区(4街道，30镇)**	**610902000000**	漩涡镇	610921107000
螅镇	610828110000	老城街道	610902001000	汉阳镇	610921108000
刘国具乡	610828200000	新城街道	610902002000	酒店镇	610921109000
木头峪乡	610828202000	江北街道	610902003000	双河口镇	610921110000
大佛寺乡	610828204000	建民街道	610902004000	上七镇	610921111000
康家港乡	610828205000	关庙镇	610902100000	观音河镇	610921112000
上高寨乡	610828206000	张滩镇	610902101000	双坪镇	610921113000
吴堡县(6镇)	**610829000000**	瀛湖镇	610902102000	**石泉县(11镇)**	**610922000000**
宋家川镇	610829100000	五里镇	610902104000	城关镇	610922100000
辛家沟镇	610829101000	大同镇	610902106000	饶峰镇	610922101000
郭家沟镇	610829102000	恒口镇	610902107000	两河镇	610922102000
寇家塬镇	610829103000	吉河镇	610902109000	迎丰镇	610922103000

续表 10

行政区划名称	行政区划代码	行政区划名称	行政区划代码	行政区划名称	行政区划代码
池河镇	610922104000	城关镇	610925100000	小河镇	610928105000
后柳镇	610922105000	佐龙镇	610925101000	赵湾镇	610928106000
喜河镇	610922106000	花里镇	610925102000	麻坪镇	610928107000
熨斗镇	610922107000	滔河镇	610925103000	甘溪镇	610928108000
云雾山镇	610922108000	官元镇	610925104000	白柳镇	610928109000
曾溪镇	610922109000	石门镇	610925105000	吕河镇	610928110000
中池镇	610922110000	民主镇	610925106000	神河镇	610928111000
宁陕县(12镇)	**610923000000**	大道河镇	610925107000	赤岩镇	610928112000
城关镇	610923100000	蔺河镇	610925108000	段家河镇	610928113000
四亩地镇	610923101000	溢河镇	610925109000	金寨镇	610928114000
江口回族镇	610923102000	四季镇	610925110000	桐木镇	610928115000
广货街镇	610923104000	孟石岭镇	610925111000	仙河镇	610928116000
龙王镇	610923105000	横溪镇	610925112000	构元镇	610928117000
筒车湾镇	610923106000	堰门镇	610925113000	石门镇	610928118000
金川镇	610923108000	铁炉镇	610925114000	红军镇	610928119000
皇冠镇	610923109000	**平利县(11镇)**	**610926000000**	仁河口镇	610928120000
丰富镇	610923110000	城关镇	610926100000	铜钱关镇	610928121000
梅子镇	610923111000	兴隆镇	610926101000	**白河县(12镇)**	**610929000000**
新场镇	610923112000	老县镇	610926102000	城关镇	610929100000
太山庙镇	610923113000	大贵镇	610926103000	中厂镇	610929101000
紫阳县(21镇)	**610924000000**	三阳镇	610926104000	构扒镇	610929102000
城关镇	610924100000	洛河镇	610926105000	卡子镇	610929103000
蒿坪镇	610924101000	广佛镇	610926106000	茅坪镇	610929104000
汉王镇	610924102000	八仙镇	610926107000	宋家镇	610929105000
焕古镇	610924103000	长安镇	610926108000	西营镇	610929106000
向阳镇	610924104000	西河镇	610926109000	仓上镇	610929107000
洞河镇	610924105000	正阳镇	610926110000	冷水镇	610929108000
洄水镇	610924106000	**镇坪县(9镇)**	**610927000000**	双丰镇	610929109000
斑桃镇	610924107000	城关镇	610927100000	小双镇	610929110000
双桥镇	610924108000	曾家镇	610927101000	麻虎镇	610929111000
高桥镇	610924109000	牛头店镇	610927102000	**商洛市(4街道，122镇)**	**611000000000**
红椿镇	610924110000	钟宝镇	610927103000	**商州区(4街道，19镇)**	**611002000000**
高滩镇	610924111000	洪石镇	610927104000	城关街道	611002001000
毛坝镇	610924112000	上竹镇	610927105000	大赵峪街道	611002002000
瓦庙镇	610924113000	曙坪镇	610927106000	陈塬街道	611002003000
麻柳镇	610924114000	小曙河镇	610927107000	刘湾街道	611002004000
双安镇	610924115000	华坪镇	610927108000	夜村镇	611002101000
东木镇	610924116000	**旬阳县(22镇)**	**610928000000**	沙河子镇	611002104000
界岭镇	610924117000	城关镇	610928100000	杨峪河镇	611002105000
广城镇	610924118000	棕溪镇	610928101000	金陵寺镇	611002106000
饶溪镇	610924119000	关口镇	610928102000	黑山镇	611002107000
联合镇	610924120000	蜀河镇	610928103000	杨斜镇	611002108000
岚皋县(15镇)	**610925000000**	双河镇	610928104000	麻街镇	611002109000

续表 11

行政区划名称	行政区划代码	行政区划名称	行政区划代码	行政区划名称	行政区划代码
黑龙口镇	611002110000	寺坪镇	611022108000	两岭镇	611024118000
牧护关镇	611002111000	商镇	611022109000	王阎镇	611024119000
大荆镇	611002112000	棣花镇	611022110000	天桥镇	611024120000
腰市镇	611002113000	资峪镇	611022111000	石佛寺镇	611024121000
板桥镇	611002114000	月日镇	611022112000	法官镇	611024122000
北宽坪镇	611002115000	桃坪镇	611022113000	**镇安县(19镇)**	**611025000000**
砚池河镇	611002116000	花瓶子镇	611022114000	永乐镇	611025100000
麻池河镇	611002117000	北赵川镇	611022115000	回龙镇	611025101000
西荆镇	611002118000	**商南县(13镇)**	**611023000000**	铁厂镇	611025102000
三岔河镇	611002119000	城关镇	611023100000	大坪镇	611025103000
上官坊镇	611002120000	富水镇	611023101000	米粮镇	611025104000
阎村镇	611002121000	湘河镇	611023102000	茅坪回族镇	611025105000
洛南县(19镇)	**611021000000**	白浪镇	611023103000	西口回族镇	611025106000
城关镇	611021100000	赵川镇	611023104000	高峰镇	611025107000
景村镇	611021101000	金丝峡镇	611023106000	青铜关镇	611025108000
古城镇	611021102000	过风楼镇	611023107000	柴坪镇	611025109000
三要镇	611021103000	试马镇	611023108000	达仁镇	611025110000
灵口镇	611021104000	清油河镇	611023109000	木王镇	611025111000
寺耳镇	611021106000	十里坪镇	611023110000	东川镇	611025112000
巡检镇	611021107000	青山镇	611023111000	云盖寺镇	611025113000
石坡镇	611021108000	魏家台镇	611023112000	庙沟镇	611025114000
石门镇	611021109000	水沟镇	611023113000	张家镇	611025115000
麻坪镇	611021110000	**山阳县(23镇)**	**611024000000**	灵龙镇	611025116000
洛源镇	611021111000	城关镇	611024100000	月河镇	611025117000
保安镇	611021112000	高坝店镇	611024101000	杨泗镇	611025118000
卫东镇	611021113000	天竺山镇	611024102000	**柞水县(13镇)**	**611026000000**
永丰镇	611021114000	中村镇	611024103000	乾佑镇	611026100000
高耀镇	611021115000	银花镇	611024104000	营盘镇	611026101000
柏峪寺镇	611021116000	西照川镇	611024105000	下梁镇	611026102000
谢湾镇	611021117000	漫川关镇	611024106000	石瓮镇	611026103000
四皓镇	611021118000	南宽坪镇	611024107000	小岭镇	611026104000
寺坡镇	611021119000	户家塬镇	611024108000	凤凰镇	611026105000
丹凤县(16镇)	**611022000000**	杨地镇	611024109000	红岩寺镇	611026106000
龙驹寨镇	611022100000	牛耳川镇	611024110000	曹坪镇	611026107000
庾岭镇	611022101000	小河口镇	611024111000	蔡玉窑镇	611026108000
蔡川镇	611022102000	色河铺镇	611024112000	杏坪镇	611026109000
峦庄镇	611022103000	板岩镇	611024113000	瓦房口镇	611026110000
铁峪铺镇	611022104000	元子街镇	611024114000	柴庄镇	611026111000
武关镇	611022105000	十里铺镇	611024115000	丰北河镇	611026112000
竹林关镇	611022106000	延坪镇	611024116000		
土门镇	611022107000	双坪镇	611024117000		

甘肃省

甘肃省(陇)

行政区划名称	行政区划代码
甘肃省(117街道，470镇，758乡)	**620000000000**
兰州市(52街道，35镇，26乡)	**620100000000**
城关区(25街道)	**620102000000**
酒泉路街道	620102001000
张掖路街道	620102002000
雁南街道	620102003000
临夏路街道	620102004000
雁北街道	620102005000
五泉街道	620102006000
白银路街道	620102007000
皋兰路街道	620102008000
广武门街道	620102009000
伏龙坪街道	620102010000
靖远路街道	620102011000
草场街街道	620102012000
火车站街道	620102013000
拱星墩街道	620102014000
东岗街道	620102015000
团结新村街道	620102016000
东岗西路街道	620102017000
铁路东村街道	620102018000
铁路西村街道	620102019000
渭源路街道	620102020000
盐场路街道	620102021000
嘉峪关街道	620102022000
焦家湾街道	620102023000
青白石街道	620102024000
高新区街道	620102025000
七里河区(9街道，4镇，2乡	**620103000000**
秀川街道	620103001000
西园街道	620103002000
西湖街道	620103003000
建兰路街道	620103004000
敦煌路街道	620103005000
西站街道	620103006000
晏家坪街道	620103007000
龚家湾街道	620103008000
土门墩街道	620103009000
阿干镇	620103100000
八里镇	620103101000
彭家坪镇	620103102000
西果园镇	620103103000
魏岭乡	620103201000
黄峪乡	620103203000
西固区(7街道，2镇，4乡)	**620104000000**
陈坪街道	620104001000
先锋路街道	620104002000
福利路街道	620104003000
西固城街道	620104004000
临洮街街道	620104005000
西柳沟街道	620104006000
四季青街道	620104007000
新城镇	620104100000
东川镇	620104101000
达川乡	620104200000
河口乡	620104201000
柳泉乡	620104202000
金沟乡	620104203000
安宁区(8街道)	**620105000000**
培黎街道	620105001000
安宁西路街道	620105002000
沙井驿街道	620105003000
十里店街道	620105004000
孔家崖街道	620105005000
银滩路街道	620105006000
刘家堡街道	620105007000
安宁堡街道	620105008000
红古区(3街道，3镇，1乡)	**620111000000**
窑街街道	620111001000
下窑街道	620111002000
矿区街道	620111003000
海石湾镇	620111100000
花庄镇	620111101000
平安镇	620111102000
红古乡	620111200000
永登县(13镇，5乡)	**620121000000**
城关镇	620121100000
红城镇	620121101000
中堡镇	620121102000
武胜驿镇	620121103000
河桥镇	620121104000
连城镇	620121105000
苦水镇	620121106000
中川镇	620121107000
秦川镇	620121108000
大同镇	620121109000
龙泉寺镇	620121110000
树屏镇	620121111000
上川镇	620121112000
柳树乡	620121200000
坪城乡	620121203000
民乐乡	620121205000
通远乡	620121207000
七山乡	620121208000
皋兰县(5镇，2乡)	**620122000000**
西岔镇	620122101000
忠和镇	620122102000
什川镇	620122103000
石洞镇	620122104000
九合镇	620122105000
黑石川乡	620122200000
水阜乡	620122202000
榆中县(8镇，12乡)	**620123000000**
城关镇	620123100000
夏官营镇	620123101000
高崖镇	620123102000
金崖镇	620123103000
和平镇	620123104000
甘草店镇	620123105000
青城镇	620123106000
定远镇	620123107000
小康营乡	620123200000
连搭乡	620123201000
马坡乡	620123202000
新营乡	620123203000
清水驿乡	620123204000
龙泉乡	620123205000
韦营乡	620123206000
中连川乡	620123207000
贡井乡	620123208000
园子岔乡	620123209000
上花岔乡	620123210000
哈岘乡	620123211000
嘉峪关市(1街道，3镇)	**620200000000**
新城镇	620293100000
峪泉镇	620292100000
文殊镇	620294100000
第一街道	629900001000
金昌市(6街道，8镇，4乡)	**620300000000**
金川区(6街道，2镇)	**620302000000**
滨河路街道	620302001000
桂林路街道	620302002000
北京路街道	620302003000
金川路街道	620302004000
新华路街道	620302005000
广州路街道	620302006000
宁远堡镇	620302100000
双湾镇	620302101000
永昌县(6镇，4乡)	**620321000000**
城关镇	620321100000
河西堡镇	620321101000
新城子镇	620321102000
朱王堡镇	620321103000
东寨镇	620321104000
水源镇	620321105000
红山窑乡	620321200000
焦家庄乡	620321201000
六坝乡	620321202000
南坝乡	620321203000
白银市(9街道，21镇，48乡)	**620400000000**
白银区(5街道，3镇，2乡)	**620402000000**
人民路街道	620402001000
公园路街道	620402002000

续表 1

行政区划名称	行政区划代码
四龙路街道	620402003000
工农路街道	620402004000
纺织路街道	620402005000
水川镇	620402100000
四龙镇	620402101000
王岘镇	620402102000
强湾乡	620402201000
武川乡	620402202000
平川区(4街道，3镇，4乡)	**620403000000**
长征街道	620403001000
电力路街道	620403002000
红会路街道	620403003000
兴平路街道	620403004000
王家山镇	620403100000
水泉镇	620403101000
共和镇	620403102000
宝积乡	620403201000
黄峤乡	620403203000
种田乡	620403204000
复兴乡	620403205000
靖远县(3镇，15乡)	**620421000000**
乌兰镇	620421100000
北湾镇	620421101000
东湾镇	620421102000
平堡乡	620421200000
糜滩乡	620421202000
三滩乡	620421203000
大芦乡	620421205000
兴隆乡	620421206000
双龙乡	620421207000
石门乡	620421208000
刘川乡	620421209000
高湾乡	620421210000
靖安乡	620421211000
五合乡	620421212000
东升乡	620421213000
北滩乡	620421214000
永新乡	620421215000
若笠乡	620421216000
会宁县(6镇，22乡)	**620422000000**
会师镇	620422100000
郭城驿镇	620422101000
河畔镇	620422102000
头寨子镇	620422103000
太平店镇	620422104000
甘沟驿镇	620422105000
丁家沟乡	620422200000
中川乡	620422201000
新添堡回族乡	620422202000
侯家川乡	620422203000
党家岘乡	620422204000
杨崖集乡	620422205000
老君坡乡	620422207000
翟家所乡	620422209000
柴家门乡	620422211000
八里湾乡	620422213000
平头川乡	620422214000
韩家集乡	620422215000
大沟乡	620422217000
四房吴乡	620422218000
汉家岔乡	620422220000
土门岘乡	620422221000
新塬乡	620422222000
刘家寨子乡	620422223000
草滩乡	620422224000
土高山乡	620422225000
白草塬乡	620422226000
新庄乡	620422227000
景泰县(6镇，5乡)	**620423000000**
一条山镇	620423100000
芦阳镇	620423101000
上沙沃镇	620423102000
喜泉镇	620423103000
草窝滩镇	620423104000
红水镇	620423105000
中泉乡	620423200000
正路乡	620423201000
寺滩乡	620423203000
五佛乡	620423205000
漫水滩乡	620423207000
天水市(10街道，47镇，66乡)	**620500000000**
秦州区(7街道，10镇，6乡)	**620502000000**
大城街道	620502001000
七里墩街道	620502002000
东关街道	620502003000
中城街道	620502004000
西关街道	620502005000
石马坪街道	620502006000
天水郡街道	620502007000
玉泉镇	620502100000
皂郊镇	620502101000
太京镇	620502102000
藉口镇	620502103000
关子镇	620502104000
牡丹镇	620502105000
天水镇	620502106000
平南镇	620502107000
娘娘坝镇	620502108000
汪川镇	620502109000
中梁乡	620502200000
秦岭乡	620502201000
杨家寺乡	620502202000
华歧乡	620502203000
齐寿乡	620502204000
大门乡	620502205000
麦积区(3街道，12镇，5乡)	**620503000000**
道北街道	620503001000
道南街道	620503002000
桥南街道	620503003000
社棠镇	620503100000
马跑泉镇	620503101000
花牛镇	620503102000
渭南镇	620503103000
中滩镇	620503104000
新阳镇	620503105000
元龙镇	620503106000
伯阳镇	620503107000
甘泉镇	620503108000
麦积镇	620503109000
东岔镇	620503110000
石佛镇	620503111000
五龙乡	620503201000
琥珀乡	620503202000
三岔乡	620503203000
党川乡	620503204000
利桥乡	620503205000
清水县(6镇，12乡)	**620521000000**
永清镇	620521100000
红堡镇	620521101000
白驼镇	620521102000
金集镇	620521103000
秦亭镇	620521104000
山门镇	620521105000
白沙乡	620521200000
松树乡	620521201000
王河乡	620521202000
远门乡	620521203000
土门乡	620521204000
郭川乡	620521205000
贾川乡	620521206000
丰望乡	620521207000
草川铺乡	620521208000
陇东乡	620521209000
黄门乡	620521210000
新城乡	620521211000
秦安县(5镇，12乡)	**620522000000**
兴国镇	620522100000
陇城镇	620522101000
莲花镇	620522102000
郭嘉镇	620522103000
西川镇	620522104000
王窑乡	620522200000
刘坪乡	620522201000
千户乡	620522202000
五营乡	620522203000
中山乡	620522204000
兴丰乡	620522205000
王铺乡	620522206000
叶堡乡	620522207000
安伏乡	620522208000
云山乡	620522209000
王尹乡	620522210000
魏店乡	620522211000

续表 2

行政区划名称	行政区划代码	行政区划名称	行政区划代码	行政区划名称	行政区划代码
甘谷县(5镇，10乡)	**620523000000**	东关街道	620602003000	苏武乡	620621207000
大像山镇	620523100000	西关街道	620602004000	夹河乡	620621209000
新兴镇	620523101000	火车站街道	620602005000	大滩乡	620621210000
磐安镇	620523102000	地质新村街道	620602006000	双茨科乡	620621211000
六峰镇	620523103000	荣华街道	620602007000	红沙梁乡	620621212000
安远镇	620523104000	黄羊河街道	620602008000	收成乡	620621214000
谢家湾乡	620523200000	黄羊镇	620602100000	南湖乡	620621216000
武家河乡	620523201000	武南镇	620602101000	**古浪县(9镇，10乡)**	**620622000000**
古坡乡	620523202000	清源镇	620602102000	古浪镇	620622100000
金山乡	620523203000	永昌镇	620602103000	泗水镇	620622101000
八里湾乡	620523204000	双城镇	620602104000	土门镇	620622102000
西坪乡	620523205000	丰乐镇	620602105000	大靖镇	620622103000
大庄乡	620523206000	高坝镇	620602106000	裴家营镇	620622104000
白家湾乡	620523207000	金羊镇	620602107000	海子滩镇	620622105000
大石乡	620523208000	和平镇	620602108000	定宁镇	620622106000
礼辛乡	620523209000	羊下坝镇	620602109000	黄羊川镇	620622107000
武山县(6镇，9乡)	**620524000000**	中坝镇	620602110000	黑松驿镇	620622108000
城关镇	620524100000	永丰镇	620602111000	永丰滩乡	620622202000
鸳鸯镇	620524101000	古城镇	620602112000	黄花滩乡	620622203000
洛门镇	620524102000	张义镇	620602113000	西靖乡	620622204000
马力镇	620524103000	发放镇	620602114000	民权乡	620622205000
滩歌镇	620524104000	西营镇	620602115000	直滩乡	620622209000
四门镇	620524105000	四坝镇	620602116000	新堡乡	620622210000
桦林乡	620524200000	洪祥镇	620602117000	干城乡	620622211000
高楼乡	620524201000	谢河镇	620602118000	横梁乡	620622212000
山丹乡	620524202000	五和乡	620602203000	十八里堡乡	620622215000
龙台乡	620524203000	韩佐乡	620602205000	古丰乡	620622217000
温泉乡	620524204000	大柳乡	620602209000	**天祝藏族自治县(9镇，10乡)**	**620623000000**
榆盘乡	620524205000	长城乡	620602210000	华藏寺镇	620623100000
咀头乡	620524206000	金沙乡	620602211000	打柴沟镇	620623101000
杨河乡	620524207000	金塔乡	620602214000	安远镇	620623102000
沿安乡	620524208000	下双乡	620602215000	炭山岭镇	620623103000
张家川回族自治县(3镇，12乡)	**620525000000**	九墩乡	620602216000	哈溪镇	620623104000
张家川镇	620525100000	怀安乡	620602219000	松山镇	620623105000
龙山镇	620525101000	金山乡	620602220000	赛什斯镇	620623106000
恭门镇	620525102000	新华乡	620602223000	石门镇	620623107000
马鹿乡	620525200000	东河乡	620602225000	天堂镇	620623108000
刘堡乡	620525201000	河东乡	620602227000	东坪乡	620623203000
张棉驿乡	620525202000	松树乡	620602230000	赛拉隆乡	620623205000
胡川乡	620525203000	柏树乡	620602231000	东大滩乡	620623206000
木河乡	620525204000	清水乡	620602234000	抓喜秀龙乡	620623207000
阎家乡	620525205000	吴家井乡	620602236000	西大滩乡	620623208000
大阳乡	620525206000	康宁乡	620602237000	大红沟乡	620623210000
川王乡	620525207000	**民勤县(6镇，12乡)**	**620621000000**	祁连乡	620623212000
马关乡	620525208000	东坝镇	620621101000	旦马乡	620623213000
连五乡	620525209000	泉山镇	620621102000	毛藏乡	620623214000
梁山乡	620525210000	西渠镇	620621103000	朵什乡	620623215000
平安乡	620525211000	东湖镇	620621104000	**张掖市(5街道，30镇，30乡)**	**620700000000**
武威市(8街道，43镇，50乡)	**620600000000**	三雷镇	620621105000	**甘州区(5街道，11镇，7乡)**	**620702000000**
凉州区(8街道，19镇，18乡)	**620602000000**	红沙岗镇	620621106000	东街街道	620702001000
东大街街道	620602001000	昌宁乡	620621201000	南街街道	620702002000
西大街街道	620602002000	蔡旗乡	620621202000	西街街道	620702003000
		重兴乡	620621203000	北街街道	620702004000
		薛百乡	620621204000	火车站街道	620702005000
		大坝乡	620621205000	梁家墩镇	620702100000

续表 3

行政区划名称	行政区划代码
上秦镇	620702101000
大满镇	620702102000
沙井镇	620702103000
乌江镇	620702104000
甘浚镇	620702105000
新墩镇	620702106000
党寨镇	620702107000
碱滩镇	620702108000
三闸镇	620702109000
小满镇	620702110000
平山湖蒙古族乡	620702201000
龙渠乡	620702202000
安阳乡	620702203000
花寨乡	620702204000
长安乡	620702205000
明永乡	620702206000
靖安乡	620702207000
肃南裕固族自治县(2镇，6乡)	**620721000000**
红湾寺镇	620721100000
皇城镇	620721101000
马蹄藏族乡	620721200000
康乐乡	620721201000
白银蒙古族乡	620721202000
大河乡	620721203000
明花乡	620721204000
祁丰藏族乡	620721205000
民乐县(6镇，4乡)	**620722000000**
洪水镇	620722101000
六坝镇	620722102000
新天镇	620722103000
南古镇	620722104000
永固镇	620722105000
三堡镇	620722106000
南丰乡	620722200000
民联乡	620722202000
顺化乡	620722205000
丰乐乡	620722206000
临泽县(5镇，2乡)	**620723000000**
沙河镇	620723101000
新华镇	620723102000
蓼泉镇	620723103000
平川镇	620723104000
板桥镇	620723105000
鸭暖乡	620723201000
倪家营乡	620723202000
高台县(3镇，6乡)	**620724000000**
城关镇	620724100000
宣化镇	620724101000
南华镇	620724102000
巷道乡	620724200000
黑泉乡	620724201000
罗城乡	620724202000
合黎乡	620724203000
骆驼城乡	620724204000
新坝乡	620724205000
山丹县(3镇，5乡)	**620725000000**
清泉镇	620725101000
位奇镇	620725102000
霍城镇	620725103000
东乐乡	620725200000
大马营乡	620725201000
陈户乡	620725202000
老军乡	620725203000
李桥乡	620725204000
平凉市(3街道，32镇，70乡)	**620800000000**
崆峒区(3街道，4镇，13乡)	**620802000000**
东关街道	620802001000
中街街道	620802002000
西郊街道	620802003000
四十里铺镇	620802100000
崆峒镇	620802101000
草峰镇	620802102000
白水镇	620802103000
安国乡	620802200000
柳湖乡	620802202000
花所乡	620802204000
索罗乡	620802206000
西阳回族乡	620802208000
大秦回族乡	620802209000
白庙回族乡	620802210000
寨河回族乡	620802211000
香莲乡	620802212000
麻武乡	620802214000
峡门回族乡	620802216000
上扬回族乡	620802217000
大寨回族乡	620802219000
泾川县(6镇，8乡)	**620821000000**
城关镇	620821100000
玉都镇	620821101000
高平镇	620821102000
荔堡镇	620821103000
王村镇	620821104000
窑店镇	620821105000
汭丰乡	620821202000
罗汉洞乡	620821204000
泾明乡	620821205000
红河乡	620821206000
飞云乡	620821208000
太平乡	620821209000
丰台乡	620821211000
党原乡	620821212000
灵台县(5镇，8乡)	**620822000000**
中台镇	620822100000
什字镇	620822101000
朝那镇	620822102000
邵寨镇	620822103000
独店镇	620822104000
西屯乡	620822203000
上良乡	620822205000
新开乡	620822206000
梁原乡	620822207000
龙门乡	620822208000
星火乡	620822210000
百里乡	620822211000
蒲窝乡	620822212000
崇信县(2镇，4乡)	**620823000000**
锦屏镇	620823100000
新窑镇	620823101000
柏树乡	620823201000
黄寨乡	620823203000
黄花乡	620823205000
木林乡	620823207000
华亭县(5镇，5乡)	**620824000000**
东华镇	620824100000
安口镇	620824101000
西华镇	620824102000
马峡镇	620824103000
策底镇	620824104000
上关乡	620824200000
神峪回族乡	620824201000
山寨回族乡	620824202000
河西乡	620824203000
砚峡乡	620824204000
庄浪县(5镇，13乡)	**620825000000**
水洛镇	620825100000
南湖镇	620825101000
朱店镇	620825102000
万泉镇	620825103000
韩店镇	620825104000
岳堡乡	620825200000
杨河乡	620825201000
赵墩乡	620825202000
柳梁乡	620825203000
卧龙乡	620825205000
大庄乡	620825207000
阳川乡	620825208000
良邑乡	620825211000
通化乡	620825213000
永宁乡	620825214000
郑河乡	620825215000
南坪乡	620825217000
盘安乡	620825219000
静宁县(5镇，19乡)	**620826000000**
城关镇	620826100000
威戎镇	620826101000
界石铺镇	620826102000
李店镇	620826103000
八里镇	620826104000
城川乡	620826200000
司桥乡	620826202000
曹务乡	620826203000
古城乡	620826204000
双岘乡	620826206000

续表 4

行政区划名称	行政区划代码
雷大乡	620826207000
余湾乡	620826209000
仁大乡	620826211000
贾河乡	620826212000
深沟乡	620826214000
治平乡	620826215000
新店乡	620826216000
甘沟乡	620826218000
四河乡	620826220000
红寺乡	620826221000
细巷乡	620826222000
三合乡	620826224000
原安乡	620826225000
灵芝乡	620826226000
酒泉市(8街道，30镇，37乡)	**620900000000**
肃州区(7街道，6镇，9乡)	**620902000000**
东北街道	620902001000
东南街道	620902002000
工业园街道	620902003000
西北街道	620902004000
西南街道	620902005000
新城街道	620902006000
玉门油田生活基地街道	620902007000
西洞镇	620902100000
总寨镇	620902102000
金佛寺镇	620902103000
三墩镇	620902105000
上坝镇	620902106000
清水镇	620902107000
西峰乡	620902200000
泉湖乡	620902201000
果园乡	620902202000
银达乡	620902204000
黄泥堡裕固族乡	620902207000
铧尖乡	620902208000
东洞乡	620902209000
丰乐乡	620902212000
下河清乡	620902214000
金塔县(5镇，4乡)	**620921000000**
中东镇	620921100000
鼎新镇	620921101000
金塔镇	620921102000
东坝镇	620921103000
航天镇	620921105000
大庄子乡	620921203000
古城乡	620921204000
西坝乡	620921205000
羊井子湾乡	620921209000
瓜州县(5镇，10乡)	**620922000000**
渊泉镇	620922100000
柳园镇	620922101000
三道沟镇	620922102000
南岔镇	620922103000
锁阳城镇	620922104000
河东乡	620922200000
布隆吉乡	620922201000
西湖乡	620922202000
瓜州乡	620922203000
腰站子东乡族乡	620922204000
双塔乡	620922205000
七墩回族东乡族乡	620922206000
广至藏族乡	620922207000
梁湖乡	620922208000
沙河回族乡	620922209000
肃北蒙古族自治县(2镇，2乡)	**620923000000**
马鬃山镇	620923101000
党城湾镇	620923102000
石包城乡	620923202000
盐池湾乡	620923203000
阿克塞哈萨克族自治县(1镇，2乡)	**620924000000**
红柳湾镇	620924100000
阿克旗乡	620924205000
阿勒腾乡	620924206000
玉门市(1街道，4镇，8乡)	**620981000000**
新市区街道	620981001000
玉门镇	620981101000
赤金镇	620981102000
花海镇	620981103000
老君庙镇	620981104000
下西号乡	620981200000
黄闸湾乡	620981201000
柳河乡	620981202000
小金湾东乡族乡	620981206000
柳湖乡	620981207000
独山子东乡族乡	620981208000
六墩乡	620981209000
昌马乡	620981210000
敦煌市(7镇，2乡)	**620982000000**
沙州镇	620982100000
七里镇	620982101000
肃州镇	620982102000
莫高镇	620982103000
转渠口镇	620982104000
阳关镇	620982105000
月牙泉镇	620982106000
郭家堡乡	620982203000
黄渠乡	620982206000
庆阳市(3街道，37镇，79乡)	**621000000000**
西峰区(3街道，2镇，5乡)	**621002000000**
北街街道	621002001000
南街街道	621002002000
西街街道	621002003000
肖金镇	621002100000
董志镇	621002101000
后官寨乡	621002201000
彭原乡	621002202000
什社乡	621002205000
温泉乡	621002206000
显胜乡	621002207000
庆城县(5镇，10乡)	**621021000000**
驿马镇	621021100000
三十里铺镇	621021101000
马岭镇	621021102000
庆城镇	621021103000
玄马镇	621021104000
赤城乡	621021201000
白马铺乡	621021202000
桐川乡	621021203000
太白梁乡	621021205000
土桥乡	621021207000
蔡口集乡	621021208000
高楼乡	621021209000
南庄乡	621021210000
翟家河乡	621021212000
蔡家庙乡	621021213000
环县(4镇，16乡)	**621022000000**
环城镇	621022100000
曲子镇	621022101000
甜水镇	621022102000
木钵镇	621022103000
天池乡	621022200000
演武乡	621022202000
合道乡	621022203000
樊家川乡	621022207000
八珠乡	621022208000
洪德乡	621022210000
耿湾乡	621022211000
秦团庄乡	621022213000
山城乡	621022214000
南湫乡	621022215000
罗山川乡	621022216000
虎洞乡	621022217000
小南沟乡	621022218000
车道乡	621022219000
毛井乡	621022220000
芦家湾乡	621022221000
华池县(4镇，11乡)	**621023000000**
悦乐镇	621023100000
柔远镇	621023101000
元城镇	621023102000
南梁镇	621023103000
城壕乡	621023201000
五蛟乡	621023203000
上里塬乡	621023205000
王咀子乡	621023206000
白马乡	621023208000
怀安乡	621023209000
乔川乡	621023210000
乔河乡	621023211000
山庄乡	621023213000

续表 5

行政区划名称	行政区划代码	行政区划名称	行政区划代码	行政区划名称	行政区划代码
林镇乡	621023215000	临泾乡	621027200000	第三铺乡	621121212000
紫坊畔乡	621023216000	南川乡	621027201000	**陇西县(9镇，8乡)**	**621122000000**
合水县(3镇，9乡)	**621024000000**	上肖乡	621027203000	巩昌镇	621122100000
西华池镇	621024100000	新集乡	621027207000	文峰镇	621122101000
老城镇	621024101000	方山乡	621027208000	首阳镇	621122103000
太白镇	621024102000	殷家城乡	621027209000	菜子镇	621122104000
吉岘乡	621024200000	马渠乡	621027210000	云田镇	621122105000
肖咀乡	621024201000	庙渠乡	621027211000	通安驿镇	621122106000
段家集乡	621024202000	武沟乡	621027213000	碧岩镇	621122109000
固城乡	621024203000	郭塬乡	621027214000	福星镇	621122110000
太莪乡	621024204000	中塬乡	621027216000	马河镇	621122112000
店子乡	621024205000	新城乡	621027217000	永吉乡	621122201000
何家畔乡	621024206000	**定西市(2街道，60镇，59乡)**	**621100000000**	和平乡	621122202000
板桥乡	621024208000	**安定区(2街道，12镇，7乡)**	**621102000000**	渭阳乡	621122203000
蒿咀铺乡	621024211000	永定路街道	621102001000	权家湾乡	621122204000
正宁县(4镇，6乡)	**621025000000**	中华路街道	621102002000	宏伟乡	621122205000
山河镇	621025100000	凤翔镇	621102101000	德兴乡	621122207000
榆林子镇	621025101000	内官营镇	621102102000	柯寨乡	621122208000
宫河镇	621025102000	馋口镇	621102103000	双泉乡	621122209000
永和镇	621025103000	称钩驿镇	621102104000	**渭源县(8镇，8乡)**	**621123000000**
西坡乡	621025201000	鲁家沟镇	621102105000	清源镇	621123100000
永正乡	621025202000	西巩驿镇	621102106000	莲峰镇	621123101000
周家乡	621025203000	宁远镇	621102107000	会川镇	621123102000
湫头乡	621025206000	李家堡镇	621102108000	五竹镇	621123103000
五顷塬回族乡	621025207000	团结镇	621102109000	路园镇	621123104000
三嘉乡	621025208000	葛家岔镇	621102110000	北寨镇	621123105000
宁县(8镇，10乡)	**621026000000**	符家川镇	621102111000	麻家集镇	621123106000
新宁镇	621026100000	香泉镇	621102112000	新寨镇	621123107000
平子镇	621026101000	白碌乡	621102201000	锹峪乡	621123200000
早胜镇	621026102000	石峡湾乡	621102202000	大安乡	621123203000
长庆桥镇	621026103000	新集乡	621102203000	秦祁乡	621123204000
和盛镇	621026104000	青岚山乡	621102204000	庆坪乡	621123207000
湘乐镇	621026105000	高峰乡	621102205000	祁家庙乡	621123208000
新庄镇	621026107000	石泉乡	621102206000	上湾乡	621123209000
盘克镇	621026108000	杏园乡	621102207000	峡城乡	621123210000
米桥乡	621026200000	**通渭县(6镇，12乡)**	**621121000000**	田家河乡	621123211000
良平乡	621026201000	平襄镇	621121101000	**临洮县(12镇，6乡)**	**621124000000**
中村乡	621026202000	马营镇	621121102000	洮阳镇	621124101000
太昌乡	621026206000	鸡川镇	621121103000	八里铺镇	621124102000
焦村乡	621026207000	榜罗镇	621121104000	新添镇	621124103000
南义乡	621026208000	常家河镇	621121105000	辛店镇	621124104000
瓦斜乡	621026210000	义岗川镇	621121106000	太石镇	621124105000
金村乡	621026213000	陇山乡	621121201000	中铺镇	621124106000
九岘乡	621026214000	陇川乡	621121202000	峡口镇	621124107000
春荣乡	621026216000	新景乡	621121203000	龙门镇	621124108000
镇原县(7镇，12乡)	**621027000000**	碧玉乡	621121204000	窑店镇	621124109000
城关镇	621027100000	陇阳乡	621121205000	玉井镇	621124110000
屯字镇	621027101000	襄南乡	621121206000	衙下集镇	621124111000
孟坝镇	621027102000	李家店乡	621121207000	南屏镇	621124112000
三岔镇	621027103000	北城铺乡	621121208000	红旗乡	621124201000
平泉镇	621027104000	寺子川乡	621121209000	上营乡	621124202000
太平镇	621027105000	华家岭乡	621121210000	康家集乡	621124203000
开边镇	621027106000	什川乡	621121211000	站滩乡	621124204000

续表 6

行政区划名称	行政区划代码
连儿湾乡	621124205000
漫洼乡	621124206000
漳县(4镇，9乡)	**621125000000**
武阳镇	621125101000
三岔镇	621125102000
新寺镇	621125103000
金钟镇	621125104000
盐井乡	621125201000
殪虎桥乡	621125202000
大草滩乡	621125203000
马泉乡	621125204000
四族乡	621125205000
石川乡	621125206000
草滩乡	621125207000
武当乡	621125208000
东泉乡	621125209000
岷县(9镇，9乡)	**621126000000**
岷阳镇	621126101000
西寨镇	621126102000
梅川镇	621126103000
西江镇	621126104000
闾井镇	621126105000
十里镇	621126106000
茶埠镇	621126107000
中寨镇	621126108000
蒲麻镇	621126109000
清水乡	621126201000
寺沟乡	621126202000
麻子川乡	621126203000
秦许乡	621126204000
禾驮乡	621126205000
维新乡	621126206000
申都乡	621126207000
锁龙乡	621126208000
马坞乡	621126209000
陇南市(62镇，133乡)	**621200000000**
武都区(12镇，24乡)	**621202000000**
城关镇	621202100000
安化镇	621202101000
东江镇	621202102000
两水镇	621202103000
汉王镇	621202104000
洛塘镇	621202105000
三河镇	621202106000
角弓镇	621202107000
马街镇	621202108000
鱼龙镇	621202109000
甘泉镇	621202110000
琵琶镇	621202111000
城郊乡	621202200000
坪垭藏族乡	621202201000
蒲池乡	621202203000
石门乡	621202204000
汉林乡	621202207000
柏林乡	621202208000
马营乡	621202210000
池坝乡	621202211000
佛崖乡	621202213000
黄坪乡	621202215000
隆兴乡	621202217000
龙坝乡	621202218000
龙凤乡	621202219000
桔柑乡	621202220000
磨坝藏族乡	621202221000
外纳乡	621202223000
玉皇乡	621202225000
郭河乡	621202226000
枫相乡	621202229000
三仓乡	621202230000
五库乡	621202231000
月照乡	621202233000
五马乡	621202235000
裕河乡	621202237000
成县(12镇，5乡)	**621221000000**
城关镇	621221100000
黄渚镇	621221101000
红川镇	621221102000
小川镇	621221103000
纸坊镇	621221104000
抛沙镇	621221105000
黄陈镇	621221106000
陈院镇	621221107000
鸡峰镇	621221108000
王磨镇	621221109000
店村镇	621221110000
沙坝镇	621221111000
宋坪乡	621221203000
二郎乡	621221206000
苏园乡	621221209000
索池乡	621221210000
镡河乡	621221213000
文县(4镇，16乡)	**621222000000**
城关镇	621222100000
碧口镇	621222101000
尚德镇	621222102000
中寨镇	621222103000
铁楼藏族乡	621222200000
丹堡乡	621222203000
刘家坪乡	621222205000
玉垒乡	621222206000
范坝乡	621222207000
中庙乡	621222210000
口头坝乡	621222211000
尖山乡	621222212000
临江乡	621222213000
黎坪乡	621222214000
舍书乡	621222215000
天池乡	621222216000
桥头乡	621222217000
堡子坝乡	621222218000
石坊乡	621222219000
石鸡坝乡	621222220000
宕昌县(6镇，19乡)	**621223000000**
城关镇	621223100000
哈达铺镇	621223101000
理川镇	621223102000
南阳镇	621223103000
官亭镇	621223104000
沙湾镇	621223105000
阿坞乡	621223200000
南河乡	621223204000
八力乡	621223205000
木耳乡	621223206000
庞家乡	621223207000
何家堡乡	621223209000
贾河乡	621223211000
将台乡	621223212000
车拉乡	621223213000
新城子藏族乡	621223214000
临江乡	621223215000
好梯乡	621223216000
韩院乡	621223217000
竹院乡	621223218000
兴化乡	621223219000
甘江头乡	621223220000
新寨乡	621223223000
狮子乡	621223224000
两河口乡	621223225000
康县(8镇，13乡)	**621224000000**
城关镇	621224100000
平洛镇	621224101000
大堡镇	621224102000
岸门口镇	621224103000
两河镇	621224104000
长坝镇	621224105000
云台镇	621224106000
阳坝镇	621224107000
望关乡	621224200000
寺台乡	621224202000
大南峪乡	621224203000
迷坝乡	621224204000
王坝乡	621224206000
碾坝乡	621224207000
豆坝乡	621224208000
店子乡	621224209000
豆坪乡	621224210000
白杨乡	621224212000
太石乡	621224214000
铜钱乡	621224215000
三河坝乡	621224218000
西和县(6镇，14乡)	**621225000000**
汉源镇	621225100000

续表 7

行政区划名称	行政区划代码
长道镇	621225101000
姜席镇	621225102000
石峡镇	621225103000
何坝镇	621225104000
洛峪镇	621225105000
石堡乡	621225200000
西峪乡	621225201000
卢河乡	621225202000
兴隆乡	621225203000
稍峪乡	621225204000
马元乡	621225205000
晒经乡	621225206000
西高山乡	621225207000
六巷乡	621225208000
太石河乡	621225209000
蒿林乡	621225210000
十里乡	621225211000
大桥乡	621225212000
苏合乡	621225213000
礼县(4镇，25乡)	**621226000000**
城关镇	621226100000
盐官镇	621226101000
石桥镇	621226102000
白河镇	621226103000
宽川乡	621226200000
永兴乡	621226201000
祁山乡	621226202000
马河乡	621226203000
红河乡	621226204000
永坪乡	621226208000
固城乡	621226209000
崖城乡	621226210000
罗坝乡	621226211000
湫山乡	621226212000
洮坪乡	621226214000
上坪乡	621226215000
江口乡	621226218000
雷王乡	621226219000
龙林乡	621226220000
中坝乡	621226221000
白关乡	621226222000
沙金乡	621226224000
桥头乡	621226227000
草坪乡	621226228000
雷坝乡	621226229000
王坝乡	621226230000
肖良乡	621226231000
三峪乡	621226232000
滩坪乡	621226233000
徽县(7镇，8乡)	**621227000000**
城关镇	621227100000
伏家镇	621227101000
江洛镇	621227102000
泥阳镇	621227103000
柳林镇	621227104000
嘉陵镇	621227105000
永宁镇	621227106000
银杏树乡	621227201000
水阳乡	621227202000
栗川乡	621227203000
麻沿河乡	621227205000
高桥乡	621227206000
榆树乡	621227208000
大河店乡	621227210000
虞关乡	621227211000
两当县(3镇，9乡)	**621228000000**
城关镇	621228100000
站儿巷镇	621228101000
西坡镇	621228102000
杨店乡	621228200000
左家乡	621228201000
显龙乡	621228202000
鱼池乡	621228203000
兴化乡	621228204000
张家乡	621228205000
云屏乡	621228206000
泰山乡	621228207000
金洞乡	621228208000
临夏回族自治州(6街道，46镇，77乡)	**622900000000**
临夏市(6街道，4镇)	**622901000000**
城南街道	622901001000
城北街道	622901002000
东关街道	622901003000
西关街道	622901004000
八坊街道	622901005000
红园街道	622901006000
城郊镇	622901100000
枹罕镇	622901101000
南龙镇	622901102000
折桥镇	622901103000
临夏县(6镇，19乡)	**622921000000**
韩集镇	622921100000
土桥镇	622921101000
马集镇	622921103000
尹集镇	622921106000
莲花镇	622921119000
新集镇	622921121000
营滩乡	622921200000
掌子沟乡	622921201000
麻尼寺沟乡	622921202000
漠泥沟乡	622921204000
刁祁乡	622921205000
漫路乡	622921208000
榆林乡	622921209000
井沟东乡族乡	622921210000
北塬乡	622921211000
坡头乡	622921213000
桥寺乡	622921214000
先锋乡	622921215000
河西乡	622921216000
安家坡东乡族乡	622921217000
南塬乡	622921218000
红台乡	622921220000
黄泥湾乡	622921222000
路盘乡	622921223000
民主乡	622921224000
康乐县(5镇，10乡)	**622922000000**
附城镇	622922100000
苏集镇	622922101000
胭脂镇	622922108000
景古镇	622922112000
莲麓镇	622922113000
康丰乡	622922200000
虎关乡	622922201000
流川乡	622922202000
白王乡	622922203000
八松乡	622922204000
鸣鹿乡	622922205000
八丹乡	622922206000
上湾乡	622922207000
草滩乡	622922210000
五户乡	622922211000
永靖县(10镇，7乡)	**622923000000**
刘家峡镇	622923100000
盐锅峡镇	622923101000
太极镇	622923102000
西河镇	622923103000
三塬镇	622923104000
岘塬镇	622923105000
陈井镇	622923106000
川城镇	622923107000
王台镇	622923108000
红泉镇	622923109000
关山乡	622923200000
徐顶乡	622923201000
三条岘乡	622923202000
坪沟乡	622923203000
新寺乡	622923206000
小岭乡	622923207000
杨塔乡	622923208000
广河县(6镇，3乡)	**622924000000**
城关镇	622924100000
三甲集镇	622924101000
祁家集镇	622924102000
庄禾集镇	622924103000
买家巷镇	622924104000
齐家镇	622924105000
水泉乡	622924202000
官坊乡	622924203000
阿力麻土东乡族乡	622924204000
和政县(6镇，7乡)	**622925000000**

续表 8

行政区划名称	行政区划代码	行政区划名称	行政区划代码	行政区划名称	行政区划代码
城关镇	622925100000	银川乡	622927215000	憨班乡	623023204000
三合镇	622925101000	**甘南藏族自治州(4街道,**	**623000000000**	坪定乡	623023206000
三十里铺镇	622925102000	**16镇, 79乡)**		江盘乡	623023207000
马家堡镇	622925103000	**合作市(4街道, 6乡)**	**623001000000**	东山乡	623023208000
买家集镇	622925105000	当周街道	623001001000	南峪乡	623023209000
松鸣镇	622925106000	伊合昂街道	623001002000	果耶乡	623023210000
梁家寺东乡族乡	622925200000	坚木克尔街道	623001003000	八楞乡	623023211000
陈家集乡	622925201000	通钦街道	623001004000	武坪乡	623023212000
罗家集乡	622925202000	卡加曼乡	623001200000	插岗乡	623023213000
卜家庄乡	622925203000	卡加道乡	623001201000	拱坝乡	623023214000
新营乡	622925205000	佐盖多玛乡	623001202000	曲告纳乡	623023215000
新庄乡	622925207000	佐盖曼玛乡	623001203000	博峪乡	623023216000
达浪乡	622925209000	那吾乡	623001204000	**迭部县(1镇, 10乡)**	**623024000000**
东乡族自治县(5镇, 18乡)	**622926000000**	勒秀乡	623001205000	电尕镇	623024101000
锁南坝镇	622926100000	**临潭县(3镇, 13乡)**	**623021000000**	益哇乡	623024200000
达板镇	622926101000	城关镇	623021101000	卡坝乡	623024201000
河滩镇	622926103000	新城镇	623021102000	达拉乡	623024202000
那勒寺镇	622926107000	冶力关镇	623021103000	桑坝乡	623024203000
唐汪镇	622926118000	初布乡	623021201000	尼傲乡	623024204000
春台乡	622926200000	古战回族乡	623021202000	旺藏乡	623024205000
柳树乡	622926201000	卓洛回族乡	623021203000	阿夏乡	623024206000
东塬乡	622926202000	长川回族乡	623021204000	多儿乡	623024207000
坪庄乡	622926204000	羊永乡	623021205000	腊子口乡	623024208000
百和乡	622926205000	流顺乡	623021206000	洛大乡	623024209000
关卜乡	622926206000	店子乡	623021207000	**玛曲县(1镇, 7乡)**	**623025000000**
赵家乡	622926208000	洮滨乡	623021208000	尼玛镇	623025101000
五家乡	622926209000	三岔乡	623021209000	欧拉乡	623025201000
果园乡	622926210000	王旗乡	623021210000	欧拉秀玛乡	623025202000
沿岭乡	622926212000	石门乡	623021211000	阿万仓乡	623025203000
汪集乡	622926213000	羊沙乡	623021212000	木西合乡	623025204000
风山乡	622926214000	八角乡	623021213000	齐哈玛乡	623025205000
车家湾乡	622926215000	**卓尼县(3镇, 12乡)**	**623022000000**	采日玛乡	623025206000
大树乡	622926219000	柳林镇	623022100000	曼尔玛乡	623025207000
北岭乡	622926220000	木耳镇	623022101000	**碌曲县(2镇, 5乡)**	**623026000000**
龙泉乡	622926221000	扎古录镇	623022102000	郎木寺镇	623026101000
考勒乡	622926222000	纳浪乡	623022201000	玛艾镇	623026102000
董岭乡	622926223000	喀尔钦乡	623022202000	尕海乡	623026201000
积石山保安族东乡族撒拉族	**622927000000**	尼巴乡	623022203000	西仓乡	623026202000
自治县(4镇, 13乡)		刀告乡	623022204000	拉仁关乡	623026203000
吹麻滩镇	622927100000	完冒乡	623022205000	双岔乡	623026204000
大河家镇	622927101000	阿子滩乡	623022206000	阿拉乡	623026205000
居集镇	622927108000	申藏乡	623022207000	**夏河县(3镇, 10乡)**	**623027000000**
癿藏镇	622927113000	恰盖乡	623022208000	拉卜楞镇	623027100000
刘集乡	622927201000	康多乡	623022209000	王格尔塘镇	623027101000
石塬乡	622927202000	勺哇土族乡	623022210000	阿木去乎镇	623027102000
柳沟乡	622927203000	洮砚乡	623022211000	桑科乡	623027201000
关家川乡	622927204000	藏巴哇乡	623022212000	甘加乡	623027202000
胡林家乡	622927205000	**舟曲县(3镇, 16乡)**	**623023000000**	达麦乡	623027203000
安集乡	622927206000	城关镇	623023100000	麻当乡	623027204000
寨子沟乡	622927207000	大川镇	623023101000	曲奥乡	623027205000
郭干乡	622927209000	峰迭镇	623023102000	唐尕昂乡	623027206000
徐扈家乡	622927210000	曲瓦乡	623023200000	扎油乡	623027207000
中咀岭乡	622927211000	巴藏乡	623023201000	吉仓乡	623027208000
小关乡	622927212000	大峪乡	623023202000	博拉乡	623027209000
铺川乡	622927214000	立节乡	623023203000	科才乡	623027210000

青海省

青海省(青)

行政区划名称	行政区划代码
青海省(30街道，138镇，228乡)	**630000000000**
西宁市(22街道，27镇，23乡)	**630100000000**
城东区(7街道，2镇)	**630102000000**
东关街道	630102001000
清真巷街道	630102002000
大众街街道	630102003000
周家泉街道	630102004000
火车站街道	630102005000
八一路街道	630102006000
林家崖街道	630102007000
乐家湾镇	630102100000
韵家口镇	630102101000
城中区(7街道，1镇)	**630103000000**
人民街街道	630103001000
南滩街道	630103002000
仓门街街道	630103003000
礼让街街道	630103004000
饮马街街道	630103005000
南川东路街道	630103006000
南川西路街道	630103007000
总寨镇	630103100000
城西区(5街道，1镇)	**630104000000**
西关大街街道	630104001000
古城台街道	630104002000
虎台街道	630104003000
胜利路街道	630104004000
兴海路街道	630104005000
彭家寨镇	630104100000
城北区(3街道，2镇)	**630105000000**
朝阳街道	630105001000
小桥大街街道	630105002000
马坊街道	630105003000
大堡子镇	630105100000
廿里铺镇	630105101000
大通回族土族自治县(9镇，11乡)	**630121000000**
桥头镇	630121100000
城关镇	630121101000
塔尔镇	630121102000
东峡镇	630121103000
黄家寨镇	630121104000
长宁镇	630121105000
景阳镇	630121106000
多林镇	630121107000
新庄镇	630121108000
青林乡	630121200000
青山乡	630121201000
逊让乡	630121202000
极乐乡	630121203000
宝库乡	630121205000
斜沟乡	630121206000
良教乡	630121207000
向化藏族乡	630121208000
桦林乡	630121209000
朔北藏族乡	630121210000
石山乡	630121212000
湟中县(10镇，5乡)	**630122000000**
田家寨镇	630122100000
上新庄镇	630122102000
鲁沙尔镇	630122103000
甘河滩镇	630122104000
共和镇	630122105000
多巴镇	630122106000
拦隆口镇	630122107000
上五庄镇	630122108000
李家山镇	630122109000
西堡镇	630122110000
群加藏族乡	630122201000
土门关乡	630122202000
汉东回族乡	630122205000
大才回族乡	630122206000
海子沟乡	630122207000
湟源县(2镇，7乡)	**630123000000**
城关镇	630123100000
大华镇	630123101000
东峡乡	630123201000
日月藏族乡	630123202000
和平乡	630123203000
波航乡	630123204000
申中乡	630123205000
巴燕乡	630123207000
寺寨乡	630123208000
海东地区(35镇，59乡)	**632100000000**
平安县(3镇，5乡)	**632121000000**
平安镇	632121101000
小峡镇	632121102000
三合镇	632121103000
洪水泉回族乡	632121204000
石灰窑回族乡	632121205000
古城回族乡	632121207000
沙沟回族乡	632121208000
巴藏沟回族乡	632121209000
民和回族土族自治县(8镇，14乡)	**632122000000**
川口镇	632122100000
古鄯镇	632122101000
马营镇	632122102000
官亭镇	632122103000
巴州镇	632122104000
满坪镇	632122105000
李二堡镇	632122106000
硖门镇	632122107000
马场垣乡	632122200000
北山乡	632122201000
西沟乡	632122203000
总堡乡	632122207000
隆治乡	632122208000
大庄乡	632122209000
转导乡	632122210000
前河乡	632122213000
甘沟乡	632122214000
中川乡	632122215000
杏儿藏族乡	632122216000
核桃庄乡	632122218000
新民乡	632122222000
松树乡	632122224000
乐都县(7镇，12乡)	**632123000000**
碾伯镇	632123100000
高庙镇	632123102000
瞿昙镇	632123103000
洪水镇	632123104000
雨润镇	632123105000
高店镇	632123106000
寿乐镇	632123107000
下营藏族乡	632123200000
城台乡	632123201000
峰堆乡	632123202000
达拉土族乡	632123203000
共和乡	632123204000
中岭乡	632123207000
李家乡	632123208000
芦化乡	632123209000
马营乡	632123210000
马厂乡	632123211000
中坝藏族乡	632123212000
蒲台乡	632123214000
互助土族自治县(8镇，11乡)	**632126000000**
威远镇	632126100000
丹麻镇	632126101000
高寨镇	632126102000
南门峡镇	632126103000
加定镇	632126104000
塘川镇	632126105000
五十镇	632126106000
五峰镇	632126107000
红崖子沟乡	632126202000
哈拉直沟乡	632126204000
松多藏族乡	632126205000
东山乡	632126206000
东和乡	632126207000

续表 1

行政区划名称	行政区划代码
东沟乡	632126208000
林川乡	632126209000
台子乡	632126211000
西山乡	632126213000
蔡家堡乡	632126214000
巴扎藏族乡	632126215000
化隆回族自治县(6镇，11乡)	**632127000000**
巴燕镇	632127100000
群科镇	632127101000
牙什尕镇	632127102000
甘都镇	632127103000
扎巴镇	632127104000
昂思多镇	632127105000
雄先藏族乡	632127201000
查甫藏族乡	632127202000
二塘乡	632127205000
谢家滩乡	632127206000
德恒隆乡	632127207000
沙连堡乡	632127208000
阿什奴乡	632127209000
石大仓乡	632127210000
初么乡	632127211000
金源藏族乡	632127212000
塔加藏族乡	632127213000
循化撒拉族自治县(3镇，6乡)	**632128000000**
积石镇	632128100000
白庄镇	632128102000
街子镇	632128103000
道帏藏族乡	632128200000
清水乡	632128202000
查汗都斯乡	632128205000
文都藏族乡	632128206000
尕楞藏族乡	632128207000
岗察藏族乡	632128208000
海北藏族自治州(11镇，19乡)	**632200000000**
门源回族自治县(4镇，8乡)	**632221000000**
浩门镇	632221100000
青石咀镇	632221101000
泉口镇	632221102000
东川镇	632221103000
皇城蒙古族乡	632221200000
苏吉滩乡	632221201000
北山乡	632221202000
西滩乡	632221203000
麻莲乡	632221204000
阴田乡	632221205000
仙米乡	632221206000
珠固乡	632221207000
祁连县(3镇，4乡)	**632222000000**
八宝镇	632222100000
峨堡镇	632222101000
默勒镇	632222102000
扎麻什乡	632222200000
阿柔乡	632222201000
野牛沟乡	632222202000
央隆乡	632222203000
海晏县(2镇，4乡)	**632223000000**
三角城镇	632223100000
西海镇	632223101000
金滩乡	632223200000
哈勒景蒙古族乡	632223201000
青海湖乡	632223202000
甘子河乡	632223203000
刚察县(2镇，3乡)	**632224000000**
沙柳河镇	632224100000
哈尔盖镇	632224101000
伊克乌兰乡	632224201000
泉吉乡	632224202000
吉尔孟乡	632224203000
黄南藏族自治州(8镇，24乡)	**632300000000**
同仁县(2镇，9乡)	**632321000000**
隆务镇	632321100000
保安镇	632321101000
兰采乡	632321200000
双朋西乡	632321201000
扎毛乡	632321202000
黄乃亥乡	632321203000
曲库乎乡	632321204000
年都乎乡	632321206000
多哇乡	632321207000
瓜什则乡	632321208000
加吾乡	632321209000
尖扎县(3镇，6乡)	**632322000000**
马克唐镇	632322100000
康扬镇	632322101000
坎布拉镇	632322102000
贾加乡	632322200000
措周乡	632322201000
昂拉乡	632322202000
能科乡	632322203000
当顺乡	632322204000
尖扎滩乡	632322205000
泽库县(2镇，5乡)	**632323000000**
泽曲镇	632323100000
麦秀镇	632323105000
宁秀乡	632323201000
和日乡	632323202000
王家乡	632323203000
西卜沙乡	632323206000
多禾茂乡	632323207000
河南蒙古族自治县(1镇，4乡)	**632324000000**
优干宁镇	632324100000
宁木特乡	632324200000
赛尔龙乡	632324202000
柯生乡	632324203000
多松乡	632324204000
海南藏族自治州(16镇，20乡)	**632500000000**
共和县(4镇，7乡)	**632521000000**
恰卜恰镇	632521100000
塘格木镇	632521101000
倒淌河镇	632521102000
龙羊峡镇	632521103000
廿地乡	632521201000
沙珠玉乡	632521202000
铁盖乡	632521204000
江西沟乡	632521208000
黑马河乡	632521209000
石乃亥乡	632521210000
切吉乡	632521211000
同德县(2镇，3乡)	**632522000000**
尕巴松多镇	632522100000
唐谷镇	632522101000
巴沟乡	632522200000
秀麻乡	632522203000
河北乡	632522204000
贵德县(4镇，3乡)	**632523000000**
河阴镇	632523101000
河西镇	632523102000
拉西瓦镇	632523103000
常牧镇	632523104000
河东乡	632523201000
尕让乡	632523203000
新街回族乡	632523204000
兴海县(3镇，4乡)	**632524000000**
子科滩镇	632524100000
河卡镇	632524101000
曲什安镇	632524102000
唐乃亥乡	632524200000
中铁乡	632524202000
龙藏乡	632524204000
温泉乡	632524205000
贵南县(3镇，3乡)	**632525000000**
芒曲镇	632525100000
过马营镇	632525101000
森多镇	632525102000
沙沟乡	632525200000
茫拉乡	632525202000
塔秀乡	632525203000
果洛藏族自治州(8镇，36乡)	**632600000000**

续表 2

行政区划名称	行政区划代码	行政区划名称	行政区划代码	行政区划名称	行政区划代码
玛沁县(2镇，6乡)	**632621000000**	**玉树县(3镇，5乡)**	**632721000000**	**海西蒙古族藏族自治州**	**632800000000**
大武镇	632621100000	结古镇	632721100000	**(8街道，21镇，14乡)**	
拉加镇	632621101000	隆宝镇	632721101000	**格尔木市(5街道，2镇，2乡)**	**632801000000**
大武乡	632621200000	下拉秀镇	632721102000	昆仑路街道	632801001000
东倾沟乡	632621201000	仲达乡	632721200000	金峰路街道	632801002000
雪山乡	632621202000	巴塘乡	632721201000	河西街道	632801003000
下大武乡	632621203000	小苏莽乡	632721202000	黄河路街道	632801004000
当洛乡	632621204000	上拉秀乡	632721203000	西藏路街道	632801005000
优云乡	632621205000	安冲乡	632721206000	郭勒木德镇	632801100000
班玛县(1镇，8乡)	**632622000000**	**杂多县(1镇，7乡)**	**632722000000**	唐古拉山镇	632801101000
赛来塘镇	632622100000	萨呼腾镇	632722100000	大格勒乡	632801200000
多贡麻乡	632622200000	查旦乡	632722200000	乌图美仁乡	632801201000
玛柯河乡	632622201000	昂赛乡	632722201000	**德令哈市(3街道，3镇，1乡)**	**632802000000**
吉卡乡	632622202000	结多乡	632722202000	火车站街道	632802001000
达卡乡	632622203000	阿多乡	632722203000	河东街道	632802002000
知钦乡	632622204000	苏鲁乡	632722204000	河西街道	632802003000
江日堂乡	632622205000	莫云乡	632722206000	尕海镇	632802100000
亚尔堂乡	632622206000	扎青乡	632722207000	怀头他拉镇	632802101000
灯塔乡	632622207000	**称多县(5镇，2乡)**	**632723000000**	柯鲁柯镇	632802102000
甘德县(1镇，6乡)	**632623000000**	称文镇	632723100000	蓄集乡	632802200000
柯曲镇	632623100000	歇武镇	632723101000	**乌兰县(4镇)**	**632821000000**
上贡麻乡	632623200000	扎朵镇	632723102000	希里沟镇	632821100000
下贡麻乡	632623201000	清水河镇	632723103000	茶卡镇	632821101000
岗龙乡	632623202000	珍秦镇	632723104000	柯柯镇	632821102000
江千乡	632623203000	尕朵乡	632723200000	铜普镇	632821103000
青珍乡	632623204000	拉布乡	632723201000	**都兰县(4镇，4乡)**	**632822000000**
下藏科乡	632623205000	**治多县(1镇，5乡)**	**632724000000**	察汗乌苏镇	632822100000
达日县(1镇，9乡)	**632624000000**	加吉博洛镇	632724100000	香日德镇	632822101000
吉迈镇	632624100000	索加乡	632724200000	夏日哈镇	632822102000
下红科乡	632624200000	扎河乡	632724201000	宗加镇	632822103000
上红科乡	632624201000	多彩乡	632724202000	热水乡	632822200000
莫坝乡	632624202000	治渠乡	632724203000	香加乡	632822201000
桑日麻乡	632624203000	立新乡	632724205000	沟里乡	632822202000
特合土乡	632624204000	**囊谦县(1镇，9乡)**	**632725000000**	巴隆乡	632822203000
建设乡	632624205000	香达镇	632725100000	**天峻县(8镇，7乡)**	**632823000000**
窝赛乡	632624206000	白扎乡	632725201000	新源镇	632823100000
德昂乡	632624207000	娘拉乡	632725202000	江河镇	632823101000
满掌乡	632624208000	毛庄乡	632725203000	木里镇	632823102000
久治县(1镇，5乡)	**632625000000**	觉拉乡	632725204000	阳康乡	632823200000
智青松多镇	632625100000	东坝乡	632725205000	织合玛乡	632823201000
白玉乡	632625200000	吉曲乡	632725206000	龙门乡	632823202000
哇尔依乡	632625201000	尕羊乡	632725207000	快尔玛乡	632823203000
哇赛乡	632625202000	吉尼赛乡	632725208000	苏里乡	632823204000
索乎日麻乡	632625203000	着晓乡	632725209000	生格乡	632823205000
门堂乡	632625204000	**曲麻莱县(1镇，5乡)**	**632726000000**	舟群乡	632823206000
玛多县(2镇，2乡)	**632626000000**	约改镇	632726100000	茫崖镇	632891100000
玛查理镇	632626100000	巴干乡	632726200000	花土沟镇	632891101000
花石峡镇	632626101000	秋智乡	632726202000	大柴旦镇	632892100000
黄河乡	632626200000	叶格乡	632726203000	锡铁山镇	632892101000
扎陵湖乡	632626201000	麻多乡	632726204000	冷湖镇	632893100000
玉树藏族自治州(12镇，33乡)	**632700000000**	曲麻河乡	632726205000		

宁夏回族自治区

宁夏回族自治区(宁)

行政区划名称	行政区划代码
宁夏回族自治区(44街道，101镇，92乡)	**640000000000**
银川市(23街道，21镇，6乡)	**640100000000**
兴庆区(11街道，2镇，2乡)	**640104000000**
凤凰北街街道	640104001000
解放西街街道	640104002000
文化街街道	640104003000
富宁街街道	640104004000
新华街街道	640104005000
玉皇阁北街街道	640104006000
前进街街道	640104007000
中山南街街道	640104008000
银古路街道	640104009000
胜利街街道	640104010000
丽景街街道	640104011000
掌政镇	640104100000
大新镇	640104101000
通贵乡	640104200000
月牙湖乡	640104201000
西夏区(6街道，2镇)	**640105000000**
西花园路街道	640105001000
北京西路街道	640105002000
文昌路街道	640105003000
朔方路街道	640105004000
宁华路街道	640105005000
贺兰山西路街道	640105006000
兴泾镇	640105100000
镇北堡镇	640105101000
金凤区(5街道，2镇)	**640106000000**
满城北街街道	640106001000
黄河东路街道	640106002000
长城中路街道	640106003000
北京中路街道	640106004000
上海西路街道	640106005000
良田镇	640106100000
丰登镇	640106101000
永宁县(5镇，1乡)	**640121000000**
杨和镇	640121100000
李俊镇	640121101000
望远镇	640121102000
望洪镇	640121103000
闽宁镇	640121104000
胜利乡	640121200000
贺兰县(4镇，1乡)	**640122000000**
习岗镇	640122100000
金贵镇	640122101000
立岗镇	640122102000
洪广镇	640122103000
常信乡	640122200000
灵武市(1街道，6镇，2乡)	**640181000000**
城区街道	640181001000
东塔镇	640181100000
郝家桥镇	640181101000
崇兴镇	640181102000
宁东镇	640181103000
马家滩镇	640181104000
临河镇	640181105000
梧桐树乡	640181200000
白土岗乡	640181201000
石嘴山市(16街道，11镇，9乡)	**640200000000**
大武口区(10街道，1镇)	**640202000000**
长胜街道	640202001000
朝阳街道	640202002000
人民路街道	640202003000
长城街道	640202004000
青山街道	640202005000
石炭井街道	640202006000
白芨沟街道	640202007000
沟口街道	640202008000
长兴街道	640202010000
锦林街道	640202011000
星海镇	640202100000
惠农区(6街道，3镇，3乡)	**640205000000**
育才路街道	640205001000
南街街道	640205002000
中街街道	640205003000
北街街道	640205004000
河滨街街道	640205005000
火车站街道	640205006000
红果子镇	640205100000
尾闸镇	640205101000
园艺镇	640205102000
庙台乡	640205200000
礼和乡	640205201000
燕子墩乡	640205202000
平罗县(7镇，6乡)	**640221000000**
城关镇	640221100000
黄渠桥镇	640221101000
宝丰镇	640221102000
头闸镇	640221103000
姚伏镇	640221104000
崇岗镇	640221105000
陶乐镇	640221106000
高庄乡	640221200000
灵沙乡	640221201000
渠口乡	640221202000
通伏乡	640221203000
高仁乡	640221204000
红崖子乡	640221205000
吴忠市(2街道，29镇，15乡)	**640300000000**
利通区(8镇，4乡)	**640302000000**
金积镇	640302100000
金银滩镇	640302101000
高闸镇	640302102000
扁担沟镇	640302103000
上桥镇	640302104000
古城镇	640302105000
金星镇	640302106000
胜利镇	640302107000
东塔寺乡	640302200000
板桥乡	640302201000
马莲渠乡	640302202000
郭家桥乡	640302203000
红寺堡区(1街道，2镇，3乡)	**640303000000**
新民街道	640303001000
红寺堡镇	640303100000
太阳山镇	640303101000
大河乡	640303200000
新庄集乡	640303201000
柳泉乡	640303202000
盐池县(4镇，4乡)	**640323000000**
花马池镇	640323100000
大水坑镇	640323101000
惠安堡镇	640323102000
高沙窝镇	640323103000
王乐井乡	640323200000
冯记沟乡	640323201000
青山乡	640323202000
麻黄山乡	640323203000
同心县(7镇，4乡)	**640324000000**
豫海镇	640324100000

续表

行政区划名称	行政区划代码	行政区划名称	行政区划代码	行政区划名称	行政区划代码
河西镇	640324101000	兴坪乡	640422205000	**中卫市(21镇，19乡)**	**640500000000**
韦州镇	640324102000	西滩乡	640422206000	**沙坡头区(10镇，2乡)**	**640502000000**
下马关镇	640324103000	王民乡	640422207000	滨河镇	640502100000
予旺镇	640324104000	什字乡	640422208000	文昌镇	640502101000
王团镇	640324105000	马莲乡	640422209000	东园镇	640502102000
丁塘镇	640324106000	将台乡	640422210000	柔远镇	640502103000
田老庄乡	640324201000	硝河乡	640422211000	镇罗镇	640502104000
马高庄乡	640324202000	偏城乡	640422212000	宣和镇	640502105000
张家垣乡	640324203000	沙沟乡	640422213000	永康镇	640502106000
兴隆乡	640324204000	白崖乡	640422214000	常乐镇	640502107000
青铜峡市(1街道，8镇)	**640381000000**	火石寨乡	640422215000	迎水桥镇	640502108000
裕民街道	640381001000	**隆德县(3镇，10乡)**	**640423000000**	兴仁镇	640502109000
小坝镇	640381100000	城关镇	640423100000	香山乡	640502200000
大坝镇	640381101000	沙塘镇	640423101000	蒿川乡	640502201000
青铜峡镇	640381102000	联财镇	640423102000	**中宁县(6镇，5乡)**	**640521000000**
叶盛镇	640381103000	陈靳乡	640423200000	宁安镇	640521100000
瞿靖镇	640381104000	好水乡	640423201000	鸣沙镇	640521101000
峡口镇	640381105000	观庄乡	640423202000	石空镇	640521102000
邵岗镇	640381106000	杨河乡	640423203000	新堡镇	640521103000
陈袁滩镇	640381107000	神林乡	640423204000	恩和镇	640521104000
固原市(3街道，19镇，	**640400000000**	张程乡	640423205000	大战场镇	640521105000
43乡)		凤岭乡	640423206000	舟塔乡	640521200000
原州区(3街道，7镇，4乡)	**640402000000**	山河乡	640423207000	白马乡	640521201000
南关街道	640402001000	温堡乡	640423208000	余丁乡	640521202000
新区街道	640402002000	奠安乡	640423209000	喊叫水乡	640521204000
北塬街道	640402003000	**泾源县(3镇，4乡)**	**640424000000**	徐套乡	640521205000
三营镇	640402100000	香水镇	640424100000	**海原县(5镇，12乡)**	**640522000000**
官厅镇	640402103000	泾河源镇	640424101000	海城镇	640522100000
开城镇	640402104000	六盘山镇	640424102000	李旺镇	640522101000
张易镇	640402105000	新民乡	640424200000	西安镇	640522103000
彭堡镇	640402106000	兴盛乡	640424201000	三河镇	640522104000
头营镇	640402107000	黄花乡	640424202000	七营镇	640522105000
黄铎堡镇	640402108000	大湾乡	640424203000	史店乡	640522200000
中河乡	640402200000	**彭阳县(3镇，9乡)**	**640425000000**	树台乡	640522201000
河川乡	640402201000	白阳镇	640425100000	关桥乡	640522202000
炭山乡	640402204000	王洼镇	640425101000	高崖乡	640522206000
寨科乡	640402205000	古城镇	640425102000	郑旗乡	640522207000
西吉县(3镇，16乡)	**640422000000**	新集乡	640425200000	贾塘乡	640522208000
吉强镇	640422100000	城阳乡	640425201000	曹洼乡	640522209000
兴隆镇	640422101000	红河乡	640425202000	九彩乡	640522210000
平峰镇	640422102000	冯庄乡	640425203000	李俊乡	640522211000
新营乡	640422200000	小岔乡	640425204000	红羊乡	640522212000
红耀乡	640422201000	孟塬乡	640425205000	关庄乡	640522213000
田坪乡	640422202000	罗洼乡	640425206000	甘城乡	640522214000
马建乡	640422203000	交岔乡	640425207000		
震湖乡	640422204000	草庙乡	640425208000		

新疆维吾尔自治区

新疆维吾尔自治区（新）

行政区划名称	行政区划代码
新疆维吾尔自治区（162街道，262镇，601乡）	**650000000000**
乌鲁木齐市（65街道，8镇，14乡）	**650100000000**
天山区（14街道）	**650102000000**
燕儿窝街道	650102002000
胜利路街道	650102003000
团结路街道	650102004000
解放南路街道	650102005000
新华南路街道	650102006000
和平路街道	650102007000
解放北路街道	650102008000
幸福路街道	650102009000
东门街道	650102010000
新华北路街道	650102011000
青年路街道	650102012000
碱泉街道	650102013000
延安路街道	650102014000
红雁街道	650102015000
沙依巴克区（12街道）	**650103000000**
长江路街道	650103001000
和田街道	650103002000
扬子江路街道	650103003000
友好南路街道	650103004000
友好北路街道	650103005000
八一街道	650103006000
炉院街道	650103007000
西山街道	650103008000
雅玛里克山街道	650103009000
红庙子街道	650103010000
水泥厂街道	650103011000
平顶山街道	650103012000
新市区（17街道，1镇，4乡）	**650104000000**
北京路街道	650104001000
二工街道	650104002000
三工街道	650104003000
石油新村街道	650104004000
迎宾路街道	650104005000
喀什东路街道	650104006000
北站东路街道	650104007000
南纬路街道	650104009000
杭州路街道	650104010000
天津路街道	650104011000
银川路街道	650104012000
高新街街道	650104013000
长春中路街道	650104014000
中亚南路街道	650104015000
中亚北路街道	650104016000
友谊路街道	650104017000
嵩山街街道	650104018000
安宁渠镇	650104100000
二工乡	650104200000
地窝堡乡	650104201000
六十户乡	650104202000
青格达湖乡	650104203000
水磨沟区（8街道）	**650105000000**
水磨沟街道	650105001000
六道湾街道	650105002000
苇湖梁街道	650105003000
八道湾街道	650105004000
新民路街道	650105005000
南湖南路街道	650105006000
南湖北路街道	650105007000
七道湾街道	650105008000
头屯河区（5街道）	**650106000000**
头屯河街道	650106001000
火车西站街道	650106002000
王家沟街道	650106003000
乌昌路街道	650106004000
北站西路街道	650106005000
达坂城区（3街道，1镇，3乡）	**650107000000**
乌拉泊街道	650107001000
艾维尔沟街道	650107002000
盐湖街道	650107003000
达坂城镇	650107100000
东沟乡	650107200000
西沟乡	650107201000
阿克苏乡	650107202000
米东区（6街道，5镇，2乡）	**650109000000**
石化街道	650109001000
地磅街道	650109002000
卡子湾街道	650109003000
古牧地东路街道	650109004000
古牧地西路街道	650109005000
米东南路街道	650109006000
古牧地镇	650109100000
铁厂沟镇	650109101000
长山子镇	650109102000
羊毛工镇	650109103000
三道坝镇	650109104000
芦草沟乡	650109200000
柏杨河哈萨克族乡	650109300000
乌鲁木齐县（1镇，5乡）	**650121000000**
水西沟镇	650121100000
萨尔达坂乡	650121207000
甘沟乡	650121208000
永丰乡	650121210000
板房沟乡	650121212000
托里乡	650121213000
克拉玛依市（12街道，2乡）	**650200000000**
独山子区（3街道）	**650202000000**
金山路街道	650202001000
西宁路街道	650202002000
新北区街道	650202003000
克拉玛依区（6街道，1乡）	**650203000000**
天山路街道	650203001000
胜利路街道	650203002000
昆仑路街道	650203003000
银河路街道	650203004000
金龙镇街道	650203005000
五五新镇街道	650203006000
小拐乡	650203200000
白碱滩区（2街道）	**650204000000**
中兴路街道	650204001000
三平路街道	650204002000
乌尔禾区（1街道，1乡）	**650205000000**
柳树街街道	650205001000
乌尔禾乡	650205200000
吐鲁番地区（3街道，11镇，16乡）	**652100000000**
吐鲁番市（3街道，2镇，7乡）	**652101000000**
老城路街道	652101001000
高昌路街道	652101002000
葡萄沟街道	652101003000
七泉湖镇	652101100000
大河沿镇	652101101000
亚尔乡	652101200000
艾丁湖乡	652101201000
葡萄乡	652101202000
恰特喀勒乡	652101203000
二堡乡	652101204000
三堡乡	652101205000
胜金乡	652101206000
鄯善县（5镇，5乡）	**652122000000**
鄯善镇	652122100000
七克台镇	652122101000
火车站镇	652122102000
连木沁镇	652122103000
鲁克沁镇	652122104000
辟展乡	652122200000
东巴扎回族乡	652122201000
吐峪沟乡	652122202000
达浪坎乡	652122203000
迪坎乡	652122204000
托克逊县（4镇，4乡）	**652123000000**
托克逊镇	652123100000
库米什镇	652123101000
克尔碱镇	652123102000
阿乐惠镇	652123103000
夏乡	652123200000
郭勒布依乡	652123201000
伊拉湖乡	652123202000
博斯坦乡	652123203000
哈密地区（5街道，12镇，25乡）	**652200000000**
哈密市（5街道，6镇，12乡）	**652201000000**
东河区街道	652201001000
西河区街道	652201002000
新市区街道	652201003000
丽园街道	652201004000
石油新城街道	652201005000
雅满苏镇	652201100000
七角井镇	652201101000
星星峡镇	652201102000
二堡镇	652201103000
五堡镇	652201104000

续表 1

行政区划名称	行政区划代码
陶家宫镇	652201105000
沁城乡	652201200000
乌拉台哈萨克族乡	652201201000
双井子乡	652201202000
大泉湾乡	652201203000
回城乡	652201205000
花园乡	652201206000
南湖乡	652201207000
德外里都如克哈萨克族乡	652201209000
西山乡	652201210000
天山乡	652201211000
白石头乡	652201212000
柳树沟乡	652201214000
巴里坤哈萨克自治县(4镇，8乡)	**652222000000**
巴里坤镇	652222100000
博尔羌吉镇	652222101000
大河镇	652222102000
奎苏镇	652222103000
萨尔乔克乡	652222200000
海子沿乡	652222201000
下涝坝乡	652222202000
石人子乡	652222205000
花园乡	652222206000
三塘湖乡	652222207000
大红柳峡乡	652222208000
八墙子乡	652222209000
伊吾县(2镇，5乡)	**652223000000**
伊吾镇	652223100000
淖毛湖镇	652223101000
苇子峡乡	652223201000
下马崖乡	652223202000
盐池乡	652223203000
吐葫芦乡	652223204000
前山哈萨克族乡	652223205000
昌吉回族自治州(9街道，39镇，31乡)	**652300000000**
昌吉市(6街道，7镇，3乡)	**652301000000**
宁边路街道	652301001000
延安北路街道	652301002000
北京南路街道	652301003000
绿洲路街道	652301004000
中山路街道	652301005000
建国路街道	652301016000
硫磺沟镇	652301101000
三工镇	652301102000
榆树沟镇	652301103000
六工镇	652301104000
二六工镇	652301105000
大西渠镇	652301106000
滨湖镇	652301107000
佃坝乡	652301202000
庙尔沟乡	652301204000
阿什里哈萨克族乡	652301205000
阜康市(3街道，4镇，3乡)	**652302000000**
博峰街道	652302001000
阜新街道	652302002000
准东街道	652302004000
甘河子镇	652302100000
城关镇	652302101000
九运街镇	652302102000
滋泥泉子镇	652302103000
三工河哈萨克族乡	652302200000
上户沟哈萨克族乡	652302201000
水磨沟乡	652302202000
呼图壁县(6镇，1乡)	**652323000000**
呼图壁镇	652323100000
大丰镇	652323101000
雀尔沟镇	652323102000
二十里店镇	652323103000
园户村镇	652323104000
五工台镇	652323105000
石梯子哈萨克族乡	652323201000
玛纳斯县(7镇，4乡)	**652324000000**
玛纳斯镇	652324100000
乐土驿镇	652324101000
包家店镇	652324102000
凉州户镇	652324103000
北五岔镇	652324104000
六户地镇	652324105000
兰州湾镇	652324106000
广东地乡	652324201000
清水河哈萨克族乡	652324202000
塔西河哈萨克族乡	652324203000
旱卡子滩哈萨克族乡	652324204000
奇台县(6镇，9乡)	**652325000000**
奇台镇	652325100000
老奇台镇	652325101000
半截沟镇	652325102000
吉布库镇	652325103000
东湾镇	652325104000
西地镇	652325105000
碧流河乡	652325200000
西北湾乡	652325201000
坎尔孜乡	652325202000
五马场哈萨克族乡	652325203000
古城乡	652325204000
乔仁哈萨克族乡	652325205000
七户乡	652325206000
三个庄子乡	652325207000
大泉塔塔尔族乡	652325208000
吉木萨尔县(6镇，3乡)	**652327000000**
吉木萨尔镇	652327100000
三台镇	652327101000
泉子街镇	652327102000
北庭镇	652327103000
二工镇	652327104000
大有镇	652327105000
庆阳湖乡	652327202000
老台乡	652327203000
新地乡	652327205000
木垒哈萨克自治县(3镇，8乡)	**652328000000**
木垒镇	652328100000
西吉尔镇	652328103000
东城镇	652328104000
英格堡乡	652328200000
照壁山乡	652328205000
新户乡	652328206000
大南沟乌孜别克族乡	652328209000
雀仁乡	652328210000
白杨河乡	652328211000
大石头乡	652328212000
博斯塘乡	652328213000
博尔塔拉蒙古自治州(4街道，7镇，9乡)	**652700000000**
博乐市(4街道，3镇，2乡)	**652701000000**
青得里街道	652701001000
顾里木图街道	652701002000
克尔根卓街道	652701003000
南城区街道	652701005000
小营盘镇	652701100000
达勒特镇	652701101000
乌图布拉格镇	652701102000
青得里乡	652701200000
贝林哈日莫墩乡	652701201000
阿拉山口市	**652702000000**
精河县(2镇，3乡)	**652722000000**
精河镇	652722100000
大河沿子镇	652722101000
茫丁乡	652722200000
托里乡	652722201000
托托乡	652722202000
温泉县(2镇，4乡)	**652723000000**
博格达尔镇	652723100000
哈日布呼镇	652723101000
安格里格乡	652723200000
查干屯格乡	652723201000
扎勒木特乡	652723202000
塔秀乡	652723203000
巴音郭楞蒙古自治州(5街道，26镇，59乡)	**652800000000**
库尔勒市(5街道，3镇，9乡)	**652801000000**
团结街道	652801001000
萨依巴格街道	652801002000
天山街道	652801003000
新城街道	652801004000
建设街道	652801005000
塔什店镇	652801100000
上户镇	652801101000
西尼尔镇	652801102000
铁克其乡	652801200000
恰尔巴格乡	652801201000
英下乡	652801202000
兰干乡	652801203000
和什力克乡	652801204000
哈拉玉宫乡	652801205000
阿瓦提乡	652801206000
托布力其乡	652801207000
普惠乡	652801208000
轮台县(4镇，7乡)	**652822000000**

续表 2

行政区划名称	行政区划代码
轮台镇	652822100000
轮南镇	652822101000
群巴克镇	652822102000
阳霞镇	652822103000
哈尔巴克乡	652822201000
野云沟乡	652822202000
阿克萨来乡	652822203000
塔尔拉克乡	652822204000
草湖乡	652822205000
铁热克巴扎乡	652822206000
策达雅乡	652822207000
尉犁县(1镇，7乡)	**652823000000**
尉犁镇	652823100000
塔里木乡	652823200000
兴平乡	652823201000
团结乡	652823202000
墩阔坦乡	652823203000
喀尔曲尕乡	652823204000
阿克苏普乡	652823205000
古勒巴格乡	652823206000
若羌县(4镇，4乡)	**652824000000**
若羌镇	652824100000
依吞布拉克镇	652824101000
罗布泊镇	652824102000
瓦石峡镇	652824103000
铁干里克乡	652824200000
吾塔木乡	652824201000
铁木里克乡	652824203000
祁曼塔克乡	652824204000
且末县(1镇，11乡)	**652825000000**
且末镇	652825100000
阿热勒乡	652825200000
琼库勒乡	652825201000
托格拉克勒克乡	652825202000
巴格艾日克乡	652825203000
英吾斯塘乡	652825204000
阿克提坎墩乡	652825205000
阔什萨特玛乡	652825206000
塔提让乡	652825207000
阿羌乡	652825208000
库拉木勒克乡	652825209000
奥依亚依拉克乡	652825210000
焉耆回族自治县(4镇，4乡)	**652826000000**
焉耆镇	652826100000
七个星镇	652826101000
永宁镇	652826102000
四十里城子镇	652826103000
北大渠乡	652826200000
五号渠乡	652826201000
查汗采开乡	652826203000
包尔海乡	652826204000
和静县(6镇，6乡)	**652827000000**
和静镇	652827100000
巴仑台镇	652827101000

行政区划名称	行政区划代码
巴润哈尔莫墩镇	652827102000
哈尔莫墩镇	652827103000
巴音布鲁克镇	652827104000
巩乃斯镇	652827105000
乃门莫墩乡	652827200000
协比乃尔布呼乡	652827201000
克尔古提乡	652827203000
阿拉沟乡	652827204000
额勒再特乌鲁乡	652827205000
巴音郭楞乡	652827206000
和硕县(1镇，6乡)	**652828000000**
特吾里克镇	652828100000
乌什塔拉回族乡	652828200000
曲惠乡	652828201000
塔哈其乡	652828202000
苏哈特乡	652828203000
乃仁克尔乡	652828204000
新塔热乡	652828205000
博湖县(2镇，5乡)	**652829000000**
博湖镇	652829100000
本布图镇	652829101000
塔温觉肯乡	652829200000
乌兰再格森乡	652829202000
才坎诺尔乡	652829203000
查干诺尔乡	652829204000
博斯腾湖乡	652829205000
阿克苏地区(10街道，31镇，53乡)	**652900000000**
阿克苏市(6街道，2镇，4乡)	**652901000000**
兰干街道	652901001000
英巴扎街道	652901002000
红桥街道	652901003000
新城街道	652901004000
南城街道	652901005000
柯柯牙街道	652901006000
喀拉塔勒镇	652901100000
阿依库勒镇	652901101000
依干其乡	652901200000
拜什吐格曼乡	652901201000
托普鲁克乡	652901202000
库木巴什乡	652901203000
温宿县(5镇，5乡)	**652922000000**
温宿镇	652922100000
吐木秀克镇	652922101000
克孜勒镇	652922102000
阿热勒镇	652922103000
佳木镇	652922104000
托乎拉乡	652922200000
恰格拉克乡	652922202000
依希来木其乡	652922204000
古勒阿瓦提乡	652922206000
博孜墩柯尔克孜族乡	652922207000
库车县(4街道，8镇，6乡)	**652923000000**

行政区划名称	行政区划代码
热斯坦街道	652923001000
萨克萨克街道	652923002000
新城街道	652923003000
东城街道	652923004000
乌恰镇	652923101000
阿拉哈格镇	652923102000
齐满镇	652923103000
墩阔坦镇	652923104000
牙哈镇	652923105000
乌尊镇	652923106000
伊西哈拉镇	652923107000
雅克拉镇	652923108000
玉奇吾斯塘乡	652923201000
比西巴格乡	652923202000
哈尼喀塔木乡	652923203000
阿克吾斯塘乡	652923204000
阿格乡	652923205000
塔里木乡	652923206000
沙雅县(4镇，6乡)	**652924000000**
沙雅镇	652924100000
托依堡勒迪镇	652924101000
红旗镇	652924102000
英买力镇	652924103000
古勒巴格乡	652924200000
海楼乡	652924204000
努尔巴格乡	652924205000
塔里木乡	652924206000
盖孜库木乡	652924207000
央塔克协海尔乡	652924208000
新和县(2镇，6乡)	**652925000000**
新和镇	652925100000
尤鲁都斯巴格镇	652925101000
依其艾日克乡	652925200000
排先拜巴扎乡	652925201000
塔什艾日克乡	652925202000
渭干乡	652925203000
玉奇喀特乡	652925204000
塔木托格拉克乡	652925205000
拜城县(4镇，10乡)	**652926000000**
拜城镇	652926100000
铁热克镇	652926101000
察尔齐镇	652926102000
赛里木镇	652926103000
黑英山乡	652926200000
克孜尔乡	652926201000
托克逊乡	652926203000
亚吐尔乡	652926204000
康其乡	652926205000
布隆乡	652926206000
米吉克乡	652926207000
温巴什乡	652926208000
大桥乡	652926209000
老虎台乡	652926210000
乌什县(2镇，7乡)	**652927000000**

续表 3

行政区划名称	行政区划代码
乌什镇	652927100000
阿合雅镇	652927101000
阿克托海乡	652927200000
亚科瑞克乡	652927201000
阿恰塔格乡	652927202000
依麻木乡	652927204000
英阿瓦提乡	652927205000
亚曼苏柯尔克孜族乡	652927206000
奥特贝希乡	652927207000
阿瓦提县(3镇，5乡)	**652928000000**
阿瓦提镇	652928100000
乌鲁却勒镇	652928101000
拜什艾日克镇	652928102000
阿依巴格乡	652928200000
塔木托格拉克乡	652928201000
英艾日克乡	652928202000
多浪乡	652928203000
巴格托格拉克乡	652928204000
柯坪县(1镇，4乡)	**652929000000**
柯坪镇	652929100000
盖孜力克乡	652929200000
玉尔其乡	652929201000
阿恰勒乡	652929202000
启浪乡	652929203000
克孜勒苏柯尔克孜自治州(2街道，6镇，31乡)	**653000000000**
阿图什市(2街道，1镇，6乡)	**653001000000**
幸福路街道	653001001000
光明路街道	653001002000
上阿图什镇	653001100000
松他克乡	653001200000
阿扎克乡	653001201000
阿湖乡	653001202000
格达良乡	653001204000
哈拉峻乡	653001205000
吐古买提乡	653001206000
阿克陶县(2镇，11乡)	**653022000000**
阿克陶镇	653022100000
奥依塔克镇	653022101000
玉麦乡	653022200000
皮拉勒乡	653022201000
巴仁乡	653022202000
喀热开其克乡	653022203000
加马铁热克乡	653022204000
木吉乡	653022205000
布伦口乡	653022206000
克孜勒陶乡	653022207000
恰尔隆乡	653022208000
库斯拉甫乡	653022209000
塔尔塔吉克族乡	653022210000
阿合奇县(1镇，5乡)	**653023000000**
阿合奇镇	653023100000
库兰萨日克乡	653023200000
色帕巴依乡	653023201000
苏木塔什乡	653023202000
哈拉奇乡	653023203000
哈拉布拉克乡	653023204000
乌恰县(2镇，9乡)	**653024000000**
乌恰镇	653024100000
康苏镇	653024101000
乌鲁克恰提乡	653024200000
吾合沙鲁乡	653024201000
膘尔托阔依乡	653024202000
黑孜苇乡	653024203000
托云乡	653024204000
铁列克乡	653024205000
巴音库鲁提乡	653024206000
波斯坦铁列克乡	653024207000
吉根乡	653024208000
喀什地区(4街道，32镇，136乡)	**653100000000**
喀什市(4街道，2镇，6乡)	**653101000000**
恰萨街道	653101001000
亚瓦格街道	653101002000
吾斯塘博依街道	653101003000
库木代尔瓦扎街道	653101005000
夏马勒巴格镇	653101100000
乃则尔巴格镇	653101101000
多来特巴格乡	653101202000
浩罕乡	653101203000
色满乡	653101204000
荒地乡	653101205000
帕哈太克里乡	653101206000
伯什克然木乡	653101207000
疏附县(3镇，10乡)	**653121000000**
托克扎克镇	653121100000
兰干镇	653121101000
吾库萨克镇	653121102000
乌帕尔乡	653121200000
塔什米里克乡	653121201000
铁日木乡	653121202000
布拉克苏乡	653121203000
萨依巴格乡	653121204000
站敏乡	653121205000
木什乡	653121211000
阿瓦提乡	653121213000
英吾斯坦乡	653121214000
阿克喀什乡	653121215000
疏勒县(3镇，12乡)	**653122000000**
疏勒镇	653122100000
罕南力克镇	653122101000
牙甫泉镇	653122102000
巴仁乡	653122200000
洋大曼乡	653122201000
亚曼牙乡	653122202000
巴合齐乡	653122203000
塔孜洪乡	653122204000
英尔力克乡	653122205000
库木西力克乡	653122206000
塔尕尔其乡	653122207000
艾尔木东乡	653122208000
阿拉力乡	653122209000
阿拉甫乡	653122210000
英阿瓦提乡	653122211000
英吉沙县(1镇，13乡)	**653123000000**
英吉沙镇	653123100000
城关乡	653123200000
乔勒潘乡	653123201000
龙甫乡	653123202000
芒辛乡	653123203000
色提力乡	653123204000
萨罕乡	653123205000
英也尔乡	653123206000
克孜勒乡	653123207000
托普鲁克乡	653123208000
苏盖提乡	653123209000
乌恰乡	653123210000
艾古斯乡	653123211000
依格孜也尔乡	653123212000
泽普县(2镇，10乡，区公所：1个)	**653124000000**
泽普镇	653124100000
奎依巴格镇	653124101000
波斯喀木乡	653124200000
依玛乡	653124201000
古勒巴格乡	653124202000
赛力乡	653124203000
依克苏乡	653124204000
图呼其乡	653124205000
奎依巴格乡	653124206000
阿克塔木乡	653124207000
阿依库勒乡	653124208000
布依鲁克塔吉克族乡	653124209000
奎依巴格区公所	
莎车县(7镇，22乡)	**653125000000**
莎车镇	653125100000
恰热克镇	653125101000
艾力西湖镇	653125102000
荒地镇	653125103000
阿瓦提镇	653125104000
白什坎特镇	653125105000
依盖尔其镇	653125106000
古勒巴格乡	653125200000
阿热勒乡	653125201000
恰尔巴格乡	653125202000
托木吾斯塘乡	653125203000
英吾斯塘乡	653125204000
乌达力克乡	653125205000
阿尔斯兰巴格乡	653125206000
孜热甫夏提塔吉克族乡	653125207000
亚喀艾日克乡	653125208000
喀群乡	653125209000
霍什拉甫乡	653125210000
达木斯乡	653125211000

续表 4

行政区划名称	行政区划代码	行政区划名称	行政区划代码	行政区划名称	行政区划代码
米夏乡	653125212000	铁日木乡	653129200000	罕艾日克镇	653221101000
伊什库力乡	653125213000	英买里乡	653129201000	英阿瓦提乡	653221202000
拍克其乡	653125214000	江巴孜乡	653129202000	英艾日克乡	653221203000
塔尕尔其乡	653125215000	卧里托格拉克乡	653129203000	布扎克乡	653221204000
阔什艾日克乡	653125216000	克孜勒博依乡	653129204000	拉依喀乡	653221205000
墩巴格乡	653125217000	米夏乡	653129205000	朗如乡	653221206000
阿拉买提乡	653125218000	夏普吐勒乡	653129206000	塔瓦库勒乡	653221207000
阿扎特巴格乡	653125219000	和夏阿瓦提乡	653129207000	伊斯拉木阿瓦提乡	653221208000
巴格阿瓦提乡	653125220000	克孜勒苏乡	653129208000	色格孜库勒乡	653221209000
喀拉苏乡	653125221000	古勒鲁克乡	653129209000	喀什塔什乡	653221210000
叶城县(3镇，17乡)	**653126000000**	玉代克力克乡	653129210000	吾宗肖乡	653221211000
喀格勒克镇	653126100000	**巴楚县(4镇，8乡)**	**653130000000**	**墨玉县(2镇，14乡)**	**653222000000**
恰尔巴格镇	653126101000	巴楚镇	653130100000	喀拉喀什镇	653222100000
乌夏克巴什镇	653126102000	色力布亚镇	653130101000	扎瓦镇	653222101000
洛克乡	653126200000	阿瓦提镇	653130102000	喀尔赛乡	653222200000
伯西热克乡	653126201000	三岔口镇	653130103000	奎牙乡	653222201000
铁提乡	653126202000	恰尔巴格乡	653130200000	阿克萨拉依乡	653222203000
恰萨美其特乡	653126203000	多来提巴格乡	653130201000	乌尔其乡	653222204000
吐古其乡	653126204000	阿纳库勒乡	653130202000	托胡拉乡	653222205000
江格勒斯乡	653126205000	夏玛勒乡	653130203000	萨依巴格乡	653222206000
加依提勒克乡	653126206000	阿克萨克马热勒乡	653130204000	加汗巴格乡	653222207000
巴仁乡	653126207000	阿拉格尔乡	653130205000	普恰克其乡	653222208000
乌吉热克乡	653126208000	琼库尔恰克乡	653130206000	芒来乡	653222209000
夏合甫乡	653126209000	英吾斯塘乡	653130207000	阔依其乡	653222210000
依力克其乡	653126210000	**塔什库尔干塔吉克自治县**	**653131000000**	雅瓦乡	653222211000
依提木孔乡	653126211000	**(2镇，11乡)**		吐外特乡	653222212000
宗朗乡	653126212000	塔什库尔干镇	653131100000	英也尔乡	653222213000
柯克亚乡	653126213000	塔吉克阿巴提镇	653131101000	喀瓦克乡	653222214000
西合休乡	653126214000	塔什库尔干乡	653131200000	**皮山县(4镇，12乡)**	**653223000000**
棋盘乡	653126215000	塔合曼乡	653131201000	固玛镇	653223100000
萨依巴格乡	653126216000	科克亚尔柯尔克孜族乡	653131202000	杜瓦镇	653223101000
麦盖提县(1镇，9乡)	**653127000000**	提孜那甫乡	653131203000	赛图拉镇	653223102000
麦盖提镇	653127100000	达布达尔乡	653131204000	木吉镇	653223103000
巴扎结米乡	653127200000	马尔洋乡	653131205000	阔什塔格乡	653223200000
希依提墩乡	653127201000	瓦恰乡	653131206000	克里阳乡	653223201000
央塔克乡	653127202000	班迪尔乡	653131207000	科克铁热克乡	653223202000
吐曼塔勒乡	653127203000	库科西鲁克乡	653131208000	桑株乡	653223203000
尕孜库勒乡	653127204000	大同乡	653131210000	乔达乡	653223205000
克孜勒阿瓦提乡	653127205000	布伦木沙乡	653131212000	木奎拉乡	653223206000
库木库萨尔乡	653127206000	**和田地区(4街道，15镇，76乡)**	**653200000000**	藏桂乡	653223207000
昂格特勒克乡	653127207000	**和田市(4街道，2镇，6乡)**	**653201000000**	皮亚勒玛乡	653223208000
库尔玛乡	653127208000	奴尔巴格街道	653201001000	皮西那乡	653223209000
岳普湖县(2镇，7乡)	**653128000000**	古江巴格街道	653201002000	巴什兰干乡	653223210000
岳普湖镇	653128100000	古勒巴格街道	653201003000	垴阿巴提塔吉克族乡	653223211000
艾西买镇	653128101000	纳尔巴格街道	653201004000	康克尔柯尔克孜族乡	653223212000
岳普湖乡	653128200000	拉斯奎镇	653201100000	**洛浦县(1镇，8乡)**	**653224000000**
也克先拜巴扎乡	653128201000	玉龙喀什镇	653201101000	洛浦镇	653224100000
阿其克乡	653128203000	肖尔巴格乡	653201200000	布亚乡	653224201000
色也克乡	653128204000	伊里其乡	653201201000	山普鲁乡	653224202000
铁热木乡	653128205000	古江巴格乡	653201202000	恰尔巴格乡	653224203000
巴依阿瓦提乡	653128206000	吐沙拉乡	653201203000	杭桂乡	653224204000
阿洪鲁库木乡	653128207000	吉亚乡	653201204000	多鲁乡	653224205000
伽师县(2镇，11乡)	**653129000000**	阿克恰勒乡	653201205000	纳瓦乡	653224206000
巴仁镇	653129100000	**和田县(2镇，10乡)**	**653221000000**	拜什托格拉克乡	653224207000
西克尔库勒镇	653129101000	巴格其镇	653221100000	阿其克乡	653224208000

续表 5

行政区划名称	行政区划代码
策勒县(1镇，7乡)	**653225000000**
策勒镇	653225100000
策勒乡	653225200000
固拉合玛乡	653225201000
达玛沟乡	653225202000
恰哈乡	653225203000
乌鲁克萨依乡	653225204000
奴尔乡	653225205000
博斯坦乡	653225206000
于田县(2镇，13乡)	**653226000000**
木尕拉镇	653226100000
先拜巴扎镇	653226101000
加依乡	653226200000
科克亚乡	653226201000
阿热勒乡	653226202000
阿日希乡	653226203000
兰干乡	653226204000
斯也克乡	653226205000
托格日尕孜乡	653226206000
喀拉克尔乡	653226207000
奥依托格拉克乡	653226208000
阿羌乡	653226209000
英巴格乡	653226210000
希吾勒乡	653226211000
达里雅布依乡	653226212000
民丰县(1镇，6乡)	**653227000000**
尼雅镇	653227100000
尼雅乡	653227200000
若克雅乡	653227201000
萨勒吾则克乡	653227202000
叶亦克乡	653227203000
安迪尔乡	653227204000
亚瓦通古孜乡	653227205000
伊犁哈萨克自治州(13街道，23镇，74乡)	**654000000000**
伊宁市(8街道，1镇，8乡)	**654002000000**
萨依布依街道	654002001000
墩买里街道	654002002000
伊犁河路街道	654002003000
喀赞其街道	654002004000
都来提巴格街道	654002005000
琼库瑞克街道	654002006000
艾兰木巴格街道	654002007000
解放路街道	654002008000
巴彦岱镇	654002100000
英也尔乡	654002200000
汉宾乡	654002201000
塔什库勒克乡	654002202000
喀尔墩乡	654002203000
托格拉克乡	654002204000
克伯克于孜乡	654002205000
潘津乡	654002206000
达达木图乡	654002207000
奎屯市(5街道，1乡)	**654003000000**
团结路街道	654003001000
乌鲁木齐东路街道	654003002000

行政区划名称	行政区划代码
北京路街道	654003003000
乌鲁木齐西路街道	654003004000
火车站街道	654003005000
开干齐乡	654003200000
伊宁县(2镇，16乡)	**654021000000**
吉里于孜镇	654021100000
墩麻扎镇	654021101000
胡地于孜乡	654021200000
吐鲁番于孜乡	654021201000
喀拉亚尕奇乡	654021202000
愉群翁回族乡	654021205000
阿热吾斯塘乡	654021206000
英塔木乡	654021207000
巴依托海乡	654021208000
维吾尔玉其温乡	654021209000
萨木于孜乡	654021210000
喀什乡	654021211000
麻扎乡	654021212000
温亚尔乡	654021213000
阿乌利亚乡	654021214000
曲鲁海乡	654021215000
武功乡	654021216000
萨地克于孜乡	654021217000
察布查尔锡伯自治县(2镇，11乡)	**654022000000**
察布查尔镇	654022100000
爱新色里镇	654022101000
堆齐牛录乡	654022200000
孙扎齐牛录乡	654022201000
绰霍尔乡	654022202000
纳达齐牛录乡	654022203000
扎库齐牛录乡	654022204000
米粮泉回族乡	654022205000
坎乡	654022206000
阔洪奇乡	654022207000
海努克乡	654022208000
加尕斯台乡	654022209000
琼博拉乡	654022210000
霍城县(5镇，5乡)	**654023000000**
水定镇	654023100000
清水河镇	654023101000
芦草沟镇	654023102000
惠远镇	654023103000
萨尔布拉克镇	654023104000
兰干乡	654023200000
三道河乡	654023201000
伊车嘎善锡伯族乡	654023203000
三宫回族乡	654023204000
大西沟乡	654023205000
巩留县(2镇，6乡)	**654024000000**
巩留镇	654024100000
阿克吐别克镇	654024101000
莫乎尔乡	654024200000
吉尔格郎乡	654024201000
阿尕尔森乡	654024202000
东买里乡	654024203000
塔斯托别乡	654024204000

行政区划名称	行政区划代码
提克阿热克乡	654024205000
新源县(6镇，3乡)	**654025000000**
新源镇	654025100000
阿热勒托别镇	654025102000
塔勒德镇	654025103000
那拉提镇	654025104000
肖尔布拉克镇	654025105000
喀拉布拉镇	654025106000
坎苏乡	654025201000
阿勒玛勒乡	654025203000
吐尔根乡	654025204000
昭苏县(1镇，9乡)	**654026000000**
昭苏镇	654026100000
洪纳海乡	654026200000
乌尊布拉克乡	654026201000
阿克达拉乡	654026202000
萨尔阔布乡	654026203000
喀夏加尔乡	654026204000
喀拉苏乡	654026205000
察汗乌苏蒙古族乡	654026206000
夏特柯尔克孜族乡	654026207000
胡松图喀尔逊蒙古族乡	654026208000
特克斯县(3镇，5乡)	**654027000000**
特克斯镇	654027100000
乔拉克铁热克镇	654027101000
喀拉达拉镇	654027102000
呼吉尔特蒙古族乡	654027200000
科克苏乡	654027201000
齐勒乌泽克乡	654027202000
阔克铁热克柯尔克孜族乡	654027203000
喀拉托海乡	654027206000
尼勒克县(1镇，10乡)	**654028000000**
尼勒克镇	654028100000
苏布台乡	654028200000
喀拉苏乡	654028201000
加哈乌拉斯台乡	654028202000
尼勒克乌赞乡	654028203000
科克浩特浩尔蒙古族乡	654028204000
乌拉斯台乡	654028205000
克令乡	654028206000
喀拉托别乡	654028207000
胡吉尔台乡	654028208000
木斯乡	654028209000
塔城地区(8街道，32镇，35乡)	**654200000000**
塔城市(3街道，2镇，4乡)	**654201000000**
和平街道	654201001000
杜别克街道	654201002000
新城街道	654201003000
二工镇	654201100000
恰夏镇	654201101000
喀拉哈巴克乡	654201200000
阿西尔达斡尔族乡	654201202000
阿不都拉乡	654201203000
也门勒乡	654201204000
乌苏市(5街道，10镇，7乡)	**654202000000**

续表 6

行政区划名称	行政区划代码
新市区街道	654202001000
南苑街道	654202002000
西城区街道	654202003000
虹桥街道	654202004000
奎河街道	654202005000
白杨沟镇	654202100000
哈图布呼镇	654202101000
皇宫镇	654202102000
车排子镇	654202103000
甘河子镇	654202104000
百泉镇	654202105000
四棵树镇	654202106000
古尔图镇	654202107000
西湖镇	654202108000
西大沟镇	654202109000
八十四户乡	654202200000
夹河子乡	654202201000
九间楼乡	654202202000
石桥乡	654202203000
头台乡	654202204000
吉尔格勒特郭楞蒙古族乡	654202205000
塔布勒合特蒙古族乡	654202206000
额敏县(4镇，7乡)	**654221000000**
额敏镇	654221100000
玉什喀拉苏镇	654221101000
杰勒阿尕什镇	654221102000
上户镇	654221103000
郊区乡	654221200000
额玛勒郭楞蒙古族乡	654221202000
玛热勒苏乡	654221205000
喀拉也木勒乡	654221206000
喇嘛昭乡	654221207000
霍吉尔特蒙古族乡	654221208000
二道桥乡	654221209000
沙湾县(9镇，3乡)	**654223000000**
四道河子镇	654223101000
老沙湾镇	654223102000
乌兰乌苏镇	654223103000
安集海镇	654223104000
东湾镇	654223105000
西戈壁镇	654223106000
柳毛湾镇	654223107000
金沟河镇	654223108000
三道河子镇	654223109000
商户地乡	654223200000
大泉乡	654223201000
博尔通古乡	654223202000
托里县(3镇，4乡)	**654224000000**
托里镇	654224100000
铁厂沟镇	654224101000
庙尔沟镇	654224102000
多拉特乡	654224201000
乌雪特乡	654224202000
库甫乡	654224203000
阿克别里斗乡	654224204000
裕民县(2镇，4乡)	**654225000000**
哈拉布拉镇	654225100000
吉也克镇	654225101000
哈拉布拉乡	654225200000
新地乡	654225201000
阿勒腾也木勒乡	654225202000
江克斯乡	654225204000
和布克赛尔蒙古自治县(2镇，6乡)	**654226000000**
和布克赛尔镇	654226100000
和什托洛盖镇	654226101000
夏孜盖乡	654226200000
铁布肯乌散乡	654226201000
查干库勒乡	654226202000
巴音敖包乡	654226203000
莫特格乡	654226204000
查和特乡	654226205000
阿勒泰地区(3街道，17镇，38乡)	**654300000000**
阿勒泰市(3街道，4镇，7乡)	**654301000000**
金山路街道	654301001000
解放路街道	654301002000
团结路街道	654301003000
北屯镇	654301100000
阿苇滩镇	654301101000
红墩镇	654301102000
切木尔切克镇	654301103000
阿拉哈克乡	654301201000
汗德尕特蒙古族乡	654301202000
拉斯特乡	654301203000
喀拉希力克乡	654301204000
萨尔胡松乡	654301205000
巴里巴盖乡	654301206000
切尔克齐乡	654301207000
布尔津县(2镇，5乡)	**654321000000**
布尔津镇	654321100000
冲乎尔镇	654321101000
窝依莫克乡	654321200000
杜来提乡	654321201000
阔斯特克乡	654321202000
也格孜托别乡	654321204000
禾木喀纳斯蒙古族乡	654321205000
富蕴县(4镇，6乡)	**654322000000**
库额尔齐斯镇	654322100000
可可托海镇	654322101000
恰库尔图镇	654322102000
喀拉通克镇	654322103000
吐尔洪乡	654322200000
杜热乡	654322201000
库尔特乡	654322202000
克孜勒希力克乡	654322203000
铁买克乡	654322204000
喀拉布勒根乡	654322205000
福海县(1镇，5乡)	**654323000000**
福海镇	654323100000
解特阿热勒乡	654323200000
阔克阿尕什乡	654323201000
齐干吉迭乡	654323202000
喀拉玛盖乡	654323203000
阿尔达乡	654323204000
哈巴河县(1镇，6乡)	**654324000000**
阿克齐镇	654324100000
萨尔塔木乡	654324200000
加依勒玛乡	654324201000
库勒拜乡	654324202000
萨尔布拉克乡	654324203000
铁热克提乡	654324204000
齐巴尔乡	654324205000
青河县(3镇，4乡)	**654325000000**
青河镇	654325100000
塔克什肯镇	654325101000
阿热勒托别镇	654325102000
阿热勒乡	654325200000
萨尔托海乡	654325202000
查干郭勒乡	654325203000
阿尕什敖包乡	654325204000
吉木乃县(2镇，5乡)	**654326000000**
托普铁热克镇	654326100000
吉木乃镇	654326101000
托普铁热克乡	654326200000
托斯特乡	654326201000
恰勒什海乡	654326202000
喀尔交乡	654326203000
别斯铁热克乡	654326204000
石河子市(5街道，1镇，1乡)	**659001000000**
新城街道	659001001000
向阳街道	659001002000
红山街道	659001003000
老街街道	659001004000
东城街道	659001005000
北泉镇	659001100000
石河子乡	659001200000
阿拉尔市(4街道，1乡)	**659002000000**
幸福路街道	659002001000
金银川路街道	659002002000
青松路街道	659002003000
南口街道	659002004000
托喀依乡	659002201000
图木舒克市(3街道)	**659003000000**
齐干却勒街道	659003001000
前海街道	659003002000
永安坝街道	659003003000
五家渠市(3街道，2镇)	**659004000000**
军垦路街道	659004001000
青湖路街道	659004002000
人民路街道	659004003000
梧桐镇	659004100000
蔡家湖镇	659004101000
北屯市	**659005000000**
铁门关市	659006000000

第三部分 2012 年中华人民共和国行政区划变更

2012 年中华人民共和国行政区划变更

县以上区划变更情况

河北

1. 撤销唐海县，设立唐山市曹妃甸区，将唐山市丰南区滨海镇划归曹妃甸区管辖，以原唐海县和丰南区滨海镇的行政区域为曹妃甸区的行政区域，曹妃甸区人民政府驻唐海镇垦丰大街 23 号。（国函【2012】85 号）

海南

2. 设立地级三沙市，下辖西沙、中沙、南沙诸群岛及海域。市政府驻地永兴岛。

江苏

3. 撤销苏州市沧浪区、平江区、金阊区、设立苏州市姑苏区，以原沧浪区、平江区、金阊区的行政区域为姑苏区的行政区域。姑苏区人民政府驻苏锦街道平川路 510 号。（国函【2012】102 号）

撤销县级吴江市，设立苏州市吴江区，以原县级吴江市的行政区域为吴江区的行政区域。吴江区人民政府驻滨湖街道人民路 1000 号。（国函【2012】102 号）

4. 同意撤销县级姜堰市，设立泰州市姜堰区，以原县级姜堰市的行政区域为将演区的行政区域。姜堰区人民政府驻姜堰镇上海路 1 号。（国函【2012】208 号）

安徽

5. 撤销马鞍山市金家庄区和花山区，设立新的花山区，以原金家庄区和花山区的行政区域为新的花山区的行政区域。花山区人民政府驻霍里街道秀山大道 166 号。（国函【2012】103 号）

设立马鞍山市博望区，将当涂县的博望镇、丹阳镇、新市镇划归博望区管辖，以博望镇、丹阳镇、新市镇的行政区域为博望区的行政区域。博望区人民政府驻博望镇工贸路 1 号。（国函【2012】103 号）

山东

6. 撤销青岛市市北区、四方区，设立新的青岛市市北区，以原市北区、四方区的行政区域为新的市北区的行政区域。市北区人民政府驻敦化路街道延吉路 80 号。

撤销青岛市黄岛区、县级胶南市，设立新的青岛市黄岛区，以原青岛市黄岛区、县级胶南市的行政区域为新的黄岛区的行政区域。黄岛区人民政府驻隐珠街道深圳路 181 号。（国函【2012】153 号）

广东

7. 同意将广州市番禺区的东涌镇、大岗镇、榄核镇划归广州市南沙区管辖。（国函【2012】152 号）

8. 同意撤销清新县，设立清远市清新区，以原清新县的行政区域为清新区的行政区域。清新区人民政府驻太和镇府前路 3 号。（国函【2012】192 号）

9. 同意撤销揭东县，设立揭阳市揭东区，经揭阳市榕城区的磐东街道划归揭东区管辖，以原揭东县（不含地都镇、砲台镇、登岗镇）和榕城区磐东街道的行政区域为揭东区的行政区域。揭东区人民政府驻曲溪街道金溪大道南侧1号。将原揭东县的地都镇、砲台镇、登岗镇划归榕城区管辖。（国函【2012】207号）

四川

10. 撤销名山县，设立雅安市名山区，以原名山县的行政区域为名山区的行政区域。名山区人民政府驻蒙阳镇茶都大道481号。（国函【2012】151号）

贵州

11. 一、同意撤销贵阳市花溪区、小河区，设立新的贵阳市花溪区，以原花溪区、小河区的行政区域为新的花溪区的行政区域。花溪区人民政府驻贵筑街道明珠大道192号。

二、设立贵阳市观山湖区，将贵阳市乌当区的金阳街道、金华镇、朱昌镇和清镇市的百花湖乡划归观山湖区管辖，以金阳街道、金华镇、朱昌镇、百花湖乡的行政区域为观山湖区的行政区域。观山湖区人民政府驻金阳街道北京西路8号。（国函【2012】190号）

西藏

12. 同意设立双湖县，将尼玛县的措折罗玛镇、协德乡、雅曲乡、嘎措乡、措折强玛乡、多玛乡、巴领乡划归双湖县管辖，以措折罗玛镇、协德乡、雅曲乡、嘎措乡、措折强玛乡、多玛乡、巴领乡的行政区域为双湖县的行政区域。双湖县人民政府驻多玛乡索嘎南路 9 号。双湖县由那曲地区管辖。（国函【2012】191号）

新疆

13. 同意设立县级阿拉山口市，管辖艾比湖街道、阿拉套街道，市人民政府驻阿拉套街道天山西街 8 号。阿拉山口市由博尔塔拉蒙古自治州管辖。（国函【2012】205号）

14. 同意设立县级铁门关市。铁门关市人民政府驻兴疆路1号。（国函【2012】206号）

县以下区划变更情况

北京

1. 在天通苑北部设立天通苑北街道办事处，办公驻地设在本街道办事处辖区内太平庄北街69号；

在天通苑南部设立天通苑南街道办事处，办公驻地设在本街道办事处辖区内中滩村北三街82号；

在霍营区域设立霍营街道办事处，办公驻地设在本街道办事处辖区内黄平路207号。（京民划函【2012】99号）

天津

2. 同意东丽区设立东丽湖街道办事处。（津民复【2012】24号）

河北

3. 同意将滦南县柳赞镇划归唐海县管辖，区划调整后辖2个镇，10个农场。（冀政函【2012】71号）

4. 经省人民政府同意，唐山市丰润区撤销银城铺乡，设立银城铺镇。以原银城铺乡行政管辖区域为银城铺镇行政管辖区域，镇政府驻地不变。（冀民函【2012】35号）

5. 经省人民政府同意，唐山市丰润区撤销常庄乡，设立常庄镇。以原常庄乡行政管辖区域为常庄镇行政管辖区域，镇政府驻地不变。（冀民函【2012】36号）

6. 经省人民政府同意，将滦南县倴城镇的团结小区、罗城小区、全兴胡同、西城胡同、育才路、康乐曙光仁和、冀腾小区、祥和路、天承锦绣等16个居民委员会从倴城镇划出，设立友谊路街道办事处。（冀民函【2012】58号）

7. 经省人民政府同意，同意邢台市任县撤销天口乡，设立天口镇。以原天口乡行政管辖区域为天口镇行政管辖区域，镇人民政府驻田口村滏阳路6号。（冀民函【2012】154号）

8. 同意鹰手营子矿区将鹰手营子镇的铁道北、兴煤、桥西、东风4个居民委员会，北马圈子镇的马圈、新平2个居民委员会，汪家庄镇的汪庄东、汪庄西2个居民委员会，寿王坟镇的寿王坟南、寿王坟北2个居民委员会分别从鹰手营子镇、北马圈子镇、汪家庄镇、寿王坟镇整体划出，设立铁北路街道办事处。（冀民函【2012】108号）

9. 经省人民政府同意，平泉县撤销郭杖子满族乡，设立榨椤树镇。以原郭杖子满族乡行政管辖区域为榨椤树镇行政管辖区域，镇政府驻榨椤树村永胜街517号。（冀民函【2012】86号）

10. 经省人民政府同意，承德市宽城满族自治县撤销亮甲台乡，设立亮甲台镇。以原亮甲台乡行政管辖区域为亮甲台镇行政管辖区域，镇人民政府驻亮甲台村桥北路6号。（冀民函【2012】153号）

11. 经省人民政府同意，将承德市兴隆县北水泉乡更名为雾灵山乡。更名后行政管辖区域、隶属关系、乡政府驻地不变。（冀民函【2012】94号）

12. 经省人民政府同意，东光县撤销龙王李乡，设立龙王李镇。以原龙王李乡行政管辖区域为龙王李镇行政管辖区域，镇政府驻龙王李村龙兴大街66号。（冀民函【2012】59号）

内蒙古

13. 从乌力吉苏木划出3个嘎查，设置银根苏木。银根苏木辖达兰图如、查干扎德盖、科伯3个嘎查。

从嘉尔嘎勒赛汉镇划出7个嘎查，设置超格图呼热苏木。超格图呼热苏木辖查干布拉格、扎格图、敖努图、敦德高勒、辉图高勒、乌兰泉吉、鄂门高勒7个嘎查。苏木人民政府驻鄂门高勒（头道湖）。

从阿拉腾敖包镇划出部分区域，设置塔木素布拉格苏木。塔木素布拉格苏木辖胡树其、恩格日乌苏、布勒呼木德勒、格日勒图、阿拉腾图雅、乌仁图亚、布日德7个噶查。苏木人民政府驻胡树其。

从巴丹吉林镇划出部分区域，设置巴彦高勒苏木。巴彦高勒苏木辖巴彦高勒、乌兰塔塔拉、敖伦布拉格、沙布日台、苏布日5个嘎查。苏木人民政府驻巴彦高勒。

从达来呼布镇划出部分区域，设置巴彦陶来苏木。巴彦陶来苏木辖吉日嘎郎图、乌苏荣贵、乌兰格日勒、昂格茨音陶来、浩宁呼布、推日木图音陶来、额狠呼修日7个嘎查。苏木人民政府驻昂格茨音陶来。

从达来呼布镇划出部分区域，设置温图高勒苏木。温图高勒苏木辖格日勒图嘎查、巴彦高勒嘎查。苏

木人民政府驻伊和扎格敖包。（内政字【2012】31 号）

14. 同意你市卓资县等 10 个旗县（市）恢复 12 个苏木乡镇，分别为卓资县恢复 1 个乡，化德县恢复 1 个乡，商都县恢复 1 个乡，兴和县恢复 2 个乡，凉城县恢复 1 个乡，察哈尔右翼前旗恢复 1 个镇，四王子旗恢复 2 个苏木乡，丰镇市恢复 1 个乡。

（一）卓资县

从旗下营镇划出部分区域，设置复兴乡。复兴乡辖圪塔子、围子、隆胜德、拐角铺、罗家营、新德义、旧德义、上高台 8 个村。乡人民政府驻拐角铺。

（二）化德县

分别从长顺镇、七号镇、德包图乡划出部分区域，设置白音特拉乡。白音特拉乡辖小西沟、新民、色庆沟、十顷地、大西沟、白头山、八十顷、丰满、二台、通顺、南顺、毡房沟子、民建、永红、白音特拉、农场、民生、补拉乌素、兴无 19 个村。乡人民政府驻白音特拉。

（三）商都县

从七台镇、西井子镇分别划出部分区域，设置三大顷乡。三大顷乡辖三虎地、田家卜子、陈家村、谢家房子、十大顷、董家村、新海子、苏木、长青沟 9 个村。乡人民政府驻十大顷。

（四）兴和县

分别从张皋镇、城关镇划出部分区域，设置大同夭乡，辖陶卜夭，银子河、兴胜庄、大同夭、小夭子、三道沟、花家夭、小梁子，西沟掌、秦家夭、高庙子、七家营、三道沟、长胜坝、一间夭 15 个村。乡人民政府驻大同夭。

从大库联乡、民族团结乡划出部分区域、设置五股泉乡。五股泉乡辖壕堑、小井子、五股泉、白脑包、穆家湾、蝠沟、薛家洼、西营、头号、石湾子、宏图湾、官子店 12 个村。乡政府驻地白脑包。

（五）凉城县

从曹碾满族自治乡划出部分区域，设置厂汉营乡。厂汉营乡辖脑包平、厂汉营、大圐圙、头号、十一号、保全庄、四号、二蛮沟、铁铺、王三顺、北水泉、省城夭、东厂汉营、中水泉、十七号、十九号、大洼 17 个村，。乡人民政府驻厂汉营。

（六）察哈尔右翼前旗

分别从土贵乌拉镇和平地泉镇划出部分区域，设置老圈沟乡。老圈沟乡辖沙渠、吉丰、富河、三股泉、民生、庙沟、毛虎沟、察汉贲贲、乌尔图、大卜子、乌兰忽洞 11 个村。乡人民政府驻老圈沟。

（七）察哈尔右翼中旗

从铁沙盖镇划出部分区域，设立土城子乡。土城子乡辖红土圪塔、新地房、西湾子、新义、天兴隆、苏计沟、向阳、补盖、塔布忽洞、正南房子、元山子、土城子、半梁、西山湾子、黑山子、三层店 16 个村。乡政府驻地土城子。

（八）察哈尔右翼后旗

从贲红镇划出部分区域，设置六大号镇。六大号镇辖丰裕、晨阳、大西沟、南梁、恒义隆、羊盘洼、庙湾、六大号8个村。镇人民政府驻六大号。

（九）四子王旗

从江岸苏木和红格尔苏木划出部分区域，设置巴音敖包苏木。巴音敖包苏木辖补力格、嘎少、夏不嘎、达赖4个嘎查。苏木政府驻地巴楞少。

从东八号乡划出部分区域，设置大黑河乡。大黑河乡辖大黑河、巨龙太、羊油房、土格木、窑滩、大设进、罗罗图、四十顷地、毛独亥9个村。乡政府驻地巨龙太。

（十）丰镇市

从浑源窑乡划出部分区域，设元山子乡。元山子乡辖元山子、沙沟岩、巴音图、忻州窑、满州窑、大东沟、土堡、大庄科、孟县营9个村。向人民政府驻元山子。（内政字【2012】36号）

15. 同意你市临河区等7个旗县区恢复11个苏木乡镇，分别为巴彦淖尔市临河区恢复2个乡，五原县恢复2个乡镇，磴口县恢复1个镇，乌拉特前旗恢复2个苏木旗，乌拉特中旗恢复2个镇，乌拉特后旗恢复1个苏木，杭锦后旗恢复1个镇。

（一）临河区

从乌兰图镇画出部分区域，设置八一乡。辖农丰、八一、新道、联丰、长丰、丰收、章嘉庙、生丰、红星、星光10个村。乡人民政府驻章嘉庙。

撤销曙光办事处，从城关镇划出部分区域，与原曙光办事处管辖区域合并，设置曙光乡。曙光乡辖永强、增丰、曙光、庆丰、宏胜、治丰、治安、晨光8个村。乡人民政府驻治丰。

（二）五原县

从巴彦套海镇画出部分区域，设置复兴镇。复兴镇辖复兴、永丰、民生、联丰、和胜、顺利、庆生、庆丰8个村。镇人民政府驻邬家地。

从隆兴昌镇划出部分区域，设置和胜乡。和胜乡辖新建、新永、和义、和平、和胜、新丰、建丰 7 个村。乡人民政府驻屯垦二队。

（三）磴口县

从巴彦高勒镇划出部分区域，设置补隆淖镇。补隆淖镇辖河壕、友谊、团结、黄土档、夹道、坝楞、新河7个村。镇人民政府驻友谊。

（四）乌拉特前旗

从额尔登布拉格苏木划出部分区域，设置沙德格苏木。沙德格苏木辖呼和温都尔、沙德格、海流斯太、毕克梯4个嘎查。沙德格苏木人民政府驻呼和温度尔。

从大佘太镇划出部分区域，设置苏独仑镇。苏独仑镇辖苏独仑、永和、圐圙补隆、瓦窑滩、召圪台 5 个村。镇人民政府驻苏独仑。

（五）乌拉特中旗

从川井镇划出部分区域，设置甘其毛都镇。甘其毛都镇辖图古日格、伊很查干、巴音查干、德日素、呼格吉勒图 5 个嘎查及 1 个居委会。镇人民政府驻甘其毛都。

撤销川井镇，设置川井苏木。川井苏木辖达木斯尔、巴音高勒、宝日汉图、白同、哈拉图、沙布格、巴音呼都格、萨如塔拉 8 个嘎查。

从海流图镇划出部分区域，设置温更镇。温更镇辖汗宝格图、哈日朝鲁巴音满都呼、阿拉腾呼少、昔日朝鲁、呼日本图 6 个嘎查和 1 个矿区居委会。镇人民政府驻毕其格图。

（六）乌拉特后旗

从八音宝力格镇划出部分区域，设置乌盖苏木。乌盖苏木辖金门、富海、呼和、富山、巴音塔拉、和丰 6 个嘎查村。苏木人民政府驻善达庙。

（七）杭锦后旗

分别从三道桥镇、双庙镇划出部分区域，设置蒙海镇。蒙海镇辖蒙海、新渠、西渠口、柴脑包、红建、乌兰、黎二、三淖、永明 9 个村。镇人民政府驻蒙海。（内政字【2012】30 号）

16. 同意呼和浩特市和林格尔县等 3 个县恢复 5 个乡。和林格尔县恢复黑老夭乡、巧什营乡，清水河县恢复五良大乡、单台子乡，武川县恢复耗赖山乡。

（一） 和林格尔县

从新店子镇划出部分区域，设立黑老夭乡。黑老夭乡辖黑老夭、南夭子、窝铺、永磨、昆都仑、小王玟、前坝 7 个村。乡人民政府驻黑老夭。

从盛乐镇划出部分区域，设立巧什营乡。巧什营乡辖忽通兔、巴尔旦营、岱州夭、巧什营、讨速号、闫城营、猛独牧、大新营、一同房、圪撮 10 个村。向人民政府驻巧什营。

（二） 清水河县

从宏河镇划出 8 个村、城关镇划出 6 个村，设立五良太乡。五良太乡辖白旗窑、青豆沟、菠菜营、五良太、康圣庄、厂汉沟、喇嘛庙、三十一号、大湾、杨家窑、韩庆坝、石湾子、山西沟、孔读林 14 个村。乡人民政府驻五良太。

从窑沟乡划出部分区域，设立单台子乡。单台子乡辖营盘峁、（）峁梁、狮子梁、单台子、石胡梁、后阳塔、小阳塔、三台子、徐家梁、中嘴梁、阳崖 12 个村。乡人民政府驻单台子。

（三） 武川县

从哈乐镇划出部分区域，设立耗赖山乡。耗赖山乡辖耗赖山、大沙岱、五福堂、圪顶盖、南房子、大沙窝、黄羊渠、振兴元、大前地、大豆铺 10 个村。乡人民政府驻耗赖山。（内政字【2012】27 号）

17. 同意锡林郭勒盟锡林浩特市等 11 个旗县市恢复 13 个苏木乡镇。分别为锡林浩特市恢复 1 个苏木，阿巴嘎旗恢复 1 个苏木，苏尼特左旗恢复 2 个苏木，苏尼特右旗恢复 1 个苏木，东乌珠穆沁旗恢复 2 个苏木、西乌珠穆沁旗恢复 1 个苏木，太仆侍旗恢复 1 个镇，镶黄旗恢复 1 个苏木，正镶白旗恢复 1 个苏木，正蓝旗恢复 1 个苏木，多伦县恢复一个乡。

（一） 锡林浩特市

从阿尔善宝拉格镇划出部分区域，设置巴彦宝拉格苏木。巴彦宝拉格苏木辖巴彦宝拉格、那仁宝拉格、巴彦哈日阿图3个嘎查。苏木人民政府驻查干海日。

（二） 阿巴嘎旗

分别从吉尔噶郎图苏木、那仁宝拉格苏木划出部分区域，设置巴彦图嘎苏木。巴彦图嘎苏木辖巴彦图呼木、阿日宝拉格、青格勒宝拉格、德勒格尔宝拉格、乌格木尔、乌力吉毕力格图、脑木罕、巴彦图嘎、巴彦德勒格尔9个嘎查。苏木人民政府驻呼吉尔图。

（三） 苏尼特左旗

从查干敖包镇划出部分区域，设置洪格尔苏木。洪格尔苏木辖陶木伊拉勒特、巴彦洪格尔、乌日尼勒图、舒日昌图4个嘎查。苏木人民政府塔班呼都嘎。

从巴彦乌拉苏木划出部分区域，设置达来苏木。达来苏木辖巴颜额尔敦、新阿米都日勒、额尔敦敖包、巴彦宝拉格、巴彦宝力道5个嘎查。苏木人民政府驻高勒音哈夏图。

（四） 苏尼特右旗

从乌日根塔拉镇划出部分区域，设置阿其图乌拉苏木。阿其图乌拉苏木辖布日都、乌日根高勒、呼布尔、额尔敦宝拉格、赛罕锡力、都希乌拉6个嘎查。苏木人民政府驻赛音呼都嘎。

（五） 东乌珠穆沁旗

分别从满都胡宝拉格镇、萨麦苏木划出部分区域，设置额仁高毕苏木。额仁高毕苏木辖额仁宝拉格、额仁高毕、阿尔善宝拉格、吉仁宝拉格4个嘎查。苏木人民政府驻查干楚鲁图。

分别从额吉淖尔镇、嘎达布其镇划出部分区域，设置阿拉坦合力苏木。阿拉坦合力苏木辖巴达拉呼、巴彦杭盖、阿拉坦合力、布力彦4个嘎查。苏木人民政府驻齐都仁高勒。

（六） 西乌珠穆沁旗

分别从巴拉嘎尔高勒镇、巴彦胡舒苏木划出部分区域，设置乌兰哈拉嘎苏木。乌兰哈拉嘎苏木辖萨如拉图雅、巴彦敖包图、伊拉勒特、新高勒、巴棋、巴其宝拉格、达布希勒图，巴彦柴达木、巴彦淖尔、阿日胡舒、额仁淖尔、额日和图敖包、达布斯图13个嘎查。

（七） 太仆侍旗

从宝昌镇划出部分区域，设置永丰镇。永丰镇辖前房子、后房子、水泉沟、四合庄、头支箭、三道沟、小河套、车道沟、三永、上皮坊、下皮坊、河西、田兴元、五间房、光林山、馒头沟、山岔口、元山、幸福19个村。

（八） 镶黄旗

从新宝拉格镇划出部分区域，设置宝格达音高勒苏木。宝格达音高勒苏木辖希博图、宝格达音高勒、额很乌苏、那日图、额勒苏合、浩尼钦哈夏图、扎毕拉胡、雅日盖、塔林宝日、宝日达布苏、哈音淖尔、呼图勒乌苏、都日本呼都嘎、敖恩格其、查干德日苏、哈登苏莫、陶勒盖乌苏、苏吉、巴彦查干、宝力图、哈夏图21个嘎查。

（九） 正镶白旗

从明安图镇划出部分区域，设置宝拉根陶海苏木。宝拉根陶海苏木辖德日斯台高勒、陶林宝拉格、陶海音呼都嘎、哈夏图、浩尔钦敖包、乌金岱、贡淖尔、苏金宝拉格、宝拉根陶海、森金宝拉格、浩勒包、照拉 12 个嘎查。

（十） 正蓝旗

从那日图苏木划出部分区域，设置扎格斯台苏木。扎格斯台苏木辖巴彦乌楞、希热图、巴彦宝拉格、巴彦杭盖、巴彦淖尔、赛罕淖尔、呼格吉勒图 7 个嘎查。苏木人民政府驻扎格斯台。

（十一）多伦县

从大北沟镇划出部分区域，设置西干沟乡。西干沟乡辖河槽子、牛槽洼、马群后沟、大官场、小官场、大耗来沟、牛眼睛、洋盘沟、牛心山、小石砬、大石砬、小河、平甸沟 13 个村。乡人民政府驻河槽子。

18. 同意包头市石拐区、达尔罕茂明安联合旗恢复 5 个苏木乡，石拐区恢复 1 个苏木，达尔罕茂明安联合旗恢复 4 个苏木乡。

（一） 石拐区

从五当召镇划出部分区域，设置吉忽伦图苏木。吉忽伦图苏木辖绍卜亥、白菜沟、吉忽伦图、三岔口、爬榆树 5 个嘎查和吉忽伦图街道办事处。苏木人民政府驻吉忽伦图。

（二） 达尔罕茂明安联合旗

从百灵庙镇划出部分区域，设置巴音敖包苏木。巴音敖包苏木辖乌兰察布、格日勒敖都、达布希拉图、毛都坤兑、巴音宝力格、巴音花、巴音乌拉 7 个嘎查。苏木人民政府驻乌兰察布。

分别从达尔罕苏木、满都拉镇划出部分区域，设置查干哈达苏木。辖哈达哈少、那仁宝力格、巴音赛汉、腾格淖尔 4 个嘎查。苏木人民政府驻哈达哈少。

从乌克忽洞镇划出部分区域，设置西河乡。辖太平、西河、前河、什拉文格、查干朝鲁、得令沟、石兰哈达、德承永、本不台 9 个村。乡人们政府驻西河。

从石宝镇划出部分区域，设置小文公乡。辖大井、黄合少、厂汉、拉兑九、西圪旦、西拐子、腮林、小文公、波罗图 9 个村。乡人民政府驻西圪旦。（内政字【2012】28 号）

19. 同意你市元宝山区等 10 个旗县区恢复 16 个苏木乡镇，元宝山区恢复 1 个乡，阿鲁科沁旗恢复 3 个苏木乡镇，巴林左旗恢复 2 个乡，巴林右旗恢复 1 个镇，林西县恢复 1 个乡，克什克腾旗回复 2 个苏木，翁牛特旗恢复 2 个苏木乡，喀喇沁旗恢复 1 个乡，宁城县恢复 2 个乡，敖汉旗恢复 1 个镇。

（一）元宝山区

从美丽河镇划出部分区域，设置小五家乡。辖斩井子、老西营子、谢家营、大营子、小五家、大金沟 6 个村。乡人民政府驻小五家。

（二）阿鲁科泌旗

从罕苏木苏木划出部分区域，设置巴彦温都尔苏木。辖海拉苏合、和日木、阿日呼布、沙巴日合、玛尼图、沙日包特、达尔罕乌拉、巴彦查干、塔林花、巴彦包勒格、吉布图、毛浩尔、阿木斯尔、包日浩特、查干激包、阿拉坦温都尔、德布勒、哈日尔、啦嘎赛花、那杰、乌日都那杰、那日苏合、雅图特 23 个嘎查。苏木人民政府驻海拉苏合。

从赛罕塔拉苏木划出部分区域，设置扎嘎斯台镇。辖查干诺尔、阿嘎坦花、达拉哈、乌和尔楚鲁、乌兰绍荣、图古日根塔拉、温都尔花、花根塔拉、乌兰哈达、宝力召、布敦花、呼舒毛都、尚欣毛都、怒古斯台、达木、专业16个嘎查。镇人民政府驻查干诺尔。

从先锋乡划出部分区域，设置乌兰哈达乡。乌兰哈达乡面积196.9平方公里、人口14893人，辖杏树、双山堡、全胜、东胜、榆林堡、新林堡、宏发、西山湾、联合庄、凤凰山、凤凰岭、温都尔呼舒、西富山13个村。乡人民政府驻杏树。

（三）巴林左旗

从乌兰达坝苏木划出部分区域，设置三山乡。辖新农、胡都格、新立、南沟、三山、温都好树、烧锅窑7个村。乡人民政府驻新农。

从十三敖包镇划出部分区域，设置花加拉嘎乡。辖郑家段、钱龙沟、石旅、尹家沟、伙房、新双井、鲍团、黑沙滩营子、小营子、于家湾、伙力伙、上三七地、下三七地13个村。乡人民政府驻伙力伙。

（四）巴林右旗

从查干沐沦镇划镇划出部分区域，设置巴彦琥硕镇。辖上要日吐、巴彦琥硕、巴彦敖包、沙日嘎巴、中组、四家、下要日吐、查干巴、山头、胡勒斯台、合日吐11个嘎查村，镇人民政府驻巴彦琥硕。

撤销查干沐沦镇，设置查干沐沦苏木。辖沙巴尔合、查干沐沦、毛敦敦达、珠腊泌、呼勒斯图布朗、查干锡热、塔布花、呼特勒8个嘎查和达马金、巴彦锡那、岗根、浩伊日毛都4个村、苏木人民政府驻沙巴尔台。

（五）林西县

从林西镇划出部分区域，设置十二吐乡。辖巴吉沟、十二吐、枕头沟、下账房、西山根、苏洒汰 7 个村。乡人民政府驻西山根。

（六）克什克腾旗

从经棚镇划出部分区域，设置浩来呼热苏木。辖浩来呼热、碍碡湾、布敦山、伊和诺日 4 个嘎查。苏木人民政府驻浩来呼热。

从红山子乡划出部分区域，设置乌兰布统苏木。辖元宝山、浩斯敖包、黄芩塔拉、葫芦诺日、小红山子、孤山子6个嘎查。苏木人民政府驻孤山子。

（七） 翁牛特旗

从五分地镇划出部分区域，设置毛山东乡。辖毛山东、房身沟、布格吐、来三站、沟门、烧锅、井架子、油房、黑水、苦力吐10个村。乡人民政府驻苦力吐。

从海拉苏镇划出部分区域，设置格日僧苏木。辖呼噜斯大、赛罕塔拉、太本艾勒、阿日、布日毛都、恩格尔、敦吉艾勒、额仁茫和13个嘎查。苏木人民政府驻赛罕塔拉。

（八） 喀喇泌旗

从小牛群镇划出部分区域，设置南台子乡。辖雕虎沟、朝阳沟、李家店、新地、五家、大沟、官村沟、卡拉街、南台子、北山根、川心店11个村。乡人民政府驻南台子。

（九）宁城县

分别从大明镇、大双庙镇划出部分区域，设置一肯中乡。辖八肯中、烧锅店、八里铺、老西沟、毛家窝铺、石柱子洼、孙盆营子、郝家店、纪家店、占巴坡、茂福沟、高杖子 25 个村。乡人民政府驻河北。大明镇行政区划调整后，辖城后西、扎兰营子、曹家营子、二肯营子西、二肯营子东、城后、大平房、城里、三姓庄、嘎斯营子、五官营子、新窝铺、哈达城子、马站城子、一棵树、哈尔脑、平房店、章东营子、常吉号、新岭 20 个村。镇人民政府驻城后西。

从三座店乡划出部分区域，设置存金沟乡。辖李麻子沟、李家窝铺、程家营子、草沟门、喇嘛沟门、芦家店、陶家营子、八家、赵家店、格日勒图、六支沟、小梁子、老局子、南山根 14 个村。乡人民政府驻格日勒图。

（十）敖汉旗

分别从新惠镇、四家子镇划出部分区域，设置林家地乡。辖南三家、二官、新地、丰盛店、德力胡同、老烧锅、大吉恒地、二道营子、林家地、南双庙、热水汤、大古力吐、东井 13 个村。乡人民政府驻热水汤。（内政字【2012】29 号）

20. 同意通辽市科尔沁左翼中旗等 5 个旗恢复 13 个苏木乡镇。科尔沁左翼中旗恢复 2 个苏木乡，科尔沁左翼后旗恢复 3 个苏木，库伦旗恢复 2 个苏木乡，奈曼旗恢复 2 个乡，扎鲁特旗恢复 4 个苏木。

（一） 科尔沁左翼中旗

从花吐古拉镇划出部分区域，设置敖包苏木。敖包苏木辖后胜利、前胜利、丰元庆、朝伦敖包、关家窝堡、大喇嘛套布、西宝日吐、腰宝日吐、巴彦敖包、张家希伯、马家希伯、五家子、达根艾勒、扎如德仓、地灵、宙内 16 个嘎查村。苏木人民政府驻后胜利。

从保康镇划出部分区域，设置胜利乡。辖套格吐套布、塔拉吐、蒙古大营、额木勒吐、旺沁套布、音德日吐、卢家窑、孟家窝堡、东张家窑、安家窑、胜利屯、谢家窑、西太平、前太平、后太平、大辛屯、平安新、新民、巨宝、仁义、东保安、腰保安、富海 23 个嘎查村。乡人民政府驻套格吐套布。

（二） 科尔沁左翼后旗

分别从努古斯台镇和甘旗卡镇划出部分区域，设置巴胡塔苏木。巴胡塔苏木辖哈伦呼都嘎、查干塔拉布日、准巴嘎塔、白兴吐、乌日图巴嘎塔拉、边界、召根苏莫、巴嘎塔拉、伊和塔拉、布日敦、敖包、哈日额日格、伊和宝力高、沙布嘎吐、边布拉、花根、德日苏 17 个嘎查。苏木人民政府驻巴嘎塔拉。

从常胜镇划出部分地区，设置散都苏木，辖麦里、哈拉图德敖包、地布勒呼、呼勃、巴彦乌楞、希布日吐、章古台、散都、公河来、车家、光荣、朝阳堡 12 个嘎查村。苏木人民政府驻散都。

从朝鲁吐镇划出部分区域，设置巴彦毛都苏木。辖巴彦毛都、辉图阿巴海、额门阿巴海、巴彦敖包、英吐、苏莫好沁、讷日吐、磨埋 8 个嘎查。苏木人民政府驻巴彦毛都。

（三） 库伦旗

从扣河子镇划出部分区域，设置水泉乡，辖必联、益利哈、图力稿、格尔林、卧力图、水泉、哈达图、五家子、元仓子、岗岗图、东窑子、平台子、南沟、坤头领、红山嘴子、石灰窑子、文家杖子、沙金台、稻田、上库力图、大窝堡、山东头 22 个嘎查村。乡人民政府驻水泉。

从白音花镇划出部分区域，设置先进苏木。先进苏木辖龙王庙西、龙王庙东、赵怀子、马营子、代西花、奈林稿、牌楼、敖海版、五家子、西通什、东通什、查干台、库力图、祥吉、苏木图、孤家子16个嘎查村。苏木人民政府驻龙王庙西。

（四） 奈曼旗

分别从青龙山镇、沙日浩来镇划出部分区域，设置土城子乡，辖土城子、杏树园子、東龙沟、西铁匠沟、平顶山、奈曼杖子、化吉营子、七家子、后头沟、塘房、成山、高和12个村。乡人民政府驻土城子。

分别从大沁他拉镇和白音他拉苏木划出部分区域，设置苇莲苏木，辖东二十家子、卧风甸子、西奈曼营子、东奈曼营子、光辉、新庙、兴安庄、苇莲苏、大林子、五十家子、新安屯、西二十家子、东风13个嘎查村。乡人民政府驻卧风甸子。

（五） 扎鲁特旗

从黄花山镇划出部分区域，设置前德门苏木，辖前德门、巴彦巨日合、四家子、吉日花、扎格斯台、协日塔拉、敖干朝鲁、五家子8个嘎查。苏木人民政府驻前德门。

从巴雅尔吐胡硕镇划出部分区域，设置乌兰哈达苏木，辖乌兰哈达、都日本格日、额尔敦宝力皋、巴彦扎拉嘎、查干恩格尔、塞布尔、黄和图、巴彦格尔8个嘎查。镇人民政府驻乌兰哈达。

从乌力吉木仁苏木划出部分区域，设置查布嘎图苏木，辖巴彦花、北乌噶拉吉、中乌噶拉吉、南乌噶拉吉、查布嘎图、乃仁、阿古拉、保安8个嘎查村。苏木人民政府驻巴彦花。

从嘎亥图镇划出部分区域，设置乌额格其苏木，辖华杰、乌额格其、巴彦花、巴彦淖尔、塔格他图、巴格碑、胡杰、额默勒花、巴彦绍荣、宝力根花10个嘎查，苏木人民政府驻华杰。（内政字【2012】34号）

21. 撤销土默特左旗只几梁乡，设立敕勒川镇。敕勒川镇的管辖范围为原只几梁乡的管辖范围。（内政函【2012】332号）

22. 同意从阿尔山市天池镇和新城街道办事处划出部分区域，设立伊尔施街道办事处。（内政字【2012】334号）

23. 同意乌兰浩特市设立天骄、新城、山水街道办事处，现批复如下：

调整乌兰哈达镇及城郊、五一、都林街道办事处行政区划，设立天骄、新城、山水街道办事处。（内政字【2012】333号）

辽宁

24. 连山区台集屯镇、金星镇划入南票区。政府驻地不变。（辽政【2012】19号）

25. 辽阳县沙岭镇、灯塔市王家镇、白塔区铁西街道办事处（不含新民社区及肖 堡社区曙光路区域）划入太子河区。（辽政【2012】20号）

26. 连山区虹螺岘镇、张相公屯乡划入南票区。政府驻地不变。（辽政【2012】23号）

27. 太子河区新华街道办事处划归白塔区。（辽政【2012】97号）

28. 文圣区的武圣、文圣、襄平、南门、东兴（不含河东创业队区域）5个街道办事处划入白塔区。（辽政【2012】64号）

29. 同意将歪头山街道办事处更名为日月岛街道办事处，管理区域不变，驻地不变。（本政【2012】182 号）

30. 同意撤销五台子乡、包家屯乡设立五台子镇、包家屯镇，所辖行政区域和政府驻地不变。（辽政【2012】74 号）

31. 同意撤销台安镇，设立八角台街道办事处，所辖区域和驻地不变。（辽政【2012】98 号）

32. 同意撤销辽中镇，设立蒲西街道办事处，办公驻地和所辖区域不变；撤销老关坨镇，原老关坨镇所辖行政区域划入肖寨门镇，调整后政府驻地为肖东社区。（辽政【2012】165 号）

33. 同意撤销康平镇、东关屯镇，分别设立胜利街道办事处、东关街道办事处，所辖区域和驻地不变。（辽政【2012】192 号）

34. 同意撤销岫岩镇，设立阜昌街道办事处，原政府驻地为街道办事处驻地。（辽政【2012】198 号）

35. 同意将蒲西街道办事处管辖的蒲河以东区域划出，设立蒲东街道办事处，办公地址为辽中县滨水路 26 号。（沈政【2012】76 号）

36. 同意增设滨河街道办事处，下辖西沙、中沙、北沙、中心、东沙、热电、东环等 7 个社区居委会。（鞍政复【2012】31 号）

37. 同意你县调整阜昌街道办事处并增设 4 个街道办事处：大宁街道办事处：下辖小虎岭社区、巴家堡社区、宏新社区、蓝旗村、驻地蓝旗村；雅河街道办事处：下辖迎宾社区、洪家堡村、同心村、花园村、河北村，驻地迎宾社区；兴隆街道办事处：下辖三道河村、五道河村、平阶村、兴隆沟村、洋河沿村，驻地洋河沿村；仙人咀街道办事处：下辖于家岭社区、仙人咀村、胡家堡村、西老爷庙村、双泉村，驻地仙人咀村。（鞍政复【2012】45 号）

38. 同意撤销紫都台乡、化石戈乡、哈达户稍乡、老土河乡建紫都台镇、化石戈镇、哈达户稍镇、老土河镇。所辖行政区域和政府驻地不变。（辽政【2012】168 号）

39. 同意撤销凌海市大业乡，设立大业镇，所辖行政区域和政府驻地不变。（辽政【2012】234 号）

40. 同意撤销锦州市义县张家堡乡，设立张家堡镇，所辖行政区域和政府驻地不变。（辽政【2012】210 号）

41. 同意撤销西八千乡，设立八千镇，所辖行政区域和政府驻地不变。（辽政【2012】297 号）

42. 同意撤销高台子镇、火连寨镇、下马塘镇分别设立高台子街道办事处、火连寨街道办事处、下马塘街道办事处。（辽政【2012】18 号）

43. 同意撤销东京陵乡、设立东京陵街道办事处，所辖区域和驻地不变，实行街道管村的体制。（辽政【2012】226 号）

44. 同意撤销朝阳市龙城区边杖子乡、朝阳县古山子乡、凌源市瓦房店乡，分别设立边杖子镇、古山子镇、瓦房店镇，所辖行政区域和政府驻地不变。（辽政【2012】296 号）

45. 同意撤销北票市东官营乡、龙潭乡、北塔乡，分别设立东官营镇、龙潭镇、北塔镇，所辖行政区域和政府驻地不变。（辽政【2012】813 号）

46. 同意将大连市瓦房店市炮台镇、复州湾镇划归普兰店市管辖，并撤销炮台镇、复州湾镇，设立炮台街道办事处和复州湾街道办事处，所辖行政区域不变，实行街道管村体制。（辽政【2012】169 号）（大政【2012】91 号）

47. 同意撤销前福星地乡、双庙乡、大四家子乡、苇子沟蒙古族乡，分别设立前福星地镇、双庙镇、大四家子镇、苇子沟镇，所辖行政区域和政府驻地不变。

吉林

48. 同意撤销宁江区社里乡，设立哈达山镇。撤乡设镇后，所辖行政区域不变。镇政府驻原社里乡政府驻地社里村不变。（吉民行批【2012】1号）

49. 同意撤销你市船营区河南街道办事处和西大街道办事处，昌邑区维昌街道办事处和怡春里街道办事处，龙潭区汉阳街道办事处和蛟河市中岗街道办事处。（吉民行批【2012】2号）

50. 同意成立船营区新北街道办事处，将大绥河镇柴家村、干沟村、红丰村、安家村、正蓝村、李家村、新屯村等7个村和越北镇南三道村、张久村、大红土村、小红土村、烟达村等5个村所辖行政区域划归新北街道办事处管辖。（吉政函【2012】20号）

51. 同意长春市宽城区设立欣园街道办事处，将宽城区兰家镇所辖台家村、姜家村、六马村、孟家村等4个行政区域划归欣园街道办事处管辖。（吉政函【2012】19号）

52. 同意昌东区设立滨江街道办事处。其所辖区域范围为北端和西端以浑江为界，东端到南山脚下，南端以金厂为界。（通市民行批【2012】1号）

黑龙江

53. 哈尔滨市撤销阿城区料甸满族乡，设立料甸镇，并将镇政府驻地由烈火村迁移至新乡村，以原料甸满族乡行政区域为料甸镇的行政区域，原隶属关系不变。（黑民区【2012】67号）

54. 齐齐哈尔市撤销富裕县塔哈满族达斡尔族乡，设立塔哈镇，以原塔哈满族乡行政区域为塔哈镇的行政区域，原隶属关系不变。（黑民区【2012】68号）

55. 同意撤销黑河五大连池市新发乡设立新发镇。以原新发乡行政区域为新设新发镇的行政区域，原隶属关系不变。新发镇人民政府驻地不变。（黑民区【2012】96号）

56. 同意爱民区北安乡撤乡设镇并更名为三道关镇。以原北安乡行政区域为新设三道关镇的行政区域，原隶属关系不变。三道关镇人民政府驻地不变。（黑民区【2012】97号）

57. 同意哈尔滨市撤销平房区平新镇，设立平新街道办事处，以原平新镇行政区域为平新街道办事处的行政区域，原隶属关系不变。（黑民区【2012】98号）

58. 同意绥化市望奎县撤销火箭乡设立火箭镇。以原火箭乡行政区域为新设火箭镇的行政区域，原隶属管辖不变。火箭镇人民政府驻地不变。（黑民区【2012】99号）

59. 同意撤销密山市白鱼湾乡设立白鱼湾镇。以原白鱼湾乡行政区域为新设白鱼湾镇的行政区域，原隶属关系不变。白鱼湾镇人民政府驻地不变。（黑民区【2012】100号）

60. 同意撤销哈尔滨市双城市新兴满族乡设立新兴镇，以原新兴满族乡行政区域为新兴镇的行政区域，原隶属关系不变。（黑民区【2012】66号）

61. 同意撤销齐齐哈尔市铁锋区扎龙乡，设立扎龙镇。以原扎龙乡行政区域为新设扎龙镇行政区域，原隶属关系不变。扎龙镇人民政府驻地由宛屯村迁至哈拉乌苏村。（黑民区【2012】83号）

上海

62. 经研究，市政府同意浦东新区部分行政区划调整，具体如下：

撤销申港街道、芦潮港镇建制，调整老港镇部分行政区划，设立南汇新城镇。南汇新城镇行政区划东至长江，南至杭州湾，西至奉贤区和浦东新区泥城镇、书院镇边界，北至大治河，镇政府驻地在申港大道 200 号。（沪府【2012】89 号）

江苏

63. 将梅园新村街道办事处北京东路以北的公教一村社区和后宰门街道办事处龙蟠路以北以西的辖区部分（太平花园小区）划归玄武门街道办事处。将调整后的梅园新村街道办事处与后宰门街道办事处合并，成立新的梅园新村街道办事处。（宁政复【2012】83 号）

64. 撤销雨花新村街道办事处。将雨花南路以北的原雨花新村街道辖区范围（含普德村、共青团路、能仁里、雨花台、凤凰山、云台山、吉山、青龙山 8 个居委会）划入宁南街道办事处：将雨花南路以南与花神大道交会处西南侧的望江矶 3 栋居民楼划入赛虹桥街道办事处。

将调整后的宁南街道办事处更名为雨花街道办事处。（宁政复【2012】87 号）

65. 撤销山潘街道办事处、西厂门街道办事处、卸甲甸街道办事处，以三个街道办事处辖区范围合并成立大厂街道办事处。街道办事处驻原西厂门街道办事处。（宁政复【2012】94 号）

66. 同意将瓜埠镇与雄州街道办事处合并，设立新的雄州街道办事处。街道办事处驻雄州东路 299 号。

同意将新篁镇与横梁街道办事处合并，设立新的横梁街道办事处。街道办事处驻滕营路 1 号。

同意将玉带镇与长芦街道办事处合并，设立新的长芦街道办事处。街道办事处驻白玉路 58 号。

同意撤销龙袍镇、东沟镇，将原两镇所辖区域合并并设立龙袍街道办事处。街道办事处驻龙腾路 1 号。

同意撤销马安镇、马集镇，将原两镇所辖区域合并并设立马鞍街道办事处，街道办事处驻人民路 54 号。（苏政复【2012】66 号）

67. 撤销靖安街道办事处，将其行政区域整建制划入龙潭街道办事处。将西岗街道办事处部分地区划归仙林街道办事处。调整范围是从 312 国道与毕升路交汇点至经天路，再向西过仙林大道沿无名路至江宁区行政区界线以西部分。（宁政复【2012】100 号）

68. 撤销南湖街道办事处、滨湖街道办事处，并以两街道办事处辖区范围城里莫愁湖街道办事处。（宁政复【2012】85 号）

69. 同意将浦口区乌江镇与桥林街道办事处合并，设立新的桥林街道办事处。街道办事处驻明因路 1 号。

同意撤销浦口区石桥镇、星甸镇，将原两镇所辖区域合并，设立星甸街道办事处，街道办事处驻原星甸集镇中心街 38 号；将原星甸镇万隆居委会西至绕镇公路、北至汤泉街道办事处万殿村、东至龙华居委会、南至解放桥居委会的区域（新金居委会）及龙山、龙井、龙华 3 个居委会和大黄村委会划归汤泉街道办事处管理。（苏政复【2012】53 号）

70. 同意撤销苏州市娄葑镇设立苏州市娄葑街道办事处，街道办事处驻通园路 28 号；设立苏州市斜塘街道办事处，街道办事处驻普惠路 456 号； 同意撤销苏州市唯亭镇，以其原行政区域设立苏州市唯亭街道办事处，街道办事处驻蠡塘路 88 号；同意撤销苏州市胜浦镇，以其原行政区域设立苏州市胜浦街道办事处，街

道办事处驻中胜路8号；（苏政复【2012】102号）

71. 同意撤销海门镇、德胜镇、三星镇，设立海门街道办事处，办事处驻秀山西路581号；设立滨江街道办事处，办事处驻广州路999号；设立新的三星镇，镇政府驻原三星镇宝城路44号；同意撤销三厂镇、临江镇，设立三厂街道办事处，办事处驻中华东路2号；设立新的临江镇，镇政府驻原临江镇人民路118号；同意撤销常乐镇、麒麟镇，将原两镇所辖区域合并，设立新的常乐镇，镇政府驻原常乐镇常青路88号；同意撤销悦来镇、万年镇、三阳镇，将原三镇所辖区域合并，设立新的悦来镇，镇政府驻原越来镇复兴街12号；同意撤销四甲镇、货隆镇，将原两镇所辖区域合并，设立新的四甲镇，镇政府驻原四甲镇人民路438号；同意撤销余东镇、树勋镇，将原两镇所辖区域合并，设立新的余东镇，镇政府驻原余东镇创业路1号；同意撤销正余镇、王浩镇，将原两镇所辖区域合并，设立新的正余镇，镇政府驻原正余镇人民路66号；同意撤包场镇、东灶港镇、刘浩镇，将原三镇所辖区域合并，设立新的包场镇，镇政府驻原包场镇为民路11号。（苏政复【2012】103号）

72. 同意将南门街道更名为沧浪街道，原街道管理区域不变，办事处仍驻佳安社区书院巷111号。

同意将平江路街道更名为平江街道，原街道管理区域不变，办事处仍驻北园社区普福寺路27-5号。

同意见彩香街道更名为金阊街道，原街道管理区域不变，办事处仍驻金夏社区三元二村9号。（苏府复【2012】97号）

浙江

73. 撤销昆铜乡建制，其行政区域并入梅溪镇。调整后，梅溪镇辖3个社区、22个行政村，镇政府驻地不变（晓墅村）。

撤销高禹镇、良朋镇建制，合并设立天子湖镇。天子湖镇辖2个居民区、20个行政村，镇政府驻南店村。（浙政函【2012】73号）

74. 撤销吴山乡建制，其行政区域并入和平镇。调整后，和平镇辖2个居民区、30个行政村，镇政府驻地和平村。

撤销二界岭乡建制，其行政区域并入泗安镇。调整后，泗安镇辖5个居民区、31个行政村，镇政府驻三里亭村。

撤销雉城镇建制，其行政区域改由县政府直辖，在此行政区域内设立雉城、画溪、太湖3个街道办事处。调整后：雉城街道办事处辖北门、苔苑新村、大西门、小西门、鱼巷口、米行弄、三狮、金陵、南门、高阳桥、马巿巷、二虎头、明珠路、荣军、所前、仓前街、皇家湾、水木花都、体育场、龙山、齐北、双拥笋22个社区，新湖、高山岭、西峰坝、玄坛庙、金莲桥、五峰、古城、上杨、高家墩、雉城、钮店湾等11个居民区，涧塘、渚山、川步、后洋等4个行政村，办事处驻小西门社区；画溪街道办事处辖柏家浜、明门、三星（土斗）、竹元村等4个居民区，姚家桥、长桥、三新、大（土斗）、南石桥、徐家浜、曹家桥、包桥、白莲桥、新庄、白阜等11个行政村，办事处驻三星（土斗）居民区；太湖街道办事处辖晨光、新溪2个社区，杨湾、杨庄、陈塘、上莘桥、王浜头、陆汇头、五里桥、南庄、白溪、陆家（土斗）、官（土斗）八字桥、留下等13个居民区，新塘、彭城、沉渎港、南张浜、钱家（土斗）、新开河、祥福（土斗）、霞城等8个行政村，办事处驻上上莘桥居民区。（浙政函【2012】87号）、（长政发【2012】35号）

75. 同意撤销丽水市莲都区高溪乡建制，其行政区域并入碧湖镇。调整后，碧湖镇辖3个居民区，74个行政村，镇政府驻地不变（环北路）。

同意撤销丽水市莲都区双黄乡建制，其行政区域改由莲都区政府直辖。在此区域设立若干街道办事处

事宜，请你市按照有关法律规定办理，并报省民政厅备案。（浙政函【2012】209 号）

76. 同意撤销湖州市吴兴区环渚乡建制，将原环渚乡的树庄、双丰、中东、常溪、欣安、龙溪、大钱等 7 个行政村划归八里店镇管辖，其余行政区域改由吴兴区政府直辖。调整后，八里店镇辖 1 个社区、44 个行政村，镇政府驻地不变（曹报村）。

同意撤销湖州市吴兴区杨家埠镇建制，其行政区域改由吴兴区政府直辖。在此区域设立若干街道办事处事宜，请你市按照有关法律规定办理，并报省民政厅备案。（浙政函【2012】210 号）

77. 同意撤销温州市平阳县麻步镇建制，其行政区域并入萧江镇。调整后，萧江镇辖 6 个社区、95 个行政村，镇政府驻永安街 111 号（原麻步镇政府驻地）

同意将温州市平阳县万全镇下鲍垟、光山、后陈、姜垟、练兴、廖垟、林步桥、柳垟、十五殿、吴垟、下薛、迎学垟、周贵垟等 13 个行政村划归昆阳镇管辖。调整后，昆阳镇辖 6 个社区、63 个行政村，镇政府驻人民路 188 号；万全镇辖 71 个行政村，镇政府驻地不变（完全路 506 号）。（浙政函【2012】222 号）

78. 同意撤销衢州市常山县宋畈乡建制，其行政区域并入辉埠镇，调整后，辉埠镇辖 1 个居民区、43 个行政村，镇政府驻万友大道 6 号。

同意撤销衢州市常山县新桥乡建制，其行政区域并入芳村镇。调整后，芳村镇辖 1 个居民区、38 个行政村，镇政府驻地不变（芳鑫北路 2 号）。

同意撤销衢州市常山县天马镇建制，其行政区域改由常山县政府直辖。在此区域设立若干街道办事处事宜，请你市按照有关法律规定办理，并报省民政厅备案。（浙政函【2012】238 号）

79. 同意撤销新兴乡、谢村乡、新处乡建制，合并设立新兴镇。调整后，新兴镇辖 44 个行政村，镇政府驻横溪村。（浙政函【2012】240 号）

80. 同意鄞州区下应街道以鄞县大道为界拆分为两个街道，鄞县大道以北潘火管委会托管区域成立潘火街道，鄞县大道以南仍由下应街道管辖。

调整后，下应街道辖黎明、史家码、江六、河东、河西、胜利、东升、姜村、湾底等 9 个行政村，东兴、天宫 2 个社区，1 个下应居委会。街道办事处暂驻湾底村。

潘火街道辖殷家坑、小花园、潘火桥、妙胜、曹隘、王家弄、土桥等 7 个行政村，东南、雅苑、东莺、世纪、紫郡、同欣、尚诚星苑等 8 个社区。街道办事处驻诚信路 668 号。（甬政发【2012】72 号）

81. 同意撤销天马镇建制，在此区域内调整，设立天马、紫港、金川 3 个街道办事处，由常山县政府直辖。天马街道办事处辖文峰、金川、屏山、东明、渡口、定阳 6 个社区和北屏山、西峰、东方红、常年青、南前坊、蒲塘、七里（土弄）、程村、周塘、铜岭、龙潭、五联、钳口、石坝、袁青口、新联、中峰 17 个行政村，办事处驻地为原天马镇办公楼（胜利街道办事处）；紫港街道办事处辖紫港社区和（木见）头、大弄口、外港、后坊、丁家坞、詹家山、孔家（土弄）、麦坞、渣濑湾、富足山、特畈、季村、姜家堡 13 个行政村，办事处驻地为县委党校（北滨江路 1 号）；金川街道下辖赵家坪、二都桥 2 个社区和常桥、新建、五里亭、十五里、菖蒲塘、蒋家、叶姑岭、四都、学堂山、上蒋、上埠、徐村、鲁蒋、大麦淤、金家畈、登丰、鲁里、樊溪、陈家、朱家坞、上淤、中淤、下淤、宿村、十里山 25 个行政村，办事处驻地为赵家坪星月湾 55 幢（天马路 528 号）。（衢政发【2012】68 号）

82. 同意吴兴区撤销环渚乡，将原环渚乡的树庄、双丰、中东、常溪、欣安、本溪、大钱等 7 个行政村划归八里店镇管辖；其余行政区域改由吴兴区政府直辖，并在此区域内设立环渚街道办事处，将原环渚乡的荣丰、塘甸水产、塘甸等3个行政村划归滨湖街道办事处管辖。

同意撤销杨家埠镇建制，其行政区域改由吴兴区政府直辖，并在此区域内设立龙溪、杨家埠2个街道办事处。调整后，龙溪街道办事处辖三天门、杨家埠2个街道办事处。调整后，龙溪街道办事处辖三天门、杨家埠 2 个社区，杨家埠、赵湾、九九桥、罗师庄、七里亭、三天门、霅水桥、严家坟、杨家庄、盛湾、康山、芦山等 12 个行政村，办事处驻杭长桥北路 88 号，杨家埠街道办事处辖茅柴园、黄芝山、施家门、罗家浜、塘口、乌陵山、钮店桥、胡子（土斗）、戚家村、南潘、潘店、瓜山、后东、杨庄、凡洋湖等 15 个行政村，办事处驻塘口街 8 号。（湖政函【2012】141 号）

安徽

83. 同意撤销三牌楼、县桥、安庆路、光明、益明 5 个街道。设立三孝口街道，将原光明街道全部、原安庆路街道部分区域划归三孝口街道。设立四里河街道，将原杏花村街道和原亳州路街道部分区域划归四里河街道。设立林店街道，将原杏花村街道部分区域划归林店街道，辖邵大郢、尚店、刘冲、兴业、园艺场、井湾、陈塘 7 个社区。（合政秘【2012】31 号）

84. 撤销潘集区夹沟乡设立夹沟镇，其面积、人口和隶属关系不变，镇政府仍驻夹沟。（民地字【2012】183 号）

85. 同意你区撤销天门山、弋矶山、赭山、镜湖、吉和、北门、北京路、东门、赭麓、汀棠、荆山等 11 个街道办事处。公共中心按有关规定设立。（芜政秘【2012】170 号）

86. 同意撤销蚌埠市淮上区梅桥乡设立梅桥镇，面积、人口和隶属关系不变，镇政府仍驻梅桥集（梅桥乡政府驻地）。（民地字【2012】258 号）

87. 同意撤销濉溪县四铺乡，设立四铺镇，面积、人口和隶属关系不变，镇政府仍驻四铺集（原四铺乡政府驻地）。（民地字【2012】153 号）

88. 同意撤销霍邱县范桥乡设立范桥镇，其面积、人口和隶属关系不变，镇政府仍驻范桥（原范桥乡政府驻地）。范桥乡撤乡设镇后，霍邱县辖 24 个镇、11 个乡。（民地字【2012】222 号）

89. 同意撤销霍邱县潘集乡设立潘集镇，其面积、人口和隶属关系不变，镇政府仍驻潘集（原潘集乡政府驻地）。潘集乡撤乡设镇后，霍邱县辖 23 个镇，12 个乡。（民地字【2012】221 号）

90. 同意撤销金寨县白塔畈乡设立白塔畈镇，其面积、人口和隶属关系不变，镇政府仍驻马窑（原白塔畈乡政府驻地）。白塔畈乡撤乡设镇后，金寨县辖 12 个镇、14 个乡。（民地字【2012】220 号）

91. 同意撤销凤合县杨村乡设立杨村镇，其面积、人口和隶属关系不变，镇政府仍驻杨村。杨村乡撤乡建镇后，凤台县辖 11 个镇，8 个乡。（民地字【2012】]176 号）

92. 经省政府同意，现批复如下：同意将无为县的二坝镇整建制划归芜湖市鸠江区管辖。（民地字【2012】275 号）

福建

93. 同意龙岩市上杭县撤销蛟洋乡和旧县乡，设立蛟洋镇和旧县镇，以原蛟洋乡、旧县乡的行政区域分别为两镇的行政区域，政府驻地不变。（闽政文【2012】2 号）。

94. 同意寿宁县撤销犀溪乡，设立犀溪镇，以原犀溪乡的行政区域为犀溪镇的行政区域，政府驻地不变。（闽政文【2012】140 号）

95. 同意武平县撤销城厢乡，设立城厢镇，以原城厢乡的行政区域为城厢镇的行政区域，政府驻地不变。（闽政文【2012】160 号）

96. 同意福安市从赛岐镇析出罗江村、三江社区、从甘棠镇析出南安、大留、小留、樟港、加招、北山、坑门里等 7 个村，设立罗江街道办事处。（闽政文【2012】190 号）

97. 同意德化县撤销盖德乡，设立盖得镇，以原盖德乡的行政区域为盖得镇的行政区域，政府驻地不变；（闽政文【2012】333 号）

98. 同意宁化县撤销曹坊乡，设立曹坊镇，以原曹坊乡的行政区域为曹坊镇的行政区域，政府驻地不变；（闽政文【2012】334 号）

99. 同意永安市撤销槐南乡，设立槐南镇，以原槐南乡的行政区域为槐南镇的行政区域，镇政府驻地不变；（闽政文【2012】442 号）

100. 同意龙岩市上杭县撤销溪口乡和湖洋乡，设立溪口镇和湖洋镇，以原溪口乡、湖洋乡的行政区域分别为两镇的行政区域，政府驻地不变。（闽政文【2012】477 号）

江西

101. 将新建县的生米镇成建制（璜溪村委会除外）划归红谷滩新区管辖。（洪府字【2012】3 号）

102. 同意撤销德安县吴山乡，设立吴山镇。新设立的吴山镇行政区域范围保持原吴山乡的行政区域范围不变，镇政府驻原乡政府驻地。（赣民字【2012】5 号）

103. 同意贵溪市余家乡撤乡设镇，并更名为天禄镇。新设立的天禄镇行政区域范围保持原余家乡的行政区域范围不变，镇政府驻原乡政府驻地。（赣民字【2012】6 号）

104. 同意撤销贵溪市滨江乡，设立滨江镇。新设立的滨江镇行政区域范围保持原滨江乡的行政区域范围不变，镇政府驻原乡政府驻地。（赣民字【2012】7 号）

105. 同意撤销上高县新界埠乡，设立新界埠镇。新设立的新界埠镇行政区域范围保持原新界埠乡的行政区域范围不变，镇政府驻原乡政府驻地。（赣民字【2012】47 号）

106. 同意撤销新干县溧江乡，设立溧江镇。新设立的溧江镇行政区域范围保持原溧江乡的行政区域范围不变，镇政府驻原乡政府驻地。（赣民字【2012】120 号）

107. 同意井冈山市撤销茨坪街道办事处，设立茨坪镇。新设立的茨坪镇行政区域范围保持原茨坪街道办事处的行政区域范围不变，镇政府驻原街道办事处驻地。（赣民字【2012】140 号）

108. 同意上栗县进行行政区划调整，设立杨岐乡。新设立的杨岐乡辖杨岐、关上、关下、新坝、南源、保护、金鸡、卯田、黄冲、水井、大坪、清溪、桃文、石源、石岭等 15 个村及安子全居委会，乡政府驻南源村。国营鸡冠山垦殖场并入新设立的杨岐乡。国营鸡冠山垦殖场在鸡冠山境内的林场、职工按属地原则划归鸡冠山乡管理。（赣民字【2012】141 号）

109. 同意撤销袁州区辽市乡、水江乡，设立辽市镇、水江镇。新设立的辽市镇、水江镇行政区域范围保持原辽市乡、水江乡的行政区域范围不变，镇政府驻原乡政府驻地；（赣民字【2012】169 号）

山东

110. 撤销鄄城县引马乡，以其原行政区域设立引马镇，镇政府驻原饮马乡政府驻地。

撤销鄄城县大埝乡，以其原行政区域设立大埝镇，镇政府驻原大埝乡政府驻地。（鲁政函民字【2012】21号）

111. 撤销无棣县信阳乡，以其原行政区域设立信阳镇，镇政府驻信阳三路1号。（鲁政函民字【2012】19号）

112. 撤销王村镇，将其原行政区域并入田横镇，镇政府机关原王村镇政府驻地。（鲁政函民字【2012】12号）

113. 撤销马店镇，将其原行政区域并入胶莱镇，镇政府机关驻地不变。（鲁政函民字【2012】13号）

114. 撤销理务关镇，将其原行政区域并入大村镇，镇政府机关驻地不变。（鲁政函【2012】14号）

115. 撤销灰埠镇，将其原行政区域并入新河镇，镇政府机关驻原灰埠镇政府驻地。（鲁政函【2012】15号）

116. 撤销李权庄镇，将其原行政区域并入姜山镇，镇政府机关驻地不变。（鲁政函【2012】16号）

117. 撤销定陶县杜堂乡，以其原行政区域设立杜堂镇，镇政府驻原杜堂乡政府驻地。（鲁政函【2012】20号）

118. 撤销山亭区凫城乡，以其原行政区域设立凫城镇，镇政府驻原西凫山村。（鲁政函【2012】23号）

119. 撤销山薛城区张范镇，以其原行政区域设立张范街道办事处，办事处机关驻府前路1号。（鲁政函【2012】24号）

120. 撤销嘉祥县万张乡，以其原行政区域设立万张镇，镇政府驻原万张乡政府驻地。

撤销嘉祥县孟姑集乡，以其原行政区域设立孟姑集镇，镇政府驻原孟姑集乡政府驻地。（鲁政函民字【2012】25号）

121. 同意撤销金乡县高河镇，以其原行政区域设立高河街道办事处，办事处机关驻原高河镇政府驻地。

撤销金乡县卜集乡，以其原行政区域设立卜集镇，镇政府驻原卜集乡政府驻地。

撤销金乡县兴隆乡，以其原行政区域设立兴隆镇，镇政府驻原兴隆乡政府驻地。（鲁政函民字【2012】26号）

122. 撤销微山县傅村镇，以其原行政区域设立傅村街道办事处，办事处机关驻原傅村镇政府驻地。

123. 撤销微山赵庙乡，以其原行政区域设立赵庙镇，镇政府驻原赵庙乡政府驻地。（鲁政函【2012】27号）

124. 同意撤销莘县王庄集乡，以其原行政区域设立王庄集镇，镇政府驻原王庄集乡政府驻地。

撤销莘县徐庄乡，以其原行政区域设立徐庄镇，镇政府驻原徐庄乡政府驻地。（鲁政函民字【2012】28号）

125. 撤销茌平县贾寨乡，以其原行政区域设立贾寨镇，镇政府驻原贾寨乡政府驻地。

撤销茌平县洪官屯乡，以其原行政区域设立洪官屯镇，镇政府驻原洪官屯乡政府驻地。（鲁政函【2012】29号）

126. 经研究，同意：

（一） 设立凤台街道办事处。将香店街道办事处胶平路、天柱、现河 3 个社区居委会，小窑、苇村、杜家疃、何家楼、小官庄、战家疃、小刘家疃、东潘家疃、西潘家疃、小李家疃、大窑、苇园、河崖、中万家、臧家疃、南于家、关家庙头、东崔家疃等 18 个行政村和同和街道办事处兰前、李家庄、黄家道口、小洪沟等 4 个行政划归凤台街道办事处管辖，办事处机关驻阳光大道。

（二） 撤销麻兰镇、张戈庄镇、香店街道办事处。以原麻兰镇、张戈庄镇、香店街道办事处（除已划归凤台街道办事处管辖的 3 个社区居委会和 18 个行政村）行政区设立白沙河街道办事处。将城关街道办事处的大李家疃、吴家疃、小十里堡等 3 个社区居委会、河头村 1 个行政村划归白沙河街道办事处管辖。办事处机关驻沙河 18 号。

（三） 撤销城关街道办事处、崔召镇，以原城关街道办事处（除已划归白沙河街道办事处管辖的 3 个社区居委会和 1 个行政村）、崔召镇行政区域设立东阁街道办事处，办事处机关驻人民路。

（四） 将白埠镇的任家庄、孙家疃、新华里、北华里、老胡家、姜家庄、院前王疃、陈家屋子、西林家庄、牛戈庄、任家屯、中华里、西华里、卢家庄、西王家庄、北高家庄、南王家庄、大罗家、耿家集、兴华里、东华里、西史家、付家疃、王家坡子、李家埠子、胡铁家、寨里屯、南华里、史同庄、黄土岭、西郭家庄、刘家口、刘古路、付家庄、西孙家庄、西侯家庄、东史家、大庙庄、吴家庄、后五甲、东三甲、西李戈庄、南高家庄、东埠等 51 个行政村和李园街道办事处的梁家疃、孙家窑、邵家疃、杨家疃、张疃、艾家疃等 6 个行政村划归同和街道办事处管辖。

（五） 撤销李园街道办事处、门村镇，以原李园街道办事处（除已划归同和街道办事处管辖的 6 个行政村）、门村镇行政区域设立新的李园街道办事处，办事处机关驻原人民路 217 号。

（六） 撤销崔家集镇、白埠镇，以原崔家集镇、白埠镇行政区域设立新的崔家集镇。镇政府驻原崔家集镇政府驻地。

（七） 撤销南村镇、郭庄镇、兰底镇，以原南村镇、郭庄镇、兰底镇行政区域设立新的南村镇。镇政府驻原南村镇政府驻地。

（八） 撤销田庄镇、张舍镇，以原田庄镇、张舍镇行政区域设立新的田庄镇。镇政府驻原田庄镇政府驻地。

（九） 撤销蓼兰镇、万家镇，以原蓼兰镇、万家镇行政区域设立新的蓼兰镇。镇政府驻原蓼兰镇政府驻地。

（十） 撤销明村镇、马戈庄镇，以原明村镇、马戈庄镇行政区域设立新的明村镇。镇政府驻原明村镇政府驻地。

（十一）撤销大泽山镇、长乐镇，以原大泽山镇、长乐镇行政区域设立新的大泽山镇。镇政府驻原大泽山政府驻地。

（十二）撤销旧店镇、祝沟镇、大田镇，以原旧店镇、祝沟镇、大田镇行政区域设立新的旧店镇。镇政府驻原旧店镇政府驻地。（鲁政函【2012】32 号）

127.经研究，同意：

（一） 撤销龙泉镇，以原龙泉镇行政区域设立龙泉街道办事处，办事处机关驻府前街 5 号。

（二） 撤销鳌山卫镇，以原鳌山卫镇行政区域设立鳌山卫街道办事处，办事处机关驻莱青路 17 号。

（三） 撤销温泉镇，以原温泉镇行政区域设立温泉街道办事处，办事处机关驻府泉路 68 号。

（四） 撤销大信镇、普东镇，以原大信镇、普东镇行政区域设立新的大信镇，镇政府驻原大信镇政府驻地。

（五） 撤销田横镇、丰城镇，以原田横镇、丰城镇行政区域设立新的田横镇，镇政府驻原田横镇政府驻地。

（六） 撤销金口镇、店集镇，以原金口镇、店集镇行政区域设立新的金口镇，镇政府驻原金口镇政府驻地。

（七） 撤销灵山镇、华山镇，以原灵山镇、华山镇行政区域设立新的灵山镇，镇政府驻原灵山镇政府驻地。

（八） 撤销段泊岚镇、刘家庄镇，以原段泊岚镇、刘家庄镇行政区域设立新的段泊岚镇，镇政府驻原段泊岚镇政府驻地。

（九） 撤销移风店镇、七级镇，以原移风店镇、七级镇行政区域设立新的移风店镇，镇政府驻原移风店镇政府驻地。

（十） 撤销蓝村镇、南泉镇，以原蓝村镇、南泉镇行政区域设立新的蓝村镇，镇政府驻原蓝村镇政府驻地。（鲁政函【2012】33号）

128.经研究，同意：

（一） 撤销胶北镇、北关街道办事处，以原胶北镇、北关街道办事处行政区域设立胶北街道办事处，办事处机关驻香江路88号。

（二） 撤销九龙镇、云溪街道办事处、营海街道办事处，以原九龙镇的洋河崖、高家洼、朱家埠、大闸埠、小闸埠、兰东、人荣、大宋家庄、小宋家庄、瓦屋庄、大王邑、孙家庄、殷家庄、臧家庄、爱国、栾家坟、同心、打连沟、小屯、车家河、车家河屯、迟家屯、南匡家茔、北匡家茔、董家屯、皂户屯、永安屯、西宋家茔、建新、新民等30个行政村和原云溪街道办事处、营海街道办事处的行政区域设立九龙街道办事处，办事处机关驻营房路1号。

（三） 将原九龙镇的十五里夼、柳沟、盛家庄、斜庄、柘沟、中赵家庄、李家庄、双岭、菩萨庙、匡家岭、陈家庄、东宋家茔、挪庄、柏果树、毛家岭、肖家岭、东王屯、孙家艾泊、高家艾泊、张家艾泊等20个行政村划归三里河街道办事处管辖。

（四） 撤销胶西镇、杜村镇，以原胶西镇、杜村镇行政区域设立新的胶西镇，镇政府驻原胶西镇政府驻地。

（五） 撤销里岔镇、张应镇，以原里岔镇、张应镇行政区域设立新里岔镇，镇政府驻原里岔镇政府驻地。（鲁政函民字【2012】34号）

129.经研究，同意：

（一） 撤销产芝街道办事处，将南七格庄、北七格庄、敬格庄、寨庄、刘家、胡家、姜家、战家、圈子、大疃、产芝、姜家泊、斜岚、于家岭、中庄扶、北庄扶、小夼等17个行政村划归水集街道办事处管辖；将西钟芝、东钟芝、小淳于、小店东、南岚、东岚桑、大淳于、大店东、水台、瑞岭、北岚等11个行政村划归河头店镇管辖；将大埠阴、小埠阴、河头、倪家庄、芽儿场、十甲夼、傅庄、王家都、刘家都、河北夼、沟东、沟西、车格庄、南埠、西埠、青峰岭、鱼池、后李格庄、前郭格庄、后郭格庄、西郭格庄、前山珍、后山珍、徐家寨等24个行政村划归日庄镇管辖；将岚桑、鲁格庄等2个行政村划归马连庄镇管辖。

（二） 撤销望城街道办事处、龙水街道办事处，以原望城街道办事处、龙水街道办事处行政区域设立新的望城街道办事处，办事处机关驻滨河路 6 号。

（三） 撤销沽河街道办事处、孙受镇，以原沽河街道办事处、孙受镇行政区域设立新的沽河街道办事处，办事处机关驻威海西路（原沽河街道办事处）。

（四） 撤销院上镇、武备镇，以原院上镇、武备镇行政区域设立新的院上镇，镇政府驻原院上镇政府驻地。（鲁政函民字【2012】）35 号

130. 经研究，同意：撤销里辛镇，以其原行政区域设立里辛街道办事处，办事处机关驻原里辛镇政府驻地；

撤销黄庄镇，以其原行政区域设立汶源街道办事处，办事处机关驻原黄庄镇政府驻地。（鲁政函民字【2012】31 号）

131. 同意撤销东明县沙窝乡，以其原行政区域设立沙窝镇，镇政府驻原沙窝乡政府驻地。（鲁政函民字【2012】22 号）

河南

132. 同意新蔡县今是街道办事处的城郊、七里朱、闫湖、十里赵、马油坊、朱药铺、刘庄、高庄 8 建制村析出，设立月亮湾街道办事处，街道办事处办公地址设立在马油坊村。（豫民行批【2012】8 号）

133. 同意洛阳市撤销老城区邙山镇，设立邙山街道办事处。（豫民行批【2012】12 号）

134. 同意洛阳市撤销洛龙区辛店镇，设立辛店街道办事处。（豫民行批【2012】13 号）

135. 同意洛阳市撤销涧西区工农乡，设立工农街道办事处。（豫民行批【2012】17 号）

136. 同意洛阳市撤销西工区红山乡，设立红山街道办事处。（豫民行批【2012】19 号）

137. 同意洛阳市撤销西工区洛北乡，设立洛北街道办事处。（豫民行批【2012】20 号）

138. 同意洛阳市撤销涧西区孙旗屯乡，设立瀛洲街道办事处。（豫民行批【2012】21 号）

139. 同意元阳县祝楼乡的新庄、新王村、王村、杨庄、刘庄、胡堂庄 7 建制村析出，与农牧场合并，设立龙源街道办事处，街道办事处办公地址设在龙源社区。（豫民行批【2012】6 号）

140. 撤销梁庄乡，调整城关、邵园、牛城等乡镇设立浦东、长城新城 2 街道办事处，对其原辖行政区域实行成黑丝管理体制。将城关镇的大陈、北门、牛城乡的双庙杨、金陈、邵圆乡的余井、王楼 6 建制村纳入城区管理。设立浦东和长城新城 2 街道办事处。浦东街道办事处辖原梁庄乡的毛王、王集、前张、朱楼、郑堂、杜菜园、刘庄、董路口、大张、汪庄、李关尧、姚关庙、邢高庙、沙士李、高庄户、任装、阮庄 17 个建制村，办公地址设在原梁庄乡政府；长江新城街道办事处辖原梁庄乡的岭子杨、陈洛庄，城关镇的大陈、北门，牛城乡的双庙杨、金陈，邵园乡的余井、王楼 8 建制村，办公地址设在迎宾大道南端金陈村。（豫民行批【2012】1 号）

141. 同意洛阳市撤销洛龙区关林镇，分别设立关林、太康东路 2 街道办事处，实行城市管理体制。（豫民行批【2012】14 号）

142. 同意洛阳市撤销洛龙区古城乡，分设古城、科技园 2 街道办事处，实行城市管理体制。（豫民行批【2012】15 号）

143. 同意洛阳市撤销洛龙区龙门镇、分设龙门和龙门石窟2街道办事处，实行城市管理体制(豫民行批【2012】16号)

144. 同意洛阳市撤销吉利区吉利乡，分设吉利、西霞院2街道办事处，实行城市管理体制（豫民行批【2012】18号)

145. 同意鹤壁市撤销山城区鹿楼乡，设立宝山、大胡2街道办事处。宝山街道办事处辖桐家庄、胡丰、南爻、东扒厂、西扒厂、后营、大峪7建制村和小庄、寺湾、张庄、西鹿楼、鹿楼、故县6社区居委会，办公地址设在元鹿楼乡人民政府；大胡街道办事处辖凉水井、西爻头、马庄、汪流涧、肥泉5建制村和中爻头东爻头、陈家湾、大胡、罗村、元泉6社区居委会，办公地址设在大胡社区居委会。（豫民行批【2012】22号)

146. 同意信阳市商城县撤销城关镇、鲇鱼山乡，对其原辖行政区域实行城市管理体制。将丰集镇的三里庙、何店2建制村，金刚台乡的柳坪建制村，河凤桥乡的十里头建制村纳入城区管理。设立赤城、鲇鱼山2街道办事处。赤城街道办事处辖原城关镇的东街、南街、西街、北街、车站街、三里桥、崇福7社区居委会，培山、何店、三里庙、柳坪4建制村，办公地址设在原城关镇人民政府；鲇鱼山街道办事处辖原鲇鱼山乡的新华、大碑、紫云山、柿子园、马岗、下马河、木头河、鲇鱼山、龙潭、平塘、欧楼、庙岗、石牛、陈畈、闵湾、土门、杨楼、匡店、十里头19建制村，办公地址在原鲇鱼山乡人民政府。(豫民行批【2012】25号)

147. 同意信阳市淮滨县撤销城关镇、栏杆镇、对其原辖行政区域实行城市管理体制。将台头乡的任营、韩营、刘湾3社区居委会，谷堆乡的下园社区居委会，王家岗乡的郑营、立城、新村、毛庄4社区居委会纳入城区管理。设立顺河、滨湖、栏杆、桂花4街道办事处。顺河街道办事处辖原城关镇的港南街、顺河街、乌龙集、滨城、南园、章营、任堰、金湾、原属谷堆乡的下园，台头乡的任营、韩营11社区居委会，办公地址设在顺河街社区居委会；滨湖街道办事处辖原城关镇的前楼、桂花，原栏杆镇的郭营、梓树、田园，台头乡的刘湾6社区居委会，办公地址设在前楼社区居委会；栏杆街道办事处辖栏杆镇的刘老寨、塘南、蔡坡（火车站）3社区居委会和董楼、栏杆、东乡、王弯、范岗、许岗、赵楼、欧坡、周营、半坡、王新庄、单楼、藕塘13建制村，办公地址设在塘南社区居委会；桂花街道办事处辖原属王家岗乡和郑营、立城、新村、毛庄4社区居委会，办公地址设在桂花社区居委会。(豫民行批【2012】26号)

148. 同意信阳市息县撤销城关镇、城郊乡，对其原辖行政区域实行城市管理体制。将孙庙乡的何营建制村纳入城区管理。设立谯楼、龙湖、淮河3街道办事处。谯楼街道办事处辖原城关镇的北街、东街、西街、南大街、南关街、淮河路、埠口、车站路8社区居委会，原城郊乡的庞湾、徐庄、孙庙乡的何营3建制村，办公地址设在原城关镇人民政府；龙湖街道办事处辖原城郊乡的五一、关庄2社区居委会，新铺、王湾、尹湾、阎寨、八里棚5建制村，办公地址设在五一社区居委会；淮河街道办事处辖原城关镇的大河、原城郊乡的大何庄、三里井3社区居委会，原属城郊乡的洪庄、周花园、十里、顿庄、曹园5建制村，办公地址设在原城郊乡人民政府。(豫民行批【2012】27号)

149. 同意商丘市民权县撤销顺河乡，设立庄子镇，实行镇管村体制，原辖行政区域和政府驻地不变。(豫民行批【2012】35号)

150. 同意商丘市民权县王桥乡撤乡建镇，实行镇管村体制，原辖行政区域和政府驻地不变。(豫民行批【2012】36号)

151. 同意商丘市宁陵县黄岗乡撤乡建镇，实行镇管村体制，原辖行政区域和政府驻地不变。(豫民行批【2012】37号)

152. 同意商丘市夏邑县火店乡撤乡建镇，实行镇管村体制，原辖行政区域和政府驻地不变。(豫民行批【2012】

38 号）

153. 经省人民政府批准，同意获嘉县将照镜镇的彦当、前李、后李、前寺、后寺 5 建制村和史庄镇的岳庄、朱庄、北贺、前小屯、后小屯、马庄 6 建制村划归城关镇管辖。（豫民行批【2012】23 号）

154. 经省人民政府批准，同意襄城县山头店乡撤乡建镇，实行镇管村体制，原辖行政区域和政府驻地不变。（豫民行批【2012】29 号）

155. 经省人民政府批准，同意汝南县张楼乡撤乡建镇，实行镇管村体制，原辖行政区域和政府驻地不变。（豫民行批【2012】41 号）

156. 经省人民政府批准，同意汝南县三桥乡撤乡建镇，实行镇管村体制，原辖行政区域和政府驻地不变。（豫民行批【2012】42 号）

157. 经省人民政府批准，同意泌阳县郭集乡撤乡建镇，实行镇管村体制，原辖行政区域和政府驻地不变。（豫民行批【2012】40 号）

158. 经省人民政府批准，同意蔡县邵店乡撤乡建镇，实行镇管村体制，原辖行政区域和政府驻地不变。（豫民行批【2012】39 号）

159. 经省人民政府批准，同意唐河县张店镇的李宅、宋宅、曾庄、付岗、牛无门、南马庄、孙庄、牛三门 8 建制村析出，设立东兴街道办事处，街道办事处办公地址设在李宅村。（豫民行批【2012】4 号）

160. 经省人民政府批准，同意社旗县行政区划作如下调整：

一、撤销城郊乡。

二、将城郊乡的彭刚、李林庄 2 建制村划归赊店镇管辖。

三、设立赵河、潘河街道办事处。赵河街道办事处辖原城郊乡的河南街、代营、何庙、坛营、孔庄、官寺、埠口、高庄、刘庄 9 建制村，总面积 35 平方公里，人口 5.7 万人，办公地址设在原城郊乡政府。潘河街道办事处辖原城郊乡的东庄、贾楼、柳营、双庄、贺新庄 5 建制村，潘河街道办事处与县产业集聚区合署办公，办公地址设在南环路 1 号。（豫民行批【2012】24 号）

161. 经省人民政府批准，同意南阳市宛城区官庄镇的牛庄、田李庄 2 社区和龚营、岳庄、小高、忽桥、田店、前营、小尹庄、宗坡、何上寨 10 建制村析出，设立赤虎街道办事处，街道办事处办公地址设在田店村。（豫民行批【2012】5 号）

162. 经省人民政府批准，同意禹州市花石乡撤乡建镇，实行镇管村体制，原辖行政区域和政府驻地不变。（豫民行批【2012】34 号）

163. 经省人民政府批准，同意禹州市方岗乡撤乡建镇，实行镇管村体制，原辖行政区域和政府驻地不变。（豫民行批【2012】33 号）

164. 经省人民政府批准，同意禹州市鄢陵县张桥乡撤乡建镇，实行镇管村体制，原辖行政区域和政府驻地不变。（豫民行批【2012】32 号）

165. 经省人民政府批准，同意禹州市鄢陵县大马乡撤乡建镇，实行镇管村体制，原辖行政区域和政府驻地不变。（豫民行批【2012】30 号）

166. 经省人民政府批准，同意禹州市鄢陵县陶城乡撤乡建镇，实行镇管村体制，原辖行政区域和政府驻地

不变。（豫民行批【2012】31号）

167. 经省人命政府批准，同意长垣县销魏庄镇，设立魏庄街道办事处，街道办事处办公地址设在原魏庄镇人民政府。（豫民行批【2012】28号）

168. 经省人民政府批准，同意武 涉 县行政区划作如下调整：

一、撤销木城镇、龙源镇，对其原辖行政区域实行城市管理体制。

二、将大虹桥乡的东关，嘉应观乡的北贾、南贾、黄鼠、荆辛庄、西水寨、西小庄， 店乡的大城、小岩、高伊，谢旗营镇的前牛、后牛12建制村纳入城区管理。

三、设立木城、龙源、龙泉、木栾4街道办事处。木城街道办事处辖建设、和平、胜利3居委会和建设街、和平街、胜利街、西街、北街、余原村、小原村、原庄、东关9建制村，面积10.96平方公里，人口5.79万人，办公地址设在原木城镇政府；龙源街道办事处管辖万花庄、孙庄、西石寺、龙源、央庄、常庄、后龙睡、任徐店、卢徐店、梁徐店、祝徐店、阎徐店、古徐店、白徐店、西仲许、东仲许、小徐岗17建制村，面积29.58平方公里，人口5.97万人，办公地址设在龙源镇政府，龙泉街道办事处辖西马曲，东马曲，三星庄，郭提，北贾、南贾、黄鼠、荆辛庄、西小庄9建制村，面积31.4平方公里，人口5.14万人，办事处与产业聚集区管委会合署办公，办公地址这在东马曲村；木栾街道办事处大城、前牛、后牛、小岩、高伊、西水寨6建制村，办公地址设在大城村。（豫民行批【2012】3号）

169. 同意山阳区增设文昌街道办事处，文昌街道办事处管辖李屯、孙村、马庄、西长位、杨楼、金炉、辛庄、姚郭庄、杨庄、石庄、前南谢、后南谢、新安镇、铁匠庄、大寨、小寨、东学固、南马庄、朱庄、北朙近、北霍、勒村、东朙近、西朙近、北高、大高26个建制村，办公地址设在大高村。（焦政文【2012】165号）

湖北

170. 设立法泗街道办事处，实行以街带村的建制。（武民政【2012】52号）

171. 同意宜昌市夷陵区撤销黄花乡，设立黄花镇，以原黄花乡的行政区域为黄花镇的行政区域，镇人民政府驻黄花场。（鄂民政发【2012】84号）

172. 西陵区人民政府《关于宜昌高新区撤销管理区设立街道办事处的请示》（宜西府文【2012】42号）收悉。经市政府研究，现批复如下：

同意撤销东苑、南苑和北苑管理区，对应设立东苑、南苑和北苑街道办事处。

东苑、南苑和北苑街道办事处作为西陵区人民政府的派出机关，委托宜昌高新区管委会管理，行使社会管理职能。（宜府函【2012】120号）

173. 同意十堰市房县设立五台乡，以五台山林场的地域范围为五台乡的行政区域，乡人民政府驻廖河村。（鄂民政发【2012】85号）

174. 同意十堰市丹江口市撤销土台乡，设立龙山镇，以原土台乡的行政区域为龙山镇的行政区域，镇人民政府驻土台。（鄂民政发【2012】100号）

175. 同意十堰市房县撤销榔口乡，设立尹吉普镇，以原榔口乡的行政区域为尹吉普镇的行政区域，镇人民政府驻榔口村。（鄂民政发【2012】13号）

176. 同意恩施土家族苗族自治州咸丰县甲马池镇更名为平坝营镇。（鄂民政发【2012】82 号）

177. 同意神农架林区撤销九湖乡，设立大九湖镇，以原九湖乡的行政区域为大九湖镇的行政区域，镇人民政府驻大九湖村三字号。（鄂民政发【2012】99 号）

178. 撤销城区街办，强化社区职能。黄石港区撤销胜阳港、红旗桥、沈家营、黄石港四个街道办事处，西塞山区撤销黄思湾、临江、八泉、陈家湾、澄月五个城区街道办事处，保留牌子，实行区直管社区。（黄办发【2012】 7 号）

179. 同意恩施土家族苗族自治州来凤县撤销旧司乡，设立旧司镇，以原旧司乡的行政区域为旧司镇的行政区域，镇人民政府驻旧司。（鄂民政发【2012】83 号）

180. 同意撤销匡河乡，设立匡河镇，以原匡河乡的行政区域为匡河镇的行政区域，镇人民政府驻匡河。（鄂民政发【2012】43 号）

181. 同意蔡甸区将沌口街道办事处调整设立为沌口、沌阳两个街道办事处。沌口街道办事处下辖周公、建华、万家湖、东荆、宁康园、湘隆、新都等 7 个社区，街道办事处驻地为沌口路沌口正街 12 号。沌阳街道办事处辖奥林、碧湖新村、红升、佳泰、金荷、金色港湾、绿岛、升官渡、水木清华、新民、新华、阳光城、江大园、薛峰、永久、滨湖、郭徐岭等 17 个社区。街道办事处驻地为联成路 58 号。（武民政【2012】187 号）

182. 经省人民政府批准，同意武汉市江夏区撤销湖泗镇，由武汉市人民政府依法批复江夏区在原法泗镇行政区域范围内设立街道办事处。（鄂民政发【2012】15 号）

183. 经省人民政府批准，同意武汉市江夏区撤销舒安乡，由武汉市人民政府依法批复江夏区在原舒安乡行政区域设立街道办事处。（鄂民政发【2012】103 号）

湖南

184. 城关镇、城郊乡、附城乡成建制合并，设立卢阳镇。以原城关镇、城郊乡、附城乡的行政区域为新设卢阳镇的行政区域。镇人民政府驻九龙大道。

马桥乡、外沙乡成建制合并，设立马桥乡。以原马桥乡、外沙乡的行政区域为新设马桥乡的行政区域。乡人民政府驻马桥墟（原马桥乡人民政府驻地）。

集龙乡、益将乡成建制合并，设立集益乡。以原集龙乡、益将乡的行政区域为新设集益乡的行政区域。乡人民政府驻益将墟（原益将乡人民政府驻地）。

三星镇更名为泉水镇。（湘民行发【2012】10 号）

185. 城南乡和城关镇成建制合并，设立玉溪镇。以原城南乡和城关镇的行政区域为新设玉溪镇的行政区域。镇人民政府驻罗家山（原城南人民政府驻地）。

长策乡和瑶岗仙镇成建制合并，设立瑶岗仙镇。以原长策乡和瑶岗仙镇的行政区域为新设瑶岗仙镇的行政区域。镇人民政府驻新屋（原长策乡人民政府驻地）。

沙坪乡和太平里乡成建制合并，设立五岭乡。以原沙坪乡和太平里乡的行政区域为新设五岭乡的行政区域。乡人民政府驻桃子湾（原太平里乡人民政府驻地）。

天塘乡和东风乡成建制合并，设立天塘乡。以原天塘乡和东风乡的行政区域为新设天塘乡的行政区域。

乡人民政府驻肖家冲（原天塘乡人民政府驻地）。

撤销新华乡。将原新华乡的江厚、东山、老塘、吾作塘 4 个建制村划归里田乡管辖；将原新华乡的汇溪、南塘门、巩桥 3 个建制村划归赤石乡管辖。乡人民政府驻地不变。（湘民行发【2012】5 号）

186. 撤销城关镇、黄沙坪镇、城郊乡、正和乡，设立正和镇一级龙潭、鹿峰、黄沙坪 3 个街道。以原城郊乡的官溪、西水、极乐、全义、燕山、火田、解放 7 个建制村和桐子坪居委会，以及原正和乡的正和、付家、豆坪、欧家、黄石铺、阳山、新屋、芦村 8 个建制村和正和圩居委会，为新设正和镇的行政区域。镇政府驻桐子坪（原城郊乡人民政府驻地）。

以原城关镇的高码头、北关、八字塘、五云观 4 个居委会，原城郊乡的城北、昭金、洞水 3 个建制村，原仁义镇的梧桐建制村，原樟市镇的山背建制村，以及原茶场、良种场、桂阳林场，为新设龙潭街道的管辖范围。办事处驻八字塘（原城关镇人民政府驻地）。

以原城关镇的十字街、南塔、蔡伦井、东塔、百花、北麓、南苑 7 个居委会，原城郊乡牛巷口、新城、子龙、富阳 4 个建制村，为新设鹿峰街道的管辖范围。办事处驻肖家坳。

以原黄沙坪镇的羊角、上银山、周台、山下 4 个建制村和桃花园、三好桥、三棵树 3 个居委会，原共和农场的三关、共和 2 个建制村和井水坪居委会，原城郊乡的柏树建制村，一级原太和镇的沙坪建制村，为新设黄沙坪街道的管辖范围。办事处驻黄沙坪（原黄沙坪镇人民政府驻地）。

将流峰镇、板桥乡、樟木乡城建制合并，设立流峰镇。以原流峰镇、板桥乡和樟木乡的行政区域为新设流峰镇的行政区域。镇人民政府驻地流渡桥（原流峰镇人民政府驻地）。

将飞仙镇、余田乡、十字乡、古楼乡成建制合并，设立春陵江镇。以原飞仙镇、余田乡、十字乡和古楼乡的行政区域为新设春陵江镇的行政区域。镇人民政府驻飞仙桥（原飞仙镇人民政府驻地）。

将太和镇、清和乡成建制合并，设立太和镇。以原太和镇、清和乡的行政区域为新设太和镇的行政区域。镇人民政府驻泡古浪（原太和镇人民政府驻地）。

将方元镇和燕塘乡成建制合并，设立方元镇。以原方元镇和燕塘乡的行政区域为新设方元镇的行政区域。镇人民政府驻方元圩（原方元镇人民政府驻地）。

将樟市镇、团结圩乡成建制合并，设立樟市镇。以原樟市镇、团结圩乡的行政区域为新设樟市镇的行政区域。镇政府驻樟树下（原樟市镇人民政府驻地）。

将洋市镇、东成乡成建制合并，设立洋市镇。以原洋市镇、东成乡的行政区域为新设洋市镇的行政区域。镇人民政府驻洋布坪（原洋市镇人民政府驻地）。

将仁义镇、银河乡成建制合并，设立仁义镇。以原仁义镇、银河乡的行政区域，以及莲花坪农场和桂阳农场，为新设仁义镇的行政区域。镇人民政府驻仁义圩（原仁义镇人民政府驻地）。

将四里乡、六合乡成建制合并，设立四里镇。以原四里乡、六合乡的行政区域为新设四里镇的行政区域。镇人民政府驻四里圩（原四里乡人民政府驻地）。

将雷坪乡、青兰乡成建制合并，设立雷坪镇。以原雷坪乡、青兰乡的行政区域为新设雷坪镇的行政区域。镇人民政府驻雷坪圩（原雷坪乡人民政府驻地）。

将白水乡、华泉乡成建制合并，设立白水乡。以原白水乡、华泉乡的行政区域为新设白水乡的行政区域。乡人民政府驻上唐家（原白水乡人民政府驻地）。

撤销欧阳海乡，设立欧阳海镇。以原欧阳海乡的行政区域为新设欧阳海镇的行政区域。镇人民政府驻天鹅坪（原欧阳海乡人民政府驻地）。

撤销浩塘乡，设立浩塘镇。以原浩塘乡的行政区域为新设浩塘镇的行政区域。镇人民政府驻浩塘圩（原浩塘乡人民政府驻地）。（湘民行发【2012】6 号）

187. 将鲤鱼江镇、东江镇成建制合并，设立东江街道。以原鲤鱼江镇、东江镇的行政区域为新设东江街道的管辖范围。办事处驻凉树湾（原东江镇人民政府驻地）。

将香花乡、高码乡成建制合并，设立程水镇。以原香花乡、高码乡的行政区域为新设程水镇的行政区域。镇人民政府驻文昌阁。

将坪石乡、何家山乡、兴宁镇成建制合并，设立兴宁镇，并将碑记乡的茶田、岗岭 2 个建制村成建制划归兴宁镇管辖。以原坪石乡、何家山乡、兴宁镇的刑侦区域以及碑记乡的茶田、岗岭 2 个建制村，为新设兴宁镇的行政区域。镇政府驻管子壕（原兴宁镇人民政府驻地）。

撤销碑记乡。将碑记乡的石拱、太坪、碑记、高桥、源塘、松木、龙竹 7 个建制村划归三都镇管辖；将碑记乡的茶坪瑶族村成建制划归唐洞街道管辖。办事处驻地不变。

将彭市乡、州门司镇成建制合并，设立州门司镇；撤销烟坪乡。原烟坪乡的烟坪、顶辽、大坪、燕窝、双江、坳头、杨公塘 7 个建制村成建制划归新设州门司镇管辖；将原烟坪乡的兰洞村成建制划归青腰镇管辖。州门司镇人民政府驻州门司（原州门司镇人民政府驻地）；青腰镇人民政府驻地不变。（湘民行发【2012】7 号）

188. 将城关镇、钟水乡、石羔乡、莲荷乡成建制合并，设立珠泉镇。以原城关镇、钟水乡、石羔乡、莲荷乡的行政区域为新设珠泉镇的行政区域。镇人民政府驻人民北路（原城关镇人民政府驻地）。

将泮头乡、袁家镇成建制合并，设立袁家镇。以原泮头乡、袁家镇的行政区域为新设袁家镇的行政区域。镇人民政府驻上袁家（原袁家镇人民政府驻地）。

将盘江乡的云里建制村成建制划归广发乡管辖。广发乡人民政府驻地不变。盘江乡政府驻地不变。（湘民行发【2012】9 号）

189. 将清溪镇、禾市乡、排山乡、军山乡、城关镇成建制合并，设立永乐江镇。以原清溪镇、禾市乡、排山乡、军山乡、城关镇的行政区域为新设永乐江镇的行政区域。镇人民政府驻五一北路（原城关镇人民政府驻地）。（湘民行发【2012】11 号）。

190. 将城关镇、城郊乡、碧塘乡成建制合并，设立便江镇。以原城关镇、城郊乡、碧塘乡的行政区域为新设便江镇的行政区域。镇人民政府驻永兴大道（原城关镇人民政府驻地）。

将鲤鱼塘镇、千冲乡成建制合并，设立鲤鱼塘镇。以原鲤鱼塘镇、千冲乡的行政区域为新设鲤鱼塘镇的行政区域。镇人民政府驻鲤鱼塘镇（原鲤鱼塘镇人民政府驻地）。

将柏林镇、洞口乡成建制合并，设立柏林镇。以原柏林镇、洞口乡的行政区域为新设柏林镇的行政区域。镇人民政府驻柏林圩（原柏林镇人民政府驻地）。

撤销悦来乡，设立悦来镇。以原悦来乡的行政区域为新设悦来镇的行政区域。镇人民政府驻悦来墟（原悦来乡人民政府驻地）。

撤销复合乡，设立复合镇。以原复合乡的行政区域为新设复合镇的行政区域。镇人民政府驻复合墟（原复合乡人民政府驻地)。

撤销高亭乡，设立高亭镇。以原高亭乡的行政区域为新设高亭镇的行政区域。镇人民政府驻高亭司（原高亭乡人民政府驻地)。

撤销黄泥乡，设立黄泥镇。以原黄泥乡的行政区域为新设黄泥镇的行政区域。镇人民政府驻黄泥坳（原黄泥乡人民政府驻地)。

撤销樟树乡，设立樟树镇。以原樟树乡的行政区域为新设樟树镇的行政区域。镇人民政府驻樟树下（原樟树乡人民政府驻地)。

撤销太和乡，设立太和镇。以原太和乡的行政区域为新设太和镇的行政区域。镇人民政府驻戏台（原太和乡人民政府驻地)。(湘民行发【2012】12号)

191.将南强乡、岚桥镇、广宜乡成建制合并，设立南强镇。以原南强乡、岚桥镇、广宜乡的行政区域为新设南强镇的行政区域。镇人民政府驻新祖寺（原南强乡人民政府驻地)。

将香花岭镇、三合乡成建制合并，设立香花镇。以原香花岭镇、三合乡的行政区域为新设香花镇的行政区域。镇人民政府驻三合墟（原三合乡人民政府驻地)。

将水东乡、接龙乡成建制合并，设立水东镇。以原水东乡、接龙乡的行政区域为新设水东镇的行政区域。镇人民政府驻深渡（原水东乡人民政府驻地)。

撤销汾市乡，设立汾市镇。以原汾市乡的行政区域为新设汾市镇的行政区域。镇人民政府驻汾市（原汾市乡人民政府驻地)。

撤销麦市乡，设立麦市镇。以原麦市乡的行政区域为新设麦市镇的行政区域。镇人民政府驻麦市墟（原麦市乡人民政府驻地)。

将城关镇更名为舜峰镇。(湘民行发【2012】12号)

192.将城关镇、黄洞乡、三洞乡成建制合并，设立沤江镇。以原城关镇、黄洞乡、三洞乡的行政区域为新设沤江镇的行政区域。镇人民政府驻观前（原城关镇人民政府驻地)。

撤销大水乡。将原大水乡的古岭、建林、云里3个建制村成建制划归沙田镇管辖，东风、新柳2个建制村成建制划归四都镇管辖。沙田镇人民政府驻地不变；四都镇人民政府驻地不变。

撤销普乐乡，设立普乐镇。以原普乐乡的行政区域为新设普乐镇的行政区域。镇人民政府驻方圆里（原普乐乡人民政府驻地)。(湘民行发【2012】15号)

193.将南溪乡、鲁塘镇成建制合并，设立鲁塘镇。以原南溪乡、鲁塘镇的行政区域为新设鲁塘镇的行政区域。镇人民政府驻地同祥墟（原鲁塘镇人民政府驻地)。

将同和乡、华塘镇成建制合并，设立华塘镇。以原同和乡、华塘镇的行政区域为新设华塘镇的行政区域。镇人民政府驻华塘墟（原华塘镇人民政府驻地)。

将江口乡、石盖塘镇成建制合并，设立石盖塘镇。以原江口乡、石盖塘镇的行政区域为新设石盖塘镇的行政区域。镇人民政府驻石盖塘（原石盖塘镇人民政府驻地)。

撤销保和、市郊2个乡和郴江、万华岩2个镇，设立保和镇和郴江、骆仙、增福3个街道，调整燕泉、北湖、下湄桥、人民路4个街道的管辖范围。保和镇辖原保和乡的保和居委会和顶上、乘马坪、新华、长坪、大律、小埠、保和、花园、宋家洞、太白洞等10个建制村以及原万华岩镇的礼家洞、新田岭、大树下、坦山、下塘、安和、下凤、张家坪、雷大桥等 9 个建制村。镇人民政府驻林木水。郴江街道辖原市郊乡的海泉、槐树下 2 个建制村和原郴江镇的梨树山建制村。办事处驻朱家湾路。将燕泉街道的燕泉路、西街、骆仙 3 个居委会成建制画出燕泉街道，并将原郴江镇商贸城居委会和三里田、七里洞 2 个建制村成建制划归燕泉街道管辖。办事处驻地不变。骆仙街道辖原郴江镇的高壁建制村和原燕泉街道的骆仙居委会，以及原市郊乡的骆仙铺、欧冲、杉山岭 3 个建制村。办事处驻骆仙铺。将原燕泉街道的燕泉路、西街 2 个居委会成建制和划归人民路街道管辖。办事处机关驻地不变。增福街道辖原市郊乡的城前岭、长冲、塘尾 3 个建制村和原万华岩镇的增湖建制村。办事处驻松山路。将原郴江镇的同心桥、渔场 2 个建制村成建制划归北湖街道管辖。办事处驻地不变。将原市郊乡的铜坑湖建制村和郴江镇的下湄桥建制村成建制划归下湄桥街道管辖。办事处驻地不变。（湘民行发【2012】15 号）

194. 将太平乡、五里牌镇成建制合并，设立五里牌镇。以原太平乡、五里牌镇的行政区域为新设五里牌镇的行政区域。镇人民政府驻曾家（原五里牌镇人民政府驻地）。

将廖王坪乡、岗脚乡、栖凤渡镇成建制合并，设立栖凤渡镇。以原廖王坪乡、岗脚乡、栖凤渡镇的行政区域为新设栖凤渡镇的行政区域。镇人民政府驻栖凤渡（原栖凤渡镇人民政府驻地）。

将邓家塘乡，廖家湾乡、良田镇成建制合并，设立良田镇。以原邓家塘乡、廖家湾乡、良田镇的行政区域为新设良田镇的行政区域。镇人民政府驻良田（原良田镇人民政府驻地）。

将荷叶坪乡、马头岭乡成建制合并，设立马头岭乡。以原荷叶坪乡、马头岭乡的行政区域为新设马头岭乡的行政区域。镇人民政府驻马头岭（原马头岭乡人民政府驻地）。

撤销塘溪乡，设立望仙镇。以原塘溪乡的行政区域为新设望仙镇的行政区域。镇人民政府驻和平（原塘溪乡人民政府驻地）。

撤销大奎上乡，设立五盖山镇。以原大奎上乡的行政区域为新设五盖山镇的行政区域。镇人民政府驻大奎上（原大奎上乡人民政府驻地）。

撤销白鹿洞镇，设立白鹿洞街道、王仙岭街道、卜里坪街道、观山洞街道。调整许家栋镇的部分行政区划以及苏仙岭街道、南塔街道的管辖范围。将南塔街道的青年路居委会划出，与原白鹿洞镇的白鹿洞、龙门池、南塔岭 3 个建制村合并设立白鹿洞街道。办事处驻青年路（原白鹿洞镇人民政府驻地）。将苏仙岭街道的王仙岭居委会划出，与白鹿洞镇的上白水、锁石桥 2 个建制村以及郴州高职院范围合并设立王仙岭街道。办事处驻郴州大道。将许家栋镇的茅塘（华湘）居委会划出，原白鹿洞镇的卜里坪、官庄坪、长冲铺、四普庄 4 建制村和梁家湾居委会合并设立卜里坪街道。办事处驻卜里坪。将苏仙岭街道的湘南学院社区划出，与原白鹿洞镇的下白水、观山洞 2 个建制村合并设立观山洞街道。办事处驻郴州大道。（湘民行发【2012】15 号）

195. 撤销白沙乡设立白沙镇。以原白沙乡的行政区域为白沙镇的行政区域，白沙镇辖 1 个社区居委会、10 个建制村。镇人民政府驻李家山（原白沙乡人民政府驻地）。（湘民行发【2012】1 号）

196. 撤销椰梨镇设立椰梨街道。以原椰梨镇的行政区域为椰梨街道的管辖区域，椰梨街道辖 3 个社区居委会、5 个建制村。办事处机关驻横街（原椰梨镇人民政府驻地）。（湘民行发【2012】2 号）

197. 撤销干杉乡设立干杉镇。以原干杉乡的行政区域为干杉镇的行政区域，干杉镇辖 1 个社区居委会、8 个建制村。镇人民政府驻干杉（原干杉乡人民政府驻地）。（湘民行发【2012】3 号）

198. 撤销大托镇设立大托街道。以原大托镇的行政区域为大托街道的管辖区域，大托街道辖 5 个社区居委会、10 个建制村。办事处驻芙蓉南路（原大托镇人民政府驻地）。（湘民行发【2012】18 号）

199. 撤销坡子街街道、学院街街道、书院路街道，合并组建新的坡子街街道。新组建的坡子街街道下辖太平街社区、西牌楼社区、八角亭社区、坡子街社区、黄兴南路社区、文庙坪社区、半湘街社区、登仁桥社区、樊西巷社区、楚湘社区、碧湘社区、创远社区、西湖社区、沙河社区、青山祠社区等 15 个社区。街道治所设原坡子街街道治所。

将金盆岭街道析置为金盆岭街道、赤岭路街道。新的金盆岭街道下辖夏家冲社区、狮子山社区、天剑社区、黄土岭社区、涂新社区、赤岭路社区等 6 个社区。街道治所设原金盆岭街道治所。新设立的赤岭路街道下辖白沙花园社区、新丰社区、芙蓉南路社区、南大桥社区、广厦新村社区、新开管委会等 5 个社区、1 个管委会。街道治所设书院南路 189 号原广厦新村社区治所。

将新开铺街道析置为新开铺街道、文源街道。新的新开铺街道下辖新天社区、桥头社区、新开铺社区、豹子岭社区、新天村、石人村等 4 个社区、2 个村。街道治所设原新开铺街道治所。新设立的文源街道下设天鸿社区、状元坡社区、文源社区、梅岭社区、金汇社区等 5 个社区。街道治所设青园路 506 号湖南省科学技术研究开发院内。

撤销大托街道析置为黑石铺街道、大托铺街道、先锋街道。新设立的黑石铺街道下辖一力社区、黑石铺社区、黑石村、九峰村、披塘村等 2 个社区、3 个村。街道治所设芙蓉南路 248 号原大托镇政府治所。新设立的大托铺街道下辖黄河村、兴隆村、桂井村、大托村、新港村等 5 个村。街道治所设原大托镇水利管理站。新设立的先锋街道下辖牛角塘社区、暮云社区、融城社区、先锋村、新路村等 3 个社区、2 个村，以及大托机场区域、天心环保工业园。街道治所设中意二路 139 号天心环保工业园管委会办公楼。

调整后，大心区辖坡子街街道、城南路街道、裕南街街道、金盆岭街道、赤岭路街道、新开铺街道、文源街道、桂花坪街道、青园街道、黑石铺街道、大托铺街道、先锋街道等 12 个街道。（长政函【2012】86 号）

200. 撤销坪塘镇色合理坪塘街道。坪塘街道以原坪塘镇的行政区域为管辖区域，下辖 5 个社区居委会、15 个建制村。办事处驻白庙子社区原坪塘镇人民政府驻地。

撤销含浦镇设立含浦街道。含浦街道以原含浦镇的行政区域为管辖区域，下辖 2 个社区居委会、10 个建制村。办事处驻含浦社区原含浦镇人民政府驻地。

撤销天顶乡设立天顶街道。天顶街道以原天顶乡的行政区域为管辖区域，下辖 1 个社区居委会、7 个建制村。办事处驻枫林三路原天顶乡人民政府驻地。（长政函【2012】94 号）

201. 撤销高塘岭镇设立高塘岭街道。高塘岭街道以原高塘岭镇的行政区域为管辖区域，下辖 9 个社区居委会、4 个建制村。办事处驻郭亮北路 107 号原高塘岭镇人民政府驻地。

撤销星城镇设立星城街道。星城街道以原星城镇的行政区域为管辖区域，下辖 2 个社区居委会、9 个建制村。办事处驻西塘村原星城镇人民政府驻地。

撤销丁字镇色合理丁字街道。丁字街道以原丁字镇的行政区域为管辖区域，下辖 2 个社区居委会、8 个建制村。办事处驻兴城社区原丁字镇人民政府驻地。

撤销黄金镇设立黄金街道。黄金街道以原黄金镇的行政区域为管辖区域，下辖 3 个社区居委会、6 个建制村。办事处驻桐林坳社区原黄金镇人民政府驻地。（长政函【2012】95 号）

202. 将建设路街道办事处所辖的盘龙、红旗、宝塔、阳光 4 个社区划出，设立红旗街道办事处。调整后的建设路街道办事处驻地不变。新设立的红旗街道办事处驻地设河东大道 1240 号。（潭政函【2012】46 号）

203.从黄花镇析出茶塘、长龙、湘峰三个建制村以及华湘建制村，在长永高速以北的区域，设立长龙街道。行政区划调整后，长龙街道辖 3 个建制村。长龙街道办事处驻幸福家园。（湘民行发【2012】25 号）

204.从雨湖区响水乡划出和平、金井、银盖、大新、石码、桃李、郭家、九华、民乐、乐塘、渔业、昭潭 12 个建制村和杉山、合山、红旗、吉利 4 个社区居委会合并设立和平街道。区划调整后，和平街道辖 12 个建制村和 4 个社区居委会，办事处驻雨湖区东风西路。（谭政发【2012】14 号）

205.将高塘岭街道拆分为高塘岭、喻家坡 2 个街道。高塘岭街道辖胜利村、高塘岭社区、西塘街社区、雷锋路社区、高塘社区、裕农村、白芙塘社区、莲湖社区，办事处驻地设高塘岭社区。喻家坡街道辖旺旺路社区、喻家坡社区、原佳村、高冲村、仁和社区。办事处驻地设旺旺路社区。

将星城街道拆分为白沙洲、大泽湖、月亮岛 3 个街道。白沙洲街道辖马桥河村、腾飞村、黄田村，办事处驻地设腾飞村。大泽湖街道辖懂吗社区、西塘村、回龙村、南塘村，办事处驻地设西塘村。月亮岛街道辖银星村、月亮岛社区、中华岭村、戴公庙村，办事处驻地设中华岭村。

将丁字街道拆分为丁字湾、书堂山 2 个街道。丁字湾街道辖双桥村、翻身垸村、兴城社区、金云村、丁字湾社区，办事处驻地设星城社区。书堂山街道辖书堂山村、何桥村、石渚湖村、中山村、彩陶源村，办事处驻地设石渚湖村。

将黄金街道拆分为金山桥、黄金园、廖家坪 3 个街道。金山桥街道辖金坪社区、金山桥社区、桐林坳社区，办事处驻地设金坪社区。黄金园街道辖桂芳村、黄金园村、英雄岭村，办事处驻地设桂芳村。廖家坪街道辖白马村、廖家坪村、三益村，办事处驻地设三益村。（长政函【2012】107 号）

206.同意撤销岘山乡设立岘山镇。以原岘山乡的乡镇区域为岘山镇的行政区域，辖 2 个居委会、57 个建制村。（湘民行发【2012】29 号）

207.同意撤销石市乡设立石市镇，以原石市乡的行政区域为石市镇的行政区域，辖 1 个居委会、53 个建制村。（湘民行发【2012】30 号）

208.撤销岳塘区双马镇、板塘乡的乡镇建制，设立双马街道和板塘街道，原双马镇、板塘乡的乡镇区域为新设双马街道、和板塘街道的管辖范围。双马街道办事处驻原双马镇人民政府驻地，板塘街道办事处驻原板塘乡人民政府驻地。（湘民行发【2012】28 号）

209.从塘坪街道析置洋湖街道，将岳麓街道靳江河一男部分区域划入洋湖街道，洋湖街道下辖 3 个社区、4 个村，即：坪塘社区、白庙子社区、新生社区、洋湖村、连山村、蓝天村和山塘村。办事处治所设在白庙子社区。

将含浦街道析置为学士、含浦两个街道，学士街道下辖 1 个社区、4 个村，即白鹤社区、联丰村、学士村、玉江村、东山湾村，办事处治所设联丰村。含浦街道下辖 1 个社区、6 个村，即含浦社区、干子村、官埠口村、大坡村、九江村、芝字港村和新田村。办事处治所设含浦社区。（长政函【2012】138 号）

210.同意郴州市北湖区设立一个新的街道办事处，新增设的街道命名为涌泉街道办事处，辖惠泽、涌泉、新塘冲、柏树下 4 个社区，七里洞 1 个建制村，办事处驻原郴州市经济技术开发区位于万华路西侧的老办公楼。（郴民办发【2012】41 号）

211.一、同意城南街道析置火车南站街道和学院路街道。城南街道析置火车南站街道和学院路街道后，城南街道辖戴家、红星、马蹄、祭旗坡、白洲、神滩、桂花、桃花、梅子 9 个社区和茅坪、紫霞、湖口井 3 个建制村，办事处机关驻百春园 4 栋；火车南站街道辖铜铃、九十亭、板铺、桔园 4 个社区，办事处机关驻祭旗坡新兴大厦；学院路街道辖深塘、学院路、马鞍 3 个社区，办事处机关驻马鞍社区。（市政函【2012】

164号）

212. 同意撤销中方县铜鼎乡设立铜鼎镇，撤销新路河乡设立新路河镇。以原铜鼎乡的行政区域为铜鼎镇的行政区域，原新路河乡的行政区域为新路河镇的行政区域。（湘民行发【2012】32号）

广东

213. 撤销广宁县石涧镇，将其行政区域并入宾亨镇。调整后宾亨镇管辖原宾亨镇和原石涧镇的行政区域范围，辖3个社区居委会和13个村委会。宾亨镇人民政府驻原宾亨镇人民政府驻地。

撤销广宁县联合镇，将其行政区域并入江屯镇。调整后，江屯镇管辖原江屯镇和原联合镇的行政区域范围，辖1个社区居委会和18个村委会。江屯镇人民政府驻原江屯镇人民政府驻地。（粤民区【2012】2号）

214. 同意广州市增城市设立仙村镇，管辖原新塘镇的仙村第一、仙村第二等 2 个社区居民委员会和下基、沙角、深勇、十字（）、沙头、西南、上境、下境、巷头、先联、竹园、潮山、蓝山、基岗、沙（）、碧潭、岳湖等17个村民委员会，镇人民政府驻仙村大道中16号。

同意设立永宁街道办事处，管辖原新塘镇的永和、宁西、凤凰城、凤馨苑、荔湖城、南香山等 6 个社区居民委员会和叶岭、公安、翟洞、塔岗、蒌元、简村、章陂、白水、九如、冯村、中元、石戫、迳、斯庄、路边、下元、郭村、湖中、湖东、百湖、岗丰、长岗等22个村民委员会，街道办事处驻永和荔香街31号。分设立仙村镇和永宁街道办事处后，新塘镇其余村居委会，仍属新塘镇管辖。（粤民区【2012】32号）

215. 同意设立韶关市曲江区松山街道办事处。松山街道办事处下设东区、西区、红旗区、北区4个居委会，松山街道办事处驻韶钢厂南大道。（粤民区【2012】30号）

216. 同意梅县西阳镇划归梅州市梅江区管辖。调整后梅江区辖4个镇和3个街道办事处，梅县辖17个镇。（粤民区【2012】35号）

广西

217. 同意设立钦北区鸿亭、子材街道办事处，其中鸿亭街道办事处管辖钦江以东的小江、山塘2个社区16个自然村；子材街道办事处管辖钦江以西的永福、沙坡、白水塘、北营等四个社区 20 个自然村。（钦政函【2012】113号）

218. 同意调整大黎镇行政区划设立宁康乡。调整后，大黎镇辖大黎、朝林、平安、国安、东安、兴安、古盘、祥江、永和、来历、和安、上荣、花洲、理答、白祝、太兴、黎田、富斗等18个村和大黎社区，镇人民政府驻地不变；新设立的宁康乡管辖宁康、大塘、孟塘、永太、新旺、料南、都邦、平桂等 8 个村，乡人民政府驻地宁康村。（桂政函【2012】64号）

219. 同意崇左市撤销江州区太平镇，分别设立太平、江南、石景林 3 个街道办事处。（桂政函【2012】136号）

220. 同意邕宁区百济乡、宾阳县陈平乡、灵川县灵田乡、临桂县四塘乡、灌阳县新街乡、容县十里乡、容县容西乡、容县浪水乡、都安瑶族自治县地苏乡、都安瑶族自治县下坳乡、都安瑶族自治县拉烈乡、都安瑶族自治县百旺乡、来宾市兴宾区蒙村乡、天等县东平乡由乡建制改为镇建制。（桂政函【2012】282号）

221. 同意以玉洞大道为界，将原大沙田街道所辖区域一分为二，玉洞大道以北设置“良庆区大沙田街道”，玉洞大道以南设置“良庆区玉洞街道”。玉洞街道辖玉龙、坡洋2个社区和玉洞、平乐、那平3个村。街道办事处办公地址设在玉龙社区。（南府复【2012】65号）

222. 同意以友谊路为界，将那洪街道所辖区域一分为二，友谊路以西设置“江南区那洪街道”，友谊路以东设置“江南区金凯街道”。金凯街道辖黄茅坪、高岭、居仁、新联、华联等5个村和金凯社区。街道办事处办公地址设在金凯路16号。（南府复【2012】14号）

223. 同意调整民生、朝阳街道行政区划，增设兴东街道。兴东街道管辖五村岭社区、兴东社区、将桥社区、澳华社区、邕武东社区、热作社区、香草苑社区和鸡村，共7个社区1个村。街道办事处设在兴东路中段。（南府复【2012】138号）

224. 同意桂林市雁山区雁山街道办事处更名为良丰街道办事处，请做好街道办事处更名后的组织管理和宣传工作。（市政函【2012】132号）

海南

225. 同意将冲山镇更名为通什镇，更名后其行政编制和行政区域不变。（琼府函【2012】46号）

重庆

226. 撤销支坪街道，设立支坪镇。支坪镇管辖原支坪街道行政区域，镇人民政府驻原支坪街道办事处驻地。（渝府【2012】34号）

227. 将万盛经开区管理范围由2个街道2个镇调整为2个街道8个镇，即万盛街道、东林街道、万东镇、南桐镇、青年镇、关坝镇、丛林镇、石林镇、金桥镇、黑山镇。（渝办【2012】44号）

228. 同意撤销鱼泉乡，设立山王坪镇，山王坪镇的行政区域和政府驻地与原鱼泉乡一致。（渝府【2012】100号）

229. 同意撤销后叶乡、龙洞乡、堰坪乡，分别设立后叶镇、龙洞镇、堰坪镇。后叶镇、龙洞镇、堰坪镇的行政区域和政府驻地分别与后叶乡、龙洞乡、堰坪乡一致。（渝府【2012】113号）

230. 同意撤销高燕乡，设立高燕镇。高燕镇行政区域为原高燕乡的行政区域，镇人民政府驻地驻原高燕乡人民政府驻地。（渝府【2012】106号）

四川

231. 同意达县撤销南外镇设置三里坪、翠屏2个街道办事处。现批复如下：

一、撤销南外镇建制。

二、设置三里坪街道办事处，辖原南外镇的梧桐梁、曹家梁、花溪、四合、店子梁等5个社区和三里坪、板凳山、雷音铺、高岩、七里沟、千坵塝6个村所属行政区域。三里坪街道办事处驻三里坪。

三、设置翠屏街道办事处，辖原南外镇的草街子、金华、南坝、新南、新桥、叶家湾等6个社区和杨柳、堰坝、火烽、亚云、临江、长田、蔡坪、石河等8个村所属行政区域。翠屏街道办事处驻民乐街555号。（川府民政【2012】1号）

232. 省人民政府同意屏山县撤销新发乡，新建屏山镇，镇人民政府驻新农，辖原新发乡所属行政区域。（川府民政【2012】2号）

233. 经研究，省人民政府同意荥经县撤销龙苍沟乡，设立龙苍沟镇，镇人民政府驻快乐村，辖原龙苍沟乡所属行政区域。（川府民政【2012】3号）

234. 省人民政府同意宜宾县撤销普安乡，新建普安镇，镇人民政府驻周坝村，辖原普安乡所属行政区域。（川府民政【2012】4 号）

235. 经研究，省人民政府同意德昌县撤销麻栗乡和银鹿乡，设立麻栗镇，镇人民政府驻民主村麻栗场，辖原麻栗乡和银鹿乡所属行政区域。（川府民政【2012】5 号）

236. 省人民政府同意石渠县撤销俄多玛乡，设立色须镇，镇人民政府驻色洞村，辖原俄多玛乡所属行政区域。（川府民政【2012】6 号）

237. 省人民政府同意仁寿县撤销观寺乡，设立观寺镇，镇人民政府驻南华社区南华街，辖原观寺乡所属行政区域。（川府民政【2012】7 号）

238. 省人民政府同意红原县撤销瓦切乡，设立瓦切镇，镇人民政府驻德香村，辖原瓦切乡所属行政区域。（川府民政【2012】9 号）

239. 省人民政府同意丹巴县撤销巴底乡，设立巴底镇，镇人民政府驻齐鲁村，辖原巴底乡所属行政区域。（川府民政【2012】10 号）

240. 经研究，省人民政府同意汉源县乡镇行政区划建制由原来的 8 个镇、32 个乡调整为 10 个镇、20 个乡（其中 5 个少数民族乡）。现批复如下：

241. 一、撤销万工、青富、市荣、白岩、桂贤、富春、大岭、大堰、两河、建黎等 10 个乡建制。

二、撤销 2 个乡设立 2 个镇，调整 13 个乡镇行政区域。

撤销富泉乡，设立富泉镇。将白岩乡的中海、双海、伏龙、桃湾、向明 5 个村和富林镇的鸣鹿村所属行政区域并入富泉镇。富泉镇人民政府驻富泉社区。

撤销唐家乡，设立唐家镇。将富春乡所属行政区域并入唐家镇。唐家镇人民政府驻五里社区。

将青富、市荣 2 个乡和河西乡羊山村的第 5、6、7、8、9、10、11 共 7 个组所属行政区域并入富林镇。富林镇人民政府驻地从附城村迁至流沙河社区。

将白岩乡的虫林村所属行政区域并入万里乡。万里乡人民政府驻建坪村。

将马烈乡的深溪村所属行政区域并入安乐乡。安乐乡人民政府驻洪福村。

将白岩乡的两河村所属行政区域并入万工乡的管山村，将万工乡所属行政区域并入顺河彝族乡。顺河彝族乡人民政府驻万工社区。

将大岭乡所属行政区域并入河西乡。河西乡人民政府驻香林社区。

将大堰乡的海亭、林政和新林 3 个村所属行政区域并入宜东镇。宜东镇人民政府驻长荣村。

将大堰乡的同义、太红和槽路 3 个村所属行政区域并入富庄镇。富庄镇人民政府驻富庄社区。

将两河乡所属行政区域并入富乡乡。富乡乡人民政府驻富康村。

将桂贤乡所属行政区域并入大树镇。大树镇人民政府驻地从新民村迁至山羊坪社区。

将顺河彝族乡觉托村的第 4、5 共 2 个组和皇木镇的石沟村所属行政区域并入乌斯河镇。乌斯河镇人民政府驻苏古社区。

将建黎乡所属行政区域并入清溪镇。清溪镇人民政府驻富民村。(川府民政【2012】11 号)

242. 省人民政府同意射洪县太和镇析出部分行政区域，设置平安和子昂 2 个街道办事处。现批复如下：

一、设置平安街道办事处，辖原太和镇的清家堰、平安、蟠龙、太空、银华、大堰、木孔垭、团结等 8 个社区居委会所属行政区域，平安街道办事处驻太和大道北段 42 号。

二、设置子昂街道办事处，辖原太和镇的衙署、德胜、水浒宫、三元宫、保河、黄磉浩、凉帽山、佛南、南井沟、何家桥、机房街、王爷庙、建设、百莲山等 14 个社区居委会所属行政区域，子昂街道办事处驻太和大道南段 23 号。

三、调整后，太和镇辖香樟社区和花土地、金鱼垭、瓦窑、香峨村、大碑、宝塘、磨嘴、白马庙、中沟 9 个村所属行政区域，太和镇人民政府驻武安场。(川府民政【2012】12 号)

243. 同意遂宁市安居区安居镇析出部分行政区域，设置柔刚街道办事处，辖解元、梧桐、陷马堰、顺安、苹果、凤凰、小祠、双河、正东、琼江、三河碑、书院沟 12 个社区和锦绣、石佛、狮子山、八角寨、锅盖梁、塘河、双林桥、萝卜园、书房坡、龙眼井、琼江、黄林 12 个村所属行政区域，柔刚街道办事处驻兴贸西路 9 号。(川府民政【2012】13 号)

244. 省人民政府同意会理县绿水乡、云甸乡和新发乡撤乡设镇。现批复如下：

撤销绿水乡，设立绿水镇，镇人民政府驻坪庄村，辖原绿水乡所属行政区域。

撤销云甸乡，设立云甸镇，镇人民政府驻沙元村，辖原云甸乡所属行政区域。

撤销新发乡，设立新发镇，新发镇人民政府驻新铺子村，辖原新发乡所属行政区域。(川府民政【2012】14 号)

245. 省人民政府同意兴文县撤销五星乡，设立五星镇，镇人民政府驻麻园村，辖原五星乡所属行政区域。(川府民政【2012】15 号)

246. 经研究，省人民政府同意会东县调整部分乡镇行政区划。现批复如下：

撤销新马乡、洛佐乡和鹿鹤村乡，设立乌东德镇，镇人民政府驻原新马乡麻栎村，辖原新马乡、洛佐乡和鹿鹤村乡所属行政区域。

撤销姜州乡和中心乡，设立姜州镇，镇人民政府驻原姜州乡姜州村，辖原姜州乡和中心乡所属行政区域。(川府民政【2012】16 号)

贵州

247. 撤销瓮安县银盏乡、木老坪乡、松坪乡、猴场镇，设立翁安县银盏镇、猴场镇。新设立的银盏镇辖原银盏乡飞练村、穿涧村、银盏村、太平村，原木老坪乡木老坪村、印山村、新寨村，原猴场镇大寨坪村、新华村。镇人民政府驻银盏村（原银盏乡政府所在地）。新设立的猴场镇辖原猴场镇八一村、金竹村、猴场村、河滨村、迎宾村、猴场社区，原松坪乡松坪场村、金龙井村、大金星村、清池村、马场坪村，原木老坪乡天堂村。镇人民政府驻猴场村（原猴场镇政府所在地）。

撤销瓮安县龙塘乡、铜锣乡。设立瓮安县江界河镇。新设立的江界河镇辖原龙塘乡尖坡村、樱桃村，原铜锣乡河兴村、群心村、三新村。镇人民政府驻尖坡村（原龙塘乡政府驻地）。(黔府函【2012】60 号)

248. 同意撤销瓮安县雍阳镇设置翁水街道办事处和雍阳街道办事处。

249. 同意将兴义市巴结镇更名为南盘江镇，所辖行政区域不变。（黔府函【2012】66号）

250. 同意撤销安龙县新安镇，设立安龙县栖凤街道办事处和招堤街道办事处，并将木咱镇响乐村、安马村、者跃村、木咱村柳树井组和钱相乡沈洪村、红旗村纳入栖凤街道办事处管辖。（黔府函【2012】67号）

251. 同意撤销阿戛乡，设置阿戛镇，镇人民政府驻阿戛村；同意撤销蟠龙乡，设置蟠龙镇，镇人民政府驻蟠龙村；同意撤销玉舍彝族苗族乡，设玉舍镇，镇人民政府驻玉舍村；同意撤销发耳布依族苗族彝族乡，设置发耳镇，镇人民政府驻大寨村。上述4个乡撤乡设镇后，原行政区域不变。（黔府函【2012】261号）

252. 贵阳市人民政府撤销四十九个街道办事处，设立九十个社区服务中心。

（一）云岩区

撤销中华中路街道办事处，设立中华社区服务中心；撤销中东街道办事处，设立中东社区服务中心、东山社区服务中心；撤销中西街道办事处、延中街道办事处，设立延中社区服务中心；撤销中华北路街道办事处、环北街道办事处，设立中环社区服务中心；撤销北京路街道办事处，设立北京路社区服务中心、省府社区服务中心；撤销市西路街道办事处，设立市西社区服务中心；撤销普陀路街道办事处，设立普陀社区服务中心；撤销贵乌路街道办事处，设立贵乌社区服务中心、金狮社区服务中心、中天社区服务中心；撤销黔灵东路街道办事处，设立黔东社区服务中心、栖霞社区服务中心；撤销威清街道办事处，设立威清社区服务中心；撤销头桥街道办事处，设立头桥社区服务中心、金龙社区服务中心；撤销三桥街道办事处，设立三桥社区服务中心、圣泉社区服务中心；撤销宅吉街道办事处，设立宅吉社区服务中心；撤销金关街道办事处，设立金关社区服务中心、蔡关社区服务中心；

撤销金鸭街道办事处，设立金鸭社区服务中心、荷塘社区服务中心、普天社区服务中心；撤下金惠街道办事处，设立金惠社区服务中心；

（二）南明区

撤销新华路街道办事处，设立新华社区服务中心；撤销市府路街道办事处，设立市府社区服务中心；撤销太慈桥街道办事处，设立太慈社区服务中心；撤销河滨街道办事处，设立滨河社区服务中心；撤销遵义路街道办事处，设立遵义社区服务中心；撤销二戈寨街道办事处，设立二戈寨社区服务中；撤销大南门街道办事处，设立大南社区服务中心；撤销西湖路街道办事处，设立西湖社区服务中心、水口寺社区服务中心；撤销中曹司街道办事处，设立中曹社区服务中心；撤销油榨街道办事处，设立油榨社区服务中心；撤销花果园街道办事处，设立花果社区服务中心；撤销兴关路街道办事处，设立兴关社区服务中心；撤销沙冲路街道办事处，设立杀冲社区服务中心、沙南社区服务中心；撤销龙洞堡街道办事处，设立见龙社区服务中心、龙洞社区服务中心；撤销中华南路街道办事处，设立中南社区服务中心；

（三） 花溪区

撤销贵筑街道办事处，设立贵筑社区服务中心、阳光社区服务中心；撤销西北街道办事处，设立溪北社区服务中心、明珠社区服务中心；撤销清溪街道办事处，设立清溪社区服务中心；

（四） 乌当区

撤销高新街道办事处，设立高新社区服务中心、创新社区服务中心、振新社区服务中心；撤销新天街道办事处，设立新天社区服务中心、顺新社区服务中心；

（五）白云区

撤销龚家寨街道办事处，设立白沙关社区服务中心、铝兴社区服务中心；撤销艳山红街道办事处，设立艳山红社区服务中心、红云社区服务中心；撤销大山洞街道办事处，设立大山洞社区服务中心；撤销都拉营街道办事处，设立都拉营社区服务中心；

（六）小河区

撤销黄河街道办事处，设立黄河社区服务中心；撤销长江街道办事处，设立瑞华社区服务中心、兴隆社区服务中心、清浦社区服务中心、黔江社区服务中心；撤销平桥街道办事处，设立平桥社区服务中心、航天社区服务中心、三江社区服务中心；撤销三江街道办事处，设立小孟社区服务中心、航空社区服务中心；撤销金竹街道办事处，设立金竹社区服务中心、金欣社区服务中心；

（七）清镇市

撤销青龙街道办事处，设立红新社区服务中心、新岭社区服务中心、百花社区服务中心、巢凤社区服务中心、红塔社区服务中心；

（八）修文县

设立龙岗社区服务中心；

（九） 息烽县

设立新华社区服务中心；

（十） 开阳县

设立紫兴社区服务中心、南山社区服务中心；

（十一）金阳新区

撤销金阳街道办事处，设立碧海社区服务中心、世纪城社区服务中心、新世界社区服务中心、逸景社区服务中心、金华园社区服务中心、金源社区服务中心、金麦社区服务中心、金岭社区服务中心、会展城社区服务中心。（筑府发【2012】58号）

253. 同意撤销桐梓县茅石乡，设置茅石镇。镇人命政府驻茅坝村。撤乡设镇后原行政区域不变。（黔府函【2012】 107号）

254. 同意撤销桐梓县天枰乡，设置尧龙山镇。镇人命政府驻尧龙山村。撤乡设镇后原行政区域不变。（黔府函【2012】 108号）

255. 同意撤湄潭湄江镇建制，设置湄潭湄江街道办事处、茶城街道办事处。

同意将潭湄经济开发区涉及的黄家坝镇官堰村、合同村和宝台村、民建村的部分村组，湄江镇鸡场村，鱼泉镇新石村的部分村组从原辖镇划出，设立湄潭县桃花江街道办事处。（黔府函【2012】 167号）

256. 同意撤销桐梓县新南乡，设置新南镇。镇人命政府驻石印村。撤乡设镇后原行政区域不变。（黔府函【2012】 168号）

257. 同意撤销桐梓县石莲乡，设置石莲镇。镇人命政府驻九坝村。撤乡设镇后原行政区域不变。（黔府函【2012】 169号）

258. 同意撤销平塘县掌布乡，设置掌布镇。镇人命政府驻掌布村。撤乡设镇后原行政区域不变。（黔府函

【2012】 224号）

259.同意撤销荔波县播尧乡，设置播尧镇。镇人命政府驻和平村。撤乡设镇后原行政区域不变。（黔府函【2012】 281号）

260.同意撤销镇宁布依族自治县马厂乡，设置马厂镇。镇人命政府马厂驻村。撤乡设镇后原行政区域不变。（黔府函【2012】 259号）

261.同意撤销镇宁布依族自治大山乡，设置大山镇。镇人命政府驻大山哨村。撤乡设镇后原行政区域不变。（黔府函【2012】 260号）

262.同意撤销荔波县驾欧乡，设置小七孔镇。镇人命政府驻绿林村。撤乡设镇后原行政区域不变。（黔府函【2012】 282号）

263.同意撤销德江县高山土家族乡，设置高山镇。镇人命政府驻铁贡坝社区。撤乡设镇后原行政区域不变。（黔府函【2012】 289号）

264.同意撤销德江县泉口土家族乡，设置泉口镇。镇人命政府驻泉口寺社区。撤乡设镇后原行政区域不变。（黔府函【2012】 290号）

265.同意撤销德江县长堡土家族乡，设置长堡镇。镇人命政府驻长堡社区。撤乡设镇后原行政区域不变。（黔府函【2012】 291号）

266.同意撤销镇宁布依族苗自治县六马乡，设置六马镇。镇人命政府驻板乐村。撤乡设镇后原行政区域不变。（黔府函【2012】303号）

267.同意撤销镇宁布依族苗自治县良田乡，设置良田镇。镇人命政府驻良田村。撤乡设镇后原行政区域不变。（黔府函【2012】304号）

268.同意撤销黎平县肇兴乡，设置肇兴镇。镇人命政府驻肇兴村。同意撤销黎平县龙额乡，设龙额镇，镇人民政府驻龙额村；同意撤销黎平县双江乡，设置双江镇，镇人民政府驻双江村。上述 3 个乡撤乡设镇后原行政区域不变。（黔府函【2012】305号）

269.同意撤销岑巩县注溪乡，设置注溪镇。镇人命政府驻衙院村。撤乡设镇后原行政区域不变。（黔府函【2012】306号）

270.同意撤销开阳县花梨乡，设置花梨镇。镇人命政府驻花梨社区。同意撤销开阳县永温乡，设置永温镇，镇人民政府驻永亨村。上述2个乡撤镇后原行政区域不变。（黔府函【2012】307号）

271.同意撤销都格布依苗族彝族乡，设置都格镇。镇人命政府驻都格村。同意撤销鸡场布依苗族彝族乡，设置鸡场镇，镇人民政府驻鸡场村。 同意撤销勺米彝族苗族乡，设置勺米镇，镇人民政府驻玉舍范家寨村；同意撤销化乐苗族彝族乡，设置化乐镇，镇人民政府驻五星村。 上述 4 个乡撤镇后原行政区域不变。（黔府函【2012】 326号）

272.经市人民政府第63次常务会议研究并报请市委常委会议同意，批准钟山区人民政府撤销黄土坡街道办事处、荷城街道办事处，新设立荷泉街道办事处、黄土坡街道办事处、红岩街道办事处、荷城街道办事处、杨柳街道办事处等 5 个派出机关，均为科级建制。上述派出机关调整后不新增人员编制，所需人员编制在钟山区现有编制内调剂解决。（黔府函【2012】32号）

273.同意撤销从江县往洞乡，设置往洞镇。镇人民政府驻往洞村，撤乡设镇后，原所辖行政区域不变。（黔

陕西

296. 受省人民政府委托，经研究，同意西安市高陵县撤销鹿苑镇、泾渭镇、崇皇乡（镇）的建制，分别设立鹿苑、泾渭、崇皇街道办事处，其行政区域不变，原乡（镇）政府驻地为街道办事处驻地。（陕民办发【2012】90 号）

甘肃

297. 同意庆阳市华池县撤销南梁乡，设立南梁镇，行政区域界线和政府驻地不变。（甘民复【2012】26 号）

298. 同意酒泉市肃北县设立盐池湾乡，乡政府驻地为盐池湾。（甘民复【2012】268 号）

299. 同意甘南藏族自治州舟曲县撤销峰迭乡，设立峰迭镇，行政区域界线和政府驻地不变。（甘民复【2012】268 号）

300. 经报请市政府同意，撤销现有新华、五一、胜利、前进、建设、朝阳、峪苑共七个街道办事处，设立 29 个大社区。（嘉民发【2012】48 号）

青海

301. 同意海南州贵南县森多乡撤乡设镇，即撤销森多乡、设森多镇，撤乡设镇后原行政区域界线不变，管理体制由乡管村社变为镇管村社。森多镇政府驻地整体搬迁至黄沙头。（青政函【2012】23 号）

西藏

302. 撤销札达县楚鲁松杰村，设立楚鲁松杰乡。（藏政函【2012】57 号）

新疆

303. 撤销罕艾日克乡建制，设立罕艾日克镇，其行政区域界线、隶属关系及政府驻地不变。（新政函【2012】27 号）

304. 撤销扎瓦乡建制，设立扎瓦镇，其行政区域界线、隶属关系及政府驻地不变。（新政函【2012】28 号）

305. 撤销喀拉布拉乡建制，设立喀拉布拉镇，其行政区域界线、隶属关系及政府驻地不变。（新政函【2012】58 号）

306. 同意将乌鲁木齐县安宁渠镇、青格达乡、六十户乡（合计 126 平方公里）区域划归新市区管辖。安宁渠、青格达乡、六十户乡建制及行政区域不变。（新政函【2011】 17 号）

307. 同意撤销裕民县吉也克乡建制，设立吉也克镇，其行政区域界线、隶属关系及政府驻地不变。（新政函【2012】210 号）

308. 同意撤销额敏县上户乡建制，设立上户镇，其行政区域界线、隶属关系及政府驻地不变。（新政函【2012】362 号）

309. 同意撤销乌什县阿合雅乡建制，设立阿合雅镇，其行政区域界线、隶属关系及政府驻地不变。（新政函【2012】363 号）

310. 同意设立富蕴县喀拉通克镇，镇政府驻地设在铜镍矿西侧。（新政函【2012】83 号）

311. 同意撤销阿勒泰市切木尔切克乡撤乡建制，设立切木尔切克镇，其行政区域界线及隶属关系，镇政府

驻地不变。（新政函【2012】76号）

312. 同意撤销阿热勒托别乡建制，设立阿热勒托别镇，其行政区域界线及隶属关系，镇政府驻地不变。（新政函【2012】29号）

313. 同意设立五家渠市梧桐镇，镇政府驻102团场团部（八一南路84号）。（新政函【2012】132号）

314. 同意撤销额敏县玉什喀拉苏乡建制，设立玉什喀拉苏镇，其行政区域界线及隶属关系，镇政府驻地不变。（新政函【2012】156号）

315. 同意撤销特克斯县喀拉达拉乡建制，设立喀拉达拉镇，其行政区域界线及隶属关系，镇政府驻地不变。（新政函【2012】189号）

316. 同意撤销吉木萨尔县大有乡建制，设立大有镇，其行政区域界线及隶属关系，镇政府驻地不变。（新政函【2012】205号）

317. 同意撤销兰干乡建制，设立兰干镇，其行政区域界线及隶属关系，镇政府驻地不变，辖10个行政村。（新政函【2012】165号）

318. 同意设立民丰县亚瓦通古孜乡，乡政府驻亚瓦通古孜村。（新政函【2012】90号）

319. 同意撤销恰夏乡建制，设立恰夏镇，其行政区域界线及隶属关系，镇政府驻地不变。（新政函【2012】91号）

320. 同意撤销额县杰勒阿尕什乡建制，设立杰勒阿尕什镇，其行政区域界线及隶属关系，镇政府驻地不变。（新政函【2012】166号）

321. 同意撤销芜县瓦石峡乡建制，设立瓦石峡镇，其行政区域界线及隶属关系，镇政府驻地不变。（新政函【2012】131号）

322. 同意撤销皮山县木吉乡建制，设立木吉镇，其行政区域界线及隶属关系，镇政府驻地不变。（新政函【2012】864号）

323. 同意设立查和特乡，下设 4 个社区，乡政府各部门人员编制由和布克赛尔蒙古自治县调剂解决，乡政府驻原查和特开发区管委会驻地。（新政函【2012】67号）

324. 同意撤销疏附县吾库萨克乡建制，设立吾库萨克镇，其行政区域界线及隶属关系，镇政府驻地不变。（新政函【2012】211号）

325. 同意设立和田吾宗肖乡，乡政府驻塔西力克村。（新政函【2012】82号）

326. 同意撤销阿热勒托别乡建制，设立阿热勒托别镇，其行政区域界限及隶属关系和政府驻地不变。（新政函【2012】39号）

327. 同意设立五家渠市蔡家湖镇，镇政府驻103团场团部（胜利西街230号）。（新政函【2012】206号）

第四部分《中华人民共和国乡镇行政区划简册·2012》勘误

《中华人民共和国乡镇行政区划简册·2012》勘误

北京

1. 北京市丰台区“方庄街道”【110106013000】单位名称有误，应为方庄（地区）街道；“宛平城街道”【110106014000】单位名称有误，应为宛平城（地区）街道。

天津

2. 天津市蓟县“孙各庄乡”【120225203000】单位名称有误，应为“孙各庄满族乡”。

河北

3. 河北省石家庄市新乐市“彭家庄乡”【130184202000】单位名称错误，应为“彭家庄回族乡”。

4. 河北省张家口市沽源县“沽源县街道”【130724001000】多报，应删除。

5. 河北省唐山市丰南区“柳树（ ）镇”【130207110000】单位名称错误，应为“柳树酄镇”。

6. 河北省唐山市遵化市“西下营乡”【130281203000】单位名称错误，应为“西下营满族乡”。

7. 河北省石家庄市桥东区“彭后街街道”【130103002000】单位名称错误，应为“彭后街道”；“阜康路街道”【130103006000】单位名称错误，应为“阜康街道”；“胜利北街道”【130103008000】单位名称错误，应为“胜北街道”；“胜南街道”【130103009000】单位名称错误，应为“汇通街道”。

8. 河北省石家庄市辛集市“南智邱镇”【130181106000】单位名称错误，应为“南智丘镇”。

9. 河北省石家庄市藁城市“邱头镇”【130182106000】单位名称错误，应为“丘头镇”。

10. 河北省唐山市路南区“惠民街道”【130202008000】单位名称错误，应为“惠民道街道”。

11. 河北省唐山市迁安市“闫家店乡”【130283203000】单位名称错误，应为“阎家店乡”。

12. 河北省邯郸市磁县“光录镇”【130427102000】单位名称错误，应为“光禄镇”。

13. 河北省邢台市威县“名州镇 ”【130533100000】单位名称错误，应为“洺州镇”。

14. 河北省邢台市南宫市“前紫冢镇”【130581105000】单位名称错误，应为“紫冢镇”。

15. 河北省保定市涞水县“龙门乡”【130623206000】单位名称错误，应为“龙门口乡”。

16. 河北省保定市涞源县“王安镇”【130630104000】单位名称错误，应为“王安镇镇”。

17. 河北省保定市安国市“西佛落镇”【130683105000】单位名称错误，应为“西伏落镇”。

18. 河北省张家口市桥西区“明德北街街道”【130703003000】单位名称错误，应为“明德北街道”。

19. 河北省张家口市康保县“哈必嘎乡”【130723202000】单位名称错误，应为“哈咇嘎乡”。

20. 河北省沧州市泊头市“泊镇”【130981100000】单位名称错误，应为“泊镇镇”。

21. 河北省廊坊市三河市“洵阳镇”【131082100000】单位名称错误，应为“泃阳镇”。

山西

22. 山西省晋中市平遥县“城南街道”【140728003000】单位名称报错，应为“城西街道”。

内蒙古

23. 内蒙古呼和浩特市回民区“新华路街道”【150103002000】单位名称错误，应为“中山西路街道”。

24. 内蒙古赤峰市克什克腾旗多报“乌兰布统牧场街道”【150425017000】，“浩来呼热牧场街道”【150425018000】，应删除。

25. 内蒙古兴安盟乌兰浩特市漏报“太本站镇”【152201103000】、“义勒力特镇”【152201104000】；阿尔山市漏报“明水河镇”【152202103000】 ；扎赉特旗漏报“努文木仁乡”【152223211000】、“巴彦扎拉嘎乡”【152223212000】、“阿拉达尔吐苏木”【152223213000】、“宝力根花苏木”【152223214000】；科尔沁右翼前旗漏报“巴拉格歹乡”【152221208000】、“桃合木苏木”【152221209000】、“俄体镇”【152221120000】；突泉县漏报“九龙乡”【152224200000】、“太平乡”【152224201000】、“学田乡”【152224202000】、科尔沁右翼中旗漏报“哈日诺尔苏木”【152222207000】、“巴彦茫哈苏木”【152222208000】、“巴彦淖尔苏木”【152222209000】、“额木庭高勒苏木”【152222210000】。

26. 内蒙古包头市九原区“稀土路街道”【150207005000】漏报。

27. 内蒙古包头市九石拐区“大德恒街道”【150205006000】漏报。

28. 内蒙古呼和浩特市新城区“成吉思汗街道”【150102008000】单位名称错误，应为“成吉思汗大街街道”。

29. 内蒙古呼和浩特市回民区“环河街街道”【150103005000】单位名称错误，应为“环河路街道”。

30. 内蒙古呼和浩特市赛罕区“乌兰察布路街道”【150105003000】单位名称错误，应为“乌兰察布东路街道”。

31. 内蒙古赤峰市红山区“三中街道”【150402002000】单位名称错误，应为“三中街街道”。

32. 内蒙古赤峰市红山区“南新街道”【150402005000】单位名称错误，应为“南新街街道”。

33. 内蒙古通辽市科尔沁区“铁南街道”【150502008000】单位名称错误，应为“铁路街道”。

34. 内蒙古通辽市科尔沁区“霍林街道”【150502010000】单位名称错误，应为“霍林河街道”。

35. 内蒙古通辽市科尔沁左翼后旗“海力吐镇”【150522110000】单位名称错误，应为“海鲁吐镇”。

36. 内蒙古通辽市霍林郭勒市“达莱胡硕街道”【150581004000】单位名称错误，应为“达来胡硕街道”。

37. 内蒙古鄂尔多斯市东胜区“交通街街道”【150602001000】单位名称错误，应为“交通街道”； “公园路街道”【150602002000】单位名称错误，应为“公园街道”； “林荫路街道”【150602003000】单位名称错误，应为“林荫街道”； “建设街街道”【150602004000】单位名称错误，应为“建设街道”；“富兴路街道”【150602005000】单位名称错误，应为“富兴街道”；“天骄路街道”【150602006000】单位名称错误，应为“天骄街道”；“民族路街道”【150602009000】单位名称错误，应为“民族街道”；“幸福路街道”

【150602010000】单位名称错误，应为“幸福街道”；“纺织路街道”【150602011000】单位名称错误，应为“纺织街道”；“新盛路街道”【150602012000】单位名称错误，应为“兴胜路街道”；“塔拉壕镇”【150602108000】单位名称错误，应为“铜川镇”。

38. 内蒙古鄂尔多斯市杭锦旗“独贵特拉镇”【150625104000】单位名称错误，应为“独贵塔拉镇”。

39. 内蒙古呼伦贝尔市新巴尔虎左旗“莫达木吉苏木”【150726202000】单位名称错误，应为“新宝力格苏木”。

40. 内蒙古呼伦贝尔市满洲里市“扎赉诺尔矿区第一街道”【150781005000】单位名称错误，应为“第一街道”；“扎赉诺尔矿区第二街道”【150781006000】单位名称错误，应为“第二街道”；“扎赉诺尔矿区第三街道”【150781007000】单位名称错误，应为“第三街道”；“扎赉诺尔矿区第四街道”【150781008000】单位名称错误，应为“第四街道”；“扎赉诺尔矿区第五街道”【150781009000】单位名称错误，应为“第五街道”；“扎赉诺尔矿区灵泉街道”【150781010000】单位名称错误，应为“灵泉街道”。

41. 内蒙古呼伦贝尔市额尔古纳市“新城街道”【150784001000】单位名称错误，应为“拉布大林街道”。

42. 内蒙古呼伦贝尔市根河市“敖鲁古雅民族乡”【150785200000】单位名称错误，应为“敖鲁古雅鄂温克民族乡”。

43. 内蒙古巴彦淖尔市五原县“套海镇”【150821102000】单位名称错误，应为“巴彦套海镇”。

44. 内蒙古巴彦淖尔市五原县“天吉太镇”【150821105000】单位名称错误，应为“天吉泰镇”。

45. 内蒙古巴彦淖尔市磴口县“协城镇隆盛合镇”【150822103000】单位名称错误，应为“隆盛合镇”。

46. 内蒙古巴彦淖尔市乌拉特前旗“巴音花镇”【150823102000】单位名称错误，应为“白彦花镇”。

47. 内蒙古巴彦淖尔市乌拉特前旗“沙德盖苏木”【150823210000】单位名称错误，应为“沙德格苏木”

48. 内蒙古巴彦淖尔市乌拉特中旗“呼鲁斯太苏木”【150824205000】单位名称错误，应为“呼勒斯太苏木”。

49. 内蒙古乌兰察布市察哈尔右翼中旗“巴音乡”【150927204000】单位名称错误，应为“巴彦乡”。

50. 内蒙古锡林郭勒盟苏尼特左旗“查干敖包中心镇”【152523101000】单位名称错误，应为“查干敖包镇”。

51. 内蒙古阿拉善盟阿拉善左旗“南环街道”【152921004000】单位名称错误，应为“南环路街道”。

52. 内蒙古阿拉善盟阿拉善左旗“额鲁特街道”【152921003000】单位名称错误，应为“额鲁特路街道”。

53. 内蒙古阿拉善盟阿拉善左旗“乌素图镇”【152921104000】单位名称错误，应为“乌斯太镇”。

54. 内蒙古阿拉善左旗“敖龙布拉格镇”【152921108000】单位名称错误，应为“敖伦布拉格镇”。

55. 内蒙古阿拉善盟额济纳旗“达镇”【152923102000】单位名称错误，应为“达来呼布镇”。

56. 内蒙古呼和浩特市新城区“海东路街道”【150102001000】单位名称错误，应为“海拉尔东路街道”。

辽宁

57. 辽宁省抚顺市望花区“拉古乡”【210404200000】单位名称错误，应为“拉古满族乡”。

58. 辽宁省锦州凌海市“温滴楼乡”【210781210000】单位名称错误，应为“温滴楼满族乡”。

59. 辽宁省锦州黑山县“镇安乡”【210726208000】单位名称错误，应为“镇安满族乡”。

60. 辽宁省铁岭开原市“上肥地乡”【211282210000】单位名称错误，应为“上肥地满族乡”；“黄旗寨乡”【211282212000】单位名称错误，应为“黄旗寨满族乡”；“林丰乡”【211282217000】单位名称错误，应为“林丰满族乡”。

61. 辽宁省铁岭市西丰县“德兴乡”【211223204000】单位名称错误，应为“德兴满族乡”；“明德乡”【211223206000】单位名称错误，应为“明德满族乡”;“营厂乡”【211223212000】单位名称错误，应为“营厂满族乡”；“金星乡”【211223213000】单位名称错误，应为“金星满族乡”。

62. 辽宁省朝阳市朝阳县“乌兰河硕乡”【211321215000】单位名称错误，应为“乌兰河硕蒙古族乡”；“松岭门乡”【211321221000】单位名称错误，应为“松岭门蒙古族乡”。

63. 辽宁省朝阳市凌源市“三家子乡”【211382217000】单位名称错误，应为“三家子蒙古族乡”。

64. 辽宁省朝阳市双塔区漏报“燕都街道”【211302011000】。

65. 辽宁省锦州市松山新区漏报“南山街道”【210792002000】。

66. 辽宁省营口市老边区“沿海街道”【210811003000】划归营口市西市区，现为“沿海街道”【210803009000】。

67. 辽宁省大连市瓦房店市“东岗镇”【210281113000】单位名称错误，应为“红沿河镇”。

68. 辽宁省大连市普兰店市“夹河街道”【210282013000】单位名称和代码错误，应为“唐家房街道”【210282012000】;“大谭街道”【210282012000】代码错误，应为“大谭街道”【210282013000】。

69. 辽宁省沈阳市铁西区“卫工街道”【210106001000】单位名称错误，应为“昆明湖街道”；“大青街道”【210106026000】单位名称错误，应为“大青中朝友谊街道”。

70. 辽宁省沈阳市沈北新区“财落堡街道”【210113006000】单位名称错误，应为“财落街道”。

71. 辽宁省沈阳市新民市“新农乡”【210181210000】单位名称错误，应为“新农村乡”。

72. 辽宁省大连市金州区“华家屯街道”【210213010000】单位名称错误，应为“华家街道”；“新港街道”【210213026000】单位名称错误，应为“大窑湾街道”。

73. 辽宁省大连市长海县“獐子镇”【210224101000】单位名称错误，应为“獐子岛镇”。

74. 辽宁省鞍山市铁西区“北陶街道”【210303007000】单位名称错误，应为“北陶官街道”；“新陶街道”【210303010000】单位名称错误，应为“新陶官街道”。

75. 辽宁省鞍山市千山区“千山风景街道”【210311004000】属于立山区，且名称不对，调整后为“汪峪街道”【210304017000】。

76. 辽宁省鞍山市岫岩满族自治县“前营子镇”【210323114000】单位名称错误，应为“前营镇”。

77. 辽宁省丹东市振兴区“汤池镇”【210603103000】属于东港市，调整后为“汤池镇”【210681120000】。

78. 辽宁省丹东市东港市“龙王庙满族锡伯族镇”【210681114000】单位名称错误，应为“龙王庙镇”【210681114000】。

79. 辽宁省锦州市太和区“钟屯乡”【210711203000】属于古塔区，调整后应为“钟屯乡”【210702203000】。

80. 辽宁省锦州市凌海市“右卫满族镇”【210781107000】单位名称错误，应为　　“右卫镇”。

81. 辽宁省营口市鲅鱼圈区“红旗满族镇”【210804103000】单位名称错误，应为“红旗镇”。

82. 辽宁省营口市盖州市“熊岳果园乡”【210881217000】单位名称错误，应为“果园乡”。

83. 辽宁省阜新市新邱区“长营子蒙古族镇”【210903101000】单位名称错误，应为“长营子镇　”。

84. 辽宁省辽阳市白塔区“卫国街道”【211002005000】单位名称错误，应为“卫国路街道”。

85. 辽宁省辽阳市辽阳县“唐马镇”【211021106000】单位名称错误，应为“唐马寨镇”。

86. 辽宁省辽阳市灯塔市“古城子街道”【211081003000】单位名称错误，应为“古城街道”。

87. 辽宁省盘锦市“荣兴街道”【211191001000】应该是镇，调整后为“荣兴镇”【211191100000】。

88. 辽宁省盘锦市“东郭镇”【211192102000】是街道，属于兴隆台区，调整后为“东郭街道”【211192001000】。

89. 辽宁省铁岭市昌图县“泉头满族镇”【211224106000】单位名称错误，应为“泉头镇”；“鹦鹭树镇”【211224114000】单位名称错误，应为“鸶鹭树镇”；“付家镇”【211224115000】单位名称错误，应为“傅家镇”；“前双井子镇”【211224123000】单位名称错误，应为　　“双井镇”。

90. 辽宁省铁岭市开原市“八宝朝鲜族镇”【211282107000】单位名称错误，应为“八宝镇”。

91. 辽宁省朝阳市朝阳县“根德乡”【211321222000】单位名称错误，应为“根德营子乡”。

92. 辽宁省朝阳市凌源市“城关镇街道”【211382007000】单位名称错误，应为“城关街道”。

93. 辽宁省葫芦岛市连山区“新台门蒙古族镇”【211402106000】单位名称错误，应为“新台门镇”。

94. 辽宁省葫芦岛市绥中县“宽帮满族镇”【211421102000】单位名称错误，应为“宽帮镇”。

95. 辽宁省葫芦岛市绥中县“大王庙满族镇”【211421103000】单位名称错误，应为“大王庙镇　”。

96. 辽宁省葫芦岛市建昌县“老达杖子乡”【211422207000】单位名称错误，应为“老大杖子乡”。

97. 辽宁省葫芦岛市兴城市“沙后所满族镇”【211481103000】单位名称错误，应为“沙后所镇”；　“东辛庄满族镇”【211481104000】单位名称错误，应为“东辛庄镇”；　“郭家满族镇”【211481105000】单位名称错误，应为“郭家镇”。

98. 葫芦岛市绥中县“荒地满族镇”【211421108000】单位名称错误，应为“荒地镇”。

吉林

99. 吉林省吉林市丰满区“石井沟街道”【220211003000】单位名称错误，应为“石井街道”。

100. 吉林省长春市榆树市“向阳镇”【220182108000】单位名称错误，应为“于家镇”。

101. 吉林省吉林市船营区　“黄旗屯街道”【220204011000】单位名称错误，应为“黄旗街道”。

102. 吉林省吉林市磐石市　“石咀镇”【220284104000】单位名称错误，应为“石嘴镇”。

103. 吉林省白山市靖宇县 “蒙江乡”【220622203000】单位名称错误，应为“濛江乡”。

104. 吉林省松原市长岭县 “巨宝镇”【220722102000】单位名称错误，应为“巨宝山镇”。

105. 吉林省延边朝鲜族自治州和龙市 “民慧街道”【222406001000】单位名称错误，应为“民惠街道”。

黑龙江

106. 黑龙江哈尔滨市尚志市“河东乡”【230183211000】单位名称错误，应为“河东朝鲜族乡” ；“鱼池乡”【230183206000】单位名称错误，应为“鱼池朝鲜族乡”。

107. 黑龙江齐齐哈尔市梅里斯达斡尔族区“莽格吐乡”【230208200000】单位名称错误，应为“莽格吐达斡尔族乡”。

108. 黑龙江齐齐哈尔市泰来县“胜利乡”【230224200000】单位名称错误，应为“胜利蒙古族乡”。

109. 黑龙江齐齐哈尔市富裕县“友谊乡”【230227203000】单位名称错误，应为“友谊达斡尔族满族柯尔克孜族乡” ；“塔哈乡” 【230227204000】单位名称错误，应为“塔哈满族达斡尔族乡”。

110.黑龙江鸡西城子河区“永丰乡”【230306201000】单位名称错误，应为“永丰朝鲜族乡”。

111.黑龙江鸡西密山市“和平乡”【230382210000】单位名称错误，应为“和平朝鲜族乡”。

112. 黑龙江鸡西鸡东县“鸡林乡”【230321200000】单位名称错误，应为“鸡林朝鲜族乡” ； “明德乡”【230321205000】单位名称错误，应为“明德朝鲜族乡”。

113.黑龙江鹤岗市绥滨县“福兴乡”【230422204000】单位名称错误，应为“福兴满族乡”。

114.黑龙江双鸭山市饶河县“四排乡”【230524201000】单位名称错误，应为“四排赫哲族乡”。

115. 黑龙江大庆市肇源县“超等乡”【230622207000】单位名称错误，应为“超等蒙古族乡” ； “义顺乡”【230622210000】单位名称错误，应为“义顺蒙古族乡” ； “浩德乡”【230622211000】单位名称错误，应为“浩德蒙古族乡”。

116.黑龙江伊春市铁力市“年丰乡”【230781200000】单位名称错误，应为“年丰朝鲜族乡”。

117. 黑龙江黑河市爱辉区“新生乡”【231102206000】单位名称错误，应为“新生鄂伦春族乡” ； “坤河乡”【231102202000】单位名称错误，应为“坤河达斡尔族满族乡” ； “四嘉子乡”【231102201000】单位名称错误，应为“四嘉子满族乡”。

118.黑龙江黑河市北安市“主星乡”【231181207000】单位名称错误，应为“主星朝鲜族乡”。

119. 黑龙江黑河市逊克县“新鄂乡”【231123204000】单位名称错误，应为“新鄂鄂伦春族乡” ；“新兴乡”【231123205000】单位名称错误，应为“新兴鄂伦春族乡”。

120. 绥化市北林区“兴和乡”【231202213000】单位名称错误，应为“兴和朝鲜族乡” ；“红旗乡”【231202201000】单位名称错误，应为“红旗满族乡”。

121. 黑龙江哈尔滨市依兰县“宏克利镇”【230123105000】单位名称错误，应为“宏克力镇”。

122. 黑龙江省黑河市孙吴县“沿江满族乡”【231124202000】单位名称错误，应该为“沿江满族达斡尔族乡”。

上海

123. 上海市闵行区“新虹街道”【310112005000】代码错误，应为“新虹街道”【310112008000】。

124. 上海市宝山区“吴淞镇街道”【310113001000】单位名称和代码均错误，应为“吴淞街道”【310113007000】。

125. 上海市嘉定区“真新新村街道”【310114002000】单位名称错误，应为“真新街道”。

126. 上海市浦东新区“川沙镇” 【310115103000】单位名称错误，应为“川沙新镇” 【310115103000】。

127. 上海市浦东新区 “康桥镇” 【310115139000】代码错误，应为“康桥镇” 【310115136000】；“航头镇” 【310115140000】代码错误，应为“航头镇” 【310115137000】； “祝桥镇” 【310115142000】代码错误，应为“祝桥镇” 【310115139000】；“泥城镇” 【310115144000】代码错误，应为“泥城镇” 【310115140000】；“宣桥镇” 【310115145000】代码错误，应为“宣桥镇” 【310115141000】；“书院镇” 【310115146000】代码错误，应为“书院镇” 【310115142000】；“万祥镇” 【310115147000】代码错误，应为“万祥镇” 【310115143000】；“老港镇” 【310115148000】代码错误，应为“老港镇” 【310115144000】；“南汇新城镇” 【310115136000】代码错误，应为“南汇新城镇” 【310115145000】。

128. 上海市崇明县 “东平镇” 【310230120000】代码错误，应为“东平镇” 【310230122000】。

129. 上海市崇明县“长兴镇” 【310230122000】代码错误，应为“长兴镇” 【310230123000】。

江苏

130. 江苏省连云港市连云区漏报一个街道，“海州湾街道”【320703006000】。

131. 江苏省南京市鼓楼区 “莫愁湖街道”【320106007000】单位名称错误，应该为“凤凰街道”。

132. 江苏省无锡市江阴市 “霞客镇”【320281108000】单位名称错误，应该为“徐霞客镇”。

133. 江苏省常州市戚墅堰区 “戚街道”【320405001000】单位名称错误，应该为“戚墅堰街道”。

134. 江苏省苏州市太仓区 “太仓市娄东街道”【320585001000】单位名称错误，应该为“娄东街道”。

江西

135. 江西抚州市乐安县“金竹乡”【361025203000】单位名称报错，应为“金竹畲族乡”。

136. 江西省宜春市樟树市“阁山镇”【360982000000】单位名称报错，应为“閤山镇”。

安徽

137. 安徽省黄山市黟县“际联镇”【341023101000】单位名称错误，应为宏村镇。

138. 安徽省合肥市“合肥巢湖市”【340181000000】名称错误，应为“巢湖市”。

139. 安徽省芜湖市“无为县”【340224000000】代码有误，应该为【340225000000】。

140. 安徽省合肥市“肥东县”【340123000000】代码有误，应该为【340122000000】。

141. 安徽省合肥市“肥西县”【340122000000】代码有误，应该为【340123000000】。

142. 安徽省亳州市涡阳县“双庙镇”【341621104000】单位名称错误，应该为“涡南镇”。

143. 安徽省芜湖市弋江区“鲁港街道”【340203006000】单位名称错误，应该为“澛港街道”。

144. 安徽省阜阳市临泉县“同城镇”【341221102000】单位名称错误，应该为“鲖城镇”。

145. 安徽省淮南市凤台县“马店镇”【340421103000】单位名称错误，应为“朱马店镇”；安徽省“大兴乡”【340421211000】单位名称错误，应为　“大兴集乡”。

146. 安徽省安庆市迎江区“龙狮乡”【340802200000】单位名称错误，应为“龙狮桥乡”。

147. 安徽省安庆市大观区“十里乡”【340803201000】单位名称错误，应为“十里铺乡”。

148. 安徽省阜阳市颍上县“刘集乡”【341226208000】单位名称错误，应为“新刘集乡”。

149. 安徽省蚌埠市怀远县“包集镇”【340321101000】单位名称错误，应为“鲍集镇”。

福建

150. 福建省龙岩市新罗区漏报“北城街道”【350802010000】。

151. 福建省泉州市泉港区“山腰镇街道”【350505001000】单位名称错误，应为“山腰街道”。

山东

152. 山东省菏泽市牡丹区“黄颌镇”【371702103000】单位名称错误，应为“黄堽镇”。

153. 山东省济南市历下区“燕山路街道”【370102011000】单位名称错误，应为“燕山街道”。

154. 山东省济南市天桥区“洛口街道”【370105015000】单位名称错误，应为“泺口街道”。

155. 山东省济南市济阳县“二太平镇”【370125108000】单位名称错误，应为“太平镇”。

156. 山东省青岛市市南区“台西路街道”【370202003000】单位名称错误，应为“台西街道”。

157. 山东省淄博市周村区“城北街道”【370306005000】单位名称错误，应为“城北路街道”。

158. 山东省淄博市临淄区“金岭镇”【370305107000】单位名称错误，应为“金岭回族镇”。

159. 山东省东营市河口区“河口区街道”【370503001000】单位名称错误，应为“河口街道”。

160. 山东省东营市利津县“凤凰街道”【370522002000】单位名称错误，应为“凤凰城街道”。

161. 山东省烟台市长岛县“大黑山乡”【370634202000】单位名称错误，应为“黑山乡”。

162. 山东省潍坊市坊子区“长宁街道”【370704001000】单位名称错误，应为“坊城街道”。

163. 山东省潍坊市“赵戈街道”【370793001000】单位名称错误，应为“王家庄街道”。

164. 山东省潍坊市昌乐县“唐吾镇”【370725108000】单位名称错误，应为“鄌郚镇”。

165. 山东省潍坊市安丘市“吾山镇”【370784120000】单位名称错误，应为“郚山镇”。

166. 山东省济宁市“光河街道”【370890005000】单位名称错误，应为“洸河街道”。

167. 山东省济宁市金乡县“肖云镇”【370828103000】单位名称错误，应为“霄云镇”。

168. 山东省济宁市汶上县“次丘镇”【370830103000】单位名称错误，应为“次邱镇”。

169. 山东省济宁市邹城市“岗山街道”【370883001000】单位名称错误，应为“钢山街道”。

170. 山东省泰安市宁阳县“罡城镇”【370921105000】单位名称错误，应为“堽城镇”。

171. 山东省日照市岚山区“岚山街道”【371103005000】单位名称错误，应为“岚山头街道”。

172. 山东省临沂市罗庄区“付庄街道”【371311002000】单位名称错误，应为“傅庄街道”。

173. 山东省聊城市阳谷县“闫楼镇”【371521106000】单位名称错误，应为“阎楼镇”；“十五里元镇”【371521111000】单位名称错误，应为“十五里园镇”。

174. 山东省聊城市莘县“张鲁镇”【371522101000】单位名称错误，应为“张鲁回族镇”；“位庄镇”【371522115000】单位名称错误，应为 “魏庄镇”。

175. 山东省滨州市惠民县“武定街道”【371621002000】单位名称错误，应为“武定府街道”。

176. 山东省滨州市博兴县“阎坊镇”【371625107000】单位名称错误，应为“吕艺镇”。

177. 山东省滨州市邹平县“孙镇镇”【371626110000】单位名称错误，应为 “孙镇”。

178. 山东省菏泽市曹县“青固集镇”【371721103000】单位名称错误，应为“青堌集镇”；“桃园集镇”【371721104000】单位名称错误，应为“桃源集镇”； “安才楼镇”【371721114000】单位名称错误，应为“安蔡楼镇”。

179. 山东省菏泽市单县“孙溜街道”【371722004000】单位名称错误，应为“东城街道”。

180. 山东省菏泽市成武县“九女镇”【371723109000】单位名称错误，应为“九女集镇”。

181. 山东省菏泽市鄄城县“闫什镇”【371726104000】单位名称错误，应为“阎什镇”。

182. 山东省菏泽市定陶县“冉固镇”【371727102000】单位名称错误，应为“冉堌镇”。

河南

183. 河南省平顶山市卫东区漏报“蒲城街道”【410403012000】。

184. 河南省开封市金明区“水稻乡”【410211207000】应划归到龙亭区，为“水稻乡”【410202202000】。

185. 河南省洛阳市洛龙区“丰李镇”【410311104000】应属于宜阳县，为“丰李镇”【410327110000】。

186. 河南省郑州市二七区“德华街街道”【410103010000】单位名称错误，应为“德化街街道”。

187. 河南省郑州市登封市“颖阳镇”【410185101000】单位名称错误，应为“颍阳镇”。

188. 河南省开封市兰考县“坝东乡”【410225202000】单位名称错误，应为“东坝头乡”。

189. 河南省洛阳市孟津县“小浪底镇”【410322106000】单位名称错误，应为“麻屯镇”。

190. 河南省洛阳市汝阳县“勒村乡”【410326203000】单位名称错误，应为“靳村乡”。

191. 河南省平顶山市鲁山县“滚子营乡”【410423213000】单位名称错误，应为“磙子营乡”。

192. 河南省平顶山市汝州市“风穴街道”【410482002000】单位名称错误，应为“风穴路街道”。

193. 河南省安阳市文峰区“头二三街道”【410502002000】单位名称错误，应为“头二三道街街道”。

194. 河南省安阳市“峨嵋街道”【410590001000】单位名称错误，应为“峨嵋大街街道”。

195. 河南省安阳市“银杏街道”【410590002000】单位名称错误，应为“银杏大街街道”。

196. 河南省安阳市林州市“桂圆街道”【410581002000】单位名称错误，应为“桂园街道”。

197. 河南省濮阳市南乐县“福坎镇”【410923103000】单位名称错误，应为“福堪镇”。

198. 河南省南阳市镇平县“枣元镇”【411324110000】单位名称错误，应为“枣园镇”。

199. 河南省南阳市镇平县“安子营镇”【411324113000】单位名称错误，应为“安字营镇”。

200. 河南省南阳市内乡县“砟岖乡”【411325208000】单位名称错误，应为“岞岖乡”。

201. 河南省商丘市睢阳区“毛固堆乡”【411403206000】单位名称错误，应为“毛堌堆乡”。

202. 河南省商丘市柘城县“邵元乡”【411424200000】单位名称错误，应为“邵园乡”。

203. 河南省商丘市虞城县“大候乡”【411425208000】单位名称错误，应为“大侯乡”。

204. 河南省商丘市永城市“候岭乡”【411481201000】单位名称错误，应为“侯岭乡”。

205. 河南省信阳市商城县“河风桥乡”【411524203000】单位名称错误，应为“河凤桥乡”。

206. 河南省驻马店市遂平县“查岈山镇”【411728103000】单位名称错误，应为“嵖岈山镇”。

207. 河南省驻马店市遂平县“濯阳街道”【411728002000】单位名称错误，应为“灈阳街道”。

208. 河南省周口市川汇区“陈州街道”【411602001000】单位名称错误，应为“陈州街街道”。

209. 河南省济源市“双桥街道”【419001001000】单位名称错误，应为“沁园街道”。

湖北

210. 湖北省武汉市江岸区“上海街道”【420102001000】单位名称代码错误，应为“塔子湖街道”【420102018000】。

211.湖北荆门市钟祥市“九里乡 ”【420881200000】单位名称错误，应为“九里回族乡”。

212. 湖北宜昌市宜都市“潘家湾乡”【420581203000】单位名称错误，应为“潘家湾土家族乡”。

213. 湖北省荆门市掇刀区漏报“兴隆街道”【420804003000】。

214. 湖北省荆门市掇刀区漏报“双喜街道”【420804004000】。

215. 湖北省孝感市汉川市漏报“汈东街道”【420984002000】。

216. 湖北省荆门市京山县“永隆镇”【420821112000】单位名称错误，应为“永漋镇”。

广东

217. 广东省汕头市濠江区“三河街道”【440512005000】单位名称错误，应为“河浦街道”。

218. 广东省汕头市潮阳区“金玉镇”【440513110000】单位名称错误，应为“金灶镇”。

219. 广东省江门市蓬江区“沙仔尾街道”【440703002000】单位名称错误，应为“白沙街道”。

220. 广东省广州市越秀区“东山街道”【440104011000】单位名称错误，应为“东湖街道”。

221. 广东省佛山市禅城区“石湾街道”【440604002000】单位名称错误，应为“石湾镇街道”。

222. 广东省佛山市顺德区“北窖镇”【440606101000】单位名称错误，应为“北滘镇”。

223. 广东省河源市和平县“俐源镇”【441624115000】单位名称错误，应为“浰源镇”。

224. 广东省梅州市蕉岭县“南磜镇”【441427110000】单位名称错误，应为“南礤镇”。

225. 广东省惠州市龙门县“左潭镇”【441324109000】单位名称错误，应为“龙潭镇”。

226. 广东省汕尾市城区“田乾街道”【441502004000】单位名称错误，应为“田墘街道”。

227. 广东省汕尾市海丰县“后门镇”【441521105000】单位名称错误，应为“鲘门镇”。

228. 广东省阳江市阳春市“河朗镇”【441781101000】单位名称错误，应为“河塱镇”。

229. 广东省湛江市吴川市“梅录街道”【440883001000】单位名称错误，应为“梅菉街道”。

230. 广东省茂名市茂港区“七径镇”【440903103000】单位名称错误，应为“七迳镇”。

231. 广东省肇庆市封开县“连都镇”【441225106000】单位名称错误，应为“莲都镇”。

232. 广东省清远市阳山县“大莨镇”【441823110000】单位名称错误，应为“大崀镇”。

233. 广东省潮州市饶平县“井洲镇”【445122123000】单位名称错误，应为“汫洲镇”。

234. 广东省揭阳市普宁市“后溪乡”【445281201000】单位名称错误，应为“鲘溪乡”。

235. 广东省云浮市新兴县“勒竹镇”【445321114000】单位名称错误，应为“簕竹镇”。

236. 广东省云浮市罗定市“林滨镇”【445381111000】单位名称错误，应为“榃滨镇”。

广西

237. 广西壮族自治区防城港市港口区“白沙万街道”【450602002000】单位名称错误，应为“白沙（氵万）街道”　。（“氵万”字需要造字，为左边氵，右边一个万字）

238. 广西壮族自治区桂林市全州县“枧圹乡”【450324201000】单位名称错误，应为“枧塘乡”。

239. 广西壮族自治区钦州市浦北县“石冲镇”【450722102000】单位名称错误，应为“石埇镇”；“六银镇”【450722114000】单位名称错误，应该为“六硍镇”。

240. 广西壮族自治区贵港市桂平市“石嘴镇”【450881103000】单位名称错误，应为“石咀镇”。

241. 广西壮族自治区玉林市北流市“西垠镇”【450981105000】单位名称错误，应为“西埌镇”。

海南

242. 海南省三亚市“田独镇”【460291101000】单位名称错误，应为“吉阳镇”。

重庆

243. 重庆市忠县“磨子土家族自治乡”【500233204000】单位名称错误，应为“磨子土家族乡”。

四川

244. 四川省遂宁市船山区漏报一个街道，“南强街道”【510903014000】。

245. 四川省巴州市巴州区“巴州镇”【511902100000】单位名称错误，应为“大茅坪镇”。

246. 四川省泸州市叙永县“合乐乡”【510524210000】单位名称报错，应为“合乐苗族乡”；“白腊乡”【510524211000】单位名称报错，应为“白腊苗族乡”；“枧槽乡”【510524212000】单位名称报错，应为“枧槽苗族乡”；“水潦乡”【510524213000】单位名称报错，应为“水潦彝族乡”；“石坝乡”【510524214000】单位名称报错，应为“石坝彝族乡”。

247. 四川省绵阳市平武县“水田乡”【510727201000】单位名称报错，应为“水田羌族乡”；“平南乡”【510727204000】单位名称报错，应为“平南羌族乡”；“徐塘乡”【510727205000】单位名称报错，应为“徐塘羌族乡”；“锁江乡”【510727206000】单位名称报错，应为“锁江羌族乡”；“土城乡”【510727207000】单位名称报错，应为“土城藏族乡”；“旧堡乡”【510727208000】单位名称报错，应为“旧堡羌族乡”；“阔达乡”【510727209000】单位名称报错，应为“阔达藏族乡”。

248. 四川省凉山彝族自治州会理县多报“北街街道”【513425001000】，“南街街道”【513425002000】，“北关街道”【513425003000】，应删除。

249. 四川省眉山市仁寿县“曹加乡”【511421257000】单位名称错误，应为“曹家乡”。

贵州

250. 贵州省贵阳市清镇市“百花湖乡”【520181200000】划归金阳新区管委会，变动后为“百花湖乡”【520190200000】，与金阳新区管委会其他乡镇街道一样，法定归属于贵阳市乌当区。

251. 贵州省贵阳市乌当区“偏坡乡”【520112206000】单位名称错误，应为“偏坡布依族乡”；“新堡乡”【520112203000】单位名称错误，应为“新堡布依族乡”。

252. 贵州省遵义市仁怀市“后山乡”【520382201000】单位名称错误，应为“后山苗族布依族乡”。

253. 贵州省遵义市遵义县“平正乡”【520321200000】单位名称错误，应为“平正仡佬族乡”；“洪关乡”【520321201000】单位名称错误，应为“洪关苗族乡”。

254. 贵州省遵义市正安县“谢坝乡”【520324202000】单位名称错误，应为“谢坝仡佬族苗族乡”；“市坪乡”【520324203000】单位名称错误，应为“市坪苗族仡佬族乡”。

255. 贵州省遵义市道真仡佬族苗族自治县“上坝乡”【520325200000】单位名称错误，应为“上坝土家族乡”。

256. 贵州省黔西南布依族苗族自治州兴仁县“鲁础营乡”【522322205000】单位名称错误，应为“鲁础营回族乡”。

257. 贵州省黔西南布依族苗族自治州望谟县“油迈乡”【522326206000】单位名称错误，应为“油迈瑶族乡”。

258. 贵州省黔东南苗族侗族自治州从江县“翠里乡”【522633208000】单位名称错误，应为“翠里瑶族壮族乡”；“刚边乡”【522633204000】单位名称错误，应为“刚边壮族乡”；“秀塘乡”【522633206000】单位名称错误，应为“秀塘壮族乡”。

259. 贵州省黔东南苗族侗族自治州镇远县“尚寨乡”【522625205000】单位名称错误，应为“尚寨土家族乡”。

260. 贵州省黔东南苗族侗族自治州麻江县“贤昌乡”【522635202000】单位名称错误，应为“贤昌布依族乡”；“坝芒乡”【522635203000】单位名称错误，应为“坝芒布依族乡”；“景阳乡”【522635204000】单位名称错误，应为“景阳布依族乡”。

261. 贵州省黔东南苗族侗族自治州榕江县“水尾乡”【522632211000】单位名称错误，应为“水尾水族乡”；“三江乡”【522632204000】单位名称错误，应为“三江水族乡”；“仁里乡”【522632205000】单位名称错误，应为“仁里水族乡”；“定威乡”【522632208000】单位名称错误，应为“定威水族乡”；“兴华乡”【522632209000】单位名称错误，应为“兴华水族乡”；“塔石乡”【522632206000】单位名称错误，应为“塔石瑶族水族乡”。

262. 贵州省黔东南苗族侗族自治州黎平县“顺化乡”【522631200000】单位名称错误，应为“顺化瑶族乡”；“雷洞乡”【522631201000】单位名称错误，应为“雷洞瑶族水族乡”。

263. 贵州省黔南布依族苗族自治州都匀市“奉合水乡”【522701200000】单位名称错误，应为“奉合水族乡”；“阳和水乡”【522701201000】单位名称错误，应为“阳和水族乡”。

264. 贵州省毕节市七星关区“团结乡”【520502204000】单位名称错误，应为“团结彝族苗族乡”；“阴底乡”【520502201000】单位名称错误，应为“阴底彝族苗族白族乡”；“千溪乡”【520502200000】单位名称错误，应为“千溪彝族苗族白族乡”；“阿市乡”【520502205000】单位名称错误，应为“阿市苗族彝族乡”；“田坎乡”【520502207000】单位名称错误，应为“田坎彝族乡”；“大屯乡”【520502206000】单位名称错误，应为“大屯彝族乡”。

265. 贵州省毕节市黔西县“永炎乡”【520522210000】单位名称错误，应为“永燊彝族苗族乡”；“金坡乡”【520522215000】单位名称错误，应为“金坡苗族彝族满族乡”；“新仁乡”【520522204000】单位名称错误，应为“新仁苗族乡”；“花溪乡”【520522212000】单位名称错误，应为“花溪彝族苗族乡”；“中建乡”【520522211000】单位名称错误，应为“中建苗族彝族乡”；“仁和乡”【520522216000】单位名称错误，应为“仁和彝族苗族乡”；“定新乡”【520522213000】单位名称错误，应为“定新彝族苗族乡”；“协和乡”【520522207000】单位名称错误，应为“协和彝族苗族乡”；“太来乡”【520522208000】单位名称错误，应为“太来彝族苗族乡”；“钟山乡”【520522205000】单位名称错误，应为“钟山布依族彝族乡”；“绿化乡”【520522203000】单位名称错误，应为“绿化白族彝族乡”；“红林乡”【520522217000】单位名称错误，应为“红林彝族苗族乡”；“五里乡”【520522200000】单位名称错误，应为“五里布依族苗族乡”；“铁石乡”【520522206000】单位名称错误，应为“铁石苗族彝族乡”；“沙井乡”【520522201000】单位名称错误，应为“沙井苗族彝族仡佬族乡”。

266. 贵州省毕节市大方县“竹园乡”【520521201000】单位名称错误，应为“竹园彝族苗族乡”；“响水乡”【520521202000】单位名称错误，应为“响水白族彝族仡佬族乡”；“鼎新乡”【520521205000】单位名称错误，应为“鼎新彝族苗族乡”；“牛场乡”【520521206000】单位名称错误，应为“牛场苗族彝族乡”；

“理化乡”【520521209000】单位名称错误，应为“理化苗族彝族乡”；“安乐乡”【520521212000】单位名称错误，应为“安乐彝族仡佬族乡；“凤山乡”【520521211000】单位名称错误，应为“凤山彝族蒙古族乡”；“百纳乡”【520521223000】单位名称错误，应为“百纳彝族乡”；“三元乡”【520521224000】单位名称错误，应为“三元彝族苗族白族乡”；“普底乡”【520521222000】单位名称错误，应为“普底彝族苗族白族乡”；“沙厂乡”【520521221000】单位名称错误，应为“沙厂彝族乡”；“大水乡”【520521220000】单位名称错误，应为“大水彝族苗族布依族乡”；“黄泥乡”【520521219000】单位名称错误，应为“黄泥彝族苗族满族乡”；“核桃乡”【520521213000】单位名称错误，应为“核桃彝族白族乡”；“八堡乡”【520521214000】单位名称错误，应为“八堡彝族苗族乡”；“兴隆乡”【520521215000】单位名称错误，应为“兴隆苗族乡”；“大山乡”【520521217000】单位名称错误，应为“大山苗族彝族乡”；“星宿乡”【520521225000】单位名称错误，应为“星宿苗族彝族仡佬族乡”。

267. 贵州省毕节市织金县“自强乡”【520524201000】单位名称错误，应为“自强苗族乡”；“官寨乡”【520524203000】单位名称错误，应为“官寨苗族乡”；“后寨乡”【520524206000】单位名称错误，应为“后寨苗族乡”；“三甲乡”【520524200000】单位名称错误，应为“三甲白族苗族乡”；“大平乡”【520524202000】单位名称错误，应为“大平苗族彝族乡”；“茶店乡”【520524204000】单位名称错误，应为“茶店布依族苗族彝族乡”；“金龙乡”【520524205000】单位名称错误，应为“金龙苗族彝族布依族乡”；“鸡场乡”【520524207000】单位名称错误，应为“鸡场苗族彝族布依族乡”。

268. 贵州省毕节市金沙县“太平乡”【520523204000】单位名称错误，应为“太平彝族苗族乡”；“石场乡”【520523202000】单位名称错误，应为“石场苗族彝族乡”；“箐门乡” 【520523205000】单位名称错误，应为“箐门苗族彝族仡佬族乡”；“马路乡” 【520523218000】单位名称错误，应为“马路彝族苗族乡”；“安洛乡” 【520523215000】单位名称错误，应为“安洛苗族彝族满族乡”；“新化乡”【520523216000】单位名称错误，应为“新化苗族彝族满族乡”；“大田乡”【520523217000】单位名称错误，应为“大田彝族苗族布依族乡”。

269. 贵州省毕节市赫章县“水塘堡乡”【520527201000】单位名称错误，应为“水塘堡彝族苗族乡”；“兴发乡”【520527202000】单位名称错误，应为“兴发苗族彝族回族乡”；“松林坡乡”【520527203000】单位名称错误，应为“松林坡白族彝族苗族乡”；“雉街乡”【520527204000】单位名称错误，应为“雉街彝族苗族乡”；“珠市乡”【520527205000】单位名称错误，应为“珠市彝族乡”；“辅处乡”【520527209000】单位名称错误，应为“辅处彝族苗族乡”；“双坪乡”【520527207000】单位名称错误，应为“双坪彝族苗族乡”；“可乐乡”【520527210000】单位名称错误，应为“可乐彝族苗族乡”；“古达乡”【520527219000】单位名称错误，应为“古达苗族彝族乡”；“铁匠乡”【520527208000】单位名称错误，应为“铁匠苗族乡”；“河镇乡”【520527211000】单位名称错误，应为“河镇彝族苗族乡”；“结构乡”【520527215000】单位名称错误，应为“结构彝族苗族乡”。

270. 贵州省毕节市纳雍县“库东关乡”【520525202000】单位名称错误，应为“库东关彝族苗族白族乡”；“董地乡”【520525203000】单位名称错误，应为“董地苗族彝族乡”；“左鸠嘎乡” 【520525214000】单位名称错误，应为“左鸠（）嘎彝族苗族乡”；“锅圈岩乡” 【520525212000】单位名称错误，应为“锅圈岩苗族彝族乡”；“新房乡”【520525201000】单位名称错误，应为“新房彝族苗族乡”；“化作乡”【520525205000】单位名称错误，应为“化作苗族彝族乡”；“姑开乡”【520525210000】单位名称错误，应为“姑开苗族彝族乡”；“羊场乡”【520525211000】单位名称错误，应为“羊场苗族彝族乡”；“昆寨乡”【520525213000】单位名称错误，应为“昆寨苗族彝族白族乡”；“猪场乡”【520525215000】单位名称错误，应为“猪场苗族彝族乡”。

271. 贵州省毕节市威宁彝族回族苗族自治县“新发乡”【520526201000】单位名称错误，应为“新发布依族乡”。

272. 贵州省黔东南苗族侗族自治州黄平县“崇仁乡”【522622200000】单位名称错误，应为“野洞河乡”。

273. 贵州省安顺市关岭布依族苗族自治县“扳贵乡”【520424205000】单位名称错误，应为“板贵乡”。

274. 贵州省铜仁市玉屏侗族自治县“玉屏侗族自治县平溪镇”【520622100000】单位名称错误，应为“平溪镇”；“玉屏侗族自治县大龙镇”【520622101000】单位名称错误，应为“大龙镇”；“玉屏侗族自治县田坪镇”【520622103000】单位名称错误，应为“田坪镇”；“玉屏侗族自治县新店乡”【520622200000】单位名称错误，应为“新店乡”；“玉屏侗族自治县亚鱼乡”【520622201000】单位名称错误，应为“亚鱼乡”。

275. 贵州省毕节市纳雍县“宗岭镇”【520525101000】单位名称错误，应该是“鬃岭镇”。

276. 贵州省黔西南布依族苗族自治州兴义市“捧乍镇”【522301107000】单位名称错误，应该是“捧鲊镇”；“鲁布格镇”【522301108000】单位名称错误，应该是“鲁布革镇”。

277. 贵州省黔西南布依族苗族自治州兴仁县“屯脚镇”【522322101000】单位名称错误，应该是“坉脚镇”。

278. 贵州省黔东南苗族侗族自治州三穗县“滚马乡”【522624200000】单位名称错误，应该是“滚马乡”。

279. 贵州省黔东南苗族侗族自治州岑巩县“思阳镇”【522626100000】单位名称错误，应该是“思旸镇”。

280. 贵州省东南苗族侗族自治州剑河县“盘溪乡”【522629204000】单位名称错误，应该是“磻溪乡”。

281. 贵州省黔南布依族苗族自治州瓮安县“鱼河乡”【522725211000】单位名称错误，应该是“渔河乡”。

282. 贵州省黔南布依族苗族自治州龙里县“哪旁乡”【522730207000】单位名称错误，应该是“哪嗙乡”。

云南

283. 云南省楚雄彝族自治州双柏县“咢嘉镇”【532322103000】单位名称错误，应为“碍嘉镇”。

284. 云南省怒江傈僳族自治州兰坪白族普米族自治县“啦井镇”【533325101000】单位名称错误，应为“拉井镇”。

西藏

285. 西藏自治区山南地区隆子县“斗玉乡”【542231208000】单位名称错误，应为“斗玉珞巴民族乡”。

286. 西藏自治区阿里地区噶尔县 “门土乡”【542523202000】单位名称错误，应为“门士乡”。

287. 西藏自治区阿里地区革吉县 “檫咔乡”【542525202000】单位名称错误，应为“擦卡乡”。

288. 西藏自治区林芝地区墨脱县 “加拉萨乡”【542624200000】单位名称错误，应为“加热萨乡”。

289. 西藏自治区拉萨市城关区多报“冲赛康街道”【540102001000】，删除。

290. 西藏自治区拉萨市城关区漏报“金珠西路街道”【540102009000】。

陕西

291. 陕西省“杨陵区” 【611101000000】代码错误，应为【610403000000】。

292. 陕西省渭南市华阴县“太华路街道”【610582001000】单位名称错误，应该为“太华街道”。

293. 陕西省西安市雁塔区“丈八沟街道”【610113007000】单位名称错误，应为“丈八街道”。

294. 陕西省西安市蓝田县“泄湖镇”【610122101000】单位名称错误，应为“洩湖镇”。

295. 陕西省西安市周至县“候家村镇”【610124110000】单位名称错误，应为“侯家村镇”。

296. 陕西省西安市高陵县“耿镇镇”【610126102000】单位名称错误，应为“耿镇”。

297. 陕西省宝鸡市太白县“咀头镇”【610331100000】单位名称错误，应为“嘴头镇”。

298. 陕西省咸阳市泾阳县“泾千镇”【610423100000】单位名称错误，应为“泾干镇”。

299. 陕西省咸阳市永寿县“豆家镇”【610426106000】单位名称错误，应为“窦家镇”；“御驾官镇”【610426108000】单位名称错误，应为“御驾宫镇”。

300. 陕西省渭南市临渭区“崇宁镇”【610502107000】单位名称错误，应为“崇凝镇”。

301. 陕西省渭南市蒲城县“党木镇”【610526104000】单位名称错误，应为“党睦镇”。

302. 陕西省延安市子长县“杨家园子镇”【610623108000】单位名称错误，应为“杨家园则镇”。

303. 陕西省延安市志丹县“金丁镇”【610625104000】单位名称错误，应为“金鼎镇”。

304. 陕西省延安市甘泉县“道镇镇”【610627102000】单位名称错误，应为“道镇”。

305. 陕西省延安市洛川县“永乡乡”【610629202000】单位名称错误，应为“永乡”。

306. 陕西省延安市宜川县“牛家细乡”【610630202000】单位名称错误，应为“牛家佃乡”。

307. 陕西省延安市黄龙县“崾先乡”【610631206000】单位名称错误，应为“崾崄乡”。

308. 陕西省汉中市汉台区“铺镇镇”【610702100000】单位名称错误，应为“铺镇”。

309. 陕西省汉中市南郑县“法镇镇”【610721113000】单位名称错误，应为“法镇”。

310. 陕西省汉中市略阳县“郭镇镇”【610727110000】单位名称错误，应为 “郭镇”。

311.陕西省汉中市镇巴县“巴山镇”【610728116000】单位名称错误，应为“大巴山镇”。

312. 陕西省汉中市留坝县“城关镇”【610729100000】单位名称错误，应为“紫柏山镇”。

313. 陕西省榆林市神木县“万镇镇”【610821109000】单位名称错误，应为“万镇”。

314. 陕西省榆林市神木县“马镇镇”【610821111000】单位名称错误，应为“马镇”。

315. 陕西省榆林市府谷县“麻镇镇”【610822102000】单位名称错误，应为“麻镇”；“哈镇镇”【610822103000】单位名称错误，应为“哈镇”。

316. 陕西省榆林市横山县“高镇镇”【610823102000】单位名称错误，应为“高镇”；“武镇镇”【610823103000】单位名称错误，应为“武镇”。

317. 陕西省榆林市定边县“张要先镇”【610825111000】单位名称错误，应为“张崾崄镇”。

318. 陕西省榆林市绥德县“吉镇镇”【610826106000】单位名称错误，应为“吉镇”。

319. 陕西省榆林市米脂县“桃镇镇”【610827101000】单位名称错误，应为“桃镇”；“龙镇镇”【610827102000】单位名称错误，应为“龙镇”。

320. 陕西省安康市宁陕县“江口镇”【610923102000】单位名称错误，应为“江口回族镇”。

321. 陕西省商洛市丹凤县“商镇镇”【611022109000】单位名称错误，应为“商镇”。

322. 陕西省商洛市山阳县“高坝镇”【611024101000】单位名称错误，应为　“高坝店镇”。

甘肃

323. 甘肃省白银市平川区“宝积路街道”　【620403001000】单位名称报错，应为“长征街道”。

324. 甘肃省陇南市“武都区”　【621201000000】代码错误，应为【621202000000】。

325. 甘肃省兰州市城关区“东岗镇街道”【620102015000】单位名称报错，应为“东岗街道”。

326. 甘肃省兰州市红古区“上窑街街道”【620111001000】单位名称报错，应为“窑街街道”。

327. 甘肃省酒泉市金塔县“城市街道”【620921001000】多报，应删除。

328. 甘肃省酒泉市玉门市“东镇街道”【620981002000】多报，应删除。

青海

329. 青海海南藏族自治州贵德县“新街乡”【632523204000】单位名称报错，应为“新街回族乡”。

宁夏

330. 宁夏吴忠市同心县“豫旺镇”【640324104000】单位名称报错，应为“予旺镇”。

331. 宁夏吴忠市青铜峡市“邵刚镇”【640381106000】单位名称报错，应为“邵岗镇”。

332. 宁夏固原市西吉县“兴平乡”【640422205000】单位名称报错，应为“兴坪乡”。

333. 宁夏中卫市海原县“贾塘乡”【640522208000】单位名称报错，应为“贾埫乡”。

新疆

334. 新疆维吾尔自治区伊犁哈萨克自治州“察布查尔锡伯族自治县”【654022000000】名称报错，应为“察布查尔锡伯自治县”。

335. 新疆维吾尔自治区阿勒泰地区富蕴县“喀拉通克乡”【654322203000】单位名称错报，应为“克孜勒希力克乡”。

336. 新疆维吾尔自治区伊犁哈萨克自治州伊宁县“莫洛托乎提于孜乡”【654021216000】单位名称错报，应为“武功乡”。

第五部分 中华人民共和国行政区划名称造字与电脑替代字

中华人民共和国行政区划名称造字与电脑替代字

序号	省份	造字	实际字	五笔编码	法定名称	电脑代替字	代码
1	山西	宋胋乡	胋	EDG	宋胋乡	宋古乡	140781201000
2	湖南	榘梨镇	榘		榘梨镇	榔梨镇	430121103000
3		斫礳乡	礳	DGMJ	斫礳乡	斫曹乡	430521212000
4	广东	鄧隍镇	鄧		鄧隍镇	留隍镇	441423115000
5		下𬒈镇	𬒈		下𬒈镇	下太镇	441881120000
6	广西	白沙（氵万）街道	沥		白沙沥街道	白沙万街道	450602002000
7	四川	𬇙渡镇	𬇙		𬇙渡镇	鲜渡镇	511725113000
8	贵州	桴𣐤乡	𣐤	SGHO	桴𣐤乡	桴焉乡	520324206000
9		潕阳镇	潕	IRLH	潕阳镇	舞阳镇	522625100000
10		左（左"儿"右"鸟"）嘎彝族苗族乡	鸠		左鸠嘎彝族苗族乡	左鸲嘎彝族苗族乡	520525214000
11	云南	（石咢）嘉镇	碍	DKKN	碍嘉镇	咢嘉镇	532322103000

第六部分　中华人民共和国行政区划地名索引

中华人民共和国行政区划地名索引

一画

二画

三画

四画

五画

六画

七画

八画

九画

十画

十一画

十二画

十三画

十四画

十五画

十六画

十七画

十八画

十九画

二十画

二十一画

二十二画

二十三画

二十四画